घर की बात

घर की बात

रामविलास शर्मा

वाणी प्रकाशन

वाणी प्रकाशन
4695, 21-ए, दरियागंज, नयी दिल्ली 110 002

शाखा
अशोक राजपथ, पटना 800 004

फ़ोन: +91 11 23273167 फ़ैक्स: +91 11 23275710

www.vaniprakashan.in
vaniprakashan@gmail.com

GHAR KI BAAT
by Ramvilas Sharma

ISBN : 978-93-5072-721-8
Memoirs

प्रथम (वाणी) संस्करण
मूल्य : ₹ 995

हर्ष प्रिंटर्स, दिल्ली-110 093 में मुद्रित

वाणी प्रकाशन का लोगो मक़बूल फ़िदा हुसेन की कूची से

प्रिय
सोना, मुकुल, कदम, धन्नो, मुंशी
के लिए

रा.वि. शर्मा
12.11.83

दूसरे संस्करण की भूमिका

'घर की बात' का पहला संस्करण सन् 1983 में राजकमल प्रकाशन, नयी दिल्ली से प्रकाशित हुआ था। लगभग एकतीस वर्षों के बाद इसका दूसरा संस्करण वाणी प्रकाशन से छपने जा रहा है, यह समस्त हिन्दी जाति के लिए और हमारे परिवार के लिए विशेष रूप से बड़ी प्रसन्नता का विषय है। प्रसन्नता मात्र इसलिए नहीं है कि इस पुस्तक में हमारे परिवार का लगभग सौ वर्षों का इतिहास दर्ज है, बल्कि इसलिए भी है कि यह पुस्तक आज भी उतनी ही प्रासंगिक है जितनी उस समय थी जब रामविलास जी ने इसकी परिकल्पना की थी।

आखिरकार, एक आम पाठक किसी दूसरे परिवार का इतिहास जानने के लिए क्यों उत्सुक होगा? इसलिए नहीं, कि यह कोई विशेष परिवार है, इसलिए भी नहीं, कि इसने हिन्दी साहित्य को एक अमूल्य रत्न दिया और पाठक, सम्भवतः, जानना चाहेंगे कि इस लेखक को बड़ा बनाने में उसके परिवेश और परिवार ने क्या भूमिका निभाई? बल्कि इसलिए, कि यह भारत देश में रहने वाला एक आम परिवार है, यानी भारत में रहने वाले तमाम परिवारों की तरह यह परिवार भी कभी गाँव में रहता था। गाँव में पढ़ाई लिखाई की समुचित व्यवस्था न होने के कारण इन लोगों को गाँव छोड़कर एक छोटे शहर झाँसी में आकर रहना पड़ा। झाँसी में भी उच्च शिक्षा की व्यवस्था न होने के कारण इन लोगों को प्रदेश की राजधानी लखनऊ जाना पड़ा और अन्ततः तमाम अन्य परिवारों की तरह ये लोग भी एक महानगर में आकर बस गये। इस मायने में यह कहा जा सकता है कि यह एक ऐसा परिवार है जो भारत की तमाम मध्यवर्गीय जनता का प्रतिनिधित्व करता है। इस परिवार ने भी उन तमाम संघर्षों को झेला है और करीब से देखा है जिन्हें आम जनता रोज देखती और झेलती है। फर्क सिर्फ इतना है कि इन लोगों ने परिवार को जनतांत्रिक तरीके से चलाने की कोशिश की है और इस कोशिश के कुछ दस्तावेजों को बचा कर रखा है ताकि उन्हें आने वाली पीढ़ियों के साथ बाँटा जा सके। बहुत से परिवार आगे चलकर बिखर जाते हैं, लेकिन इन लोगों ने कैसे परिवार के मूल्यों को बचाकर रखा और आगे बढ़ने में एक-दूसरे की मदद की, यह देखने और सीखने की चीज है।

पुस्तक का महत्त्व इसलिए भी है कि कोई भी समाज परिवारों से ही मिलकर बनता है और यह एक परिवार की कहानी होने के नाते कहीं न कहीं समाज की कहानी भी कहती है। इसे पढ़ते समय, कई जगह, पाठकों को लगता है 'अच्छा !! ऐसा तो हमारे परिवार में भी होता है!' क्योंकि सच तो यह है कि ऐसा सभी परिवारों में होता है, लेकिन कुछ लोग उसके बारे में बात नहीं करते, दूसरे कुछ लोग उसकी गम्भीरता को समझ कर उसका हल निकालने की कोशिश करते हैं। यह हल जनतांत्रिक तरीके से सबकी सलाह से भी निकाला जा सकता है या फिर पूँजीवादी तरीके से परिवार के मुखिया की मर्जी को दूसरों पर थोपा भी जा सकता है. दोनों पद्धतियों से चलाये गये परिवारों के दूरगामी परिणाम भी अलग-अलग होते हैं। कई मामलों में परिवार की इकाई की मोहल्ले, गाँव, शहर और देश से भी तुलना की जा सकती है। परिवार की तरक्की और समृद्धि के लिए आवश्यक है कि सबको साथ लेकर चला जाए। और यह काम कैसे किया जाता है, इसमें क्या अड़चन आ सकती है और उन अड़चनों और व्यवधानों को कैसे दूर करना चाहिए, यह भी आप इस पुस्तक से सीख सकते हैं।

रामविलास जी यह मानते थे और अक्सर कहते भी थे कि अगर लोग ईमानदार हों और आपसी बोल-चाल और बातचीत बन्द न करें तो दुनिया की कोई भी समस्या ऐसी नहीं है जो मिल-बाँट कर, बोल-बतिया कर, सुलझाई न जा सके। ये बात, जितनी संयुक्त परिवारों पर लागू है उतनी ही समाज की अन्य इकाइयों पर भी। शर्तें दो ही हैं, एक तो नीयत में खोट नहीं होना चाहिए, दूसरे अपनी बात साफ-साफ कहने की हिम्मत होनी चाहिए।

हमारे परिवार में पारिवारिक पत्रिकाएँ निकालने का चलन बहुत पुराना है। इसका एक कारण तो यह था कि रामविलास जी शुरू से ही परिवार को जनतांत्रिक तरीके से चलाने में विश्वास करते थे। हमारे यहाँ पारिवारिक पत्रिकाएँ उस समय निकलना शुरू हो गयी थीं, जब अधिकांश परिवारों में सामन्तवादी व्यवस्था थी। स्त्रियों को पर्दे के पीछे रखा जाता था और परिवार के महत्त्वपूर्ण निर्णयों में उनकी कोई भागीदारी नहीं होती थी। परिवार का मुखिया एक छोटे-मोटे जमींदार जैसा होता था और घर उसकी मर्जी से ही चलता था। इसके विपरीत रामविलास जी संयुक्त परिवार को आपसी सहयोग के आधार पर चलाना चाहते थे। ऐसा करने के लिए यह आवश्यक था कि परिवार के लोगों में किसी तरह का मनमुटाव न पनपने पावे। इससे पहले कि यह मनमुटाव एक ग्रन्थि का रूप धारण कर ले, इसका निदान कर देना चाहिए। और निदान तभी होगा जब इसका पता चलेगा। इसलिए सबसे जरूरी यह था कि परिवार में वातावरण ऐसा हो कि लोग अपनी बात खुल कर कह सकें। कभी-कभी सामने बात कहने में मुश्किल होती है और अपनी बात लिख कर कहना अपेक्षाकृत सरल होता

है। इसलिए सबसे पहले 'शिकायत पुस्तक' या 'सुझाव बुक' की व्यवस्था की गयी। यह बात सन् 1934-35 की है जब रामविलास जी एम. ए. कर चुके थे और लखनऊ विश्वविद्यालय में शोध कर रहे थे। घर-परिवार में उनके परिवार के अलावा बड़े भाई का परिवार था, दो छोटे भाई थे जो पढ़ रहे थे। दोनों विवाहित भाइयों के बच्चे थे या होने वाले थे। ऐसे में, छोटे-छोटे मुद्दों, जैसे संयुक्त परिवार में घर के खर्च और काम का बँटवारा कैसे हो, आदि का समाधान करना आवश्यक था क्योंकि समय रहते इनका निदान न किया जाता तो आगे चलकर यह मुश्किल पैदा करते।

उन दिनों (सन् 1930-40 के दशक में) हमारे यहाँ घरेलू पत्रकारिता का विकास हुआ। अनेक पत्र हस्तलिखित रूप में निकाले गये। इन्हीं में 'घर की बात' नाम का पत्र भी था जिसका सम्पादन रामविलास जी के बड़े भाई साहब करते थे। इन पत्रों में घर के सभी लोग लिखते थे। कुछ अंकों में 'कम्प्लेंट बुक' नाम का एक अंश रहता था। जिसे जो शिकायत करना हो वह उसमें लिख देता था। कभी-कभी मुंशीजी और सम्पादक महोदय की बहस इन पत्रों में प्रकाशित होती थी। यह परिवार को जनतांत्रिक तरीके से संगठित करने का प्रयास था, जिसकी पहल रामविलास जी के बड़े भाई साहब ने की थी। उन्होंने कई सम्पादकीय लिखे थे। एक में उन्होंने सब भाइयों से कहा था, मन में कोई बात मत रखो, जो कुछ कहना हो, साफ-साफ कहो। यह पत्र है, इसमें लिखो, हम उत्तर देंगे। रामविलास जी के 1943 में लखनऊ छोड़ने के बाद भी यह काम जारी रहा। के. सी. डे. लेन की सांस्कृतिक कार्यवाही और भी बढ़ गयी। मुंशी जी ने छात्रों का संगठन बनाया। ये लोग खेलकूद आयोजित करते थे। लड़कों के लिए तो खेलकूद होते ही थे, जो बुजुर्ग पीढ़ी थी, स्त्रियाँ थीं, उनके लिए भी खेलों की व्यवस्था होती थी। प्रतियोगिता में जो पहले या दूसरे नम्बर पर आता था उसे पारितोषिक भी दिया जाता था। इन लोगों ने मिलकर कई नाटक मंचित किये। इसी क्रम में रामविलास जी ने नाटक लिखा 'पाप के पुजारी' जो मोहल्ले में खेला गया। नाटक देखने वालों में निराला जी भी थे। कभी-कभी चारबाग स्टेशन के सामने खुले मैदान में ये लोग क्रिकेट खेलते थे। रामविलास जी के छोटे भाई चौबे और अवस्थी जिम्नेजियम जाते थे और इन दोनों लोगों को शारीरिक गठन के लिए कई बार, विश्वविद्यालय और प्रदेश स्तर पर पुरस्कृत किया गया।

इस प्रकार परिवार से निकल कर जनतांत्रिक तौर-तरीकों का गली-मोहल्ले और पास-पड़ोस में भी प्रचार-प्रसार हो रहा था।

आजकल बहुत से लोग स्त्री विमर्श की बात करते हैं, लेकिन जब अपनी बात आती है तो दोहरा मापदंड अपनाते हैं। कहते हैं कि क्रान्ति अपने घर से शुरू होती है। अपनी पारिवारिक पत्रिका में रामविलास जी द्वारा दिये गये सुझावों को देखें। यह भी ध्यान दें कि ये सुझाव सन् 1944 में दिये गये थे।

'प्रस्ताव'

1. स्त्रियाँ नियमपूर्वक कम-से-कम आधा घंटा रोज पढ़ें जैसे वे खाना खाती हैं।
2. हफ्ते में एक बार सनीचर की शाम को या इतवार को सवेरे सारे घर की एक मीटिंग जरूर हो जिसमें घर की बातों पर विचार किया जाए।
3. स्त्रियों के मनोरंजन और घूमने का कुछ प्रबन्ध होना चाहिए। कम-से-कम हफ्ते में एक बार जरूर घूमने जाएँ। जो अपनी बीवी को रोज घुमाने ले जाएगा उसे हम रोज बादाम पिलायेंगे।
4. घर का एक स्टडी सर्किल होना चाहिए। कम-से-कम हफ्ते में एक बार इसमें कुछ चीजें पढ़कर सुनायी जाएँ और समझाई जाएँ। इसमें सब लोगों को होना चाहिए और कथा, कहानी, कविता से लेकर अखबार तक इसमें पढ़े जा सकते हैं। क्या पढ़ा जाये, इसका चुनाव मुंशी और भैया करें।
5. बोर्ड पर एक लम्बा कागज जवाब सवाल का लगाया जाये, जिस पर कभी भी लोग प्रश्नोत्तर कर सकें।

(लखनऊ, मई 1944)

अन्त में दो शब्द पुस्तक की संरचना के बारे में। इस पुस्तक को परिवार के अनेक सदस्यों ने मिलकर लिखा है। ऐसी बेतरतीब सामग्री को कोई शक्ल देना आसान काम नहीं था। यह रामविलास जी का ही 'आइडिया' था कि इसे समय के क्रम के अनुसार सजाया जाए। इस प्रकार सबसे पहले गाँव यानी गाँव पर जो भी सामग्री उपलब्ध थी, उसे पहले अध्याय में रखा गया, उसके बाद, इसी तरह, झाँसी, लखनऊ, आगरा और अन्ततः दिल्ली प्रवास से सम्बन्धित लेखों को डाल दिया गया। इसके बाद भी उन्हें जहाँ कोई कमी लगी उसे उन्होंने स्वयं लिख कर पूरा कर दिया। जो कहीं फिट नहीं हुआ उसे अन्त के अध्याय 'रेखाचित्र' में डाल दिया गया। पुस्तक और परिवार के महत्त्व पर कुछ गम्भीर सामग्री 'परिवार की बात' में दी गयी है। इसके अलावा एक परिशिष्ट भी है जो अपने आप में रोचक है।

समाजशास्त्रीय सामग्री के अलावा आपको इसमें ललित गद्य के नमूने भी देखने को मिलेंगे। सुधी पाठकों की प्रतिक्रिया की प्रतीक्षा रहेगी।

सी-358, विकासपुरी,
नयी दिल्ली-110018
फरवरी-2014

विजय मोहन शर्मा

भूमिका

(प्रथम संस्करण से)

व्यक्ति और समाज—ये दो भिन्न, फिर भी एक-दूसरे से जुड़ी हुई, इकाइयाँ हमें साफ़ दिखाई देती हैं। व्यक्ति और परिवार—इन दो इकाइयों की चर्चा भी हम अक्सर करते हैं, ख़ासतौर से तब जब किसी प्रतिभाशाली पुरुष या स्त्री के व्यक्तित्व का विश्लेषण करना हो। किन्तु परिवार और समाज—ये दो भिन्न, फिर भी एक-दूसरे से जुड़ी हुई, इकाइयाँ अक्सर हमारी आँखों से ओझल रहती हैं। हम सामाजिक परिवर्तन की बात करते हैं, समाज की व्यवस्था, उसका ढाँचा कब कैसे बदलता है, इसका अध्ययन करते हैं; परिवार की व्यवस्था, उसका ढाँचा कैसे बदलता है, इसका अध्ययन कम करते हैं। समाजशास्त्र और मनोविज्ञान इन दोनों विज्ञानों के लिए परिवार के परिवर्तनशील गठन का अध्ययन और विवेचन महत्त्वपूर्ण है।

एंगेल्स ने अपनी प्रसिद्ध पुस्तक **परिवार, व्यक्तिगत सम्पत्ति और राजसत्ता का उद्भव** में परिवार के निर्माण और विकास का वैज्ञानिक विवेचन प्रस्तुत किया था। उन्होंने गणव्यवस्था, सामन्ती व्यवस्था और पूँजीवादी व्यवस्था में परिवार के बदलते रूपों की व्याख्या की थी, बताया था कि समाज में जिस तरह के मानव सम्बन्धों का चलन होता है, वैसे ही सम्बन्ध परिवार में भी पाये जाते हैं। फ्रायड तथा अन्य मनोविश्लेषण शास्त्रियों ने परिवार पर ध्यान केन्द्रित करके व्यक्ति की चेतना के अज्ञात स्तरों को टटोला। उनके विवेचन में मुख्य दोष यह है कि वे व्यक्ति और परिवार, दोनों को अचल इकाइयाँ मानकर अपना विश्लेषण प्रस्तुत करते हैं। समाज बदलता है, उसके साथ परिवार का ढाँचा बदलता है, परिवार के बदलने के साथ मनुष्य के व्यक्तित्व-विकास का परिवेश बदलता है, यह न स्वीकार करके वे साहित्य के स्थायी भावों की तरह उपचेतन को भी एक स्थायी भाव बना देते हैं। फ्रायड से भिन्न युंग सामूहिक उपचेतन की बात करते हैं। यह भी एक तरह का स्थायी भाव है क्योंकि युंग के लिए गणव्यवस्था से लेकर पूँजीवादी व्यवस्था तक मानवचेतना में कोई मौलिक परिवर्तन हुआ ही नहीं है। फ्रायड और युंग दोनों का ही दृष्टिकोण मानवचेतना के विकासमान स्वरूप को अस्वीकार करता है, दोनों ही परिवार और

समाज के परिवर्तनशील रूपों और उनके आपसी सम्बन्धों की अनदेखी करते हैं।

देश का इतिहास, जाति का इतिहास, समाज का इतिहास, इससे हम परिचित हैं। किन्तु किसी परिवार का इतिहास? इससे परिचित होना हम अनावश्यक समझते हैं। दूसरे के परिवार के इतिहास से हमें मतलब? किसी समाज के परिवार हमारे लिए अलग-थलग इकाइयाँ हैं। बड़े शहरों की बड़ी-बड़ी इमारतों में जैसे दर्जनों परिवार एक-दूसरे से अपरिचित रहते हुए जीते रहते हैं, वैसे ही इतिहासकार सोचते हैं, किसी परिवार का इतिहास लिखना, यह भी कोई वैज्ञानिक कार्य है! किन्तु किन्हीं विशेष परिवारों का इतिहास जाने बिना परिवार सम्बन्धी सामान्य विवेचन सम्भव नहीं है। किसी विशेष समाज, जाति या देश का इतिहास देखे बिना मानवता का इतिहास नहीं लिखा जा सकता; वैसे ही किन्हीं विशेष परिवारों का इतिहास देखे बिना परिवार का सामान्य विवेचन नहीं किया जा सकता।

परिवार शब्द दिलचस्प है। इसमें **परि**—अंग्रेज़ी में प्राप्त **पॅरि** की तरह—**घेरे** का अर्थ देता है और **वार** वही है जिससे बाड़ा जैसे शब्द बने हैं। **परि** उपसर्ग बन कर **वार** के बाड़ेवाले अर्थ का संवर्धन करता है। गणसमाज रक्त सम्बन्धों पर आधारित समाज होते थे। ये सम्बन्ध कल्पित थे या वास्तविक, इससे यहाँ बहस नहीं। मनुष्य आपस के नातों-रिश्तों को रक्त से सम्बन्धित मानते थे, इतना कहना काफी है। इन सम्बन्धों के दूर और निकटवाले बहुत से स्तर थे। निकट सम्बन्धों वाले जन **गोत्र** में संगठित होते थे, निकटतम बन्धु-बान्धव **कुल** के अन्तर्गत थे। गण व्यवस्था का परिवार इस कुल के सदस्यों का समूह था।

सामन्ती व्यवस्था में बड़े-बड़े कुल टूटे। किसी एक कुल के लोग अब एक ही बाड़े में न रहते थे; **परिवार** शब्द चालू रहा, उसका सामाजिक अर्थ बदल गया। एक ही कुल से अपना सम्बन्ध पहचाननेवाली इकाइयाँ **कुलीनता** की बातें करने लगीं, गोत्र के आधार पर लोग अपना सम्बन्धित पहचानने लगे। पहले कुल और गोत्र प्रत्यक्ष सामाजिक इकाइयाँ थीं, अब वे अप्रत्यक्ष, परम्परागत इकाइयाँ मात्र रह गईं। समाज वर्णों में गठित हुआ और प्रत्येक **वर्ण** रक्त सम्बन्धों के अनेक स्तरों का समूह बना। इसलिए प्रत्येक वर्ण में अनेक जातियाँ दिखाई दीं।

जन, जाति, ज्ञाति, नाता, 'नेटिव', 'नेशन' शब्द परस्पर सम्बद्ध हैं। **जाति** वह इकाई है जिसमें सभी रक्तसम्बन्धी शामिल हैं। **ज्ञाति** (ज्यांति) का एक प्रतिरूप **ग्नाति** हुआ, इस रूप के **ग्** का लोप होने पर **नाता, नेटिव, नेशन** जैसे रूप सुलभ हुए। **परिवार** की तरह **जाति** शब्द गणव्यवस्था से चलता हुआ, सामन्ती व्यवस्था पार करके, पूँजीवादी व्यवस्था में आ पहुँचा है; **परिवार** की तरह उसका भी अर्थ बदल गया है। जो विद्वान् **नेशन** को उपयुक्त और **जाति** को अनुपयुक्त पारिभाषिक शब्द मानते हैं, वे **जाति** और **ज्ञाति** से **नेशन** का सम्बन्ध नहीं पहचानते। यदि किसी एक प्रदेश

में रहनेवाली, एक भाषा का व्यवहार करनेवाली इकाई को **जाति** कहना गलत है तो परिवार शब्द का व्यवहार भी गलत है, **नेशन** और **फैमिली** (कुल) शब्दों का व्यवहार भी गलत है क्योंकि इनका वह मूल अर्थ नहीं था जो आज प्रचलित है।

सामाजिक विकासक्रम में एक ओर रक्तसम्बन्धोंवाली इकाई का दायरा बराबर कम होता गया है, दूसरी ओर रक्तसम्बन्धों से मुक्त श्रम विभाजन वाले सम्बन्धों की इकाई का दायरा बराबर बढ़ता गया है। सामन्ती व्यवस्था का **वर्ण** और पूँजीवादी व्यवस्था की **जाति** (नेशन) इस बढ़ते हुए दायरे की मिसालें हैं। किन्तु रक्त सम्बन्धोंवाला दायरा पूरी तरह समाप्त नहीं हुआ है। माता-पिता और सन्तान, परिवार की यह आधुनिक इकाई रक्तसम्बन्ध स्वीकार करती है। यह रक्तसम्बन्ध वाला भाव क्रमशः क्षीण होता जा रहा है, मानवोचित सम्बन्धों के विकास के लिए उसका क्षीण होना आवश्यक भी है। माता-पिता, पति-पत्नी, भाई-बहन आदि के सम्बन्ध **सामाजिक सम्बन्ध** हैं, सामाजिक परिवेश के बदलने पर इन सम्बन्धों का नाश न होगा वरन् परिष्कार होगा; सामाजिक विकास की गति का विवेचन करने से यही परिणाम निकलेगा।

घर की बात मेरे परिवार का लगभग सौ साल का इतिहास है। जिस हद तक परिवार समाज से जुड़ा हुआ है, उस हद तक यह पुस्तक समाज का इतिहास भी है। समाज में अनेक वर्ग हैं, प्रत्येक वर्ग में अनेक स्तर हैं। इस हिसाब से सामन्ती या पूँजीवादी समाज में कई तरह के परिवार होते हैं। कोई एक परिवार किसी समाज व्यवस्था के सभी परिवारों का प्रतिनिधि नहीं हो सकता। इसी न्याय से **घर की बात** समग्र समाज का इतिहास नहीं, उसके एक अंश का इतिहास है।

घर की बात में परिवार के इतिहास का विवेचन कम है, उसके इतिहास से सम्बन्धित दस्तावेज अधिक हैं। इन दस्तावेजों के आधार पर इतिहास विवेचक अपनी ओर से निष्कर्ष निकाल सकते हैं; मुझे इस सम्बन्ध में जो कुछ कहना था, वह मैंने पुस्तक के अन्तिम अध्याय में कह दिया है। शेष अध्यायों में पारिवारिक सम्बन्धों का अमूर्त विवरण नहीं है, मूर्त चित्रण है और उन लोगों द्वारा किया हुआ चित्रण है जो इन सम्बन्धों के प्रति तटस्थ नहीं हैं वरन् जिन्हें इनसे गहरा लगाव है। इस दृष्टि से **घर की बात** में वैज्ञानिक **विवेचन** कम, मानव सम्बन्धों का **चित्रण** अधिक है। पत्र, संस्मरण, रेखाचित्र आदि अनेक विधाओं में प्रस्तुत की हुई सामग्री ललित गद्य लेखन की दिशा में एक प्रयोग है। इसमें कई पीढ़ियों के लेखक और वार्ताकार सम्मिलित हैं।

पहले अध्याय की सारी घटनाएँ केन्द्र रूप बैसवाड़े के एक गाँव से जुड़ी हुई हैं। **बाबा**—मेरे पितामह लालता प्रसाद—अपने जीवन का जो इतिहास मेरे पूछने पर बताते गये थे, उसे मैंने तभी लिख लिया था। **दौआ**—मेरे पिता गयादीन—ने मेरे

आग्रह पर संक्षेप में अपनी आत्मकथा लिखी थी। **अम्मा**–मेरी माँ बिटाना–ने मेरे पूछने पर मेरे छोटे भाई **चौबे** (रामस्वरूप) को संयुक्त परिवार के एक सदस्य संकटा प्रसाद के बारे में कुछ बातें लिखाई थीं। **भैया**–मेरे बड़े भाई भगवानदीन–ने स्वेच्छा से अपने संस्मरण विस्तार से लिखे थे। इस सारी सामग्री का यथोचित–और यथामति–उपयोग मैंने पहले अध्याय में किया है।

दूसरे अध्याय की घटनाएँ झाँसी-केन्द्र से जुड़ी हैं। झाँसी में स्थायी रूप से रहने के पहले दौआ मध्य प्रदेश के अनेक स्थानों में रहे। वहाँ के अपने जीवन संघर्ष का वर्णन उन्होंने आत्मकथा में किया है। पुरानी शिक्षा पद्धति में छात्र को कैसी मुसीबतें सहनी पड़ती थीं, सन् 20 से, स्वाधीनता आन्दोलन के प्रभाव से, राष्ट्रीय पाठशालाओं में शिक्षा पद्धति किस तरह बदल गयी, इसका विशद चित्रण भैया के संस्मरणों में है। सरस्वती पाठशाला के **मास्टर रुद्र नारायण** पाठशाला के साधारण गुरु न थे, वह झाँसी के क्रान्तिकारियों के मित्र, उनके व्यक्तित्व के निर्माता भी थे। मास्टर रुद्र नारायण पर कई लोगों ने लिखा है, सबसे विस्तृत और सजीव विवरण यहाँ है। बहुत कम ऐसे लोग हैं जो **सदाशिव राव** जैसे क्रान्तिकारी से, बचपन से लेकर बुढ़ापे तक, मित्र की तरह परिचित रहे हों। भैया ने मास्टर रुद्र नारायण, सदाशिव राव आदि के बारे में जो कुछ लिखा है, वह केवल **घर की बात** नहीं, **देश की बात** भी है। झाँसी में पारिवारिक जीवन के अलावा नाटक और रामलीला जैसे सांस्कृतिक कार्यक्रमों का वृत्तान्त भी इस दूसरे अध्याय में है। हम सभी छह भाइयों ने नाटकों के अभिनय और मंचन में भाग लिया है। **नरेश**–मेरे सबसे छोटे भाई राम नरेश–ने रामलीला के विवरण में वे बातें बताई हैं जो दर्शकों की आँखों से ओझल रहती हैं किन्तु ग्रीन रूम में और मंच पर अभिनेता जिन्हें जानते हैं। एक ही लीला में दो लीला दिखाई देती हैं, एक कल्पना लोक वाली, दूसरी यथार्थ जीवन की। राग में वादी और संवादी, दोनों तरह के स्वर हैं।

झाँसी से पहले मैं लखनऊ गया, फिर क्रमशः अन्य छोटे भाई लखनऊ आये, अन्त में भैया भी वहाँ पहुँच गये। तीसरे अध्याय की घटनाएँ लखनऊ से जुड़ी हैं। बचपन में छोटे भाई रामस्वरूप खाने और सोने के लिए प्रसिद्ध थे। भैया ने इनका नाम **चौबे** रखा था। इनसे छोटे रामशरण शरीर के दुबले-पतले, पढ़ने-लिखने में विशेष रुचि दिखाते थे। भैया ने इनका नाम **मुंशी** रखा। **वर्तमान** समाचार पत्र किसी समय बहुत लोकप्रिय था। उसमें रमाशंकर अवस्थी का लेखन बहुत मज़ेदार होता था और भैया को बहुत पसन्द था। तो मुंशी से छोटे भाई रामशंकर क्रमशः रमाशंकर अवस्थी और फिर केवल **अवस्थी** रह गये। लखनऊ में चारबाग स्टेशन से थोड़ी दूर पर लाल कुआँ है। लालकुएँ के पास एक अखाड़ा है जहाँ सबसे बड़े और सबसे छोटे भाई को छोड़कर शेष सभी भाइयों ने जोर किया है। लाल कुएँ के पास के.सी.डे. लेन नाम

की ऐतिहासिक गली है जिसमें औरों के अलावा **निराला जी** भी कबड्डी खेले हैं। इसी गली के पास कक्कू—समर्थ कवि और गद्य लेखक **बलभद्र दीक्षित 'पढ़ीस'**—रहते थे जिनसे हमारा (रक्तसम्बन्ध से मुक्त) पारिवारिक नाता था। स्वाधीनता प्राप्ति से पहले लखनऊ का सामाजिक-सांस्कृतिक वातावरण कैसा था, इसकी जानकारी आपको चौबे, मुंशी और अवस्थी के संस्मरणों से होगी।

लखनऊ से मुंशी बम्बई पहुँचे, मैं आगरे गया। मुंशी कम्युनिस्ट पार्टी के केन्द्रीय दफ्तर में काम करते थे। उनके साथ कवि **शमशेर बहादुर** भी थे। पार्टी के नेता **पूरनचंद जोशी** से लेकर शमशेर और **राहुल सांकृत्यायन** तक, मुंशी के पत्रों में इनके जीवन की ऐसी झाँकी है जिससे बहुत कम लोग परिचित हैं। उसका ऐतिहासिक महत्व असंदिग्ध है। मुझे वह लेखन सजीव रिपोर्ताज की तरह आकर्षक भी लगता है। **अमृतलाल नागर** हमारे पारिवारिक परिवेश के अभिन्न अंग हैं, वह लखनऊ और आगरे के अध्यायों में दिखाई देंगे। चौथे अध्याय में आगरे के सामाजिक जीवन और मेरे पारिवारिक जीवन के बारे में विस्तृत सामग्री है।

पाँचवें अध्याय का सम्बन्ध दिल्ली केन्द्र से है। जीवन के अन्तिम वर्षों में अम्मा मुंशी के साथ दिल्ली में रहीं। तुर्कमान गेट के परिवेश पर **सोना** (मुंशी की पुत्री) ने लिखा है, अम्मा के संस्मरण उनकी पुत्रवधुओं ने लिखे हैं। मुंशी ने परिवार के सदस्यों के लिए **सचेतक** निकालकर—**सबकुछ** (लखनऊ), **हलचल** (बम्बई) की मंज़िलें पार करते हुए—अपनी पत्रकार कला में चार चाँद लगाये। उसका विवरण भी इस अध्याय में है।

छठे अध्याय में मैंने काफी रेखाचित्र एक जगह संकलित कर दिये हैं। इनमें प्रत्येक रेखाचित्र किसी न किसी तरह के पारिवारिक सम्बन्ध प्रतिबिम्बित करता है। मेरे पोते **चिन्मय** (11 वर्ष) से लेकर भैया (76 वर्ष) तक—लड़कपन से बुढ़ापे तक—विभिन्न अवस्थाओं के लेखक यहाँ मिलेंगे। चिन्मय ने अपने डैडी (विजय) पर लिखा है, भैया ने दौआ पर। चिन्मय के बड़े भाई तन्मय ने डैडी के अलावा बाबा पर (मुझ पर) भी लिखा है। परिवार में हास्यरस के प्रमुख अभिनेता **अत्ती** (आत्माराम) पर चिन्मय और चिन्मय की मम्मी **सन्तोष**, दोनों ने लिखा है। सन्तोष ने मुंशी को ससुर के रूप में देखा, कुछ भ्रम भंग हुआ। अवस्थी ने मुंशी को भाई के रूप में देखा था और मोहभंग की दशा में जलता चैला लेकर उन्हें मारने दौड़े थे। सोना ने चाचा (पिता—मुंशी) को बड़ी निर्भ्रम, साथ ही ममतापूर्ण निगाह से देखा है। एक रेखाचित्र **बच्चे** दादा (भैया के पुत्र बुद्धदेव) का है जिसे **बिल्लू** (नरेश के पुत्र अनुपम) ने लिखा है। यहाँ दो चचेरे भाइयों के आपसी सम्बन्ध चित्रित हैं। बिल्लू की चित्रणकला से प्रसन्न होकर मुंशी ने बिल्लू का चित्रण कर दिया—पद्य में। आप उसे भी देखें। ज़माना कितना बदल गया है। पत्नियाँ अपने पतियों पर लेख लिखती हैं और वे

छपते भी हैं। 'ज़रा जल्दी में हूँ' **स्वाति** (मेरी पुत्री) का यह लेख **सचेतक** में छप चुका है। सोना ने अपने ताऊ पर, **सेवा** ने अपने पिता पर, भैया ने अपने छोटे भाई पर लेख लिखे हैं। ये तीनों लेख—तीन तरह के पारिवारिक सम्बन्ध प्रतिबिम्बित करनेवाले—मुझ पर हैं। स्वाति के देवर **अशोक** ने अपनी माँ कम्पूरी देवी पर लिखा है। अशोक का परिवार धनी किसानों का परिवार है। अशोक और उनके भाई विभिन्न सेवा कार्यों में लगे हैं, खेती नहीं करते पर उनकी माँ निर्धन किसान परिवार की थीं। उनका गाँव ब्रज में, हमारा गाँव अवध में, फिर भी दोनों के परिवारों में बहुत बड़ी समानता थी। मुझे आशा है कि अशोक का रेखाचित्र पढ़कर **घर की बात** के बहुत से पाठकों को अपनी माँ का स्मरण हो आयेगा।

साहित्य की कोई ऐसी विधा नहीं है जिसकी रूपरेखा सदा के लिए निश्चित कर दी गयी हो और जिसे कलाकार मानने को बाध्य हो। छठे अध्याय में किसी की लिखाई आपको रेखाचित्र न लगे तो इसके लिए आप मुझे दोषी समझें, लेखक को नहीं। किसी ने रेखाचित्र की व्याख्या सामने रखकर यह लिखाई नहीं की, न ऐसी व्याख्या सामने रखकर मैंने इस अध्याय की सामग्री संकलित की है। इस पुस्तक में ऐसी काफी सामग्री है जिसे किसी साहित्यिक विधा के अन्तर्गत रखना कठिन होगा। आप यह देखें कि लेखन कलात्मक है या नहीं। मैंने अपनी ओर से भरसक प्रयत्न किया है कि **घर की बात** ललित गद्य की रोचक पुस्तक बने। एक ही परिवार के बहुत से लेखक एक जगह देखकर आपके मन में सहज सन्देह होगा कि गद्य लेखन का स्तर शायद कहीं अपवाद रूप में ऊँचा हो, नहीं तो सारा मैदान सपाट होगा। परन्तु गायकी का ही घराना नहीं होता, गद्य लेखन का भी होता है। यहाँ एक घराने का गद्य लेखन है, वह कलात्मक लेखन है, सहज भाव से लिखा हुआ गद्य है, प्रकाशन के लिए विशेष रूप से रचा हुआ पेशेवर लेखकों का गद्य नहीं है। हमारे देश में न जाने कितने परिवार हैं जिनमें साहित्य रचना की अकूत क्षमता है, उसे केवल व्यक्त होने का अवसर नहीं मिला। गायकी के बहुत से घराने हैं—गद्य-लेखन के भी हैं—व्यक्त कम, अव्यक्त अधिक।

हर अध्याय में सामग्री का तारतम्य दुरुस्त करने के लिए कुछ अंश मैंने लिखे हैं। इन्हें आप कलात्मक गद्यलेखन से अलग रखें। सातवें अध्याय में और इस भूमिका में कुछ बातें परिवार और पारिवारिक सम्बन्धों की विवेचना करते हुए मैंने लिखी हैं, इन्हें भी आप ललित गद्य की परिधि से बाहर समझें। सामग्री संकलन के विचार से पुस्तक में परिवार सम्बन्धी जानकारी की बानगी है, सम्पूर्ण जानकारी नहीं है। न सभी रचनाकारों के गद्य के नमूने यहाँ एकत्र किये जा सके हैं। इस तरह का प्रयास कुछ सीमाओं के भीतर ही सम्भव है, पाठक यह बात ध्यान में रखेंगे। **घर की बात** के पहले चार अध्याय 'आलोचना' में प्रकाशित हुए हैं। कोई भी अध्याय

पूरा का पूरा वहाँ नहीं छपा, पूरे रूप में चारों अध्याय यहाँ दिये गये हैं। पुस्तक में जिन लोगों ने लिखा है और जिन पर लिखा है, उनके आत्मा-परमात्मा, व्यक्ति-समाज, धर्म-संस्कृति, नैतिकता-राजनीति आदि आदि के बारे में अपने विचार हैं। अपनी विचारधारा के लिए केवल मैं उत्तरदायी हूँ। पारिवारिक सम्बन्धों का चित्रण नाज़ुक मामला है। सम्भव है, पुस्तक में कोई ऐसी बात हो जिससे परिवार के किसी सदस्य को कष्ट हो। इसके लिए मैं क्षमाप्रार्थी हूँ। बड़े कोष्ठकों में जहाँ भी जो शब्द या वाक्य हैं, वे मूल लेख में मेरी ओर से जोड़े हुए हैं। पुस्तक के अन्त में पाठकों की सुविधा के लिए अकारादि क्रम से मुख्य पात्रों का संक्षिप्त परिचय भी दे दिया गया है।

दो शब्द चित्रों के बारे में। दौआ का चित्र सन् 28-29 के आसपास का है, भैया का सन् 58 या 59 का, छह भाइयों का चित्र 1970 का है और अम्मा का चित्र सन् 58-59 के आसपास का जब वह दिल्ली में थीं। मालकिन के साथ मेरा चित्र 1981 का है। भैया और अम्मा के भावपूर्ण चित्र अवस्थी की कला के नमूने हैं।

दिल्ली
28.12.82

रामविलास शर्मा

विषय-सूची

गयादीन शर्मा (दौआ)

पहला अध्याय

ऊँचगाँव सानी

रामविलास शर्मा

हमारा गाँव

अवध जनपद के बैसवाड़ा क्षेत्र में कई ऊँचगाँव हैं। ऊँचगाँव सानी, डाकखाना चमियानी, जिला उन्नाव, यह पता बचपन में रटा हुआ था; लगता था, चमियानी से तुक मिलाने के लिए ऊँचगाँव के आगे सानी जोड़ दिया गया है। सानी अर्थात् दूसरा। ऊँचगाँव सानी यह केवल सरकारी पता था, गाँव के लोग आपस में ऊँचगाँव सानी न कहते थे। दूसरे ऊँचगाँव से इसे अलगाना हुआ तो ऊँचगाँव पड़री कहते थे। पड़ोस में पड़री नाम का एक बड़ा गाँव था, ऊँचगाँव पड़री कहने से लोग समझ जाते थे, पड़री के पास वाला ऊँचगाँव।

गाँव के दक्षिणपूर्व में लगभग आधे कोस की परिधिवाला गोलाकार टीला था। शहर की पाँच मंज़िलोंवाली इमारत के बराबर उसकी ऊँचाई रही होगी। एक तरफ गलियारा था, तीन तरफ खेत थे। बरसात के पानी के साथ मिट्टी के बर्तनों के छोटे-छोटे टुकड़े बहकर खेतों में फैल जाते थे। कुछ खेत ऊँचाई पर थे, उनसे लगे हुए दूसरे खेत नीचाई में थे। ऊँचाई वाले खेत टीले की ढलान काट कर बनाये गये थे। ढलान काटने से पहले इस टीले की परिधि और भी बड़ी रही होगी। दक्षिण की तरफ खेतों के बाद ऊसर था, ऊसर की बगल में ताल था और ताल के किनारे एक भीट था। भीट के पास बाग में कुछ पुराने पक्के मकानों के खँडहर थे। गाँव के दक्षिण पश्चिम में ऐसे ही भीट और ताल थे और भीटों के कारण यह भाग भिटवाही कहलाता था। गाँव के पूर्व की ओर भी दो तालों के बीच एक छोटा भीट था। मेरा अनुमान है कि यहाँ लगभग दो कोस के घेरे में पहले कोई नगर बसा हुआ था। ये भीट उसके ध्वंसावशेषों से बने हैं। बीच में दुर्ग था जिसके मलवे से वह गोलाकार टीला बना। इसे गाँव के लोग आट कहते थे।

आट में पहले सतह पर या सतह के थोड़ा नीचे ईंटें मिल जाती थीं। कुछ ईंटें

मजबूत और भारी होने के अलावा गोलाई लिये हुए भी थीं। ऐसी ईंटों का उपयोग या तो बड़े कुवों में होगा या गढ़ की बाहरी दीवाल के लिये। आट के गोलाकार रूप से यह संकेत मिलता था कि गढ़ के चारों ओर गोल परकोटा था। गाँव के लोग यहाँ से ईंटें खोदकर अपने घरों में लगाने को ले जाते थे जैसे खजुराहो में कुछ टूटे मन्दिरों के पत्थर गाँव वालों ने अपने कच्चे घरों में लगा लिये थे। मेरे बाबा के बचपन में आट और भी ऊँचा था। उनके बाबा के बचपन में भी आट था अर्थात् अठारहवीं सदी में या उससे पहले कभी पुराने नगर या दुर्ग का ध्वंस हुआ और यह टीला बना। सम्भव है, यह कार्य मुगलों या उनसे पहले के तुर्कों के समय किया गया हो।

आट में मिट्टी के पुराने बर्तनों के टुकड़ों की भरमार थी। ये टुकड़े अधिकतर लाल थे, कुछ गहरे नीले रंग के थे। मिट्टी पकाये जाने पर लाल हो जाती है, ज़्यादा आँच से काली या नीली हो जाती है। कुछ बड़े टुकड़ों पर नक्काशी भी दिखायी देती थी। गाँव के लोग कहते थे, खोदा जाये तो इसमें खजाना मिलेगा पर अमुक ने खोदा था तो उसके वंश का नाश हो गया। वंश नाश के डर से लोग आट को खोदते न थे। फिर भी ढलान काट कर खेत तो बनाये ही गये थे। इधर-उधर ईंटें या ईंटों के टुकड़े दिखाई दें तो जरूरत पड़ने पर इन्हें भी बटोर ले जाते थे।

पुरातत्व विभाग आट की खुदाई करे तो उसे यहाँ मूल्यवान ऐतिहासिक सामग्री मिल सकती है।

गाँव काफी नीचाई में बसा हुआ है। उत्तर की ओर तो दो-तीन ताल ही हैं किन्तु बाकी तीन तरफ तालों की पूरी श्रृंखला है, थोड़ी-थोड़ी दूरी पर ताल हैं। बरसात में खेतों और ऊसरों के पानी से ये ताल भर जाते थे। गाँव नीचाई में था, गलियारे से बाहर का पानी गाँव की तरफ बहने लगता। गाँव से लगा हुआ एक ताल था जिसे गड़ई कहते थे। गड़ई भर जाती तब उसका पानी गाँव के भीतर पहुँचता। गाँव का उत्तरी भाग कुछ ऊँचाई पर था, वह बहुत कुछ बचा रहता। दक्षिणी भाग का पानी खेतों और बागों से बहता हुआ पूर्व की ओर के नाले से जा मिलता। ज्यादा वर्षा होने पर कहाँ एक तालाब खत्म हुआ कहाँ दूसरा शुरू हुआ, पता न चलता था। जलमग्न खेतों, बागों और ऊसरों के बीच नाला पानी की तेज़ रफ्तार से ही पहचाना जाता था।

गड़ई के पास एक मोहल्ला धोबियों का था, दूसरा कोरियों और काछियों का। इन लोगों ने मिट्टी से खूब बड़े आकार के ऊँचे चबूतरे बनाये थे। एक चबूतरे पर एक मोहल्ला बसा हुआ था, अन्य पर दूसरा। धोबियों का मोहल्ला बहुत शानदार था। एक पाँति में घर थे और उनके सामने चबूतरे का खाली हिस्सा छोटे से मैदान जैसा था जहाँ वे विशेष अवसरों पर नाचते गाते थे। गड़ई का पानी इनके चबूतरे पर चढ़ने लगे तो लोग समझते थे कि इस साल असाधारण वर्षा हुई है।

जिस घर में मेरा जन्म हुआ था, वह गाँव के इसी दक्षिणी भाग में है और गलियारे

से लगा हुआ है। ज्यादा पानी बरसने पर गलियारा भर जाता, कभी-कभी कमर तक भरा होता और आठ-दस दिन तक भरा रहता। बाबा ने मिट्टी का भराव करके गलियारे से करीब तीन फुट की ऊँचाई पर घर बनाया था। दीवाल पक्की ईंटों की खूब मज़बूत बनायी थी, नींव में काफी गहराई से जली ईंटों के टुकड़े भरे थे। साधारण दीवाल होती तो गलियारे में पानी भरने पर ढह जाती। सत्तर से अधिक बरसातें सहकर वह दीवाल अभी अपनी जगह खड़ी है। इस दीवाल से दस कदम आगे एक गलियारा पश्चिम से आकर मुख्य गलियारे में मिल जाता है और इस तरह वहाँ चौराहा सा बन जाता है। यहीं लगभग पाँच फुट ऊँचा वर्गाकार पक्का चबूतरा बना है जिसके बीचोबीच शिवलिंग स्थापित था। शिवजी पर जल चढ़ाने एक दो भक्त आते थे किन्तु फुरसत में शाम को वहाँ कुछ किसान जमा हो जाते थे और देर तक बातें करते रहते थे। चबूतरे पर चढ़ने के लिए तीन-चार सीढ़ियाँ बनी थीं। गाँव में शिवलिंग एक-दो जगह और स्थापित थे। गाँव के उत्तरी छोर पर भी ऐसा ही चबूतरा था। गाँव के किनारे कई तरफ कुछ शिवाले थे। वे भी आम तौर से ऊँचे चबूतरों पर बने होते थे और उन चबूतरों का उपयोग भी किसान उसी तरह करते थे। देवी का मन्दिर एक ही था, काफी ख़स्ता हालत में था, पुरुषों से अधिक वहाँ स्त्रियाँ पूजा के लिए पहुँचती थीं। एक आध जगह पेड़ों के नीचे पत्थरों और ईंटों का ढेर लगाकर उन्हें किसी देवी का नाम दे दिया गया था। गाँव के पूर्व की ओर बाग में एक विशाल बरगद का पेड़ था। बरगदहाई अमावस को यहाँ स्त्रियाँ पेड़ के चारों ओर रंगीन धागा लपेट कर उसकी पूजा करती थीं। सामूहिक पूजा का चलन स्त्रियों में ही अधिक था। वट पूजा या देवी पूजा में जितनी स्त्रियाँ इकट्ठा होती थीं, उतने पुरुष किसी पूजा में इकट्ठे होते मैंने नहीं देखे।

गाँव से आधे कोस पर अलोपा देवी (अल्वापन) का मन्दिर था। यह छोटा मोटा तीर्थ स्थान था और विशेष अवसरों पर यहाँ मेला भी जुड़ता था। यहाँ पूजा के लिए आसपास के गाँवों से स्त्रियाँ ही अधिक आती थीं, पुरुष मेला देखने पहुँचते थे। जिस रात होली जलती थी, उस रात लगभग पूरा गाँव एक जगह सिमट आता था; दूसरे दिन लोग कबीरें गाते रंग खेलते सारे गाँव में घूमते थे। गाँव में कुछ मुसलमान रहते थे, मुहर्रम में जंगी ढोल और तरसे बजाते हुए खूब जोश से ताज़िये निकालते थे। गाँव में मस्जिद नहीं थी, मैंने उन्हें कभी सामूहिक रूप से उपासना या प्रार्थना करते नहीं देखा। बहुत से हिन्दू घरों में अपनी-अपनी देवमूर्तियाँ थीं और इस तरह पूजापाठ बहुत कुछ परिवार के बड़े-बूढ़ों का निजी काम हो गया था।

ऊँचगाँव में डाकखाना नहीं था, डाकखाना चमियानी में था। ऊँचगाँव में कोई स्कूल नहीं था; बच्चे पढ़ने के लिए दुबेपुर, या उससे दूर पासाखेरे जाते थे। तहसील पुरवा नाम के कस्बे में थी। यहाँ पढ़ने के लिए स्कूल था। और आगे पढ़ना हुआ

तो उन्नाव शहर था जहाँ स्कूल के अलावा कचहरी भी थी। ऊँचगाँव में बाज़ार न लगता था। सप्ताह के कुछ विशेष दिनों पर पासाखेरे में बाज़ार लगता था, उससे बड़ा बाज़ार पुरवा में था। किसानों को कुछ खास चीज़ें खरीदनी हों तो उन्नाव पहुँचते थे। गाँव के आसपास कोई नदी न थी, गंगाजी ऊँचगाँव सानी से पाँच-छह कोस पर थीं। कतकी के पर्व पर आसपास के गाँवों के किसान बैलगाड़ियों पर या पैदल गंगा नहाने पहुँचते थे। भारी मेला लगता था और कई दिनों तक लगा रहता था। ऊँचगाँव मझोले स्तर का गाँव था, बाजीखेर जैसे छोटे मोटे खेरों से बड़ा था, मगड़ायर जैसे बड़े गाँवों से छोटा था।

किसान परिवार

अठारहवीं सदी में गंगापुर नाम के गाँव से आकर एक भट्ट परिवार ऊँचगाँव में आकर बस गया था। गंगापुर में 'परसाद बाबा' वहाँ के नम्बरदार थे। किसी कारण उनकी नम्बरदारी समाप्त हो गयी, तब वह ऊँचगाँव अपनी ससुराल चले आये। वहाँ वह खेती और लेनदेन करने लगे। उनके पुत्र कल्याण प्रसाद नवाबी के दिनों में लखनऊ में नौकरी करते थे। 'वह ऊंचे पूरे मज़बूत, भारी, स्वस्थ तथा प्रभावशाली व्यक्ति थे। उनको अदबकायदे और अपनी प्रतिष्ठा का विशेष ध्यान रहता था। उस समय के अनुसार स्वभावतया वह एक लम्बी, मोटी, मज़बूत झँखरा बांस की लाठी बाँधा करते थे। उन्होंने भैंसें पाल रखी थीं, उन्हीं पर रहते थे। उनको गाने (भजन इत्यादि) का शौक था। इस कारण वह गाँव में बहुत जनप्रिय थे। वह अच्छा गाते थे।' मेरे बड़े भाई भगवानदीन ने पूर्वजों के बारे में यह विवरण बाबा (पितामह लालताप्रसाद) से पूछ कर लिखा था।

कल्याण प्रसाद के भाई रामबख्श खेती करते थे और पटा बनैठी के उस्ताद थे। तीसरे भाई बेनी भी खेती करते थे। कल्याण प्रसाद के पुत्र जवाहरलाल ने फौज में नौकरी की। वह देवली की छावनी में हवलदार थे। इनके छोटे भाई हीरालाल भी देवली के पास एक गाँव में रहते थे। वहाँ क्या करते थे, इसकी जानकारी नहीं है। हीरालाल के पुत्र संकटा [संकटा अथवा संगठा] प्रसाद भी फौज में थे। अफगानिस्तान की तीसरी लड़ाई में जो ब्रिटिश फौज भेजी गयी थी, उसमें संकटा प्रसाद भी थे और बहादुरी के लिए उन्हें तमगा मिला था। जवाहर लाल के पुत्र लालताप्रसाद भी फौज में भर्ती हुए और आगे चलकर हवलदार बने। फौज में भर्ती होनेवाले इस एक परिवार के सदस्यों के अलावा ऊँचगाँव के और कई परिवारों के लोग भी फौज में थे और वे सब देवली अथवा आसपास की छावनियों में थे।

अवध पर सीधा अंग्रेजी शासन 1856 में कायम हुआ पर नवाबों के जमाने में ही अंग्रेज़ अवध के शासन में दखल देने लगे थे। उनकी इस नीति के कारण किसानों की हालत बिगड़ रही थी और उन्हें जीविका की खोज में गाँव छोड़कर बाहर जाना पड़ता था। मेरे पितामह लालताप्रसाद गदर में आठ-दस साल के रहे होंगे। गदर से पहले उनके पिता जवाहर फौज में भर्ती हुए थे, गदर के कुछ साल बाद वह भी उनके पास पहुँच गये और फौज में भर्ती हुए।

लालताप्रसाद बहुत छोटे थे जब उनकी माँ का देहान्त हो गया। उनके पिता ने दूसरा ब्याह किया; दूसरी पत्नी ने चार पुत्रों और एक पुत्री को जन्म दिया। इनमें बड़े पुत्र लखपत पुलिस में थे और पिता की तरह वह भी राजस्थान में थे। लालताप्रसाद की विमाता उन्हें बहुत सताती थीं। जब वह सत्रह साल के थे, तब वह घर छोड़कर पिता से मिलने देवली चल दिये। ऊँचगाँव से कानपुर तक पच्चीस-तीस मील की यात्रा पैदल की। कानपुर में उस समय गंगा पर पुल न बना था। उन्होंने नाव पर गंगा पार की, फिर कानपुर से आगरे तक रेल से गये। आगरे से फिर पैदल देवली की यात्रा की।

फौज में भर्ती होने से बाबा को विमाता के उत्पीड़न से मुक्ति मिली किन्तु उनकी पत्नी गाँव में थीं और वह उस उत्पीड़न से मुक्त नहीं थीं।

सैनिकों के लिए पत्नियों को छावनी में अपने साथ रखने का चलन न था। फिर भी कुछ साल बाद वह गाँव आकर अपनी पत्नी को देवली ले गये। बाबा का यह कार्य असाधारण था क्योंकि उनकी विमाता गाँव में थीं और उनके पिता अकेले देवली में रहते थे। वहाँ 1876 में उनके पुत्र गयादीन का जन्म हुआ। उनका नाम पहले बेनीप्रसाद रखा गया किन्तु उन्हीं दिनों उनके परबाबा कल्याणप्रसाद की गया हुई थी, इसलिए लोग उन्हें गयादीन कहने लगे। उनके जन्म के दो साल बाद काबुल की लड़ाई हुई। उसमें वह पल्टन भी भेजी गयी जिसमें बाबा थे। जब वह चितराल में थे, तब सुलह हो गयी और इनकी पल्टन वहीं से लौट आयी।

मेरे पिता गयादीन दो साल तक देवली में रहे। तीसरे साल मूड़न के लिए उन्हें गाँव लाया गया। मूड़न हो गया और जवाहर बाबा पेन्शन लेकर गाँव आ गये। मेरे पिता अपनी माँ के साथ अब गाँव में रहने लगे। जवाहर बाबा की दूसरी पत्नी पहले अपने सौतेले लड़के लालता को सताती थीं, अब सौतेले नाती गयादीन और उनकी माँ को सताने लगीं। जब पिताजी पाँच साल के थे, तब बाबा उन्हें अपने साथ देवली ले गये। कानपुर तक की पैदल यात्रा उन्होंने बेटे को कन्धे पर बिठाकर पूरी की।

बाबा ने अपने बचपन और जवानी के बारे में कुछ बातें मुझे लिखा दी थीं। वे इस प्रकार हैं :

जब हम 7 वर्ष के थे, हमें तब की अवस्था का पूरा ज्ञान है। दादा [पिता] उस

समय यहाँ [गाँव में] उन्हें [माँ को] छोड़कर चले गये थे। उनके उस समय गर्भाधान था। हमें नहीं मालूम, उन्होंने क्या सोचा था; यहाँ कुछ दिन में गर्भपात हो गया और शायद दो या तीन दिन में स्वर्गवास हो गया। उसके बाद हम अकेले रहे।

हमारे आजा और आजी तब वर्तमान थे। उन्हीं ने हमें यहाँ पाला-पोसा। उनकी तीन भैंसों का दूध हम पीते थे। उनके राज में हमने सब सुख देखा। बाद में पिता रजाय आये। उनकी दूसरी शादी हुई। हम उस समय आठ या नौ वर्ष के थे। मारे सरम के अब धोती पहनने लगे थे। पिता की अवस्था 30 और 40 के बीच थी। उनके बड़ी भयानक मूँछें और दाढ़ी थी। हमारे बाबा ने कहा, तुम्हारा ब्याह होना है, मूँछें कटा डालो। [यह उनके दूसरे ब्याह की बात है।] उनकी जिद बनी रही। जब मीटिंग हुई थी, तब ये भागे-भागे फिरे थे। करीब दो साल तक घूमते रहे। एक दिन बाबा दहलीज में बैठकर रोने लगे। घर में नाज न था। आठ आने का नाज मँगाया। अचानक उसी दिन दादा की सौ रुपये की हुण्डी मिली।

अब आजी की मृत्यु हुई। यहीं से हमारी दुख कहानी शुरू होती है। बाबा मेरा बड़ा ख़याल रखते थे। जब हार जाते थे, तब हमें दूध रोटी देते थे। इस तरह दो साल बीते। जब हम करीब तेरह साल के थे, तब वह भी हमें छोड़कर चले गये। अब हम अनाथ हो गये। सौतेली माँ हमसे खूब काम लेने लगीं। हम चौदह साल के थे, तब पढ़ने पासाखेरे जाने लगे। उस समय हम चौका देते, रोटी पोते, गोबर-पानी करके पढ़ने जाते और पिछड़ने पर स्कूल में मार खाते थे। हमें चबेना मिलता, सो वही दोपहर में चबाते। ठाकुरों के लड़कों में भंग पानी पीते। शाम को घर आते। दुपहर के बर्तन माँजते। फिर जो कुछ बचा-बचाया होता, वह हम सोते वक्त पाते। वे सोते तो हम दोनों जनों की देह चापते। उनकी आदत थी कि बिना पैर चपाये न सोते थे। जब वे सो जाते, "तब वही ठांय चुप्पै पहुरि रही"। सबेरा होते वह "जब पीसै उठैं, तब चकिया पिसाई"। चौका बर्तन करें, कभी किसी के साथ धान कूटें। कभी वह कहें, आज रोटी बना, पढ़ने मत जा। जब काका [हीरालाल] आवें और पूछें तो वह कह दें कि हमारा जी अच्छा नहीं है। फिर दूसरे तीसरे दिन [स्कूल न जाने से] मार खाते। सबक याद न होता था तो फिर मार खाते थे। मौलवी उर्दू पढ़ाता था। गाली देता था। लड़के हँसते थे।

जब बाबा थे, तब हमारा ब्याह हो गया था। मेरी उम्र करीब ग्यारह साल की थी। जब गौना हुआ, तब हम चौदह के थे। गौने के बाद घर का सारा काम इनके माथे गया। इनको दिक करें। इन्हीं को सब करना पड़े। जो हम किसानी करें तो इन्हें कुछ सहारा मिले। उन दिनों दादा यहीं थे। मैं पन्द्रह साल का था। एक बछवा ससुराल का, एक त्रिवेदियों का, मेहरवान [मेहरबानसिंह] के साथ जॉढी [ज्वार] बोई। फिर उनके साझे में धान बोये, सनई बोई। पढ़ना छूट गया। फ़ीस न दें। वहाँ मार

खाते। किताबें न मिलें। सबेरे बैल नहें, दुपहरी तक जोतें, फिर बैल चरावैं, काका सोवैं। जब उनसे कहैं [कि काम में साथ नहीं देते] तो वह कहैं, हमने तो पहले ही कहा था [कि खेती न करो]। "हम अटारी पर रही। राति मँ बैल बांधै क बोलावैं। हम जो कही तो कहैं, चार ठईं लातै मारब, नहीं तो बाँधो आय।" मेहरवान जब रोटी खाके आवें, तब कहैं, रोटी नहीं लाये? हम कहें, नहीं। तो कहैं, "दौरि कै खा आ।" हम दौड़कर आयें और हफर हफर रोटी खायें। [लौटने पर] वह कहें, "त्वै तो देर कइ [करि] दीन्हें।" "साम क आई, सानीवानी करी, काका मौज करें।"

इनको [पत्नी को] कष्ट ज़्यादा था। रात को हमसें रौवें धोवैं। एक दिन अफीम खा ली और आत्मघात की सोची। बड़ी परेशानी थी पर कोई चारा न था। तभी कातिक में हमने रबी बोई। खेतों के पास कुआँ न था। मेहरवान ने कहा, लाओ कुआँ खोदें। अब मैं सत्रह साल का था। मैं राजी हो गया। एक जन मदद को था। एक तरफ वह खींचे, एक तरफ हम। हमारे हाथ कट गये। काका ने मदद न की।

दादा ने रुपये भेजे थे। पाँच रुपये आले पर धरे थे। वहाँ से उन्हें हमने उठा लिया। माँ ने पूछा तो हमने कहा, नहीं मालूम। दो तीन दिन रास्ता देखते रहे। "याक दिन वी टेंटे मँ रुपैया टोय लीन्हेनि।" उन्होंने काका से कहा। "काका कहै लागि कि डारि आई तो लातन मारा जाई। खोंसे रहै दियो।" शाम को माँ ने कहा, कल कुँई ओगारना होगी; जन खेरे में कर आओ। बाद में थोड़ा सा पानी बरसा। तकिया के मेलहारी हमारे दुआरे टिके थे। शाम को सबेरे जाने की ठानी। घर में डोर न थी। [यात्रा में लोटा डोर साथ रखना जरूरी था।] माँ से माँगी। पूछा, क्यों? कहा, कुछ काम है।

सबेरे इनसे [पत्नी से] कहा, चाकी पीसो जाय। कुछ बताया नहीं। [अटारी से] नीचे उतरे। हल्की रजाई, अरगनी से धोती, लोटिया डोर और पाँच रुपये लिये। माँ कुछ जागती, कुछ सोती थीं। थोड़ा मुँह उठाकर देखा पर कुछ कहा नहीं। हमारी तो वगन्नी [कुआँ ओगारने] की तैयारी थी। पानी की वजह से रुके [कुएँ का काम रुका]। गोपाल [एक मित्र] से कहा था, हम नवगवाँ जायेंगे; आगे मिलनाा। काका ने पूछा, कहाँ जाते हो? हम चुप। वह बोले, बोलो ना। हमने कहा, "नवगवाँ जाइत है। दुइ दिन मँ लौटिबे। कुँईन ऑगारी जाई। मेहरवान ते कहि दीन है (झूठै)।" [मेहरबान सिंह से कह दिया है, यह बात झूठ थी।]

गोपाल मिले। साथ साथ चले। रास्ते में ज्यादा पानी बरसा। एक 'टट्यारन' के ढेर के नीचे [अरहर के सूखे पेड़ों के ढेर के नीचे] छिपे। "मोहरा बन्द कइ दीन।" बूंदी बन्द हुईं। निकल चले। गोपाल से अपना भेद न बताया था। नवगवाँ में नाना [सौतेली माँ के पिता] चाहते थे। रहे। पूछा, नहा आये? कहा, हाँ (झूठ)। रोटी खाई। नाना कहीं गये, शाम को आये। दोनों आदमियों ने फिर रोटी खाई। नाना ने पूछा,

कहाँ को? कहा, कानपुर में कुछ मसाला लेना है। बोले, हीरालाल क्यों नहीं गये? "हम कहा कि तिनुक कानपुर द्याखब।" वह कुछ समझकर बोले, "जहाँ का पयान बाँधा हऊ, हुआं लड़ाई होति है।"

गोपाल से कहा, चलो कानपुर देखें। सबेरे चले। कानपुर के पुल पर पहुँचे। रुपये तुड़ाने गये। दो पैसे में पुल उतरे। नहर पर गये। पूछा, रेल कब आती है? गोपाल ने पूछा, क्यों? [रेल के बारे में क्यों पूछते हो?] कहा, देखेंगे। गोपाल से कहा, दो आने के सत्तू ले आओ। लोटिया में सत्तू घोरे, जण्डैलगंज में नहाये, खाये, खूब अघाये। सोचा कि क्या होगा! कुछ हुचहुची आयी। उठे। [जो सत्तू बचे] नहर में डाल दिये।

पूछते पूछते स्टेशन पहुँचे। वहाँ पूछा, टिकट कहाँ बँटते हैं? गोपाल ने पूछा, क्यों? हमने कहा, "द्यखिबे।" "हम कहा, त्वै गठरी देखु, हम आइथ [आइत है] ।" ढाई रुपये में आगरे का टिकट लिया। अब हम रोने लगे। गोपाल से सब कह दिया। कहा, ढूँढ़ने न आना। वह भी रोने लगा। कहने लगा कि तुमने हमसे नहीं कहा, नहीं तो हम भी चलते। रुपये दो ही थे। [गोपाल को] दो आने दिये। कहा, एक पैसा उतराई [नदी के पुल] का, एक पैसा सराय में ठहरने का देना।

टूंडला तक गाड़ी थी। [रेल के] पुल से उतरे। सरायवाला गोहरा रहा था। उसके साथ गये। टूटी खाट पर बैठ गये। उसने पूछा, खाओगे? हमने कहा, नहीं। एक पैसा दिया। उसने कहा, उतरो खाट से। धोती डालकर [ज़मीन पर] हम लेट गये। भोर होते बाहर आये। पूछा कि देवली की छावनी को किधर से जायें। किसी ने न बताया। पुल पर से आगरा आये। महाजनों से पूछने की सोची। शहर में आये। चना गुड़ लिया। बनिये ने बताया 18 कोस पर भरतपुर है, फिर जयपुर, फिर टोंक, उसके आगे 18 कोस पर देवली की छावनी है।

चले। तब पाँच कोस पर दिन निकला। कुआँ मिला। झाड़े वाड़े गये। सोचा कि आज भरतपुर पहुँचें। एक बनिया मिला। "मिलै तो खूब सेवा करी।" वह पीछे चल रहा था, हम आगे आ गये। वह कहने लगा, बेटा, और हाल हाल [जल्दी] चलो। हमने उसे समझ लिया। उसने पूछा कि कहाँ तक जाओगे। हमने बताया। उसने कहा, हम भी भरतपुर चलेंगे। शाम तक भरतपुर पहुँचा देंगे। दुपहर गुजार दो। खा पी लो। पौसरा पर उतरे, नहाया-खाया। चबेना चबाते गये थे। उसने पूछा, पूरी खाओगे? हमने नाहीं की। चबेना चबाया। फिर उठे। चले। शाम को भरतपुर पहुँचे। उसने कहा, दुकान पर उतरें। उतरे। उसके बिस्तर पर सोये। हमने कहा, रोटी न बनायेंगे, चने चबायेंगे, कल रोटी बनायेंगे। उसने कहा, हम बर्तन दे देंगे, कहो भौरिया [बाटी] लगा दें। आखिर हमने रोटी न बनाई। वह सो गया, हम भी सो गये। हमारे मन में शंका थी। सबेरे उठकर चल दिये। फिर एक बाँभन [ब्राह्मण] मिला।

दोनों जने चले। आगे चौकी पर चने लिये। "चलत जाई औ चबात जाई।" उस दिन 17 कोस चले।

दूसरे दिन उसे कुछ काम लगा। हम आगे चल गये। दोनों से बिछुड़े। एक पहाड़ी पार करने पर गाँव मिला। अँधेरा हो रहा था। कहाँ उतरें? भूख लगी थी। एक मन्दिर में लेटे। पुजारी ने कहा, यहीं रहोगे? बातचीत की। जूते रखे। उसने जूते उठाकर फेंक दिये। बोला, जूते मत लाना। जब सब लोग सो गये, तब हमने जूते कपड़े में लपेटकर सिरहाने धर लिये। सबेरे वहाँ से टोंक के लिए चले। रास्ते में एक मियाँबीवी मिले। उनके साथ एक लड़का था। वे टोंक जा रहे थे। हम उनके साथ चले। आगे लड़का रोने लगा। [उन्होंने कहा, इसे ले लो।] हमने उसे घोड़इयाँ [घोड़े की तरह पीठ पर] लिया। आगे कोस भर का जंगल पड़ा। उसमें पक्की सड़क न थी। काँध दर्द करने लगा। औरत ने उसके अँगुली पकड़ ली। हमने कहा, आगे हम तलाये [निवृत्त] होते हैं। हम लम्बे हुए। आगे एक लट्ठबाज मिला। उससे रोते हुए सब हाल बताया। कहा, जहाँ तक हो सकेगा, जायेंगे, आगे माँगें खायेंगे। उसने कहा, कल तक पहुँचोगे। मियाँ फिर न मिला। टोंक पहुँचे। सराय में रहे, एक चौरा [चबूतरे] पर नीम के नीचे; रहने का एक पैसा दिया।

देवली 18 कोस थी। फिर वह बनिया और बाँभन मिले। तीनों एक साथ हो गये। बनिया रात भर जागता रहा था, हमारे लिए जगह किये रहा था। कहता था, "वह बच्चा कैसे करता होगा? दो दिन से रोटी बनाता होगा।" रात को सिवाले में रहे। सबेरे छावनी पहुँचे। लाइन में पहुँचकर डेरा पूछा। दादा झालावाड़ में थे। वहाँ [हमारे गाँव के] दो भाई नरायन और मोतीलाल थे। पूछते-पूछते पहुँचे। नरायन ने देखा, उठे, दौड़े। भैया, यहाँ कहाँ? आओ चलें। उनकी माँ थीं। अरे कहाँ आये? नहाये। सब हाल बताया। दो तीन दिन रहे। सरफजीत [जवाहर से परिचित एक सैनिक] ने बताया, बुढ़ऊ बीमार हैं। हमारा जी सूख गया। हमने कहा, या तो किसी को साथ कर दो या रास्ता बताओ। रात को ही तैयारी कर दी। नरायन की माँ भी साथ चलीं। शाम को बूँदी पहुँचे। सूबेदार ने कहा, डाकवाले के साथ पहुँचा देंगे। शाम को दादा अचानक डोली पर आ गये। "हम तापित रहै।" देखकर रोने वोने लगे। दादा अस्पताल में रहे।

सब जने साथ चले। दादा एक बकरा खेद लाये। छावनी लाये। खाया पिया। रहते रहे। दादा ने घर जाने को समझाया। हमने कहा, पन्द्रह रुपये दे दो। उन्होंने पूछा, कहाँ जाओगे? हमने कहा, घोड़े की लीद उठायेंगे। वह रोने लगे। नरायन ने सूबेदार मेजर से कहा। साहब के सामने ले गये। उसने कहा, छोटा है। सूबेदार मेजर ने सब हाल बताया। कहा, खा पीकर जवान हो जायेगा। एक उर्दू की किताब सकेल दी [हमारे सामने कर दी]। हमने एक लाइन सर्र से बाँच दी। डाक्टरी हुई। आठ

आदमी एक साथ नौकर हुए। हमारा नाम पक्का हो गया। हम सत्रह साल के थे। तनखाह सात रुपये थी। एक रुपया नाऊ-धोबी का कट जाता था।

छह महीने तक रँगरूटी की। चाँदमारी करके पास हुए। पल्टन में कवायद की। छुट्टी का नम्बर आया तब सात महीने की रजाय माँगी। साहब ने कहा, चार महीने की ले लो। दादा के साथ चार महीने की रजाय आये। ये [पत्नी] गाँव में थीं, गयादीन पेट में थे। दो-तीन बार माँ से लड़ाई हुई। बुढ़ऊ [पिता] न बोलें। आखिर हमने दो दिन रोटी न खाई। माँ ने कहा, "हम तुम्हारी मेहरिया क सौरि में डारि कै मारि डारब।" हम इन्हें अपने साथ ले गये। नरायन भी अपनी भौजी को साथ ले गया। बुढ़ऊ तीन महीने बाद पहुँचे। अलग खाते रहे, हमारा कहना न माना। हम एक दिन उनके पास रोने लगे। दो महीने तक दादा और संकठा हमारे यहाँ रोटी खाते रहे और पाँच-पाँच रुपये देते रहे। हम गुजारा करते रहे। माँ ने दादा को लिखा, बुढ़ऊ, तुम सुअर और गाय खाओ जो लालता के साथ रोटी खाओ। तीन दिन के बाद मनाने से माने।

संवत् 1833 में गयादीन हुए। दादा झालावाड़ में थे। चिट्ठी लिखी, जवाब न दिया। गयादीन दो साल के हुए, तब दादा पेन्शन लेकर घर जाने लगे। हमने कहा, इन्हें लेते जाओ। दादा ने कहा, हमारे लड़कों को ही ठिकाना नहीं है। "हम खरचा क बँदोबस्त कीन।" नसीराबाद में रेल पर चढ़ाया। नसीराबाद तक गयादीन को इक्के पर ले गये, बुढ़ऊ गुस्सा के मारे न बैठे। घर पहुँचने पर माँ ने कहा, "पेटु लै कै गई तेऊ, फिरि लै कै आ गयउ। सरम नहीं लागति।" सकुन्ता पेट में थीं। गयादीन के फुड़िया हुई। दूध पिलाने को बकरी पाली। माधो वगैरह [सौतेले भाई] उसे दुह लें। गयादीन जब सात साल के थे, हम छुट्टी आये। एक दिन हम हार से आये। नहा पर बैठे। माधो राब निकालकर खाने लगे। गयादीन वहीं खड़े थे। माँ ने कहा, "बाप ते कहतू काहे नहिंन। याक मटुकी लै कै धरि नहीं लेतू।" हमारे लग गई।

हमने गयादीन से कहा, हमारे काँच का घर है, खिलौने हैं। अँगरखी पहनाई, टोपी दी। कुछ खाने को न बनाया गया था। दादा ने कहा, "जहाँ हम रहित हैं [हार में], हुआँ पानी को पियाई?" हमने कहा, "का तुम्हरे कोऊ दूसर लरिका नहिंन?" गयादीन को कांधे पर बिठा कर चले। जमुका में खिलाया पिलाया। उन्नाव में स्टेशन पर उतर कर पूरी खिलाई। सो गये थे। जगाकर गाड़ी पर बैठाया। कानपुर से आगरा पहुँचे। आगरे से नसीराबाद का इक्का करने गये। इन्हें सराय में बैठा गये। ये रोने लगे, आँखें लाल हो गयीं। पूछने पर बताया, "हम जाना भैया [पिता] हमें छोड़कर चले गये।" कुछ पूरी ले ली। नदी उतरे। कमानी पहुँचे। रोटी खाई। इन्हें "दूध खवावा"। फट से उल्टी कर दी।

[देवली में] चमन्नी टोन्हाइन प्रसिद्ध थी। उसने कहा, कोई ख़याल न करो। ये लेट गये और सो गये। दस पाँच दिन बाद स्कूल भेजा। आधा पाव शक्कर बँधी थी। दूध था, घी था। हमारी और संकठा की तनखाह थी। खूब खाते और स्कूल में पढ़ते थे। पढ़ने में जी खूब लगता था। औरतों के पास खेलने जाते थे।

बड़े हुए। नौकरी की बात चली। बाबू ने कहा, दो रुपये महीना देंगे। पहले हमने नामंजूर किया। अजीटन साहब ने कहा, परेड करके पढ़ने जायेगा। एक घंटा हमारे पास रहेगा। तीन महीने तक रँगरूटी में रहे पर दफ्तर में रहे, पहरा न देना पड़े। खायें, सोयें, कवायद करें। चाँदमारी दुरुस्त हो गयी। साहब ने इन्हें लैस कर दिया। पहरा माफ। नसीराबाद से आर्डर आया था। इन्होंने लिखा, दो रुपये लड़के को दे दो। [घटना का पूरा विवरण आगे दिया गया है।] कैद हो गये, नाम कट गया। घर चले आये। सत्रह या अठारह साल के रहे होंगे। इसके बाद हम काबुल की लड़ाई में गये। ये यहाँ घर से निकाल दिये गये। दूसरे टोले में [भैयाचारों के यहाँ] रहने लगे। इनकी माँ एक बार मैके भाग गयीं। संकठा जाकर लिवा लाये। हमने पेन्शन ली। घर आ गये और खेती करने लगे।

मेरे पिता ने संक्षेप में आत्मकथा लिखी थी। उसमें उन्होंने अपने बचपन का वर्णन इस प्रकार किया था :

> बाबा [जवाहर] मुझको प्यार करते थे परन्तु आजी सौतेले भाव से बर्ताव मेरी माताजी के साथ करती थीं और इसी से मेरे साथ भी वैसा ही बर्ताव होता था।
>
> मेरी अवस्था करीब पाँच वर्ष की थी। आजी बाबा के वास्ते शरबत बनाकर दोपहर के करीब मुझको ही खेत पर भेजा करती थीं। मेरे चाचा मेरी बराबरी के थे और कुछ मुझसे बड़े ही थे, उनको बचाये रहा करती थीं। एक दिन मैं बाबा को शरबत देकर कूदता-फाँदता चला आ रहा था। एक बबूल का काँटा पाँव में इस जोर से घुसा कि उसकी गाँठ पाँव में पूरी पैठ गयी और नोक पाँव छेदकर ऊपर निकल आयी। आगे-पीछे कोई न था जो उसको निकालता। थोड़ी देर रोने के बाद हिम्मत बाँधकर काँटे की जड़ को दाँतों से दबाकर पाँव में झटका दिया। काँटा निकल गया, खून बहता हुआ घर तक आया। आजी ने देखकर कहा, क्या काँटा लग गया, जा पट्टी बँधवा ले। माताजी के पास पहुँचा। उन्होंने पाँव धोया और मरहम-पट्टी की।
>
> हमारे यहाँ लेन-देन होता था परन्तु माताजी को दिन-भर चूल्हा-चक्की से ही छुट्टी नहीं मिलती थी। सुबह मेरे चाचा जो करीब-करीब मेरी ही हम-जोली के थे, उनके वास्ते खाना बन जाता था और वह खाना खाकर खेलने चले जाते थे। उसके बाद हम दोनों बहन-भाइयों को सूखे टुकड़े जो दो रोज के बचे-बचाये

होते थे चबाने को मिल जाते थे। यह कष्ट माताजी को सहन न हुआ और वह इस घर को छोड़कर खेरवा टोला [गाँव का उत्तरी भाग] में जहाँ बहिरेवा यानी संकटा काका की सौतेली माँ रहती थीं चली गयीं। एक दिन चौके में दाल चढ़ी हुई थी। उफान आ रहा था। उसी के पास एक सीढ़ी अटारी पर जाने को लगी हुई थी। माताजी कोठे में आटा लेने गयीं और मैं उस सीढ़ी पर चढ़ गया। एक डँड़का बाकी रह गया था कि डँड़का हाथ से छूट गया। फिर क्या था, बटलोई औंध गयी और उबलती हुई दाल पाँव पर गिरी जिसके जले हुए का दाग आज तक मेरे पाँव में है।

पिताजी [लालता प्रसाद] पल्टन से छुट्टी लेकर आये थे। उन्होंने सब करुण कहानी सुनी और मुझको पाँच वर्ष की उमर में ही बाबा के बहुत कुछ मना करने पर भी पल्टन को ले गये। उस वक्त कानपुर तक ही रेल थी। वहाँ तक कन्धों पर ही ले गये और वहाँ से रेल पर सवार होकर पल्टन पहुँचे।

जब वह स्कूल जाने लायक हुए तब उन्हें एक मिशन स्कूल में भर्ती करा दिया गया। भर्ती होने से पहले हिन्दी और गणित की प्रारंभिक शिक्षा उन्हें अपने पिता से मिली होगी। मिशन स्कूल में उनकी हिन्दी, उर्दू और अंग्रेज़ी की पढ़ाई हुई।

मगर उर्दू की पढ़ाई बिल्कुल ठीक नहीं होती थी। इंगरेजी की थर्ड रीडर खतम हो गयी थी और हिन्दी ठीक तरह से काम लायक आ गयी थी। वह स्कूल छुड़ा दिया गया और जहाँ एक राजपूताने का गवर्नमेंट का एजेंट रहता था, उसको एजेन्टी कहा करते थे, वहाँ एक फारसी का स्कूल था। वहाँ फारसी पढ़ने जाने लगे। गुलिस्ताँ आधी पढ़ पाये थे कि वह स्कूल भी छूट गया। पढ़ने में मैं ठीक था, और लड़कों की तरह शैतान नहीं था। फिर भी शैतानी जरूर करता था। दिन को पढ़ने जाता, शाम को खेलने की छुट्टी मिलती। रात को चिराग के उजेले में पढ़ता था। उन दिनों लालटेन वगैरह नहीं थी। मगर समय अच्छा था। 1 रुपये के बीस सेर गेहूँ, सोलह सेर का आटा, दस बारह सेर दाल, सोलह सेर अच्छा दूध, तीन सेर का घी मिलता था। खूब खवाई हुई और तन्दुरुस्ती अच्छी रही।

जिस समय पिताजी की पढ़ाई चल रही थी, उस समय बाबा कोत हवलदार थे। वह सिपाहियों को तनखाह बाँटते थे। उनके हिसाब किताब में पिताजी मदद करते थे, उनके रजिस्टर में जो कुछ अंग्रेज़ी में लिखना होता, वह भी लिख देते। एक दिन दफ्तर के इन्चार्ज अफसर ने पूछा, यह किसका लिखा हुआ है? मालूम होने पर उसने पिताजी को बुलवाया और उन्हें भर्ती कर लिया। उस समय वह पन्द्रह साल के थे। पहले उनका काम पहरा देना था; कुछ दिन बाद उन्हें दफ्तर में ले लिया गया।

दफ्तर में डेढ़ साल काम करने के बाद एक महत्त्वपूर्ण घटना हुई। एक मेस

में अंग्रेज़ी पढ़ा हवलदार काम करता था। शायद उसने छुट्टी ली और उसकी जगह पिताजी को रखा गया। नसीराबाद से मेस के लिए एक हवलदार ने आलू खरीद कर भेजे। सप्लाई के इन्चार्ज जमादार ने उसका भुगतान कर दिया और पिताजी ने भी कर दिया। जब उन्हें मालूम हुआ कि भुगतान हो चुका है, तब उन्होंने हवलदार को लिखा, आलू का पेमेण्ट दो जगह से हो गया है, इसलिए तुम हमारा पेमेण्ट अपने लड़के के वास्ते रख लेना। हवलदार ने वह पत्र इनके अंग्रेज़ अफसर के पास भेज दिया। उसने इन्हें बुलाकर पत्र दिखाया और जब अपनी सफाई में यह कुछ न कह सके तो इन्हें 'क्वार्टर गार्ड' में बन्द करवा दिया। बाबा को मालूम हुआ तो उन्होंने दौड़-धूप शुरू की। सजा से बच गये पर नौकरी चली गयी। एक आदमी उन्हें पल्टन की हद के बाहर निकाल आया। वह पास के एक गाँव में रहने लगे। वहाँ उनके छोटे बाबा हीरालाल थे। उस गाँव से पिताजी एक हवलदार के साथ नसीराबाद गये, वहाँ से घर आये। इनके चले आने पर वह अंग्रेज़ अफसर—कर्नल बेल—बाबा से और इनके चचेरे भाई संकटा से नाराज रहता था। ये दोनों आदमी पेन्शन लेकर गाँव आ गये।

घर में जो गलियारे की तरफ दीवाल है, वह गिरी पड़ी थी। उसमें झाँखर रूँधकर वह रहने लगे। इस घर के बनने की कहानी पिताजी के शब्दों में इस प्रकार है :

> जब मैं छोटा था, बाबा जवाहरलाल घर पर थे। पिताजी छुट्टी लेकर पल्टन से घर आये हुए थे। बाबा मेरे पिताजी को बढ़कवा कहा करते थे। पिताजी से उन्होंने कहा, बढ़कवा, इन मेहरियन मां आपुस मां नहीं बनति है। यह खँड़हरु परा है। वहि मां घरु बनाय लेव तो अच्छा है। पिताजी ने कहा, बहुत अच्छा, साइति पूछ लेव त्तौ लग्गा लगाय देई। जगनू बाबा से साइत पूछी गयी। यह मुझको याद है कि महँगू की दीवाल के पास घूर था और एक कैथा का पेड़ था और एक नीम का पेड़ था। चार नम्बरदार व जिमीदार बाबा लिवा लाये। चारों आकर रघुबर त्रिवेदी के चबूतरा पर बैठ गये। पिताजी ने एक एक रुपैया चारों के हाथों पर रख दिया। सरदार सिंह ने उठकर पाँच फड़हा मारे और कहा लो बनावो। इसके बाद सब चले गये। इस जगह हमारे पूर्वजों का मकान था जो गिरकर मैदान हो गया था। कैथा और नीम का पेड़ कटा। घेरा बन गया।
>
> पिताजी चले गये। बाबा ने पीछे की तरफ एक कोठरी बनवायी और सामने दहलीज बनवायी। माताजी जो दूसरे मुहल्ले में रहती थीं आकर इस मकान में रहने लगीं। चाची जिनको बाद में सब माया कहने लगे थे, वह भी इनके शामिल शरीक रहने लगीं।

जब बाबा और संकटा पेन्शन लेकर पिताजी के पास गाँव आये, तब तीनों ने मिलकर घर की गिरी हुई दीवाल बनायी, फिर खेती शुरू की। घर के खेत न थे।

गाँव में कई छोटे जमींदार थे। उन्हीं से खेत लेकर खेती शुरू की।

खेती के काम के बारे में पिताजी ने लिखा था :

> मैं खेती तो करता था पर मेरा दिल नहीं लगता था। लालासिंह गौतम बम्बई में रहा करते थे। वह गाँव आये हुए थे। मैंने अपना दुख उनसे कहा। उन्होंने आश्वासन दिया कि हमारे भाई दिरगजसिंह बम्बई में हैं। हम उनको चिट्ठी लिखे देते हैं, तुम उनके पास चले जाओ। एक दिन हम अपने लोधी ताल के पेड़ों के पास एक बरिया में धान निरा रहे थे। दोपहर हो गयी। पिताजी बोले, घाम बहुत है, चलो पेड़ के नीचे ठण्ढा लेवें। दोनों बाप-बेटे पेड़ के नीचे आ गये। मेरा मुँह लाल हो रहा था। पिताजी सहन न कर सके। बोले कि अगर तुम बुरा न मानो तो एक बात कहूँ। मैंने कहा, बुरा क्यों मानूँगा, आप कहिए। बोले, हम तुमको पढ़ाया-लिखाया, वह सब बेकार हुआ। अगर खेती ही करना था तो हम अपना पैसा क्यों बरबाद करते। मैंने कहा, मैं चार-छह रोज में बम्बई जा रहा हूँ। इस पर बोले कि क्या मुझको यह कहने का ही अपयश होना था।

पिताजी बम्बई गये, वहाँ से मालवा और बुन्देलखण्ड में ठेकेदारों के साथ कई जगह काम किया। जब वह बाँदा में थे, तब उन्हें बाबा का पत्र मिला कि वह कर्ज़ न अदा कर पाने के कारण गिरफ्तार कर लिये गये हैं।

संयुक्त परिवार और अन्धविश्वासों के कारण यह कर्ज़ हो गया था। बाबा के साथ पल्टन में उनके चचेरे भाई संकटा थे। हमारी आजी के साथ संकटा की पत्नी माया रहती थीं। माया कहती थीं कि उन्हें बाई सताती है, काम नहीं होता। उनकी मदद के लिए बाबा की सौतेली माँ का भाई मातादीन रखा गया। पल्टन से मनीआर्डर आने में देर हो जाय तो माया खाने-पीने का सामान मातादीन से उधार मँगवाती थीं, मातादीन घर का मालिक बन गया। उसे देवी आती थीं और देवीपूजा के नाम पर अलग पैसा खर्च किया जाने लगा। मूलधन केवल पच्चीस रुपये था; ब्याज लगाकर पंचानबे हो गये थे। महाजन ने दावा किया, डिग्री होते ही उसने बाबा को गिरफ्तार करा दिया और वह एक दिन जेल में रहे। मेरी बुआ और फूफा ने कर्ज़ की रकम जमा करके उन्हें छुड़ाया। पिताजी ने बाँदा में समाचार सुनकर फूफा के पास रुपये भेज दिये।

पिताजी की पहली पत्नी का देहान्त हुआ, दुबारा ब्याह हुआ। इस पत्नी का देहान्त हुआ और उन्होंने निश्चय किया कि अब ब्याह न करेंगे।

> इस वक्त मेरे पास शुकसागर किताब थी। फुरसत में उसको पढ़ा करता था। शुकसागर के पढ़ने से मेरे ख़यालात बदल गये। यह विचार हो गया कि अब शादी नहीं करूँगा। जब तक भी बाप जीवित हैं, उनकी सेवा करूँगा, बाद में भगवत भजन करूँगा।

किन्तु बाबा में वैराग्य की भावना रत्ती-भर नहीं थी। वह महाबीर की पूजा घर-गृहस्थी में उनकी सहायता पाने के लिए करते थे, शुद्ध भक्तिभाव से नहीं। उन्होंने तै किया कि वंश चलाना है और पिताजी का तीसरा ब्याह होकर रहा।

परदेस में नौकरी करने के बाद कई बार ऐसा हुआ कि पिताजी किसी-न-किसी कारण कई महीने तक, एकाध बार कई साल तक, गाँव आकर रहे। इस तरह वह एक बार तीन साल तक गाँव में रहे और खेती करते रहे। इस अवधि में उन्हें परिवार के साथ कभी-कभी अकाल के कारण काफी कठिनाइयों का सामना करना पड़ा। दूर-दूर के बाजारों से, जहाँ मोटा अनाज सबसे सस्ता मिले, वह सिर पर ढोकर लाते थे। घर की स्त्रियाँ आम की गुठलियों के भीतर के कोये निकालकर सुखा लेती थीं, फिर उन्हें पीसकर आटे में मिला लेती थीं। ऐसे ही एक बार–

घर पर पहुँचकर खेती के काम में लग गया। एक साल पाला पड़ने से खेती की फसल मारी गयी। कहत पड़ गया। पहले जिस साल मैं झाँसी आया था, उस साल भी कहत पड़ा था मगर गेहूँ सात सेर के बिकते थे। अबकी कहत में जुआर व काला उड़द जो पाँच सेर का बिक रहा था, बाजार से लाकर खाया जाता था। एक साल प्लेग की बीमारी भी फैली। सब गाँव खाली हो गया। हम लोग भी लोधी ताल पर झोंपड़े डालकर रहे थे। हल जोतना भी अच्छी तरह आ गया था। भादों के महीने में बरसात न हुई। खेत जोते जाने लगे। तराई के पास जो गोबरी के नाम से खेत है, वह जोतने लायक हो गया था। पिताजी को बुखार आ गया था। मैं जोतने को गया। खेत सूख गया था यानी सूख चला था। पैर में जूते नहीं थे। एक दिन के जोतने में ही पैर कट गये थे क्योंकि उसकी मिट्टी कुछ चिकनी थी जिसकी वजह से कत्तलें की कत्तलें उखड़ती थीं जो पाँव को काट देती थीं। पिताजी से कहा कि यह हालत है। बोले, जैसे बने, वैसे जोतो, नहीं तो खेत खराब हो जायेगा। बहुत अच्छा, जोतूँगा। उस खेत को जोतने में मेरी जो दशा हुई, वह मैं ही जानता हूँ। कभी-कभी तो पैरों से चला ही नहीं जाता था। परन्तु खेत को जोतकर ही छोड़ा। चार दिन में खेत खतम हो गया, तब जान में जान आयी।

घर में रहकर खेती का सब काम किया। ईख भी बोयी, गुड़ और राब भी बनायी पर खेत में ऊँख तोड़कर कभी नहीं चुही। पिताजी ने एक दफे कहा भी कि मैं तुमको कभी ऊँख चुहते हुए नहीं देखता; क्यों नहीं चुहा करते? मैंने कहा, मेरी तबियत ही नहीं होती। एक साल खेती का हिसाब भी रखा जिसमें एक आदमी की मजदूरी यानी मेरी मेहनत के दो पैसे रोज पड़ते थे।

पाला जब पड़ रहा था, तब एक दिन मैं बाहर गलियारे की कुँइगाँ गर नहा रहा था। नरायन द्विवेदी हार से आ रहे थे। बोले, कु आय, नहाय रहा है?

मैंने कहा, बाबा, हम आहिन गयादीन। बोले, अरे ऐसे पाला माँ नहाय रहे हौ और उघड़ारे में [खुले में]। मैंने कहा, बाबा जाड़ु नहीं लागत। बोले, बच्चा, जब हम हसि होइहौ, तब जानि परी। सब नहाब वहाब भूलि जइहौ। अब [1944] जब नहाने के बाद ठण्ढ लगती है, तब उनकी बात याद आती है।

तीन वर्ष में यानी सन् 1905 में लालाजी व सेठजी को फिर मेरी जरूरत हुई क्योंकि झाँसी के आबकारी ठेके में नुकसान हो रहा था। मेरे पास इनकी चिट्ठी गयी। वह चिट्ठी पिताजी ने दबा दी, मुझको नहीं बतलायी। दूसरी चिट्ठी फिर गयी। तब पता चला कि पहले भी चिट्ठी आ चुकी है। पिताजी नहीं चाहते थे कि अब यह हमको छोड़कर झाँसी जाय मगर मैं नहीं माना। यहाँ तक नौबत आयी कि मुझको झाँसी पहुँचने तक का खर्चा भी नहीं दिया। मैं उन्नाव आया और वहाँ से [बहन या बहनोई से] खर्चा लिया। इस वक्त मैंने पिताजी के वचनों का उल्लंघन किया। कारण यह था कि खेती में और कहतसाली की वजह से मुझे और घरवालों को जो कुछ तकलीफ उठानी पड़ी थी, वह मेरे कलेजे में खटकती थी। पिताजी इतने जिद्दी थे कि एक दिन मेरी माताजी से नाराज हो गये। मैं खाना खाकर अटारी पर चला गया। आप खाना खाने बैठे। जो कुछ आपको खाना था, खाकर बाकी रोटी जो बचीं, वह बैल को खिला दीं। घर के आदमी सब भूखे सो रहे। बाद में मुझे मालूम हुआ। मैंने उनसे तो कुछ नहीं कहा मगर अपने मन में बहुत दुखी हुआ कि मेरे जीते हुए इन लोगों को भूखे रहना पड़ता है। खैर, इसको बहुत दिन नहीं हुए थे और चिट्ठी पहुँच गयी। मैं कातिक की धनतेरस के रोज झाँसी पहुँच गया।

बाबा जब फौज में थे, तब वहाँ उनके साथ उनके चचेरे भाई संकटा थे। जब वह पेन्शन लेकर गाँव आये, तब घर में उनके साथ संकटा भी रहते थे। बाबा ने जब खेतीं की, तब उस खेती में संकटा शामिल थे। संकटा को घर के लोग बैलनऊ बापू कहते थे। उनके बारे में अम्मा से कुछ बातें पूछ कर मेरे छोटे भाई चौबे (राम स्वरूप) ने लिख ली थीं। वे इस प्रकार हैं :

तुम्हारे परबाबा जवाहर और हीरालाल दो भाई थे। जवाहर के दो ब्याह हुए। पहली (स्त्री) से तुम्हारे बाबा (लालता प्रसाद) हुए, दूसरी से माधो वगैरह। हीरालाल के लड़के थे संकटा। वह बाद में बैलनऊ बापू के नाम से जाने गये। तुम्हारे बाबा के ये चचेरे भाई न तो पागल थे, न सिड़ी। देवली की छावनी में जहाँ बाबा थे, वह सिपाही थे। कहते हैं, वहाँ किसी स्त्री से उनका सम्बन्ध हो गया था। पता नहीं, उसने या और किसी ने पान में उन्हें कुछ खिला दिया। दिमाग में गर्मी चढ़ गयी। काफी दवादारू हुई और बाद में ठीक भी हो गये। जब दिमाग खराब था, तब अक्सर उस स्त्री को याद करते थे। तभी से उनका नाम बैलनऊ बापू पड़ गया था।

पल्टन की नौकरी के बाद पेन्शन लेकर घर चले आये। उसी घर में रहते थे जिसमें हम सब लोग रहते थे। दालान में रहते थे, उस तरफ का हिस्सा उनके पास था। खेती से मुश्किल से गुजर-बसर होती थी। उनके दो लड़के छुटपन में जाते रहे। लड़कियाँ तीन हुईं और तीनों जीती रहीं। तुम्हारे बाबा ने उन सबके शादी ब्याह किये।

बैलनऊ बापू तुम्हारे बाबा का बड़ा आदर करते थे और उनकी हर सलाह मानते थे। उनमें और बाबा में बड़ा स्नेह था। तुम्हारी बहन और बड़े भाई (भगवानदीन) उनके सामने हुए थे और वह इन्हें बड़े प्यार से खिलाते थे। इन्हें खुश करने के लिए तरह-तरह के खेल भी रचाते थे। बाबा भी उनका हर तरह से ख़याल रखते थे। तिथित्योहार को जब विशेष भोजन बने, तब तुम्हारे बाबा अजिया से पूछते, उन्होंने खाना खाया है, उनके यहाँ बना है? अक्सर वह अपने आगे आयी हुई थाली उनके यहाँ भिजवा देते थे।

बैलनऊ बापू का शरीर छरहरा था। रंग गोरा, नाक कुछ लम्बी थी। चेहरा गोल, छोटी-छोटी मूँछें रखते थे। चेहरा चमकदार था। घर में उनकी शकल से मिलता-जुलता कोई नहीं है। वह भलेमानस थे, उनकी स्त्री उनसे उल्टा थी। जबान की तेज, मन की काली। दूसरों को आपस में लड़ाने वाली। संकटा ये सब बातें भली-भाँति समझते सकते थे। कभी नाराज होते तो बहुत गालियाँ देते और मारते भी थे। गालियाँ ठेठ पल्टन और देवली की खड़ी भाषा में होतीं। लेकिन उनके ऊपर इनका असर कम ही होता। तुम्हारी जो मझली माँ थीं, उनको भी इन्होंने ही बिगाड़ा था। उनको तरह-तरह के शौक, शृंगार के रास्ते बताये और पति से पैसा ऐंठना भी सिखाया।

जब हमारा ब्याह होकर आया, तब हम पर भी उन्होंने अपना रंग चढ़ाना चाहा। सलाह देतीं कि नाज बेचकर पैसा लो, मिठाई मँगाओ। यह भी कहतीं कि पहले वाली तो हमको गुरु मानती थी। पर तुम्हारे दौआ [पिता] ने पहले ही हमें चेता दिया था, इसलिए उनकी बातों का कुछ असर न हुआ। उनकी आँखों में कुछ टेढ़ापन था। अंग में खोट, स्वभाव में खोट। बाबा ने इनके भेंड़ेपन को और बढ़ा दिया और उन्हें 'कनेऊँ' कहा करते थे।

लड़कियों के ब्याह के सिलसिले में बैलनऊ बापू ने मक्का तेली से सौ रुपये उधार लिये थे। कोशिश करने पर भी वह रुपया अदा न कर सके। ऐसा समय आया कि मक्का तेली ने दावा कर दिया और इन पर डिग्री आने वाली हो गयी। उन्होंने तुम्हारे बाबा से ज़िक्र किया और पूछा कि क्या किया जाय। बाबा ने दिलासा दिया कि घबड़ाओ नहीं, हम डिग्री न होने देंगे। उन्होंने कहा, हम बच्चा [दौआ] को लिखे देते हैं, तुम झाँसी चले जाओ। इस बीच यहाँ ठीकठाक हो जायेगा। कुछ काम वहाँ मिल जाये तो कर लेना। तुम्हारे दौआ

को तार दिया और बैलनऊ बापू झांसी चले गये। बाबा ने चिट्ठी दी थी कि जहाँ तुम दो रोटी खाते हो, वहाँ एक ही खाना। इन्हें भी साथ रखना और नौकरी मिल जाये तो दिला देना।

वहाँ शायद बापू साल भर रहे होंगे। बाद में नौकरी भी लग गयी पर अन्त में वह बीमार हो गये। काफी इलाज कराने पर भी ठीक न हुए। बीमार ही वहाँ से आये और उन्नाव में उनका देहान्त हो गया। बाबा उन्नाव गये और उनका दाह संस्कार किया।

पिताजी के झाँसी पहुँचने के आठ-दस दिन बाद मेरे बड़े भाई भगवानदीन का जन्म हुआ था।

भगवानदीन शर्मा

मगड़ायर

लखनऊ से कानपुर को जो लाइन जाती है, उस पर उन्नाव स्टेशन पड़ता है। यही हमारे जिले का मुख्य स्थान है। उन्नाव से बढ़कर जिले में दूसरा कस्बा नहीं है, इसीलिए देहात के लोग इसे उन्नाव न कहकर शहर के नाम से पुकारते हैं। मेरे बाबा अक्सर पूछने पर उत्तर देते, 'सहरै गैन रहै' अथवा 'सहर ते आइथै'। यहीं हमारी बुआ रहती थीं। मेरे महत्वाकांक्षी बाबा ने शायद इसी स्थान को सर्वश्रेष्ठ समझ सारी शक्ति लगा मेरी बुआ का विवाह इस शहर में उस समय के अनुसार अति कुलीन घराने में किया था। वास्तव में यह घराना था भी ऐसा ही, आधे से ज्यादा बाज़ार इसी घराने के लोगों का था। अस्तु; बीघापुर स्टेशन जो कानपुर-ऊँचाहार (रायबरेली) लाइन पर स्थित है और जिसके लिए गाड़ी हम लोग [झाँसी से आते हुए] यहीं उन्नाव से पकड़ते थे, यहाँ से चौथा स्टेशन है।

बीघापुर स्टेशन के सामने एक बड़ा भारी दो-ढाई मील का ऊसर पड़ा है। हम लोग यहाँ टिकट देकर, फिर पटरी नाँघ [लाँघ] कर ठीक सामने या तो ऊसर की राह पकड़ लेते थे या फिर गाँव से आयी हुई गाड़ी पर सवार होकर चल देते। आधा ऊसर पार करने पर दो अगल-बगल छोटे-से खेत पड़ते हैं, इन्हीं के बीच से बैलगाड़ी का रास्ता है। आगे कुछ बबुरी-सी है और फिर ऊसर पड़ता है। इस ऊसर के समाप्त होते ही बायें हाथ कुछ आगे और खेत दिखायी पड़ते हैं। इन्हीं खेतों के पास एक घेरे में कुछ साधारण कच्चे मकान बने हुए हैं। यही हमारे नाना-मामाओं का हार है। बायें हाथ पर बाग के किनारे कटहल का पेड़ है। कटहल नीचे से ऊपर तक ऐसे लगे हैं मानो बन्दर पेड़ में सिर छुपाये, डर के मारे चिपके बैठे हों। बाँस की कोठी के बाँस भी लम्बे और इधर-उधर झुके हैं मानो किसी चीनी मदारी के मुकुट की लम्बी कलँगिया इधर-उधर

झुक गयी हों। गाँव के ग्वैंड़े खेत हैं और गाँव के नुक्कड़ पर ही हमारे मामा लोगों का मकान है। इसमें बहुत-से परिवार रहते हैं। अन्दर शाम को मेला-सा लग जाता है, कई चूल्हे जलते हैं, ऐसा लगता है मानो धरमशाला हो। लोग छानी-छप्पर से बाहर [की ज़मीन] घेरे हैं, अन्यथा बाहर भी हाते में मकान बन सकते हैं।

गलियारे से आगे चलकर दाहिने को बहुत ऊँचे चबूतरोंवाला हमारे बाबा की मौसी का मकान है। हमें प्यार बहुत करती थीं। साँवली, गोल मुँह, लम्बी नोकदार, नाक, पुपला मुँह, तेज आवाज़, मैंने उन्हें ऐसा ही देखा था; अक्सर गाँव आती रहती थीं। मैं एक दफे जो पैर छूने को झुका तो उनके सिर से अपना सिर भड़ाक से दे मारा। उन्होंने सिर भी सोहराया [सहलाया] और आशीर्वाद भी दिया। दौआ [पिता] की शादी मगड़ायर में इन्हीं की जिद से हुई थी।

कुसेहर नाना [हमारे सगे नाना नहीं]–इकहरा स्वस्थ शरीर, कुछ लम्बी सुन्दर नाक, ललामी लिये हुए गोरा रंग, छोटी खसखसी मूँछें, जमकर बात करनेवाले, आसपास इनका काफी प्रभाव है। यह कुछ झाड़-फूँक भी करते हैं और चोर-बदमाशों से भी जान पहचान रखते हैं। इनको बैलों का बड़ा शौक है। कुएँ की पैढ़ी की तरफ फुलवाई है, दो लाल-लाल बछवा से बँधे हैं। वे इन्हीं के बैल हैं। इनकी तारीफ : 'हाँ, बछौना नीकि हवैं। अबै कुदिन (कुछ दिन) भे, इनका मौरायें तक भगौतै लै गयेन। याक दाँय तकियै (तकिया का मेला) जाइत रहै। तुम्हरे गाँव के याकै ठाकुर नये बँगरहा [बाँगरू क्षेत्र के बैल] लीन तेइन। हन उनका नजिक्याय लीन तो ऊसर देखिकै उन भगाय दीन। हमहूँ तरियाये रहेन। थोड़ी देर माँ उनके बँगरहा फूलै लागि औरु धीमि परिगे मुला हमारि [बैल] उनकी गाड़ी पर चढ़ि बैठि। थोरी द्यार मां मैदान पाय कै हम बराबरी पर लायेन मुला उन फिरि न ढिलवा। फिर तो उनकै धूरिउ न देखानि। इन मां यहु मोटकवा तिनुक कच्ची खाय जात है, नहीं तो जवारि मां ऐसि दौरैया बैल न मिलतीं। डेहटा (बैलकी जाति) के अँगरहा-बँगरहा सब धरे रहि जाति हैं। इनके अढ़ाई सौ लागि गेहैं मुलौ हम दीन नहिंन।'

हमारी नानी [सगी नानी]– मझोले क़द की, दुबली, कुछ लँबछरा पतला-सा चेहरा, छोटी आँखें, पतले होंठ, [मिस्सी लगाने से] काले दाँत, चेहरे पर बुढ़ापे की झुर्रियाँ, पतली लम्बी नुकीली नाक, कुछ आगे को झुकी पर खूब चैतन्य, बहू से बिल्कुल ही न पटती थी। मैंने उन्हें एक ही बार बहुत छुटपन में देखा था। हमारी खातिर करती जाती थीं और माईं से दाँत पीस-पीसकर लड़ती भी जाती थीं। विधाता/ कुछ संयोग ही ऐसा लाता है कि सही जोड़ा मिलता नहीं। मैं याद आने पर अक्सर सोचा करता–काश, उनकी शादी मेरे बाबा से हुई होती तो दोनों मिलकर दुनिया उलट देते। अगर वह सफल न होते तो उनकी सन्तान अवश्य सफल होती। गेरा अनुमान है (अम्मा ने इसकी पुष्टि भी की), नाना [सगे नाना] बहुत ही सीधे आदमी

रहे होंगे। नानी तो बगैर उनके गले में रस्सी बाँधे ही नचाती होंगी।

हरदेव मामा—गोरा रंग, रामबिलास की-सी नाक (या उनकी-सी नाक रामबिलास की), अच्छे-खासे, दौआ ही की तरह लम्बे-चौड़े। इनसे छोटी हमारी अम्मा थीं, सबमें (दो बहनों और दो भाइयों में) कद में छोटी, नाना को पड़ी थीं, नानी की कोई बात नहीं आयी थी, वह खुद कहती थीं। धीरे चलनेवाली।

बिसुनाथ नाना [सगे नाना नहीं]—साँवले, मुखाकृति सुन्दर, शरीर बुढ़ापे में भी गठा हुआ; हो सकता हे, इसमें इनकी कमाई भी हो पर इनके पिता की कमाई तो अवश्य है। एक जमाना था जब इनके पिता लाऊ की जवारि में धाक थी। सुनते हैं, यह कानपुर तक डंका बजा आये थे, कोई कुश्ती में मुकाबले के लिए निकला नहीं। हमारे मामा इनकी बहादुरी के बहुत से किस्से सुनाया करते थे। एक दफे एक पहलवान इनसे कुश्ती लड़ने के लिए आया। वह ऊसर में एक बबूल की डाल नीची किये उसमें बकरियों को सेंगरी (बबूल की फली) खिला रहे थे। पहलवान इनको पहचानता न था। ढूँढ़ता हुआ पहुँचा और पूछा कि लाऊ पहलवान कहाँ पर हैं। इन्होंने पूछा, क्या काम है। उत्तर मिला, कुश्ती लड़ना है। तो इन्होंने कहा, ज़रा यह डाल पकड़ो तो हम उनका बोला लाई। पहलवान ने डाल पकड़ी तो उसके पैर ज़मीन से उठ गये। लाऊ बोले, 'अरे तुम का लाऊ ते कुश्ती लड़िहौ; पहिले यह डार ज़मीन पर लै आओ, तब लाऊ से कुश्ती लड्यो। हमहीं लाऊ आहिन।' पहलवान बेचारा शरमाकर चला गया।

मामा बताते थे कि उन्होंने सन् 57 के गदर में बहुत रुपया लूटा था और उससे गाँव में एक हाता लेकर एक अच्छा मकान बनवाया था। जब अंग्रेज़ों का सिक्का फिर से जमा तो वहाँ फौज गयी और घर को घेर लिया। तब यह अपनी माँ को पीठ पर लादकर पिछवाड़े से किसी प्रकार भाग गये। [बाबा के अनुसार पिछवाड़े अटारी से लगा हुआ पेड़ था; लाऊ माँ को पीठ पर बाँधे पेड़ पर चढ़े, फिर नीचे उतरकर भागे। सैनिकों ने अपना क्रोध चौखट पर उतारा और उस पर अपने हथियारों के निशान छोड़ गये।] पास के बबूल के जंगल में कुछ दिन छिपे पड़े रहे। गाँव के ज़मींदारों ने कुछ रुपया देकर, कुछ समझा-बुझाकर वापस कर दिया। [लाऊ जब भागे थे, तब केवल माँ को पीठ पर बाँधे थे, 'लूट' का रुपया साथ न ले गये थे। गोरी फ़ौज ने घर से वह रुपया बरामद किया या उनके वारिसो को मिला, ऐसी कोई किंवदन्ती प्रचलित न थी।]

इनके घर में जो डेहरी लगी है, उसका भी इतिहास है। पास के गाँव से निकले तो बढ़इयों के यहाँ बातचीत सुनी। एक बढ़ई किसी से कह रहा था, 'यह डेहरी तुम उठाय लियो तो यह हम तुमहीं का दै देईं।' वह आदमी हिचकिचा रहा था। सोचता था, उठना मुश्किल है। इन्होंने मुड़कर पूछा, क्या बात है। बढ़ई ने अपनी शर्त दोहरा

दी। इन्होंने कहा, 'अच्छी बात है, तो हम उठाई?' उसने हामी भर ली। इन्होंने उसे खड़ा किया, अंगोछा कन्धे पर रखा, फिर से कांधे पर धर गाँव में लाकर डाल दिया। यादगार के लिए जब घर बनवाया, तब उसे दरवाजे में लगवा दिया।

हमारे बाबा की आँखों देखी दो-एक बातें भी सुन लीजिए। हमारे गाँव के करीब एक नाला है। उसमें तब पुल न था। बाबा छोटे थे, वहीं ऊसर में जानवर चरा रहे थे। एक गाड़ी नाले में अटक गयी, चढ़ नहीं रही थी, बैल कुछ कमज़ोर बैठता था। गाड़ी में शायद नाज भरा था। गाड़ी में मुड़ैछा बाँधे एक आदमी बैठा था, गाड़ीवान गाड़ी हाँक रहा था। उसने बहुतेरी कोशिश की पर बैल ने हिम्मत हार दी थी। जुआ दिया ही नहीं। गाड़ी में बैठे हुए आदमी ने कहा, 'अच्छा, बैल का खोलि दियौ।' गाड़ीवान ने ऐसा ही किया। वह आदमी गाड़ी से उतरकर बैल की जगह लग गया और दूसरे बैल को हाँकने को कहा, और गाड़ी घसीटकर नाले के बाहर लाकर छोड़ दी और गाड़ीवान से कहा, 'यहि बैल का न लावा करु।' [बैल की जगह गाड़ी खींचनेवाले व्यक्ति लाऊ थे।]

लाऊ एक बार हमारे घर भी आये थे। बाबा ने गगरी में शरबत घोरा और लोटे में उन्हें देने लगे तो वह बोले, 'अरे ल्वाटन-ल्वाटन कहाँ तक देहौ।' ऐसा कहकर उन्होंने चुटकी से गगरी उठा ली और घटघट सब शरबत पी गये। मामा बताते थे, गुड़ियों को अखाड़े लगा था। कोई पहलवान बाहर से आया था और उसने ललकारा, है कोई पहलवान, निकल आवे कुश्ती के लिए। पहलवान भारी था, किसी की हिम्मत न पड़ी। अखाड़े में सन्नाटा छा गया। पहलवान लम्बा बल्लम लिये अखाड़े के चक्कर लगा रहा था। गाँब के और आसपास के पहलवान एक-दूसरे की शकलें देख रहे थे कि देखें कौन लँगोटा बाँधता है। गाँव के बूढ़े-ठेढ़े भी एक तरफ बैठे थे। उनमें से एक के टप-टप आँसू गिरने लगे। वह कुछ बरबराये, 'हमरे समहे यहु हाल है गा, मगड़ायर मां कोऊ लड़ैया न निकरा औरु यहु ताल दीन्हे जात है।' और ज्योंही वह पहलवान इनके नज़दीक आया, इन्होंने लपककर उसकी कलाई पकड़ ली और बोले, 'बुढ़ापा आ गहै मुलु तुम हाथु छोड़ाय लियो तो मगड़ायर हारि गा।' ऐसी परिस्थिति देख पहलवान बेचारा सहम गया। बोला, 'उस्ताद, गल्ती है गै। हमका कहैक चहित रहै कि उस्ताद का छांड़िकै कोऊ निकरि आवै। हमका माफ कीन जाय। गलतिही तो है गै।' उस्ताद एक मिनट खामोश रहे, फिर बोले, 'अच्छा तो हमरी अँगुरी अब अस नहीं खुलि सकतीं। चिमटा मँगाय कै ख्वालौ, तबहीं खुलिहैं।' चिमटा आया और उँगलियाँ खुलीं। लोगों ने देखा, पहलवान की कलाई पर उँगलियों के नीले-नीले दाग बन गये हैं।

मैंने लाऊ का कितना और कैसा अनुमान लगाया है, कह नहीं सकता। बचपन में और बाद को भी अक्सर लाऊ की याद आती रही। हर अच्छे पहलवान को देखने

पर मैं सोचने लगता, क्या लाऊ ऐसे ही रहे होंगे? मामा गोरा था, बिसुनाथ [नाना] को देखने से लगता है, लाऊ साँवले रहे होंगे। मैं लाऊ न हो सका। यदि पुनर्जन्म हुआ तो फिर एक दफे लाऊ बनने की कोशिश करूँगा।

हर गाँव में प्रकृति ने सफाई के लिए एक नाला भी लगा दिया है। यहाँ भी [मगड़ायर के किनारे] एक नरवा है। पर ये बरसात में ही बहते हैं। आगे आंव नाम का गाँव है। फिर ऊसर, आगे नाला, फिर पेड़ों के झुरमुट में बरा देवी। [बरा देवी ऊँचगाँव में हैं, यह अलोपा देवी—अल्वापै—हैं।] छोटी सी मढ़िया, यहाँ साल में दो बार मेला लगता है। हमारे गाँव की औरतें इनकी मानता करती हैं और मेला भी देखती हैं। मुल्कराज आनन्द के उस अंग्रेज़ी बयान के दृश्य, जिसमें लड़का खो गया है (The Lost Child), हम इसी मेले में देखते थे। ऐसा लगता था मानो उन्होंने इसी मेले और रास्ते के खेतों का वर्णन किया हो।

हमारी पहली शादी हुई थी। दस बरस के थे, वैसे ही वह भी। अम्मा कुछ औरतों के साथ पूजा कराने ले गयी थीं। पूजा हो चुकी थी, हम लोग वहीं चबूतरे पर बैठे थे। अन्य गाँव की औरतें भी बैठी थीं। उत्सुक स्त्रियाँ उठ-उठकर उनका मुँह देखतीं और तारीफ करके अपनी जगह बैठ जातीं। इतने में एक औरत ने अम्मा की तरफ मुखातिब होकर कहा, 'अइ त्यूँ उनहुन का (मुझको) मुँह देखाय दियो। सबुइ देखि रहा है, उइ तरसति है हैं।' अम्मा बोलीं, 'उनके द्याखै का तौ बनिबे भई हैं, देखिबेहे करिहैं।' मुझे बड़ा अजीब सा लगा। मैं तो ज़रा भी उत्सुक नहीं था। यह सब बेमन की कवायद कर रहा था।

ऊँचगाँव

यहाँ से हमारे गाँव को पगडंडी का सीधा रास्ता गया है। गाँव अब करीब डेढ़ मील रह गया है। गाड़ी चक्कर से जाती है जो कोस भर होगा। आगे बरम्हन का ऊसर है। यही हमारे गाँव का चरागाह है। एक नीम के पेड़ के नीचे टूटी फूटी ईंटों का यह जो बड़ा भारी ढेर लगा है, यही बरमा बाबा हैं। बरम अर्थात् ब्रह्म, यहाँ भूत के अर्थ में प्रयुक्त होता है। इन्हीं के नाम पर यह बरम्हन का ऊसर कहलाता है। यहाँ से पश्चिम की ओर मुड़ते हैं। दाहिने हाथ की तरफ नाला है। इसी के पास लगाया हुआ महुआ और आम का जुड़वाँ पेड़ है। महुआ बड़ा है। मैं इसकी चोटी तक चढ़ जाता था। एक बार जब मैं चोटी पर था तो नीचे को देखा, जमीन बड़ी दूर दिखायी दी और बाबा छोटे से, और दूर के जानवर भी छोटे-छोटे। मेरे पैर काँपने लगे, पसीना आ गया। फिर तो मैं जैसे उतरा, मैं ही जानता हूँ। बाबा कहने भी लगे, "अरे, कहाँ रहि गयौ।'

यहीं पास ही तब माधो बाबा [हमारे बाबा के सौतेले भाई] और अब [उनके पुत्र] केसनी काका के खेत हैं और बीजर (धान के खेत) हैं। दाहिने हाथ पर लखईसिंह के बाग हैं। इनमें बबूल ही बबूल के पेड़ हैं। बायें हाथ पर जोधा कुर्मी का कोल्हौरु है। देहात में यह कोआपरेटिव सिस्टम का पुराना तरीका और नमूना है। यहाँ साझे में चर्खी आती है और चौबीस घण्टे चला करती है। कभी-कभी रात को भी ओसरी पड़ती है [बारी आती है]। ऊंख के खेत अपने-अपने, पर कटाई छिलाई में सब एक-दूसरे की मदद करते हैं। इसमें बहुत से साझेदार आये और चले गये पर जैसा साथ जोधा और माधो बाबा का रहा, वैसा शायद गाँव में किसी का नहीं रहा। माधो बाबा बाद को यहीं रहने भी लगे थे, घर केवल रोटी-पानी को चले जाते। जानवर, भूसा घास भी यहाँ रहता। जोधा-माधो की खेती भी अक्सर सम्मिलित ही रहती।

यहाँ से आगे दस कदम पर लोधी ताल है। वैसे तो इस ताल के चारों तरफ आम के पेड़ हैं पर दाहिनी तरफ अधिक हैं। ये सब अपने ही पेड़ हैं। इनको हमारे परबाबाओं ने लगाया था, हमारे बचपन में भी परिवार में बहुत से आदमी थे। जब आम बाँटे जाते थे, तब तीन हिस्से लगते थे, एक हमारा, एक छोटे बाबा (संगठा बाबा) का और एक माधो बाबा का। जो सिरे पर खेत की मेंड़ पर है, 'म्याड़ पर वाला' कहलाता है। यह पेड़ देखने में बड़ा सुन्दर, गोल मटोल, घना, फैला सा, मझोले कद का है। चढ़ने के लिए मानो सीढ़ियाँ लगी हों; एक डाल अलग ही बढ़ा रखी है; जो बच्चा इधर से निकला, वह इसको हाथी, घोड़ा बनाये बगैर कभी नहीं टला। इसकी अँबिया में भी एक रस होता है; आप खाइये, आपके दाँत खट्टे नहीं करेगा। गदरे में भी मिठास होती है और पके का तो कहना ही क्या। आप छीलकर ऐसे ही खरबूजे की तरह खा सकते हैं, कहीं भी गुठली तक तुर्शी न मिलेगी, और न रेशा। आप चक्कू से काटकर खायें तो लखनऊ की दशहरी इसका, या यों कहें, आपका, मुँह ताके। और आपके दाँत न हों तो गलका लीजिये। इसका फल गिरा नहीं कि किसी न किसी की निगाह उस पर पहुँची नहीं, आदमी न सही जानवर, गिलहरी ही सही। इसका फल तोते के पास आते और उसकी चोंच लगते ही अपना स्थान छोड़ देता है। फलता भी बहुतायत से है। इसकी लम्बी टहनियों में इकहरी अँबिया या आम ऐसे भले लगते हैं जैसे किसी स्त्री के कान में जंजीर में गोल लटकन।

ताल के कोने पर दो पेड़ हैं लँबुई और मिठुआ, एक की डालें दूसरे में घुस गयी हैं। लँबुई बहुत कम फरती है। मिठुआ–कैलासा बुआ [बाबा की सौतेली बहन] (जगत् बुआ थीं) कहती थीं, 'यहि का आंबु गिल्ली-सुअन के मारे बचई नहीं पावत। कबौं खैही का नहीं मिलत।' आगे टेढ़वा है। इसका आम सीधा या गोल नहीं होता। मैं बहुत दिन इस पेड़ को और इसकी डालियों को देखा करता था कि कहाँ पर इसमें

टेढ़ है। एक पेड़ जोगिया है। आम खूब बड़ा, खूब गूदेदार, खाओ तो मालूम हो हलुवा खा रहे हो, गूदे का रंग जोगिया के कपड़े जैसा। इन्हीं पेड़ों के सामने ताल की मिट्टी की ईंटों से बाबा ने दो पजावे लगवाये थे। ताल में ढेले खोदते समय एक-एक छोटी नागिन निकल आयी थी, लम्बी काफी पर मोटाई पैर के अँगूठे जैसी। उसकी तेजी देखते ही बनती थी। फावड़ा मेरे हाथ में था। मैंने बगैर किसी से कुछ कहे उस पर उल्टे फरुहे से वार कर दिया। फिर तो मानो वह बिजली हो गयी पर मैं भी खतरा देख वार करता ही गया और दो तीन हाथ में वह चोटा गयी। असल में उसे भागने को जगह न मिल रही थी। ढेल हट गया था और वह डेढ़ बालिश्त गड्ढे में थी। जब मर गयी तब मैंने दौआ को बताया। उन्होंने कहा, ऐसे खतरे का काम न किया करो। मैंने यह पहला और आखिरी साँप मारा था।

पजावों की बगल में एक छोटा सा भीट है—अनुमानतः किसी समय यहाँ मकान रहे होंगे—जैसा कि सामने दूर पर आट दिखाई दे रहा है। गलियारे के दाहिनी तरफ खेत है और बायीं तरफ पदमाई ताल है। यहीं हम लोगों के खलिहान डाले जाते थे। इसी के पास एक पीपल है जिसमें अजिया के अनुसार बाबा [भूत] रहता था। इसी जगह दरसी सिंह का पक्का कुआँ है। रमपियारा [बहन] जब जली थीं, तब बाबा इसी कुएँ पर पुरहाई कर रहे थे। पहले हमारे खेत इस तरफ भी थे। यहीं से अगल बगल के खेतों और खाइयों के कारण गलियारा तंग हो गया है और एक ही गाड़ी आ जा सकती है।

बैल जब चलते हुए मूतते हैं तब ज़मीन पर एक साँप-सी लकीर बन जाती है। मैं गाड़ी हाँकता हुआ आ रहा था, बैल की नकल करने की सूझी। बैल चल रहे थे, मैंने गाड़ी पर से मूतना और नीचे देखना शुरू कर दिया। बाबा कुछ दूर पीछे आ रहे थे। हम ऐसा करते कुछ दूर गलियारे में घुस गये। जब गर्दन उठायी तो देखा, सामने एक बैलगाड़ी आ रही थी। मैंने गाड़ी रोक दी और चक्कर में पड़ गया, क्या करूँ, क्या न करूँ। तब बाबा आ गये। उन्होंने [सामने के गांड़ी कोचवान से] कहा, 'अरे तोहि का समहे लढ़िया आवत न देखि परी।' तब तक वह गाड़ीवान बोला, 'हम तो दुरिही ते गोहराइत आय कि लढ़िया रोक्यो मुला ई सुनिबेहे न भे।' उसे क्या मालूम, हमारा ध्यान कहाँ था, सुनते तो कैसे सुनते। बैल खोलकर लढ़िया पीछे की गयी, तब वह गाड़ी निकली।

इस गलियारे का अन्त होते ही यह दाहिने हाथ पर आट (बड़ा भारी भीट) शुरू हो जाता है। जैसा लोगों का विश्वास है, यहाँ निश्चय ही किला रहा होगा जो समय पाकर गिरा और आट बन गया। बाबा कहते थे, 'हमरे छुटपन मां यहु यतना ऊँच रहै कि चढ़त-चढ़त थकि जाई।' हमारे देखते-देखते यह बहुत नीचा हो गया है। आट के ढाल पर गाँव के घूर हैं, हमारा भी। यहीं से पांस भर ले जाते थे [खेतों में डालने

के लिए खाद ले जाते थे।] आगे दाहिने पर काछियों के खेत और उनके आगे उनके घर, और उनके हमारे [घरों के] बीच यह कोरियान है। इमलियों के पेड़ और उनके नीचे खूब लम्बा-चौड़ा चबूतरा, सघन छाया, एक सिरे पर कुआँ, दूसरे पर मकान। मुझे यह इतना प्रिय रहा कि आते-जाते हमेशा देखता। इसके दरवाजे पर ह्याम काका (हेम—हेमना कोरी) बैठे हैं। बहुत सीधे, बहुत मेहनती, कुआँ खोदने में उस्ताद। यहीं कहीं मंगल (कोरी) रहते हैं। बड़ी लाल आँखें, भारी शरीर, अक्सर सनई काता करते हैं। मैं इन्हीं से कुम्भकर्ण का अनुमान लगाया करता हूँ।

बायें पर गड़ई है। जैसे चीन का शोक ह्वांग हो, लखनऊ का गोमती, वैसे ही हमारे मोहल्ले का शोक यह गड़ई है। यह बहुत गहरी है। गाँव के इस तरफ के घर बनाने को लोग इसी से मिट्टी ले जाते हैं। यह आट के [मिट्टी मिले हुए] पानी से जितना पुरती है, मिट्टी निकालने से उससे ज़्यादा गहरी होती जाती है। जब यह उफनाती है, तब इसी गलियारे से हमारे घर के बगल से बहने लगती है और आगे नरवा [नाले] में चली जाती है। इसके सामने हमारे बायें पर यह कोरियों के से ऊँचे चबूतरे पर धोबियाना—धोबियों के घर हैं। कैसे सुन्दर, सब एक लाइन में, साफ़-सुथरे, एक से, सबके सामने छप्पर और आगे मैदान जिसके किनारे-किनारे नीम के छोटे-बड़े पेड़। गाँव भर में आपको ऐसा दृश्य न मिलेगा। मैं तो अपना मकान ऐसा ही चाहता था। पता नहीं, इसी सफाई का प्रभाव या क्या, ये धोबी सब तन्दुरुस्त और अच्छी कुश्ती लड़नेवाले हैं। इनमें एक तो ऐसा है जैसा भारी-भरकम मैंने दूसरा आदमी देखा ही नहीं, मंगल कोरी का बड़ा भाई। हाथ मेरी जाँघ जैसे, उनमें मोटे-मोटे चाँदी के कड़े, काले हाथों में ऐसे चमकते जैसे काले बादलों में बिजली।

इनके दक्षिण में चमरहाई है। मैं इनके घरों में भी गया हूँ। बाम्हनों-ठाकुरों से इनके यहाँ सफ़ाई कम नहीं। धोबियों और चमारों के बीच कुछ तेली रहते हैं। ये उतने साफ़ नहीं हैं, कुछ शायद तेल और खली के कारण भी। इधर [दाहिनी ओर] यह लखईसिंह का ग्वांडा है। हमने खुद तो नहीं देखा पर सुना है कि यह नम्बर एक के कुश्ती लड़नेवालों में थे। कहते हैं, 'मूडु भुइँ मां घुसि जाय औ मुसरा [सर के बल] ढाढ़ ह्वइ जाय, मुला हारै ना, चित्त न होय।' वह इकहरे बदन के लम्बे कसे हुए जवान हैं। गोरा रंग, कुछ कंजी आँखें, भूरी मूँछें, बोलने में कुछ धीमापन, अच्छे चेहरे-मोहरे के आदमी हैं। सुनते हैं, अफीम खाते हैं। अक्सर ग्वांडा के दरवाजे खाट पर बैठे रहते हैं। इनका बड़ा लड़का जुगराजसिंह भी इन्हीं की तरह का है। छोटी मूँछें, लम्बा चेहरा, वह भी रुकता-सा बोलता है, ठीक आचार्य कृपलानी की तरह। वह भी कुश्ती लड़ता है, पल्टन में नौकर है। इनके बैल आसपास नामी हैं, मैना और मुडुवा, गाँव के सब बैलों में बड़े, हाथी जैसे। मैना की सींगें जितनी बड़ी हैं, मुडुवा की उतनी छोटी, पर यह मरकहा है। खेत में चरने लगा तो हाँकना मुश्किल है। रास्ते में खुढा छोड़ना

नहीं जानता, चाहे जितना मारो, पगही तानो [लीक न छोड़ेगा]। इसीलिए इसको किसी गाड़ी के पीछे नहीं लगाते, गाड़ी अलग-अलग ले चलते हैं। पर कीचड़-पानी का इन पर असर नहीं, सब जगह खींचते चले जाते हैं।

इनसे जरा आगे बढ़ई रहते हैं जिनमें कुछ परदेस भी कमाते हैं। यहीं हमारे बढ़ई पराग और उनके भाई झूरी रहते हैं; संगठा और उनका लड़का बंसी बाहर रहते हैं। इन्हीं बंसी-पराग-झूरी ने हमारे दरवाज़े की टीन लगायी थी। आगे बलभद्दर तेवारी का मकान है। इनके सिर्फ तीन लड़कियाँ हैं, राधा, सुब्याधा और रामरत्नी। बाबा अपने छुटपन में इनको चिढ़ाया करते थे, 'राधा सुब्याधा रमरतनी, याक औरु होय तौनु चुल्ह फुँकनी' [पाठान्तर—चुल्हपोतनी]। सुब्याधा के पति भाऊलाल इन्दौर में दरोगा थे। आगे सीतल त्रिवेदी [भगत त्रिवेदी] का घर है। सीतल की बूढ़ी माँ बहुत लड़ती हैं। इनकी दुलहिन अच्छी है। सीधी और काफी लम्बी, दुबली। इनके चार लड़कियाँ हैं, लड़के कई हुए पर जाते रहे। एक ही बचा राजाराम। उसको भी बचपन में सूखा हो गया था। शादी होने के बाद वह भी जाता रहा।

कोने पर गली में जाते हुए पूर्व [दक्षिण पूर्व] मुँह अपना घर है। इसके चबूतरे छोटे हैं, ऊपर छप्पर है। दो दहलीजें, आँगन, दाहिने कोठरी जहाँ महाबीरजी रखे हैं। यहाँ हमारे बाबा पूजा करते हैं। बायें रोसइँया [रसोई], उसके बाद कोठरी और दालान, सामने दालान (खमसार), बायें कोठरी जिसमें माया आजी का धरन उठावन है; पीछे भी लम्बी कोठरी है जहाँ संगठा बाबा रहते हैं। बहुत कुछ माधो बाबा की शकल के हैं पर उनसे शरीर में हलके और गोरे ज्यादा, मुँह पर सफेद, आगे को कुछ लम्बी, कटी हुई मूँछें, पतला चेहरा। माया आजी से हलके और सीधे पर कभी-कभी उनकी मरम्मत कर देते थे। माया आजी ऐसी थीं कि अगर उन्हें यूनान भेज दिया जाता तो वहीं समा जातीं। लम्बी-चौड़ी, गोरी, सीधी उठी नाक, चौड़ी ठुड्डी, भरा मुँह, कुछ छोटी तिरपट आँखें। बाबा इन्हें कानी-कनेऊ कहकर ही बात करते थे। जब तक जीं, और बहुत दिन जीं; सारे तीर्थ बद्रीनाथ समेत कर डाले। लोग उनको भगतिन आजी, नानी, काकी वगैरह कहते थे पर उनका माया नाम सार्थक था। बड़ी खुचड़िन थीं, दूसरे को बुरा बताने के लिए झड़े-झड़ाये में झाड़कर कूड़ा निकालनेवाली।

अपने पहले घर की बगल में नारायण त्रिवेदी बाबा रहते हैं। काफी वृद्ध, गोल चेहरा, सफेद कटी मूँछें, कान में जनेऊ, सर पर आधी धोती बाँधे, एक हाथ में लोटा, एक में लाठी, बड़े सज्जन और सीधे आदमी हैं। इनके छोटे भाई सहाय सूखे-साखे, दुबले-पतले, बगलवाले त्रिबेदियों के ग्वांड़ा में खाट पर पड़े रहते हैं। बड़े गुस्सैल हैं, दिन भर हल्ला मचाया करते हैं। वैसे ही इनके लड़के हैं। घर में एक तो वैसे ही परिवार के बहुत लोग हैं, जैसे मामा के यहाँ मगड़ायर में, फिर जब एक तरफ देवी खड़े हो जाते हैं और दूसरी तरफ लालू, और आपस में हँकरहाव-तुकरहाव होता है

तो दृश्य देखते ही बनता है। देवी कुछ लम्बा और तगड़ा है, लालू कुछ छोटे और हल्के। घर में दो पार्टियाँ हो जाती हैं। कुछ बड़े जैसे दत्ती, पराग वगैरह फैसला करने लगते हैं, एकाध उदासीन नरायन बाबा सरीखे बाहर निकलकर जमादार (बढ़ई) के दरवाजे बैठ जाते हैं। औरतें भी थोड़ा-थोड़ा भाग लेती हैं। बीच-बीच में जब लोग दम लेने और आगे कहने के लिए सोचने लगते हैं, वे अपनी फुहार छोड़ देती हैं, कभी चूल्हे के पास से और कभी कोठरी के दरवाजे से। और कुछ घर में ऐसे चला-फिरा करतीं जैसे कुछ हो ही न रहा हो। कुछ चन्द्रिका सरीखे गली में बरबराते जाते हुए सहाय तक समाचार पहुँचा देते और वह रिपोर्ट के अनुसार और कभी पक्ष के अनुसार यहीं से गाली देने लगते। ग्वांड़ा से घर तक कुहराम मच जाता। आने-जानेवाले कहते, 'आजु तिरबेदिन के हियां है रही है'।

इनके सामने सीताराम बढ़ई रहते हैं। इनको लोग चिकानी भाई-काका-बाबा कहते हैं, शायद इनके रसिकपने के कारण। नाक-नक्श अच्छा है, कमर झुकी है, सर पर बाल नहीं हैं। इनकी बीवी सीधी-सादी थी, मर गयी। अकेले रह गये तो अपनी छत से दूसरों की छतों पर औरतों को गुर की भेली फेंकनी शुरू कर दी। आगे हीरालाल और पल्लू धोबी रहते हैं, दोनों कुश्ती लड़ते हैं। एक बार हम भोपाल से लखनऊ आ रहे थे। सामने एक ठाट-बाटवाला काला दुबला आदमी बैठा था। तकिया मखमली, पैण्ट भी कार्ट्राइड (मखमली), जेब में झिप लगी। मैंने बातचीत शुरू की। पता लगा, अदन से आ रहा है और हमारी गली के इस हीरालाल धोबी का दामाद है। फिर तो उससे रास्ते भर बातें होती रहीं, देश-विदेश दोनों की।

बाबा

मुझे अपनी माँ के पास लेटने की याद नहीं है। याद हो भी कैसे, सौर के बाद से ही—अम्मा मुझे कहीं खाट से गिरा न दें, कहीं कचर न डालें, इससे—बाबा मुझे अपने पास ही रात को रखते थे। रोने पर, जैसा अजिया ने मुझसे कहा, उठकर मुझे दूध पिला ले जाते थे। मेरे डेढ़ साल के होने तक रमपियारा हो गयी थीं। तब साथ का सवाल ही नहीं उठता। तो जो बच्चा—नाती—इकलौते बेटे की तीसरी शादी पर, जो इनकार करने पर दंद फंद से जबरदस्ती की गयी हो, बहुत मनौती के बाद हुआ हो और शुरू से ही पास रखा गया हो, पता नहीं किन परिस्थितियों में उन्होंने मुझे सूरजबली भैया [बुआ के लड़के] के साथ पहले वाली भौजी को लिवाने के लिए बैलगाड़ी पर पुरवा भेज दिया था। कब [वापस] चले याद नहीं; हाँ, यह याद है कि जब भाभी ने चादर ऊपर करके [यानी घूँघट हटाकर] भैया से बातें कीं और फिर पानी

आया, तब उससे रक्षा के लिए उन्होंने मुझे पाखरी के दो परतों के नीचे, जिसमें बैलों के खाने का भूसा भरा था, ढँक दिया। रास्ते में एक जगह बाबा मिले, गाड़ी रुकी और हमको उन्होंने पाखरी से निकलवाकर गोदी में लेकर लोइया में, जो वह साथ लाये थे, ओढ़ा लिया। जहाँ तक याद आता है, वह उघारे बदन थे, आँखें चमक रही थीं। कहा था, 'हम जानित रहै, तुम चालि देह्यौ।' भैया ने एक बार यह घटना स्वयं सुनाई है और उन बैलों [मदना और सँवलिया] की उस कीचड़ पानी में गाड़ी खींच लाने की तारीफ की है।

नौकरी से लौटने के बाद बाबा अपने पुराने घर में नहीं गये। सीतल की बगल में जहाँ अपना घर है; मोहल्ले के घूर थे। बाबा ने गाँव के मुखिया तीन-चार ठाकुरों को इकट्ठा किया। उनको बाबा ने एक-एक रुपया नजर दिया और उन्हीं के सामने चार फरुहा [फावड़े] मार के नींव डाल दी। बाबा के साथ संगठा बाबा भी रहे और साझे में एक कच्चा मकान उठकर खड़ा हो गया। पक्का मकान मेरे सामने बना है। उस समय हम शायद छह बरस के थे और रामबिलास छह महीने के। बाहरी दरवाजा गिराया जा रहा था। शाम होने आ रही थी। मैं भी अधगिरी दीवाल पर खड़ा था। अचानक पैर में जलन हुई, मैं रोया। किसी ने बिच्छू रेंगता हुआ देखा। बाबा ने तुरन्त मुझे कन्धे पर बिठाया और जिसने जहाँ बताया झड़वाने ले गये। मुझे मोहन सिंह का, पराग-झूरी बढ़ई के यहाँ का, जहाँ वह मिले थे, झाड़ना याद है। उन्होंने नीम का टेर्रा लेकर राख के बन्द लगाते हुए झाड़ा था। मेरे दाहिने पैर के अँगूठे में काटा था। पैर जाँघ तक जल व फट रहा था। वह अभी तक का पहला और अन्तिम वृश्चिकदंश था। बाबा को बिच्छू नहीं चढ़ता था। एक बार वह बताते थे कि बरिया की मेंड़ पर घास छीलते समय जब वह बायें हाथ से घास पकड़ रहे थे, वहीं छिपे हुए एक बड़े [काले] बिच्छू ने इतने जोर से डंक मारा कि वह डंक वहीं घुस कर रह गया। घास छोड़कर जब उन्होंने हाथ ऊपर किया तो बिच्छू उनकी गादी [हथेली] में उलटा लटका हुआ था। उन्होंने किसी को [आसपास खेतों में काम करने वालों को] बुलाकर दिखाया भी था। दोपहर को वह घास लेकर आये तो उन्होंने यह हाल बतलाया। [यह घटना मैंने भी सुनी थी पर बाबा को बिच्छू चढ़ता था, यह तथ्य आगे के विवरण से स्पष्ट हो जाता है।]

एक बार और भी। हम खाना खाकर बैठका में लेट गये थे, वह पीछे से आये। दहलीज में घुसते समय उन्होंने हाथ दीवाल से लगाया। अँधेरा था और वहीं पड़िया बँधी थी। उनको अन्दाज था। ज्यों ही जलन हुई, फौरन कहा, 'अरे बीछी मार दीन्हेसि।' अम्मा को आवाज दी, 'अरी त्यूँ दिया तो लाव'। दिया आने पर देखा तो वहाँ एक बिच्छू चिपका था। उसे मार डाला गया और वह खाट पर पड़े रहे। रात

भर सोये नहीं। सवेरे [पीर] कम हो गयी थी। जब मैंने पूछा तो बोले, 'पिरा के मारे भला नींद आवति।'

एक बार गर्मियों के दिन थे। हम बाग से जल्दी लौट आते थे। वह जब सब लोग निकल जाते तब आते [जिससे कोई आम न तोड़े]। खरबुजहा अच्छा फरा था [खरबूजे से खरबुजहा]। जब वह लौटे तो दरवाजे चौतरे पर लेट गये। घर में अँबियों की तलाश हुई, दाल में डालने को। न मिलने पर यह हुआ कि बाबा से पूछो, लाये कि नहीं। मैंने जाकर पूछा तो बताया कि 'अँबिया तूरि कै खरबुजहा के तरे धरि दीन औरु तलाये [शौच] चले गयेन। लौटेन तो बिरवा के नीचे अँध्यार ह्वइगा रहै मुला हम पहुँचेन ठिकनहे पर अन्दाज ते। परन्तु जैसेहे हम अँबियन तन हाथु बढ़ावा, बड़ी जोर से फुसकार लागि। हम तुरतै पछरि गयेन औरु वैसेहे लौटि आयेन। आजु भगवानै खैर कीन्ह।' थोड़ी देर में अजिया भी आ गयीं। हाल जानने पर कहा, 'तिऊँ उजेरेहे चले आवा करौ। जान्ति हौ, साँपु तो हुआँ रहतै है। जिउ दीन्हेते का, दुइ चारि टुटिही जइहैं तो का।'

एक बार सुना, जब बाबा चौके में खाना खा रहे थे, तब उनके पीछे से साँप निकल गया। वह दीवाल के सहारे से ही खाना खाने बैठते थे। एक बार जब अजिया-अम्मा पीसने को उठीं तो जैसे ही चक्की चलाई, अम्मा के पैर पर से साँप निकल गया। वह शायद चकिया की मेंड़ में बैठा था। कहने की जरूरत नहीं, वहाँ मैंने हमेशा काले साँप ही देखे। बाबा साँप से न तो छेड़खानी के पक्ष में थे और न मारने के ही। कहते, 'व्रहौ जिउ आय; अपनी राह जात है तो जाय दियौ। बिना छेड़े वहु ना बोली।'

बाबा बंसू कुरमी का अक्सर जिकर करते। बंसू अच्छे गठीले बदन के विधुर अथवा अविवाहित थे। बाबा से उमर और शरीर दोनों में बड़े थे। मुझे बंसू के बुढ़ापे में भी सटे, घिसे, चमकदार दाँत कभी नहीं भूलते। तो बाबा बताते, हम बंसू से घरी दो घरी तो जरूर लड़ते [अखाड़े में देर तक ज़ोर करते]। उनकी मजबूती के दौआ भी नहीं थे हालाँकि दौआ की लम्बाई चौड़ाई उनसे अधिक थी और खिलाई में तो ज़मीन आसमान का अन्तर रहा है। सौतेली माँ जो इनको [बाबा को] प्यार या नफरत करती थी, सिवाय सूखी रोटी के देती ही क्या होगी। एक बार इन्होंने कुछ चबाने को माँगा तो माँ ने दिउलों का मटका बता दिया। यह निकाल निकालकर चबाते रहे। जब खतम हो गया तो इन्होंने फिर माँगा। उन्होंने फिर वही मटका बता दिया। इनके कहने पर कि उसमें दिउल नहीं हैं, वह स्वयं देखने गयीं। यह जानकर कि इन्होंने सब दिउल चबा डाले, उन्होंने गुस्से में वह मटका आँगन में फोड़ दिया। पिता ने कहा, 'अरे दिउल चबा डारेसि तो चबा डारेसि, मटुका काहे फोरि डारेउ।'

एक बार दौआ ने गरिया में से हाथ से घी निकाल लिया। अजिया ने बाबा को

दिखाया (शायद चुराकर घी खाने के लिये)। उन्होंने कहा, 'खा लीन है हसि; वहि ते न कह्यो।' उनकी खिलाने की इच्छा या उदारता तो हम लोगों ने देखी ही है कि हम तो ऊबते ही थे। समय की बात है, तब घी गले में सरसराता था।

बाबा को सीनेपिरोने से भी दिलचस्पी थी। बताया, वह चाँदनी रात में कुरता भी सी लिया करते थे। वह रिटायर होने के समय कोत हवलदार थे, हाजिरी और तनख़ाह बाँटने का काम करते थे। परेड हो रही थी। एक सिपाही बात कर रहा था। इन्होंने कहा, बात मत करो। इनका अफसर परेड देख रहा था। उसने इनसे कहा, तुम हमारे होते हुए सिपाही को क्यों डाँटता है? वह किसी कारण इनसे नाराज था। उसने इनकी दो तलब (शायद दो स्टेप) काट दिये। इन्होंने सोचा, अब रहना ठीक नहीं है। सो 25 वर्ष की नौकरी के बाद छह या आठ रुपये पेन्शन लेकर चले आये। काफी समय बाद पेन्शन में दो रुपये और बढ़ गये थे।

पेन्शन मिली तो अब कुछ करना चाहिए, सो उन्होंने गाड़ी लादने की सोची। नयी गाड़ी, नये बैल खरीदे। किसी सोनार ने डेढ़ या दो रुपये पर कतकी के मेले के लिए गाड़ी किराये पर की। बाबा ने बताया कि सोनार ने अपनी सारी गृहस्थी गाड़ी में खुटरिन तक लाद दी, आटा-दाल-लकड़ी-कण्डा-बक्से-बिस्तर-रजाई-हँड़िया-भँड़िया इत्यादि और उस पर 5-6 सवारी। गाड़ी चली, नये बैल, रास्ते में आधी दूर जाकर एक बैल का कन्धा कट गया और उसने जुआँ डाल दिया। समझ में न आया क्या किया जाये। कुछ सोचकर जुएँ में अपना अँगोछा लपेट दिया। बैल ने कुछ जोर दिया पर घायल कन्धे से कहाँ तक गाड़ी खींचता। आखिर उन्होंने गाड़ी से उतर कर स्वयं ही जुएँ में सहारा देना शुरू किया। मेला था, जो देखता, जैसी मन में आती, कहता। 'अरे गंगा नहाये बिना का मारा जात रहै। कतौं यहि तना के नये बछवन ते गंगा नहाई जाती है। घर माँ औरु कुछौ न बचा रहै।' उन्हें क्या मालूम था कि यह किराये की गाड़ी है। जैसे तैसे गंगा पहुँचे, फिर शायद कहीं से एक बैल माँग कर लाये थे, तब घर पहुँचे।

बाबा का हुलिया कुछ-कुछ माखनलाल चतुर्वेदी से मिलता है। माखनलाल गोरे काफी हैं, बाबा साँवले थे। मूँछों का काट कुछ-कुछ माखनलाल जैसा ही था। आँखें बहुत चैतन्य और चमकदार, गहरी, सर मालकम हेली की सी। हेली की बड़ी थीं, इनकी छोटी। नाक पतली, सुडौल, नुकीली, आगे को झुकी हुई। जब गुस्सा होते तो नाक के दोनों तरफ सिकुड़नें पड़ जातीं। नाक के सूराख बड़े थे, भद्दे नहीं; होंठ काफी पतले थे। मैंने आगे के दाँत कभी पूरे नहीं देखे। दाँत तमाखू खाने के कारण मटमैले थे। मूँछें कटवा डालते थे, न बहुत घनी और चौड़ी, न बहुत बिररी अथवा पतली; हमेशा मैंने उन्हें खिचड़ी ही देखा, बिल्कुल सफेद कभी नहीं। ठुड्डी कुछ चौड़ी, कुछ आगे को। माथा साधारण, कुछ छोटा ही, कुछ पीछे को भी [यानी खोपड़ी लम्बी ज्यादा,

गोल कम थी]। चाँद में इनेगिने बाल, झोटैया [चोटी] पीछे नीचे को ही सरकती गयी। कद ऊँचा नहीं, मुश्किल से 5 फुट 6 इंच होंगे। पर शरीर स्वस्थ और मजबूत, दमदार, मेहनत करने में किसी से कम नहीं; मांसपेशियाँ दौआ जैसी पर दौआ से अधिक मजबूत। पिंडलियाँ अच्छी, मोटी, मजबूत। आखीर दिनों में बायाँ पैर (शायद) ठीक काम न देता था। पैरों की उँगलियों की चेतना कम हो गयी थी, उनके शब्दों में 'सुन्न ह्वइ गई रहैं'। आवाज़ भारी न थी पर तेज़ और तीखी, दूर तक जाने वाली। जब मौज आती, भजन गाने लगते। खाना दोनों समय खाते थे, कभी-कभी रात को लप्सी या भीगे नमक पड़े दिउल भी चबाकर रह जाते। रोटी अधिकतर ज्वार की ही खाते; मठा होता तो उसमें मीस कर खाते। पेट भर खाकर थोड़ा लेटते जरूर। 'खय कै पर रहु, मारि कै टर रहु' अक्सर लोगों को सुना देते, और भी–'खाय कै मूतै, बायें सूतै (सोये), ताके घर मां बैद न पूतै (घुसे)।' कभी-कभी खेत पर या घर पर भी राब का शरबत पीते थे। उनके सीने पर बाल थे, खिचड़ी; मोटापा बिल्कुल नहीं, न पेट पर ही। धोती घुटनों के नीचे तक एकलंगी पहनते थे पर बहुत लम्बी नहीं। अक्सर उघारे ही रहते, कांधे पर अँगोछा रहता और धोती के खूँट में तमाखू की गाँठ। जाड़ों में सलूका पहन लेते; जब जरूरत पड़ती तो हम लोगों के लिये उसी में से बरगद के दूध के लिए फीहा भी फाड़ लेते। दौआ का उतरा रुइहा सलूका, कभी-कभार [उनका उतरा] कोट भी पहन लेते। जब बाहर जाते तो सफेद साफा भी बाँध लेते, दौआ के ढंग का, पर बड़ी लापरवाही से। ढीला-सा सफेद कुरता पहन लेते। जूता पुराने ढंग का मुड़ुवा देहाती ही पहनते थे। अक्सर नंगे पैर ही रहते।

नहाकर भगवान की पूजा ज़रूर करते। हनुमान चालीसा, हनुमान एकमुखी कवच और पंचमुखी कवच, चौबीसों अवतार, रुद्राष्टक आदि का पाठ ज़रूर करते। पीतल के सिंहासन में, जो मेरे बचपन में ही दौआ लाये थे, राम-सीता की दो पीतल की मूर्तियाँ थीं। एक बड़े एक छोटे, दो गोल सालिगराम थे, दो सफेद छोटे गोमती चक्र, दो-एक छोटे महादेव, दो तांबे के पत्र–जगन्नाथ और हनुमानजी के। मूर्तियों को छोड़ सब देवता नहवाये जाते और चन्दामृत (चरणामृत) पिया जाता। बाकी देवताओं को अर्घ दे दिया जाता। [चन्दन घिसना, उसे मूर्तियों के और अपने लगाना, फिर शंख बजाना, इस पूजापाठ की ये दो महत्त्वपूर्ण क्रियाएँ और थीं। शंखध्वनि सुनकर घर की स्त्रियाँ समझ जाती थीं कि बुढ़ऊ की पूजा समाप्त हुई, अब भोजन करने वह भीतर आयेंगे।] आले में सेंदुर से रँगी, चोला चढ़ी [सेंदुर के ऊपर सफेद पन्नियाँ काट कर जहाँ तहाँ चिपका दी जाती थीं] संगमरमर की हनुमानजी की मूर्ति रखी रहती। धूप देकर चरणों में सर रखते। फिर सिंहासन चौके पर ले जाते और वहाँ भोग लगाकर खाना खाते।

बाबा कहा करते थे कि उनको महाबीर का इष्ट है। उन्होंने दो एक बार बताया

कि जब वह पल्टन में थे, तब वह हनुमानजी का एकमुखी और पंचमुखी कवच का पाठ अधिक करने लगे थे। तो अक्सर उन्हें ऐसा आभास हुआ करता कि जब वह खाट पर लेटे हैं तो कोई उनको खाट पर खूब झकझोर देता है, खाट ऊपर और वह नीचे हो जाते हैं और फिर थोड़ी देर में शान्ति हो जाती। एक आदमी ने, जिकर करने पर, उनसे कहा कि यह पाठ करना कम कर दो और इससे इन्हें लाभ भी हुआ। यह बात दौआ ने अपने लिये एक बार कही थी। बाबा कहते थे, हनुमान जी हमारी मदद को हमारे साथ रहते हैं। जब हम कचहरी जाते हैं 'तौ अफसर हमते आँखि नहीं मिलावत'।

बाबा जब पल्टन में थे तब अजिया गाँव में ही रहती थीं। बाबा के एक मामा उनके साथ रहते थे। उनको देवी आती थीं। अक्सर आतीं, दुनिया तमाशा देखती और प्रसाद पाती। इसमें आवश्यकता से अधिक खर्च होता। बाबा से मँगाने पर पूछताछ होती, अतः कर्ज़ लिया जाने लगा और बाबा के पेन्शन आते-आते [फौज से अवकाश प्राप्त करके घर आते-आते] मुकदमा चालू हो गया। उनको यह सब रहस्य नहीं मालूम था। आते ही पेशी हुई और फौरन रुपया न देने पर कैद हो गयी। कचहरी उन्नाव में थी। किसी ने सब हाल बुआ से जाकर बताया। यह घटना उनके लिए भी आकस्मिक थी। रुपयों का कहीं शीघ्र प्रबन्ध न होने पर उन्होंने अपने सारे गहने उतार कर दे दिये, यह कहते हुए कि हमारे बाप के दिये हुए ही तो हैं, उन्हीं के काम आ जायँ तो क्या हर्ज है। दौआ ने बताया कि दूसरे दिन रुपया जमा कर दिया गया और बाबा छूट आये पर एक रात उन्हें शायद हवालात में रहना पड़ा। दौआ कहते थे, यह इसलिए है कि तुम्हारी बुआ को बाबा इतना मानते हैं।

[लोधीताल के पास खेत के किनारे] बड़ा भारी पुराना बरगद का पेड़ है। मैं इसे ऊपर से नीचे तक देखता और सोचता, भला किस डाल पर कहाँ भूत बैठता होगा, वह कहाँ रहता और सोता होगा। बाबा अक्सर मेरे फोड़े फुन्सी पर बरगद के दूध का फीहा रखने के लिए आते। अगर मैं यहाँ अकेले आकर फीहा लगाने को कहता तो वह मना कर देते। वह तने में ईंट मारकर दूध निकालने से [मुझ पर] गुस्सा न हो जाय। पूछने पर कहते, 'हम सयानि हन; हमको कुछौ न करी।' मैं सोचता, सयाना होने पर तो मैं भी रोज फीहे लगा सकूँगा। यहीं से हमारा ऊसर–चरागाह–जिसका बाबा जमींदार को डेढ़ रुपया सालाना देते थे, शुरू हो जाता है। इसके सिरे पर यह खेत (बरिया) है जिसमें बाबा ने हमारे लिए एक साल गाजरें बोई थीं, जिनको वह हमें यहीं खुरपी से छील-छीलकर खिलाते थे।

[आट के दक्खिनी ढलान को काटकर जहाँ खेत बनाये गये हैं, वहीं खेतों की सिंचाई के लिए पक्का कुआँ है।] इसी की मुड़ेर पर बैठे बाबा रो रहे थे कि 'जो भगवान हमरे नाती का आँखिन ते रहित कीन्ह्यो तौ वहिका बिरकुल्लिही उठाय

लीन्ह्यौ।' [भैया के ज़ोर की चेचक निकली थीं।] इसी समय पैढ़ी पर उनको एक बन्दर जमुहाता हुआ बैठा दिखाई दिया। उन्होंने उसे महाबीर जान उससे प्रार्थना की और वह बन्दर थोड़ी देर में उठकर एक तरफ चला गया। तब से वह कहते थे, उन्हें विश्वास हो गया कि मैं बच जाऊँगा और मैं बच भी गया, उनके विश्वास के अनुसार।

पुराने मकान के सामने जहाँ अब लोग नहाते हैं, एक खँडहर सा शायद बढ़इयों का घर था। इसमें एक बूढ़ी औरत रहती थी जिसको लोग ठकूरा कहते थे। यह गाँव में टोनहाइन प्रसिद्ध थी। काफी बूढ़ी, चेहरे पर झुर्रियाँ, लँबछरे चेहरे पर लम्बी नाक, आँखें बहुत तेज, चमकदार थीं। बाबा जब मुझे घर से लेकर निकलते तो अजिया पहले बाहर जाकर पता लगा लेतीं कि आसपास कहीं ठकूरा तो नहीं है। तब हम बाहर ले जाये जाते। मुझे यह बन्धन अच्छा न लगता जबकि रमपियारा पर कोई प्रतिबन्ध न था। मेरी शिकायत पर अजिया कहतीं, 'बिटियन का नजरि नहीं लागति'। एक दिन की बात है, अम्मा ही घर पर थीं। ठकूरा आजी घर आ गयी और हम दहलीज के दरवाजे पर ही मिल गये। ठकूरा ने हमारे ऊपर प्यार से हाथ फेरा और प्यार से छाती लगाया और अम्मा से बातचीत करके चली गयीं। शाम को जब अजिया आयीं तो अम्मा ने कहा, 'आजु तो ठकूरा आजी नाति खेलाय गयीं'। अजिया हक से रह गयीं। उनके मुँह से इतना ही निकला 'ककस'। अम्मा ने सारी बात बता दी। अजिया चुप रहीं और बाबा से सारी बात बताई। बाबा भी परेशान हुए, फकिरहाई गये और फूँक डालनेवाले को बुला लाये। उसने फूँक डाली और राई नोन उतारने को कह गया। घर में बहुत उदासी रही पर मुझे तो ठकुरिया बहुत अच्छी लगीं।

[जिस कुएं की पैढ़ी पर बाबा को जमुहाता बन्दर दिखाई दिया था, उसी से सम्बन्धित एक घटना इस प्रकार है।] मेरे पास एक ओंगी (बैल हाँकने की बाधी) का डंडा था। मैंने उसमें एक लम्बी रस्सी बांधी और सिरे पर गाँठ लगा दी। इसी पैढ़ी के पास मैंने रमपियारा से कहा, इस रस्सी का सिरा दाँत में दाब लो। और मैं केन्द्र में खड़े होकर उन्हें घोड़े की तरह फेरने, चक्कर खिलाने लगा। दो-चार चक्कर के बाद मैंने घोड़े को मोड़ने की गरज से जो डंडे में एक ढीले हाथ से झटका दिया तो रस्सी के साथ रमपियारा का एक दाँत भी बाहर हो गया। खून बहने लगा। वह ज़ोर-ज़ोर से चिल्लाने लगीं। मैं घबड़ाया। अफसोस जाहिर करते हुए मैंने अपनी गलती समझाई और उनको ताता थंभा किया। गनीमत यह हुई कि वह बात समझ गयीं। डाँट से बच गये।

घर में एक बकरी थी, अच्छी ऊंची, पूरी। मैं अकेला ही ऊसर में था, वह बँधी थी। मुझे दया आयी, सोचा कि इसे खोलकर चरा दूँ। काम शुरू कर दिया पर सनीचर तो सनीचर, थोड़ी देर में उसे खेत खाने की सूझी और चल दी। मैंने रोका पर रुकी

नहीं और मैं गिर पड़ा। उसने मुझे सेरावन की तरह 5-6 गज तक घसीटा। मेरी छाती सब छिल गयी। मैंने उसे जैसे-तैसे जहाँ का तहाँ बाँध घर जाकर बंडी पहनी और उसको उतारा ही नहीं। एक दिन बाबा बोले, 'तुम कइयो दिन ते हनायो नहिंन, आजु हनाय डारौ। उतारो तो कपरा।' क्या करते, कपड़े उतारने पड़े। तब हम नंगे होकर नहाते थे। घर के पास वाले गंगाराम वाले कुएँ की बात है। उन्होंने जब छाती पर पपड़ी देखी तो कारण पूछा। मेरे बताने पर कहने लगे, 'यही मारे हनाय ते भागि-भागि फिरति रहौ। मनई छांड़ि ससुरी क देय, ध्वारा खेतुइ तो चरि लेतै।' मुझे अपनी बहादुरी की दाद न मिलने पर अच्छा न लगा, ऊपर से गलती और शुमार की गयी।

इसी ऊसर में जानवर चराते और ढेरा कातते हुए दौआ ने रामबिलास को सौ तक अंग्रेज़ी की गिनती सिखाई थी। रास्ते के किनारे महुए का पेड़ है। इसकी जड़ों में हमारे बैल बाँधे जाते थे। मुझे बैलों की गर्दन में घुँघरू बड़े अच्छे लगते। मैंने बाबा से अनुरोध किया। घुँघरू आये। सोहना ने बँधवा लिये पर लम्बल्लेंड़ी [नंबरी लेंड़ी] ने बाँधते ही वह कूदफाँद मचाई कि क्या कहना। जैसे-जैसे वह बजें, वह गर्दन झटके और कूदे। थोड़ी देर में बाबा ने कहा, 'सार अबहीं थोरी घार मां अपने आपु ठीक ह्वै जाई, आव चली घरै।' दोपहर के बाद जब हम लौटे तब वह शान्त खड़ा था। मुझे बड़ी खुशी हुई।

इसी पेड़ के समीप मैं खेल के लिए छोटे गड्ढ़े—कुएँ—खोदता था। यहीं से दस कदम पर 'लोधवो बीर बाबा' हैं और उसके पास खजुरिहा ताल। जहाँ जरा सा झाड़ी-झंखाड़ हुआ, वहाँ साँप बिच्छू का होना स्वाभाविक है और उसको देहात में देवत्व अथवा दैत्यतत्व प्राप्त हो जाना अत्यन्त सरल है। [लोधे ताल अथवा लोधी ताल से लोधवा बीर का संसर्ग था; खजुरिहा ताल के बारे में यह सुना था कि उसमें नहाने से खुजली हो जाती है। इसके किनारे आम, जामुन के पेड़ थे जिनकी पत्तियाँ इसमें गिरकर सड़ा करती थीं। इसमें सनई के पेड़ भी भीगा करते थे, बाद में उन्हें ताल में फींच कर किसान उनसे सनई अलग करते थे। इसके किनारे झाड़-झंखाड़ भी काफी थे।] ताल में बाबा दौआ ने और एकाध बार मैंने भी सनई धोई है। सचमुच, जैसा बाबा कहते थे, खेती का काम 'अधम काम है, राक्षसी काम है'। ढेरी भर सनई धोना, खेत की कैत डालना देहाती कमर की मजबूती की कसौटी है। (ढेरी में 25-30 पूले होते हैं और एक पूले में 10-12 मूँठे जो धोबी के कपड़े की तरह ताल में उठा उठाकर पटके जाते हैं। कैति डालना—मेड़ के नीचे की मिट्टी फावड़े से उठा उठाकर फेंकना)।

इस ताल में हमारी भैंस अक्सर शरारतन घुस जाती और पड़ी रहती—बाँधा जाना बचाने के लिए; साँस के लिए नाक के छेद-भर बाहर रखती, और सब शरीर डुबा रखती; उसमें से निकलती ही नहीं। एक बार बाबा को गुस्सा आ गया। हमसे बोले, 'हम धोती फेंके देइत है, तुम हमका बादि का दै दीन्ह्यौ।' वह धीरे-धीरे ताल में घुसते

गये और धोती उठाते गये। जब कमर तक पानी आ गया तो धोती किनारे फेंक दी और तैरकर भैंस को बाहर हाँक दिया और फिर धोती माँग ली।

इस ताल से ऊपर चढ़कर हमारा लम्बा-चौड़ा खेत है जो पिपरहा कहलाता है। [खेत जमींदार का था, बाबा उसे जोतते बोते थे और इसके लिए लगान देते थे।] इसी के सिरे पर एक बार बाबा ने एक कुआँ खुदवाया था पर नीचे बालू निकल आयी और प्रयत्न करने पर भी थोड़ा पानी ही निकला जो बाद को बिल्कुल सूख गया। मैंने इस कुएँ को खेल-खेल में तोपने की कोशिश की। भला वह मुझसे कैसे तुपता? [काफी खोदने पर ही पानी निकलता है, इसलिए इस क्षेत्र के सभी कुएँ बहुत गहरे होते हैं। न उन्हें खोदना आसान होता है, न तोपना।] उन्होंने उसमें पानी जाने को खेत की तरफ से एक नाली बना दी। बरसात का पानी उसमें ऊपर तक भर गया और कुछ दिन में वह दीवालें फटने से डहला हो गया और पुर गया। इसी के आगे एक घवा था जिससे खेत का पानी ताल में चला जाता और खेत भी कटता जाता, खाद बह जाती ऊपर से। संयोग से हम, भैया [फुफेरे भाई सूरजबली], दौआ, बाबा सभी एक दिन वहाँ पहुँच गये और मैंने घवा बन्द करने का सुझाव रख दिया। सब लोग जुट गये। थोड़ी देर में घवा तो घवा, वहाँ एक बाँध तैयार हो गया। दूसरे दिन पानी बरसा, खेत ताल हो गया और उसने बगल के खेत की मेंड़ बहा दी। हम लोग वहीं थे। चंदिका त्रिवेदी बहुत बरबराये–'हमेशा पानी जाय वाला घवा बाँधि दीन्ह्यो। अब यह म्याड़ बहिगै, वहिका को जिम्मेदार होई?' बाबा ने कहा, आपनि म्याड़ काहे नहीं ऊँचि करतू। सब म्याड़ काटि-काटि तो खेतु बढ़ावै मां लागि हौ। म्याड़ बही ना तो का होई?' जब वह चला गया तो हमसे बोले, 'तुम सब जने रहौ, यहि मारे चला गा' नहीं तो आजु जरूर लड़ाई होति। वहु घवा फोरे बिना न मानत।' मुझे लगा, खेती आदमियों की है, आदमी की नहीं।

एक बार बैलों पर दया आयी। मैंने खेत के किनारे के महुए के टेंरें [पत्ते] तोड़ तोड़कर उन्हें खिलाना आरम्भ किया। इतने में न जाने कहाँ से मथुरा (बली मिसिर के मामा) आ गये। उन्होंने वह हल्ला मचाया कि क्या कहना। अजिया वहीं खेत में कुछ कर रही थीं। वह निकल आयीं और उनसे लड़ीं कि 'हमरे नाती का काहेक हल्ला कीन्ह्यो'। फिर उन्होंने बाबा से कहा। संयोग से एक दिन हम लोग ललई पंडित के कुएँ पर नहा रहे थे। उधर से मथुरा कहीं जा रहे थे। बाबा उनसे खूब लड़े, 'हमने नाती का कुछ कह्यो तो काहे कह्यो, हमते काहे न कह्यो।' हमको अपने ऊपर बड़ी झुँझलाहट आयी कि हमें यह ज्ञान क्यों नहीं था कि नये बिरवों के ट्यर्रा न तूरै क चही। हमारी बेवकूफी से इतना बवाल हो गया।

यहीं एक बार बाबा ने तरोई बोईं। बहुत कम लगीं। पर हमने उनका भरता खाया। इसी खेत के पटसन (सन के बीज या फल) की तरकारी अजिया ने बनाई

जो इतनी अच्छी लगी कि जैसे अब करेले लगते हैं। खुर्थी (ग्वार की फलियाँ) खूब फरी थीं, तोड़ ले जाते और खूब बढ़िया तरकारी बनती। उबालकर, तेल डालकर सनई के फूल भी बड़े स्वादिष्ट बनते। चने का साग तो जैसा कैलासा बुआ के यहाँ बनता, वैसा घर पर भी न बनता। बासी, तेल डाला हुआ। बाबर हरे चने कुछ अपने खेत से उखाड़ते, कुछ चलते-चलते इधर-उधर से भी और ऊसर में होरा भुनता। लोबिया की छियों का तो सानी नहीं, इसमें अजिया भी दिलचस्पी लेतीं। यहीं सेल्लों (सनई के ओदे डंठल) की टटिया बनतीं और यहीं सेरकिन (ज्वार का भुट्टा काटने के बाद का सिरा) की, बबूल के काँटे लगाकर गाड़ी बनती।

खेती-किसानी

हमारा कोई साथी न था, साथी थे तो केवल बाबा। बड़े हमदर्द, अपना काम छोड़कर हमारा काम करने लगते। उन्होंने मुझे पक्का, पूर्ण किसान बनाने की सारी ट्रेनिंग दे दी थी। कहीं काम न रुके। आज का किसान भी उतनी बातें न जानता होगा जितनी मैं। भिन्न-भिन्न अनाजों को कब और किस प्रकार बोना चाहिए, कब सींचना चाहिए, जोतने लायक (ओंठि) खेत हुआ या नहीं, किसको कब कितना पानी चाहिए, कब और कैसे निराना होता है, इत्यादि। मुझे सेरावन पर चढ़ने में बड़ा मज़ा आता। वह माची में रस्सी बाँध देते और मुझे सेरावन पर खड़ा कर उसे पकड़ा देते। मैं पीछे को तना खड़ा रहता, वह बैल हाँकते जाते। बाद को मैं बगैर रस्सी के ऐसे ही ख़ड़े होकर सेरावन दे आता पर वज़न कम होने से मिट्टी दबती कम। इसलिए वह फिर खुद देते। शुरू में कुछ दिन उनका पैर पकड़कर भी खड़ा रहता, बाद को पौली लेकर उनके साथ बिगही बनवाता। आते-जाते लोग कहते, 'हवलदार, नाती का सबु सिखये देति हौ।' बाबा गला साफ करते हुए कहते, 'सिखये का देइत है, साथ मां लागि जाति हैं, मनु भा तौ; ई अपन पढ़िहैं लिखिहैं, कहूँ अन्ते रइहैं, मुलु सीखि लेहैं तो नीकै है। आओ तमाखू खाये जाव।'

मैं बाबा के साथ रोज़ खेत देखने जाता। कब अँखुआ निकला, और कब पत्ती, और तब खेत का क्या से क्या रंग हो गया। फिर पानी देने का समय आता। हम बीचनखूचन पुर बोलते, बाबा पुर धरते, अजिया पानी लगातीं। दोपहर को पुर बन्द होता। हम मोटे-मोटे पराँठे देखकर खुश होते पर हमारे लिए खीर आती। साथ में रमपियारा भी [बहन] आतीं, खीर के लम्बे-लम्बे कौर सटक जातीं। हमको धीरे खाने पर थोड़ी नाराजगी सहनी पड़ती। शाम को माची में फँदियाई [फन्दे डालकर लपेटी हुई] बरेत सर पर लाने में मुझे बड़ा गर्व होता कि मैं बराबरी से काम कर रहा हूँ। घर से हल भी कन्धे पर धर ले जाता पर बाबा कभी जोतने न देते। कहते, 'हरु

जोतिहौ तो हर कै मुठियै भरि रहि जइहौ। हरु कहत है, हम अपनी मुठिया ते ना बाढ़ै द्याब। औरु फरुहा कहत है, अपने बेटे ते न बाढ़ै द्याब।' फरूहा की बात तो ठीक भी हो सकती है पर हर की बात समझ में नहीं आती। चलने के सिवाय वह कोई बड़ी मेहनत का काम तो होता नहीं। सम्भव है, न करने से हमको तजुर्बा न हो। [खेत को गहराई से जोतने के लिए मुठिया को काफी ताकत से दबाये रहना और हल निश्चित दिशा में चले, इसके लिए मुठिया को बराबर साधे रहना जरूरी होता है।]

एक बार [झाँसी के] लालाजी (गंगा सहाय) ने दौआ से कुछ कह दिया या डाँट दिया। दौआ करीब छह महीने घर पर रहे। इस समय हमने जानवर चराये, ढ्यारा काता, रस्सियाँ बनायीं। रस्सियों का तो मैं मास्टर हो गया था, आज भी हूँ। कमरे में हाथ की कती सनई कीं तीन-चार बिंडियाँ रखी हैं। [चारा खाने से रोकने के लिए बैलों के मुँह पर लगाने को] मुसका, (सेरावन के) मैगा [सेरावन से माची को जोड़ने वाली रस्सी], गैंड़ा (पंचलरिया) [बैलों के गले की रस्सी], मोहरा, [गाड़ी में नहते समय बैल के गले का] पट्टा, [बैलों की आँखें ढकने को] अँधियारी, उबका [लोटा बाँधने के लिए डोर का शुरू का हिस्सा] इत्यादि मुझे सभी बनाने आते हैं। घर पर बाबा ने खटिया, मचिया, जनेऊ वगैरह सब सिखा दिये थे। इससे जब इधर रुचि बढ़ी तो मैंने औरतों से नारा, इजारबन्द, सींक के पंखे, गुलूबन्द वगैरह भी बिनना सीख लिया। यही मेरी सूत कताई, नेवाड़-कपड़ बुनाई की रुचि का कारण भी रहा। चर्खा मिलने पर मैंने सूत कातने का मनोरंजन भी किया। दौआ भी बड़ी बारीक सनई कात लेते थे।

बाबा के साथ मैंने मड़नी माड़ी, सनई धोई, पुर धरा, सेरावन दी [खेत पर पाटा फेरा], खूब ह्वारा [होला] और छियाँ भून-भूनकर खायीं। दौआ ने भी हल जोता, जानवर चराये, ढ्यारा काता, करबी ढोई (सिर पर) और रामबिलास को इंग्रेजी की गिनती सिखायी। मेरी पढ़ाई तो जहाँ तक याद है कुछ भी न हुई। शायद कभी शुकसागर की कथाएँ पढ़ लेता होऊँ। इसी समय तैरने का भी श्रीगणेश हुआ। दौआ को तैरने में अधिक मज़ा आता था, मुझे भी कम नहीं आता। दौआ कानपुर नौकरी ढूँढ़ने गये पर कोई जँची नहीं। फिर लौट आये। कुछ दिन बाद मुसद्दी लाल की चिट्ठी आयी जिसका तात्पर्य था, 'न हमको तुम जैसा नौकर मिलेगा और न तुमको हम जैसा मालिक।' [चिट्ठी लाला गंगा सहाय ने स्वयं लिखी होगी या उनकी ओर से मुसद्दी लाल ने लिखी होगी।] बाबा ने समझाया और वह झाँसी जाकर काम करने लगे। हम शायद थोड़े दिन घर पर और रहे।

मैं शरीर से स्वस्थ तो था ही, बाबा के कामों में पूरा सहयोग देता था। पुरहाई हो रही थी। बाबा पुर धरते, हम बैल हाँकते और अजिया पानी लगाती थीं। बाबा

में अपने अनुभव सुनाने और उपदेश देने का एक बड़ा विशिष्ट गुण था। हम बैलों के साथ जब मूड़ा पर आते और बरेत को तानकर पुर भरते, तब तक वह अपनी बात जारी रखते। हर बार यही क्रिया होती। बीच की टूट में (जब हम बैलों के साथ पैढ़ी को जाते) हम कहे हुए का मनन करते, आगे की सुनने की जिज्ञासा बढ़ाते और इस बीच बाबा आगे कहने के लिए विषय, वाक्य सोचते, उसे बहुत संयत और भावपूर्ण भाषा में प्रकट करते। बैल पैढ़ी की ओर के चारे के लालच से लपके हुए जाते, फिर खाते हुए धीरे-धीरे मूड़े की ओर बढ़ते। मैं जब कभी गाँव जाता हूँ तो उस आट के खालेवाले कुएँ के दर्शन करने जरूर जाता हूँ।

तो बाबा ने रुँधे हुए गले से कहा, 'हमारे दादा ने हमको थोड़ा पढ़ाया तो हम यहि दर्जा का पहुँचेन। तुम्हार बापू हमते ज्यादा पढ़ा है तो हमते अधिकी तनखाह पावत है। तुम पढ़िहौ तो तुमहू हज्जै करिहौ। [पढ़ना हज करने का सा धार्मिक कार्य होगा।] मुला एकु काम कीन्ह्यो, अपने भाइन का जरूर पढ़ायो। पढ़ि जइहैं तो तुमका यादि करिहैं, तुम्हार गुनु मनिहैं, तुम्हार नांव होई। रुपिया पैसा तो हाथे का मैलु है, आजु है काल्हि नहिंन। विद्या का न कोऊ चोराय सकै न कोऊ लै सकै।' कहने की बात नहीं, मैंने तभी निश्चय किया कि मैं भाइयों को पढ़ाऊँगा अवश्य हालाँकि कितना कहाँ तक पढ़ाऊँगा, ऐसा तब कोई निर्णय नहीं था, मैं जानता भी नहीं था कि कितना पढ़ा पढ़ा कहलाता है और कितना पढ़ा अपढ़।

वह कुआँ इसलिए और भी याद है कि वहाँ हम लोगों की जान जाते-जाते बची। उसी समय की बात है, बाबा ने कुलहा के गुलाबसिंह के मँझले लड़के भूपसिंह को अपनी मदद के लिए बुला लिया था या वह खुद ही आ गये थे, ठीक याद नहीं। बहरहाल वह पुर धर रहे थे और हम पुर बोल रहे थे, बाबा पानी लगा रहे थे। उस दिन बाबा के उपदेशों के बजाय आल्हा-ऊदल की खूब चर्चा हुई। दोपहर को अजिया खाना लायीं और उसे वहीं रखकर पानी लगाने चली गयीं। बाबा ने खेत से आकर हमें खाली कर दिया और खुद पुर बोलने लगे। हम नीचे छुलहरे के पास आकर फिर बात करने लगे। भूप का ध्यान कुछ बँट गया। दुचित्ती अवस्था में वह पुर को ठीक समय पर और ठीक ढंग से खींचना भूल गये। पुर का अधिक भाग पटेहरि [कुएँ की बाट पर लगी लम्बी-मोटी लकड़ी] के उस तरफ [यानी कुएँ की तरफ] था और कम इस तरफ। मैंने भूप की कठिनाई अनुभव की और दौड़कर पुर खींचना शुरू किया। हमारे हाथों में उसकी एक गोड़िया [बरेत और पुर के बीच की टेढ़ी लकड़ी] थी जो पानी से निरन्तर चिकनी हो गयी थी और प्रतिपल हाथों से छूट रही थी और पुर नीचे को जा रहा था और भयंकर होनहार का दृश्य सामने आ रहा था। यही हाल भूप का भी था। भूप पूरे जवान और तगड़े आदमी थे। मुझे विश्वास था कि हम लोग उसे ऊपर अवश्य खींच लेंगे।

कारण कि हमने तन्दुरुस्त लोगों को अकेले पुर थांभे [यह थामे का पूर्वरूप थांभे है] देखा था। पेश्तर इसके कि हम कुछ किसी से कहें, भूप ने गोड़िया छोड़ लपककर बरेत पकड़ ली जिसका प्याड़ा [निचला भाग] हमेशा ही पानी से भीगा रहता है। स्वभावतः वह बरेत हाथ से रपटी, पुर नीचे जाने लगा और गोड़िया हमारे हाथ से छूट गयी; फिर भला भूप कैसे उस चलती हुई बरेत को जिसमें भरा पुर लटका हो रोकने में समर्थ हो सकते थे? आगे की सूखी सरकती हुई बरेत से उनके हाथ कटने लगे और उन्होंने उसे छोड़ दिया। बैल पैढ़ी से मुड़ चुके थे, भरे पुर का जो ज़ोर का झटका लगा तो इतनी मोटी मजबूत माची खटाक से बैलों के कन्धे से टूट गयी और पलक मारते ही वह गड़गड़ाहट हुई कि जो आज भी ताज़ा है। दूसरे क्षण झम्म से पुर में पानी गिरा। टूटी माची का ऊपरी भाग चियार [वह चिरी हुई लकड़ी जिसके सिर पर गरारी रहती है] में आकर अटक गया। गर्री (गरारी) चियारे से उछलकर छुलहरे में आकर गिरी। बैल इधर-उधर जा रहे थे। मैंने बहुत बार सोचा और आज भी [सन् 1962 में] सोचता हूँ कि उन बेचारे बैलों के गले, मुँह में कितने ज़ोर का झटका लगा होगा, भगवान ही जाने।

बाबा हम लोगों के पास आये, बिना कहे जान गये कि पुर अबर गया [बरेत गरारी से उतर गयी]। भूप पैर पकड़े जमीन पर पड़े थे। बाबा ने पैर मलना शुरू किया। मैंने देखा, टखने और उँगलियों के बीच एक चूहा-सा उठ आया है। भूप छटपटा रहे थे। स्पष्ट है कि गर्री उनके पैर पर गिरी थी। बाबा ने उनकी परेशानी देखकर मलना बन्द कर दिया। पैर की चोट काफी फूल आयी थी। बाबा के आँसू आ गये। रुँधे हुए गले से बोले, 'लालच माँ परि गयन, फिर्यू [फिरि+ऊ<हू] भगवान कलंक ते बचाय लीन्हेनि।' उनको हमारी देखभाल का पूरा ध्यान रहता था; न कुआँ झाँकने दें, न ताल नहाने दें और न पेड़ पर चढ़ने दें। फिर भी सोचा कि सयाने हो गये, मज़दूर के पैसे बच जायेंगे, 4-6 दिन का काम है, हो ही जायेगा। यह थी लालच की बात। और कलंक की बात यह थी कि गर्री अगर किसी पर गिरती तो निश्चय ही प्राण जाते अथवा पुर के साथ कुएँ में भी आसानी से जा सकते थे। वह तो माची चियारे में अटक गयी, अन्यथा बरेत की लपेट और पुर के झोंके में कुछ भी हो सकता था।

उस जून पुरहाई बन्द रही। घर आकर हल्दी-चूना चढ़ा। हमारे माथे में भी शायद माची का एक टुकड़ा लगा था, दाहिनी तरफ सूजन तथा दर्द था। कुलहा खबर भेजी गयी और गुलाबसिंह गाड़ी लेकर आये और भूप को ले गये। बेचारों ने बहुत शराफत से कह दिया, 'ह्वैगा होई, हर-पुर [हल और पुर, खेती-किसानी] माँ तौ यहु लागै रहत है। सबु ठीक ह्वै जाई।' एक अरसे के बाद पता लगा था कि एक दफे जब भूप पल्टन में भर्ती होने गये, तब इस पैर की चोट के कारण डाक्टरी में नापास कर दिये गये थे।

रामविलास शर्मा

गाँव की आग

अच्छा तो 29 ता॰ [मार्च 1934] को आग लगी। मैं ऊपर सो रहा था–खा-पीकर। ब्रजलाल ने पुकारा–आगि लागि। केंवारा खोलि कै दीख। सोनरहाई में [बीच गाँव में] धुआँ उठा। 10 सेकेण्ड में बीच के छप्पर जलने लगे और 1 मिनट के अन्दर राम खेलावन की कुरिया [घर के पीछे अटारी पर] जलने लगी। किंवाड़ा बन्द करते-करते भगत की अटारी [घर के आगे] की पाती में आग लग गयी। किसी तरह से अम्मा और बच्चों को लेकर हम रतन [पूर्व की ओर] की अलँग से भागे। कोई सामान न लिया, एक बनयान और तहमत, वैसे ही भागे। घर सब खुला। सब लोग गुलरी के नीचे जहाँ कण्डा पाथे जाते हैं खड़े हुए। इतने में दिखतन [दीक्षितों] के यहाँ तक आगी पहुँच गयी [पछियाव चल रहा था। बीच गाँव से शुरू होकर हमारा घर लाँघती हुई आग तेजी से गाँव के दक्षिण-पूर्वी सिरे तक जा पहुँची।] Time about 1.30 P.M. हवा खूब जोरों से चल रही थी। इसके बाद त्रिवेदिन का ग्वांड़ा [घर से निकलकर गलियारा पार करते ही पशु बाँधने का यह स्थान था], सुल्तान का घर, रतन और बेंचा–इनके घर भी जलने लगे। [ये सब घर गाँव के पूर्वी छोर पर थे।]

घर में आग लगते ही ब्रजलाल हमसे कहकर पट से वहि ट्वालै भागगा। [ब्रजलाल मेरी आयु के युवक अम्मा की सहायता के लिए घर पर रहते थे। दूसरे टोले में उनके सम्बन्धी रहते थे।] रतन के घर जलने पर हम लोग और हगड़ौरा [ताल] की तरफ बढ़कर जमुनी के नीचे खड़े हो गये। थोड़ी देर में ब्रजलाल आया, कहा, घर में केसनी और कन्हई के घर के लोग हैं। चारों तरफ से जलने पर ये लोग अपना सामान ऊपर के कमरे में [हमारे यहाँ] ले आये। [घर के सामने की] गली में से भागने को जगह न थी, न घर के बाहर ही निकलने को रास्ता था। पहिले घर का लदुवा जला [अटारी की एक मुँड़ेर पर चूने का पलस्तर था, दूसरी मुँड़ेर पर पानी से बचाव के लिए झाँखर रखकर कच्ची मिट्टी जमा दी गयी थी। यही 'लदुवा' था जिसके झाँखर जलने लगे थे।] इसके बाद कैलू जलने लगे। कुएँ के ऊपर जो छपरियाँ छाई थीं, उनमें से एक को मैं खींचकर गलियारे में फेंक गया था, दूसरी को काटकर घर के भीतर [डाल गया था], बाहर फेंकने का वक्त न मिला। कैलुओं की आगी केसनी और कन्हई ने बुझायी, कुछ ब्रजलाल ने काटकर नीचे गिराये। [ऊपरवाले] कमरे की चौखट में आगी पहुँच गयी थी, उसे कन्हई ने बुझाया। भीतर एक पलँग जलने लगा, उसे भी बुझाया। बाहर टीन के नीचे की थोड़ी लकड़ी जली, वह भी बुझायी गयी। सामने के कैलू बिल्कुल जल गये, अगल-बगल के आधे घोघे जले हैं, लदुवा बिल्कुल जल गया है।

आगी कुछ थमने पर हम घर आये। कँधई [अर्थात् कन्हई] की चौपाल और दहलीज जल रही थीं। हमने पानी खींचना शुरू किया। बहुत देर में मेड़ई [एक सम्बन्धी] आये। हमने [अपने लड़के] ललित, उनकी माँ और शङ्कर [छोटे भाई रामशंकर] को और थोड़ा-सा सामान लेकर पासाखेरे भेज दिया। मेड़ई उन्हें श्रीकृष्ण [अध्यापक, सम्बन्धी] के यहाँ छोड़ आये। अम्मा एक बार घर हो गयीं, फिर उन्हें बाहर खेतों में भेज दिया। हम कन्हई वगैरह के यहाँ आग बुझवाते रहे। रात को dreadful sight थी। पीछे राम खेलावन का घर जल रहा था, इधर [हमारे घर से कुछ आगे] बचानि का, उधर त्रिवेदी, सत्यनारायन बढ़ई, केसनी वगैरह का, सब भँभर-भँभर भार की तरह जल रहे थे। शाम को लाला [पासाखेरे के सम्बन्धी], श्रीकृष्ण आये, थोड़ी-थोड़ी देर में चले गये। सुर्जू (बैगाँव) आये। सुर्जू ने केसनी का घर बुझवाने की कोशिश की। मेड़ई ने उनके जलते घर से बहुत-सा सामान निकलवाया। ब्रजलाल ने भी। रात-भर पानी भर-भर [कर] बुझवाने का ही काम रहा।

सुबह के करीब केसनी के घर से सीतल के घर में भी आगी आ गयी। पीछे की खमसार की धन्नियों में आग पहुँच गयी। ऊपर से खोदकर [हमारे घर से लगी हुई छत खोदकर] सीतल मेड़ई वगैरह ने आग बुझायी। जिस वक्त आगी आ गयी, उस समय यह मालूम होता था कि अपना घर भी न बचेगा। बगल में ही कण्डौरा था और बीच में एक पतला सा दोंचल [पतली दीवार]। एक बार आग आ जाने पर ब्रह्मा भी न बुझा पाते। सामान जितना निकाला जा सका, उतना निकालकर डेरा के दुआरे से बरगदवा के पास रक्खा।

सवेरा होते-होते सीतल की खमसार की आगी बुझा दी गयी पर बगल की केसनी की खमसार (जो घर के आखीर में थी) जलती रही। उसमें तमाम लकड़ी, धन्नी, सेल्ला, पाती वगैरह सुची थी। सब लोगों ने मिलकर सीतल के घर से लाग छुड़ाना शुरू किया, 5-6 धन्नी तक खोदकर गिरा दिया। इसके बाद भागू वगैरह ने छत खोदकर आग बुझायी। खैर यह हुई, जो धन्नियाँ रक्खी थीं, उनमें आग न लगी, नहीं तो न तो सीतल का घर बचता, न अपना। केसनी के घर में मिट्टी के नीचे तमाम आगी दबी है। अभी तक हम लोग बुझाते ही रहते हैं। कल रात को ही दो जगह जल उठी थी और मैंने बुझाया था। अपनी रोसइँया की बगल में जो खाने-पीने का सामान रखने की कोठरी है, उसी के पीछे जो कँधई की कोठरी है, उसमें आगी आ गयी थी पर बुझा दी गयी। उसकी बगल में उनका कण्डौरा था, उसकी आगी अभी तक नहीं बुझी।

गजोधर सुकुल, बराहीं, बन्दी नाऊ, भीखू, ब्रह्मसिंह, त्रिवेदी, सीताराम बढ़ई, केसनी, सत्यनारायन बढ़ई, बचानु [अथवा बचानि], कलेसर, लखई—इनके घर तो बिल्कुल जलकर खाक हो गये हैं। सामान किसी का थोड़ा बचा है, किसी का ज्यादा,

किसी का कुछ भी नहीं। वैसे तो सुनरहाई के इस तरफ घर सभी के जले हैं।

30 ता॰ के सवेरे जो सामान निकाला था, वह कुछ दिन चढ़े लोधी ताल पर जहाँ केसनी का सामान था (गाड़ी में भरकर) भिजवा दिया। चारों तरफ आग दहक रही थी, इसलिए अम्मा को भी दिन-भर वहीं रक्खा। [आग बुझाने में हमारे घर के कुएँ का पानी चुक गया। फिर पास-पड़ोस के कुओं से पानी खींचकर आग बुझाते रहे। गड़ई में थोड़ा पानी था, वह भी आग बुझाने में खर्च हो गया था। कई रात तक कोई न सोया क्योंकि धन्नियाँ जल रही थीं और छतें टूटकर नीचे गिर रही थीं।]

कल शाम को केसनी का और हमारा सामान सब यहीं आया। वे लोग सब यहीं हैं। आजः सुबः बैगाँव से गाड़ी लाकर हम और मेड़ई पासाखेरे से ललित वगैरह को भी ले आये।

मथुरा की बिटिया को देबी आयी थीं—पूजा वगरः माँगी—हुई—आज शाम को देबिन में होम हुआ। हल्ला है कि देबी कहती हैं, गाँव में आगी फिर लगेगी और गाँव ढेला-ढेला हो जायेगा। अबै खेरवा टोला बचा है—सुना है, वह भी जलाया जायेगा। लोगों ने छानी-छप्पर उतार-उतारकर फेंक दिये हैं, बहुतों के लगे भी हैं। हमें आगी से इस बार इतना भय नहीं है जितना चोर-चपेटों से। चारों तरफ काले-काले खँडहर हैं। 8-10 आदमी आ जायें तो हम लोग कुछ नहीं कर सकते। सीतल, कन्हई वगैरह अटारी पर रहते हैं। हम भी। मेड़ई आज गाड़ी लेकर बैगाँव गये।

दउवा के कुआँ ने बड़ा काम दिया [घर का कुआँ दौआ ने खुदवाया था]। ब्रजलाल ने बित के बाहर फरुहा चलाया। मैंने लोगों की वीरता, साहस, कायरता, स्वार्थपरता, सभी के विचित्र दृश्य देखे। आगी चाहे ईश्वर ने लगायी हो, चाहे शैतान ने, चाहे पाप से लगी हो, चाहे पुण्य से—जिनके घर जल गये हैं—जब वे कहते हैं कि हाथ-पैर बने हैं, तब फिर घर-गिरिस्ती हो जायेगी—तब मैं जानता हूँ कि वे हृदय पर कौन-सा पत्थर रखकर ये शब्द कहते हैं। साल-दो साल की नौकरी नहीं जो फिर सब खरीद लेंगे, जीवन बीत जायेगा और पहिले की भाँति उनके घर न बसेंगे। रत्ती-रत्ती कर जिस गृहस्थी को उनके बाप-दादों ने जोड़ा था, वह घड़ी भर में स्वाहा हो गयी। उसे जोड़ते पीढ़ियाँ लगेंगी। मैंने अम्मा से कहा है, जहाँ तक हो सके, जो आवे उसकी मदद करो। गाँव जलने का मुझे इतना दुख है कि घर बचने की जरा भी खुशी नहीं है। कोई हँसता है तो ऐसा लगता है मानो भयानक पाप कर रहा हो।

(भैया को पत्र : ऊँचगाँव, 2.4.34)

[सुनने में आया है] यह आग लगवायी हुई थी। परसों शाम को डेरा के दुआरे थानेदार आये थे—ठाकुर रामसिंह—पहिले सुर्जाबलीसिंह को डाँटते रहे और लानत

मलामत की। इसके बाद बद्री की खबर ली। पूछा—सिबालक [शिवबालक] कहाँ है? उसने कहा—कानपुर। इस पर बहुत डाँटा—मूँछों के बाल गिरवा देंगे और खड़े-खड़े जलवा देंगे। ऐसा मालूम पड़ा मानो सुनारों का अन्त होना चाहता है। परसों भीखूसिंह और अन्य ठाकुर (ललतू-मोहन नहीं) पुरवा गये थे। बद्री भी। ये लोग रिपोर्ट लिखाकर चले आये। कोई सबूत नहीं गुजरा। रिपोर्ट भीखू सिंह (मुखिया) ने लिखवाई थी। बद्री कल सुबह मिला तो कहने लगा कि वहाँ तो थानेदार बड़ी नर्मी से बोले थे, सिबालक के बारे में पूछा भी नहीं। कहने लगा, कुछ लेने की मंशा है पर अभी कुछ दिया नहीं है।

ललतू बद्री वगैरह को पूरी मदद दिये हुए हैं। जिन लोगों ने रिपोर्ट की है, उनमें भी कोई आगे आकर मुकदमा चलानेवाला नहीं है। सुनार सब प्रसन्न मन घूमते हैं। आज सिबल्का मिला था। हम भैंसें लेकर बाग जा रहे थे और वह पड़री की तरफ। सुना है, दिन में वहीं रहता है, रात में यहाँ। कल गाँव के लोग (जिनके मकान जल गये हैं) उन्नाव गये थे। वहाँ डिप्टी कलक्टर के यहाँ अपील की है और कांग्रेस में भी। देखो क्या होता है।

लोगों की खेती कट रही थी, इसलिए बिना घर के लोग खलिहानों में हैं। लालू त्रिबेदी वगैरह सब देबिन के पास खलिहान में हैं। लोग starve नहीं कर रहे [भूखों नहीं मर रहे]। खाने-पीने को सबको कहीं न कहीं से मिल जाता है। जरूरत कपड़े-लत्तों की व घर बनवाने के लिए खर्चे की है। घर में कोई आया तो अम्मा गुड़ चबेना, जरूरत हुई तो आटा, दाल या चावल, कभी-कभी किसी को कोई धोती या कपड़ा दे देती हैं। यही बहुत है। घर एक आदमी की मदद से एक आदमी का भी नहीं बन सकता। यहाँ तो आधा गाँव साफ़ है। हम लोगों की चिट्ठियाँ ही लिखा करते हैं। अभी लोगों की इमदाद के लिए कोई फण्ड नहीं हुआ, न शायद होगा और हुआ तो उसके तकसीम होने पर जो चिल्लपों होगी, उसकी कल्पना कर सकते हो।

परसों शंकर मिले (s/o ललतू)। बोले—सबूत देना कोई हँसी खेल थोड़े ही है, 182 अपने ऊपर कौन ले। He was almost exulting over the disaster [अग्निकाण्ड से वह प्रसन्न से लगते थे।] मैंने जी में कहा, दुष्टो, यदि मैं ईश्वर होता तो तुम्हें इसी जीवन [में] नारकीय यातनाएँ भोगनी पड़तीं। गाँव के दो जमींदार—ललतू और मोहन। दोनों में वैरभाव। ललतू सिबालक जैसों के पृष्ठ पोषक! इस अत्याचार का कोई बदला लेनेवाला नहीं है! ऊँचगाँव के अच्छे दिन गये। जवारि भर के बदमाश, देखना, अब यहाँ इकट्ठा होंगे।

(भैया को पत्र : ऊँचगाँव, 10.4.34)

गाँव-घर की याद

बाबा दउआ से अधिक sensitive थे, इसमें सन्देह नहीं। पर 'शायद तुम्हें इसका अनुभव न हो पर मुझे खूब याद है', यह सुनकर कुछ ईर्ष्या अवश्य होती है। तुम तो शायद मुझसे भी छोटे थे जब बाहर भेज दिये गये थे। और यदि ऐसा न भी हुआ तो मुझसे अधिक तुम उनके पास नहीं रहे। [यह बात सही नहीं है।] उनका हृदय तो बालकों का सा था। तनिक-सी बात पर क्रुद्ध होना और तनिक-सी बात पर आनन्द के आँसू बहाना यह बालकों में ही होता है। जब मैं बच्चा था, जब मेरी आत्मा संसार के पाप-कालुष्य से निर्दोष थी, तब वह मुझसे बहुत घुल-मिलकर बातें करते थे। मुझसे कहते कि 'बड़े भाई से तिनकौ न डेरान्यो। अपन हींसा न जाय दीन्ह्यो। लाठी लै कै लड़ै कि खातिर हमेसा तैयार रह्यो।' यह बात आट के खाले बायीं ओर वाले बड़े खेत की मेंड़ पर बैठकर उन्होंने कही थी। खेत में जोण्ढी बोयी थी। यह कुछ कचेलियाँ ढूँढ़कर लाये थे और एक पत्तों की और ठठेरों [ज्वार के सूखे पेड़ों के टुकड़ों] की तराजू बनाकर तौल रहे थे। तुम वहीं कुछ कर रहे थे। मुझसे धीरे से कहने लगे कि 'तुम याक ज्यादा लै लियो'। मैं कुछ आश्चर्य से उनकी ओर देखकर नीचे देखने लगा। तब उन्होंने वे वाक्य कहे थे (इसीलिए उनकी sensitiveness के ज्ञान के बारे में अपना हिस्सा भी claim कर रहा हूँ।)

घर-गिरिस्ती, संसार, सभी विषयों की बातें वह मुझसे करते। औरतों पर विश्वास न करने का उनका permanent topic था। जब मैं तीन बरस का सीपरी [शिवपुरी] में था, तब वह मुझे देखने आये थे। एक सफ़ेद साफा बाँधे हुए थे। मूँछें तब बिल्कुल काली थीं। शरीर भी हट्टा-कट्टा था। उन्होंने मुझे गले से लगा लिया। मैं कर्धनी पहने नंगा था। मैं रोया नहीं पर ज़ोर से उनके गले लग गया। तब मैं कैसा भोला था। मैं वास्तव में एक प्यार की वस्तु था। पर जैसे-जैसे मैं बढ़ता गया, वैसे-वैसे मैं मानो उनसे दूर होता गया। वह मुझसे उसी प्रकार घुल-मिलकर बातें न करते। जबरौली [ससुराल, लखनऊ जिले में गाँव] में जब बीमार था, और वहाँ से झाँसी गया था, लखनऊ से क्रिसमस की छुट्टियों में मैं घर गया। मोटर से गया था। सुबह ही घर पहुँचा। बाबा चौरा पर लोटा लिये झाड़े जाने के लिए बैठे थे। मैंने कहा—बाबा। वह मेरी तरफ देखने लगे मानो पहचाना नहीं। भगत अपने चौरा पर थे। बोलें—'भैया, बच्चा आय, आवा है।' अब उन्होंने पहचाना—बोले, 'अरे आव आव'—बस इतने में ही तो उनका गला रुँध गया और वे फफक-फफककर रोने लगे। मैं भी रोने लगा। उन्होंने अपने दोनों हाथ व्याकुल से होकर फैला दिये।

(भैया को पत्र : लखनऊ, 12.10.33)

मैं अपने गाँव पर, अपने बाबा-दादी पर तुम्हें क्या लिखूँ, सिर्फ आमों पर लिखें तो पूरी किताब हो जाय। शायद ही हमारी जिन्दगी में कोई दिन ऐसा बीता हो जब हम गाँव के आसपास कल्पना में चक्कर न लगाते हों। हम जानते हैं, इस गाँव में मच्छर नयी राजामण्डी से ज्यादा हैं। कुएँ के पानी में कभी-कभी पतले महीन कीड़े दीख जाते थे; वहाँ हम बचपन में बहुत बीमार पड़े थे और हमें बेहद कुनैन खिलायी गई थी। हम यह भी जानते हैं कि इस गाँव में ऊँच-नीच का भेद इतना ज्यादा था कि छोटी जाति का बूढ़ा बड़ी जाति के बच्चों को बाबा कहता था। और जमींदार की बेगार करनेवाले चमार मुर्दा ढोर खाते थे। फिर भी हमारा मन इस गाँव के चक्कर लगाया करता है। क्योंकि हमारा बचपन वहाँ बीता है, हमने सबसे पहले आँखें खोलकर वहाँ जो कुछ देखा और पहचाना, वह हमें अभी तक याद है। आँखें खोलकर ही नहीं, आँखें खुलने से पहले, चिपकी हुई आँखों पर बाबा की फौजी और किसान उँगलियों का मुलायम स्पर्श हमें अभी तक याद है। हमें अपनी माँ का दूध पीना याद है किन्तु उनके स्तन का स्पर्श भी मेरे लिए उतना कोमल नहीं था जितना बाबा की उँगलियों का। उन उँगलियों ने फौज में बन्दूक चलायी थी, खेत में हल चलाया था, मजबूत बरेत पकड़कर कुएँ से पुर भरा था। लेकिन मेरी आँखों का कीचड़ छुड़ाते हुए वह पलकों पर उँगलियाँ इतने सहारे से फेरते थे कि आँखों को ज़रा भी कष्ट न होता था। वह मेरे बचपन में काफी तगड़े थे। थोड़े ही बाल सफेद हुए थे। 43 साल की उम्र में हवलदार लालताप्रसाद फौज से पेन्शन लेकर गाँव आ गये थे। बचपन में इनकी माँ न रही थीं। सौतेली माँ बहुत तंग करती थीं; सौतेले भाई-बहन भी। इन्होंने पुराना घर छोड़कर उसी के पास नया कच्चा घर उस जगह बनाया जहाँ मोहल्ले का घूर था। पिताजी जब नौकर हो गये, तब उनकी मदद से उन्होंने पक्का मकान बनवाया। हम जब पैदा हुए थे, तब मकान कच्चा ही रहा होगा। जब सामने की खमसार बन रही थी, तब छत से एक बहुत बड़ा ढेल बाबा की कमर पर गिरा। ढेल कहने से लगेगा कि कोई छोटी चीज होगी जिसे आदमी हाथ से उठाकर फेंक सकता होगा। ताल में फावड़े से खोदकर मन-भर वजन तक के ढेल छत में मिट्टी डालने के लिए लाये जाते थे। उन्हीं में से एक ढेल उन पर गिरा था। वह बहुत दिन तक खाट पर पड़े रहे थे और अम्मा कहती थीं कि उनके चोट लगी है, उनके पास मत लेटना। और हम उनके पास लेटने के आदी थे, इसलिए यह घटना हमें अच्छी तरह याद है। लेकिन वह फिर उठकर खड़े हुए थे और आखिरी दिनों तक लाठी लिये बागों में घूमा करते थे।

इस इलाके—बैसवाड़े—के बहुत-से आदमी अंग्रेज़ी फ़ौज में भर्ती थे। हमारे परदादा का नाम जवाहर था और वह राजस्थान में कोटा-बूँदी की पल्टन में थे। सौतेली माँ के व्यवहार से तंग आकर 15 [17] साल के लालताप्रसाद आगरे से कोटा या

(बूँदी) तक पैदल चलकर अपने बाप के पास पहुँचे थे। लड़के होने पर भी जवान लगते थे; जूतों में रुई ठूँसकर कद ऊँचा दिखाने की कोशिश में कामयाब होकर उसी उम्र में वह फ़ौज में भर्ती हो गये। जवाहर पढ़े-लिखे न थे पर उन्होंने अपने लड़के को लिखना-पढ़ना सिखाया था। इसीलिए तरक्की करते हुए सिपाही से हवलदार बन गये और अपने नातियों से हमेशा कहते थे—हम थोड़ा पढ़े थे तो इतनी तरक्की की, तुम लोग और ज्यादा पढ़ोगे तो और ज्यादा तरक्की करोगे। इसलिए नातियों से बेहद प्यार होने पर भी वह सात साल की उम्र में उन्हें खुद से, और माँ से दूर, उनके पिता के पास झाँसी भेज देते थे। 1857 के गदर में बाबा 8-10 साल के थे। कहते थे जब अंग्रेज़ फ़ौज आयी थी, तब वह गाँव के नाले में छिप गये थे। उस इलाके में 1858 में, किस तरह लड़ाई हुई थी, यह सब हमने बाद को पढ़ा और समझा था। राना बेनी माधवसिंह बैसवाड़े के मशहूर योद्धा थे। "लै कै बीर बाना असवार भयो राना" आदि कवित्त बाबा कहा करते थे और हिन्दी के महान् साहित्यकार सूर्जकुमार तिवारी—उर्फ़ सूर्यकान्त त्रिपाठी निराला—हमारे गाँव से ढाई-तीन मील के फासले पर रहते थे, यह तुम्हें मालूम होगा।

(स्वाति को पत्र : आगरा, 30-6-75)

हमारे बाबा बड़े साहित्यप्रेमी थे। उनके साथ हमने बाल भागवत और शुकसागर छह-सात साल की उम्र में पढ़ी थी। वह जहाँ सही पढ़ो, शाबासी देते थे, गलत पढ़ो तो टोकते न थे। मैं खुद ही समझने लगा, क्या गलत है, क्या सही है। उन्हें बहुत-से कवित्त, कुण्डलियां, दोहे वगैरह याद थे। परसों-नरसों भैया की चिट्ठी आयी तो उसमें बाबा से सुना हुआ एक सवैया उन्होंने उद्धृत किया था। जब हम चौथे-पाँचवें दर्जे में थे, तब चना जोर गरम से शुरू करके कवित्त सवैया बनाने लगे थे। बाबा हनुमानजी के बड़े उपासक थे। हमने कुछ अपने भक्तिभाव से, कुछ बाबा के लिए हनुमानजी पर एक-दो सवैया बनाये थे। बाबा ने उन्हें याद कर लिया और पूजा करते समय उन्हें पढ़ा करते थे। लोगों को सुनाते भी थे—देखो हमारे नाती ने बनाया है।

(स्वाति को पत्र : आगरा, 23-7-75)

हमारे बाबा की दो ही सन्तान थीं—एक बेटा हमारे पिता—दूसरी बेटी—हमारी बुआ। पिता उम्र में बड़े थे; बहन को हमेशा बिटेऊ कहते थे। उन्हें बहन या दीदी, छोटी होने के कारण, न कहते; प्यार के कारण उनका नाम न लेते थे—जैसे हमारे बड़े भाई को वह बच्चा कहते थे, नाम न लेते थे। बुआ के दो लड़कियाँ और एक लड़का था। लड़के—सूरजबली भैया—को उन्होंने झाँसी में अपने मालिक के बरफखाने में नौकर करा दिया था। बाबा के रहते ये सभी लोग जब जितने दिन इच्छा हो, गाँव में आकर रहा करते थे। बुआ उन्नाव में ब्याही थीं। जब मैंने उन्हें देखा, तब वह विधवा हो

गयी थीं। देखने का मतलब अच्छी तरह पहचानना, वैसे उनके पति की धुँधली-सी झलक कहीं दिमाग में है। जब उन्हें गाँव आना होता तो किसी दिन सवेरे उठकर पैदल चल देतीं। करीब 14 मील चलकर वह सूरज डूबने से पहले हमारे यहाँ आ पहुँचतीं, साथ में हल्की या वज़नी पोटली होती जिसे वह सिर पर रखकर चलती थीं। हाथ में लाठी-वाठी कुछ नहीं। तब ऐसी चोरी-डकैती न होती थी। गाँव के लोगों में शराफत भी तब कुछ ज्यादा थी। आसपास के गाँवों के लोग जो सुन पाते थे कि हवलदार की बिटिया है, उन्हें अपनी बिटिया करके ही मानते थे। रास्ता चलते पूछताछ के लिए 'इन्ट्रोडक्शन' की जरूरत न होती थी। पूछनेवाला, आमतौर से बुजुर्ग, कहेगा,–बिटिया कहाँ जइहौ; अथवा कहाँ ते अउती हौ। फिर घर या कुएँ के पास हुआ तो–पानी पी लियो, फि, जायो। गर्मी हुई तो–तिनुक जुड़ाय लियो फि' जायो। हवलदार को जानता हुआ तो–सरबत पी लियो, फि' जायो; अच्छा गुरुइ (गुड़ही) खा लियो। गाँव में पर्दा होता तो था लेकिन यों ही। तुम्हारी अम्मा लँगोटा बाँधकर यानी घँघरी (छोटे लहँगे) को लँगोटे की तरह बाँधकर सारे घर को लीप-पोत डालती थीं। बहुत-से घरों की बहुएँ पानी भरने, आम और महुए बीनने जाती थीं। हमारे घर के सामने भगत तिरबेदी (त्रिवेदी) की तीन लड़कियाँ रहती थीं। रज्जो, रन्ना, रमकलिया; पेड़ पर चढ़ने, गोरू चराने, पुर धरने, हल जोतने, हर काम में माहिर थीं। (तुम्हारी अम्मा ने बताया–इनकी बड़ी बहन और थी। उसका ब्याह हो गया था, इसलिए उसकी वह कामकाजी धजा हमने नहीं देखी।) और लँगोटा बाँधे ये घर के भीतर ही नहीं, कभी-कभी बाहर भी, हार में अक्सर, दिखायी देती थीं। इनका घर बहुत गरीब था। कभी-कभी आटा-दाल माँगने उनकी माँ हमारी माँ के पास आती थीं। पर ये लड़कियाँ बड़ी मेहनती और बेहद हँसोड़ थीं, दूसरों की नकल उतारने में उस्ताद, घर में आ जायें तो हँसी के मारे बुरा हाल हो जाय। बाबा के सामने हमारे यहाँ के लोग हँसने में डरते थे। लेकिन वे बाबा की भी परवाह न करके उनको हँसातीं और खुद भी हँसती थीं।

हमारी बुआ की हँसी मशहूर थी। एक बार हँसना शुरू करें तो जल्दी हँसी बन्द करने का नाम न लेती थीं। अक्सर लोगों को मालूम न होता था कि वह क्यों हँस रही हैं। तब वह बताना शुरू करतीं और इसमें 15-20 मिनट, आधा घण्टा, जितना समय भी लग जाय! वह बताना शुरू करतीं लेकिन वाक्य पूरा न होता; जो बताना है, उसे सोचकर वह बीच में हँसना शुरू कर देतीं। उनके दाँत मज़बूत और सफ़ेद थे और रंग गोरा। उनकी बत्तीसी चमकती रहती थी और हँसते-हँसते मुँह लाल हो जाता था। कहीं बाबा आ गये तो हँसी दबाने की कोशिश में आँखों में आँसू आ जाते। लेकिन हँसी जारी रहती और बाबा उनके हँसने पर कभी कुछ न कहते।

तो हमारी बुआ उन्नाव से पैदल चलकर गाँव आती थीं और सर पर हल्की या

वज़नी पोटली होती थी और इसमें हम लोगों के लिए खाने का कुछ सामान जरूर होता था। अबरार जलेबियाँ, जो बासी और सूख जाने पर भी—अच्छे घी में बनी होने के कारण—कई दिन तक, जब तक उनका सफाया न हो जाता, हमें बेहद स्वादिष्ट लगतीं। वह आकर बैठी नहीं कि हमने कहना शुरू किया—बुआ, गठरी-मोटरी तो ख्वालो। और हमारी यह बात दोहराकर, बुआ जब इच्छा होती, देर तक हँसा करतीं।

शाम हुई कि बुआ को हम कथा सुनाने के लिए परेशान करने लगे। उनकी सोनई-भोनई की कथा बड़े भैया सेवा के ब्याह के वक्त अपने सेठ के सन्दर्भ में याद कर रहे थे। सोनई ने नौकरी की; इस शर्त पर कि पत्ता-भर खायेंगे और नौकरी छोड़ेंगे तो हाथ कटवा देंगे और वह छुड़ायेगा तो उसके हाथ काटे जायेंगे। छोटे-से पत्ते पर मालिक भात रख देते थे। भूखों मरने लगे। हाथ कटा कर भागे या भागनेवाले थे। भोनई ने उसी शर्त पर उनके यहाँ नौकरी की और भात रखने के लिए केले का पत्ता ले आते थे। जहाँ तक याद है—इन्हीं ने मालिक के लड़के से कहा था, हगना तो मूतना मत और मूतना तो हगना मत। मालिक पिण्ड छुड़ाकर भागनेवाला था तो उसके बक्से में घुसकर बैठ गये। रास्ते में पेशाब लगा। जब मालिक के सर पर गरम-गरम पानी बहने लगा तो उसने बक्सा उतारकर देखा। तब उसमें से भोनई प्रकट हुए और बोले—नौकरी से छुड़ाना है तो अपने हाथ कटाओ और उन्होंने सोनई से बदला ले लिया।

जब हम लोग झाँसी से आते तो बुआ के यहाँ ठहरते। दिन-भर रहते, उनके हाथ का बना स्वादिष्ट खाना खाते—कोई खास चीज़ नहीं, दाल-रोटी, कभी-कभी करेला और हमेशा बढ़िया घी। उन्हें और उनके भाई—हमारे पिताजी—दोनों को करेले बहुत पसन्द थे। कभी-कभी शाम की गाड़ी से जब हम गाँव के लिए चलते, तो वह भी, पिताजी के कहने से, साथ चलतीं। एक बार उन्होंने करेले बनाये थे। कुछ हम सबने खाये, कुछ उन्होंने पत्थर की कुँडिया में ढँककर रख दिये। दो महीने बाद जब लौटीं, तब उन्होंने फिर खाया।

उनकी एक बहू थीं, सूरजबली भैया की पहली पत्नी। हमारे गाँव के पास पुरवा की थीं। हम चार-पाँच साल के होंगे। वह हमें खाना खिलाने बैठतीं। लेकिन हम खाना तभी शुरू करते थे जब वह कहानी शुरू कर दें। हमें उनकी सुनायी हुई एक भी कहानी याद नहीं है। लेकिन वह जगह याद है—तिदरा में (तीन दरवाजों वाले कमरे में)—जहाँ बैठकर अक्सर वह कथा सुनातीं और खाना खिलाती थीं। हमें क्या खिलाती थीं, यह बिल्कुल याद नहीं है लेकिन उनकी कथाओं का रस अच्छी तरह याद है। यह मज़ा कुछ खास तरह का है—यह उस समय भी महसूस होता था। वह मेरे अन्दर कथा सुनने और कहनेवाले के बीज बो गयी थीं...।

गाँव में एक बली मिसिर थे। उनकी माँ ने विधवा होने के बाद सर घुटा दिया

था। छोटे-छोटे बाल जैसे घुटी खोपड़ी में दो महीने के भीतर उग आते हैं, वैसे उनके सर पर रहते थे। वह आधी धोती का लँगोट बाँधे, आधी गले में डाले, काँधे पर बकरियों के लिए पत्तियाँ तोड़ने का लम्बा बाँस (लग्घा) धरे घूमती थीं। मर्दों के साथ बैठकर तमाखू खाती थीं। हम सफेद मिट्टी के लड्डू बनाकर कहते—लियो दादी खाव। मेरे बड़े हो जाने पर भी वह इस बात को लेकर जरूर मज़ाक करती थीं। जब वह सौ साल की होंगी और हम आगरा आ चुके थे, एक बार गाँव उनके घर गये। वह अन्धी हो गयी थीं लेकिन आवाज़ सुनी, पास बुलाया, टटोला और कहा—रामबिलास आह्यू; दादी का लड़ुवा न खवइहौ?...

(स्वाति को पत्र : आगरा, 7.7.75)

बरगदहाई हमारा बचपन का प्रिय त्योहार है। गर्मियों की छुट्टियों में पड़नेवाला यह बिरला त्योहार था जिसे हम गाँव में मनाते थे। बाकी त्योहार झाँसी में पड़ते थे जिन्हें मनाने में—होली-दिवाली समेत—उतना मज़ा न आता था क्योंकि अम्मा-बाबा गाँव में होते थे। झाँसी की कैद से छूटने पर, पढ़ने-इम्तहान न देने की चिन्ता न होने से, त्योहार और भी सुख देता था। बाबा से त्योहार का विशेष सम्बन्ध न था लेकिन अम्मा से था। सभी स्त्रियाँ बक्सों से चमकदार गोटेवाले लहँगे निकालकर पहनतीं; गहनों से, ख़ासकर नाक में नथ से, सजतीं, फिर गाती हुई गाँव की सीमा पर नाले के पास एक बाग के पुराने बूढ़े बरगद के चारों तरफ रंगीन धागे का फेंटा बाँधते हुए परिक्रमा करतीं और लौटकर हम लोग बेसब्री से इन्तजार करने के बाद पहले 'बरगद' खाते और फिर पूड़ी-कचौड़ियों पर टूटते। 'बरगद' बड़े मीठे लगते और घर के घी में सिंकी हुई पूड़ी-कचौड़ियों का क्या कहना। उस दिन हमें सीताफल का साग भी अच्छा लगता। हमने उस बरगद और इस त्योहार पर एक कविता लिखी थी जो कलकत्ते की एक पत्रिका में छपी थी किन्तु उसकी प्रति अब हमारे पास नहीं है।

एक तो घर के पास पूरब की ओर निहायत पुराना बरगद था जिसे हमारे बाबा ने अपने बचपन में देखा था और इस तरह जो एक शताब्दी से ज्यादा उमर पा चुका था। हमारे बाबा सन् सत्तावन के गदर में आठ-दस साल के थे और वह बरगद दूसरे युद्ध के समय तक था—यह याद है। सुना है अब नहीं है। उसी के नीचे वह रास्ता जाता था जो पूजावाले बरगद तक पहुँचता था। जब भी हम पासाखेरे जाते थे, हम इन दोनों बरगदों के नीचे से निकलते थे। तीसरा बरगद हमारी बहन की ससुराल में था—खलिहान का बरगद, साफ़ ऊँची चौरस ज़मीन पर, जिसके नीचे तखत पर बैठकर, स्टेशन से चलकर आने की थकान मिटाते हुए, हमने कुएँ का बेहद ठण्ढा पानी पिया है और बहन के अजिया ससुर—रघुबर—की बहुत-सी कहावतें और लंतरानियाँ सुनी हैं।

(स्वाति को पत्र : आगरा, 9.6.75)

भगवानदीन शर्मा (भैया)

दूसरा अध्याय

झाँसी

रामविलास शर्मा

परदेस का जीवन

1896 में गाँव छोड़कर दौआ बम्बई पहुँचे। वहाँ कई जगह नौकरी की तलाश की लेकिन कहीं मन न लगा। एक दिन रँगाई के कारखाने में काम किया। वहाँ रंगे हुए सूत के लच्छे उठा-उठाकर रखना पड़ता था। वह चाहते थे कि कहीं लिखने का काम मिल जाये। एक दिन उनकी भेंट चंडीप्रसाद दुबे से हुई। वह ऊँचगाँव के पास दुबेपुर के रहनेवाले थे। उन्होंने इनकी भेंट एक पारसी व्यवसायी से कराई। उन्होंने इनसे झाँसी जाने को कहा। झाँसी पहुँचकर बम्बई के पारसी सज्जन का पत्र सेठ फीरोज़शाह को दिया। उन्होंने आबकारी के गोदाम में काम बताया। वहाँ शराब बनती थी। काम यह था कि दिन भर गोदाम में रहें और शाम को सेठ के पास आकर रिपोर्ट दें। इस तरह का काम उनके स्वभाव के एकदम प्रतिकूल था पर उन्होंने सिद्धान्त बना लिया था कि नौकरी करना है तो स्वयं को क्या अच्छा लगता है, क्या अच्छा नहीं लगता, इस पर ध्यान न देना चाहिए। उन्होंने लिखा है :

> पहले पहल तो तबीयत बहुत घबड़ायी क्योंकि एक तो शराब का काम जिससे मुझे घृणा थी, दूसरे सेठ हुरमस जी ने जो वहाँ के मैनेजर थे रहने को जगह न दी। कहने लगे हमारे पास कोई कोठरी खाली नहीं है। मैंने कहा, मैं रोटी कहाँ बनाऊँ। तब एक काछी जो वहाँ से दो खेत की दूरी पर रहता था, उससे बुला कर कहा कि इनको अपने यहाँ थोड़ी सी जगह रोटी बनाने को दे दो। उसने गायों की सार बतला दी कि सुबह जानवर चरने चले जाते हैं, आप दोपहर को रोटी बना लिया करें। रोज़ दोपहर को वहाँ जाता और गायों का गोबर डाल कर, चौका लगाकर रोटी बनाता-खाता और बरतन मल कर उसके घर में रखकर चला आता। भट्ठी के सामने जहाँ शराब चुआ करती थी, चार फुट लम्बा एक पत्थर लगा हुआ था। उस पर रात को सो रहते। मन मार कर अपना काम करता रहता।
>
> यहाँ पर एक पुरबियों की पल्टन थी। उसमें गया और जान-पहचान

बढ़ाई। उन लोगों ने कहा, तुम यहाँ आ जाओ, हम भरती करा देंगे। मगर फिर वही पहली पल्टन की याद आ जाती, तब हिम्मत न पड़ती। खैर, इसी तरह छह महीने बिताए। एक दिन सेठ फीरोज़शाह से कहा कि मैं आपसे कई मर्तबा अर्ज़ कर चुका हूँ कि मुझको जगह दिलवाइये मगर आप ख़याल नहीं करते। उन्होंने कहा, तुम्हीं कोई जगह बतलाओ। तब मैंने कहा, कि जिस कोठरी में हुरमस जी का प्याज रखा है, क्या वह खाली नहीं हो सकती? तब वह गोदाम में आये और मैंने वह कोठरी इशारे से बतलाई। उन्होंने हुरमस जी से कहा कि इसको रहने को जगह क्यों नहीं देते? उन्होंने जवाब दिया, कोई जगह है ही नहीं, कहाँ दे दूँ? सेठ फीरोज़शाह उस कोठरी की तरफ गये और पूछा, इसमें क्या है? एक नौकर ने कहा, सेठजी की प्याज रखी है। बोले, सेठजी की प्याज रखने को जगह है और आदमी के रहने को जगह नहीं है? इसको खाली कर दो। मगर सेठ साहब ने फिर भी दो रोज़ तक खाली न किया और नौकरों से कहा कि हम अपने यहाँ के मुंशी को एक कुत्ते के माफिक समझते हैं। यह सुनकर मुझको भी गुस्सा आया और नौकर से कहा, ताला तोड़ दो और प्याज निकालकर बाहर फेंक दो। तब वह कोठरी खाली हुई और रहने को जगह मिली।

1899 में दौआ झाँसी आये। वहाँ मालूम हुआ कि हुरमसजी का तबादला बाँदा को हो गया है। दौआ से कहा गया कि वह बाँदा जाकर हुरमसजी से चार्ज ले लें। कुछ आनाकानी करने के बाद हुरमसजी ने चार्ज दिया। जहाँ शराब बनती थी, उस जगह का नाम गुलाबबाग था। कारण यह कि नवाबी के ज़माने में वहाँ गुलाबों का बाग लगा हुआ था। पास ही नवाब का तालाब भी था। दौआ ने पल्टन के तालाब में तैरना सीखा था। यहाँ भी ताल देखकर तैरने की इच्छा हुई। वह मनैया नाई के साथ नहाने गये। साथ में हुरमसजी के लड़के भी थे। वे घाट पर बैठे। तालाब के बीच में एक खम्भा था। मनैया बोला, 'आओ खम्भे तक चलें।' मनैया आगे तैरने लगा और दौआ उसके पीछे तैरते हुए खम्भे की तरफ बढ़े। आधी दूर जाने के बाद थकावट मालूम हुई। इन्होंने सोचा कि खम्भे तक पहुँच तो जाऊँगा पर लौटते समय किनारा मिलना मुश्किल होगा। यह सोचकर आधी दूर से लौट पड़े।

जब घाट से करीब दस पन्द्रह हाथ दूर रह गया, हाथ थक गये और तैरना बन्द हो गया। बदन नीचे बैठने लगा। तब तो अपनी बेवकूफी पर पश्चात्ताप हुआ कि अनजानी जगह पर ऐसा साहस तूने क्यों किया। बदन नीचे बैठता जाता था मगर जितना भी हो सका, हाथों से पानी को पीछे फेंकता रहा। आखिरकार एक सीढ़ी में हाथ लगा। कुछ हिम्मत पड़ी। सीढ़ी में ज़ोर से थपेड़ मारी। कुछ ऊपर आकर दूसरी सीढ़ी मिली। उसमें वैसा ही किया। मुँह बाहर

निकाला, साँस ली, जी में जी आया मगर पसीना इतना चला कि बिना पानी के दूसरा स्नान हो गया। जिस वक्त मैं डूब रहा था, हुरमसजी के लड़के जो दस-दस, बारह-बारह वर्ष के थे, तालियाँ बजा कर हँस रहे थे कि देखो वह डूब रहा है, वह डूब रहा है।

इस घटना ने पिताजी पर गहरा असर डाला। इससे उन्होंने जो सबक सीखा वह यह नहीं था कि ताल में तैरना न चाहिए वरन् यह कि तैरते समय हिम्मत न हारना चाहिए। आत्मकथा के अन्त में अपने अनुभवों से जो निष्कर्ष निकाले, उनमें सबसे पहला इसी तैरने की घटना से सम्बन्धित है।

मनुष्य को हिम्मत न हारना चाहिए, विपत्ति को सहन करने की शक्ति रखना चाहिए। मैं कई दफे बीमार हुआ। यहाँ तक नौबत पहुँच गयी कि बोल तक बन्द हो गया परन्तु मैंने अपना साहस नहीं त्यागा। जो कुछ होना होता है, वह तो होकर रहता है। बाँदा में जब तालाब में डूब रहा था, तब अगर हिम्मत छोड़ देता तो डूब जाता।

दौआ जब पल्टन में थे, तब उनकी तन्खाह सात रुपये थी। झाँसी में बारह रुपये मिलते थे। बाँदा में पन्द्रह मिलने लगे। "चैन से गुज़रने लगी।" दीवाली का त्योहार आया। गोदाम में काम करने वाले नौकरों ने जुआ खेलने के लिए चार-चार आने पैसे माँगे। दौआ ने उन्हें चार-चार आने पैसे दिये और फिर खुद भी चार आने लेकर जुआ खेलने बैठ गये। वहाँ एक पक्का जुआरी आया और पैसों के बदले रुपयों से जुआ खेलने लगा। दौआ ने छह रुपये जीते। तीन रुपये नौकरों में बाँट दिये, बाकी तीन बक्से में डाल दिये। वह जुआरी कुल मिलाकर एक सौ तीस रुपये हारा। हार से बहुत दुखी होने पर उसने दौआ से कहा, मेरे रुपये दिलवा दो। दौआ ने लोगों पर ज़ोर डालकर उसके काफी रुपये वापस करा दिये, चालीस-पैंतालीस रुपये उसे न मिले। जुआरी की हालत देखकर दौआ ने प्रण किया कि आगे कभी जुआ न खेलेंगे।

दीवाली के दो-तीन दिन बाद एक बनिया आया। उसे महुओं के बारह सौ रुपये देने थे। दौआ ने उसे रुपये दिये। तो उसने कहा, शाम हो गयी है, आप इन्हें रखे रहें, मैं कल ले जाऊँगा। दौआ ने रुपये मेज़ के छोटे बक्से में रख दिये। एक भिश्ती अपनी तन्खाह लेने आया था, वह यह सब देख रहा था। तन्खाह लेकर वह चला गया। रात में चोरों ने सेंध लगाकर उस बक्से को पार कर दिया। सबेरे पास के जंगल में ढूँढ़ा। एक खेत में टूटा हुआ बक्सा पड़ा था। उसमें करीब अस्सी रुपये थे। उन्हें चोर ले गये। दौआ ने इस चोरी का सम्बन्ध भी जुए से जोड़ा। "दिल में यह ख़याल जम गया कि न यह जुए के रुपये बक्से में होते, न चोरी होती। तब से आज तक मैंने जुआ नहीं खेला।"

जहाँ वह रहते थे, वहाँ साँप काफी थे। एक दिन रात को आठ बजे वह लेटे

थे कि कमरे में धमाका हुआ। वह समझे कि चोर शाम से ही सेंध लगा रहे हैं। उन्होंने चिल्लाकर कहा, "शाम से ही क्यों खोद डालते हो? अब तुम्हारे हाथ कुछ नहीं लगना, वहाँ कुछ नहीं रखा है।" दौआ ने चौकीदार सुभानी को आवाज़ दी। सुभानी घबड़ाया हुआ आया और बोला, "बड़ा भारी साँप है।" लालटेन लेकर उसे देखने गये तो दौआ के विचार से लालटेन की रोशनी बिल्कुल कम हो गयी, तेज करने पर भी साँप के पास ले जाने पर कम हो जाती थी। उनका कहना था कि काले के सामने चिराग नहीं जलता; यह कहावत सच हुई। उसे मारने के लिए गाँव से तीन-चार आदमी लिवा लाये। जब लौटे, तब वह साँप बाहर निकल गया था।

एक दिन बरामदे में दिन के ग्यारह बजे पलँग पर बैठे दौआ लिख रहे थे। पाटी के पास छप्पर से एक चूहा गिरा और सन्दूक के नीचे घुस गया।

> मैंने ऊपर को देखा तो देखता क्या हूँ, एक काला साँप मेरे सिर से बालिश्त भर के फ़ासले पर लटक रहा है। मैं कूदकर अलग जा खड़ा हुआ और नौकर से बल्लम लाने को कहा। वहाँ पर साँप ज्यादा निकलते थे, इस वास्ते दो-तीन बल्लम रखे रहा करते थे। जब तक वह बल्लम लाया, साँप लौटकर ऊपर खपरैल में निकल गया। एक बालिश्त भर पूँछ रह गयी थी। मनैया ने [उसे] छेद दिया। अब वह ऊपर न जा सका, लौटकर नीचे आया और मनैया जहाँ बल्लम पकड़े था, गुस्से से बाँस में एक मुँह मारकर वापस ऊपर को गया, खपरैल में मुँह मारा, कई कैलू इधर-उधर जा गिरे और मनैया बल्लम छोड़ने को तैयार हो गया मगर ढाढ़स बंधाने पर रुका रहा। जब साँप फिर नीचे आया तब पीरबख़्श चपरासी ने डंडा मारकर उसको बेकार कर दिया, फिर नीचे डालकर मार डाला।

दौआ जब बाँदा में थे, तब कसरत करते थे, कुश्ती लड़ते थे। एक दिन उन्होंने बारी-बारी से पाँच-छह नौकरों को जोर कराया। वहाँ एक आदमी बैठा यह सब देख रहा था। दौआ की समझ में उन्हें उस आदमी की नज़र लग गयी और वह दूसरे दिन बीमार हो गये। दवा देने से उल्टी-दस्त शुरू हो गये। पुदीने का शरबत पीने से तबीयत ठीक हुई।

पहले परगने भर का शराब का ठेका एक साथ दिया जाता था। 1900 में ठेका अलग-अलग दिया जाने लगा। झाँसी के लाला गंगासहाय का एक परिचित क्लर्क हरनामसिंह आबकारी विभाग में काम करता था। लालाजी ने उसे लिखा कि अपनी मरज़ी के मुताबिक दूकान की बोली गयादीन से बुलवा दे। जब ठेका नीलाम होने की तारीख आयी, तब हरनामसिंह ने वह चिट्ठी दौआ को दिखाई। उसके कहने के मुताबिक उन्होंने बोली बोली। जितने में कुल परगने का ठेका होता था, उतने में एक दूकान नीलाम हुई। लालाजी को मालूम हुआ तो उन्होंने दौआ को बुलवाया और

कहा, मैं यह ठेका मंजूर न करूँगा। उन्हांने बाँदा को तार दे दिया कि ठेका मंजूर नहीं है। बाँदा लौटने पर आबकारी के इन्स्पेक्टर ने दौआ से कचहरी चलने को कहा। आबकारी के अफसर ने पूछा, ''तुम्हारे नाम मुख़्तारनामा है?'' इन्होंने कहा, ''नहीं।'' उसने पूछा, ''बोली अपनी मरज़ी से बोली या मालिक के कहने से?'' इन्होंने कहा, ''अपनी मरज़ी से।'' कचहरी से निकलने पर हरनामसिंह ने कहा, ''मैं डिप्टी साहब से मिलूँगा।'' डिप्टी को उसने सारा हाल बताया। डिप्टी ने कहा; ''वह चिट्ठी क्यों नहीं बतला देता?'' हरनामसिंह ने कहा, ''वह ऐसा नहीं करेगा।'' दूसरी बार कचहरी में डिप्टी ने पूछा, ''तुम्हारे पास कोई जायदाद मकान वगैरह है जिससे वह नुकसान वसूल हो सके?'' दौआ ने जवाब दिया, ''अगर मेरे पास जायदाद होती तो मैं पन्द्रह रुपये की नौकरी क्यों करता?'' डिप्टी ने उन्हें बरी कर दिया और कमिश्नर को लिखा कि बोली ज़्यादा बढ़ गयी है और ठेका दुबारा नीलाम होना चाहिए। वहाँ से हुक्म आया कि दोबारा नीलाम किया जाय और कोई हरजा वसूल न किया जाय। दूकान का ठेका फिर नीलाम हुआ और जितने में दौआ ने लिया था, उतने में ही कानपुर के एक ठेकेदार ने लिया। दौआ ने भट्ठी का सामान उखड़वाकर कुछ बेच दिया, बाकी झाँसी भेज दिया। झाँसी से उन्हें आगरे में आबकारी के ही गोदाम में काम करने को भेजा गया। यहाँ इन्हें बुखार आने लगा। बुखार ठीक न हो रहा था। वहाँ से वह घर चले। उन दिनों प्लेग फैल रहा था। कानपुर में बड़ी जाँच हो रही थी। दौआ ने साथ के कहार को अपना बिस्तर दे दिया–''और एक छड़ी हाथ में लेकर ऐसा चला मानो भला चंगा आदमी चला जा रहा है।'' कानपुर से उन्नाव पहुँचे और बहन के यहाँ गये। मूँग की दाल का पानी पीकर वह अपने पिता को बुलाने का विचार कर रहे थे, तभी वह एक आदमी को उन्नाव पहुँचाने आये थे और ''स्टेशन से लौटते वक्त बैल ज़बर्दस्ती उस सड़क को लौट पड़े जिस सड़क पर बहन का घर था।'' बाबा ने आकर हालत देखी और इन्हें गाँव ले गये। बाबा की दवाई से दौआ का बुखार उतर गया। स्वास्थ्य ठीक होने पर बाबा ने कहा, अब तुम अयोध्या हो आओ और गुरु मन्त्र ले आओ। दौआ खुशी से तैयार हो गये। अजिया भी साथ चलने लगीं। अम्मा का अभी गौना न हुआ था। गौने के ही बिना वह घर न आ सकती थीं। बाबा ने कहा, इसका इन्तजाम हम करते हैं। उन्होंने मगड़ायर से उन्हें बुलाया और गाँव में एक मित्र के यहाँ टिका दिया। सवेरे गाँव के बाहर दौआ के साथ कर दिया। गाँव से छह कोस पैदल चलकर सब लोग अजगैन के स्टेशन पहुँचे। वहाँ उन्हें कन्नौज का एक इत्र बेचनेवाला मिला। वह अयोध्या जा रहा था। उसने इनकी यात्रा और अयोध्या में घूमने की सारी व्यवस्था कर दी। लौटने पर अम्मा को मगड़ायर पहुँचा दिया गया। दौआ आगरा आ गये।

आगरे में आबकारी के गोदाम का एक पारसी मैनेजर था। उसके पास गुजराती

का पंचांग था। पंचांग देखने के बाद दौआ ज्योतिष के बारे में और जानकारी प्राप्त करने लगे। 1903 में आगरे का काम समाप्त हो गया। आगरे से वह झाँसी आये और वहाँ फीरोज़शाह के साथ काम करने लगे :

> यहाँ पर अंग्रेज़ी शराब व गोश्त वगैरह भी मिलता था और वह गोश्त भी किसका, गाय बैल का। जो लोग दूकान में काम करते थे, वह उसी हाथ से पैसे लेकर मुझको देते थे जिससे वह काटते थे। पैसों में चिकनाई लगी हुई मेरे हाथों को भी चिकना कर देती थी। रात को हाथ धोने तक को पानी न मिला। बरसात के पानी में हाथ धोये। न नहाना हुआ न खाना। जिस मेज पर वह सब रखा हुआ था, उठाकर अलमारियों में रख देने के बाद उसकी चादर उठाकर उसी पर अपनी दरी डाल कर सोते।

ऐसी जगह अधिक दिन तक निर्वाह न हो सकता था। दौआ गाँव चले आये और तीन साल तक खेती के काम में लगे रहे। तीन साल के बाद लाला गंगासहाय की चिट्ठी पहुँची। झाँसी के आबकारी के ठेके में नुकसान हो रहा था। इसलिए उन्होंने बुलवाया था। फीरोज़शाह सेठ और लाला गंगासहाय मिलकर धन्धा करते थे। दौआ ने लिखा है :

> अपना मतलब सबको प्यारा होता है। लाला जी और सेठ जी ने आदर से लिया और बोले, अबकी साल ठेके में नुकसान हो रहा है। इससे बचाने की फिकर कर। मुझसे जो कुछ हो सका, मैंने किया और बजाय नुकसान के करीब-करीब हज़ार का फ़ायदा हुआ। अब तो गयादीन के ऊपर और भी ऐतबार बढ़ गया। पिछली तनखाह जो रह गयी थी, वह भी मिल गयी और पन्द्रह रुपये के बजाय बीस रुपये तनखाह भी हो गयी। सन् 1906 में दोनों साहबों ने सलाह करके मुझे ग्वालियर भेज दिया।

ग्वालियर के ठेके में लाला गंगासहाय और सेठ फीरोज़शाह के अलावा मऊ के शंकरलाल और इन्दौर के पन्नालाल शामिल थे। काम में काफी धाँधली होती थी। लाला जी ने सब काम दौआ पर छोड़ दिया था। वह छह महीने तक सबकी गतिविधि देखते रहे। यहाँ वह फिर गम्भीर रूप से बीमार हुए। लोगों ने घर जाने की सलाह दी पर दौआ ने वहीं रहने का विचार किया। "एक दिन तो यह नौबत आ गयी कि मैंने उनसे कह दिया कि अगर मैं मर जाऊँ, तो दस-बारह मन लकड़ी लाला जी के नाम डालकर मुझको फूँक देना।" किसी के कहने से उन्होंने उटकी, चिरायता और डीकामाली मँगा कर उबलवाई। उसे पीने से बुखार कम हो गया। फिर उबाल कर उसे बोतल में रख लिया और कुछ दिन उसे पीते रहने से ठीक हो गये।

ग्वालियर में काम करते समय दौआ गाँव जाकर अम्मा को ले आये थे। भैया बाबा से बहुत हिले थे; वह उनके पास रहे। बहन रामप्यारी गोद में थीं। वह अम्मा

के साथ आयीं। 1911 में ग्वालियर का काम खत्म हुआ और दौआ झाँसी में लाला गंगासहाय के यहाँ कुछ समय के लिए मुनीम का काम करने लगे। इस समय गंगासहाय ने उज्जैन में गाँजा और भांग का ठेका लिया। दौआ को उज्जैन जाना पड़ा। उज्जैन से गाँव जाकर वह भैया को पढ़ाने के लिए अपने साथ ले आये। वहाँ मामा पहले से ही थे। "भगवानदीन पढ़ने लगे। पहले घर पर बाबा ने कुछ पढ़ाया था मगर प्यार के मारे वह कभी धमकाते भी नहीं थे। इसी पढ़ाने के कारण मैं उज्जैन ले गया था।" इस पढ़ाई के बारे में भैया ने विस्तार से लिखा है।

उज्जैन का ठेका खत्म होने पर दौआ भेलसा (विदिशा) गये और वहाँ डेढ़ साल रहे। यहाँ भी आबकारी का काम था। देहात में दूकानें कायम करने के विचार से एक बार गाँवों का दौरा किया। उनके साथ एक मराठीभाषी क्लर्क, एक कहार और एक गाड़ीवान, ये तीन आदमी थे। एक दिन पहाड़ के ऊपर अच्छी घास देखकर बैलों को चरने के लिए छोड़ दिया। जब दिन थोड़ा रह गया तब आगे चले। थोड़ी दूर चलने पर गाड़ी का रास्ता छूट गया। कुछ दूर आगे बढ़े पर पहाड़ खत्म न हुआ। जंगल में बाघ का डर था। दिन डूबने पर पहाड़ की चोटी पर चढ़ कर देखा, नीचे कुछ हरे खेत दिखाई पड़े।

> पहाड़ से जो बरसात का पानी नीचे आता है, उसी कटन से गाड़ी नीचे को पटक दी। बड़े-बड़े टीलों में गाड़ी धँस जाती तो सब मिलकर गाड़ी को उठाते और नीचे को ढकेलते। ज्यों-त्यों करके गाड़ी पहाड़ के नीचे आयी। आगे चले। एक शेर नाले से पानी पीकर ऊपर जा रहा था। कहार के हाथ में बन्दूक थी। बोला, फायर कर दूँ। मैंने कहा, क्या सबकी जान लेवाता है? चुपचाप चला चल।

पूछते-पूछते पहर भर रात बीते गाँव पहुँचे। वहाँ बाटी बनाकर खाई और सवेरे चल दिये। दौरा पूरा करके भेलसा आ गये। वहाँ लाला गंगासहाय के दामाद श्यामनारायण पहुँचे। दौआ की उनसे पटती न थी। वह इन्हें नौकर की तरह रखकर काम लेना चाहते थे। झाँसी आकर उन्होंने गंगासहाय से शिकायत की। लाला जी ने कहा, "उसे पकड़ो, क्या नुकसान करता है, क्या खाता है।" वह बोले, "पकड़ में तो नहीं आता।" तब लाला जी ने कहा, "मैं उससे क्या कहूँ?" झाँसी पहुँचने पर दौआ को ये बातें लाला जी ने बतायीं। दौआ ने कहा, "आप मुझे हुक्म दें तो मैं सारा काम उनके सुपुर्द कर दूँ मगर फिर मेरी ज़िम्मेदारी न रहेगी।" लाला जी ने कहा, "ऐसा नहीं हो सकता, तू अपनी मर्ज़ी के माफिक काम कर।"

दौआ भेलसा लौट आये। कुछ दिन बाद वहाँ प्लेग फैला। श्यामनारायण झाँसी चले गये। एक दिन एक चूहा पानी पीने की बाल्टी पर चढ़ रहा था, चक्कर खाकर गिरा और मर गया। एक कहार के लड़के ने उसे उठा कर फेंका। चौथे दिन वह

लड़का मर गया। उसी साल पहला महायुद्ध शुरू हुआ। ''आसमान से दो तारे तेज़ रोशनी के निकलते थे। लोग शाम को स्टेशन पर देखने जाते थे और कहते थे, ये जर्मनी के हवाई जहाज हैं। देखो उड़ते आ रहे हैं। यह उनकी बत्तियों की रोशनी है।''

भेलसा से दौआ शिवपुरी आये। छह महीने वहाँ रहे, फिर गाँव चले गये।

कुछ दिन तक वह घास के काम में रहे। झाँसी से करारी भेजे गये। करारी से घुनघुटी गये। वहाँ एक बाबू वनविभाग की कोठरी में ठहरा था। दौआ के पहुँचने पर उसने कहा, ''एक दिन रात को शेर आया और कोठरी के दरवाज़े पर दहाड़ा। मैं तो यहाँ न रहूँगा।'' दौआ ने कहा, ''अब हम लोग आ गये हैं। घबराने की बात नहीं है, सब इन्तज़ाम हो जायेगा।'' पर वह नहीं माना और चला गया। दौआ के साथ उनके सहयोगी स्वामीदयाल भी थे। यहाँ दौआ ने कोल लोगों को देखा जिनका ज़िक्र वह अकसर किया करते थे।

> हम लोगों ने वहाँ घास के बँगले बनवाये और रहने लगे। कुछ दिनों में घास आने लगी। आसपास के कोल जाति के लोग आसपास के जंगल में रहने लगे। माघ के महीने में एक लँगोटी लगाये चार-पाँच हाथ का एक कपड़ा ओढ़े, आग के सहारे जंगल में रहते थे। दिन को जंगल से घास लाते, रात को वहीं जंगल में रोटी बनाते-खाते और सो रहते थे। यही हाल वहाँ की औरतों का था। किसी को घुटनों से नीचे धोती पहने मैंने नहीं देखा। वे भी घास लाती थीं।

एक दिन शाम को दौआ जंगल में शौच के लिए गये थे। नाले में थोड़ी दूर पर एक शेर दहाड़ा। शौच क्रिया के बाद वह बँगले की तरफ़ लौटे। कहार को आवाज़ दी और हाथ मुँह धोने के लिए पानी माँगा पर डर के मारे वह कहार बाहर न निकला। दौआ ने कहा, ''बाहर हम दो आदमी खड़े हैं। पहले मुझको खा जायेगा तब तुझे खायेगा। टटिया खोलकर पानी दे।'' उस पर स्वामीदयाल भी नाराज हुए और बाहर निकल आये। तब वह बाहर आया। थोड़ी देर बाद गाँव में हल्ला मचा। दूसरे दिन मालूम हुआ कि उस गाँव में शेर ने एक भैंस मार डाली थी।

(इस साल, नवम्बर 1982 में, अपनी भिलाई यात्रा के दौरान भैया ने उन स्थानों को फिर देखा जहाँ कभी दौआ घास के काम के सिलसिले में रहे थे। उन्होंने अपने यात्रा-वृत्तान्त में लिखा है :

> पिताजी से कटनी मुड़वारा का नाम तो बचपन से ही सुन रखा था। उन्होंने वहाँ के जंगलों की अपनी आत्मकथा में भी चर्चा की है। परन्तु इस मार्ग से यात्रा करने का मेरा यह पहला मौका था। ऊँची-नीची जमीन, घनघोर जंगल, छोटे-छोटे स्टेशन, बस यहाँ की विशेषता यही है। दोपहर लौट चुकी थी। गाड़ी जंगल में एक बहुत ही छोटे स्टेशन पर बड़ी देर से खड़ी थी। यदुनंदन [भैया के साले] ने उतर कर पता लगाया तो मालूम हुआ, मालगाड़ी का डिरेलमेंट हो

गया है। वैसे इधर डबल लाइन है, फिर भी न जाने क्यों, गाड़ी को दूसरी लाइन से पास नहीं किया गया। मैं भी थक कर स्टेशन पर उतर कर टहलने लगा और टहलता हुआ जब सिरे पर पहुँचा तो बोर्ड पर देखा—'घुनघुटी'! अरे बाप रे! मेरा तो दिमाग उड़ने लगा। घुनघुटी! जहाँ पिताजी एक दिन उतरे थे! यहाँ रहे थे, यहाँ काम किया था! फिर तो मैंने वहाँ के कण-कण को, एक-एक पेड़ पत्ते को निहारना शुरू कर दिया। टहलना भूल गया। और वह सब, उस समय पिताजी की वेशभूषा, उनका वह जंगल का वर्णन, उनके खानपान की, रहनसहन की कठिनाई दिमाग में चक्कर लगाने लगी। मैं खड़ा हो गया और मंत्रमुग्ध उस तीर्थ के दर्शन करने लगा।)

जंगल में रहने वाले कोल बाघों से न डरते थे। बच्चे से बूढ़े तक कुल्हाड़ी रखते थे। इसे वे टँगिया कहते थे। यही उनकी आत्मरक्षा का साधन थी। घास गवर्नमेंट को सप्लाई करनी होती थी। गाँठ बाँधने का एक प्रेस आया, नायब तहसीलदार आया और उसके साथ एक क्लर्क आया। इन सबकी निगरानी करने वाला एक मुसलमान कर्मचारी भी था। एक दिन उसने घास के काम में लगे हुए आदमी को मारा। इस पर उससे दौआ का झगड़ा हो गया। दौआ का कहना था, जो कुछ शिकायत हो हमसे कहो, हमारे आदमी को मारने का तुम्हें कोई हक नहीं है। किसी तरह झगड़ा शान्त हुआ। "वह मुसलमान लोगों से कहता था कि अगर कहीं मैं इसे अकेला पा जाऊँगा तो गोली मार दूँगा मगर यहाँ इन बातों की पर्वाह न थी।"

घास के काम में तनखाह 50 रुपये थी। कुछ दिन करारी में रहे। उसके बाद नदी के बाँध के ठेके में मानिकपुर के पास बटखरा पहुँचे। इस ठेके में कई हिस्सेदार थे जिनमें मुख्य लाला गंगासहाय थे। दौआ को दो हज़ार रुपये देकर वहाँ भेजा गया। जंगल में उनके साथ केवल एक चपरासी था। एक हफ्ते तक वह जंगल में यह रकम सँभाले रहे, फिर स्वामीदयाल तथा अन्य लोग पहुँच गये। स्वामीदयाल मिट्टी की नाप करते थे और दौआ हिसाब रखते थे। यहाँ सुअर बहुत थे पर शेर नहीं थे। पानी की बड़ी दिक्कत थी। नदी में कुआँ खुदवाने पर भी पानी न निकला। पीने का पानी एक दूर के गाँव से मँगवाते थे। बाकी काम उस पानी से चलाते थे जो नदी में जहाँ-तहाँ इकट्ठा हो गया था और जिसमें भैंसें लोट लगाया करती थीं।

यहाँ पर एक लुनिया ने मिट्टी खोदने का ठेका लिया। वह चालाकी करने लगा। तब उसको मना किया गया। उसने मेरे ऊपर फौजदारी में दावा कर दिया कि मुझको बन्दूक लेकर मारने को आमादा हो गये थे।

दौआ छूट गये और वह लुनिया ठेका छोड़कर भाग गया। कुछ दिन बाद एक सरकारी ओवरसियर ने वहाँ पहुँचकर बन्द की मिट्टी की नाप-जोख की और मिट्टी की तादाद कम बतलायी। इसका अपराध स्वामीदयाल पर लगाया। स्वामीदयाल को निकालने

की बात हुई, तब उन्होंने और दौआ ने काम छोड़ दिया। दौआ झाँसी आ गये। ठेके में लाला गंगासहाय का साझेदार डिसिलवा था। उसने लालाजी को अपना दृष्टिकोण समझाया। "लालाजी का रुख बदला हुआ जब मैंने देखा तो घर को चला आया और खेती करने लगा।"

1919 में लाला मुसद्दीलाल के छोटे भाई की शादी थी, उसमें निमंत्रित होने पर दौआ झाँसी आये। लाला गंगासहाय ने उनसे किराया वसूल करने और जायदाद की मरम्मत वगैरह का काम देखने को कहा। उन्हें 35 रुपये तनखाह मिलती थी। गंगासहाय का मुनीम नौकरी छोड़कर चला गया था। तब यह काम दौआ को मिल गया।

> लोग कहते थे कि इनसे काम नहीं चलेगा। थोड़े ही दिन में ज्योति प्रसाद को फिर बुलाना पड़ेगा। पहले तो कुछ अटपटाया मगर 1910-11 में कुछ दिन काम कर चुका था, इससे ज्यादा दिक्कत न हुई। काम को सँभाल ले गया। सन् 1920 से मैं मुनीम हो गया। जब जायदाद के काम पर था सेठ एडलजी ने लालाजी से मुझे माँगा। उन्होंने देने का इकरार कर दिया। सेठ एडलजी 50 रुपये माहवार देने को तैयार हो गये थे मगर लाला मुसद्दीलाल की मंशा नहीं थी। उन्होंने मुझे अलग बुला कर मुझसे वचन ले लिया कि मैं सेठजी के यहाँ नहीं जाऊँगा और पाँच रुपये माहवार अपने खर्च की आमदनी में से देने लगे।

1922 में लाला गंगासहाय बीमार हुए। 1923 के आरम्भ में उनका देहान्त हुआ। मृत्यु से पहले उन्होंने दौआ से पूछा था कि जायदाद का वारिस कौन है। दौआ ने कहा, लाला मुसद्दीलाल को वारिस करार देकर उन्हीं को सब सौंपा जाये तो नाम कायम रहेगा, वर्ना सब तितर-बितर हो जायेगा। उन्होंने वैसा ही किया। "इसी पर उनके कुनबे वाले सब मेरे दुश्मन हो गये।" 1926 में लाला गंगासहाय के कुनबे के एक आदमी ने बारह सौ बीस रुपये में मोटर-साइकल खरीदी। दौआ ने उन्हें रुपये दिये और लिखना भूल गये। तीसरे दिन हिसाब लगाने पर बारह सौ बीस रुपये कम पड़े। दौआ को बिल्कुल याद न आया कि ये रुपये उन्होंने किसी को दिये हैं। पुलिस में रिपोर्ट हुई। "यहाँ तक नौबत पहुँची कि पुलिस मुझको थाने में ले जाने को आमादा हो गयी। मैं भी कम्बल लेकर तैयार हो गया।" लाला मुसद्दीलाल ने पुलिस को रोका।

बाद को दौआ को सब कुछ याद आया। जिन सज्जन ने रुपये लिये थे, पूछने पर उन्होंने इनकार किया। दौआ गाँव चले आये और वहाँ से अपना इस्तीफा भेज दिया। उसके साथ उन्होंने किसको रुपया दिया था और कैसे लिखना भूल गये थे, यह सब भी पत्र में लिख दिया। कुछ दिन बाद लाला मुसद्दीलाल ने उन्हें गाँव से

फिर बुला लिया। इस घटना का गहरा असर दौआ के मन पर रहा। अपने अनुभवों का एक निष्कर्ष उन्होंने यह लिखा :

> पिताजी एक कहावत कहा करते थे कि पहले लिखै, पीछे देय, भूल परै कागज़ से लेय, वह सच्ची प्रतीत हुई। अगर मैं पहले लिख लेता और पीछे देता तो बारह सौ बीस रुपये का कलंक मुझको न लगता।

दौआ का सिद्धान्त था कि जिसका नमक खाना, उसका काम ईमानदारी से करना। इस सिद्धान्त पर वह अडिग रहे, इस कारण अनेक बार नौकरी छोड़ने पर उनके मालिकों ने उन्हें फिर बुलाया। उनके अनुभवों का एक निष्कर्ष यह था :

> मनुष्य को लालच में न पड़ना चाहिए। मेरे हाथ में ऐसा काम रहा कि जो कुछ मैं करता था, वही होता था। मेरे दुश्मन भी हर जगह रहे। पैसा पैदा भी कर सकता था मगर हाथ का सच्चा रहने से कोई मेरा कुछ न कर सका और 48 वर्ष एक ही जगह बना रहा। कई दफे इस्तीफा भी दिया मगर यह सच्चाई ही थी जो घर से बुला-बुलाकर काम पर रखा गया।

आत्मकथा लिखने के दिनों दौआ की तनखाह 72 रुपये थे पर उन्होंने यह भी नोट किया था कि लड़ाई की वजह से दो सेर का गेहूँ और पाँच छटाँक का घी बिक गया है। अपने बच्चों को पढ़ाने के बारे में उन्होंने लिखा था :

मुझको अपनी सन्तान को पढ़ाने का शौक रहा। मैंने पैसे इकट्ठा करने का कभी विचार नहीं किया और आइन्दा भी मैं यही चाहता हूँ कि जहाँ तक हो सके, बच्चों को पढ़ाया जाय क्योंकि पैसा इकट्ठा करके रखो तो चोर मूस ले जायें, सन्तान खराब हो तो जुआ खेल डाले। बच्चे माया के घमंड में आकर पढ़ते नहीं हैं; कहते हैं, हमको क्या किसी की नौकरी करना है? और इस पैसे को बर्बाद कर देते हैं। इस वास्ते पढ़ना ही श्रेष्ठ है।

इस पढ़ाई की मुहिम में सबसे आगे बढ़े हमारे बड़े भाई। बड़े होने के नाते मुहिम की ज़्यादा मुसीबतें भी उन्हीं को झेलनी पड़ीं।

भगवानदीन शर्मा

पढ़ाई की मुहिम

मैं छह बरस का हो गया था। दौआ के साथ परदेस जाना था जिनके साथ मैं कभी नहीं रहा था सिवाय इसके कि वह साल में 10-15 दिन की छुट्टी आते। आजी बाबा ने समझाया कि 'तुम्हार बापू को पँचई मैंहां बहिरीकैति गा रहै'। अम्मा ने भी समझाया पर उससे भी ज्यादा उनकी बड़ी-बड़ी आँखों का डरावनापन भी बताया।

चलते समय बाबा रोये, हिदायत की कि 'यहु हमका प्रानन ते पियार है, कुछू कह्यो सुन्यो ना'। उज्जैन पहुँच गये, हरदेव मामा वहाँ पहले से ही थे। सराफे में तिमंजिला मकान था, नीचे गाँजा-भांग-माजून वगैरह की दूकान, भट्ठी तथा गोदाम। बीच की मंजिल में बैठक, बहीखाता और सोना इत्यादि, और तिमंजिले पर चौका चूल्हा। दूकान पर एक पं. हरप्रसाद काम करते थे, मैं उनके साथ घूमने भी जाता था। शहर के किनारे क्षिप्रा नदी बहती थी। बगल में पत्थर के फर्श का लम्बा चौड़ा फ्लैट फार्म था और उसके सिरे पर ऊँचे-ऊँचे मकान।

दौआ मुझे अपने साथ गोदाम जो नज़दीक ही था ले जाते। मेरा मन वहाँ बहुत लगता। अफीम आटे की तरह गूँधी जाती, मशीन से सुन्दर साबुन की सी टिकियाँ निकलती देखकर वहाँ काम करने को जी चाहता। वहीं निकासी दफ्तर और सुपरिण्टेण्डेण्ट इक्साइज़ का भी दफ्तर था। उज्जैन की आबोहवा अच्छी थी। रात को लंगोट बाँध लोगों के पीछे दौड़ने में बड़ा मज़ा आता। कभी-कभी दौआ खुद धोती का लँगोट बाँधकर कुश्ती लड़ना सिखाते। अक्सर मामा भी छेड़ते रहते और हम लेटकर खूब टाँगों से झोर देते। एक दफे उनकी आँख में भी चोट लग गयी थी। सवेरे दो-चार पूड़ी का नाश्ता होता, रात में दूध में दो रोटी मीसकर ब्यालू। खाना मामा बनाते थे, एक ही दफे। कभी चाय वाले से चाय भी लेकर पीते। ऐसी सुन्दर चाय, भूरी-भूरी, गरम-गरम, सोंधी, खुशबूदार, न फिर मिली और न शायद मिलेगी–एक आने की आधा लोटा, इसका पीना इनकरेज (encourage) नहीं किया जाता। दौआ ने एक दफे सरकस भी दिखाया, छुट्टा शेर हाथी पर और हाथी शेर साइकिल पर रिंग में, और सब खेल आजकल जैसे ही।

पं. हरप्रसाद के साथ दौआ ने महाकालेश्वर की पूजा करने को भेजा। मैंने उनके अरघे पर जो पीतल या सोने का सा था, पानी डालने को पैर रख दिया। कारण, महादेव मुझसे ऊँचे ही थे। पुजारी लोग हाँ-हाँ कर उठे। मैं सहम गया। आगे चलकर जब-जब रामायण में कागभुसुण्डि का वर्णन 'हाहाकार कीन्ह गुरु' आता तो मेरे सामने वही दृश्य उपस्थित हो जाता। यह बात भी तो उसी स्थान की थी। मैं सोचता, कागभुसुण्डि मुझसे कुछ और बड़ा रहा होगा।

उज्जैन में पैरों के कड़े–गोड़हरा–उतार दिये गये थे पर हाथों के कड़े–खगौरा–और कानों में बाली पहने रहते थे। उस समय की फोटो अब भी है। चूड़ीदार पाजामा बना था, एक हल्का गुलाबी रेशमी कोट, सुन्दर कामदार मखमली टोपी तो पहले ही आ चुकी थी। जूता–बूट–भी आया था जो एक दफे न जाने घर से कैसे खो गया। दौआ रात को 7-8 बजे दिन का हिसाब लिखने बैठते, उनके दाहिनी तरफ हम और बायीं तरफ मामा जाजिम–गद्दी–पर बैठते। मामा ककहरा पढ़ते और मैं स्लेट पर जोड़, बाकी, गुणा भाग। न उनको क ख ग घ याद होता, न हमारे सवाल सही होते। बाबा

रहमदिल थे, छोटे सवाल देते; दौआ इसके विपरीत, बड़े। गलत होने पर डाँट पड़ना लाजमी था, कभी-कभी थप्पड़ भी, मामा पर घूँसा और रूल भी। उन्होंने मुझे त्रैराशिक भी सिखाने की कोशिश की। संख्याओं को तीन जगह रखो, दाहिने, बायें और सामने। उन संख्याओं का सही रखना तो शायद मुझे अब भी नहीं आता, कम का गुणा और ज्यादा का भाग, कभी ज्यादा का गुणा और कम का भाग, कोई बात जमती न थी, दिमाग ही में न घुसती थी। कुछ दिन में पंचराशिक भी सिखाया जिसका तालमेल तो कुछ भी पल्ले न पड़ा। वह डाँट डपट के बाद अक्सर खुद ही सवाल कर देते और मैं भी डाँट का इन्तज़ार करता हुआ बिना सोचे समझे किसी संख्या का गुणा और किसी का भाग किया करता। एक दो चाँटों के बाद सब मामला सुलझ जाता। रात को सोते समय पहाड़ा, पौना, सवैया [सवाया] इत्यादि पढ़ने होते, साथ में सोते समय का पाठ हनुमान एकमुखी, पंचमुखी कवच, नमामीशमीशान वाली रामायण की स्तुति, बहुत से रामायण के छन्द, दोहे, सोरठे वगैरह, यहाँ तक कि पढ़ते-पढ़ते सो जाते। आगे दौआ बोलते और पीछे मैं उसे दोहराता।

दौआ कहीं गये थे। वहाँ से पढ़ाई के लिए **बालभारत, बालहितोपदेश** लाये थे जो मुझे बहुत रुचती थीं और मैं बिना कहे अक्सर उन्हें पढ़ा करता था। पर कभी-कभी वह रामायण पढ़वाने लगते तो मेरी जान निकलने लगती, सिवाय अक्षर मिलाने के और कुछ पल्ले न पड़ता। हाँ, जब वह कथा सुनाने लगते तो बड़ा मजा आता। पास ही में चबूतरे पर एक दक्षिणी [मराठी भाषी] पंडितजी हरिकथा कहा करते थे। उनकी कथा दौआ को भी पसन्द थी। मैं अक्सर छुट्टी लेकर वहाँ सुनने चला जाता। पंडितजी सुन्दर, गोरे, नौजवान, सिर पर दक्षिणी पंडिताऊ पगड़ी, बगलबन्दी, दक्षिणी ढंग की धोती पहने खूब जँचते थे, और उनके चुटकुले तो उनसे भी अधिक।

लिखाई के लिए कलम (बरू) से कागज पर लिखना होता। लाइन तो कभी सीधी होती न थी। दौआ एक दफे छपी हुई सुलेख की कापी लाये। मैंने कलम की नोक से खूब छोटा-छोटा लिखा। दो एक दिन बाद उन्होंने कापी मँगाई तो खूब डाँट पड़ी। सारी मेहनत अकारथ गयी। उन्होंने बड़ा-बड़ा लिखकर बताया पर मेरे छोटे हाथों से वह कलम कापी पर फिट ही न बैठती थी। जाहिर है, कलम उनके हिसाब से तिरछी कटी थी, मेरे हिसाब से नहीं। मैं उससे ठीक न लिख सका तो न लिख सका।

बहरहाल साल खत्म हुआ और मामा के साथ घर को रवाना कर दिया गया। मामा अपने घर, गाँव में, ठहरे। मथुरा नाना वाली नानी मेरे पास अधिक बैठीं। घर में बड़ी भीड़भाड़ थी, बड़ा परिवार था। मैंने उनको पूरी रामायण की कथा सुना डाली। इतनी देर बात, इतना लम्बा व्याख्यान मैंने पहली बार दिया। सवेरे मामा गाँव ले गये [मगड़ायर से ऊँचगाँव ले गये।] मैं चूड़ीदार पाजामा, कोट, टोपी, जूता पहने था

और चाँदी की कमर की जंजीर गले में पहने था।

दौआ का ठेका बदला। अबकी आबकारी (शराब) का ठेका भेलसा [विदिशा] में लिया गया। दौआ लेने आये। उनके साथ लाला बाबा और मन्नी बैस भी नौकरी के लिए साथ चलने को तैयार हो गये। एक दिन सवेरे, रतिगरे [जब रात अभी बाकी थी] आगे दौआ, पीछे मन्नी, फिर लाला बाबा और पीछे मैं बहुत तेज़ी से ज्वार के खेतों के बीच होकर भिटवाही की तरफ बढ़ रहे थे। मेंड़ों की घास पैरों को भिगो रही थी और ऊपर से ज्वार के पेड़ व पत्ते। लोग बहुत तेजी से चल रहे थे। मैं पूरी शक्ति से चलने पर भी साथ न दे पा रहा था।

मगड़ायर पहुँचे तो कुछ उजाला हुआ। मामा को बुलाया और सब जने अपनी-अपनी पीठ पर बचुका-गठरी बाँधे चल रहे थे। लग रहा था मानो कहीं से डाका डाले चले आ रहे हों, अच्छी तरह सर बाँधे, मिर्जई पहने, घुटनों तक धोती (दौआ को छोड़कर)। बीच-बीच में बातें भी होती जा रही थीं। स्टेशन आया, लोग नल में नहाये। गाड़ी आयी और हम लोग एक खाली मालगाड़ी के डब्बे में बैठे। लाला बाबा दरवाजे से अपनी धोती सुखाते जा रहे थे, हम लोग फर्श पर अपनी-अपनी गठरी के पास बैठे थे।

भेलसा में हमारा मकान सोनरहाई मोहल्ले में था, सामने की तरफ बाजार को रास्ता था। मकान काफी बड़ा था, ऊपर खाली ही रहता था, एक कमरे को छोड़ जहाँ रोटी वगैरह बनती थी। यहाँ बन्दरों (काले मुँहवालों) का बहुत आधिक्य था, अच्छे अच्छे पहलवान, पूरी चौड़ी गली क्या सड़क फाँदनेवाले, कभी-कभी जब सूने घर से आटा फाँककर खिड़की में बैठते तो सफेद मुँहवाले हो जाते। नजदीक ही के एक सुनार की बीबी थी, मझोले कद की सुन्दर, स्वस्थ, ऊँचा खूब घेरदार लहँगा, पैरों में तोड़े, मारवाड़ी चप्पल-जूते, लाल ओढ़नी, हाथों में खूब गहने, गोल मुँह, गोरा रंग, घूँघट काढ़े, बहू बनी, खरामा-खरामा मेरे मकान के सामने से अगल बगल सुनारों के घर आया जाया करती थी। यह पहली सुन्दर स्त्री मैंने दुनिया में देखी थी। और फिर वैसी सुन्दर कभी नहीं देखी।

वहाँ पहुँचकर कुछ दिन तो हमने मजा किया पर एक दिन न पढ़ने पर डाँट पड़ी। हम बगैर डायरेक्शन के पढ़ते भी क्या, शायद दौआ को भी न सोच आया हो या उनका मतलब रामायण वगैरह से रहा हो। हम जाकर पास बैठे। उन्होंने सुन्दर मोटे बही खाता के कागज पर बड़ी एबीसीडी और उसके नीचे उनका हिन्दी में उच्चारण लिखकर याद करने को दिया। मुझे वे अक्षर बड़े भले लगे, मैंने बड़े ध्यान से उन्हें कई बार पढ़ा। सवेरे दौआ ने इधर-उधर देख बुलाया और कहा कि वह कल लिखकर दिया था, याद किया। मैंने हामी का सर हिलाया। सुनाने को कहने पर मैंने डरते-डरते पढ़ना शुरू किया। अक्षर एक के बाद एक याद आते गये और ज़ेड

आने पर तो मुझे स्वयं अपने ऊपर आश्चर्य हो रहा था। दौआ मुस्कराये और बोले—वाह मेरी आँखों में आँसू आ गये। यह जीवन की पहली सफलता थी। आत्मविश्वास बढ़ा और दूसरे दिन एक कागज में छेद करके उन्होंने अक्षरों पर घुमाया और अक्षर पूछे। मैं शायद ही कोई भूला होऊँ। इसके बाद उन्होंने अक्षरों का उच्चारण बता नाम लिखना-पढ़ना सिखाया। इसमें भी मैंने जल्दी ही महारत पैदा कर ली। एक मुसलमान मुंशी ने जो अंग्रेजी जानता था एक दिन बहुत से कड़े-कड़े नाम स्लेट पर लिखे। मैंने सभी पढ़े। उसने दौआ से मेरी बहुत तारीफ की। हमारा गद्गद होना स्वाभाविक था।

एक दिन जब यह सब हो रहा था, दत्त नाम का एक क्लर्क—शायद इसी महकमे का—एक किताब लाया जिसमें कैसर की जार्ज (पाँचवें) के साथ मोटर में बैठे हुए मूँछें तन्नाये एक तस्वीर थी। उसने दौआ को बहुत प्रभावित किया। यह सन् 1914 की बात है। लोगों में अक्सर लड़ाई की चर्चा हुआ करती। लोग तारों को लाल हरा बताकर उन्हें जर्मनी का जहाज़ बताते। दत्तू ने एक शाम को दौआ के कान में कहा, बासौदा के पहाड़ पर एक जर्मनी का हवाई जहाज़ उतरा है। उसमें कई हजार सिपाही हैं। दौआ ने दूसरे ही दिन मामा के साथ मुझे गाँव रवाना कर दिया।

गाँव में कई महीने रहे। इसी बीच रामबिलास के जो गोदी में थे माता निकलीं। उनकी ठीक हो ही रही थी कि रमपियारा के निकलीं कुछ जोर से, खासतौर से मुँह, आँखों और हाथ-पैरों में। जब दौआ हमें लिवाने आये तब हम इतने बदशक्ल हो गये थे कि वह हमें पहचान न सके। भेलसा पहुँचने पर दौआ ने तै किया कि अब इन्हें स्कूल में भर्ती करा देना चाहिए। तो एक दिन हम स्कूल गये। दौआ एक चौथे दर्जे के पण्डितजी के पास ले जाये गये। मास्टर साहब कुर्सी पर, सामने टेबिल, दाहिने हाथ की तरफ 6-7 लड़के बेंच पर बैठे स्लेटों पर सवाल कर रहे थे। मास्टर साहब ने मुझे भी एक सवाल दिया, शायद जोड़ का था। मैंने किया, पता नहीं सही था या गलत, पर उन लड़कों ने जो सवाल दिखाये तो दो-तीन के मास्टर ने इतने जोर से चोंटियाँ लीं कि वे तिलमिला गये। उनमें एक साँवला, स्वस्थ, गोल मुँह का लड़का भी था। मास्टर ने उसे और भी ज़ोर से नोचा और कहा कि अच्छा आप भी गलत कर लाये हैं। लड़के का कष्ट देखकर मेरी आँखों में आँसू आ गये। दौआ ने शायद इस बात को देख लिया; बोले, गलती करोगे तो इसी तरह तुम्हारी भी मरम्मत की जायगी। मास्टर ने मुस्कराकर कहा, नहीं, इनके साथ ऐसा नहीं होगा। इसके बाद उन्होंने मुझसे हिन्दी की किताब पढ़वाई और सातवें दर्जे में बैठने को कहा।

सातवें दर्जे के क्लासटीचर एक काने (मौलवी) मुसलमान थे। यह दूसरा असगुन था। दौआ ने घर आने पर स्वयं कहा कि काने मास्टर से स्कूल की पढ़ाई शुरू हुई। मास्टर खुशमिज़ाज थे, गोरा रंग, लम्बा चेहरा, काली लम्बी दाढ़ी, सफ़ेद

साफ़ा, पाजामा और बन्द कोट, उमर करीब 30 के होगी, वह लड़कों को मारते और चोंटियाँ ज़रूर लेते पर साथ में सफेद बत्तीसी भी दिखाते जाते। सवाल बोलते तो टेबिल के पासवाले होशियार लड़के सवाल लिखते और करते, बाकी लड़कों में कुछ करते, कुछ नहीं। हम भी न करनेवालों में से थे। एक दिन सुना कि हम लोगों में जो अंग्रेज़ी पढ़ना चाहें एक नये क्लास में जा सकते हैं। दौआ की सहमति से लाल पुट्ठे की कैट-मैटवाली किताब लाये। मास्टर कुछ तिरपट थे [तीसरा असगुन!] बड़ी गम्भीरता से सँभालकर पढ़ाते थे। मुझे अक्षर मिलाना तो आता ही था, माने याद करना भी कुछ कठिन न लगा।

एक दिन रात को दौआ ने हमसे पाठ [हनुमान एकमुखी, पंचमुखीवाला पाठ] आगे होके बोलने को कहा। मुझे बड़ा भय और अजीब-सा लगा, फिर भी चालू तो करना ही पड़ा। मुझे बड़ा तमाशा लगा कि सब अपने आप मुँह से निकलता गया दूसरे दिन से तो मैं खुद ही चालू हो गया क्योंकि इसके बाद फिर कोई बातचीत न होती। पढ़ाई को रोकने का अच्छा साधन था। दो-एक दफ़े दौआ ने पहले ड्योढ़ा-सवैया सुनाने को कहा जो अब कुछ-कुछ भूलने लगा था। आगे चलकर दौआ ने पाठ अपने आप ही करने को कह दिया और अपने राम ने उसमें कमी करना शुरू कर दिया।

भेलसे का ठेका खत्म हो गया और सब सामान पैक करके सीपरी (शिवपुरी) की तैयारी हो गयी। ग्वालियर होते हुए रेलगाड़ी से सीपरी पहुँचे। लश्कर से सीपरी को रेलगाड़ी जाती—नैरो गेज। लड़कपन में ही मैं इसके डिब्बे पकड़कर हिलाता तो पूरी बोगी हिल जाती—लोग बातें किया करते थे, अमुक जमींदार का घोड़ा गाड़ी से दौड़ में जीत गया था।। लश्कर से गाड़ी जंगलों में होती हुई पठार पर चढ़ जाती है। स्टेशन से शहर की तरफ दो सड़कें दो इमारतों के गोल दरवाज़े के नीचे जाती हैं और छावनी खत्म होने पर आपस में मिल जाती हैं। छावनी इन्हीं दो सड़कों पर बसी है। पहली पर लोगों के रहने के मकान हैं, दूसरी पर बाज़ार। इस सड़क के बीच में काफी ऊँची कोतवाली है, कोतवाली से आगे बरतनवाले, फिर बजाजा है। हमारा मकान इसी बजाजे के ऊपर था। छत पर से सारा बाज़ार आँखों के नीचे। पीछे मन्दिर के बगीचे में एक पक्का कुआँ था जहाँ हम और दौआ हमेशा लोटा-डोर लेकर नहाने जाते।

स्टेशन से उतरने के बाद दाहिने हाथ वाली सड़क महाराज के महलों को, जो सामने दूरी पर दिखाई पड़ते हैं, चली जाती है। इसी पर हमारा स्कूल था। हेडमास्टर गुलाबचन्द गलबलिया ने छठे में भर्ती कर लिया। क्लासटीचर मास्टर त्रयंबक राव के पास एक नाटा मोटा डंडा था। पहले ही दिन देखा कि जो लड़के सवाल गलत करते या भूलते, एक करारा डंडा पड़ता। एक दफे उन्होंने मेरे वह करारा चाँटा मारा

कि दाढ़ हिल गयी, गाल सूज गया। एक देवकीनन्दन नाम का हमारी उमर का लड़का था। रामलीला में सीता का पार्ट करता था। एक दिन गदेली [हथेली] में इतने डंडे पड़े कि हाथ सूज गये। लड़कों ने कानाफूसी की कि हाथ उतर गया। उन्होंने स्वयं हिला डुलाकर देखा तो बोले, "टूटा नहीं है। गरम पानी से सेंक देना, ठीक हो जायेगा।" हिन्दी के मास्टर सदाशिव राव बहुत कम मारते थे, पढ़ाते भी अच्छा थे। इतिहास भूगोल के मास्टर मल्हार राव के बोलते समय मुँह में लार आ जाती थी। यह भी चाँटे से ही सन्तोष कर लेते थे। दर्जे के दूसरे मास्टर संटी से काम लेते थे।

एक दिन हेडमास्टर के कमरे में जाना पड़ा, शायद किताब खरीदने। स्कूल का कोर्स इन्हीं के यहाँ मिलता था, देखा, एक फूल खां नाम के लड़के की पेशी हो रही है। वह अपनी बात कह ही रहा था कि उन्होंने कहा, 'हाँ, हाँ, हम सब जानते हैं। रखो इस टेबिल के नीचे हाथ।' लड़के ने नाहीं नूहीं की तो बोले, 'निकालो जी बक्स में से बेंत'। लड़का [मेज के नीचे हाथ रखने को] तैयार हो गया। उसके अगले एक पाये के नीचे उसने अपनी गदेली ऊपर को करके हाथ रखा। हेडमास्टर ने फौरन डाँटा, 'उलट कर रखो'। उसने डरते-डरते हाथ उलट दिया। हेडमास्टर उसके हाथ पर टेबिल धर उस पर झूम गये। लड़का चिल्ला पडा। मैं खिसक आया।

एक दफे जब मैं पाँचवें में पढ़ता था, किसी मास्टर के न आने पर गुलाबचंद ने अपने क्लास के साथ हमारा क्लास भी बैठा लिया। इनके दर्जे के लड़के काफी सयाने थे। रेखें अच्छी तरह आ चुकी थीं। एक स्वाभिमानी लड़के ने इनके चाँटे घूँसे रोकना चाहा। यह दोनों हाथों से उससे लड़ने लगे और उसे ढकेलकर उसकी सीट पर गिरा दिया और काफी घूँसे लगाये। दर्जे में सन्नाटा रहा। स्कूल में चर्चा रही, इन्होंने उसकी घर पर भी चर्चा की। वैसे थोड़ी बहुत मार तो सभी देते थे पर सबके अलग-अलग तरीके थे। कोई उँगलियों के बीच में पेंसिल रखकर दबाते थे, कोई कंकड़ मँगाकर कानों की दुरुस्ती करते थे, कोई गदेली के पीछे चोंटिया लेते थे। मार का बोलबाला था, कोई सुनवाई न थी। मास्टर त्र्यंबक राव ने स्वयं ही दौआ से कहा, 'मैंने कल इनके एक चाँटा रसीद किया।' दौआ ने कहा, 'हाँ ठीक किया। ठीक काम न करे तो जरूर मारिये। मुरौवत की कोई जरूरत नहीं।' मार शिक्षा की सी मार न लगती थी, ऐसा लगता था मानो गधे खच्चर पिट रहे हों। अगर वे मास्टर लोग मुझे आज मिल जाय तो कह नहीं सकता क्या प्रतिक्रिया हो। याद करने पर खून खौलने लगता। बेंच पर खड़ा होना शायद उस समय कोई सज़ा न समझी जाती होगी। अक्सर दर्जे के बाहर मुर्गा बना देते थे। कभी सामूहिक सजाएँ भी होती थीं। बाहर बराण्डे में मुर्गे ही मुर्गे, फिर मुर्गों की बातें और धक्कामुक्की, सज़ा की बढ़ती। सज़ा में बैठक भी शामिल थी। मास्टर लोग अपना बेंत, संटियाँ, सब अपने-अपने लकड़ी के बड़े बक्सों में, जो हर दर्जे में मास्टर के पास रहते थे, रख जाते थे। ज़ाहिर है,

कहीं भी गुल-गपाड़े का नाम न था। हल्ला सिर्फ 7वें-8वें दर्जों में ही कभी-कभी सुन पड़ता था जबकि मास्टर दर्जे में ही रटने को कह देते थे या फिर पहाड़े वगैरह आखिरी घंटे में बोले जाते थे।

घर के सामने ही मास्टर गुलाबचंद रहते थे। इनके यहाँ 5-6 लड़के पढ़ने आते ही थे, दौआ ने भी इस सुवअसर से लाभ उठाना ठीक समझा होगा और बातचीत करके दो रुपये महीने पर हमें पढ़ने जाने को कह दिया। घर पर मास्टर गुलाबचंद वह स्कूल के दैत्य गुलाबचंद न थे। खूब बातें करते और हँसते-बोलते भी। पिटाई का कोई सवाल न था। इन मास्टर के मकान में नीचे के हिस्से में एक बहुत कमज़ोर आँखों वाले मोटे, अधेड़ हिन्दू हकीमजी रहते थे। वह कुछ समय बाद ऊपर पहुँच जाते और हम लोगों की छुट्टी हो जाती। मास्टर साहब जमकर उर्दू की किताब से अलिफ लैला (जैसा दौआ कहा करते थे) के किस्से हकीम जी को सुनाते रहते। दौआ को यह बात खली और उन्होंने कुछ दिन बाद वहाँ जाना बन्द करा दिया।

गुलाबचंद के यहाँ से छूटने पर दौआ फिर खुद पढ़ाने लगे। गाड़ी ठीक चल रही थी। थोड़ा बहुत हल्ला-गुल्ला और चपतबाजी घर और स्कूल में चला ही करती थी। कारण कि ये सब बातें तो बिना वार्निंग के होती थीं। हम इतने well disciplined [अनुशासित] तो थे नहीं कि बिना कहे पढ़ने बैठ जायें। सालाना इम्तहान हुआ और हम पास हो गये और पाँचवें में आ गये। पर इस गाड़ी के ठीक चलने का एक बुरा नतीजा यह हुआ कि दौआ ने सोचा, या उनको सुझाया गया कि हम डबल इम्तहान देकर तीसरे दर्जे में जा सकते हैं और दो साल बाद हाई स्कूल का इम्तहान दे सकते हैं। मालूम होना चाहिए कि वहाँ उन दिनों 8वाँ सबसे नीचा और पहला हाई स्कूल था। अब इस पढ़ाई के लिए उन्होंने एक सुयोग्य नये मिडिल पास लड़के लक्ष्मीनारायण को नियुक्त किया। यह प्राइवेट स्कूल की तैयारी कर रहे थे। इन्होंने आते ही ब्याज और काम और समय के कठिन सवाल कराना आरम्भ कर दिया। ब्याज के सवाल तो कुछ गले उतरे पर काम और समय के पेचीदा सवाल अक्सर बताने पर भी भूल जाते। उनको कुछ सवाल जबानी याद थे। वह एक तरफ से सवाल न कराके कभी कोई कभी कोई सवाल बोल देते थे, एक उदाहरणमाला पक्की कभी नहीं कराई। वह हमारी कठिनाई न सुलझाते, न उसे सुलझाने का रास्ता ही [बताते]। झट से उठकर सवाल करके बता देते और फिर कोई अपनी किताब पढ़ने लग जाते। यह वह समय था जब अम्मा रामबिलास के साथ वहीं पर थीं, रमपियारा घर पर रह गयी थीं। बाबा [फुफेरे भाई] सुर्जबली भैया के साथ अम्मा और रामबिलास को लिवाने सीपरी पहुँचे। एक दिन भैया ने सवेरे बताया कि नाना राति का कहति रहें कि 'बोकरेवो गूँगी, भेड़हुनो गूंगा'। [मास्टर हुए भेड़िया, शिष्य हुआ बकरी]। मास्टर ने सवाल दिया होगा, हमें आया न होगा, हम चुप रहे और मास्टर

इन्तज़ार कर रहे होंगे। ज़रूरत से ज़्यादा देर हुई होगी और तब यह रिमार्क हुआ होगा जो मैंने उस समय नहीं सुना था।

कुछ दिनों में दौआ ने सोचा कि सिर्फ सवालों से ही तो दर्जा चढ़ेंगे नहीं, अंग्रेज़ी भी मजबूत होनी चाहिए। उन्होंने अंग्रेज़ी के मास्टर की तलाश की और मास्टर मदनमोहन ने अंग्रेज़ी पढ़ाना शुरू किया। फीस हर जगह दो ही रुपये थी। इनका सबसे अधिक जोर अंग्रेज़ी शब्दों के उच्चारण पर था, मुझे इस तरह अजीब ढंग से अंग्रेज़ी शब्दों को बोलना या पढ़ना अजीब सा लगता था। दूसरा जोर ग्रामर पर था। वह समझाते तो थे नहीं, रटने के लिए कहते थे और उन्हीं शब्दों में सुनना चाहते थे। फिर सबका चचा ट्रान्सलेशन भी शुरू हुआ। मास्टर करके बता देते थे, कैसे बदलना चाहिए यह नहीं। मैं शब्द के बजाय शब्द तो लिख देता पर उनका सँजोना तो बिल्कुल ही न आता था। मास्टर पार्ज़िंग भी बताने लगे जो मुझे एक दूसरा बबूलों का जंगल दिखाई देने लगा। मैं इनके यहाँ जाने से घबड़ाने लगा। जाता तो ज़रूर था पर दरवाज़े पर खड़ा होकर 'मिट्ठू चा गजाना हरि-नामा जड़ो रोविला' का तीन चार दफे पाठ करके और भगवान को सिर झुकाकर कमरे में घुसता ताके सही सलामती से वह दिन कट जाय। यह भजन ग्वालियर महाराज माधव राव गणेश उत्सव के दिनों में गणेशजी के सामने गाया करते थे।

मास्टर मदनमोहन हाईस्कूल में फेल हो चुके थे, फिर से तैयारी कर रहे थे। अपने को अधिक स्ट्रेन नहीं करना चाहते थे। दौआ के कहे मुताबिक उन्होंने तीसरे दर्जे के प्रमोशन के लिए सब लड़कों के साथ तिमाही का इम्तहान दिलवाया। पर्चा उन्होंने खुद ही जाँचा और मेरे सामने ही; नम्बर कुल 12/50 आये। फेल थे।

इस ट्यूशन और डबल प्रमोशन की कोशिश से एक बड़ी हानि यह हुई कि स्कूल के कोर्स की तरफ ध्यान कम रहा। उन दिनों वहाँ हिन्दी की टेक्स्ट बुकों में 'शील शिक्षा' पहला दूसरा भाग दर्जेवार पढ़ाई जाती थी। इसके साथ कृषिविद्या की किताब भी अनिवार्य थी। घर की किसानी के कारण मुझे इससे घृणा तो न थी पर उसको अक्षरशः कण्ठाग्र करना अति अरुचिकर प्रतीत होता था। इसी तरह इतिहास भूगोल का भी [कण्ठाग्र करना अरुचिकर था]–विशेषकर ग्वालियर स्टेट का, वहाँ की छोटी-छोटी नदियाँ, पहाड़ और परगने। तिस पर दौआ अक्सर कहा करते थे कि हमें कौन यहाँ रहना है या स्टेट की नौकरी करना है, हमको तो आखिर गवरमेण्टी में जाना है, हिन्दी से काम थोड़े ही चलेगा, इसे तो उर्दू पढ़ाना है। जब तक यहाँ साल खांड़ है, पढ़े जाय। स्वभावतः मैं वह साल खांड़ काटने की फिकर में रहता। एक दिन कटा, साल में एक दिन कम हुआ।

दौआ उर्दू अच्छी तरह जानते थे; कुछ फारसी की किताबें भी, शुरू की, पढ़ी थीं। गवरमेण्टी में उर्दू चलती ही थी। इसका श्रीगणेश भेलसा में ही हो गया था। शिवपुरी

में भी घर पर दौआ उर्दू पढ़ाते ही रहते थे। दूसरी तीसरी किताब वहीं खत्म हुई। उर्दू का राइटिंग भी लिखना होता था। लिखने में अंग्रेज़ी सरल मालूम होती थी पर छपी हुई उर्दू के अक्षर बहुत भले लगते। मीम ऐसा लगता जैसे डाल पर से साँप लटक रहा हो या खजुरिहा [ताल] के बरगदे की जटाएँ। लाम भी जैसे मदारी साँप की पूँछ पकड़े हो और वह उसे काटने को ऊपर को उठ रहा हो। नून ऐसा लगता जैसे कूंड़ा [नांद]। ऐसे ही बे-पे जैसे लोहे का तसला। बड़ी हे मानो शहतीर पर तिरछा कीला गड़ा हो और दुचश्मी हे तो दो आँख वाली हे स्वयं ही है।

स्टेशन से शहर को बायें रखने पर सामने एक मील की दूरी पर महाराज ग्वालियर के तीन महल कुछ ऊँचाई पर दिखाई देते हैं। यहाँ गणेश उत्सव होता है। महाराज के ऊँचे चबूतरे के संगमर्मर के फर्श पर एक ओर गणेश जी की मूर्ति स्थापित की जाती है। उसके सामने चौबीसों घण्टे भजन कीर्तन होता रहता है। महाराज समेत बड़े-बड़े सरदारों की दो-दो घंटे ड्यूटी लगती है। प्रत्येक सरदार अपने समय पर अपने बजानेवालों के साथ आता है। महाराज का समय सवेरे और शाम 6 से 8 बजे तक होता था। सवेरे तो नहीं पर शाम को महाराज के दर्शनों के हेतु बड़ी भीड़ होती थी। इस समय किसी को कहीं पर भी बैठने की रुकावट न होती थी सिवाय गणेश जी के सामने के भाग के जहाँ खड़े-खड़े घूम-घूमकर भजन होते थे। भीड़ होते हुए भी वातावरण शान्त रहता था। धूपदानियों में नौकर धूप डालते हुए चारों ओर घूमा करते थे। मेरे लिए सवेरे पहुँचना सम्भव न था, इसलिए किसी के साथ एक दिन शाम को जाकर सबसे आगे बैठ गया। महाराज साहब के आने के समय से पहले ही उनके साजिन्दे आ जमे थे। ठीक 6 बजे महाराज साहब (माधव राव) आये, नंगे पैर, दक्षिणी लाल चौड़ी कन्नी की धोती, मलमल का कुर्ता, सर पर गुलाबी, कुछ तिरछा सिपाहियाना साफा, बहुत नाटा सा कद, दोनों भौंहें आपस में मिली हुईं, शायद बेदाँत या लगे दाँतों का मुँह–दो घंटे तक भजन हुए और अन्त में वही मिट्ठू चा गजाना हरिनामा जेड़ा रोविला से कीर्तन समाप्त हुआ।

शिवपुरी का सबसे सुन्दर समय तब होता था जब वहाँ गर्मियों में महाराज साहब सब सरदारों के साथ पहुँचते थे। मैं अक्सर स्टेशन पर उन सबका स्वागत करने को मौजूद रहता। मुझे वहाँ घोड़े बहुत सुन्दर-सुन्दर देखने को मिलते, एक-एक रंग की जोड़ियाँ, खूब तन्दुरुस्त, लैण्डो में जुते हुए, वर्दियों में दो आगे दो पीछे सईस, कोचवान, सीट पर सेंधियाशाही पगड़ी बाँधे दो एक सरदार, अक्सर बान गंगा, मोहन कुंड की तरफ आते दिखाई दे जाते।

उन दिनों शिवपुरी में नौटंकियों का भी जोर था। पूरन भगत, सत्य हरिश्चन्द्र, राजा भरथरी, कृष्ण लीला वगैरह हुआ ही करतीं, कभी किसी चौराहे पर कभी किसी पर, जब देखो तब कुडुम धुम की आवाज रात में गूँजा करती। दो एक दफे मैं भी

रात को सुर्जबली भैया के साथ गया। [एक बार] उन्होंने पान खिला दिया। मुझे चक्कर आ गया, उनका मज़ा किरकिरा हो गया, घर भेजने आने पड़ा। शिवपुरी में परमानेंट थिएटर हाल भी है। एक कम्पनी आयी थी। ऐक्टर शराब पीते और पास दे जाते [दौआ शराब के ठेके में थे]। मैं भी महाभारत और पृथ्वीराज देखने गया था, शायद ये पहले ड्रामा देखे थे। बाइसकोप तो भेलसा में देख चुके थे, तस्वीरें पर्दे के दोनों तरफ दिखाई देती थीं। (ऐसा ही याद है)। शो के पहले पर्दे पर पानी छिड़कते थे (ठीक याद है)। शिवपुरी में बनियों की शादियाँ भी बड़ी धूमधाम से होती थीं। पैसा लुटाना तो मामूली बात होती। भंगी वगैरह दो बांसों के बीच पर्दा लगा उसमें फेंके हुए पैसे रोकते बरात के आगे चलते। आतिशबाजी नाना प्रकार की होती। टंकी का गोला तो कानों को सुन्न कर देता। आतिशबाजी ही का किला बनता और सिपाही भी उसी के। रंडियों के दो-तीन डेरे भी साथ चलते।

मोहन कुंड, छावनी से करीब दो मील दूर, चारों ओर ऊँची दीवारों से घिरा बड़ा सा पक्का कुण्ड, जिसमें काई पड़ी, सुनसान पड़ा था। बानगंगा भी एक छोटा कुण्ड है जिसमें से हमेशा पानी निकला करता है। चारों ओर बराण्डा और मन्दिर है, छोटी मछलियाँ खूब, पानी साफ़, कुण्ड में नहाना मना है। यहाँ साल में एक दफे मेला एक महीने को भरता था और रामलीला भी होती थी जिसमें मेरा सहपाठी देवकीनन्दन सीता बनता और एक लड़का जियालाल राम। उन दिनों कभी-कभी दौआ के यहाँ भांग भी छना करती थी, मुझे भी पिलाई जाती थी, रोक के साथ। एक दफे पीकर रामलीला देखने गये। मुझे वहाँ चक्कर आने लगा, सबको बगैर धनुषयज्ञ देखे लौटना पड़ा। रास्ते में ठंडी हवा लगी, तब चित्त ठिकाने हुआ।

बानगंगा से आगे भदरिया कुंड है। यहाँ घना जंगल था। ऊपर से नदी का करीब 15-20 फुट का फाल (fall) था और नीचे चट्टान की दरार से पानी आया करता था। नदी में पानी केवल बरसात में आता था। झरने के सामने गोमुख लगा था जिससे पानी आगे बढ़ता था। पास ही शेर के शिकार का महला और जानवर बाँधने का पेड़ था। इसी के आगे चाँद पाठे का ताल था। मेरे सामने इसके बनने का लग्गा ही लगा था। ठेका झाँसी के एडल जी ब्वायस का था, शायद दो लाख का। दौआ उनके बड़े भाई फ़ीरोज़शाह के यहाँ बम्बई और झाँसी में नौकरी कर चुके थे। एडल जी से भी परिचित थे। बन्द के सामने उनका दो कमरों का बँगला था। दौआ एक दफे उनसे मिलने गये थे। एक दफे देखा, रास्ते में, खाकी कपड़े पहने, मोटर सुधारते। मुझे उनका टोप बहुत अच्छा लगा—ठीक घड़े की पेंदी, खपरी—महुआ भूँजने की। तो चाँद पाठ बना। हम रेलिंग और बेरेलिंग के चले, एक तरफ पानी की लहरें मानो बन्दर कूद रहे हों, दूसरी ओर पाताल, झाँकने पर पैर काँपने लगते। यह बन्द दो नदियों के संगम पर बना था, संगम की पृष्ठभूमि प्रयाग या हमीरपुर की तरह। अन्त में

ऊँचाई पर एक बारादरी बनी थी जिसकी छत पर चढ़ने से चारों ओर पानी का बड़ा अच्छा दृश्य दिखाई देता था। फिर यह बन्द टूटा भी। नीचे से पानी ने चट्टानों के बीच से रास्ता बना लिया था। वहाँ की चट्टानें पर्तदार हैं। पानी का दबाव बहुत था, रास्ता बढ़ा और एक रात उसने बन्द को उलट दिया। एक पूरी दीवाल का बड़ा भारी टुकड़ा—पानी का बहाव करीब 50 गज सरका ले गया था, वह स्तूप सा अलग रखा था, आगे सब मैदान साफ़। दो-तीन गाँव बह गये थे। माधव महाराज ने कहा था, बन्द नहीं फूटा, मेरी तकदीर फूट गयी है।

ठेके का दूसरा वर्ष समाप्त होते ही हम घर आ गये थे। इसके आगे फिर लालाजी (गंगासहाय) ने वहाँ ठेके लेना बन्द कर दिया। कारण कि इसके बाद नीलाम ज़िलेवार न होकर परगनेवार होने लगा जिससे नीलामी बोली चढ़ना स्वाभाविक बात थी। वहाँ के कलार ठेकेदार बाहरी आदमी का ठेका लेना पसन्द भी न करते थे और अक्सर बोली चढ़ा देते थे। इन दो सालों में भी बोली चढ़ी थी और लाभ की कोई सम्भावना न थी। लालाजी कहते थे, अगर घर से न देना पड़े तो हम समझेंगे फायदा हो गया। दौआ ने फिर भी अपने परिश्रम से दो-तीन हज़ार की बचत कर ली थी।

घर पर दौआ की चिट्ठी आयी कि वह अब बीरसिंह पुर—घुनघुटी में घास के काम पर हैं। यह घास का ठेका डि सिलवा साहब का था। इनकी सदर में फोटोग्राफी की दूकान थी जिसमें उनका साला अल्मेदा साहब काम करता था और डि सिलवा आर्डर वगैरह लाया करता था। पैसा हुआ, पहुँच हुई, ठेका लेने लगे। इस बीच हम घर पर [गाँव] में ही रहे। बिना अभ्यास के दौआ को बाबा चिट्ठी लिखाते, अक्षर ठीक न बनने पर आलोचना करते जो कष्टदायक होती। कई महीने यों ही गुजर गये। तब दौआ की चिट्ठी आयी कि वह अब करारी में हैं। वहाँ भी डि सिलवा का घास का ठेका था।

निश्चय हुआ कि हम भैया (सूरजबली) के पास झाँसी में बरफखाने में रहेंगे। हम लाये गये और उनके साथ सिरे की एक कोठरी में रहने लगे। उन्होंने स्कूलों की पूछताछ की और एक दिन हमें सरस्वती पाठशाला, जो उस समय जीवनशाह के चौराहे पर मौलवी अब्दुल गनी की कोठी में थी, ले गये। उन्होंने वहाँ बताया कि मैं शिवपुरी में तीसरे दर्जे में पढ़ता था, एक मास्टर ने हमसे हिन्दी, अंग्रेज़ी पढ़वा कर देखी और कहने लगे, लड़का होशियार है, हम इसको चौथे दर्जे में भर्ती किये लेते हैं। भैया खुश थे, तीसरे के बजाय चौथे में हो गये। अपने राम को इतना ज्ञान, क्षमता, चतुराई कहाँ कि उसकी मुख़ालफ़त करें। वास्तव में यहाँ मार्ग ही उलट गया। वहाँ हाई स्कूल केवल दो साल दूर रह गया था, यहाँ अब छह साल दूर हो गया। हालाँकि तब दो साल में हाई स्कूल बहुत जल्दी था पर अब छह साल में बहुत देर में भी हो गया। पर वह तो हो ही गया।

दौआ के कहने से यहाँ हिन्दी छुड़वाकर उर्दू लिवाई गयी। मैं उर्दू पढ़ लेता था पर लिखने में ज़रा कच्चा था। मौलवी साहब उच्चारण पर बड़ा जोर देते, जीम-ज़े-झे-ज़ाल-ज़्वाद-ज़ोय वगैरह के उच्चारण अलग-अलग बतलाते। अपने राम की मोटी देहाती ज़बान, इतना तोड़-मरोड़ क्यों पसन्द करने लगी! मौलवी साहब जिनको ऐन-ग़ैन निकालते समय लगता कि कहीं उल्टी न हो जाय, खीझ जाते और मैं भी तंग आ जाता। पर कोई चारा न था। कहाँ 'ते' कहाँ 'तोय', कहाँ 'ज़्वाद' कहाँ 'ज़े' इनका प्रयोग भी हैरानी की चीज़ थी।

इसी बीच हमारी शादी तै हो गयी थी। उसमें गये। इम्तहान दिया था या नहीं, ठीक याद नहीं। पर लौटे नहीं थे। जब लौटे तब यात्रा करने निकले। अजिया और बुआ के साथ भैया हम सबको कानपुर-बांदा होकर चित्रकूट ले गये। प्रयाग भी गये। प्लेटफार्म के ऊपर पहुँचने के लिए एक पुल से जाना था जिसका निकास बाहर था। पता नहीं क्यों, उसका पुल का रास्ता रोक रखा गया था। लोग जमीन पर बैठे इन्तजार करते रहे। जब बहुत काफी भीड़ इकट्ठा हो गयी, तब उन्होंने जाने के लिए कहा। भीड़ का रेला पुल पर चढ़ा। वह चिल्लगोहार मची कि भगवान भगवान। अजिया जब प्लेटफार्म पर पहुँची तब अस्तव्यस्त थीं। धोती ओढ़ने के बजाय हाथ में पकड़े। कहने लगीं, 'बरैं जाय ऐसि तीरथ बर्त।' गाड़ी में बैठ गये तब जान में जान आयी।

जाना था हम सबको दौआ के पास बटखरा जो मानिकपुर स्टेशन से आठ-दस मील दूर था। वहाँ डि सिलवा का एक बड़ा भारी बन्द का ठेका था। हम लोग एक बैलगाड़ी में बैठकर बटखरा पहुँच गये। यहाँ 5-6 छोटी खपरैल वाली एक लाइन में कोठरियाँ थीं। इन्हीं में सिरे की दो कोठरियाँ दौआ ने ले रखी थीं। एक में ऑफिस और सोना, दूसरी में खाना-पीना। यह स्थान गाँव में नहीं था, एक जंगल के सिरे पर था जहाँ रात को कभी-कभी तेंदुए की आवाज़ आती थी। थोड़ी दूर पर एक छोटी नदी थी और यहाँ से एक मील दूर बन्द बन रहा था। हमारे घर के सामने बढ़ई वगैरह काम करते थे। इनके एक तरफ छोटा जंगल था, दूसरी तरफ 3-4 बड़े परिवार वाले क्वार्टर जिनमें स्वामीदयाल, दौआ के सहकारी तथा ब्रजबासीवाल उनके सम्बन्धी रहते थे।

यहाँ हमारे पढ़ाने का ठेका लिया इन स्वामीदयाल ने जो दिन भर बन्द पर काम देखने-भालने के बाद रात को थोड़ी देर अंग्रेज़ी पढ़ा देते थे। सारे दिन धूप में काम करने के बाद पढ़ाना कैसे हो सकता है, यह तो कोई भुक्तभोगी ही जान सकता है। यह भी ग्रामर अक्षरशः कण्ठाग्र कराते थे। हाँ, अंग्रेज़ी की पाँचवें की किताब जरूर काफी पढ़ा दी और कुछ ट्रांसलेशन भी। दौआ अकेले के पास सैकड़ों आदमियों का हिसाब-किताब रहता था। शाम को ये लोग खंती नापकर लाते और दौआ को नोट कराते। खंती वह गढ़ा है जिसकी मिट्टी खोदकर बन्द पर चढ़ाई जाती थी।

खोदने-ढोनेवाले सैकड़ों आदमी थे। खुदाई का अलग पेमेंट होता और ढुलाई का अलग। यहाँ 420 भी खूब होती। लोग अक्सर पुरानी खंती को थोड़ा छीलकर, बीच में स्तम्भ खड़ा करके नयी खंती तैयार कर लेते और नपा देते। ढोनेवालों के झौवों की गिनती करना होती, कम ज़्यादा भी देखना होता। कभी कौड़ियाँ बाँटकर गिनती होती, कभी सीधे पैसे दिये जाते पाइयों द्वारा। फिर लड़कों, औरतों और आदमियों के रेट भी अलग-अलग। रोज शाम को पंचायत होती, स्कीमें बनतीं जो दो-तीन दिन में विफल हो जातीं। इन सबकी जिम्मेदारी दौआ और स्वामीदयाल पर थी। दौआ सवेरे से रात के दस बजे तक लिखा-पढ़ी ही करते। पढ़ाने का कोई सवाल ही न था। हम सारे दिन इधर-उधर किया करते। काम टोटे पर चल रहा था। डि सिलवा ने दौआ और स्वामीदयाल को हटा दिया और हम लोग एक दिन गाड़ियों में बैठकर रवाना हो गये। अजिया बुआ तो पहले ही घर चली गयी थीं; हम फिर झाँसी आ गये।

जब लौटकर आये तो दौआ के साथ रहने लगे। और पाँचवें दर्जे में उसी स्कूल में पढ़ने लगे। हम यहाँ सवालों में अच्छे चलने लगे, कुछ अंग्रेज़ी वगैरह में भी। पर ड्राइंग बिल्कुल न आती। भाग्य से ड्राइंग कापी मिस्प्लेस हो गयी। मास्टर बगैर कापीवालों को बेंच पर खड़ा कर देते। हमारे लिए यह सरल कार्य था। जाकर बिना कहे बेंच पर एक घंटा खड़े हो लेते। ऐसे हमारे साथी और भी थे। पाँचवें का इम्तहान हुआ और हम पास भी हो गये। [छुट्टियों के बाद] शायद स्कूल जाना शुरू भी न हुआ था कि लालाजी ने दौआ को कुछ कह दिया और वह हमको लेकर घर चले गये। इस तरह पढ़ाई फिर गोल हो गयी।

सरस्वती पाठशाला

यह वह समय था जब कांग्रेस का असहयोग आन्दोलन दृढ़ता ग्रहण करता जा रहा था। हमारा स्कूल अभी तक एक रिकगनाइज़्ड स्कूल था, अब वह राष्ट्रीय स्कूल हो गया। लड़कों की बाढ़-सी आ गयी। बैठने को दर्जों में जगह तक न थी। कुछ लड़के आ रहे थे, कुछ जा भी रहे थे। जिसके जैसे संरक्षक थे, वैसे ही उनके कार्य थे। कुछ तमाशबीनी को भी आ-जा रहे थे। एक तरह से भर्रा-सा था। हम लोग झण्डा और छोटा जुलूस लेकर पहुँचते कि लड़के दर्जों से निकल भागते और साथ हो लेते। ऐसे धावे हाईस्कूल और मिशन स्कूल पर ही होते थे। हमारे बहुत प्रभावशाली हेडमास्टर श्री शशिभूषण चटर्जी ने यहाँ से छोड़कर हाईस्कूल में नौकरी कर ली। और आनेवालों में तो बहुत-से नये-नये आ गये—स्वरूपनाथ गौरहर, रुद्रनारायण, छेदी लाल (मास्टर

छिद्दामल), टेंग्शे, बाबूराम इत्यादि। हम सबका पहनावा भी बदल गया। खद्दर का कुर्ता और गाँधी टोपी। संस्कृत-पण्डित भगवानदास ने मुश्किल से पगड़ी उतारी और गाँधी टोपी पहनी। इसका बहुत कुछ श्रेय हमारे सहपाठी नारायण केलकर को है। हमारा स्कूल भी अब उठकर हाईस्कूल के स्तर का कर दिया गया था। जल्दी-जल्दी कुछ पढ़ाई की पुस्तकें भी बदल दी गयी थीं। अंग्रेज़ी पर ज़ोर कम और हिन्दी पर ज़ोर अधिक हो गया। मास्टर रुद्रनारायण ने अपना चित्रकला, फोटोग्राफी, पेण्टिंग, क्ले माडलिंग का क्लास खोला। इधर हालभर में चर्खे ही चर्खे नजर आने लगे जिनके तकुए हम लोगों के पैरों में घुसते और हम लोग उनके अंजर-पंजर ढीले करते, रुई खराब करते। सिखाने के लिए एक औरत रखी गयी थी। सिखाना जाने ही क्या, खुद बैठकर दिनभर काता करती।

इन्हीं दिनों एक नेता बनाने का क्लास खुला अर्थात् डिबेटिंग क्लब का उद्‌घाटन हुआ। इसके सभापति का चुनाव हुआ; लड़कों ने [शारदाप्रसाद बी.ए.एल. एल.बी. के मुकाबले ब्रजभूषण लाल] त्रिपाठीजी को चुना। डिबेट हफ्तेवार होता; कुछ लड़के, कुछ मास्टर बोलते। कुछ पेटेण्ट बोलनेवाले थे, बिना तैयारी के खड़े हो जाते और समय पूरा करते रहते जैसे बालकृष्ण शर्मा, राय साहब गोपालदास के लड़के। वह नेता बन भी गये पर वही थर्डरेट, चमके नहीं। कुछ मास्टरों ने बोलने का अभ्यास बढ़ाया जैसे रुद्रनारायण, त्रिपाठीजी, स्वरूपनाथ वगैरह और जो उनके जेलयात्रा के समय भाषण में काम आया। एक मौलवी साहब बहुत अच्छा बोलते थे। उनका ब्रह्मचर्य के ऊपर लेक्चर अभी तक सामने है। सब कुछ कहा पर बग़ैर शिकन के बिना झिझके, विक्टर ह्यूगो की तरह। संस्कृत-पण्डितजी ने तो खड़े होते ही कह दिया कि मौलवी साहब ने तो सब कह ही दिया, अब हम क्या कहें! वह बोल भी न सकते थे। मेरा मन बहुत कुलबुला रहा था बोलने को, पर बोलना—राम का नाम लीजिए। मुझे सबसे अच्छा मास्टर टेंग्शे का बोलना लगता—टु दि प्वाइंट, सूक्ष्म, मतलब की बात।

उन दिनों वहाँ सभाएँ, कान्फ्रेन्सें भी आये दिन हुआ करतीं। एक दफे एक कान्फ्रेन्स में स्वामी सत्यदेव आये थे। असेम्बली में जाया जाय या नहीं, यह समस्या थी। वह मैदान के सामनेवाले कमरे में लेटे थे। सामने ही स्टेज था। हम लोग वालण्टियर थे। मैदान खाली देख हम, सदाशिव, शंकर वगैरह स्टेज पर पहुँचे और लगे बारी-बारी से बोलने, चिल्ला-चिल्लाकर, पिछली रात के लेक्चरों के आधार पर। स्वामी जी ने सुन लिया, देखने का सवाल ही न था। बुलवाये गये। कमरे में जाकर बैठे। वह पलँग पर काला चश्मा लगाये दूसरे दयानन्द पड़े थे। बारी-बारी से आये हुओं से बातें करते। पूछा, आप कौन हैं? मैंने कहा, यहीं वालण्टियर हूँ। फिर तो एक कर्री डाँट पड़ी। 'तुम्हीं वहाँ लेक्चर दे रहे थे! हम लोगों की नकल कर रहे थे।'

मास्टर रुद्रनारायण फुटबाल अच्छी खेलते और उससे अच्छी कबड्डी। कलाई पंजे का भी उन्होंने खूब प्रचार किया जिसे हमने मैकडनल हाईस्कूल तक फैलाया। मेरी, पंजे में तो गादी के पीछे उँगलियों के बीच, खाल मोटी होकर ढट्ठे तक पड़ गये थे। रोज़ ही तो लड़ाना होता था। कलाई भी खूब लड़ाई जाती। एक रोज़ अचानक संस्कृत-पण्डित भगवानदास फँस गये पर मैंने आश्चर्य से देखा कि मास्टर रुद्रनारायण उनका पंजा न मोड़ सके। इसी तरह हमारे एक साथी सूखे-साखे पं. रामसहाय का पंजा भी हम न मोड़ सके। वैसे हम पंजा शायद ही किसी से हारे हों। मास्टर रुद्रनारायण ने उन्हीं दिनों कहीं से एक सेकेण्ड हैण्ड पैरलल बार खरीद लिया था। उस पर खुद कसरत करते और हमको भी सिखाते। उनके यहाँ जानेवालों में हम, सदाशिव और बाद को हाईस्कूल पहुँचने पर भगवानदास माहौर। उन्होंने हमारे नाम भी रख लिये थे, हमको मुग्दर अली, माहौर को अण्डे अली कहते। सदाशिव का त्रिपाठीजी का रखा हुआ नाम मटरू था ही जो मटरूमल कहा जाता था।

हमारे स्कूल के सामने सड़क के उस पार एक कब्रिस्तान है और इसकी बगल में दाहिनी तरफ एक ऊँची टौरिया है जिस पर किसी जीवनशाह नामी फकीर का मज़ार है और इसी से वह जीवनशाह की टौरिया कहलाती है जिस पर अक्सर बैठकें हुआ करती थीं। कब्रिस्तान के ठीक पिछाड़ी एक और टौरिया है जिस पर अगल-बगल दो कमरे बने हुए हैं। छत अब टूट चुकी है पर पक्की दीवालें वर्षा पानी को झेलती हुई अब भी खड़ी हैं। इनका चबूतरा भी काफी मजबूत और ऊँचा है। मास्टर रुद्रनारायण के हृदय पर राणा प्रताप और शिवाजी की गहरी छाप थी। एक दिन छुट्टी के घण्टे में 10-12 लड़कों को लेकर उन पर चढ़ाई करने चले। कब्रिस्तान में काफी झाड़-झंखाड़ और गड्ढे-सड्ढे थे, उसके आगे चढ़ाई जिस पर बुन्देलखण्ड के छोटे रियाँ टाइप के कँटीले पेड़। चोटी के पास पहुँचकर चढ़ाई करीब-करीब सीधी ही थी जिस पर, कँकरीली जमीन होने से, पैर जमते नहीं थे। इधर से उस पर जाने का कोई रास्ता न था, फिर भी मास्टरजी सब लड़कों से आगे दौड़ रहे थे। तिस पर काठ की चप्पलें पहने। उन दिनों लोगों का सादगी की तरफ अधिक झुकाव था। ऊपर की चढ़ाई में भी वह आगे ही थे; हाथों-पैरों का प्रयोग करते हुए वह कुछ ही क्षणों में ऊपर पहुँच गये और लगे वहाँ से अखाड़े के उस्ताद या बूढ़े नट की सी तरकीबें बताने—वह पकड़ो, वह छोड़ो, यहाँ पैर रखो, इधर से नहीं उधर से आओ; वाह, मटरू पढ़ने में तेज़ है और चढ़ाई में भी तेज़। जब हम कुछ लड़के वहाँ पहुँच गये तो उन कमरों की तरफ यह कहते ले चले कि शिवाजी और उनके सिपाही ऐसे ही किलों पर चढ़ा करते थे। आओ इस दीवाल पर चढ़ें। इधर-उधर देख उचककर एक टूटी ईंट पर पंजे की उँगलियाँ जमायीं और दूसरे हाथ से बाट पकड़ी। फिर एक धन्नी के छेद में हाथ डाला और दूसरे हाथ से मुँड़ेर पकड़ ली। तब तक नीचेवाली

ईंट तक पैर का अँगूठा आ गया था। फिर तो सीधी सीढ़ी बनी हुई थी ही। ऊपर बैठकर हँसते हुए दो-एक और लड़कों को प्रयास करते हुए देखने लगे; साँस फूल रही थी, फिर भी सबको प्रोत्साहित करने लगे। हाँ, हाँ चढ़ो, चढ़ो, मुश्किल थोड़े ही है। फलाने, तुम जरा इसको सहारा दो। एक लड़का किसी प्रकार ऊपर पहुँच गया। उन्होंने उसकी खूब तारीफ की। देखा-देखी और लड़के भी प्रयत्न करने लगे। कुछ गिरे भी, एक-आध ईंट भी टूटी, आँखों में चूना भी पड़ा।

इसी कूद-फाँद में स्कूल के घण्टे ने टन से किया। फिर क्या था! वह भगदड़ पड़ी जिसका कहना नहीं। मास्टरजी के साथ लड़के भी दीवाल पर से थोड़ा उतरे और बहुत-सा कूदे। नीचेवाले तब तक ढाल पर धीरे-धीरे उतरने लगे। मास्टरजी भी अपनी चट्टी पहने उतरने लगे। चट्टियाँ ढाल पर सरक रही थीं। पता नहीं, वह अभ्यस्त थे या क्या, वह झट से उन पर उटकुरुआँ बैठ गये और लगे उन पर सरकने। जहाँ सरकना बन्द हो, उठकर दौड़ने लगें और फिर तेज़ ढाल पर उसी तरह दस-बारह कदम सरक लें। हम लोग जब सँभाल-सँभालकर ऊपर ही पैर रख रहे थे, वह नीचे पहुँच गये और लगे चिल्लाने—आओ, जल्दी आओ; घण्टा बज गया है और अपना चल दिये। लड़के भी किसी तरह नीचे पहुँचे और भागे स्कूल की तरफ। स्कूल पहुँचते ही देखा, मास्टर हरनारायण नाक-मुँह फुलाये, भौंहें सिकोड़े खड़े हुए हैं। मास्टर रुद्रनारायण के दाँत तब भी दिख रहे थे। मास्टर हरनारायण ने कहा, 'आपने यह क्या हरकत शुरू की है। किसी लड़के को चोट वगैरह लग जाय? क्लास शुरू हो गये हैं।' मास्टर रुद्रनारायण ने पता नहीं क्या उत्तर दिया, हम लोग अपनी जान क्या बचा झट से अपने-अपने दर्जों में घुस गये।

दो-एक दिन तक वह कार्यक्रम बन्द रहा। एक दिन स्कूल की छुट्टी के बाद वह आगे खड़े हुए मिले। बोले, चलो चलते नहीं उस टौरिया पर। हम लोगों को तो कुछ शगल-ऊधम चाहिए ही था, फौरन तैयार हो गये। 5-7 लड़के उनके साथ हो लिये। अब दीवाल पर चढ़ने के लिए ज़रा सीरियसनेस थी। सभी लड़के कोशिश कर रहे थे। हम उन सबमें काफी मोटे और भारी थे। दो-एक दफे गिरने पर उन्होंने एक लड़के से सहारा देने को कहा। ऊपर की बाट पकड़ में आते ही हम हाथों के बल ऊपर पहुँच गये—एवरेस्ट की चोटी पर! बड़ा मज़ा आया। दूर के दृश्य, ऊँची-नीची जमीन, सभी आँखों के नीचे; सड़क पर चलते हुए आदमी और ताँगे खिलौने से लगते। दूर पर जाती हुई रेल भी एक अजीब घिनौरी [गिजाई] या खिलौना सी लगती। दो-एक लड़के जो नीचे रह गये थे, उनको उन्होंने अपनी टाँग लटकाकर ऊपर घसीट लिया। अब लगा होने दीवाल पर कलाई-पंजे का ज़ोर। पहले तो मैं डरा कि कहीं नीचे को न झोंका खा जाऊँ पर पकड़ और बैठक ने बताया कि यह तो घोड़े की सवारी है। और फिर तो जमीन के बजाय दीवाल पर अच्छा ग्रिप बैठने लगा,

कारण कि पैरों से हाथ के खिंचाव में मदद मिलती। कुछ दिन में मैं दीवाल पर ऐसे चढ़ने लगा जैसे कोई बात ही न हो। उचककर ईंट का सहारा लेकर हाथों के बल ऊपर खिंचते और झट से दाहिना हाथ कँगनी पर फेंकते। पकड़ मिलते ही शरीर को हाथों के बल फिर खींचते। नीचे जहाँ ज़रा पैर के अँगूठे को सहारा मिला नहीं कि ऊपर होते।

मास्टर रुद्रनारायण ने इस विषय में और उन्नति करनी चाही। एक दिन किसी कारण स्कूल में जल्दी छुट्टी हो गयी। वह 10-15 लड़के लेकर ग्वालियर रोड पर चले। सीपरी बाजार से आँतिया ताल होती हुई शहर जाने वाली सड़क को जहाँ यह काटती है, वहाँ चौराहे के सामने एक पहाड़ी है। उस पर धावा बोला। पहले तो वह एक बड़े पत्थर को ढकेलने में जुट पड़े। पत्थर पहाड़ी ढाल पर था। सब लड़कों ने मिलकर ढकेला और जब वह नीचे पत्थरों से टकराता झाड़ी-झंखाड़ रौंदता नीचे को चला तो बड़ा मज़ा आया। उसकी आवाज सुनकर सड़क पर चलने वाले रुक गये और खड़े होकर देखने लगे कि यह क्या हो रहा है। पत्थर ज़मीन से कुछ ऊँचाई पर आकर रुक गया। इस परिश्रम से थके हुए टौरिया के दूसरी तरफ एक चट्टान पर छाया में जाकर बैठे। उसी के पास एक छोटी सी खाई थी, उसके बाद एक 8-10 फुट ऊँची चट्टान। मास्टर रुद्रनारायण को सूझा कि उस पार पर से खाई फाँदते हुए नीचेवाली चट्टान पर कूदा जाय। प्रस्ताव की देर नहीं थी कि वह ऊपरवाली चट्टान पर गये और आज़माकर झम्म से नीचे वाली पर कूद पड़े। इसके बाद उन्होंने लड़कों को प्रोत्साहित किया। लड़के भी अपनी शारीरिक योग्यतानुसार एक के बाद दूसरा कूदे। आखिर में हम बचे। वह भला हमें क्यों छोड़ते। बहुत-सी तरकीबें बतायीं, पंजों के बल कूदना, शरीर का वजन आगे को रखना और उसको हाथों से रोकना। मैं हिम्मत करके कूदा। रास्ते में हवा की वह सनसनाहट लगी कि आज भी याद है। कूदे तो हम ठीक ही पर सब लोग बड़े ज़ोर से हँसे। कुछ तो हमारी हिचकिचाहट के बाद तैयारी के कारण, कुछ मोटे होने से और कूदते समय कुर्ता-धोती फूलने के कारण और ज़्यादा फूला लगने से।

मास्टर छिद्दामल भी साथ गये थे। उन्हें भी उत्साहित किया गया था। वह ऊपर गये और दुबले-पतले होने के कारण कूदने में ज़्यादा परेशानी तो नहीं दिखायी पर कूदे तो पंजों के बल न कूदकर सीधे एड़ियों पर कूदे। शरीर को आगे झुकाया भी नहीं। ऐसा लगा मानो एक खड़ी मूरत को ऊपर से नीचे खड़ा फेंक दिया गया हो। कूदने पर वह आँखें मूँदकर रह गये और एक कदम चलकर बैठ गये। थोड़ी देर में जब [सब लोग] चलने को हुए तो मास्टर छिद्दामल न खड़े हो सके, न चल सके। मास्टर रुद्रनारायण ने उन्हें पीठ पर लादा और सड़क के पास एक कुएँ पर ले गये जिसमें चरस चल रहा था। उन्होंने उनके पैरों को पानी में करीब आधे घण्टे तक

भिगो रखा पर इससे कोई लाभ न हुआ। उनके, एड़ियों में, बड़े ज़ोर का कचका लग गया। मेरी समझ में पानी में पैर रखना एक गलती ही हुई। उनको, एड़ियों को, सेंकना चाहिए था। कम से कम पानी में तो डालना ही न चाहिए था। आराम न मिलने पर उन्हें कन्धों पर, पैर आगे किए हुए, बिठाया और घर तक पहुँचाया। दूसरे दिन देखा गया, एक मास्टर दूसरे मास्टर के कन्धे पर लदा चला आ रहा है। मास्टरों-लड़कों में अच्छी चर्चा रही, रुद्रनारायण पर अच्छी डाँट भी पड़ी पर वह तो चिकने घड़े थे। उनके चेहरे पर मैंने कभी शिकन नहीं देखी। आगे उनका रोज का क्रम हो गया कि वह उनको पीठ-कन्धे पर घर से लाते और ले जाते। मास्टर छिद्दामल एक कमरे में जाकर बैठ जाते, लड़के उनके घण्टे में उन्हीं के कमरे में चले जाते। मास्टरजी ने बहुत-सी दवाइयाँ कीं पर पैर बड़ी मुश्किल में बहुत दिन बाद ठीक हुए। इस घटना से शिवाजी कोर [corps] की ट्रेनिंग में काफी कमी आ गयी। मास्टर रुद्रनारायण की चहल-पहल खेल के मैदान तक सीमित हो गयी।

मास्टर रुद्रनारायण ने हम लोगों को फोटो लेना, डेवेलप करना, प्रिंट करना वगैरह बताया था। क्ले माडलिंग भी सिखाते थे। दर्जे में [पेन्सिल से आदमी का] सर बनाना, उसमें लाइट शेड देना भी बताते थे। घर पर वाटर कलर आइल पेंटिंग भी बताते थे। मुझे सर बनाने में मज़ा आता था। दो-एक चित्र उनके दुरुस्त किये हुए मैंने गाँव में बैठक की कोठरी के दरवाज़े पर ले जाकर लगा दिये थे।

इन दिनों रामबिलास भी स्कूल में भर्ती हो गये थे, तीसरे-चौथे में पढ़ते थे। हम लोग [सदर बाजार में लाला गंगासहाय के घर के पास] बगीचे की बगल में नीमवाले, बड़े आँगनवाले मकान की एक कोठरी में रहते थे। बरामदे में अच्छा बड़ा चौका था। सामने आँगन पार नीम से लगा एक बड़ा कमरा था जिसमें [लाला गंगासहाय के उत्तराधिकारी मुसद्दीलाल के भाई] गणेश भैया रहते थे और पढ़ते थे। उनके साथ टप्पू बाबू (मुसद्दीलाल जूनियर) भी पढ़ते थे। आँगन में एक तखत पड़ा रहता था। गणेश भैया अपना बड़ा लैम्प उस पर रखते और वहीं कुर्सी पर बैठकर पढ़ते। उनको मैथेमैटिक्स पढ़ाने मास्टर लूकस (शीतलाचरण मुकर्जी) आते थे—नाटा कद, एडवर्ड फैशन की दाढ़ी, बंगाली धोती और कोट, बगल में छाता। उर्दू पढ़ाने एक मौलवी साहब आते थे। शरीफ़, अच्छे मिज़ाज के, मैं उनसे आदाबर्ज़ करता और वह तस्लीमात अर्ज़ कहकर जवाब देते। मैं उर्दू का विद्यार्थी रह चुका था, जब वह पढ़ाते तो मैं बड़े ध्यान से सुना करता। मुझे उसमें बड़ा मज़ा आता और ऐसा लगता कि फिर से उर्दू पढ़ना शुरू कर दूँ। हाँ, तो उनकी एक बहुत नीची कुर्सी पर हम बैठते, तखत को टेबिल बनाते और रामबिलास तखत पर। छुटपन में बाबा ने कुछ इनको हमसे ऐण्टी (anti) बना दिया था, कुछ चैतन्य, जिद्दी होने के कारण, कुछ छोटे और प्रोत्साहन के लिए, यह हम से ठीक से न पढ़ते, जैसा कहो वैसा न करते जैसे

आजकल रानी [भैया की बिटिया] बच्चे [अपने बड़े भाई] से व्यवहार करती है। यह मुझे अच्छा न लगता। दूसरे जिस पढ़ाई को हमने इतना कष्ट उठाकर, पिटकुट कर प्राप्त किया था, उसे यह बिना पिटे ही प्राप्त कर रहे थे। अतः मैं इन्तज़ार करता कि अच्छा हो, इन्हें दौआ पढ़ाने बैठ जायें। और कभी-कभी वह बैठ भी जाते और निश्चय ही डाँट-डपट के साथ एकाध चपत पड़ ही जाती। तब मुझे खुशी होती कि हाँ, अब मालूम पड़ा कि पढ़ाई कैसी होती है। ऐसा महीने-पन्द्रह दिन में एक बार होता था। पर इससे कुछ दिन के लिए पढ़ाई ज़रूर ठीक हो जाती। गणेश भैया मुस्कराते रहते, एकाध दफे उन्होंने दबी ज़बान टोका भी, पर दौआ को बदलने को इतना काफी न था। एक दफे लैम्प में आग लग गयी, वह भकभकाया। रामबिलास ने कहना शुरू कर दिया—'ओ माई लार्ड, ओ माई लार्ड'। सब लोग हँसने लगे कि यह इन्होंने कहाँ से सीख लिया।

इस मकान का आँगन काफी लम्बा-चौड़ा था। अक्सर इसमें क्रिकेट होती। कोई टूटा पत्थर विकेट हो जाता और कोई अच्छा चैला डण्डा या पटरा बैट का काम देता। हाँ, बाल बड़े मार्के की होती जिसका बनाना मेरा काम होता। कभी अपनी, कभी दौआ की पुरानी फेल्ट टोपी मिल ही जाती। हम उस टोपी को मीस-मीसकर गोल गेंद बनाते और उसे खूब दाबकर सुतली से चारों ओर फन्दे और गाँठें लगा-लगाकर अच्छी तरह जकड़ देते जो कार्क गेंद का आधा मुकाबला तो कर ही लेती। जमकर हम लोग खेलते। इतवार को अक्सर नल्ले के किनारे [टेनिस की गेंद और रैकेट से] रमंडस होती और शाम को हाकी भी।

हमारी रामबिलास की लड़ाई का श्रीगणेश इसी मकान से शुरू हो गया था। एक दिन दोनों जने लड़े। रामबिलास पिटने पर कहने लगे, हम जाते हैं दौआ से कहने, और घर से बाहर चले गये। थोड़ी देर में लौटे तो फिर लड़ाई जारी हो गयी। इतने में दौआ के आने की आहट मिली। हम दोनों जने जहाँ के तहाँ अपनी खाटों पर चुपचाप बैठ गये। दौआ आये और कहने लगे, 'मेरा बेंत तो लाओ।' अब मेरे काटो तो खून नहीं! सोचा, आज बहुत दिन बाद कस के मरम्मत हुई पर करते क्या! गुस्सा और बढ़ाना ठीक न समझ डरते-डरते बेंत उठाकर उनकी तरफ बढ़ाया। उन्होंने उसे जल्दी से पकड़ा और कोट उठाते हुए बोले, 'मैं कचहरी जा रहा हूँ। मेरा खाने का इन्तजार न करना।' और चल दिये। अब मेरी जान में जान आयी। मैंने रामबिलास से कहा, 'तो तुमने दौआ से कहा नहीं?' यह बोले, 'नहीं।' मैंने कहा, 'तो फिर गये कहाँ थे?' बोले, 'यों ही बाहर जाकर लौट आया था।' अब मुझे और गुस्सा लगा। जाहिर है कि दुबारा लड़ाई इस बात पर हुई कि शिकायत क्यों [न] की और जाहिर करते हो कि शिकायत कर आये हैं।

शायद बारिश के कारण कुछ कपड़े भीग गये थे। दौआ सवेरे दूकान जाते समय

कह गये थे कि इन्हें सूखने डाल देना। उन्हीं दिनों पुताई हुई थी, [पुताई का] सब सामान इसी मकान में रखा था। उसमें एक छोटी सीढ़ी भी थी। मैंने उसे दीवार के सहारे लगाया और खपरैल पर रामबिलास से कपड़े मँगाकर फैलाने लगा। इनका गड़बड़ी करना स्वाभाविक था या इनका काम मुझे ठीक न लगा, मैंने सीढ़ी पर से ही झुककर इन्हें थप्पड़ लगाना चाहा कि इतने में सीढ़ी आँगन में सरक गयी और हम जमीन से एक फुट ऊँची दीवाल की बाट पर एक चूतड़ के बल आ गिरे। काफ़ी चोट लगी। उठना चाहा तो कमर सीधी न हो सकी, झुके ही झुके इनके सहारे खाट पर आ पड़े। दोपहर को दौआ आये तो उन्होंने हल्दी-चूना चढ़ाया। गिरने का हाल पूछा। मेरी रूह फना हो रही थी, कहीं ये यह न कह दें कि मुझे मारने को झुके थे, तभी गिर पड़े। पर ये चुप ही रहे।

उस समय झाँसी में दो घोड़ों की लैण्डो गाड़ी सिर्फ लालाजी के ही पास थी, अक्सर कलक्टर, कमिश्नर के यहाँ माँगे जाया करती थी। उस दिन कोचवान व दोनों सईस अपनी विशेष यूनीफार्म में होते थे। काली लैण्डो, लाल घोड़े, उस पर अब्दुल रहमान कोचवान, पीछे दो सईस, मालूम होता था, कोई राजा आ रहा है। लालाजी अक्सर पालगाड़ी, ठीक पीनसनुमा गाड़ी, में बैठकर या तो म्यूनिसिपैलिटी जाते—वह चेयरमैन थे—या फिर बरफखाने जाते थे। मैं भी कभी-कभी पालगाड़ी में कोचवान के पास बैठता और बरफखाने जाता। मुझे ऐसा लगता, काश यह रास मेरे हाथ में आ जाये तो इन्हें खूब दौड़ाऊँ। बैलगाड़ी हाँकने में तो दिलचस्पी थी ही, यह मेरी साध पूरी न हो सकी। सिनेमा में घोड़ों की सुन्दरता का मज़ा शिवपुरी जैसा तो न आया पर दौड़ें खूब देखीं।

इस मकान में हम लोगों के पास एक-दो खाटोंवाली छोटी कोठरी और उसके सामने बराण्डा ही था। बराण्डे में चौक भी था। अगर कहीं जाना होता तो सब सामान अन्दर रखना पड़ता। इसलिए इसकी बगलवाला छोटा मकान दौआ ने लालाजी से माँग लिया। इसमें काफी जगह थी, नीम का पेड़ भी था।

बीच में कुछ दिन के लिए अम्मा आ गयी थीं। चौबे छोटे थे। हमारी रामबिलास की लड़ाई जारी थी। एक दफे जोरों से हुई। एक ने दूसरे को खूब मारा—थप्पड़ों से ही। खतम होने पर देखा, अम्मा रो रही थीं। उन्होंने न तो बीच-बचाव ही किया और नहीं मना ही। पूछने पर कहने लगीं, 'हमरे समहे तो तुम दूनो यहि तना लड़ति हौ तो पाछे कहि तना लड़ति है हौ।' हम चुप रहे। शायद इसके बाद फिर वैसी लड़ाई नहीं हुई। [अम्मा जिस दिन गाँव गयीं, उस दिन औपचारिक सन्धि हुई कि भविष्य में युद्ध न होगा।]

पता नहीं कहाँ से रामबिलास को एक हाकी का डण्डा मिल गया। फिर क्या था! हाते में और सड़क पर जमकर हाकी होती। इससे हम खाना बनाने को अकेले ही रह जाते। सब सामान जुटाना, मसाला पीसना वगैरह बहुत खलता, फिर बाज़ार

हाट़ ऊपर से। हम ऊबते और रामबिलास को याद करते रहते। कभी बाहर जाकर बुलाते, कभी यह खुद ही आकर कहते, 'क्या बुलाया था?' मैं हाँ करके काम तो बता देता पर आश्चर्य होता कि यह बिना बुलाये कैसे आ गये। मैंने इसकी प्रैक्टिस शुरू की। खूब सोचता–अगर रामबिलास होते तो यह काम करते। और कई दफे वह दौड़ते हुए आते और यही सवाल करते–'क्या बुलाया था?' यह हो चाहे डेली रुटीन का ही प्रभाव पर उन दिनों मैं इसे 'आकर्षणमंतर जप दसभाला, अहिरावण चित डोल पताला' जैसी चीज़ ही मानता था। इससे खेल की तन्मयता में रुकावट से जैसा काम होना चाहिए, वैसा ही होता। रामबिलास दौड़ते हुए आते और एक बात सुनी नहीं कि फौरन भाग गये, दौआ से पैसे लिये और दौड़कर पैसे फेंके, मुँह से सौदा फेंका और जो बाँधकर दे दिया, उसे हमारे पास फेंका और फौरन बाहर। ज़ाहिर है, अक्सर कुछ का कुछ ले आते। बड़ी खीझ होती। फिर बुलाते और यह पुड़िया समेट फिर एक दौड़ लगाते और दो मिनट में दूसरी चीज़ हाजिर।

सातवें दर्जे में जो भीड़भाड़ और जमी हुई पढ़ाई थी, वह आठवें में न रही। लड़के भी एक चौथाई रह गये थे। जो पहले बुनाई का कमरा था, अब बोर्डिंग का काम दे रहा था। उसमें 4-5 लड़के रहते थे। पास ही टट्टरों के बरामदे में वे लोग रोटी बनाते थे। एक दिन पानी बरसने के कारण हम वहीं रुक गये। उन लोगों ने एक कमरे में टेबिलों पर बिस्तर जमाये और फिर **भारत भारती** पढ़कर जातीय आरोप द्वारा एक दूसरे को खूब बनाना आरम्भ किया। हमने तब तक **भारत भारती** नहीं देखी थी। उसके छन्दों और कविता को सुनकर हम उससे बहुत प्रभावित हुए। बाद को हमने उसे किसी से माँगकर पढ़ा तो बड़ा मज़ा आया। इससे पहले हम लोग गुप्तजी का **जयद्रथ वध** दर्जे में पढ़ चुके थे जो हमें ही क्या, बहुतों को बहुत रुचता था। सातवें में **अयोध्याकांड** और **पथिक** पद्य में और **चरित्रगठन** गद्य में पढ़ाई जाती थीं। ये पुस्तकें बहुत रुचिकर और पठनीय थीं। यही समय था जब मुझे कविता से प्रेम हुआ। त्रिपाठीजी अक्सर दर्जे में भी कविता करने लग जाते थे। एक दफे लड़कों ने पूछा, 'पंडितजी, कविता कैसे की जाती है?' वह मेरे पास खड़े थे, मैं उत्सुकता से उनकी तरफ देख रहा था। मुझको स्तब्ध तथा निर्निमेष देख बोले, 'कविता करने में क्या लगता है? **दशा आपकी आज कैसी हुई है।**' फिर मेरे पड़ोसी लड़के की तरफ देखते हुए बोले, '**ऋषीजी से पूछो कि कैसी हुई है।**' लड़के खुश होकर हँसने लगे।

त्रिपाठीजी ने कुछ लड़कों के नाम रख छोड़े थे। मुझे वह लाला भगवानदीन कहते। मुझे बाद में पता लगा, ये लाला भगवानदीन **अलंकार मंजूषा** के रचयिता हैं। शायद छोटा और गोल मुँह होने के कारण [पूरा व्यक्तित्व उस समय गोलमटोल था] सदाशिव राव को मटरू कहते थे। धूर्त तथा मक्कार होने के कारण दत्तात्रय को ऋषीजी कहते थे। यह ऋषीजी पूरे ऋषीजी ही थे। कभी मास्टर कुछ बोर्ड पर

लिखने को कहता तो बोर्ड के पास रखी हुई चाक मुँह में रखकर तब तक इधर देखते जब तक मास्टर यह न पूछता, 'क्या हुआ, लिखा नहीं'। तब दत्तू परेशानी दिखाते हुए कहते, 'मास्साब, चाक तो मिल ही नहीं रही'। लड़के मुस्कराते रहते पर बताता कोई नहीं।

सातवें दर्जे में सिरे पर हमारे पास नारायण विश्वनाथ केलकर बैठता था। मराठी का अच्छा ज्ञान था। पुस्तकों पर कव्हर उन अखबारों के चढ़ाता था जिनमें तिलक, ऐन.सी. केलकर वगैरह के अच्छे लेख होते थे और वह भी इस ढंग से कि उन्हें जब चाहे तब पढ़ ले। दक्षिणी जूते, दक्षिणी धोती, बन्द गले का खाकी कोट, घुटा सर, नीची बाट की आगे पीछे खींचकर लगाई हुई गाँधी टोपी, बात जमकर करता था। उसे गर्व था कि उराने तिलक को माला पहनाई थी। पं. भगवानदास जैसे पहले पगड़ी पहनकर आते थे, वैसे ही राष्ट्रीय पाठशाला हो जाने पर भी आते रहे। केलकर ने धीरे-धीरे बात बढ़ाई—'पं. जी, खद्दर क्यों नहीं पहनते, गाँधी टोपी क्यों नहीं लगाते?' दर्जे के लड़कों को सहमत किया। पंडितजी ने दो एक दफे तो डाँट दिया पर दर्जे की गर्मी देख अकड़े नहीं। कुछ बहसें हुईं और मामला मास्टर हरनारायण तक पहुँचा। उन्होंने आश्वासन दिया। एक दिन पंडितजी गाँधी टोपी और खद्दर के कुर्ते में आये। लड़के खुश थे पर पंडितजी उदास थे। दो एक दिन में जब मूड में आये तो कहने लगे, 'यह सब केलकर की कारस्तानी है।'

उस स्कूल में [गणेश नाम का] जो नौकर घंटा बजाता था, अपने ढंग का निराला था। बहुत छोटा कद, कुछ हड्डियों का ढाँचा, बुढ़ापे के धँसे गाल, नीचे छोटी बकरे की सफेद दाढ़ी, सर पर हल्का रंगीन मटमैला साफ़ा, चाल में चैतन्य। घुटनों तक दुलंगी धोती, पीछे से देखो, तो मालूम हो, कोई देहाती लड़का चला आ रहा है। क्लास में नोटिस लाता तो मास्टर को किताब देकर अदब सी अलग खड़ा हो जाता। सबसे बढ़िया काम उसका घंटा बजाना था। घंटे में एक मुँगरी मारकर ऐसे खड़ा हो जाता मानो शून्य में अनहद नाद सुन रहा हो। जब तक ज़रा से भी झनकार हवा में रहती, वह बुत सा बना खड़ा रहता। घंटा बजाने में शायद इतनी देर किसी भी स्कूल में न लगती होगी।

आठवें दर्जे में केवल 10-15 लड़के रह गये। बहुत से लड़के या तो मैकडनल हाई स्कूल चले गये या फिर गवर्नमेंट [इण्टर] कालेज। पढ़ाई किन्हीं अर्थों में बहुत खराब नहीं थी पर समस्या यह थी कि इस स्कूल के पास लड़के करेंगे क्या? कोई गवर्नमेंट नौकरी तो मिलने से रही। इसके गवर्नमेंट रिकगनीशन का सवाल ही न था। यह तो ऐंटी गवर्नमेंट था ही। स्कूल के अधिकारियों ने प्रयत्न करके इसे अलीगढ़ युनिवर्सिटी से सम्बन्धित करा लिया था पर था यह ऊँट-बैल का जोड़ा। हमारे यहाँ हिन्दी पर अधिक ज़ोर था, उनके यहाँ उर्दू पर। हमारे यहाँ हाईस्कूल की

परीक्षा हुई जिसमें हिन्दी और संस्कृत के पर्चे भी उर्दू में आये। मौलवी साहब उन्हें ऊटपटाँग पढ़ते थे और पंडितजी उन्हें शुद्ध करके हिन्दी संस्कृत में लिखते। त्रिपाठीजी परीक्षाकक्ष से यह कहते हुए निकले, 'यह तो बड़ी विचित्र बात है। संस्कृत तो उर्दू में ठीक लिखी ही नहीं जा सकती।'

हमारे यहाँ सारी पढ़ाई हिन्दी में होती थी। इससे अंग्रेज़ी जानने की मेहनत से तो बचत हो ही जाती, समझने में भी बड़ी सुविधा होती। टेकनीकल टर्म अंग्रेज़ी वाले ही चलते थे या थोड़ा बहुत मिलेजुले, जैसे ज्योमेट्री में कोण-ऐंगल दोनों ही चालू थे। इससे मुझे इतिहास में विशेष रुचि हो गयी और मैंने कोर्स के अतिरिक्त **मराठों का उत्कर्ष** पुस्तक भी पढ़ी। स्कूल में त्रिपाठीजी के कारण हिन्दी, मास्टर छिद्दामल के कारण अंग्रेज़ी, और टेंग्शे मास्टर के कारण गणित और रेखागणित अच्छे चल रहे थे। बाकी सब विषय ढीले या नहीं के बराबर थे। एक घण्टा धर्मशास्त्र भी होता था जिसमें गप्प सड़ाका ही अधिक होता। त्रिपाठीजी ने **रामायण** से कुछ स्तुतियाँ याद करा दी थीं, जैसे **प्रसन्नतां यो न गतोऽभिषेकतस्तथा न मम्लौ वनवास दुःखतः**, जो सब लड़के एक साथ कहते थे। संस्कृत की पढ़ाई तो कभी जमी ही नहीं। एक दफे अलीगढ़ से एक मुसलमान इन्स्पेक्टर निरीक्षण के लिए आये, शायद हसरत मोहानी थे। संयोगवश संस्कृत के घण्टे में आ गये। हम सिरे पर थे। बोले, पढ़ो। मुझे लगा, यह क्या संस्कृत समझेंगे पर हेडमास्टर चण्डीप्रसाद 'हृदयेश' थे। पढ़ना शुरू किया। उसमें कहीं **विद्** शब्द आया। उन्होंने पूछा, **विद्** माने? मुझे पूरे वाक्य का अर्थ तो मालूम था पर **विद्** के माने नहीं। चण्डीप्रसाद मुस्कराये और बोले, माने बोलो ना। मैंने वाक्य का अर्थ कह दिया पर इन्स्पेक्टर ने कहा, **विद्** के माने क्या हैं? मैं चुप। चण्डीप्रसाद मुस्कराते हुए बोले, **विद्** माने जानना। तब मुझे होश आया कि अरे **विद्वान्** भी तो इसी से बना होगा।

इन इन्स्पेक्टर का मुकाबला बुनाई के कमरे में फिर हुआ। गाँव में मैंने सनई कातना सीखा, पाखरी और खेस बिनते देखे, ससुराल में पंखे, नारे बिनना सीखा हालाँकि सास हँसती थी, अंट शंट भी कहती थी। हम अच्छा सूत कातते थे, बुनाई में भी रुचि थी, उसकी बारीकियों को समझते थे। कपड़ा, निवाड़ वगैरह सभी अच्छा बिनते थे। बुनाई-मास्टर गया प्रसाद हमें बुला ले गये थे। मैंने जाकर जो जल्दी में हाथ मारा तो शटल काक (जिसमें बाने का डोरा भरा रहता है) पता नहीं कैसे बाहर निकलकर झटके के कारण दूर जाकर गिरा। बच गये हेडमास्टर और इन्स्पेक्टर वर्ना उसकी पैनी नोक किसी के पैर में खून तो बहा ही देती थी मैंने उसे उठाकर फिर सेट किया और दो-चार हाथ मारे पर नर्वसनेस तो आ ही गयी थी। राग जमा नहीं। हाथ की सफ़ाई, फ्लो खो गया। वे लोग कुछ भुनभुनाये और चले गये।

ठीक समय याद नहीं, यह बात आठवें के शुरू की या सातवें के अन्त की है।

त्रिपाठीजी ने हिन्दी साहित्य सम्मेलन की परीक्षा देने का सुझाव दिया और प्रोत्साहित भी किया। उन्हीं के बताने पर कुछ हिन्दी की किताबें भी ले आये और उनके घर पढ़ने जाने लगे। घर जानेवालों में हम थे और सदाशिव राव और उसका बड़ा भाई रघुनाथ राव मलकापुरकर। दो-तीन घण्टे में काफी हिन्दी पढ़ा देते थे। शाम को उन्हीं के साथ घूमने चल देते और रास्ते में वह अलंकार छन्द वगैरह पूछते और बताते चलते। कुछ दिन बाद उन्होंने यहाँ का बिगड़ा राग देख कानपुर में अपना अड्डा ठीक कर लिया। जब जाने लगे, तब बताया। हम लोगों ने कहा, अधबिच में हमारा क्या होगा? उन्होंने कुछ तो बेरुखी दिखाई, कुछ हिम्मत भी बँधाई। बोले, 'परेशान होने की क्या बात है? हमने भी तो खुद ही पढ़कर ये सब इम्तहान दिये थे। हिन्दी काफी पढ़ ही गये हो। हिस्ट्री-ज्योग्राफी वगैरह तुम लोग खुद पढ़ ही सकते हो।' यह बरफखाने के सामने खंडेराव गेटवाली सड़क की बात है।

फीस जा ही चुकी थी। सेंटर हमारा स्कूल ही था। परीक्षा के दिन हाल में पहुँचे तो 15-16 लड़के दिखाई दिये। पर्चे में ऊपर सेटर्स के नाम उपाधियों सहित दिये हुए थे जैसे राय साहब कस्तूरमल बांठिया, रायबहादुर गौरीशंकर हीगचन्द ओझा इत्यादि। हिन्दी के पर्चे तो बुरे नहीं रहे, कुछ न कुछ तो याद आता ही था पर इतिहास-भूगोल में तो राम से काम पड़ा, बड़े बारीक और पेचीदा सवाल थे। सारी शक्ति लगाकर हर प्रश्न का उत्तर कुछ न कुछ लिख ही दिया। बहुत दिन बाद दौआ ने सर्टिफिकेट लाकर दिया कि हम द्वितीय श्रेणी में पास हो गये।

यह पहले ही निश्चित हो गया था कि अगले साल सरस्वती पाठशाला में न पढ़ाया जाएगा। छुट्टियों के बाद मैकडनल हाई स्कूल में भर्ती होने जब हेडमास्टर विपिन बिहारी बनर्जी के कमरे में गये तो उन्होंने एक अच्छा लेक्चर ही दे डाला : 'वहाँ का कुछ मास्टर तो अच्छा था। पढ़ाई भी बुरी नहीं। पर नैशनल, नैशनल, उसको नैशनल स्कूल कर डाला। सब पढ़ाई तो खतम हो गया। वहाँ का अच्छा मास्टर लोग हमारे यहाँ आ गया। (तब के हेडमास्टर शशिभूषण चटर्जी ने वहीं नौकरी कर ली थी।) अब धीरे-धीरे सब लड़का भी चला गया। अब नैशनल टूट जायगा।' यह कहते हुए उनकी भाव-भंगिमा किसी भी समय के किसी ऐक्टर से बढ़ कर ही थी। उन्होंने आवाज़ दी—फोनी [फणिभूषण राय]। सफेद बंगाली धोती, सफेद खुले कालर का कोट, गले में सफेद पीछे को फेंका हुआ दुपट्टा, साँवले चेहरे पर लड़कों को डरानेवाली आँखें, ऊँचा माथा, छोटी काली मूँछोंवाले फोनी बाबू हाथ में रजिस्टर लिये कमरे में दाखिल हुए। तै हुआ कि टेस्ट लिया जायगा। बगल के कमरे में फोनी मास्टर ने कुछ सवाल, कुछ ट्रान्सलेशन बोला जो बहुत कठिन नहीं था। हमने जैसा बना, वैसा किया। उन्होंने हेडमास्टर से कहा और हमारा नाम नवें दर्जे में ए सेक्शन में लिख लिया गया।

जब हम नवें-दसवें में थे, तब भी हमारा आना-जाना मास्टर रुद्रनारायण के यहाँ जारी रहा और हमारे ही द्वारा भगवानदास [माहौर] भी वहाँ आने-जाने लगा। उनके यहाँ अब जाने का कारण कलाई-पंजा-कसरत के अलावा एक किताबों का ज़खीरा भी था जिनको हम अक्सर लाकर घर पर पढ़ा करते थे। एक दिन जब हम गये तो वहाँ एक नौजवान बैठे मिले, खद्दर का कुर्ता, गाँधी टोपी और देशी ढंग की धोती। मैंने पूछा, 'मास्टर रुद्रनारायण नहीं हैं क्या?' मालूम हुआ, कहीं गये हैं। अच्छा नहीं लगा। हम दो मिनट बैठ गये। वह महाशय उठकर एक तस्वीर देखने लगे, एक मिनट बाद बैठ गये। मैंने कहा, आयें तो कह दीजियेगा, भगवानदीन आया था और मैं चल दिया। दो-एक दिन जब वह मुझे घर पर मिले तो मैं अकेला ही था। कलाई पकड़ते-पकड़ते कहने लगे, 'अब तुम जानते हो, स्वराज ऐसे तो मिलने से रहा। कुछ काम करोगे?' मैंने पूछा, 'कैसा काम?' बोले, 'जब तक अंग्रेज़ों को मारा नहीं जायगा, ये यहाँ से जा नहीं सकते। हिन्दुस्तान में एक पार्टी काम कर रही है जो बम वगैरह बनाती है और मिलिटरी या बाहर से हथियार वगैरह भी मँगाती है। तैयारी हो जाने पर वह अंग्रेज़ों को मार भगायेगी।' हालाँकि मैंने उनसे कहा नहीं, फिर भी मेरे सामने सदर का मिलिटरी एरिया, उसकी पलटनें, तोपें और हुर्रे की (पहली जनवरी की) परेड और उसकी महान् शक्ति घूम गयी। मेरी समझ में न आया कि यह लुक-छिपवाली तैयारी कैसे उनको भगाने में समर्थ हो जायेगी। जबकि सन् 57 का गदर फेल हो गया। फिर भी मैंने कहा, 'देखा जायेगा। क्या अभी कुछ करना है?' बोले, 'नहीं, अभी तो उनके एक आदमी आये हैं, उनसे तुम्हारी मुलाकात करायेंगे।' मैंने कहा, 'ठीक है', और कलाई पर ज़ोर होने लगा।

दूसरे मौके पर वही नौजवान महाशय मिले और मास्टर रुद्रनारायण ने हमें उनसे परिचित कराया। उन्होंने अपना घर हमें राई के ताजिये में बता दिया। हम नियत समय पर उनसे मिलने गये। ऊपर जाकर देखा तो वह महाशय स्टोव पर खिलौनों जैसी भगोनियों में दाल-चावल बनाते मिले। अपना परिचय दिया, 'हमारा नाम तो और है पर हम यहाँ शचीन्द्रनाथ बख्शी के नाम से पुकारे जाते हैं। तुमने कुछ लिटरेचर पढ़ा है?' हमारे नाहीं करने पर उन्होंने हमें दो-एक किताबें पढ़ने के लिए दीं और कुछ क्रान्तिकारियों के कारनामे बताते रहे। हमें यह भी बताया कि तुम अपने साथियों से इस विषय में बातचीत कर सकते हो; जो ऐसे विचारों के हों या उनसे हमदर्दी रखते हों, हम उनसे मिल सकते हैं। वह किस तरह मिलेंगे, उन्होंने वह तरीका भी बताया। हम उनके यहाँ अक्सर किताबें लेने-देने आया-जाया करते थे पर हमें उनके यहाँ कभी कोई दूसरा आदमी नहीं मिला। हाँ, कभी-कभी ताला जरूर लगा मिला। इस सिलसिले में हमने उनसे अपने दोस्त जीवनलाल को मिलाया था।

बख्शी के यहाँ भगवानदास, सदाशिव या जीवनलाल या और लोग कब जाते थे,

कब मिलते थे, पता नहीं। उनका कुछ विधान ही ऐसा था कि एक-दूसरे को जानें नहीं, यह मुझे पहले ही बता दिया गया था। इसलिए मैंने इसको जानने की कोशिश भी नहीं की। कुछ दिन बाद दो-तीन दफे जाने पर देखा कि उनके यहाँ हमेशा ताला ही लगा मिलता है। इधर-उधर पूछा तो पता लगा कि आजकल हैं नहीं। हम जीवननाल के यहाँ आते-जाते रहते। उसने हमें बताया कि आजकल मास्टर रुद्रनारायण के यहाँ न जाना, उनके यहाँ सर्च वगैरह हुई है। हम उधर से उत्सुकतावश निकले तो पर वहाँ सन्नाटा था। उनके मकान के किवाड़े बन्द थे। हमने आवाज देने की कोशिश नहीं की। इसके कुछ दिन बाद हमको जीवनलाल के मकान के पास गली में बख्शीजी मिल गये—काला कुर्ता, काली टोपी। हमने नमस्कार किया। नमस्कार का उत्तर देते हुए मुस्कराये; बोले, 'आजकल हम ऐब्सकांड कर रहे हैं। किसी शिष्टाचार की जरूरत नहीं है। अगर कभी कहीं सड़क पर हम दिख भी जायें तो नमस्कार वगैरह न करना। ऐसे चले जाना जैसे जानते ही नहीं। जब हमें मिलना होगा, हम जीवनलाल के जरिये बुलवा लेंगे।' उसके बाद वह हमें दिखायी नहीं पड़े।

एक दिन जीवनलाल ने बताया, 'आज हम काकोरी केसवालों को रेल पर बिठाने गये थे। वे लोग छिपे-छिपे फिर रहे हैं। सी.आई.डी. उनके पीछे लगी है।' जीवनलाल हमारा सरस्वती पाठशाला का साथी था। उन दिनों इससे अधिक घनिष्ठता न थी पर इधर ज्यादा हो गयी थी। इसी के पिता रामनाथ (चित्रकोटी) के साथ हमें दफ्तर में काम करना पड़ा। जब हम सन् 42 में लखनऊ आ गये, तब एक दिन संयोग से किसी के साथ डॉ. के.सी. त्रिवेदी [होमियोपैथ] के अमीनाबाद वाले दवाखाने में चले गये। हम बेंच पर बैठे थे कि मुझे शक हुआ, दूसरी बेंच पर यह बख्शी महाशय तो नहीं बैठे हैं। मैं सोचता रहा कि यह बोलें तो निश्चय हो, कारण कि उनका ऊपर का एक दाँत टूटा हुआ था। वह बोले और मुझे अधिक विश्वास हुआ। मैं सरककर इनके पास पहुँचा और पूछा, 'क्षमा कीजियेगा, आप मि. बख्शी तो नहीं हैं।' फौरन उत्तर मिला, 'अरे भगवानदीन, तुम यहाँ कहाँ?' मैं अठारह वर्ष बाद उनके द्वारा अपने को इस तरह सम्बोधित होते देख दंग रह गया। फिर तो बड़ी बातें हुईं। हीवेट रोड तक बातें करते चले आये। बोले, 'वह सब बातें ख़त्म हो गयीं। आजकल तो पार्टीबाजी है। त्याग और तपस्या क़ा कोई मूल्य नहीं। मैं तो कांग्रेस के अधिवेशनों में भी नहीं जाता। जाओ तो लोग नाना प्रकार के सवाल करते हैं। मैंने यहीं एक नर्स से शादी कर ली है। दो बच्चे हैं।' मैं सुनता रहा। मैंने जान-बूझकर उनके कार्य और आदर्शों पर कोई बात नहीं की। वह स्वयं सन्तुष्ट न मालूम हो रहे थे।

इसके काफी दिन बाद अचानक एक दिन स्टेशन पर मिल गये। तब अवस्थी [रामशंकर] सर्विस में आ गये थे। मैंने अवस्थी को उनसे मिलाया और गाड़ी चलने तक बातें होती रहीं। एक दफे जब हम एक शादी में रामनगर गये थे तो नाव से

गंगा पार करके अपने एक दोस्त आशुतोष बनर्जी से मिलने बनारस गये। संयोग से जिस मकान में बनर्जी रहता था, उसी में बख्शीजी के पिता भी रहते थे। हम लोगों को वह जीना चढ़ते ही खड़े मिल गये। बनर्जी ने उनको बँगला में बताया कि हम गोपाल (उनका असली या घर का नाम) के साथ झाँसी में रहे थे। उनके पिता का हुलिया ठीक शचीन्द्रनाथ जैसा ही था। केवल अवस्था का भेद। उनको प्रसन्नता तो हुई पर खिन्नता भी। उन दिनों बख्शी जेल में थे—आजन्म कारावास, मरे के बराबर।

अभी हाल [1962] की बात है। मैं उस दिन अमीरुद्दौला लायब्रेरी से लौट रहा था कि वह कैसरबाग के चौराहे पर एक सज्जन से बातें करते मिल गये। मैं पहुँचा ही था कि वह सज्जन चल दिये पर बख्शी ने उन्हें लौटाकर परिचय कराया। वह महाशय झाँसी के लक्ष्मीकान्त शुक्ल बताये गये। वह वैशंपायन वगैरह के टच में अधिक रहे थे। आजकल फिल्म डिस्ट्रीब्यूटर हैं। सिल्क का सूट पहने; बख्शी ने बताया, इन्होंने अब बनारस में मकान बनवा लिया है। पता भी दिया। वह इन दिनों किसी प्राइवेट ग्रुप ऑफ इण्डस्ट्रीज में काम कर रहे हैं।

[8 जुलाई 1982 को हैदराबाद से लौटते हुए भैया झाँसी स्टेशन पर उतरे। लखनऊवाली गाड़ी के चलने में देर थी; वह जीवनशाह की टौरिया और सरस्वती पाठशाला के सामने से निकलते हुए सवेरे-सवेरे अपने पुराने मित्र और सहपाठी सदाशिवराव के यहाँ जा पहुँचे।]

अब सभी जगह की दुनिया बदल गयी है तो झाँसी की भी बदली। बरफखाने के सामने ऊँचे-नीचे मैदान में एक बड़ा पार्क और अन्दर घोड़े पर सवार रानी की स्टैच्यू, धातु की। मैं चलता गया। खण्डेरावगेट अब फूटा दरवाजा हो गया है। खूब चौड़ी सड़क। पूछते-पूछते सदाशिव के घर पहुँचा। एक अधेड़ महाराष्ट्रियन स्त्री ने अन्दर आने का, निस्संकोच बिना कुछ पूछे, इशारा किया। मैं आश्चर्य में घुसा। बरोठा, आँगन। पानी का लोटा लिये, सफेद बाल, बिना दाँत का मुँह, महाफटी मैली बनियान, सदाशिव निकले। "अरे तुम!!!" मैंने हाल बताया कि कैसे मैं।

मैंने कहा, कुल्ला वगैरह कर लो, फिर बात करें पर उसे कहाँ चैन। तेज़ी से बात तो वह बचपन में भी करता था। अब वह दन्तहीन, मैं बहरा। "अच्छा चाय बनायें।" "कैसे बनाओगे? झंझट न करो।" "नहीं स्टोव है। जल्दी बन जायेगी।" आँगन से लगी एक लम्बी कोठरी, कोने की तरफ जूठे बरतन, वहीं स्टोव, पास ही अखबार-किताबों का ढेर, दरवाजे के पास मजबूत चारपाई और स्टूल पर नया टेबिल फैन, दीवाल पर ट्यूब लाइट; लगा निरालाजी के घर में आ गये। बातों में समय तेजी से निकल गया। पहले अपने लिये बिना शकर की, फिर शकर डालकर टूटी चलनी के किनारे से छानी। दौड़कर बिस्कुट का पैकेट लाये। मैंने दो बिस्कुट खाये, चाय पी। बोले, "डायबिटीज़ है, मैं शकर नहीं डालता। तुम तो खाते हो?" मैंने कहा,

"खूब, सूखी फाँकता रहता हूँ।" मैंने उस स्त्री से पूछा, हममें अधिक बूढ़ा कौन लगता है, तो उसने सदाशिव की तरफ इशारा किया, शायद मुझे बुरा न लगे, इसलिए। पर मैं जानता हूँ, सदाशिव मुझ से चैतन्य और मजबूत है।

सदाशिव के साथ दो घण्टे रहे। अधिक बातें उसी ने कीं। हम लोग साथ-साथ लल्लू [भाई के मित्र गोवर्धन प्रसाद के पुत्र डॉ. रामकिशोर अग्रवाल, बिपिन बिहारी कालेज में अध्यापक] के घर झोंकनबाग गये। सूक्ष्म में बातों का सार यह है। मास्टर रुद्रनारायण के बाबा झाँसी कांग्रेस कमेटी में काम करते थे जिनको मैंने कभी नहीं देखा। हाँ, बाप को एक-दो बार देखा था। श्रीमती रुद्रनारायण को मैंने देखा था पर सदाशिव उनके साथ उठा-बैठा, हा-हा-हू-हू भी की है। वह चाहता है मास्टर रुद्रनारायण की लाइफ लिखी जाय। सदाशिव ब्रिटिश राज की उस नेवी की क्रान्ति के बारे में भी कुछ लिखना चाहता है। जनरल करिअप्पा ने शहर की तरफ गिरा बुर्ज बनवा दिया है। सदाशिव को फ़ख्र है कि घाना के उन्क्रूमा रानी की स्टैच्यू के सामने टोपी उतारकर खड़े रहे जिसका उद्घाटन पं. नेहरू ने किया था। किले के ऊपर जानेवाली सड़क समतल की जा रही है। जीवनशाह के सामने वाली टौरिया की दीवालें, जिन पर हम लोग चढ़ा करते थे, बदस्तूर हैं। पास ही पत्थर तोड़े जाने से एक छोटा-सा ताल बन गया है। लल्लू ने बौटनी में पीएच.डी. कर लिया है। हेड है। हाँ, मास्टर छिद्दामल अभी जीवित हैं। गोवर्धन के कैटेरेक्ट हो रहा है। घर के सामने ही टहल लेते हैं। हम ठीक 8 बजे टेम्पो से स्टेशन पहुँच गये। रास्ते में वह गर्मी कि हालत खराब।

सवेरे बराबर घूमने जा रहे हैं पर बड़ी थकावट। कमज़ोरी लगती है। कूल्हों का दर्द [हैदराबाद के] बंजारा हिल्स की याद दिलाया करता है। कहाँ वह सुन्दर हवा और कहाँ यह उमस, ट्रकों का धुआँ। तौबा तौबा।

सदाशिव झींख रहा था, अब तो दुनिया बदल गयी है। लोग फर्ज़ी सर्टिफिकेट देकर पेंशन ले रहे हैं। मुझे [सदाशिव को] 300) + 100) मिलते हैं। जान की बाज़ी लगाने पर। माहौर [डॉ. भगवानदास माहौर] ने राजनीति छोड़ दी थी। पैसा भी मिला, पेन्शन भी। अभी यमू ताई (यमुना ताई) [श्रीमती माहौर] को मिल रहा है। ठीक है।

(मुंशी के नाम पत्र : 18-7-82)

अवस्थी (रामशंकर शर्मा)

दौआ

गाँव से पहली बार झाँसी आया था। घर पर दौआ थे। मुंशी भैया भी यहीं थे। अम्मा गाँव में ही थीं। दौआ ही खाना बनाते थे, साथ-साथ हमको पढ़ाते भी जाते थे। अक्सर

शाम को जब दौआ दूकान से आते थे, तो हम में से एक भाई छुप जाता था, दूसरा दरवाज़ा खोल आता था। दौआ आकर अनुपस्थित भाई को ढूँढ़ते थे और उन्हें ढूँढ़ने में जितनी देर लगती थी, हम लोगों को उतना ही आनन्द आता था।

रोज़ छुपने के नये ठिकाने निकाले जाते थे, पर घर बहुत बड़ा न था, इसलिए नये स्थान निकालना कठिन हो गया था। घर के एक कमरे में लोहे का एक बड़ा बक्स रखा था जिसमें सर्दी में काम आने वाले लिहाफ, कम्बल आदि रखे रहते थे। हम लोगों को एक आइडिया आया कि क्यों न इस बक्स के कपड़े आदि निकालकर इसमें छुपा जाये। दौआ कभी सोच भी न सकेंगे कि कोई इसमें छुपा होगा। फिर क्या था, दूसरे दिन दौआ के आने के समय के कुछ पहले कपड़े आदि निकालकर छुपने की जगह बना ली गयी। जैसे ही इधर दौआ ने दरवाज़ा खटखटाकर अपने आने की सूचना दी, वैसे ही इधर मुंशीजी बक्से के अन्दर उतरे और ऊपर से ढक्कन बन्द कर लिया।

मैंने जाकर दरवाज़ा खोला। रोज़ की तरह दौआ ने अनुपस्थित भाई को ढूँढ़ना शुरू किया। जैसे-जैसे देर हो रही थी, वैसे-वैसे मुझे प्रसन्नता हो रही थी कि दौआ आज हार मानेंगे (पता नहीं बक्से के अन्दर मुंशीजी का क्या हाल था)। थोड़ी देर में दौआ ने कहा, भाई मिल नहीं रहा। हमने खुश होकर कहा, 'थोड़ा और ढूँढ़िये। इसी मकान में है।' दौआ ने दो-एक बार और प्रयास किया पर असफल रहे। परेशान होकर डाँटकर कहा—'बता न कहाँ है।' जैसे ही मैं बक्से की ओर बढ़ा, वे दौड़ पड़े और जल्दी से बक्सा खोलकर मुंशीजी को हाथ पकड़ कर बाहर निकाला।

मुंशीजी पसीना-पसीना हो रहे थे। पर चेहरे पर विजय की प्रसन्नता थी। लेकिन जैसे ही हम दोनों ने दौआ का चेहरा देखा, उनकी लाल-लाल आँखें देखकर सारी प्रसन्नता काफूर हो गयी। फिर तो जो डाँट पड़ी तो पड़ी, आगे से छुपा-छुपी का खेल भी बन्द हो गया।

दूसरे दिन समझाया कि ऐसा नहीं करना चाहिए था। ज्यादा देर बिना ताजी हवा के, बक्से में बन्द रहने से आदमी की जान भी जा सकती है, यह उसी दिन समझ में आया था।

उन दिनों मैं लखनऊ में पढ़ता था। गर्मी की छुट्टियों में दौआ, अम्मा के पास झाँसी जाया करता था। नरेश झाँसी में ही पढ़ते थे।

एक बार गर्मी में हम झाँसी में थे। खाना खाने के बाद दौआ दूकान चले जाते थे और अम्मा कीर्तन-भजन में चली जाती थीं। ये लोग शाम को पाँच बजे के बाद ही घर वापस आते थे।

सदर से, जहाँ हम रहते थे, कुछ दूरी पर एक श्रीराम सेठ का बगीचा था। वहाँ उन्होंने एक बड़ा हौज बनवा रखा था जिसमें कुएँ से पानी भर दिया जाता था और

यह एक छोटा स्विमिंग पूल बन जाता था।

मैंने नया-नया तैरना सीखा था। सोचा, क्यों न नरेश को भी सिखा दिया जाये। योजना बनी कि दोपहर तीन बजे से पाँच बजे तक दौआ-अम्मा घर में नहीं रहते; हम लोग घर में ताला लगाकर इस समय स्विमिंग करने जाया करें और इन लोगों के वापस आने से पहले ही घर वापस आ जायें।

फिर क्या था! दोनों भाई तैरने जाने लगे। समय के पाबन्द, घर दौआ-अम्मा के आने से पहले ही आ जाते थे। दौआ से डर लगता था, इसलिए उन्हें तो नहीं पर अम्मा को अपना प्रोग्राम बता दिया था ताकि वह कीर्तन आदि से पाँच बजे के बाद ही वापस आयें, अन्यथा दरवाजे पर ताला लगा मिलेगा।

यह प्रोग्राम बिना बाधा के चलता रहा। लेकिन एक दिन हम लोग हाथों में गीले कपड़े लिये घर आ रहे थे और गली से निकल कुएँवाले मैदान में आये ही थे कि पैर सहसा रुक गये। देखा घर के चबूतरे पर दौआ टहल रहे हैं क्योंकि दरवाजे पर ताला पड़ा था। चाभी हम लोगों के पास थी। हम लोग एक-दूसरे का मुँह देख रहे थे पर आगे बढ़ने की हिम्मत किसी की नहीं हो रही थी। गली के मोड़ पर खड़े थे कि शायद दौआ वापस दूकान चले जायें, पर उनके वहाँ से जाने के बजाय उनके टहलने की रफ्तार बढ़ती जा रही थी, जिससे उनके रोष का अन्दाज़ा लग रहा था।

प्रायः आधे घण्टे के बाद वह थककर वहाँ से वापस चले गये और हम लोग धड़कते दिल के साथ ताला खोलकर घर में प्रविष्ट हुए। कोई किसी से कुछ कह नहीं रहा था। बड़े होने के नाते मुझे डर ज्यादा लग रहा था। थोड़ी देर बाद अम्मा आयीं तो पता लगा कि कोई ज़रूरी कागज़ चाहिए था, इसलिए दौआ आये थे। घर में ताला लगा देखकर अम्मा से चाभी को पुछवाया था पर अम्मा ने कह दिया था कि चाभी हम लोगों के पास है, यहीं कहीं गये होंगे, आ जायेंगे। यह दूसरी बार दौआ आकर हम लोगों का इन्तजार कर रहे थे।

शाम को दौआ जब घर आये तो पूछा कि कहाँ गये थे। डरते-डरते बताया कि श्रीराम के टैंक में तैरने गये थे। लग रहा था कि अब कसकर डाँट पड़ेगी, शायद एक आध थप्पड़ भी पड़ जाये। आँख उठाने की हिम्मत नहीं हो रही थी। डरते-डरते जल्दी से दौआ के चेहरे पर एक निगाह डाली। आँखें लाल नहीं थीं। कुछ जान में जान आयी, शायद डाँट से छुटकारा मिल जायेगा।

थोड़ी देर में उन्होंने पूछा, "तैरना आता है?" डरते-डरते हमने कहा—"अभी हाल ही में सीखा है, नरेश को सिखाने को ले गया था।" फिर सवाल हुआ, "कितने बजे जाते हो?" मैंने कहा—"तीन बजे।" आवाज आयी—"कल से मैं चलूँगा और तुम लोगों को तैरना सिखाऊँगा।" हम दोनों भाइयों ने कनखियों से एक-दूसरे को देखा; दोनों के चेहरे पर प्रसन्नता थी।

उस बार जब तक झाँसी रहा, दौआ हम दोनों को रोज़ तैरना सिखाने ले जाते थे। उन्होंने जो तैरने के गुर सिखाये थे, उनसे बाद में एक बार नदी में डूबने से जान बची थी।

कहना न होगा कि दौआ एक बहुत अच्छे तैराक थे। वह भी एक बार तैरते-तैरते तालाब में डूबने से बचे थे, जिसका जिक्र उन्होंने अपनी आत्मकथा में किया है।

रामनरेश शर्मा

दौआ-अम्मा के साथ

भाइयों में सबसे छोटा होने के कारण, शायद मुझे दौआ-अम्मा के पास रहने का ज्यादा समय मिला। पता नहीं औरों को कितना लाड़-प्यार मिला पर मुझे लगता है मेरे हिस्से में चाहे बचा-खुचा आया हो पर था सबसे ज्यादा! दौआ से तो ज्यादा लिबर्टी नहीं ले सकते थे पर अम्मा से ज्यादा ज़ोर-ज़बरदस्ती कर लेते थे। बचपन में मुझे गुस्सा बहुत आता था। मसलन, अब मुझे स्कूल जाने में देरी हो रही है और अम्मा घी-शक्कर का चोंगलुआ बनाये खड़ी हैं। लाख मना करने पर भी वे उसे मुँह में ठूँसती जाती थीं। वैसे मैं अक्सर मौका पाने पर कटोरी में घी-शक्कर डालकर लुके-छिपे खाया करता था पर इस समय यह ज़ोर-ज़बरदस्ती बड़ी नागवार गुज़रती थी। इधर स्कूल की जल्दी, उधर ज़बरदस्ती, हम चिड़चिड़ा उठते थे। और तब अम्मा दुखी होकर कहती थीं, "पालु पालु, होइहौं तोहि का कालु।" [बच्चा मानो माँ से कहता है, तू मुझे पाल, मैं तेरा काल बनूँगा।]

"गुस्सा हमें साधेते सधत नाहिं..."

यह उस समय सुनने को मिलता था जब इधर हम खेलने जाने की तैयारी में हैं और उधर अम्मा कोई छोटा-मोटा काम बता रही हों। बस हम फनफनाते इधर से उधर पैर पटकते घूमते थे, किसी तरह रो-झींककर काम कर देते थे। अम्मा उस समय कुछ मुस्कराकर चिढ़ाने के भाव में कहतीं, "गुस्सा हमें साधेते सधत नाहिं, अगिन हू सी जरत करेजे मां..." रात्रि के समय अम्मा अक्सर दौआ से रामायण सुनाने का आग्रह करती थीं। दौआ जानते थे, इधर रामायण शुरू हुई और उधर उन्हें नींद आयी पर फिर भी कहने पर सुनाने ज़रूर बैठ जाते थे। घर में रामायण रखकर पढ़ने का विशेष फ्रेम था। उसी पर रामायण रख ली जाती थी और पास ही में लालटेन। हम थोड़ी दूर पर बैठे मज़ा देखते थे। दौआ रामायण पढ़ रहे थे। अम्मा पास में बैठी पंखा झल रही हैं, बहुत ही गम्भीर मुद्रा में। वैसे भी अम्मा 'बाई नेचर' सीरियस दिखती थीं। धीरे-धीरे पंखे की गति धीमी पड़ती थी। फिर पंखा झलना बन्द हो जाता था

और अन्त में अम्मा का मुँह कुछ खुला हुआ, पंखा सिर से टिका हुआ, और एक झोंका। दौआ तिरछी निगाह से मेरी तरफ देखते और मुस्करा देते। थोड़ी देर और रामायण पढ़ते रहते और फिर बन्द कर देते। जैसे ही रामायण की चौपाइयाँ बन्द होतीं, अम्मा सचेत हो जातीं। शिकायत भरे स्वर में कहतीं, "बन्द काहे करि दीन्ह्यो।" दौआ का उत्तर होता, 'हाँ, तुम सोओ और हम रामायण पढ़ें।' अम्मा—"का करी बरिगा जाय, जैसे ही रामायण शुरू होति है, नींद लागि जाति है।" दौआ—"ज़रूर पिछले जनम की तुम राक्षस रही होइहो, तबहिं तो रामायण के शुरू होते ही तुम्हें नींद लागि जात है।" और इसी हास-परिहास के साथ रामायण समाप्त होती थी।

मुंशी (रामशरण शर्मा)

सुहावना भोर

यहाँ का भोर बड़ा सुहावना होता है। सुन्दरता घर के आँगन से ही शुरू होती है। नियत समय पर प्रतिदिन आँख खुलने पर पहर रात रहे दौआ भगवान के भजन गाते हैं। अम्मा भी योग देती हैं। बड़ा मनोहर लगता है। हम जब बाबा के पास लेटते थे, तब 'झुकवन, ड्वालै यहु बबुरीबन ऊपर बसंपतिय फहराय' सुनते थे, और कल्पना में अपने को 'बबुरीपन' में पाकर आनन्द-विभोर हो उठते थे। झाँसी आने पर प्रायः डण्डा पकड़कर भैया के पैर चापना पड़ते थे। लखनऊ में सोने के पहले परसादी के यहाँ की मलाई मिलती थी [जुलाई 1943 तक]; कल्पना के लिए वहाँ कोई स्थान नहीं था। सुबह 'देखो री एक बाला जोगी द्वारे मेरे आया है री' स्वर्गीय बड़ी भाभी की मूर्ति स्मृति में उपस्थित कर देता है। उन्हें यह गीत बहुत प्रिय था। दूसरा गाना जो वह अनोखी कुशलता से रो-रोकर गाती थीं, वह है शैव्या का रोहिताश्व के वियोग में विलाप। [सुभद्रा भाभी अत्यन्त स्नेहशील महिला थीं; साहित्य और संगीत से उन्हें सहज प्रेम था।]

दौआ और भी भजन गाते हैं जैसे 'जागिये गोपाल लाल पंछी बन बोले।' इत्यादि।

घर के बाहर, कानपुर रोड से लौटते समय एक ऊँचे टीले के पीछे से पूर्ण गोलाकार कांसे की थाली सा सूरज निकलता दिखलायी पड़ता था। धीरे-धीरे रंग ताँबे का-सा, फिर गेरू का हो जाता है। सड़कें साफ़, लम्बी और सुनसान होती हैं। यही झाँसी का प्रभात है। 'खूब लड़ी मर्दानी' कविता प्रायः याद आ जाती है। बुन्देलों की यह नगरी आज ऐश और आराम के खड्ढ में पड़ी है। लोग चिकन का कुर्ता पहनकर निकलने में और ख़स की टट्टियों में दिन बिताने में अपना अहोभाग्य समझते हैं। Plain living and high thinking का आदर्श यहाँ के लोगों को अर्ध सभ्यता का द्योतक मालूम होता है। 'अश्रूपर्ण रानी ने देखा झाँसी हुई बिरानी थी।' यदि रानी

आज जीवित होती, लाख-लाख आँसू बरसाकर भी न थकती। **मुकुल** [सुभद्राकुमारी चौहान का प्रसिद्ध कविता संग्रह] का अभाव इस समय हमें बहुत खटक रहा है।

हमारे यहाँ ज़िद की परिपाटी है। बाबा को तुमने ज्यादा नजदीक से समझा है [मुंशी को भी]; तुम्हारा क्या impression है, हम नहीं जानते। आत्मसम्मान के लिए उन्होंने क्या नहीं किया? अभी दो रोज़ पहले एक घटना घटी। जहाँ हम सबकी पुरानी बड़ी भाभी के साथ बैठकर तस्वीर उतारी गयी थी, उस चबूतरे पर जो खपरैल है, उसके कुछ कैलू अस्त-व्यस्त हो गये थे। दौआ की आज्ञा लेकर एक दिन सवेरे नरेश खपरैल पर चढ़ गये और कैलू ठीक करने लगे। अम्मा ने नरेश से थोड़ी देर पहले ही कुएँ से पानी लाने को कहा था। नरेश अम्मा की बात प्रायः अनसुनी कर देते हैं; इसे भी एक कान से सुनकर दूसरे कान से निकाल दिया। दौआ ने कुल्ला करने के लिए पानी माँगा। अम्मा ने एक भाव भरा वाक्य कहा–'या तो पानी देने से हो या लाने से।' कुछ रोज़ पहले दौआ से अम्मा ने महरा के दाम बढ़ाने के लिए कहा था, इसलिए कि एक बहँगी पानी और आ जाया करे। दौआ ने इसे व्यर्थ का खर्च समझा था।

अम्मा की बात सुनकर दौआ क्रोध से उठे और कलसा-बाल्टी लेकर कुएँ पर चल दिये। कुल्ला किया और दो खेप पानी लाकर घर पर डाला। क्रोध तो अब प्रायः शान्त हो गया है [क्योंकि उन्होंने अपना क्रोध नरेश पर उतारा भी था] परन्तु सोने के पहले रात को रोज़ पानी भरते हैं, घर पर पानी रहते हुए भी घर पर दोपहर में नहीं नहाते। हमको और नरेश को अपने पानी लाने के समय में रस्से में हाथ नहीं लगाने देते। यह है हमारे घर में ज़िद की परिपाटी परन्तु है यह घातक [क्योंकि इसका आत्मसम्मान की रक्षा से कोई भी सम्बन्ध नहीं है] और इससे लड़ना ज़रूरी है। हमने, नरेश ने सोचा है कि आज से दौआ के आने से पहले ही सब बर्तनों में पानी भर लिया करेंगे।

हम आगरा आना चाहते हैं। परन्तु 10-15 दिन से अधिक के लिए नहीं। फिर लखनऊ जायेंगे।

नरेश घर का काम बहुत करते हैं; अम्मा बहुत काम बतलाती हैं, अतः कुछ सुना-अनसुना करना स्वाभाविक है।

अम्मा हमारी लम्बी चिट्ठी देखकर कुछ व्यग्र हो रही हैं; कागज भी खतम है।

(रा.वि. को पत्र, 24.5.45)

शोभा जैटली

बाबा के साथ

[जो हमारे लिए दौआ हैं, वह शोभा के लिए बाबा हैं।]

कुछ यादें ऐसी होती हैं, जो कि चाहे जितना भी समय हो जाये, भुलायी नहीं जा

सकती हैं। अधिकांशतः ये यादें वही होती हैं जो कि बचपन में बहुत अधिक प्यार मिलने पर बनती हैं। मेरे साथ भी कुछ ऐसी ही बात है। नातिनों में जितना अधिक प्यार मुझको बाबा से मिला है, मैं समझती हूँ, उतना शायद और किसी को नहीं मिला। जब मैं करीब चार-पाँच साल की थी (जैसा कि मुझको याद आता है), बाबा मुझको आगरे से झाँसी ले आये थे अपने साथ रखने के लिए। झाँसी आकर मैं बड़ी प्रसन्न थी, क्योंकि घर में मेरे अलावा अजिया और बाबा ही थे जो कि मुझे बहुत अधिक प्यार करते थे। इसी वजह से मुझे कभी अम्मा-चाचा की कमी न महसूस हुई। अजिया से कोई पूछता कि नतिनी को अब अपने पास ही रखोगी तो उनका जवाब होता कि अब अपने पास ही रखकर पढ़ायेंगे और शादी करेंगे।

मेरी प्रारम्भिक शिक्षा बाबा ने ही शुरू करवायी। मेरा नियम था शाम को स्लेट बत्ती लेकर दूकान पर बाबा के पास जाना, और स्लेट पर उनसे कुछ सवाल लेना, उन सवालों को वहीं दूकान पर बैठकर निकालती। जब बाबा मुझको पढ़ा चुकते थे तो खेलने के लिए कह देते : हम वहीं दूकान के सामने अपनी सहेलियों के साथ खेलते, और जब दूकान बन्द होती तो बाबा अपने साथ वापस घर ले आते थे।

रात को बाबा का नियम था तख्त पर बैठकर रामायण पढ़ना। उस समय भी वे मुझको अपने साथ ही बैठाते थे और रामायण पढ़वाने की कोशिश करते थे। रामायण पढ़ चुकने के बाद 'श्री रामचन्द्र कृपालु भजु मन' तथा 'हनुमान चालीसा' का पाठ किया जाता था। बाबा के द्वारा याद करवाया हुआ भजन तथा हनुमान चालीसा मुझे आज तक कण्ठस्थ हैं जबकि उसके बाद के कितने ही सुने हुए भजन भूल चुकी हूँ।

मैंने अपना सबसे पहला पत्र लिखना भी उन्हीं से सीखा था। मुझको अभी भी याद है कि पोस्टकार्ड पर उन्होंने लाइनें खींची थीं, उसके बाद मुझको बोल-बोलकर वह पत्र लिखवाया था। यह पत्र शायद अभी भी बड़े चाचा के पास सुरक्षित है।

रात को बाबा मुझको अपने साथ लेकर सोते थे, सोते समय वे मेरा सर अपने दायें हाथ पर रखवा लेते थे। मेरे सर में तेल अधिक होने की वजह से उनकी बण्डी की बाँह कुछ तिलौंसी और काली-सी हो जाती थी। एक दिन अजिया बाबा से बोलीं कि तुम शोभा को अपने साथ लेकर मत सोया करो; तुम्हारी बण्डी बड़ी जल्दी काली हो जाती है। पहले तो बाबा ने उनकी बात पर ध्यान न दिया पर जब अजिया ने दुबारा कहा तो उन्होंने उनके कहने पर उसी कमरे में मेरे लिए एक खटोला बिछा दिया। रात को मुझको अलग सुलाया गया। जब थोड़ी देर बाद अजिया सो गयीं तो बाबा ने मुझसे कहा कि नींद नहीं आ रही है, मेरे पास आ जा। हम तो यह चाहते ही थे; उनका कहना था और हम लपककर उनकी चारपाई पर चले गये, और उनके हाथ पर सर रखकर सो गये। सुबह जब अजिया सोकर हमसे पहले उठीं तो उन्होंने

देखा कि हम बाबा के पास सो रहे हैं। उसके बाद फिर कभी उन्होंने हमसे अलग सोने को नहीं कहा।

हमारी पाक शिक्षा भी बाबा के द्वारा ही शुरू करवायी गयी थी। बाबा दोपहर में करीब एक बजे दूकान से घर आते थे। उनके आने से पहले हम दाल बीनकर, धोकर अजिया से पूछकर, पानी डालकर रख देते। अजिया उठतीं, चूल्हा जलातीं, उस पर दाल रख देतीं। और परात में आटा भिगोकर रख देतीं। जब बाबा घर आते तो नहाते और नहाने के बाद थोड़ा-सा पूजा-पाठ करते और उसके बाद रसोई में आते। जब रोटी बेलने का समय आता तो वे मुझको बुला लेते। रोटी बेलते समय वे मुझसे कहते कि अपने हाथ में बेलन को ढीले से पकड़ो, फिर बेलन को आधा रोटी के अन्दर और आधा रोटी के बाहर रखो और अब बेलन को घुमाओ। रोटी अपने आप घूमेगी और गोल हो जायेगी। हम उनके बताये तरीके से रोटी बेलते; कभी रोटी खराब हो जाती तो कभी ठीक। जब रोटी बन चुकतीं तो वे हमको और अजिया को रोटी रसोई के बाहर ही परोस कर दे देते और स्वयं चूल्हे के पटरे पर बैठकर रोटी खाते। उनका नियम था कि दो रोटी दूध में जरूर भिगोकर खाते थे। बाबा दिन में एक ही बार भोजन करते थे। रात को खाना बनता नहीं था, जो खाना सुबह बनाया जाता था, वही कुछ अधिक मात्रा में बना लिया जाता था, वही मैं रात को खा लेती थी। अजिया भी अक्सर रात को खाना नहीं खाती थीं।

बाबा मुझको किसी भी प्रकार की कमी खाने, पहनने और प्यार में नहीं होने देते थे। दिन में एक फलवाली बेनिया आती थी जो कि फल दे जाती थी। हमारे पड़ोस में एक घड़ीवाले रहते थे, उनका नाम तो मुझको याद नहीं है, उनकी लड़कियाँ मेरी सहेलियाँ थीं। एक दिन उनके घर मैंने हरे चने खाये। मुझको खाने में बहुत अच्छे लगे। रात को जब बाबा घर आये तो मैंने उनसे कहा, "बाबा हरे चने खाने में बहुत अच्छे लगते हैं।" दूसरे दिन पता नहीं कहाँ से बाबा ने एक छोटी बोरी हरे चनों से भरवाकर नरपतिया (ज़ो कि सेठजी के यहाँ बग्घी चलाने का काम करता था) के हाथों भेज दी। ये चने बाद में अन्दरवाले कमरे में पड़े सूखते रहे क्योंकि मैं अकेले कितने चने खा सकती थी।

बीमार होने पर बाबा मेरा हर तरह से ध्यान रखते थे। पहले तो मुझको गोबर्धन चाचाजी के घर ले जाते और यदि उनकी दवा से मुझको फायदा न होता तो फिर कुछ और उपाय करते थे। एक बार मेरे गलसुये निकले। पहले उन्होंने मुझे गोबर्धन चाचाजी से होम्योपैथिक दवा लाकर दी। जब दो दिन तक आराम न हुआ तो अजिया ने बाबा से कहा कि शोभा को किसी हलवाई के पास ले जाओ और इसकी झाड़-फूँक करवाओ। बाबा दूसरे दिन अपनी गोद में लेकर मुझको हलवाई के पास ले गये और गले पर कुछ राख वगैरह लगवाकर घर वापस आये। यह क्रम तीन-चार दिन तक चला।

नवरात्रि के दिनों में जब झाँसी में रामलीला होती थी, तब बाबा रामायण पढ़ने का काम करते थे। हमारे और अजिया के बैठने के लिए घरवाला तख्त डलवा दिया जाता था। कभी-कभी हम रामलीला देखते-देखते सो भी जाते थे, तो बाबा हमको गोद में उठाकर लाते थे, कभी भी जगाकर पैदल नहीं लाते थे।

रामनरेश शर्मा

रामलीला—झाँसी सदर बाजार की

1. रामलीला की रामायण

दौआ ने तीन बार रामलीला के लिए रामायण लिखी थी। पहलावाला रजिस्टर रूलदार कागज के दस्ते को बीच से मोड़कर और सी कर बनाया था। जहाँ-तहाँ बीच-बीच में जैसे-जैसे नये कवित्त या सवैये जोड़ने की इच्छा हुई, लिखकर साइड में चिपका दिये थे। जो विशेष बात मुझे आज तक नहीं भूलती है, वह थी इसकी लिखाई। शुरू से आखिर तक देख लीजिए ऐसा लगता था, मानो सारा का सारा, सब एक साँस में लिखा गया हो। वह नीली स्याही, वह अक्षरों की बनावट—आज भी मेरी आँखों के सामने चित्रित है।

जब हम छोटे थे और मुंशी भैया व गिरजा [बड़े भैया के साले] को रामलीला में पार्ट करते देखते थे तो इसी रजिस्टर से बारी-बारी से लक्ष्मण और परशुराम का पार्ट पढ़कर घर पर ही रामलीला करते थे। एक बार तो इसी चक्कर में लक्ष्मण-मेघनाद युद्ध में मेघनाद का तीर लक्ष्मणजी के पैर में लग गया था, जिसका निशान अब तक मौजूद है।

मूलरूप से दौआ का रामायण का यह पहला ड्राफ्ट था।

बाद में इसी को देखकर एक सुन्दर बाउण्ड रजिस्टर में, काली स्याही और कुल्हाड़ी छाप निब से उन्होंने फिर लिखा। बहुत दिनों तक रामलीला इसी रजिस्टर से हुई। रामलीला समाप्त होने के बाद यह किताब घर आ जाती थी।

एक साल श्याम मनोहर टण्डन के बड़े लड़के से किसी बात पर खटपट हो गई और दौआ ने रामलीला जाना बन्द कर दिया, पर रजिस्टर भेज दिया। रामलीला समाप्त होने पर जब उन्होंने उसे मँगवाया तो दूसरे ग्रुप ने यह कहकर लौटाने से इनकार कर दिया कि वह तो रामलीला की प्रॉपर्टी है। पहले तो दौआ बड़े दुखी हुए। पर मुझे याद है, एक दिन कहने लगे, "नहीं तो नहीं सही! हम और लिख लेंगे। और इस बार उससे भी बड़ी और अच्छी लिखेंगे।" बस फिर क्या था, उसी पुराने रजिस्टर को लेकर नये सिरे से और कवित्त, छन्द और सवैये इकट्ठा करना शुरू कर दिये।

आजकल रामलीला इसी तीसरे रजिस्टर से होती है। सुना है ब्राउनवाला बाउण्ड

रजिस्टर फट गया है और अब इस तीसरे रजिस्टर की नयी हस्तलिखित प्रतियाँ करवा ली गयी हैं।

मंगो बाबू के प्रपौत्र अब भी इस रामलीला के संरक्षक हैं। उन्होंने इसके ऊपर 35 मिलीमीटर की फिल्म भी बनवा ली है। रामलीला अभी भी उसी स्थान पर—[सदर बाजार] गंज में—होती है।

2. ग्रीन रूम

सदर की रामलीला में मैंने जब से पार्ट करना शुरू किया था तब से उसके ग्रीन रूम को भुला न सका। कारण यह कि पार्ट न करने से पहले बड़ी उत्सुकता रहती थी यह देखने की कि आखिर इस कमरे में क्या होता है। खिड़की के जालीदार किंवाड़ों में से झाँकने के लिए हमारे 'सीनियर्स' ने पहले ही रास्ता बना लिया था। बार-बार भगाये जाने के बावजूद हम लोग एक-दूसरे की पीठ पर चढ़कर झाँक ही लेते थे। फिर आया वह दिन जब हम मकरध्वज बने। गोटेदार लाल कच्छा, गोटेदार लाल कुर्ता, उस पर हृदय-भूषण, चेहरे पर मेकअप और उसके ऊपर मुकुट। वाह, क्या छवि बनी थी। बार-बार अपने को शीशे में देखते थे। ऊपर से एक गदा भी दे दी गयी थी। पार्ट था, हनुमानजी का रास्ता रोकना है। शायद दो-एक शब्द भी बोलने थे। युद्ध होना था और फिर हनुमानजी से हारकर मर जाना था। तब हम VII class में थे।

अगले वर्ष लक्ष्मण का पार्ट करना था, इसलिए 'स्टेजफियर' निकलवाना था।

अगला साल आया। 'नारदमोह' वाले दिन कामदेव बने। इस दफा सारे शरीर का मेकअप हुआ। एक लँगोटा छोड़कर सारे शरीर पर कुछ नहीं। सारा शृंगार फूलों का था, यहाँ तक कि धनुष और बाण भी फूलों से लदे। मन्नी पांडे का रिमार्क : "वाह महराज, जँच रहे हो।" नारद का मोह भंग किया, मार खाई और स्टेज से बाहर। अब दूसरे दिन से लक्ष्मण का पार्ट था। राम-जन्म की लीला। चारों स्वरूपों के मेकअप करनेवाले अलग-अलग।

बनियान कच्छा पहने चारों के चारों दरी पर लेटे। श्यामलाल सोनी और उनके शिष्य बारी-बारी से चेहरे पर गोंद लगाकर चमकुई टिकुली चिपकाते, वह भी रंगबिरंगी। बीच-बीच में इन्सट्रक्शन्स भी मिलती जाती थी कि मुँह चलाते रहो, नहीं तो पार्ट बोलते समय बड़ी तकलीफ होगी।

अब आता था कपड़े पहनाने का समय। लाल मखमल का जड़ाऊ कोट और पैंट-कम-पैजामा, हृदयभूषण, मुकुट, किरीट, कुंडल। चलें तो लगे—डगमग होकर गिर न पड़ें। धीरे-धीरे सब सँभलने लगे।

ग्रीन रूम में हँसी-मजाक खूब चलता था। श्यामलाल सोनी मेघनाद बनते थे। उनके दाँत वैसे ही बिररे-बिररे थे। शृंगार करते समय बीच-बीच में डरा भी देते थे।

उनकी और लक्ष्मण जी की मानो पैदायशी दुश्मनी थी। रावण और सीता बननेवाले पात्र औरों की मदद करते थे। नारायण गिरि जो रावण बनते थे, वह अक्सर सीता बननेवाले सज्जन को डाँट देते थे : "क्यों! हर वक़्त चीं-चीं करती है?"

ग्रीनरूम में एक बार जब किरीट लगा लिया, तो फिर हम लोग किसी से बात नहीं कर सकते थे। हम सबकी आरती उतारी जाती थी, और फिर गोद में लेकर स्टेज पर पहुँचाये जाते थे।

सब पात्र जब तैयार होकर आ जाते थे तो दउआ व्यास गद्दी पर बैठकर सबको इशारा करते थे कि अब लीला शुरू होने वाली है। रामायण पढ़नेवाले 8-10 आदमी एक स्वर में कह उठते थे, "जेहि सुमिरत सिधि होय, गणनायक करिवर बदन...।" दूसरी तरफ़ से तबला-हारमोनियम साथ देता था। इधर पाठ शुरू हुआ, उधर पब्लिक में सन्नाटा (नेपथ्य में) वन्दना के बाद परदा उठता था। स्ट्रीट-सीनवाले पर्दे पर प्रार्थना। अगला सीन=दशरथ का दरबार। चौपाई :

"राउ सुभाय मुकुर कर लीन्हा..."

3. रामजन्म

तीसरे नम्बर का पर्दा। महल का सीन। सोफासैट, ड्रेसिंग टेबुल इत्यादि सभी साज सज्जाएँ उपस्थित हैं। राजा दशरथ अपनी तीनों रानियों के साथ बैठे हैं। जैसे ही चौपाई समाप्त होती है, राजा दशरथ उठते हैं, ड्रेसिंग टेबुल के पास जाकर अपने बाल सम्हालते हैं, कान के पास के बालों को फिर से देखते हैं, कुछ उदास होकर स्टेज पर आगे की तरफ़ बढ़ते हैं। चारों तरफ़ सन्नाटा। चतरे पंडित को दसियों बार राजा दशरथ बनते हुए देखने के बाद भी सभी उनके शब्दों को सुनने के लिए उत्सुक़ हैं।

"अब आता है ग्रीष्म काल,
सुन्दर बसन्त ऋतु आती है।
तरुणाई पर पड़ गयी ओस
अब वृद्ध अवस्था आती है।..."

इसी बीच तबले पर थाप पड़ती है, मास्टर फूलचन्द धुन निकालते हैं। चतरे पंडित गाते हैं :

"मन ये पुत्र बिना घबराया
ज्ञानी ध्यानी मानी राजा
सब ही ने दुख पाया।
मन ये..."

अगला सीन, पर्दा जंगल का। यज्ञ हो रहा है। शृंगी यज्ञ करा रहे हैं। एक क्षण के लिए लाइट बन्द हो जाती है। लाइट आते ही देखते क्या हैं कि अग्नि देवता स्वयं

खीर का पात्र लिये खड़े हुए हैं।

"यह हवि बाँटि देहु नृप जाई,
जथा जोग जेहि भाग बनाई।"

कुछ समय बाद... फिर परदा उठता है। स्टेज अन्धकार में डूबा हुआ है। स्टेज के एक कोने से टार्च लाइट का प्रकाश कुछ खोजता हुआ बीच में आकर रुक जाता है। चतुर्भुज भगवान विष्णु को केवल मुखारविन्द दिखता है। सारी जनता खड़ी हो जाती है। धीरे-धीरे स्टेज का प्रकाश बढ़ने लगता है। अब चतुर्भुज रूप पूर्ण रूपेण दिखाई देता है। कौसल्या माता आरती की थाली लिये खड़ी हैं। तभी नेपथ्य से अगर हजारों की नहीं तो सैकड़ों आदमियों की आवाज एक स्वर में गूँज उठती है—

"भये प्रकट कृपाला दीनदयाला,
कौसल्या हितकारी...।
...माता पुनि बोलीं सो मति डोली
तजहु तात यह रूपा
कीजै शिशु लीला अति प्रिय शीला
यह सुख परम अनूपा।"

जिस समय यह छन्द पढ़ा जा रहा था, उसी समय एक क्षण के लिए बत्ती गुल और फिर देखते क्या हैं कि उसी स्थान पर जहाँ अभी भगवान विष्णु खड़े थे, अब एक छोटा सा पालना पड़ा है। कौसल्या एक छोटे से बच्चे को गोद में लेकर लाड़-दुलार रही हैं।

4. पुष्पवाटिका

शायद जितने सुन्दर शब्दों में तुलसीदास ने रामायण में पुष्पवाटिका का वर्णन किया है, उतने ही सुन्दर रूप में हमारे यहाँ पुष्पवाटिका की लीला दिखाई जाती थी। सारा स्टेज उस दिन फूलों के गमलों से भर जाता था। बीच में एक गौरीजी का मन्दिर बनाया जाता था। फूलों के पौधे इतने बड़े होते थे कि रामदयाल तेली, जो माली बनते थे, उनमें छिप जाते सर पर पटका बाँधे, घुटनों तक की धोती पहने और उसके ऊपर से सलूका और अँगोछा। कुछ नाक के स्वर से बोलते थे। कहने का तात्पर्य अगर राम अपने शृंगार और सज्जा से भगवान लगते थे, तो रामदयाल भी किसी माली से कम न लगते थे।

श्रीराम और लक्ष्मण जैसे ही फूल तोड़ने का प्रयास करते हैं, 'न' 'न' 'न' करते हुए माली उन्हें रोकता है। "नहीं महराज, यह काम आपके बस का नहीं है।" और तभी तबले की थाप के साथ गा उठते हैं—"सुमन कैसे तोड़ोगे, कहीं खार लग जायेंगे।"

इसी समय दूसरी तरफ से सीता अपनी सखियों के साथ गौरी पूजने आती हैं। इतने धीरे, इतने आहिस्ता, कि जनता का धैर्य टूट जाता है। लोग उठ-उठ पड़ते हैं। पर अभी तो केवल उनका मुकुट ही दिखा है। फिर माला लिये हुए हाथ। तब जा कर पूरा दर्शन होता है। और उसी समय स्टेज पर पीछे से जोर से समाजी लोगों के चौपाई पढ़ने की आवाज आती है : "तेहि अवसर सीता तहँ आई..."

रामायण की एक-एक चौपाई होती है और उसी के अनुसार बिना शब्द बोले ही, जो भी तुलसीदास के मन के भाव रहे होंगे, चित्रित हो जाते हैं। जिस समय "सन्मुख दोउ रघुसिंह निहारे" उस समय "सकुचि सीय तब नयन उघारे"—देखते ही बन पड़ता था।

और उधर श्रीराम लक्ष्मण को समझाते हैं : "तात जनक तनया यह सोई, धनुष यज्ञ जेहि कारण होई।"

सारी रामलीला में सीता जी का बोलना बहुत ही कम है। आज उनके मुख से पहली बार आवाज निकलती है : "जय जय जय गिरिराज किशोरी, जय महेश मुख चन्द्र चकोरी..."

पुष्पवाटिका का एक और भी महत्त्व है। इस दिन पहली बार लक्ष्मण केवल एक दोहा बोलते हैं और लोग उससे बानगी लेते हैं कि कल का धनुष यज्ञ कैसा जमेगा—

"सत्य सत्य प्रभु बाग यह, चित्त मोद अति देत,
जनु आनन्द समुद्र महँ, बरबस खींचे लेत।"

5. दशरथ मरण

"पैठत नगर सचिव अकुलाई, जनु मारेसि गुरु बांभन गाई।
अवध प्रवेश कीन्ह अँधियारे, पैठ भवन रघु राखि दुआरे।।"

रामलीला में बहुत छोटी-छोटी बातों का भी ध्यान रखा जाता था। जैसे अगर वन गमन के समय सुमंत राम और लक्ष्मण को स्टेज के बायें विंग से ले गये हैं, तो लौटते समय वे केवल दायें विंग से ही स्टेज पर प्रवेश करेंगे।

साँझ का समय है। दो नम्बर का स्ट्रीट सीन का पर्दा है। लाइट कुछ डिम कर दी गयी है; साँझ है न! तभी दाहिनी तरफ से विंग्स के बीच में से रथ के घोड़ों के मुख दिखाई देते हैं। घोड़ों के मुख नीचे की ओर झुके हुए हैं मानो वे भी राम विरह में दुखी हों। धीरे-धीरे रथ में सुमंत भी दिखाई देते हैं। मेरे दिमाग में जो सुमंत का चित्र है, वह है दुर्गाप्रसाद शास्त्री का। दुबले-पतले, लम्बे से। सिर पर मारवाड़ी पगड़ी। सफेद धोती, उस पर लम्बा कोट। पगड़ी में से उनके घुंघराले बाल अभी भी मेरी आँखों के सामने झलक रहे हैं।

सिर को झुकाये जब ये स्टेज पर प्रवेश करते थे, तो लगता था अयोध्या का सारा दुख लादकर वे करुणा की मूर्ति बन गये हैं।

नेपथ्य में रुदन करता मास्टर फूलचन्द का हारमोनियम दर्शक गण को बिना कुछ कहे ही समझा देता था कि परिस्थिति क्या है! स्ट्रीट का पर्दा उठता है। महल का सीन है। राजा दशरथ विक्षिप्त की भाँति जमीन पर पड़े हैं। तीनों रानियाँ उनको घेरे बैठी हैं। बीच-बीच में 'राम' 'हा राम' की आवाज सुनाई देती है। तभी–

"देखि सचिव जय जीव कहि, कीन्हेउ दण्ड प्रनाम।
सुनत उठेहु व्याकुल नृपति, कहु सुमंत कहँ राम।।"

यह एक ऐसा दृश्य होता था, जो कभी भुलाया नहीं जा सकता। इधर सुमंत "महाराज प्रणाम" कहते और उधर राजा दशरथ जैसे सोते से जागे हों–उठने का प्रयास करते हैं; गिर पड़ते हैं, फिर उठते हैं। वह सुमंत को कन्धे से पकड़ लेते हैं और इतने जोर से झकझोरते हैं कि सारा स्टेज हिल जाता है। चतरे पंडित के वे शब्द "सुमंत, सुमंत तुम आ गये! राम कहाँ हैं? कहाँ हैं लक्ष्मण? कहाँ हैं पुत्रवधू वैदेही? सुमंत तुम बोलते क्यों नहीं?..." कभी भुलाये नहीं जा सकते। उधर दुर्गाप्रसाद शास्त्री मुँह लटकाये खड़े हैं।

जो भाव इस समय चतरे पंडित के चेहरे पर आते थे, उनका वर्णन नहीं किया जा सकता। सुमंत के कन्धे, जो अभी राजा दशरथ के हाथों में जकड़े हुए थे, कुछ ढीले पड़ते हैं। फटी आँखों से सुमंत को देखते-देखते ही राजा दशरथ धड़ाम से पृथ्वी पर गिर पड़ते हैं। ऐसा लगता था मानो सही उत्तर न पाकर उनके शरीर में शक्ति न रह गयी हो।

कुछ देर बाद जब उन्हें होश आता है तो–जैसे तेज बुखार में कोई बरबराता है, उसी तरह–वह रुक-रुककर कौसल्या को श्रवण कुमार का किस्सा सुनाते हैं : किस तरह से अनजाने में उन्होंने उस निरीह बालक की हत्या कर दी थी; कैसे वे अन्धे-अन्धी के पास पानी लेकर गये, और कैसे अन्धे ने उनसे कहा–"आज तेरी आवाज भारी क्यों हो गयी है।" उनका यह कहना कि मैं श्रवण नहीं हूँ, मैं अयोध्या का नरेश दशरथ हूँ, बड़ा ही हृदय विदारक होता था। शायद ही कोई ऐसा दर्शक होगा जिसकी आँखों में आँसू न आ जाते हों। फिर बेहोश। होश आने पर वह कौसल्या को समझाते हैं–पर और भी रुक-रुककर–कि यह सब उसी शाप का फल है। अन्त में–

"हा रघुनन्दन प्रान पिरीते, तुम बिन जियत बहुत दिन बीते।
हा जानकी लखन हा रघुबर, हा पितु हित चित चातक जलधर।।"

समाजी–

"राम राम कहि राम कहि, राम राम कहि राम।
तनु परिहारि रघुबर विरह, राउ गयउ सुरधाम।।"

6. भरत मिलाप

"अनरथ अवध अरंभेउ जब तें, कुसगुन होंहि भरत कहुँ तब तें।
देखहिं रात भयानक सपना, जागि करहिं कटु कोटि कलपना।।"

दृश्य है : भरत और शत्रुघ्न ननिहाल में बैठे हुए हैं। अयोध्या से दूत आते हैं और उन्हें गुरु वशिष्ठ का संदेशा देते हैं। तुरन्त ही वे दोनों अयोध्या के लिए रवाना हो जाते हैं।

अयोध्या पहुँचते ही सबसे पहले वे कैकेई से मिलते हैं। कैकेई पहले तो उनकी आरती उतारती है, फिर बड़े प्यार से समझाती है–

"तात बात मैं सकल सँवारी, भै मंथरा सहाय बिचारी।
कछुक काज बिधि बीच बिगारेउ, भूपति सुरपति पुर पग धारेउ।।"

लेकिन जब उनकी समझ में कारण आता है तो–

"भरतहिं बिसरेउ पितु मरन, सुनत राम बन गौनु।
हेतु अपनपउ जानि जिय, थकित रहे धरि मौनु।।"

भरत का पार्ट बहुत लोगों ने किया, पर कोई भी 'आउट-स्टैडिंग' नहीं कहा जा सकता। जो कुछ याद पड़ता है वह है चतरे पंडित के बड़े लड़के मोहनी के बारे में, जो मुंशी भइया (लक्ष्मण) के साथ भरत बने थे। पर हाँ शत्रुघ्न के रूप में रमसू कक्का नहीं भुलाये जा सकते।

यह श्री बिन्दे महाराज के पुत्र थे। हम सब में सबसे छोटे। जब वह पीताम्बर पर कोट पहनकर और मुकुट लगाकर खड़े हो जाते थे, तो उनकी लम्बाई-चौड़ाई में ज्यादा अन्तर नहीं रह जाता था। देखने लायक सीन होता था जब वे मन्थरा को लात मारते थे। बेचारे एक हाथ से तो अपना मुकुट सँभालते थे और दूसरे से पीताम्बर! और, इशारा पाते ही जो चालू हो जाते, तो दे दनादन लातों पर लातें मारे जाते। इधर विंग्स से लोग समझाते–"बस महाराज, बस।" पर वह कहाँ माननेवाले?

खैर साहब, अब भरत सारा परिवार लेकर श्रीराम को वन से लौटाने के लिए निकल पड़ते हैं।

हमारी रामलीला में जैसे नाव, रथ इत्यादि होते थे, वैसे ही पर्णकुटी भी होती थी। लकड़ी के फ्रेम पर कपड़ा लगाकर पेण्ट कर दिया जाता था–बीच में से आने-जाने के लिए दरवाजा भी होता था।

सीन बदलता है। उक्त पर्णकुटी के बाहर श्रीराम और सीताजी जमीन पर बैठे हुए हैं और थोड़ी दूर पर लक्ष्मणजी वीरासन में बैठे हैं। इतने में ही कोल-किरात लोग खबर लेकर आते हैं कि दूर से एक सेना आ रही है और भरत इसका नेतृत्व कर रहे हैं।

बस फिर क्या था। तुरन्त लक्ष्मण पेड़ पर चढ़ने की प्रक्रिया में विंग्स् में पड़ी कुर्सी पर चढ़ जाते हैं। माथे के सामने हाथ रखकर कभी अन्दर, तो कभी बाहर देखते हैं और फिर दौड़े-दौड़े श्रीराम के पास जाते हैं और कहते हैं–

"हे नाथ रोकते रहे सदा पर आज रोकना नहीं मुझे,
सौगन्ध आपको है मेरी इस समय टोकना नहीं मुझे,
यदि पुत्र सुमित्रा का हूँ मैं यदि रघुकुल का क्षत्री हूँ मैं,
तो राम दुहाई क्षण भर में, पृथ्वी पर उसे सुला दूँगा।"

श्रीराम लक्ष्मण को समझाते हैं–

"सुनहु लखन भल भरत सरीसा, विधि प्रपंच महँ सुना न दीसा।
भरतहिं होइ न राजमदु विधि हरिहर पद पाइ।
कबहुँ कि कांजी सीकरनि, छीर सिंधु बिनसाइ।।
लखन तुम्हार सपथ पितु आना, सुचि सुबंधु नहिं भरत समाना।"

तब जाकर लक्ष्मण ठंडे पड़ते हैं। थोड़ी देर में भरत सहित सब लोग आ जाते हैं और भरत और राम का मिलाप होता है–

"उठे रामु सुनि प्रेम अधीरा, कहुँ पट कहुँ निषंग धनु तीरा;
बरबस लिये उठाइ उर लाये कृपा निधान।
भरत राम की मिलनि लखि, बिसरा सबहिं अपान।।"

7. राम-सुग्रीव मित्रता

इस मित्रता के होने से पहले श्रीराम और लक्ष्मण सेवरी के आश्रम में पहुँचते हैं।

जंगल का सीन है। स्टेज पर एकमात्र कुटी है। कुटी के अन्दर दरवाजे से एक तरफ हटकर बैठी हुई है सेवरी। पास में डलिया में कुछ बेर रखे हैं। ये बेर, बेर न होकर, अंगूर होते हैं।

श्रीराम और लक्ष्मण जैसे ही स्टेज पर प्रवेश करते हैं, सेवरी विभोर होकर उनका स्वागत करती है। उनको बैठाती है और फिर चख-चखकर दोनों स्वरूपों को मीठे-मीठे बेर खिलाती है। बेर खा चुकने के बाद श्रीराम सेवरी को नवधा भक्ति बतलाते हैं। श्री पंचम गिरि, जो हमारे साथ भी कई वर्षों तक राम बने, बड़ा सुन्दर गाते थे और इन चौपाइयों और दोहे को गाकर सुनाते थे :

"प्रथम भगति संतन कर संगा। दूसरि रति मम कथा प्रसंगा।।
गुरु पद पंकज सेवा, तीसरि भगति अमान।
चौथि भगति मन गुन गन, करइ कपट तजि गान।।
मंत्र जाप मम दृढ़ बिस्वासा। पंचम भजन सो वेद प्रकासा।।
छठ दम सील बिरति बहु करमा। निरत निरन्तर सज्जन धरमा।।
सातवँ सम मोहि मय जग देखा। मोते संत अधिक कर लेखा।।

आठवँ जथा लाभ संतोषा। सपनेहुँ नहिं देखइ परदोषा।।
नवम सरल सब सन छलहीना। मम भरोस हिय हरष न दीना।।
नव महुँ एकउ जिन्ह के होई। नारि पुरुष सचराचर कोई।।

वैसे आप लोगों ने पंचम गिरि को तो नहीं सुना होगा, पर हाँ अपने ही घर में रक्षा भाभी को इन चौपाइयों को गाते जरूर सुना होगा।

आगे की रामलीला के लिए चूँकि और ज्यादा स्थान की आवश्यकता पड़ती थी, इसलिए अब से दरबार और महल के सीन तो ऊपर स्टेज पर होते हैं और बाकी जंगल के सीन स्टेज के सामनेवाली जमीन पर।

राम और लक्ष्मण इसी जमीन पर दो कुर्सियों पर बैठा दिये गये हैं। पर्दा उठता है। जंगल का फिर से सीन है। इधर-उधर चार-पाँच तिकोने, हरे और भूरे रंगों से रँगे पहाड़ रखे हैं। इनमें से एक पहाड़ कोई 5 फीट ऊँचा है और इसी पर सुग्रीव बैठे हैं। अन्य छोटे-छोटे पहाड़ों पर हनुमान, नल-नील, आदि बैठे हैं। सामने कोई बीस-पच्चीस बन्दर हैं; सचमुच के नहीं। बनावटी। लाल नेकर, लाल बनियान और लाल गदा। माथे पर रामधारी तिलक।

इनकी भर्ती हनुमानजी करते थे। ग्रीन रूम में सब लाइन से खड़े कर दिये जाते थे। अगर हनुमानजी की कृपा हुई और आपकी भर्ती बन्दरों में हो गयी—तो आगे की रामलीला स्टेज पर से देखने का फ्री पास समझ लीजिए मिल गया।

हम भी सबसे पहले इसी प्रकार बन्दर बने थे! फिर तरक्की करके अगले साल मकरध्वज, फिर उसके अगले साल कामदेव—तब जाकर लक्ष्मणजी का पार्ट मिला। ये सब "क्वालीफाइंग राउण्ड्स" थे।

हमारी रामलीला में पार्ट मिलना आसान काम न था। कारण? जैसा आपने देखा होगा, जिसने एक पार्ट एक बार करना शुरू कर दिया, वह बरसों वही पार्ट करता था; फिर यह पार्ट बन्दर का हो, या राक्षस का!

तो साहब, यहाँ से रामलीला के हीरो हनुमानजी हो जाते हैं! 'बिन्दे महाराज' और 'हनुमानजी' ये पर्यायवाची शब्द बन गये थे।

खसखसी मूँछें। नाटा, पर गठा हुआ शरीर। जिस समय अकड़ते थे, तो किसी फौज के कमाण्डेण्ट से कम न लगते थे। लगता था उनका जन्म रामलीला में हनुमानजी का पार्ट करने के लिए ही हुआ था।

वैसे, बाकी समय में वह लाला श्याममनोहर के कपड़े नापने, उठाने-धरने का काम करते थे।

"आगे चले बहुरि रघुराया। रिष्यमूक पर्वत नियराया।।
तहँ रह सचिव सहित सुग्रीवा। आवत देख अतुल बल सींवा।।
बिप्र रूप धरि कपि तहँ गयेऊ। माथ नाइ पूछत अस भयऊ।।"

इधर समाजी चौपाई पढ़ते हैं और उधर राम और लक्ष्मण उठकर स्टेज की ओर चलते हैं। उनको आता देख सुग्रीव हनुमानजी को उनकी टोह लेने के लिए भेजते हैं। "बिप्र रूप धरि"—हनुमानजी एक रामनामी चादर ओढ़ लेते हैं और कूदकर स्टेज के नीचे पहुँच जाते हैं।

हनुमान–

"को तुम्ह स्यामल गौर सरीरा। छत्री रूप फिरहु बन बीरा।।
कठिन भूमि कोमल पद गामी। कवन हेतु बिचरहु बन स्वामी।।
मृदुल मनोहर सुन्दर गाता। सहत दुसह बन आतप बाता।।
की तुम्ह तीन देव महँ कोऊ। नर नारायण की तुम्ह दोऊ।।
जग कारन तारन भव, भंजन धरनी भार।
की तुम्ह अखिल भुवनपति, लीन्ह मनुज अवतार।।"

श्रीराम–

"कोसलेस दसरथ के जाये। हम पितु बचन मानि बन आये।।
नाम राम लछिमन दोउ भाई। संग नारि सुकुमारि सुहाई।।
इहां हरी निसिचर वैदेही। विप्र फिरहिं हम खोजत तेही।।
आपन चरित कहा हम गाई। कहहु बिप्र निज कथा बुझाई।।"

समाजी–

"पुलकित तन मुख आव न बचना। देखत रुचिर वेष कै रचना।।
पुनि धीरजु धरि अस्तुति कीन्ही। हरष हृदयँ निज नाथहिं चीन्ही।।"

ये सब चौपाइयाँ और दोहे गाकर पढ़े जाते थे। जैसे ही "निज नाथहिं चीन्ही" आता, हनुमानजी पहले तो साष्टांग दण्डवत करते, फिर गले मिलते और उसके बाद राम और लक्ष्मण को कन्धे पर बैठाकर स्टेज के बाहर ही घूमकर उन्हें पीछे से स्टेज पर पहुँचा देते।

हम जब छोटे-से थे, तब तो बड़ा मजा आता था; पर जैसे-जैसे बड़े होने लगे, बिन्दे महाराज पर तरस आने लगा था। उठा तो वह लेते थे, पर साँस फूल जाती थी। हम लोग मना करते थे, पर उनका हमेशा यही जवाब होता था : "बस, इस साल और!"

रामलीला में उनके अन्तिम वर्ष में तो मैं वहाँ नहीं था, पर मुझे पूरा विश्वास है कि उस वर्ष भी उन्होंने यही कहा होगा—"बस—इस साल और।"

इस दिन की रामलीला का विशेष महत्व होता था—'बालि वध' में।

दरबार का सीन है। दो कुर्सियाँ पड़ी हैं। बालि और तारा बैठे हैं। श्रीराम का आशीर्वाद पाकर सुग्रीव बालि से युद्ध करने के लिए स्टेज पर जाते हैं। पर डर के मारे एक कोने में खड़े होकर पहले तो थोड़ा-सा गुर्राते हैं, फिर गरजते हैं—और अन्त

में बालि को लड़ने के लिए ललकारते हैं। तारा के लाख मना करने पर भी बालि लड़ने के लिए आता है। लड़ाई कपड़े की बनी लाल-लाल गदाओं से होती है।

मार खाकर सुग्रीव भाग आता है। अबकी बार श्रीराम उसे अपनी माला पहना देते हैं। फिर युद्ध होता है। और इसी बीच, छिपकर, श्रीराम बालि को बाण मार देते हैं।

अब श्रीराम चलकर बालि के पास पहुँचते हैं। यह दृश्य बड़ा ही हृदय विदारक होता था। देवी गिरि महाराज पहले तो लेटे रहते हैं, पर श्रीराम को देखकर उठने का प्रयत्न करते हुए कहते हैं :

"धर्म हेतु अवतरेउ गुसाईं। मारेहु मोंहि ब्याध की नाईं।।
मैं बैरी सुग्रीव पिआरा। कारन कवन नाथ मोहि मारा।।"

जब श्रीराम उसे जीवन रखने को कहते हैं तो वह कहता है–

"जन्म जन्म मुनि जतन कराहीं। अन्त राम कहि आवत नाहीं।।
मन लोचन गोचर सोइ आवा। बहुरि कि प्रभु अब बनहि बनावा।।"

अंगद को श्रीराम को सौंपकर बालि प्राण त्याग देता है।

8. लंका-दहन

आज शाम से ही बच्चों में कुछ ज्यादा उत्सुकता है।

रामलीला तो साढ़े आठ बजे शुरू होगी, पर बच्चों ने सात बजे से ही स्टेज के पास बायीं तरफ जगह घेर रखी है। कारण?...

यहाँ पर सीताजी के लिए अशोक वाटिका बनेगी। अशोक वाटिका में हनुमान जी के खाने के लिए पेड़ों पर खूब फल लटकाये जायेंगे। कुछ सीताजी की मेहरबानी से, कुछ हनुमानजी की और कुछ अभिभावकों की कृपा से इन बच्चों को भी खाने को मिल ही जायेंगे। कोई कितना भी निष्ठुर क्यों न हो, बार-बार कहने पर दया कर ही देता है। उस पर ठहरे हनुमानजी! बच्चों के प्रिय। जरूर कृपा करेंगे। अकेले आखिर कितना खायेंगे। "फल खायसि तरु तोरन लागा"–इस काम में हनुमानजी से सहयोग ये नन्हे दर्शकगण भी करेंगे। फल भी खायेंगे और पेड़ भी तोड़ेंगे।

बरसों से रामलीला करनेवाले लोग जानते थे कि रक्षक ही पहले भक्षक बन जायेंगे, इसलिए पूरी अशोक वाटिका बन जाने पर भी उसमें फल न लटकाते थे। यह काम बड़ी चतुराई से उस समय किया जाता था जब हनुमानजी लंका में सीता जी को ढूँढ़ते थे।

इधर ग्रीन-रूम में रावण "महाराज" आज सफेद कपड़े पहने, गले में दुपट्टा डाले इधर-उधर चहलकदमी करते दिखाई देते हैं। उनका शृंगार और बनाव कुछ ज्यादा ही आकर्षक है।

और मेघनाद?

अहाहा! उनका क्या कहना। राक्षस हुए तो क्या, गालों पर 'रूज़' लगाये कमर में कमरबन्द बाँधे और हाथ में नागपाश लिये घूमते दिखाई देते हैं।

सीताजी बेचारी सफेद धोती पहने, बाल छिटकाये यहाँ से वहाँ घूमती फिरती हैं। राम, लक्ष्मण आदि, आज बैकग्राउण्ड में हैं। आज के हीरो तो हैं—हनुमानजी।

स्टेज—पर्दा उठता है।

राम और लक्ष्मण प्रवर्षण पर्वत पर बैठे हुए हैं। "वरषा गत निर्मल रितु आई, सुधि न तात सीता कै पाई।" श्रीराम के मुख से इन शब्दों का निकलना था कि लक्ष्मणजी को क्रोध आता है। श्रीरामजी उनको समझाते हैं—"भय देखाइ लै आवहु, तात सखा सुग्रीव।"

लक्ष्मणजी आते हैं और डाँट फटकार कर सुग्रीव को ले आते हैं। बस, अब सीताजी की खोज के प्रोग्राम बनने लगते हैं। अन्त में खोज का काम हनुमानजी को सौंपा जाता है। हमारी रामलीला की नाटकीयता यहीं से शुरू होती है।

जंगल का सीन है। पानीवाले तीन पर्दे ऊपर-नीचे हो रहे हैं—मानो समुद्र में लहरें उठ रही हों। इन्हीं पर्दों के पीछे एक के बाद एक स्टूल—जो साइज़ में ऊँचे से ऊँचे होते जाते हैं—रखे हैं। उधर विंग्स में भी एक काफी ऊँचा-सा स्टूल रखा है और इसमें ऊपर चढ़ने के लिए एक तरफ सीढ़ियाँ भी लगी हैं।

पहले तो हनुमानजी समुद्र के किनारे ही एक-दो चक्कर मारते हैं। समुद्र पार करने का प्लान बनाते हैं। और फिर, उछलकर विंग्स में चले जाते हैं।

समाजी—

"जात पवनसुत देवन्ह देखा, जानै कहुँ बल बुद्धि बिसेषा।
सुरसा नाम अहिन्ह की माता, पठइन्हि आइ कही तेहि बाता।।
आज सुरन्ह मोहि दीन्ह अहारा, सुनत बचन कह पवन कुमारा।
राम काज करि फिर मैं आवौं, सीता कइ सुधि प्रभुहिं सुनावौं।।"

समुद्र के बीच में सुरसा के रूप में ताड़का-सूर्पनखा बननेवाले मट्टो बाबू खड़े हैं; और उधर विंग्स में हनुमानजी। "जस जस सुरसा बदन बढ़ावा, तासु दुगुन कपि रूप दिखावा।"

इधर सुरसा पहलेवाले स्टूल पर चढ़ती है और उधर हनुमानजी विंग्सवाले स्टूल पर। यह प्रक्रिया जारी रहती है और अन्त में जब सुरसा तीसरे स्टूल पर पहुँचती है तो हनुमानजी अपने स्टूल की टॉप पर। बाहर से दर्शकगण को कोई भी स्टूल दिखाई नहीं देता—सिवा इसके कि हनुमानजी स्टेज की छत के पास पहुँचते ही धम से नीचे कूद पड़ते हैं, और दूसरे विंग से निकलकर सुरसा को प्रणाम करते हैं।

"बदन पइठि पुनि बाहर आवा, माँगा विदा ताहि सिर नावा!"

सुरसा आशीर्वाद देकर अपने स्टूल से कूद पड़ती है और—दर्शकों के लिए—समुद्र में समा जाती है।

अगला दृश्य महल का है। रावण मन्दोदरी आदि रानियों के साथ सोया हुआ है। साथ में इधर-उधर और भी बहुत से राक्षस जमीन पर लुढके पड़े हैं। उन्हीं को रौंदते-कुचलते हुए हनुमानजी सीता को ढूँढ़ते फिरते हैं। न मिलने पर दूसरे महल में आते हैं, जहाँ विभीषण से मुलाकात होती है और सीताजी के अशोक वाटिका में होने की खबर मिलती है। बस फिर क्या था! उचकते-कूदते अशोक वाटिका पहुँच जाते हैं, और उसी टेबिल पर चढ़ जाते हैं जहाँ सीताजी बैठी हैं, अन्तर केवल इतना है कि सीताजी अशोक वाटिका के अन्दर हैं और यह उसके ऊपर। इस काम के लिए पहले से ही वहाँ सीढ़ी लगाकर रख दी जाती थी।

"तेहि अवसर रावणु तहँ आवा, संग नारि बहु किये बनावा।
बहु विधि खल सीतहिं समुझावा, साम दाम भय भेद देखावा।।
कह रावणु सुनु सुमुखि सयानी, मन्दोदरी आदि सब रानी।
तब अनुचरी करउँ पन मोरा, एक बार बिलोकु मम ओरा।।
भवन गयउ दसकंधर, इहाँ पिसाचिन बृंद।
सीतहिं त्रास दिखावहिं, धरहि रूप बहु मंद।।
त्रिजटा नाम राच्छसी एका, रामचरन रति निपुन बिबेका।
त्रिजटा सन बोली कर जोरी, मातु बिपति संगिनि तैं मोरी।।
आनि काठ रचु चिता बनाई, मातु अनल पुनि देहु लगाई।
निसि न अनल मिल सुन सुकुमारी, अस कह सो निज भवन सिधारी।।
सुनहि बिनय मम बिटप असोका, सत्य नाम करु हरु मम सोका।
नूतन किसलय अनल समाना, देहि अगिनि जनि करहि निदाना।।
कपि कर हृदय बिचार, दीन्ह मुद्रिका डारि तब।
जनु असोक अंगार, लीन्ह हरिष उठि कर गहेउ।।"

इधर ये चौपाइयाँ, दोहे और सोरठे पढ़े जाते थे और उधर "लीला" चलती रहती थी। त्रिजटा के जाने पर हनुमानजी ऊपर से मुँदरी गिरा देते हैं। यह क्रिया इतने सुन्दर ढँग से होती थी कि दर्शकगण कह उठते थे—"वो देखो! हनुमानजी ने मुँदरी गिराई!"

"तब देखी मुद्रिका मनोहर, राम नाम अंकित अति सुन्दर।
चकित चितव मुँदरी पहचानी, हरष विषाद हृदयँ अकुलानी।।"

अब तो हनुमानजी को सामने प्रकट होना ही पड़ा, अपना परिचय दिया और फिर

"बार-बार नायसि पद सीसा, बोला वचन जोरि कर कीसा।
सुनहु मातु मोहि अतिसय भूखा, लागि देखि सुन्दर फल रूखा।।
देखि बुद्धि बल निपुन कपि, कहेउ जानकी जाहु।
रघुपति चरन हृदयँ धरि, तात मधुर फल खाहु।।

"तात मधुर फल खाहु" समाप्त भी नहीं हो पाता कि हनुमानजी के साथ नन्हे दर्शकगण भी फलों पर टूट पड़ते हैं। कुछ फल हनुमानजी खुद खाते और बाकी इधर-उधर फेंक देते। ये "दर्शकगण" वे ही बच्चे होते हैं जो सात बजे से ही अशोक वाटिका की बगल में जगह लेकर बैठे हैं। इसी सब के बीच वाटिका के रक्षक राक्षसों की पिटाई भी हो जाती है। रावण तनय अक्षत कुमार भी मारा जाता है और अन्त में मेघनाद हनुमानजी को पकड़ने आता है।

"चला इन्द्रजित अतुलित जोधा, बंधु निधन सुनि उपजा क्रोधा।
कपि देखा दारुन भट आवा, कटकटाइ गरजा अरु धावा।।"

बस फिर क्या था, हनुमानजी और मेघनाद में युद्ध होने लगता है। मेघनाद तलवार, तीर-कमान, गदा सभी का प्रयोग करता है। अन्त में मल्ल-युद्ध होता है। हनुमानजी एक जोर का घूँसा मेघनाद को जड़ देते हैं और मेघनाद मूर्छित हो जाता है, जब होश आता है तो

"ब्रह्म अस्त्र तेहि साधा, कपि मन कीन्ह विचार।
जो न ब्रह्म सर मानऊँ, महिमा मिटइ अपार।।"

और मेघनाद जड़ाऊ दुपट्टे से बनाये हुए नागपाश से हनुमानजी को बाँधकर रावण के दरबार में ले जाता है।

बिन्दे महाराज का हाँफता हुआ, पर मुस्कराता चेहरा अभी भी मेरी आँखों के सामने नाच रहा है। बीच-बीच में वह ऐंठते भी जाते थे और मौका लगने पर एक आध लात भी मेघनाद को जड़ देते थे।

रावण का दरबार सजा हुआ है। मेघनाद हनुमानजी को रावण के दरबार में पेश करता है। थोड़ी नोक-झोंक के बाद रावण का प्रस्ताव होता है—

"कपि कै ममता पूँछ पर सबहिं कहउँ समुझाय।
तेल बोरि पट बाँधि पुनि, पावक देहु लगाइ।।"

वैसे, हमारे हनुमानजी बिना पूँछ के होते थे; पर इस समय वह एक विंग के पास खड़े हो जाते और एक मोटा-सा रस्सा पूँछ के रूप में विंग्स में से उनके हाथ में पकड़ा दिया जाता। बस पूँछ बढ़ना शुरू हो जाती।

"रहा न नगर बसन घृत तेला, बाढ़ी पूँछ कीन्ह कपि खेला।
पावक जरत देखि हनुमंता, भयउ परम लघु रूप तुरंता।।
निबुकि चढ़ेउ कपि कनक अटारी, भईं सभीत निसाचर नारी।

उलटि पलटि लंका सब जारि।..."

पूँछ में आग लगते ही हनुमानजी एक किलकारी मारकर दरबार से बाहर आ जाते हैं। पीछे स्ट्रीट का पर्दा गिरा दिया जाता है। हनुमानजी अपनी जलती हुई पूँछ लिये जब तक इधर-उधर उचकते फिरते हैं, उतनी देर में पीछे से रावण का दरबार हटा दिया जाता है और सारे पर्दे ऊपर उठा दिये जाते हैं। स्टेज के पीछे बिल्कुल बाहर बल्लियों के ऊपर, तीन पाइपों में कपड़ा लपेटकर पहले से ही तेल में तर करके रखा जाता है। जहाँ-तहाँ पटाके भी एडजस्ट कर दिये जाते हैं। स्ट्रीट का पर्दा उठते ही हनुमानजी किलकारी मारकर उन पाइपों पर चढ़ जाते हैं और फिर सबसे पहले ऊपर वाले पाइप में उसके बाद नीचे वाले पाइपों में आग लगाकर नीचे कूद पड़ते हैं। दूर से देखने वालों को सच में ऐसा लगता है जैसे स्टेज पर आग ही आग है और कृत्रिम मकानों की बल्लियाँ चटख रही हैं।

"पूँछ बुझाइ खोइ श्रम धरि लघु रूप बहोरि।
जनक सुता के आगे ठाढ़ भयउ कर जोरि।।
मातु मोहिं दीजै कछु चीन्हा, जैसे रघुनायक मोहिं दीन्हा।
चूड़ामनि उतारि तब दयऊ, हरष समेत पवनसुत लयऊ।"

इधर हनुमानजी सीताजी से विदा लेते हैं और उधर पब्लिक उठ खड़ी होती है। स्टेज पर स्ट्रीट का पर्दा गिरता है—और तुरन्त ही उठ जाता है। प्रवर्षण पर्वत पर श्रीराम, लक्ष्मण तथा सुग्रीव इत्यादि बैठे हैं। हनुमानजी प्रवेश करते ही रामजी से गले मिलते हैं और चारों तरफ से जयजयकार होती है—"बोल बजरंग बली की जय।" "बोल पवनसुत हनुमान की जय।" "बोल लाल लँगोटे वाले की जय।" जब तक हनुमानजी अपनी बात पूरी कहें-कहें तब तक तो स्टेज के अन्दर और बाहर वाले सब स्टेज पर।

और (दौआ के शब्द) :

"सज्जनो आज की लीला यहीं समाप्त होती है।"

9. अंगद-रावण संवाद

स्टेज का आखिरी, जंगल वाला, पर्दा है। पानी वाले तीनों पर्दे ऊपर नीचे हो रहे हैं। ये वही तीनों पर्दे हैं जो श्रीराम के गंगा पार करते समय इस्तेमाल किये गये थे। अब ये समुद्र के द्योतक हैं। इसी समुद्र के किनारे श्रीराम, लक्ष्मण तथा सारी वानर सेना बैठी हुई है। केवल श्रीराम ध्यान-मुद्रा में, आँखें बन्द किये, हाथ जोड़े बैठे हैं।

समाजी :

"विनय न मानत जलधि जड़, गये तीन दिन बीति।
बोले राम सकोप तब, भय बिन होय न प्रीति।।

लछिमन बान सरासन आनू, सोषौं बारिधि बिषिख कृषानू।
अस कहि रघुपति चाप चढ़ावा, यह मत लछिमन के मन भावा।।"

धनुष के खींचते ही, समुद्र के बीच से स्वच्छ सफेद कपड़े पहने एक पुरुष प्रकट होता है। मोतियों से भरा थाल उसके हाथ में है जिसे वह श्रीराम के चरणों में रख देता है। पर श्रीराम का गुस्सा कहाँ ठंडा होने वाला है? तब यह पुरुष (समुद्र) काँपते हुए स्वयं ही पार उतरने का रास्ता बताता है :

"नाथ नील नल कपि द्वै भाई, लरिकाई रिषि आसिष पाई।
तिन्ह के परस किये गिरि भारे, तरिहहिं जलधि प्रताप तुम्हारे।"

बात तो राम की समझ में आ गयी पर प्रश्न यह था : धनुष पर चढ़े इस बाण का क्या किया जाए? अतः समुद्र कहता है :

"ऐहि सर मम उत्तर तट बासी, हतहु नाथ खल नर अघरासी।"

श्रीराम समुद्र की बात मान लेते हैं और बाण को उत्तर दिशा की तरफ चला देते हैं। बाण के छूटते ही समुद्र रूपी मनुष्य समुद्र में समा जाता है और वानर सेना हू-हा करती सेतु बाँधना शुरू कर देती है।

बन्दर स्टेज के अन्दर जाते हैं और पत्थर ढो-ढो कर लाते हैं। झाँसी में पत्थरों की कमी नहीं है।

देखते-देखते पानी वाले पर्दे के आगे एक और भूरे रंग का छोटा सा पर्दा खड़ा कर दिया जाता है। इस पर भी भूरे-भूरे पत्थर बने होते हैं।

अब शिव जी की स्थापना होती है और फिर पूजा।

अन्त में श्रीराम आगे, पीछे लक्ष्मण, हनुमान, अंगद आदि सब बारी-बारी से स्टेज के एक तरफ से, उस पत्थरों वाले पर्दे के पीछे से, प्रवेश करते हैं जो अब सेतु बन्ध हो गया है। दूर से देखने पर सचमुच ऐसा लगता था मानो सब पुल पर से जा रहे हों।

समुद्र पार करके श्रीराम की सेना लंका पहुँच जाती है। वहाँ से स्टेज रावण की लंका, और स्टेज के सामने की जमीन श्रीराम की लंका हो जाती थी।

समाजी :

"इहाँ प्रात जागे रघुराई, पूछा मत सब सचिव बुलाई।
कहहु बेगि का करिअ उपाई, जामवंत कह पद सिरु नाई।"

जामवंत

"सुनु सर्वग्य सकल उर बासी, बुधि बल तेज धर्म गुन रासी।
मंत्र कहउँ निज मति अनुसारा, दूत पठाइअ बालि कुमारा।"

(बालि-कुमार बनते थे लाला रामदयाल तेली।)

"सिंह ठवनि इत उत चितव"—चलते थे तो मानो तुलसीदास की इस चौपाई

के एक-एक शब्द को चरितार्थ करते हों। मोटा भारी-भरकम शरीर। नाटा कद। बायें गाल पर बड़ा-सा मस्सा। उनकी चाल देखकर लगता मानो सेंटर आफ ग्रैवटी इधर से उधर स्विंग कर रहा हो। बोलते कुछ नाक के स्वर से थे।

यही लाला रामदयाल पहले माली और केवट का पार्ट कर चुके थे। तब उनका मेकअप साधारण होता था।

पर आज तो राजकुमार, बालि-तनय, बने हैं। उमर पचास से ऊपर हुई तो क्या, आज जिन्क आक्साइड और रूज से मेकअप हुआ है। पीला सिल्क का कच्छा। पीली सिल्क की मिर्जई। उस पर हृदय भूषण। मुकुट। लाला रामदयाल जँच जाते थे। पता नहीं इसके पीछे भी क्या राज था। हनुमान जी हमेशा लाल कपड़े पहनते थे और अंगद जी सदा पीले। हनुमान जी की तरह वह ज्यादा चीखते-चिल्लाते न थे, जरा सोबर टैम्परामेंट के थे; शायद इसीलिए उन्हें 'एम्बैसेडर' बना कर भेजा गया था!

समाजी :

"गयउ सभा दरबार तब, सुमिरि राम पद कंज।
सिंह ठवनि इत उत चितव, धीर वीर बल पुंज।।"

रावण का दरबार। वारांगनाओं का नृत्य हो रहा है। नारायण गिरि महाराज रावण बने हैं। ये भी खानदानी रावण थे। सुना जाता है, पहले इनके पिता भी रावण बना करते थे। इनका दस शीश वाला मुकुट साफे पर कुछ इस तरह से बाँधा जाता था कि जब वह उनके सामने रखी टेबिल पर कापी में अपना पार्ट देखते होते तो दर्शकों को ऐसा लगता मानो अंगद की बात को वह बड़े ध्यान से सुन रहे हों। बीच-बीच में "हूँ! हूँ!" भी करते जाते।

इंट्रोडक्शन होता है :

"कह दस कंठ : कवन तैं बन्दर?"

"मैं रघुवीर दूत दसकंधर!"

अंगद समझाते हैं :

"दसन गहहु तृन कंठ कुठारी, परिजन सहित संग निज नारी।
सादर जनक सुता करि आगे, एहि बिधि चलहु सकल भय त्यागे।
प्रनतपाल रघुबंस मनि, त्राहि-त्राहि अब मोहि।
आरत गिरा सुनत प्रभु, अभय करेंगे तोहि।"

रावण :

"हे कपिपोत बोलु संभारी, मूढ़ न जानेसि मोहि सुरारी!
कहु निज नाम जनक कर भाई, केहि नाते मानिये मिताई।।"

अंगद :

"अंगद नाम बालि कर बेटा; तासों कबहुँ भई ही भेंटा?"

रावण :

"अंगद, तहीं बालि कर बालक? उपजेहु बंस अनल कुल घालक!
गर्भ न गययु व्यर्थ तुम्ह जायहु, निज मुख तापस दूत कहायहु!!"

अंगद :

"हम कुल घालक, सत्य तुम्ह कुल पालक दससीस!
अंधउ बधिर न अस कहहिं, नयन कान तव बीस!!
पितहिं खाई खातेउँ पुनि तोही, अबहीं समुझि परा कछु मोही।
बालि बिमल जस भाजन जानी, हतउँ न तोहिं अधम अभिमानी!
कहु रावन रावन जग केते, मैं निज श्रवन सुने सुनु जेते!
बलिहि जितन एक गयउ पताला, राखेउ बाँधि सिसुन्ह हयसाला।
खेलहिं बालक मारहिं जाई, दया लागि बलि दीन्ह छोड़ाई।
एक बहोरि सहसभुज देखा, धाइ धरा जिमि जंतु बिसेषा।
कौतुक लागि भवन लै आवा, सो पुलस्ति मुनि जाइ छोड़ावा।
एक कहत मोहि सकुच अति, रहा बालि की कांख।
इन्ह महँ रावन तैं कवन, सत्य बदहि तजि माख!!"

इस पर रावण खिसिया जाता है और श्रीराम के प्रति अपशब्द कहने लगता है :

रावण :

"रे कपि, अधम मरन अब चहसी! छोटे बदन बात बड़ कहसी!
कटु जल्पसि जड़ कपि बल जाकें, बल प्रताप बुधि तेज न ताकें,
अगुन अमान जानि तेहि, दीन्ह पिता बनवास।
सो दुख अरु जुबती बिरह, पुनि निसि-दिन मम त्रास।।
जिन्ह के बल कर गर्व तोहि अइसे मनुज अनेक।।
खाहिं निसाचर दिवस निसि, मूढ़ समुझु तजि टेक!!"

अंगद के लिए यह बर्दाश्त से बाहर की बात थी। गुस्से से झनझनाकर रावण की टेबिल पर पूरे जोर से दोनों हाथ पटकते हैं, मानो कह रहे हों : "शटप यू ईडियट!"

समाजी :

"कटकटान कपि कुंजर भारी, दुहुँ भुजदंड तमकि महि मारी।
गिरत सँभारि उठा दसकंधर, भूतल परे मुकुट अति सुन्दर।"

रावण के मुकुट का कुछ अंश और कुण्डल नीचे गिरते हैं जिन्हें उठाकर अंगद श्रीराम की दिशा में फेंक देते हैं।

और अन्त में–

"समुझि राम प्रताप कपि कोपा, सभा माझ पन करि पद रोपा,
जौं मम चरनि सकसि सठ टारी, फिरहिं रामु, सीता मैं हारी!"

खुला चेलेंज। अब क्या था–

"इन्द्रजीत आदिक बलवाना, हरषि उठे जह तहँ भट नाना।
झपटहिं करि बल बिपुल उपाई, पद न टरइ बैठहिं सिर नाई।"

यही समय होता था जब थोड़ा हास-परिहास भी हो जाता था। जब सब हारी मान जाते हैं, तो रावण स्वयं उच्च सिंहासन से उठता है और पैर उठाने के लिए आगे बढ़ता है। जैसे ही रावण पैर में हाथ लगाने को झुकता है, अंगद झट से पैर हटा लेते हैं। यह अंगद का रावण पर अन्तिम डिप्लोमैटिक प्रहार है, जो इस 'डुयेल' को 'फिनिशिंग टच' देता है :

"मम पद गहे न तोर उबारा!"

रावण सलज्ज अपने स्थान पर जाकर बैठ जाता है।

और अंगद रावण से विदा लेकर श्रीराम की लंका में आ जाते हैं।

"रिपु बल धरषि हरषि कापि बालि तनय बल पुंज।
पुलक शरीर नयन जल गहे राम पद कंज!!"

10. लक्ष्मण शक्ति

अंगद के जरिये भेजे सन्देश से काम न चला, तो श्रीराम लंका पर चढ़ाई की तैयारियाँ शुरू कर देते हैं। रामलीला में यह चढ़ाई बड़ी आसानी से दिखाई जाती थी।

समाजी :

"जयति राम जय लछिमन, जय कपीस सुग्रीव।
गर्जहिं सिंहनाद कपि, भालु महा बल सींव।।
नाना युध सर चाप धर, जातुधान बल बीर।
कोट कंगूरन्हि चढ़ि गये, कोटि कोटि रणधीर।।"

कंगूरे क्या, बस जमीन से स्टेज पर चढ़ना होता है। बन्दर बने हुए लड़के रावण के दरबार में उत्पात मचाने लगते हैं। राक्षस लोग कुछ को तो स्टेज के अन्दर और कुछ को स्टेज के बाहर फेंक देते हैं। कुछ बेचारे रावण के दरबार की टेबिल-कुर्सियाँ उठाने में लग जाते हैं। देखते-देखते दरबार का पर्दा उठ जाता है और क्षण भर में सारा स्टेज युद्ध-स्थल बन जाता है। अब तक हनुमान भी ऊपर पहुँच जाते हैं।

समाजी :

"अंगद सुना पवन सुत, गढ़ पर गयउ अकेल!
रन बांकुरा बालि सुत, तरकि चढ़ेउ कपि खेल!!
जुद्ध विरुद्ध क्रुद्ध द्वौ बन्दर, राम प्रताप सुमिरि उर अन्तर।
रावन भवन चढ़ै द्वौ धाई, करहिं कोसलाधीस दोहाई।
मेघनाद सुनि श्रवण अस गढ़ पुनि छेका आइ।
उतर्‌यो वीर दुर्ग ते सन्मुख चल्यो बजाइ।।"

मेघनाद के रूप में मैंने पहले तो श्यामलाल सोनी को देखा था, और बाद में घनश्याम अग्रवाल (घंसू भइया : लाला घूरमल के बड़े सुपुत्र)। तो आइये पहले श्यामलाल सोनी से मिलिए।

श्यामलाल सोनी पूरी रामलीला में केवल मेघनाद का ही पार्ट करते थे। ऐसा लगता जैसे इनका लक्ष्मण से कोई पुराना बैर था या एकाउंट था, जिसे इन्हें सैटल करना था। बाकी के दिनों में स्टेज के आस-पास भी नहीं दीखते थे। हाँ, कभी-कभी आवश्यकता पड़ने पर श्रृंगार रूप में 'स्वरूपों' के चमकुई बिन्दियाँ लगाने के लिए जरूर बुला लिये जाते थे।

उम्र पचास से ऊपर ही होगी। सम्भवतः दमा के मरीज थे, क्योंकि मैंने कई बार लड़ते-लड़ते उनकी साँस फूलते देखी थी। कद कोई 5 फीट 10 इंच। गेहुँआ रंग। बड़ी-बड़ी मूँछें। मूँछों में छिपे बिररे-बिररे दाँत। ऊँचा मस्तक। पीछे को किये हुए बाल। ऊपर से—मखमल के हुए तो क्या—काले कपड़े। जिस समय वह कहते—"अब खा जाने की बारी है।" तो यकीन हो जाता था कि 'ही मीन्स बिजनेस।' थोड़ी देर को तो 'लछिमनजी' की सिट्टी-पिट्टी गुम हो जाती थी।

वैसे, अच्छा था कि पूरी रामलीला में उनसे दो ही दिन मुलाकात होती थी। हमने तो लक्ष्मण बनना बहुत बाद में शुरू किया, पर वह बरसों पहले से मेघनाद बना करते थे। मैं जब छोटा था, तो स्कूल जाते समय अक्सर उनको मुसद्दीलाल के चौराहे से पहले दाहिने हाथवाली दुकान पर हथौड़ी लिये सोने के आभूषण बनाते देखता था। एक पैर सिकोड़े, दूसरे घुटने का सहारा लिये, फुँकनी से दिये की लौ को घुमाकर टाँका लगाते न जाने कितनी बार देखा।

वह उस समय भी मुझे भयानक लगते थे!

श्यामलाल सोनी की मृत्यु के बाद घंसू भैया ने मेघनाद बनना शुरू किया। यह सजीले, लजीले जवान थे। गोरा रंग। फूले गाल। आवाज में मिठास। मेकअप करने पर तो इतने सुन्दर लगते कि क्या कहना! लोग फबतियाँ कसते—"क्या घंसू भइया! मेघनाद तो राक्षस था;" उत्तर मिलता : "राक्षस हुआ तो क्या, राजकुमार तो था!"

मेघनाद :

"कहाँ है भाई राम लखन, जो भारी बली कहाते हैं?"

और लक्ष्मणजी श्रीराम को प्रणाम करके मेघनाद से युद्ध करने स्टेज पर पहुँच जाते हैं।

मेघनाद से युद्ध पहले तीर-कमान से होता है, फिर मल्ल-युद्ध होता है। मल्ल-युद्ध के समय ही शक्ति "मारी" जाती है।

"शक्ति" कोई दो फुट लम्बी होती है। यह लोहे के पाइप की बनी होती है। एक सिरा तो बन्द होता है, पर दूसरे सिरे पर करीब तीन इंच लम्बा चाकू लगा होता है। पाइप के अन्दर स्प्रिंग होता है, जो इस चाकू को आगे को ठेले रहता है। पाइप के अन्दर लाल रंग भरा रहता है। लक्ष्मणजी अपने पेट पर (वस्त्रों के नीचे) पहले से ही एक लोहे की पेटी बाँधे रहते हैं जिसमें बल्ब-होल्डर की तरह का खाँचा फिट रहता है। जिस प्रकार कोई बल्ब किसी 'होल्डर' में फिट किया जाता है, उसी प्रकार यह शक्ति उस पेटी में फिट की जाती थी।

लक्ष्मण-मेघनाद युद्ध चल रहा है। मेघनाद हार रहा है। तभी उसे अपने अमोघ अस्त्र 'शक्ति' की याद आती है। विंग्स में एक आदमी शक्ति लिये खड़ा रहता है। मेघनाद क्षण भर को विंग्स की ओर घूमकर शक्ति हाथ में ले लेता है। और–

मेघनाद–

"अब तक तो मैं खेल खिलाता था, अब खा जाने की बारी है।
इस शक्ति-बाण की सूरत में, आ पहुँची मौत तुम्हारी है।।"

समाजी :

"बीरघातिनी छांड़ेसि सांगी, तेज पुंज लछिमन उर लागी।
मुरुछा भई सक्ति के लागे, तब चलि गयउ निकट भय त्यागे।"

इन चौपाइयों और मारू बाजों के बीच में ही मेघनाद लक्ष्मण को अपनी जांघ पर गिरा लेते हैं और शक्ति मारते समय ऐसा स्विंग लेते हैं कि दर्शकों की तरफ उनकी पीठ हो जाती है। धीरे से कान में उनकी आवाज पड़ती है : "जगह बनाओ।" और तुरन्त लक्ष्मणजी हाथ से पेटी का खाँचा इंगित कर देते हैं। और यह लीजिए, शक्ति लग गयी।

यह सब इतनी सफाई से होता था कि उसी स्विंग के पूरे होने पर लक्ष्मण धरती पर और बलबल खून उनके पेट से निकल रहा है! 'शक्ति' कभी दायें झूमती है, कभी बायें। अब–

समाजी :

"मेघनाद सम कोटि सत जोधा रहे उठाइ।
जगदाधार सेष किमि उठैं, चले खिसिआइ।।"

मेघनाद एक बार उस 'शक्ति' को ही पकड़कर लक्ष्मण को थोड़ा ऊपर उठाता है और–न उठा पाने पर–वहीं से छोड़ देता है : 'धम्म!' और चला जाता है।

अब हनुमान वहाँ पहुँच जाते हैं और लक्ष्मण को उठाकर श्रीराम के पास ले जाते हैं।

पंचम गिरि ने बहुत दिनों तक राम का पार्ट किया है। लक्ष्मण शक्ति वाले दिन तो वह समा बाँध देते थे। वह गाते भी तो अच्छा थे। "मुझको अकेला छोड़ कर लछमन...।" समस्या होती थी–स्टेज पर लाइट के कारण छोटे-छोटे कीड़ों के झुण्ड से बेचारे लक्ष्मण तो बेहोश पड़े हैं, और नीचे से पीठ में कोई कीड़ा सुरसुरा या काट रहा है! हिल-डुल सकते नहीं। धीरे से रामचन्द्रजी से कहते–"जरा पीठ के नीचे से कीड़ा निकाल दो।" बेचारे रामजी रोते जाते : "खो दिया आज हा भाई, सेवा में जान लगाई", और चुपके से कीड़े भी निकालते जाते। भला हो उस जमाने का जो माइक नहीं थे, वरना सारी पोल खुल जाती।

खैर, जामवंत बताते हैं कि लंका में सुषेण वैद्य हैं। विभीषण पता देते हैं। और, हनुमानजी तुरन्त उन्हें कन्धे पर बैठाकर ले आते हैं।

अब चलिए वहाँ जहाँ संजीवनी बूटी है। वही तिकोने पहाड़। छोटे-बड़े। और उनके बीच में रखा है एक कागज का बना 4.5 फीट लम्बा और 7.5 फीट चौड़ा गिरि-खण्ड। इसमें तरह-तरह के पौधों की टहनियाँ खुसी हुई हैं। हनुमानजी इसे उठाकर चलते हैं। पर्दा गिरता है।

और इसके बाद दृश्य है : नन्दी ग्राम में भरत बैठे हुए हैं।

समाजी :

"देखा भरत बिसाल अति, निसिचर मन अनुमानि।
बिनु फर सायक मारेउ, चाप श्रवन लगि तानि।।"

बाण लगते ही हनुमान गिर पड़ते हैं।

भरत :

"जौं मोरे मन बच अरु काया, प्रीति राम पद कमल अमाया।
तौ कपि होउ बिगत श्रम सूला, जौं मो पर रघुपति अनुकूला।।"

बस, हनुमानजी उठ खड़े होते हैं। भरत कहते हैं :

"चढ़ मम सायक सैल समेता, पठवौं तोहिं जहँ कृपानिकेता।"

पर हनुमान प्रणाम करके वैसे ही चल देते हैं।

समाजी :

"उहाँ राम लछिमनहिं निहारी, बोले बचन मनुज अनुहारी।"

श्रीराम :

"मम हित लागि तजेहु पितु माता, सहेहु बिपिन हिम आतप बाता।
सो अनुराग कहाँ अब भाई, उठहु न सुनि मम बच विकलाई।
जैहउँ अवध कौन मुहुँ लाई, नारि हेतु प्रिय भाइ गँवाई।
बरु अपजस सहतेउँ जग माहीं, नारि हानि बिसेष छति नाहीं।
निज जननी के एक कुमारा, तात तासु तुम्ह प्रान अधारा।
सौंपेहि मोहिं तुम्हहि गहि पानी, सब बिधि सुखद परम हित जानी।
उतरु काह दैहउँ तेहि जाई, उठि किन मोहिं सिखावहु भाई।"

समाजी :

"प्रभु प्रलाप सुनि कान, बिकल भये बानर निकर।
आइ गयउ हनुमान, जिमि करुना महँ बीर रस।
हरषि राम भेटेउ हनुमाना, अति कृतग्य प्रभु परम सुजाना।
तुरत बैद तब कीन्हि उपाई, उठि बैठे लछिमन हरषाई।"

दोनों भाई गले मिलते हैं।

11. कुम्भकर्ण वध

पूरी रामलीला में कुम्भकर्ण केवल इसी एक दिन दिखाई देता था। और दिखता भी कैसे, बाकी दिन तो सोता रहता था। कुम्भकर्ण का पार्ट जो सज्जन करते थे, वह थे तो लम्बे तड़ंगे पर बोलते बहुत स्पष्ट नहीं थे। कारण दो थे, एक तो आयु और दूसरे दाँतों के बीच में ज़रूरत से ज्यादा फासला। हवा फुस्स् से निकल जाती थी। चलते थे तो "धरनि धसहिं..." को सार्थक करते थे।

महल का पर्दा पड़ा है। एक तखत पर कुम्भकर्ण महाशय पड़े-पड़े खर्राटे भर रहे हैं। रावण आता है, जगाने की कोशिश करता है। पर उनके कान में जू भी नहीं रेंगती। तब स्टेज ही पर बैठे नन्नू तबलची का तबला उठाकर उनके कान के पास पीटा जाता है। अब जाकर कहीं उन्हें होश आता है।

समाजी :

"व्याकुल कुम्भकरन पहिं आवा, विविध जतन करि ताहि जगावा।
जागा निसिचर देखिय कैसा, मानहु काल देह धरि वैसा।
कुम्भकरन बूझा कहु भाई, काहे तव मुख रहे सुखाई।"

कुम्भकर्ण :

"हे बन्धु भूप लंकेश्वर जी, मुझको किसलिए जगाया है।
क्या बैरी कोई चढ़ आया, जो इतना कष्ट उठाया है।
या फिकर दूसरी है कोई, उसको भी भ्रात बताओ तुम।
है विषय कौन सा चिन्ता का, सब हाल मुझे समझाओ तुम।"

रावण :

"जो बात कही तुमने भ्राता, वह तो सब सच फरमाया है।
लंका पर चढ़कर इक बैरी, कुछ रोज से, भाई, आया है।
बनवासी हैं, दशरथनन्दन, वानरों की सेना सँग आई।
इन दोनों तपसी लड़कों को, यमलोक भेजना है भाई।
यह काम तुम्हें अब करना है, लंका का मान बढ़ाना है।
इन अवध भूप के लड़कों को, यमराज की भेंट चढ़ाना है।"

जब कुम्भकर्ण को यह पता चलता है कि रावण सीताजी को हर लाया है तो बड़ा दुखी होता है। उसे बार-बार समझाता है।

समाजी :

"सुनि दसकंधर बचन तब कुम्भकरन बिलखान।
जगदम्बा हरि आनि अब सठ चाहत कल्याण।।"

रावण :

"क्या तुम भी कायर बन बैठे, पुरखों की बात डुबा दोगे।
क्या अपने भाई रावण की, मिट्टी में शान मिला दोगे।
चढ़ आया बैरी लंका पर, भगिनी की नाक काट लीनी।
मिल गया विभीषण जा उनसे, सब कुलकी बात डुबो दीनी।
क्या भाई होकर भाई का, अब साथ नहीं दोगे भाई।
पहले ही भ्रात विभीषण ने, मम गर्दन नीची करवाई।"

अब तो कुम्भकर्ण जोश में आ जाता है। लड़ने के लिए तैयार हो जाता है। घड़े और बाल्टियाँ उसके मुँह से लगा दी जाती हैं।

समाजी :

"महिष खाइ करि मदिरा पाना, गरजा बज्राघात समाना।
कुम्भकरन दुर्मद रन रंगा, चला दुर्ग तजि सेन न संगा।"

कुम्भकर्ण को आता देखकर पहले विभीषण उससे मिलता है, अपना परिचय देता है, गले मिलता है और फिर आकर श्रीराम को बताता है, "नाथ भूधराकार सरीरा, कुम्भकरन आवत रनधीरा।" बस इतना सुनकर तो बानर लोग किलकारी

मारकर स्टेज पर चढ़ जाते हैं। बन्दरों की खूब पिटाई होती है, यहाँ तक कि सुग्रीव, अंगद, हनुमान भी हार कर आ जाते हैं। अब श्रीराम उठते हैं। श्रीराम को उठता देखकर लक्ष्मण लड़ने के लिए उद्यत होते हैं :

लक्ष्मण :

"हे कौशलेश, हे रघुनन्दन, देरी ना यहाँ लगाओ तुम।
जाऊँ मैं लड़ने बैरी से, आज्ञा अब नाथ गहाओ तुम।
अभिमान झाड़ दूँगा इसका, जब कर में धनुष उठाऊँगा।
इस कुम्भकर्ण को मार अभी, रावण का गर्व घटाऊँगा।"

श्रीराम :

"ये महा भयंकर है कुरूप, लड़ने में है ये बलकारी।
इसका कुछ भी बिगड़ेगा नहीं, जो यहाँ लड़े सेना सारी।
जाऊँगा लड़ने मैं इससे, नहिं तुमको भ्रात पठाऊँगा।
इस महा दुष्ट अभिमानी को, कुछ रण कौशल दिखलाऊँगा।"

समाजी :

"कर सारंग साजि कटि माथा, अरि दल दलन चले रघुनाथा।
प्रथम कीन्ह प्रभु धनुष टँकोरा, रिपु दल बधिर भयउ सुनि सोरा।"

इधर श्रीराम और कुम्भकर्ण में युद्ध होता है और उधर

समाजी :

"संग्राम भूमि बिराज रघुपति अतुल बल कौसल धनी।
श्रम बिन्दु मुख राजीव लोचन अरुन तन सोनित कनी।
भुज जुगल फेरत सर सरासन भालु कपि चहु दिसि बने।
कह दास तुलसी कहि न सक छबि सेष जेहि आनन घने।
निसिचर अधम मलाकर, ताहि दीन्ह निज धाम।
गिरिजा ते नर मंदमति, ते न भजहिं श्रीराम।"

मेघनाद-वध

यदि रावण के गुप्तचर थे तो श्रीराम के भी गुप्तचर थे। जासूसी उस ज़माने में भी होती थी। समाचार मिलता है कि देवी के मन्दिर में मेघनाद 'विजय यज्ञ' कर रहा है। यह यज्ञ पूरा हो गया तो फिर कोई उसे मार न पायेगा। विचार करने पर यह तय पाया गया कि किसी प्रकार इस यज्ञ का विध्वंस किया जाय। बस, तुरन्त लक्ष्मणजी तैयार हो जाते हैं। यह सब लीला स्टेज के सामने वाले मैदान में होती थी।

स्टेज पर स्ट्रीट का पर्दा पड़ा हुआ है। पीछे मेघनाद के यज्ञ की तैयारी हो रही है और इधर लक्ष्मणजी श्रीराम से युद्ध पर जाने की आज्ञा माँगते हैं।

राम :

"है आज्ञा यही हमारी अब, उज्ज्वल रघुकुल का वंश करो।
कुछ सेना साथ में ले जाकर, इस विजय यज्ञ का ध्वंस करो।"

स्ट्रीट का पर्दा उठता है। जंगल का सीन है। लाइट कुछ डिम है। मेघनाद अकेला ही बैठा यज्ञ कर रहा है। आज वह मुकुट तक नहीं लगाये है। बन्दरों के साथ लक्ष्मणजी स्टेज पर चढ़ जाते हैं। पहले तो बन्दर ही उसका यज्ञ विध्वंस करते हैं पर जब उस पर कोई असर नहीं होता, तो लक्ष्मण स्वयं पीछे से आकर उसके एक लात जमाते हैं और जैसे अभी पिछले दिन का प्रतिकार पूरा न हुआ हो, उसकी पीठ पर पैर रखकर खड़े हो जाते हैं। अपमान की भी हद होती है। मेघनाद से रहा नहीं जाता, यज्ञ छोड़कर उठ खड़ा होता है।

मेघनाद :

"ओ अधम नीच लक्ष्मण तूने, क्या किया है काम बड़ाई का?
इस यज्ञ को आय बिगाड़ दिया, नहीं है ये ढंग लड़ाई का।
तुम बनते हो धर्मज्ञ बहुत, पर धर्म का नाश कराया है।
वानरों के साथ यहाँ आकर, मम यज्ञ को नष्ट कराया है।"

लक्ष्मण :

"अब तक तो लंका वालों को, योद्धा ही हमने जाना था,
वे धर्मवान भी हैं सचमुच, यह तत्त्व नहीं पहचाना था।
पर कपट रूप धारण कर लो, रावण ने सीता हरण किया,
सो भला बताओ मेघनाद, ये कैसा धर्माचरण किया।
लंका के धर्मशास्त्री क्या, इसको भी धर्म बताते हैं?
क्या नारी की चोरी को भी, वे अच्छा कर्म बताते हैं?
अफसोस चोट्टेपन पर भी, गर्वोक्ति धर्म की करते हैं।
घननाद, कहीं पर डूब मरो, यह बात डूब मरने की है।"

मेघनाद :

"अब तक मैं खेल खिलाता था, अब खा जाने की बारी है।
इस महायुद्ध में मेरे हाथों, आयी मौत तुम्हारी है।
इसलिए सँभल जा रघुवंशी, तू आज न बचकर जाएगा।
इस मेघनाद का पौरुष देखो, अपना रंग दिखायेगा।"

(युद्ध होता है)

समाजी :

"लक्ष्मण मन अस मंत्र द्रढ़ावा, यह पापी मैं बहुत खिलावा।
सुमिरि कौसलाधीश प्रतापा, सर संधान कीन्ह करि दापा।
छाँड़ा बान माँझ उर लागा, मरती बार कपट सब त्यागा।
रामानुज कहँ राम कहँ, अस कहि छांड़ेसि प्रान।
धन्य धन्य तव जननी, कह अंगद हनुमान।"

युद्ध में पहले मेघनाद की भुजायें कट जाती हैं और अन्त में सिर। कटा हुआ सिर श्रीराम के पास ले आया जाता है। इस कार्य के लिए, मेघनाद जैसा सिर पहले से ही बना रहता था और उसे थाली में सजाकर विंग्स में रख दिया जाता था। जब तक सुग्रीव आदि मेघनाद का सिर लेकर राम के पास आते हैं, स्ट्रीट का पर्दा गिराकर फिर उठा दिया जाता है। महल का पर्दा है, रावण की पतोहू, मेघनाद की स्त्री, सुलोचना, अपनी सखियों के साथ महल में बैठी है। तभी वहाँ एक कटा हुआ हाथ आकर गिरता है। (कागज़ का)। सुलोचना अपने पति का हाथ पहचान लेती है और विह्वल हो उठती है। तभी दूत आकर मेघनाद की मृत्यु का समाचार देते हैं और बताते हैं कि मेघनाद का कटा हुआ सिर बन्दर उठा ले गये हैं। सुलोचना रावण से आज्ञा लेकर श्रीराम के पास जाती है।

सुलोचना स्टेज से उतर कर जब नीचे आती है तभी विभीषण श्रीराम को सुलोचना का परिचय देते हैं। श्रीराम की आज्ञा के अनुसार उसे स्त्रियोचित आदर के साथ श्रीराम के पास लाया जाता है। सुलोचना का पार्ट एक लच्छी बाबू बड़ा सुन्दर करते थे। मेघनाद का शीश लेकर सुलोचना फिर स्टेज पर जाती है और इधर स्टेज पर जंगल का पर्दा पड़ा है तथा पीछे को दो तख्ते गिरा दिये गये हैं। ये तख्ते इस तरह से गिराये जाते थे कि इनका पिछला भाग ऊपर लटका रहता था। स्टेज के इस खाली स्थान में आग जला दी जाती थी और सुलोचना मेघनाद के कटे हुए सिर को अपने वक्षस्थल से लगाये अग्नि में प्रवेश करती है। तभी हारमोनियम बजता है और सुलोचना गाती है "आ मेरे जनम मरन के साथी, चल चिता पर चढ़ जायें"... गाने के साथ सुलोचना गिरे हुए तख्तों के सहारे स्टेज के नीचे उतर जाती है। जैसे ही उसका मुकुट दीखना बन्द होता है पर्दा गिरा दिया जाता है।

अहिरावण वध

जब कुम्भकर्ण और मेघनाद दोनों मारे गये तो रावण अहिरावण के पास जाता है। अहिरावण पाताल में रहता है। अहिरावण का पार्ट देवी गिरि करते हैं जो पहले, धनुष यज्ञ में काने राजा, सीता हरण में मारीच तथा लक्ष्मण शक्ति वाले दिन विभीषण का पार्ट कर चुके हैं। अहिरावण अपने महल में बैठा है। रावण प्रवेश करता है।

अहिरावण उसके स्वागत में उसकी आरती उतारता है और आने का कारण पूछता है। रावण अपनी समस्या बतलाता है तथा अहिरावण को सलाह देता है कि राम और लक्ष्मण को हर लाकर देवी की बलि दे।

जंगल का सीन है। राम और लक्ष्मण अपनी पूरी सेना के साथ सो रहे हैं। अहिरावण आता है, और मन्त्र पढ़ता है। जो थोड़े बहुत बन्दर ऊँघ रहे थे, वे भी सो जाते हैं। अहिरावण राम और लक्ष्मण को उठा ले जाता है।

सवेरा होता है। राम और लक्ष्मण को न पाकर सारी वानर सेना दुखी होती है, तभी विभीषण बताते हैं कि हो न हो, अहिरावण ही राम और लक्ष्मण को उठा ले गया है। हनुमानजी को उनको छुड़ा लाने का काम दिया जाता है।

फिर से जंगल का सीन है, सरोवर का किनारा है। कालनेमि नाम का राक्षस साधु का रूप बनाये बैठा है। उसका काम था हनुमान को किसी प्रकार रोके रखना। यह भी रावण का हुक्म था। कालनेमि हनुमानजी से गुरुदीक्षा लेने को कहता है। हनुमानजी कहते हैं, दीक्षा लेने से पहले मैं जरा सरोवर में नहा तो आऊँ। सरोवर में नहाते समय एक मकड़ी उन्हें कालनेमि का भेद बता देती है। अब क्या है। हनुमानजी कालनेमि के पास आते हैं, गुरु दीक्षा लेते हैं। और गुरु दक्षिणा में कालनेमि की खूब पिटाई करते हैं।

स्ट्रीट का पर्दा है। हनुमानजी पाताल लोक पहुँच गये हैं। पर अहिरावण के महल में प्रवेश नहीं कर पा रहे हैं। कारण वहाँ पर मकरध्वज महल की रखवाली कर रहा है। मैंने भी मकरध्वज का पार्ट किया है और हनुमानजी से कुश्ती लड़ी है। युद्ध में मकरध्वज मारा जाता है।

जंगल का सीन है। साक्षात् काली माई खड़ी है। काली माई कामता नाम का एक ढीमर बनता था। सम्भव है और लोग इतना काला रंग पोतने को तैयार न होते हों। जो न भूलने वाली चीज़ थी, वह थी उसकी जीभ। लाल, सुर्ख़ लाल, लपलपाती जीभ। यह जीभ पान के पत्ते पर घी में सने सिन्दूर से बनाई जाती थी। काली माई गले में गत्तों के बने नर कंकालों के मुण्ड लटकाये, बीच-बीच में अपनी प्रसन्नता जाहिर करने के लिए चीख भी उठती थीं। बदन थर-थर काँपता था जिससे कमर पर पड़े पत्तों का आवरण सिहर उठता था।

अब अहिरावण राम और लक्ष्मण को बलि देने के लिए बुलवाता है। राम और लक्ष्मण के दोनों हाथ पीछे बँधे हुए हैं। अहिरावण देवी पर पुष्प चढ़ाता है। पुष्प चढ़ते ही कामता प्रसाद गायब और बिन्दे महाराज हाज़िर। पुष्प में हनुमान जी जो थे। बिन्दे महाराज भी उसी तरह से चीखते थे जैसे कामता। बस जैसे ही अहिरावण बलि देने के लिए तलवार उठाता है, हनुमानजी अहिरावण पर पिल पड़ते हैं। फिर राम और लक्ष्मण को कँधे पर बैठा कर स्टेज के आगे की तरफ आ जाते हैं। पर्दा गिर जाता है।

12. विजय दशमी

आज तो रामलीला की चहल-पहल शाम को चार बजे से ही शुरू हो गयी है। कागज और बाँस से बने रावण, कुम्भकर्ण और मेघनाद, जो अब तक लिटाये हुए थे, आज खड़े कर दिये गये हैं। रावण का सारा शरीर पटाखों, चर्खी तथा बाणों से लदा हुआ है। रावण के दसों सिर में अलग-अलग बम बाँधे गये हैं। कुम्भकर्ण और मेघनाद शरीर में कुछ हल्के पड़ते हैं। श्रीराम अपना अन्तिम बाण स्टेज वाले रावण को न मारकर इस कागज तथा घास फूस के रावण को मारते हैं। बाण में पलीता बाँध दिया गया है। इधर पहला पटाखा छूटता है और उधर स्टेज पर रावण प्राण त्याग देता है। पब्लिक को अब इस स्टेज वाले रावण से कोई दिलचस्पी नहीं रह जाती। रावण के जलते ही लोग गले मिलना शुरू कर देते हैं।

चूँकि सूर्यास्त से पहले रावण का मारा जाना जरूरी है, इसलिए आज रामलीला पाँच बजे ही शुरू हो जाएगी। स्टेज पर रावण की लंका है। स्टेज के सामने का चौकोर मैदान तथा पूरा पंडाल युद्धस्थल होता है। दर्शकगण इसी पंडाल को चारों तरफ से घेरे खड़े हैं। आज स्त्रियों की संख्या नगण्य है।

रावण का दरबार लगा है, पर आज वारांगनाओं का नृत्य नहीं हो रहा है। रावण कुछ चिन्तित-सा मुँह लटकाये बैठा है। तभी एक के बाद एक खबरें आती हैं—मेघनाद, अहिरावण, नारान्तक सभी युद्ध में मारे गये। पर रावण हिम्मत नहीं हारता। अब वह खुद लड़ने के लिए तैयार होता है और अपने योद्धाओं को ललकारता है :

रावण :

"हे लंकावासी योद्धाओ, त्रिभुवन तुमसे दहलाता है।
है शान तुम्हारी, यम भी आ, चरणों में शीश झुकाता है।
तो फिर क्या ऐसी बात हुई, जो विजय बन रही सपना है?
क्या सचमुच निशिचर वीरों ने, बल तेज खो दिया अपना है?"

रावण जैसे ही स्टेज पर आगे बढ़ता है, सारे वानर स्टेज पर चढ़ जाते हैं और युद्ध होने लगता है।

समाजी :

"धाए बिसाल कराल मर्कट भालु काल समान ते।
मानहुँ सपच्छ उड़ाहिं भूधर बृंद नाना बान ते।।
नख दसन सैल महाद्रुमायुध सबल संक न मानहीं।
जय राम रावन मत्त गज मृगराज सुजसु बखानहीं।।"

युद्ध में हनुमानजी की मुष्टिका प्रहार से रावण मूर्छित हो जाता है। यह क्रिया वह साइड के विंग्स को पकड़कर झुक जाने से दर्शाता है। जब थोड़ा होश आता है, तो

रावण :

''चौदहों भुवन, त्रय लोकों में, ऐसा कोई बलवान नहीं।
रावण के बल से बढ़ कर हो, कोई बल का धनवान नहीं।।
गंधर्व नाग नर असुर, सभी, मेरे भय से भय खाते हैं।
यम, अग्नि, कुबेर, सुरेश, वरुण, सब मुझको शीश झुकाते हैं।।
मैंने इन बीस भुजाओं से कैलास पहाड़ उठाया है।
जो शीश उठाकर आया है, उसको पद दलित बनाया है।।
इस पृथ्वी का प्रत्येक वीर, मेरे बल से खामोश हुआ।
आश्चर्य आज मैं वही बली, घूँसा खाकर बेहोश हुआ।''

खैर कोई बात नहीं। अब दूसरे दिन युद्ध शुरू होता है। आज रावण का पलड़ा कुछ भारी है।

समाजी :

''निज दल बिकल देखि, कटि कसि निषंग धुनु हाथ।
लछिमन चले क्रुद्ध होइ, नाइ राम पद माथ।।''

लक्ष्मण को आता देख कर,

रावण :

''जिस पावक से तुम खेल रहे, वह तुम्हें भस्म कर डालेगी।
चिनगारी तन पर गिरी अगर, पीड़ा से मन भर डालेगी।।
अच्छा हो शीघ्र लौट जाओ, मत खेलो अपने प्राणों पर।
लंकापति के सम्मुख आ कर, मत इतराओ इन बाणों पर।।''

लक्ष्मण :

''तू तो केवल चिनगारी है, सूरजवंशी अंगारे हैं।
ये बाण ब्याल से बढ़कर हैं, पैने विष बुझे करारे हैं।''

बस, फिर क्या था! रावण और लक्ष्मण में युद्ध होता है और मौका पाकर रावण लक्ष्मण पर शक्ति प्रहार करता है। लक्ष्मण मूर्छित हो जाते हैं। हनुमान जब यह हाल देखते हैं तो रावण पर टूट पड़ते हैं और मारे घूँसों के उसकी हालत खस्ता कर देते हैं! किसी तरह लक्ष्मणजी को श्रीरामजी के पास ले आते हैं। श्रीराम विलाप करते हैं।

श्रीराम :

''भैया अवसर है नहीं, यों मत खोना प्राण।
ला नहीं सकते इस समय, संजीवनी हनुमान।।
इस समय न मूर्छा टूटी तो, रघुकुल दीपक बुझ जायेगा।
मझदार नाव को ग्रस लेगी, यदि माँझी ही फिर जायेगा।।
बल मुझे तुम्हारा है केवल, अतएव न मुख मोड़ो लक्ष्मण।

प्रण पूरा कर दिखलाना है, यों साथ नहीं छोड़ो लक्ष्मण।।
अब तक मैंने यदि जीवन में, पल को न अनीति कभी की हो।
तो शक्ति व्यर्थ तू भी हो जा, पीड़ा समाप्त सब जीव की हो।।''

समाजी :

''सुनत बचन उठि बैठ कृपाला, गई गगन सो सकति कराला।
पुनि कोदण्ड बान गहि धाये, रिपु सन्मुख अति आतुर आये।।''

अब तीसरे दिन का युद्ध होता है। पता चलता है, रावण यज्ञ कर रहा है। बानर लोग यज्ञ विध्वंस करने में माहिर हो ही गये हैं। चढ़ जाते हैं स्टेज पर। पर इस बार रावण स्टेज से नीचे उतर आता है और राम के शिविर में घुस कर युद्ध करता है। वह कभी तलवार से तो कभी गदा से लड़ता है। जिस समय नारायण गिरि महाराज तड़ाड़ा करते स्टेज से नीचे कूदते थे तो लगता था साक्षात् रावण आसमान से पृथ्वी पर आ रहा है। तलवार चलाने में वह भी कम न थे और थोड़ी देर के लिए तो लोग तलवार की चाल ही देखते रह जाते थे।

समाजी :

''तब रावन दससूल चलावा, बाजि चारि महि मारि गिरावा।
तुरग उठाइ कोपि रघुनायक, खैंचि सरासन छांड़े सायक।
जिमि जिमि प्रभु हर तासु सिर, तिमि तिमि होहिं अपार।
सेवत विषय बिबर्ध जिमि, नित नित नूतन मार।''

अब आश्चर्य से श्रीराम विभीषण की तरफ देखते हैं और विभीषण रहस्य की बात कहते हैं।

विभीषण :

''पुष्पों की जगह सिवार्चन में इसने निज शीश चढ़ाये हैं।
वे ही अब इस समरस्थल में, श्री हरि से वापस आये हैं।।
अतएव आप कीजिये यही, हट जाये ध्यान गिरिराई का,
फिर नाभिकुण्ड में भरा हुआ, अमृत सोंखें दुखदाई का।
यह कार्य पूर्ण होते ही खल जीवित न कभी रह पाएगा,
जो है पर्वत सा खड़ा हुआ, वह बालू सा ढह जाएगा।''

तीर नाभि में लगता है और रावण गिर पड़ता है। यद्यपि प्राण निकलनेवाले हैं, फिर भी,

रावण :

''हे राम मार कर यों मुझको, तुमने कुछ यश न कमाया है,
मैंने भाई से बैर किया, उसका ही प्रतिफल पाया है।

होनी बिन हुए न नहीं रहती, यों होनहार आ व्याप्त हुआ,
लंका में भाई भाई का रण ऐसे आज समाप्त हुआ।।''

श्रीराम अपने प्रतिद्वन्द्वी की इज्जत करते हैं। लक्ष्मण से कहते हैं कि रावण बड़ा नीतिविशारद है, ज्ञानी है। तुम उससे नीति सीख आओ।

लक्ष्मण :

''हे लंकेश्वर, हे पंडितेश्वर, तुम नीति विशारद ज्ञानी हो।
संयमी तेज बलधारी हो, रणधीर, व्रती वरदानी हो।
अतएव मृत्यु से पूर्व आज, कुछ नीति सिखाते जाओ हमें,
अब तक जो अनुभव प्राप्त किया, वह यहाँ बताते जाओ हमें।''

रावण :

''हा लक्ष्मण अब वह शक्ति नहीं, जिससे यह आज्ञा पालन हो।
हो गये कण्ठगत प्राण कहो, क्या नीतिशास्त्र का वर्णन हो।
दो बातें कहनी हैं केवल, शुभ कार्य शीघ्र करना अच्छा,
दुष्कर्म टले जितना टालो, उसका सदैव टलना अच्छा।
मैंने सोचा था लंका में, मैं क्षीरसिंधु ले जाऊँगा।
फिर यह सोचा था स्वर्ग तलक सीढ़ी भी एक लगाऊँगा।
पर आज-आज करते-करते, मुझसे कर्तव्य रह गया यह।
जो कुछ रह गया, रह गया वह, कर सकता कौन तपस्या यह।
अच्छा यह नीति समाप्त हुई, करनी अब बात हृदय की है।
तुम समझे हो तुम जीते हो, पर जीत नहीं यह मेरी है।
अपने होते जाने न दिया, लंका में राम तुम्हारे को,
जा रहा तुम्हारे आगे ही, देखो मैं धाम तुम्हारे को।''

तब तक श्रीराम जा चुके थे। उधर रावण में पटाखा छूटता है और इधर रावण प्राण त्यागता है।

सज्जनो, आज की लीला यहीं समाप्त होती है। बाद में राम लीला दो दिन और होती है। भरत मिलाप और राजगद्दी। पर हमारी रामलीला की नाटकीयता यहीं समाप्त होती है।

[रामलीला के अभिनेताओं में दो पीढ़ियों के प्रतिनिधि थे—दौआ, मुंशी, नरेश। दर्शकों में तीन पीढ़ियों के प्रतिनिधि थे—अम्मा, मालकिन, विजय। सात साल के विजय ने मुझे लिखा था :

पूज्य चाचाजी नमस्ते।

हम लोग रामलीला देखने जाते हैं। और एक दिन अम्मा और अजिया गये थे।

आपका विजय मोहन

(10.10.45)]

रामलीला के बाद नाटक

झाँसी की रामलीला पर नरेश ने **सचेतक** में विस्तार से लिखा है। रामलीला थोड़ी सी मैंने भी देखी है। जो कुछ मैंने देखा है, उसमें पंचम राम बनते थे, बिन्दे महाराज हनुमान, चतरे पंडित जी दशरथ, अन्तू पंडितजी परशुराम, दौआ समाजी रामायण पढ़ने वालों में बैठते थे। "जेहि सुमिरत, सिधि होय, गणनायक करिवरवदन..." आज भी कानों में गूँज रहा है। धनुष यज्ञ के दिन मेरे भी एकाध कोड़ा पड़ जाता था। दौआ को अंगद का पार्ट अदा करते देखा है। शायद जिनको अंगद का पार्ट करना था, वे किसी कारण आ नहीं सके थे। इसीलिए दौआ उनका पार्ट कर रहे थे। कोई ज्यादा मेकअप नहीं था। विंग के पास खड़े थे, चौकी पर पैर रखा था। राक्षस पैर हटाने की कोशिश करते, पैर नहीं हटता पर जब रावण पैर हटाने के लिए आता तो अंगद अपना पैर हटा लेते।

झाँसी में रामलीला के बाद नाटक होता था। चतरे पंडित ने एक नाटक में 'मियाँ रमज़ानी' का पार्ट किया था। इतना अच्छा कमेडियन फिर देखने को नहीं मिला। मियाँ रमज़ानी जब विंग से झाँकते थे, तो पब्लिक हँसी से लोटपोट हो जाती थी। मैंने अपने जीवन में सबसे पहले इसी नाटक में पार्ट किया था। 'किस्सो' लाला मुसद्दीलाल की लड़की थी। उसने इसमें राजकुमार का पार्ट किया था। नाटक का नाम तो याद नहीं पर राजकुमार का मेकअप इतना सुन्दर था कि वह लड़की सचमुच ही राजकुमार लग रही थी। इस ड्रामे में ही एक दृश्य ऐसा था जिसमें कुछ लोग राजकुमार को ढूँढ़ रहे हैं और रास्ते में एक बालक से पूछते हैं, राजकुमार को तो नहीं देखा? बालक कहता है, 'देखा है, अभी इधर से ही गये हैं।' बालक का पार्ट मुझे दिया गया था। मैं बड़े रौब से स्टेज पर आया और इन लोगों को जवाब देने तक मैंने आडियन्स की ओर नहीं देखा था पर जैसे ही आडियन्स की ओर नज़र घुमाई कि सामनेवाली पंक्ति में दौआ को बैठे देखा। फिर क्या था। सर पर पैर रख कर भागा। सारी पब्लिक हँस दी। स्टेज से इसलिए भागा कि ड्रामे में पार्ट लेने को दौआ से पूछा नहीं था। और पूछा इसलिए नहीं था कि दौआ ड्रामेवाले दिन प्रायः नहीं आते थे। घर पहुँच कर बड़ा डर लग रहा था कि डाँट पड़ेगी। खाना भी जैसे तैसे खाया। जब खाट पर लेटे तो दौआ ने कहा कि पार्ट तो ठीक कर रहे थे, स्टेज पर से भागे क्यों थे? मैंने कहा, आपको आगे बैठे देख लिया था। दौआ बोले, मैं कोई खा जाता? पार्ट करना कोई बुरी बात तो नहीं है। मैं भी तो ज़रूरत पड़ने पर करता हूँ। तब से मेरा हौसला बढ़ा। फिर तो मैंने बहुत से ड्रामों में पार्ट किया।

बायें से : मुंशी, रामविलास शर्मा, भगवानदीन शर्मा, चौबे, अवस्थी, नरेश

तीसरा अध्याय

लखनऊ

[मैंने सन् 30 में लखनऊ विश्वविद्यालय में पढ़ाई शुरू की। पढ़ाई के दिनों के मेरे कुछ पत्र भैया के पास सुरक्षित रहे। उनसे कुछ अंश—गृहस्थ-जीवन, पढ़ाई-लिखाई आदि की समस्याओं के बारे में—यहाँ दे रहा हूँ।]

रामविलास शर्मा

गृहस्थ जीवन की समस्याएँ

सिद्धिश्री पूज्यपाद भाई साहब को लिखा ऊँचगाँव से ताबेदार रामबिलास का प्रणाम स्वीकृत हो। हाल यह है कि मैं यहाँ ता. 4 वृहस्पत को शाम को आया था। दूसरे दिन शुक्र को बता. 5 फेब्रुअरी 1932 को मध्याह्न के पूर्व 11 बजे आपके भाई हुआ। सिर उत्तर की तरफ था, पैर दक्षिण की तरफ। राशि का नाम रतन बाबा ने 'जीवन' बताया है।

अजिया की तबियत अच्छी नहीं है। [बाबा का देहान्त चार महीने पहले हो चुका था।] एक दिन तो मेरे आने के पहले वह बहुत दिक हो गयी थीं। बोलना भी बन्द हो गया था। हाथ-पैर ठण्ढे पड़ गये थे। उस दिन से अब वह खाट पर ही रहती हैं। खुद उठ-बैठ नहीं सकतीं। जगह पर ही टट्टी-पेशाब भी करती हैं। एक पैर न मालूम बाई से या सर्दी से (या paralysis से) बिल्कुल सुन्न हो गया है। खाना भी नामचार को ही खाती हैं।

अवस्थी हमेशा की तरह खूब अति करते हैं। रोने में दोनों बच्चों (नरेश और ललित) में खूब 'कम्पटीशन' होता है। मैं मंगल को लखनऊ जाऊँगा। मेरा [बी.ए. फाइनल का] इम्तहान 30 मार्च से आरम्भ होगा। अब की बार भी मैं लखनऊ में ही गर्मियों की छुट्टियाँ काटूँगा। Hons. [बी.ए. आनर्स] का course बहुत है और बिना इस ओर पढ़े पार लगना कठिन जान पड़ता है। (4.2.32)

आपने कई पत्रों में मेरे विवाह के बारे में विचार पूछे हैं (आपके आगामी विवाह

के अतिरिक्त विवाह के विषय पर भी)। जब मेरी स्त्री और बच्चे यहाँ पर थे, तब और उनके चले जाने के बाद कुछ दिनों तक मेरा विचार था कि मनुष्य अधम से अधम आदर्शहीन (केवल स्त्रीसम्बन्धी विषय में आदर्शहीन) जीवन क्यों न व्यतीत करे पर वैवाहिक जीवन न स्वीकार करे। पर कुछ दिनों में मेरी आँखें खुलीं और मैंने देखा कि वैवाहिक जीवन से बढ़कर संसार में अधिक सुखप्रद जीवन नहीं है। जो मनुष्य अपना वैवाहिक जीवन सफल बना सकता है, उसे अवश्य स्वर्गीय आनन्द का अनुभव होगा। इसलिए मैं सब विवाहितों के लिए यही आशा करता हूँ कि उनका जीवन सफल बने। असफल वैवाहिक जीवन उतना ही दुखप्रद भी हो सकता है जितना कि सफल सुखप्रद। इस विवाह के विषय में भी मुझे जो लिखना था, वह मैं पहले ही लिख चुका। आपने एक बार मुझे लिखा था कि पिताजी मेरे (लड़की) ठीक न देखने पर कुछ नाराज हुए थे। [ब्याह भैया का होना था, लड़की देखकर पसन्द करने की जिम्मेदारी मेरी थी। भाभी बनने लायक कोई जँची नहीं।] मुझे अपने इस स्वभाव पर आप लोगों से कहीं अधिक दुख है। मुझमें तुरन्त ही कोई ठीक विचार कर काम कर डालने की प्रतिभा नहीं है। [तुलनीय है अगले अध्याय में मुंशी की राय मेरे बारे में ऐसे ही अन्य सन्दर्भ में]। मुझे इसका हार्दिक खेद है और इसे दूर करने की मैं सतत चेष्टा भी किया करता हूँ। पिताजी से अतः मैं क्षमा प्रार्थी हूँ। इस विवाह के बारे में आपने जो कुछ लिखा है, उससे मैं सहमत हूँ। Do not do it half-heartedly. Do it with your whole heart. And God make you happy.

इस विवाह से मैं चाहता हूँ कि कम-से-कम स्त्रियाँ गालियाँ तो न गावें। हमारी असभ्यता की यह हद है। कम से कम मैं तो स्वेच्छा से मण्डप के नीचे बैठ स्त्रियों के वे नंगे गीत नहीं सुन सकता। इससे अधिक हम लोगों के लिए लज्जा की और बात न होगी। जब मैं आपकी दुलहे का पीला तामझाम पहने हुए कल्पना करता हूँ तो मुझे हँसी आये बिना नहीं रहती। मैं समझता हूँ किसी सादी पोशाक से काम चल सकता है। आखिर ये घिसी हुई रूढ़ियाँ हम कब छोड़ेंगे? पर पिताजी का जिसमें जी न दुखे वही कीजियेगा। हम लोग अभी इस रास्ते में और रुक सकते हैं।

बरात कहाँ से कानपुर जायगी? मैं समझता हूँ, शायद घर [ऊँचगाँव] से। कानपुर में शायद पीनस या डोला भी करना पड़ेगा। पं. सुखबासी लाल जब झाँसी आवें तो कहिएगा, कोई मजबूत सा तलाश कर रक्खें। सहिबाला मुंशी को बनाइएगा, चौबे को नहीं। मुंशी बिचारे हल्के हैं। (20.11.32)

शादी के बाद जहाँ तुम रहोगे, वहीं मैं भी रहूँगा। अगर घर आओ तो पहले झाँसी चला आऊँ। और झाँसी रहो तो फिर विवाह में यहीं [लखनऊ] से जाऊँ। अप्रैल भर

तो लखनऊ या घर पर रहूँगा। April के अन्त में मेरा Result out होगा। यहाँ से Result सुनकर फिर कहीं जाऊँगा।

बराती झाँसी होते हुए जायेंगे क्या? ब्याह कहाँ से होगा? लड़की झाँसी तक आयी और तुमने न देखा। राम राम! हृदय में तो तुम्हारे बड़ी अशान्ति मची होगी पर करते क्या? घबड़ाओ नहीं, तीन महीने पर शान्ति अवश्य मिलेगी [मेरी इन भाभी का नाम शान्ति है।]

(8.1.33)

P.S. सहिबाला हमीं बनेंगे, भूलना नहीं।

मुझे यह लम्बा पत्र लिखने की जरूरत न थी पर मैंने इसे आपको एक बात से सावधान करने के लिए लिखा है। आपकी शादी के बाद शायद चौबे को भी शीघ्र ही शादी-बन्धन में पड़ना पड़े। मैं चौबे की शादी कम से कम उनके Intermediate करने के पहले नहीं होने देना चाहता। शिवनारायण कहते थे कि आपकी शादी तै होते ही चौबे के लिए वे फौरन बरिच्छा देंगे। आप लोगों ने मेरे जीवन की एक बड़ी समस्या सुलझाने का भार अपने ही ऊपर ले लिया था। बिना मेरे बालिग हुए ही विवाह जैसे गम्भीर बन्धन में मुझे डाल दिया। इस विवाह से निस्सन्देह मुझे सुख से सौ गुना अधिक दुख मिला है। सब देख-सुनकर मैं चौबे की शादी कभी बिना उसके fully conscious हुए न होने दूँगा। आपने चौबे के बारे में जो एक बार बात लिखी थी, उससे साबित है कि चौबे की नींव अभी विवाह के बिल्कुल अयोग्य है। कच्ची नींव पर जल्दी मकान उठाने से सिवा हानि के लाभ कभी न होगा। और बातों में मैं कितना भी अनुभवहीन होऊँ पर early विवाह के बारे में मैं दौआ से अवश्य अधिक जानता हूँ। आप केवल मेरे child-sickness [बच्चे की बीमारी] के troubles को ही जानते हैं। सैकड़ों बातें ऐसी हैं जो मैंने आपसे भी नहीं कहीं, जिन्हें मैंने चुपचाप सह लिया है। शायद चौबे समझ आने पर मेरी तरह सब बातें न सहे और आप लोगों का कट्टर विरोधी हो जावे। मुझे एक बार M.A. कर life में establish हो जाने दीजिए और तब मैं चौबे को अपने पास रखूँगा और तब आप देख सकेंगे कि चौबे भी आदमी हो सकता है। कम से कम चौबे की marriage के बारे में father या आप मुझसे छिपकर कोई बात तै न कर लें, नहीं तो मैं आपकी शपथ लेकर कहता हूँ कि मैं ऐसा extreme step लूँगा कि न आप, न दौआ दुनिया को मुँह दिखाने लायक रह जायेंगे। कम से कम चौबे को दो साल ठहर जाने दीजिए और अभी से कुछ fix न कीजिए।

दौआ dowry demand नहीं करते, यह बड़ा अच्छा है पर इसके बदले उन्हें educated girl demand करनी चाहिए। आपके लिए marriage की शीघ्रता है, इसलिए किसी बात को लेकर अड़ा नहीं जा सकता पर मुझे हद से ज़्यादा खुशी होगी

यदि चौबे को कोई अच्छी educated girl मिलेगी।

जैसा भैया सूरजबली कहते थे, शायद कुछ बात बढ़ाकर लिखने की आदत मुझ में हो पर यदि उसमें थोड़ा भी तथ्य हो तो आप उसे ग्रहण करें।

[चौबे अभी चौदह वर्ष के थे।] (19.2.33)

आपके कार्ड में एक sentence था—चौबे की शादी एक तरह से तै ही हो गई है। शिवनारायण बरिच्छा लेकर आवेंगे या भेज देंगे (some such thing)। अड़चन मेरी ही शादी की है। इससे मैं यह समझा था कि आपकी शादी के बाद ही चौबे की शादी भी हो जाएगी। मैं चौबे के early विवाह के बहुत ही against था और हूँ, इसीलिए मैंने जो उचित-अनुचित लिखा था, लिखा था। आपने इस पत्र में लिखा है कि अगर चौबे लगातार पास होता गया तो मैं उसकी शादी Intermediate के बाद करूँगा, नहीं तो Ist year तक तो जरूर ही खींच ले जाऊँगा। निस्सन्देह ये आपके ठीक विचार हैं और slip of pen नहीं है क्योंकि आपने इसी के आगे लिखा है—'यह बिला शक है और इसमें दौआ भी सहमत हैं।' इसका मतलब यह हुआ कि चौबे की शादी अभी कम से कम तीन साल न होगी। क्या आप वास्तव में ही चौबे की शादी 3 साल तक न करेंगे? मैं चौबे की शादी के विरुद्ध नहीं हूँ पर उसके शीघ्र होने के विरुद्ध हूँ। यदि चौबे की शादी तीन बरस बाद हो तो मुझे कोई आपत्ति नहीं है। इसमें सन्देह नहीं, यदि लड़की देख ली जाय तो बरिच्छा ज़रूर ले लीजिए (और मेरी तरफ से चाहे stamp भी लिखा लीजिए) पर शादी की मियाद तीन साल के बाद ही रखिये। मेरी समझ में अब आपके और मेरे बीच चौबे के विवाह के बारे में कोई विचारवैषम्य नहीं रहता। आपने लिखा है—'तुम तो मुझे लिखकर चुप हो जाते हो। दौआ से तो मुझे ही भिड़ना पड़ता है।' क्यों न हो, सुधार की गाड़ी मेरे-जैसे लोगों के खींचने से थोड़े ही खिंच सकती है, उसमें तो आपसे लोग ही इंजन का काम दे सकते हैं। आपने लिखा है कि जब चौबे 18 वर्ष के होंगे, लड़की 14 की होगी; इतने तक वह रुक सकेगी। क्या लड़की की age अभी 11 वर्ष की है?

आपने लिखा है कि 'What you say is the ideal of Europeans'. इस बात में तनिक भी तथ्य नहीं। हमारी पूर्व सभ्यता में विवाह का जो महत्त्व था, वही महत्त्व मैं विवाह को फिर देना चाहता हूँ। पाश्चात्य सभ्यता में विवाह विलास, अर्थलिप्सा और कामुकता पर निर्भर रहता है। हमारे यहाँ विवाह का आदर्श है दाम्पत्य प्रेम, गृहस्थ जीवन और ब्रह्मचर्य। इसमें सन्देह नहीं कि सुखी गृहस्थ जीवन के लिए विवाह के पहले प्रेम करने की स्वतन्त्रता अवश्य होनी चाहिए। (Of course you understand that that is not the only thing needed.) यूरोपीयन वैवाहिक बन्धन को बहुत कम महत्त्व देते हैं। संसार उनके लिए विलासभूमि है।

क्या आप समझते हैं कि उनके नाचरंग, उनके रीति-रिवाज, उनके निर्लज्ज पहनावे—इनसे मुझे तनिक भी सहानुभूति हो सकती है? मेरे विवाह के विषय में जितने विचार हैं, मैं समझता हूँ कि भारतीय संस्कृति के विरुद्ध उनमें एक भी नहीं है।

आपने एक जगह यह लिखा है कि 'Entrance पास बहू लाने का समर्थन करने में मैं अवश्य झिझकूँगा। मैं चाहता हूँ कि घर में औरतें सब एक ही standard की हों जिसमें एक-दूसरे को चिढ़ाने, ताने मारने या हँसने का मौका न हो।' यदि स्त्रियों को एक ही standard का रखना है तो उस standard को जितना ही ऊँचा रक्खा जावे, उतना ही अच्छा है। मैं सिर्फ़ education के लिए कह रहा हूँ। हमारे घर की स्त्रियों को घर पर ही जितनी शिक्षा मिले उतनी अच्छी है। स्कूलों-कालेजों में पढ़ी लड़कियों के लिए स्वतन्त्रता, बनाव शृंगार और विलास का बहुत आकर्षण होता है। हम लोग चाहते हैं कि हमारी family की गाड़ी एक साथ चले। इसलिए मैं अवश्य ही ऐसी लड़कियों को घर में लाने के विरुद्ध हूँ।

अपने कार्ड में जब मैंने लिखा था कि You will mar Chaube's prospects by marrying him early, तो मेरा मतलब यही था कि जल्दी शादी होने से चौबे का भावी जीवन सफल न होगा। मैं समझता हूँ कि चौबे भी एक high class educated आदमी हो सकता है।

आज बाबू शिवनारायण की चिट्ठी आयी है। उसमें उन्होंने लिखा है कि आपने उन्हें मेरी चिट्ठी दिखाई थी जिसमें मैंने (as he says) आपसे बरिच्छा लेने के लिए 'कसम लिख दिया था' और मैंने यह लिखा था कि 'बगैर मेरी सलाह के अभी रामसरूप की शादी न करना क्योंकि मेरी शादी आप लोगों ने कर दिया—मुझे बहुत तकलीफ हुई?' मेरी शादी और उसके दुख-सुख की बात मेरे आपके बीच में है, किसी तीसरे आदमी को उसे जानने का क्या अधिकार है? तीसरा आदमी बात की वास्तविकता को न समझकर उसका यह अर्थ भी लगा सकता है कि मुझे अपने स्त्री विशेष से असन्तोष है। बाल-विवाह के दोष ऊपर ही रक्खे हैं। उसमें किसी पुरुष के खास अनुभव quote करने की क्या जरूरत है?

Here I take an opportunity to clear any doubts you may have about the relations between me and my wife. Beauty does not count much in the case of a person like myself who wants above everything a heart full of feelings. Nobody can understand the ardour with which she responds to my feelings. She has a fine sensitiveness that is keenly susceptible of the slightest injuries and obligations. In her love for me, there is mixed a certain amount of gratitude too.

She is content to know that I love her and she will forget everything else. My life is indeed thus not a romance– सुख की छाया में बैठे थे सजनी और सुजान—but if a stern battle, I am all the more ready to fight it out to the end. I will see that those who slight her on their own ephemeral charms fall at her feet and worship her. (30.3.33)

पढ़ाई-लिखाई की बातें

स्कालरशिप मुझे नवम्बर के अन्त में ही शायद मिलेगा। मुझे 60) मिलेंगे। मुझे अभी कम-से-कम 15) की आवश्यक पुस्तकें खरीदनी हैं। इसके अतिरिक्त न मेरे पास आजकल जूते हैं, न कमीज़, न कोट है, न धोती। जाड़े के लिए मैं एक कोट बनवाऊँगा, एक जोड़ा धोती लूँगा और एक जोड़ा जूता लूँगा। आजकल मैं एक fleet foot से काम चला रहा हूँ। साइकिल को भी overhaul कराऊँगा। इसके अतिरिक्त महीने का खर्च। यदि कुछ बचा तो उसका दूध पी जाऊँगा क्योंकि ज़्यादा पढ़ने से आज मुझे अपना मुँह कुछ दुबला-सा लग रहा है। मतलब यह कि दिसम्बर के बाद जनवरी के लिए शायद खर्च मुझे फिर मँगाना पड़ेगा। लेकिन खर्चे की अगर तंगी हो तो मुझे लिखिये। मैं किताबें न खरीदूँगा, इधर-उधर से कर लूँगा। (जैसा परसाल किया था, खूब दूध पिया था और किताबें माँगकर पढ़ी थीं।) तब आपको दो महीने तक कुछ न भेजना पड़ेगा।

यदि आपको याद हो तो आपने एक बार मुझे झाँसी में कहा था कि जितनी बातें मैं [अर्थात् भैया] सोच सकता हूँ, उतनी ही यदि भाषा में व्यक्त भी कर सकूँ तो मैं एक बड़ा philosopher हो जाऊँ। मुझे इसी बात का ध्यान था जब मैंने आपको लिखा था कि 'you will be a great philosopher'. पहली बात, आपके लिए philosopher होना असम्भव नहीं। दुनिया के बहुत-से बड़े दार्शनिक अधिक पढ़े न थे। मुहम्मद, जिसके धर्म को दुनिया की 1/5 जनसंख्या बेढब कट्टरता से मानती है, अपना नाम भी न लिख सकता था। मुहम्मद एक दार्शनिक था। उसके धर्म और अपने ईसाई धर्म की वास्तविकता को Carlyle ने एक बताया है। मुहम्मद के आगे संसार था। उस पर उसने विचार किया और एक परिणाम पर पहुँचा। वह विचार कर सकता था, सच्चे हृदय से। दुनिया का अनुभव जिन्हें पुस्तक पढ़कर हुआ है, मिथ्या है। वह वास्तविक ज्ञान नहीं है। डॉ. जानसन का कहना है कि Life before it can be known must be seen. हमें यही life देखनी चाहिए और उस पर विचार करना चाहिए। 'दर्शन' का अर्थ ही है 'देखना'। आपने संसार की वास्तविकता के दर्शन किये नहीं कि आप हुए 'दार्शनिक'। पर दर्शनशास्त्र में यही तो एक प्रश्न है जो अब तक, हल नहीं हुआ—'वास्तविकता क्या है? What is

Reality ?' पर यह तो हुई सम्भव की बात। जितनी Philosophy आपमें अभी है अथवा जितनी मैंने आपके पत्रों में देखी है, वह भी आपके भावी philosopher होने का चिह्न है। 20.11.32

एक बात को मैं आपसे बहुत ज़ोर देकर कहना चाहता हूँ कि आप एक मोटी कापी अपने पास रखिए जिसमें आप अपने विचार लिख सकें। आप सदा ही अपने सब विचार मुझे नहीं लिख सकते। इसलिए जो कोई विशेष बात हो, उसे कापी में लिख लिया कीजिए। इससे केवल मैं ही आपके विचारों को न जान सकूँगा पर आप भी अपने self की study कर सकेंगे। एक विचार जो आज आपके मन में आया है, उसे एक महीने बाद पढ़ने पर आपको अपने में होने वाला परिवर्तन ज्ञात होगा।

मैं पढ़ने में न थकूँगा और मुझे विश्वास है, आप शक्ति रहते पढ़ाने में भी न थकेंगे। पढ़ने के लिए मेरे अन्दर कभी न तृप्त होने वाली आकांक्षा (insatiable desire) है। इसलिए मैं education line में जाना चाहता हूँ जिसमें मेरा पढ़ना कभी बन्द न हो। पिताजी का स्वास्थ्य अब कैसा रहता है? कहीं उन्हें मेरे कारण अनुचित परिश्रम न करना पड़े। मेरी यह प्रबल इच्छा है कि वे बुढ़ापे में सुखपूर्वक रहें और उन्हें इसका विश्वास हो जावे कि उनके बच्चे उन्हें उतना ही प्यार करते हैं जितना कि उन्होंने उनके हित के लिए प्रेमपूर्वक आत्मत्याग किया है। बाबा और दौआ के ऋण से हम लोग कभी उऋण नहीं। We owe ourselves and what we are to them alone. इसलिए हमें **उनके प्रति** (I mean father) सदैव विशेष ध्यान रखना चाहिए। 16.12.32

संसार और साहित्य का अनुभव यही बताता है कि जो सबसे ज़ोर से प्रेम का डंका पीटते हैं, वे सबसे अधिक प्रेम करना भी नहीं जानते। केचिद्वृष्टिभिरार्द्रयन्ति वसुधां गर्जन्ति केचिद्वृथाः। कोई बादल वृष्टि से वसुधा को सींचते हैं, कोई केवल गरजते ही हैं। मुझे यह कहने में तनिक भी संकोच नहीं है कि मैं भी उन गरजने वाले बादलों में से एक हूँ।

मैं देखता हूँ कि मेरे पत्र सभी प्रायः sentimental होते हैं। कई बार सोचा कि अमुक पत्र को न भेजूँ। अभी से यह लम्बी डींग हाँकने से क्या लाभ? पर सोचा कि जब बरसने का समय आएगा तब शायद यह गरजना याद करके ही शरम आवे। मैं अपनी कमज़ोरियों को समझता हूँ या कल्पना कर सकता हूँ। तुमने अपनी इस चिट्ठी में लिखा है कि बुरा समय आने पर इस पत्र को तुम मुझे दिखाना। मेरे पत्रों का भी यही मतलब रहा है। वक्त ज़रूरत पर ये प्रोनोट काम आवें।

मेरी साइकिल बार्टन हम्बर है। अब भी बड़ी मज़बूत है [1928 में खरीदी गयी

थी]। कम-से-कम चार साल तो आसानी से चलेगी ही। I Divis. लाना शायद प्रेम करने से भी कठिन है। मुझे मिलेगा नहीं, इसलिए यह लिखना अनावश्यक लगता है कि मुझे साइकिल present करने की जरूरत नहीं है। इस साल वैसे ही खर्चा ज़्यादा हुआ है। यदि II Divis. से तुम्हें कुछ प्रसन्नता हो तो मुझे कुछ रुपये देना, मैं Shakespeare और Keats के Works खरीदूँगा। अभी मेरे पास इन कवियों की समूची कविताएँ हैं–Shelley, Wordsworth, Milton, Coleridge, Burns, Byron, पर इनकी [शेक्सपियर और कीट्स की] कोई विशेष आवश्यकता नहीं है। Keats के Works 2/10 और Shakespeare के 9/- में आते हैं। अभी व्यर्थ रुपये न भेजना।

इम्तहान के बाद लखनऊ में रहने की ज़रा भी जरूरत नहीं है, न रहूँगा। Result out होने के बाद यहाँ आकर केवल Professor से बातचीत करना चाहता था। पर College खुलने के कुछ दिन पहले आकर बातें कर लूँगा। चाहिए तो इसी तरफ मिलना। पर चौबे मुंशी का पास होना इससे कहीं अधिक जरूरी है। मैं आकर कम-से-कम Hindi, English में उन्हें अवश्य पास होने लायक कर दूँगा। [ये लोग भैया के पास झाँसी में थे।] जैसी राय हो लिखना यानी इन महाशयों के पढ़ने की क्या दशा है [यह लिखना]। क्या I Divis. न मिला तो मेरी पीठ भी न ठोंकोगे?

(6.2.34)

लेखकीय अनुभव

लेखक होने में भी बड़ा मज़ा है। प्रकाशकजी समझते हैं कि लेखक हमारे नौकर हैं। जै दफे रुपया माँगने जाओ, उतने दफे संसार की आर्थिक स्थिति पर लेक्चर देते हैं। किताब छप गयी। अजमेर की प्रदर्शनी में उसका खूब sale भी हुआ। मुझे रुपये चाहिए केवल 35/-(10/- शर्मा [मेरे सहपाठी इन्द्रदत्त शर्मा] पहले ही ले चुका था), उसमें अभी तक सत्रह बहाने करने पर (उन्होंने रुपये न आने के, मैंने अपनी जरूरियातों के) 5-5 करके दो दफे में 10) दिए हैं। 10) 5-6 रोज़ में देने के लिए 10-15 रोज़ से कह रहे हैं। बाकी 15)? 'उन्हें ले लेना। अभी सब आप ही को थोड़े ही देना है। आज प्रेसवाला पैरों पर टोपी रखकर रो रहा था, चार रुपये दिए। हमारे पास केवल 1॥) रह गया है। घर में पाई नहीं है। आपने किताब लिखकर डाल दी और समझे कि रुपये बन गये।'

यह महाशय हमारे नामारासी हैं। छोटे भाई का नाम चौबे का [अर्थात् रामस्वरूप] है। बड़े भाई हकलाते हैं। [ये दोनों सज्जन भाई नहीं थे; पहले मुझे बताया था, भाई हैं।] धूर्त तो परले सिरे का है। जब हकला-हकलाकर वह lecture देता है, तब मेरी हँसी रोके से भी नहीं रुकती। मज़ा यह कि अपनी firm के संचालक का झूठा नाम

रामस्वरूप गुप्त रखा है। पिछले महीने में मेरा खर्च (घर के खाने-पीने में) ज़्यादा हुआ है [मेरी और इन्द्रदत्त शर्मा की संयुक्त गृहस्थी थी]। इसलिए शर्मा इस महीने सब सँभाल रहा है। नहीं तो जैसा इन्होंने कहा था (बड़े इत्मीनान के साथ) कि 'बस परसों आप अपना रुपया ले जाइयेगा। हमारे एजेण्ट रुपये भेजते ही होंगे।'—विश्वास करता तो भूखों ही मरता। अस्तु मक्खन के लिए पैसों की कमी नहीं है और सब चैनचान है। मैं भी दुनिया की चालें देख रहा हूँ—मज़े-मज़े में ही अभी तो।

विवेकानन्द की एक दूसरी पुस्तक [**कर्मयोग** का] अनुवाद कराने के लिए पीछे पड़े थे। मैंने कहा, 'परीक्षा हो जाने दो।' अगर अगले साल यहाँ रहना निश्चित हुआ तो yes, नहीं तो दूसरी जगह से तो जितना यह रुपया न भेजेंगे, उतना reminder भेजते-भेजते मेरा stamps में खर्च हो जायेगा। दौआ को कल एक (Book Post) पुस्तक की प्रति और भेज दूँगा। आपने शायद पुस्तक को पूरी नहीं पढ़ा। पहले तीन व्याख्यान तो सब कोई पढ़ सकता है [स्वामी विवेकानन्द के कुछ व्याख्यानों का अंग्रेज़ी से हिन्दी में अनुवाद **भक्ति और वेदान्त** नाम से प्रकाशित हुआ था], पर अन्तिम वेदान्तवाली खिचड़ी निगलना ज़रा जीवट का काम है। पर यदि आप ज़ोर लगाकर उसे पूरा पढ़ जायेंगे तो इसका फल ज़रूर मिलेगा। इस पुस्तक को शास्त्रीजी को ज़रूर दिखाना। छापे की अशुद्धियाँ बहुत हैं।

[शास्त्रीजी--आर्यसमाज के प्रचारक लीलाधर शास्त्री। वह स्वयं 1927-28 **अष्टाध्यायी** का अध्ययन करके मध्यमा परीक्षा की तैयारी कर रहे थे और प्रथमा परीक्षा के लिए मुझे लघु सिद्धान्त कौमुदी भी पढ़ाते जाते थे। अखाड़े में अपने शिष्यों के अलावा कभी-कभी मुझे भी कुश्ती लड़ाते थे।] (12-10-3

आपके मना करने पर भी आशा-निराशा के विषय में और कुछ लिखने से मेरा fountain pen (या लेखनी) नहीं मानता (या मानती)। apology के रूप में कह सकता हूँ कि यह आप पर ही लागू नहीं है वरन् सभी मनुष्यों के लिए है, विशेषकर मेरे लिए।

मेरे **सूर्यास्त** नाटक में (जो वास्तव में आशा-निराशा का ही खेल है) राणा प्रताप एक स्थल पर कहते हैं—'किन्तु स्वप्न, तुम में विचित्र जादू भरा है। आशा ने तुझे उन सुन्दर स्वरों का बनाया है कि निराशा की छाया तेरे पास नहीं फटक सकती। मृत्यु जब मेरी पलकों पर बैठ मुझे चिरनिद्रा में सुला देगी, तब भी मैं यही चित्तौर विजय का स्वप्न देखा करूँगा।' फिर 'प्रिये, जिसने आशा का अमृत पीकर ही जीवन बिताया हो, वह क्या निराशा का विष पीकर भी जीवित रह सकता है?' और—'कर्म मनुष्य अवश्य करें पद्मा, पर आह, वे मेरी प्रकार आशाएँ न करें।' और—'मैं आशा को नहीं त्याग रहा हूँ पद्मा, आशा ही मुझे त्याग रही है।' [1928-29 में इण्टर के

प्रथम वर्ष में मैं प्रसादजी का **अजातशत्रु** नाटक पढ़ रहा था।] क्या तुम भी इसी भाँति नहीं कह रहे हो–'क्या मैं भीष्म के ब्रह्मचर्य का आदर्श कभी भूल सकता हूँ? क्या अभिमन्यु की वीरता दिल से निकल सकती है? कहो, मैं इन आदर्शों तक पहुँचने की क्या आशा कर सकता हूँ?' करीब-करीब इन्हीं शब्दों में राणा प्रताप–'भविष्य का चित्र बड़ा ही मलिन है। इन झोंपड़ियों के स्थान में, जिनमें मैंने स्वतन्त्रता की उपासना की और सब कुछ खोकर भी अपने-आपको धन्य माना, जिनमें जातीयता का क्षीण दीपक जला दिया, कल मेरे पीछे ही गगनचुम्बी प्रासाद उठ खड़े होंगे, इन गरीब कुटियों का चिह्न भी न रहेगा। दासता के कीट यहाँ मनुष्यता का अपमान करेंगे।... मेरा प्यारा मेवाड़ रसातल चला जाएगा। बोलो, मैं क्यों न विकल होऊँ?'

इसका उत्तर विजया (अमर की स्त्री) देती है। एक तो–'मेवाड़ की स्वतन्त्रता किसी एक व्यक्ति पर ही निर्भर नहीं रह सकती।'–अर्थात् अपने आदर्श को जाति के आदर्श से indentify करो। और दूसरा–'जिस घड़ी वीर-विहीन अरक्षित भारत विनाश के समुद्र में गिरकर डूबना चाहता होगा, उस घड़ी राम और कृष्ण अपने प्यारे देश की रक्षा के लिए स्वर्ग से दौड़ पड़ेंगे।' (काश वे दौड़ सकते!)

जब मैं **सूर्यास्त** लिख रहा था, तब मेरा कुछ-कुछ विचार ऐसा था कि ईश्वरीय शक्ति मनुष्य के विरुद्ध है क्योंकि उसने मनुष्य को इतनी परिमित शक्ति का बनाया है कि न तो वह स्वतन्त्रतापूर्वक आशाएँ ही कर सकता है, न स्वेच्छित आदर्श तक ही पहुँच सकता है। इस निराशा का क्या उत्तर हो सकता है? जीवन, समय और संसार के नियमों ने ही कुछ आशाओं की जड़ काट दी है। बाकी शक्ति के अनुसार तो जीवन-भर बैलगाड़ी हाँकते जाओ। यह भी क्या आशा है? क्या आदर्श है? इसका विजया के पास एक ही उत्तर है–'यदि यह अदृष्ट शक्ति हमसे शत्रुभाव ही रखती है, तो क्या हमें उसके सामने डरकर शीश झुका देना चाहिए? क्या किसी दशा में भी कायर होना सहन किया जा सकता है?' निराशा कायरता है, इसलिए उसे त्यागना चाहिए। पर जो पहले से ही वीर न हो वह उसका सामना कैसे करे? इसका **सूर्यास्त** में कोई उत्तर नहीं।

शायद **बुद्ध वैराग्य** में है। पहले

भूलो कायरता निर्बलता के स्वामी ईश्वर को।
ज्ञान पिपासा शमन हेतु उस मिथ्या मृगमरुसर को।

फिर

बन्धन कठिन तुम्हारे कोई मानव ही काटेगा।
आशा, प्रेम, शक्ति, चिरसुख से अखिल विश्व पाटेगा।

अर्थात् बाह्य शक्ति कुछ नहीं, न मित्र न शत्रु। जो कुछ है वह मनुष्य। निराशावादी का प्रश्न अब और भी टेढ़ा हो गया। यदि मनुष्य अपने आदर्श से गिरा तो फिर कोई

आशा का आधार नहीं। यहीं से इति है।...

जिस मनुष्य के भीतर एक दृढ़ व्यक्तित्व है, खाने-पीने-सो रहने की जो मशीन नहीं है वरन् विचारों द्वारा जिसने अपनी आत्मा (self) को बना लिया है, उसके लिए अपने आदर्श से गिरना अपने व्यक्तित्व को मिटाने के ही समान है। फिर वह दुखी क्यों न होगा? यह जीवन कोई अपरिमित घड़ियों का तो है नहीं कि experiment करते जाओ।...

तुम्हारी निराशा उस पुरुष की है जिसका एक दृढ़ व्यक्तित्व रहा है। जिसने कभी भीष्म व अभिमन्यु के आदर्श की कल्पना न की हो, वह भी क्या इस प्रकार निराश हो सकता है? इस निराशा में भी गौरव है। फिर भी तुम भीष्म व अभिमन्यु का अथवा अपना ही खोया हुआ ब्रह्मचर्य तो नहीं पा सकते। फिर क्यों न निराश होगे? 'अगर मैं उन्नति नहीं कर सकता तो दूसरों की उन्नति का कारण तो हूँ। फिर क्यों कहूँ कि मैं व्यर्थ ही जी रहा हूँ?' यह ठीक है। पर व्यर्थ न जीने व सफल जीवन में तो बड़ा अन्तर है। आप दूसरों के लिए जीते हैं पर आपके व्यक्तिगत आदर्श का क्या हुआ? आपका यह आदर्श तो था नहीं कि **किसी प्रकार** दूसरों के लिए जिया करूँ?...

अपनी कमज़ोरियों से, भूलों से, असफलताओं से दुखी होकर बैठ रहना निन्दनीय है। ये तो हमारे मनुष्य होने के कारण सम्भव हुई हैं। मनुष्य अपनी मनुष्यता कैसे छोड़ सकता है? पर मनुष्य इन पर विजय पाकर ईश्वर बन सकता है। कोई पूर्ण विजय पाकर कृष्ण और ईसा के समान 16 कलाओं वाले ईश्वर होते हैं, कोई राम के समान 12 कलाओं वाले। हम तुम और नहीं तो नारद और विश्वामित्र ही सही। पर है ईश्वरत्व हम सभी में। ईश्वर बनने का माद्दा सब में है। फिर मनुष्य क्यों निराश हो?

'न शारीरिक उन्नति सही मानसिक ही।' मैं हृदय से चाहता हूँ कि तुम खूब पढ़ो। मुझे Permanent नौकरी मिले तो तुम नौकरी छोड़कर पढ़ो। जिन Shakespeare, Shelley और Keats को पढ़कर मैं मुग्ध हो जाता हूँ, उनका रस यदि आपने न लिया तो मेरा आनन्द अधूरा है। (19-10-33)

चौबे

लाल कुएँ का अखाड़ा

एक के बाद एक दिन गुजरते गये। एक दिन शाम चबूतरे पर बैठे थे, कि पं. विद्यानन्द, जो उम्र में कुछ ही बड़े थे, आये। वह कपड़े का काम करते थे और सुन्दर बाग की के.सी.डे. लेन से प्रायः गुजरते ही रहते थे। कभी बातचीत का अवसर न आया था, अतः उनके सम्बोधन से कुछ आश्चर्य हुआ। ज्यादा इस बात से कि

उन्होंने लाल कुआँ अखाड़ा ज्वाइन करने का निमन्त्रण दिया। उन्होंने इस अखाड़े की विशेषताएँ बतायीं, सौहार्दपूर्ण वातावरण का जिक्र किया और सभी भाइयों को वहाँ आने का निमन्त्रण दिया। उनकी बातचीत से ऐसा लगा मानो वह हमें पहले से ही ताड़े हुए थे। उनके काफी समझाने का भी हमारे ऊपर कोई तुरन्त असर न हुआ। पं. विद्यानन्द का तो उधर से निकलना होता ही रहता था। समय कुसमय भेंट हो जाती और तकाजा चालू हो जाता। अन्ततः हामी भरने पर ही जान छूटी और अगले दिन से उस सौभाग्यशाली अखाड़े जाना शुरू कर दिया। सौभाग्यशाली इसलिए कि वहाँ जाने से वास्तव में कुछ सीखने को मिला।

लाल कुआँ चौराहे के पास यह अखाड़ा गली में था। जोर करने का स्थान दो-तीन फुट की गहराई में काफी चौड़ा था। तीन ओर से खुला, चौथी ओर बीच दीवार में महावीरजी की मूर्ति स्थापित थी। ठीक उसके सामने काफी खुली जगह थी और एक किनारे छप्पर पड़ा था जहाँ जोर करनेवाले कपड़े आदि उतारकर रखते थे। यहाँ पर अखाड़े में आनेवालों की संख्या काफी थी। वातावरण सद्भावपूर्ण तथा हरेक व्यक्ति एक-दूसरे की मदद करने को सदैव तत्पर दिखाई पड़ता था। इस सबका श्रेय अखाड़े के व्यवस्थापक लाला बिहारीलाल जायसवाल को था जिन्हें सभी लोग प्यार व आदर से 'पापा' कहा करते थे। 'पापा' वास्तव में कुश्ती के प्रेमी थे। छरहरे बदन के धोती व कुर्ता पहनते, सर पर दोपल्ली टोपी लगाते; बैंठते या चलते तो तनकर। अन्य किसी के आने से पहले वह अखाड़े पहुँच जाते, झाड़ू बुहारू करते, महावीरजी पर फूल आदि चढ़ाकर धूप लोभान सुलगाते और जब लोग जोर करने उतरते तो उनको दाँव बताते। दाँव-पेंच का तो उनके पास खजाना था। उनका कहना था कि सीखते चलो, बताने को बहुत कुछ है। उनसे पूछते कि आपको यह सब कैसे आया तो बताते, पहले दंगल बहुत हुआ करते थे और मैं प्रायः प्रत्येक को ही देखने पहुँच जाता था। अन्य दर्शक पहलवानों के बाजू व पट की बनावट देखते, मैं इस फिराक में रहता कि किसने कौन-सा नया दाँव लगाया और जो वहाँ देखता उसका घर पर बार-बार अभ्यास करता। उनकी शिक्षा की विशेषता इस बात में थी कि वह हर पकड़ व दाँव का विश्लेषण करके समझाते। प्रतिद्वन्द्वी पहलवान जो नीचे है उसे चित करने के लिए घिस्सा किस प्रकार लगाना चाहिए, हाथ की कलाई पकड़ने से क्या असर होगा, कोहनी से क्या और कन्धे पर से क्या। इन बारीकियों को समझाने पर ऐसा लगता जैसे विज्ञान पढ़ रहे हैं। कहते कि ताकत तो राजा है, दाँव मंत्री। मंत्री की सूझबूझ के बिना राजा बेकार है। पहलवान को दुनिया में किसी चीज़ से शौक नहीं सिवाय पौष्टिक गिज़ा के। न कपड़ों से, न सनीमा से, न किसी अन्य चीज़ से। उसे तो जो पैसे मिले, उसी से अच्छी से अच्छी चीज़ें खानी हैं।

उनके अखाड़े में एक दिन नियमित रूप से विश्राम का दिन होता। उस दिन

कसरत व जोर छोड़कर लोग एक-दूसरे की मालिश करते। पापा सलाह देते कि मालिश के बाद जाड़ों में गुनगुने पानी में नमक डालकर स्नान करके रजाई ओढ़ कर चुपचाप आराम करना चाहिए। वह लोगों को जोड़ भी अदल-बदलकर करवाते। भारी पहलवान से जोर करने के बाद वह किसी हल्के जोड़ से जोर करने को कहते जिससे दाँव का अभ्यास हो सके। वह यह भी बताते कि दूसरे अखाड़े के पहलवानों से किस प्रकार जोर बदना चाहिए। बदन समेट, बुद्धू बनकर बैठना, कच्छा ऐसा पहनना कि उसमें प्रतिद्वन्द्वी की उँगली न जा सके, व किस प्रकार से अपने पहलवान को बढ़ाना चाहिए जिससे अखाड़े की नाक ऊँची रहे।

यहाँ कोई ऐसे पहलवान न थे जिन्होंने कुश्ती को अपनी आजीविका का साधन बनाया हो किन्तु उनका शौक़ और मेहनत करीब-करीब उन्हीं के बराबर थीं। अम्बिका प्रसाद काफी अरसे तक चौक के मशहूर सादिक पहलवान के अखाड़े में जाया करते थे और बाद में यहीं आने लगे। लाल कुआँ चौराहे पर इनकी कपड़े की दुकान थी। भाईलाल सब में भारी थे, वज़न ढाई-तीन मन के आसपास था, चौराहे पर इनकी पान की दुकान थी। पंडित विद्यानन्द, जो हम सब लोगों को वहाँ लिवा ले गये थे, छह फुट के कसरती जवान थे। किन्तु इन सबके साथ ही बहुत बड़ा वर्ग विद्यार्थी नवयुवकों का था जिनमें मुंशी, अवस्थी, गिरीश, रज्जन, प्रताप व रुप्पन वगैरह थे। इससे भी अधिक मज़े की बात यह थी कि वहाँ शिक्षक वर्ग के भी प्रतिनिधि थे। एक तो रामविलास भैया व दूसरे रामदास विद्यार्थी। भैया इस समय युनिवर्सिटी में पढ़ाते थे, और विद्यार्थीजी कान्यकुब्ज कालेज में जीवविज्ञान के मुख्य शिक्षक थे। दोनों जनों की आपस में खूब पटती थी। युनिवर्सिटी में कोई ऐसा अध्यापक न दिखाई पड़ता था जो वहाँ पढ़ाते हुए कुश्ती भी लड़ता हो, फिर अंग्रेजी की क्लास लेनेवाले पर कुछ-न-कुछ अंग्रेज़ियत का असर होना ही चाहिए किन्तु यहाँ इसका उल्टा था। लड़के इस विषय में आपस में कानाफूसी करते। विद्यार्थी जी जीवविज्ञान में अच्छा दखल रखते थे। उन्होंने इस विषय पर अनेक पुस्तकें लिखीं, विज्ञान का पत्र भी निकाला किन्तु दैवयोग से अब वह हमारे बीच नहीं हैं।

ज्यादातर लोगों की कुश्ती बल पर आधारित रहती है। दाँव-पेंच लगाते किन्तु उनमें शक्ति ही अधिक परिलक्षित होती। इसके अपवाद दो थे—हरिश्चन्द्र और महमूद। हरिश्चन्द्र का कपड़े का काम था और महमूद लोको में नौकर था। दोनों छरहरे बदन के थे और शरीर में गजब का लोच था। इनकी कुश्ती जब भी होती, देखते ही बनती। थोड़े समय लड़ते किन्तु इतनी देर में दाँव पर दाँव लगाते और एक दूसरे का सफाई से काट करते। अखाड़े में ज़ोर करने के बाद लोग ढेकली लगाते, कन्धे के पास किसी को लटकाकर कमर पर जोर देकर ऊपर उठाते और अखाड़े में लोट पेट कर हरे होते। खरामा-खरामा घर आते। कुरता पहने, बदन में मिट्टी लगाये

जब बहुत लोग एक साथ लाल कुआँ चौराहे से निकलते तो लोग कुतूहलवश देखने को रुक जाते। घर आकर दूध बादाम पीते और थोड़ी देर बाद स्नान करके अपने-अपने काम में लग जाते।

नागपंचमी या गुड़ियों के दिन अखाड़े में विशेष उत्सव होता और कुश्ती तो लड़ी ही जाती। उस रोज अखाड़े की सफाई, पुताई करके महावीर की मूर्ति को सिंदूर देकर नया चोला चढ़ाया जाता। उस दिन आसपास के सभी परिचित, मित्र तथा सम्बन्धी इकट्ठा होते। फिर ढोल-नगाड़े के साथ बारी-बारी से कुश्ती होती। पापा बिहारीलाल संचालन करते। प्रत्येक कुश्ती के पूर्व, पहलवान की तारीफ करके पैसे एकत्रित करते जो बाद में उन दो प्रतिद्वन्द्वियों में बाँट दिए जाते। जीतनेवाले को अधिक और हारनेवाले को कम। किसी जोड़ के अनुरूप पैसे न आने पर किसी सम्भ्रान्त व्यक्ति की सहायता ली जाती। ऐसे ही गुड़ियों के दिन हमारी और पं. विद्यानन्द की कुश्ती हुई। हम लोग प्रायः अखाड़े में रोज ही जोर करते, आपस में एक-दूसरे की मालिश करते, इसलिए एक अलिखित समझौता था कि एक-दूसरे को परास्त न करेंगे किन्तु अखाड़े में उतरने पर लड़ते-लड़ते इस समझौते के टूटने की नौबत आ गयी कि पापा ने यह कहकर कि काफी जोर हो चुका है—कुश्ती बराबर पर छुड़ा दी और हम लोगों को आधा-आधा इनाम मिला।

अवस्थी

खेलकूद और कसरत

खेलकूद का शौक बचपन ही से था। झाँसी में हाकी के खेल का काफ़ी जोर था। रेलवे, मिलिटरी की हाकी टीमें मशहूर थीं। सदर में घर के पास कुएँ वाले छोटे से मैदान में शाम को हाकी जोरों पर खेली जाती थी। अँधेरा हो जाने पर भी खेल चलता रहता था। घर में जब तक तीन बार पुकार न पड़े, तब तक मैदान न छोड़ते थे। विश्वविख्यात हाकी खिलाड़ी ध्यानचन्द झाँसी के ही थे। हमारे पड़ोस में एक लक्ष्मीनारायण अरोड़ा उर्फ लच्छो बाबू रहते थे। इनके यहाँ ध्यानचन्द अक्सर आया करते थे। मेरी ध्यानचन्द जी से पहली मुलाकात इन्हीं के घर पर हुई थी। एक बार रेल में मैं और चौबे भैया कहीं जा रहे थे। जिस डब्बे में हम लोग थे, उसी में मशहूर झाँसी हीरोज़ टीम के खिलाड़ी भी थे और उनमें ध्यानचन्द भी थे। रास्ते-भर काफी हँसी-मज़ाक चलता रहा। इस प्रकार मेरे खिलाड़ी जीवन की शुरुआत झाँसी से ही हो गयी थी। लखनऊ आ जाने पर यह और भी बढ़ गयी। उन दिनों मैं घर पर ही पढ़ता था। रोज शाम को चौबे भैया के साथ कान्यकुब्ज कालेज जाया करता था, जहाँ वह क्रिकेट खेलते थे और मैं ओवर अप किया करता था। जब मैंने स्कूल जाना शुरू

किया तो इंटरवल में और स्कूल के बाद टेनिस की गेंद से फुटबाल खेलता था। थोड़ा और बड़े होने पर टेनिस की गेंद के बजाय असली फुटबाल से फुटबाल खेली जाने लगी। अक्सर शाम को स्कूल के बाद मैं खेलकर ही घर लौटता था यह जानते हुए भी कि देरी से पहुँचने पर डाँट पड़ेगी। खेल के आनन्द के लिए वह डाँट कोई बड़ा खतरा न थी। इण्टर में हमारे केमिस्ट्री के अध्यापक महाबोर थे। प्रोटेस्ट के रूप में एक दिन हम लोग उनके पीरियड भर फुटबाल खेलते रहे और उनके चपरासी भेजने पर उनसे कहला दिया कि उनके क्लास से यह खेल ज्यादा अच्छा लग रहा है।

जब मैं लखनऊ आया था तब भैया वगैरह ने छितवांपुर में अम्बिका के घर के पासवाले अखाड़े में जाना शुरू कर दिया था। मैं भी इन लोगों के साथ जाया करता था। हम सब यानी रामविलास, चौबे, मुंशी भइया, शिवप्रसाद और मैं, सुबह अखाड़े पहुँचकर डंड-बैठक करते थे, फिर बारी-बारी से फावड़ा लेकर अखाड़ा गोड़ते थे, फिर जोर होते थे। 'पापाजी' [वृद्ध पहलवान] हम लोगों को दाँव सिखाते थे। कुश्ती लड़ते-लड़ते बीच में रोककर पकड़, दाँव और काट सिखाते थे। जोर के बाद हरा होना बहुत अच्छा लगता था। जोर करते-करते पसीना-पसीना हो जाते थे, मिट्टी डालकर पसीना सुखाते थे और सुस्ताते थे। इसे हरा होना कहते थे।

हम लोगों के अलावा जो और लोग इस अखाड़े में आते थे उनमें उल्लेखनीय थे विद्यानन्द, अम्बिका, प्रताप, जगदीश, महमूद। ये अच्छी कुश्ती लड़नेवालों में गिने जाते थे। वैसे तो कुछ दिनों तक स्व. [अध्यापक] रामदास विद्यार्थी भी इस अखाड़े में हम लोगों के साथ आते थे। इतवार के दिन कसरत और जोर नहीं होता था। दो-दो आदमी मिलकर एक-दूसरे की तेल मालिश करते थे। उस दिन काफी हँसी मजाक होता था। कभी-कभी गाना और कविता पाठ भी हो जाया करता था।

अखाड़े जानेवालों के लिए नागपंचमी, जिसको गुड़ियों का त्योहार भी कहते हैं, विशेष महत्त्व रखता है। गुड़ियों के दिन हर अखाड़े में दंगल होता है। एक पहलवान अखाड़े में उतारा जाता है। उससे लड़ने के लिए न्यौता दिया जाता है। न्यौता देने वाले के और उससे लड़नेवाले के अखाड़े की इज्जत का सवाल होता है। देखनेवाले इनाम के रूप में पैसे देते हैं। कौन अच्छा पहलवान है, इसका फैसला इन्हीं दंगलों में होता है। उस्ताद लोग अपने-अपने पट्ठे तैयार करके दूसरे उस्तादों को चुनौती देते हैं। एक बार इसी प्रकार गुड़ियों के दंगल में एक लड़का जिसकी एक दूकान (आँख) बन्द थी, कुश्ती पर कुश्ती जीतता चला जा रहा था। हमारे गुरु 'पापाजी' हिचकिचा रहे थे कि मुझसे लड़ने के लिए कहें कि न कहें क्योंकि वह उमर में और कद में मुझसे बड़ा था। आखिर उन्होंने कहा, बेटा, अखाड़े की इज्जत का सवाल है, तुम लड़ो इससे। फिर क्या था। अखाड़े में उतर गया। सब लोगों की आँखें हम दोनों की ओर थीं। हाथ मिलाते ही मैंने फुर्ती से उसकी दोनों पटें खींच दीं। काने को

आसमान दिख गया। लोग अखाड़े में कूद पड़े और मुझे गोदी में उठा लिया। अखाड़े की इज़्ज़त जो बच गयी थी। इसके बाद काफी समय तक अखाड़े जाता रहा पर दंगल नहीं लड़ा। मैंने आखिरी कुश्ती, युनिवर्सिटी में जब पहले साल आया था, लड़ी थी और जीती भी थी। उसके बाद फिर कुश्ती नहीं लड़ी।

हमारी गली में खेल भी काफी होते थे, शाम को हम लोग अक्सर कबड्डी खेलते थे। गली का फर्श ईंटों का बना था। गिरने से चोट भी लगती थी पर खेल जारी रहता था। निरालाजी ने भी इसी गली में हम लोगों के साथ कबड्डी खेली थी। इसके अलावा गली में बच्चे फुटबाल तथा क्रिकेट भी खेलते थे। हम लोग एक वार्षिक क्रिकेट मैच 'गार्जियन्स वर्सेस स्टूडेण्ट्स' भी खेलते थे। जहाँ तहाँ से विकेट, गेंद, बल्ला, पैड आदि इकट्ठे करके स्टेशन के पास वाले किसी मैदान में मैच खेलते थे। हमारे मुहल्ले की एक फुटबाल टीम 'स्टूडेण्ट्स आर्गनाइजेशन क्लब' के नाम से टूर्नामेण्ट भी खेलती थी। इसमें मैं फुलबैक खेलता था। मजाल थी कि आदमी निकल जाय, गेंद भले ही निकल जाय। जोश में कभी-कभी हाथापाई भी हो जाती थी।

शुरू-शुरू में जब लखनऊ आया था, तब चौबे भैया के साथ अक्सर युनिवर्सिटी जिम्नेशियम जाया करता था जो उस समय लाल बारादरी में था (अब उसकी अपनी बिल्डिंग है)। लोग वहाँ जिम्नास्टिक्स करते थे तथा बौक्सिंग भी लड़ते थे। कुछ अन्य लोग वेटलिफ्टिंग तथा बारवेल से बाडी बिल्डिंग के लिए एक्सरसाइज करते थे। कुछ लोगों के नाम आज भी याद हैं। जिमनास्टिक्स में रमेशगुप्त (जो बाद में युनिवर्सिटी के फिज़िक्स डिपार्टमेण्ट में प्राध्यापक हो गये थे), बौक्सिंग में टी.पी. मुकर्जी (जो मुहल्ले में ही रहते थे और घर के अनन्य मित्रों में से थे), बौडी शो में चौबे भइया तथा लोमस गुप्त में काफी प्रतिस्पर्धा रहती थी। इन सबको देखकर मेरे मन में बौक्सिंग, जिमनास्टिक्स तथा वेटलिफ्टिंग का शौक जागा था।

शुरू-शुरू में हम लोग बौक्सिंग ग्लव लाकर मुहल्ले में प्रैक्टिस किया करते थे। उस समय मुंशीजी अच्छे बौक्सरों में गिने जाते थे, दो एक जगह शो भी किये थे।

सन् 1946 में इण्टरमीडियेट पास करके युनिवर्सिटी में बी.एससी. में एडमिशन लिया। शाम को जिम्नेशियम जाना शुरू किया। जिम्नास्टिक्स, वेट लिफ्टिंग तथा बौक्सिंग में विशेष रुचि थी। उस साल मैं युनिवर्सिटी के ऐनुअल बौक्सिंग तथा जिम्नास्टिक्स कम्पटीशन में कुश्ती, बौक्सिंग और वेटलिफ्टिंग में स्थान पाने के फलस्वरूप चैम्पियन घोषित किया गया। उन दिनों यह प्रथा थी कि जो भी चैम्पियन होता था, उसे अगले वर्ष के लिए कैप्टिन बनाया जाता था। इस प्रकार 1947-48 के लिए मैं युनिवर्सिटी का कैप्टिन बनाया गया था।

मेरा विशेष रुझान बौक्सिंग और वेटलिफ्टिंग की ओर था। जब तक युनिवर्सिटी में रहा, अपने वेट (बैन्टम वेट) में युनिवर्सिटी और लखनऊ डिस्ट्रिक्ट का बौक्सिंग

तथा वेटलिफ्टिंग चैम्पियन रहा। मैं तीन साल (1948 से 1950) तक वेटलिफ्टिंग चैम्पियन भी रहा। 1950 में एम.एससी.पास करने के बाद मैंने बौडी बिल्डिंग की ओर विशेष ध्यान देना शुरू किया। युनिवर्सिटी, डिस्ट्रिक्ट और स्टेट में कई प्राइज़ मिले। एक साल युनिवर्सिटी में बेस्ट फिज़ीक कम्पटीशन में मुझे पहला प्राइज़ मिला था। स्व. चन्द्रभानु गुप्त पारितोषिक वितरण कर रहे थे। जब मैं प्राइज़ लेने गया तो बगल में खड़े गड़गड़ी साहब (फिज़िकल एजूकेशन के डाइरेक्टर) से पूछने लगे, 'क्या यह वही लड़का है जिसने बौडी शो किया था?' गड़गड़ी साहब ने कहा 'जी हाँ, आपको विश्वास न हो, तो कपड़े उतरवाऊँ इसके।' कपड़े पहने मैं कोई बड़ा बाडी बिल्डर नहीं लगता था। इसीलिए मेरे कुछ मित्र मुझे 'चोरबदन' भी कहते थे। सर्विस में आ जाने पर जब तक लखनऊ रहा, और उसके बाद 1959 तक कलकत्ते में भी, बारबेल करता रहा और कई जगह शो भी किये।

[भूगर्भशास्त्रीय सेवा के अन्तर्गत] फील्ड में लगातार रहने के कारण बाडी बिल्डिंग तो छूट गयी पर वहाँ बैडमिण्टन खेलने लगा था। बैडमिण्टन में एक साल अपने आफ़िस में सिंगिल्स चैम्पियन भी बना। कई टूर्नामिण्ट्स भी खेले।

एक बार भूतपूर्व केन्द्रीय मंत्री श्री एस.के. डे हमारे कैम्प राखा माइन्स आये। सब लोगों से हाथ मिला रहे थे। मुझसे हाथ मिलाने के बाद कहने लगे, 'लगता है आप ही एक ऐसे जियालौजिस्ट हैं जो हथौड़े का नियमित इस्तेमाल करते हैं।' (उनको मेरा हाथ काफी कड़ा लगा था)। मैंने कहा, 'सर, ज़रूरत पड़ने पर मैं अपने मुक्के का भी प्रयोग करता हूँ।' मित्रों ने मेरी बाडी बिल्डिंग तथा मुक्केबाजी की उपलब्धियों से मंत्री महोदय को अवगत कराया। पिछले साल तक बैडमिण्टन खेलता था। अब नियम से सुबह आसन करता हूँ।

मार्निंग वाक

सुबह का घूमना तन्दुरुस्ती के लिए अच्छा होता है यह सभी मानते हैं पर हमारे यहाँ लखनऊ की के.सी.डे. लेन में इस पर विशेष जोर था। रामबिलास भैया सुबह चार बजे उठकर रोज घूमने जाते थे। हम लोगों, यानी मुझे और मुंशी भैया को, भी उठाया जाता था। हम लोग कुछ दूर उनके साथ जाते और लौट आते थें क्योंकि वह हजरतगंज, नरही, बनारसी बाग आदि का काफी लम्बा चक्कर लगा कर आते थे। हम लोग नींद के दुखिया जल्दी लौट आते थे और फिर सो जाते थे। धीरे-धीरे हम दोनों ने भैया से यह कहकर छुटकारा पाया कि आप आगे चलो, आपको लम्बे जाना होता है, हम लोग आपके पीछे निकलते हैं। पहले हम लोग रायल होटल तक जाते थे, फिर कम करके बर्लिंगटन होटल तक जाने लगे, बाद में हुसेनगंज के चौराहे तक और अन्त में अपनी गली से निकल लाल कुएँ का चक्कर लगाकर अपना 'मार्निंग

वाक' पूरा करने लगे। कुछ दिन बाद पोल खुल गयी। फिर क्या था। बड़े भाईसाहब ने हम दोनों को घर से निकालकर घूमने के लिए भेजना शुरू किया और बाहर के दरवाजे पर ताला लगाकर चाभी अपने साथ घुमाने ले जाने लगे जिसके कारण हम लोगों का घर में आकर सोना बन्द हो गया। पर हम लोग भी किसी से कम नहीं थे। हमारा भी घूमकर जल्दी आना और सोना बन्द नहीं हुआ। एक दिन भाईसाहब थोड़ा जल्दी आ गये और हम दोनों को बाहर के चबूतरे पर सोते पाया क्योंकि हम दोनों अपनी लाल कुएँ वाली परिक्रमा पूरी करके बाहर चबूतरे पर ही सो जाते थे। अगले दिन से अनुशासन और भी कड़ा हो गया। हम लोगों को काफी दूर ले जाकर छोड़ दिया गया। जाते समय तो हम दोनों किसी प्रकार आँखें खोले रहे पर लौटते समय पलकें इतनी बोझिल हो रही थीं कि उन्हें सँभालना मुश्किल हो रहा था। हम दोनों ने तय किया कि एक-दूसरे की कमर में हाथ डाल लेंगे और आँखें बन्द करके चलते जायेंगे। बीच-बीच में थोड़ी आँख खोलकर देख लेंगे कि सड़क पर ही हैं, कहीं और तो नहीं जा रहे। सड़क सीधी थी। हम दोनों एक-दूसरे की कमर पकड़े, आँखें बन्द किये चले जा रहे थे। काफी दूर चलने के बाद सहसा कानों में आवाज पड़ी, "अब गाड़ी के निचेहे आ जइहौ का?" आँख खुल गयी। सामने देखा, बैलगाड़ी खड़ी थी। गाड़ीवान कह रहा था, "हम सोचित रहै कि अब हटिहैं, अब हटिहैं मुला तुम तो हटै का नामुइ न लीन्ह्यो। रतउँधी होती हैं का?"

मुंशी

कक्कू परिवार

झाँसी से हाई स्कूल परीक्षा पास करके इन्टर कॉलेज में भर्ती होने के लिए '39 में लखनऊ आने पर जिन साहित्यिक विभूतियों के दर्शनों का सुअवसर मिला उनमें सर्वप्रथम थे निराला जी।

उस दौर की सबसे बड़ी विशेषता यह थी कि कुछ अन्य साहित्यकार भी पूरी कर्मठता से नयी दिशाओं की खोज में संलग्न थे। इनमें जिन्हें निकट से देखने का मौका मिला, उनमें उल्लेखनीय हैं सर्वश्री अमृतलाल नागर, रामविलास शर्मा, नरेन्द्र शर्मा, नरोत्तम नागर और बलभद्र प्रसाद दीक्षित 'पढ़ीस' जिन्हें सब आदर और स्नेह से कक्कू कहते थे।

सिर पर कुछ तिरछी-सी गाँधी टोपी। शरीर पर खद्दर का कुर्ता; कभी धोती, कभी पैजामा। मझोला कद। निखरा गेहुँआ रंग। चेहरे पर कुचरानुमा छोटी मूँछें। अनूठी विनम्रता। मुस्कराते तो लगता अब हजारों गुलाब खिल उठेंगे।

कक्कू सुन्दरबाग मोहल्ले में ही किराये के एक छोटे-से मकान में रहते थे। मैं अक्सर उनके घर चला जाता। उनके ज्येष्ठ पुत्र बुद्धिभद्र दीक्षित ('उच्चन') मेरी ही उम्र के थे। खूब दोस्ती थी। उनके घर भी, रामविलास भैया के घर की ही तरह, सामान के नाम पर दो-एक चारपाइयाँ, कपड़े रखने के कुछ बक्से और—ढेरों किताबें थीं। बिजली का प्रकाश उन दिनों हम लोगों के लिए केवल एक कल्पना की चीज था। लालटेन या लैम्प जलाकर पढ़ते थे। उच्चन सरोद बहुत अच्छा बजाते थे। मुझे भी सिखाने का वादा किया था। एक छोटा सरोद दिया भी था जिसे मैं छज्जे पर बैठकर अक्सर टुनटुनाया करता था।

कक्कू और भैया के परिवार में मुझे बहुत समानता दिखाई देती। मेरी भाभी (श्रीमती कैलाश कुमारी शर्मा) गाँव की थीं, उच्चन की माँ भी गाँव की थीं। आडम्बर की ओर न उस परिवार में कोई झुकाव था, न हम लोगों के परिवार में। साहित्य, संगीत, मस्ती और कर्मठता—यही आलम था। उच्चन के छोटे भाई मेरे छोटे भाई। उच्चन की माँ, मेरे लिए भी 'अम्मा' थी। कक्कू तो कक्कू थे ही।

कक्कू के प्रति लगाव का एक और भी कारण था। सीतापुर जिले की अवधी भाषा में लिखी उनकी कविताओं का संग्रह, जो 'चकल्लस' नाम से पाँच-छह साल पहले प्रकाशित हुआ था, मुझे बहुत प्रिय था। मुझे ही क्या, बहुतों को वह बहुत प्रिय था। थोथी शान बघारने वालों, पैसे का लोभ दिखाने वालों, धार्मिक कट्टरता बरतने वालों पर 'चकल्लस' की पंक्तियाँ .303 से निकली गोलियों का काम करती थीं।

दुलहिनी तीनि, लरिका, त्यारह
सब भिच्छा-भवन ते पेटु भरयिं
घर मा मूसा डंडयि प्यालयिं
हम कनौजिया बांभन आहिन!

इन्हें सुनकर कौन बार-बार अपने कान्यकुब्ज ब्राह्मण होने की डींग हाँकता?

यहाँ यह स्मरण रखना प्रासंगिक होगा कि कक्कू मामूली नहीं, बहुत कुलीन कान्यकुब्ज ब्राह्मण थे। ऐसे कुलीन ब्राह्मणों के लिए हल की मुठिया का स्पर्श तक वर्जित था। किन्तु कक्कू ने इस कुलीनता की न सिर्फ खिल्ली उड़ाई, बल्कि सन् 34-35 में सीतापुर जिले के अपने गाँव अम्बरपुर में अपने घर पर ठेठ चमारों के लड़के बैठाकर, उन्हें विद्याभ्यास कराकर, शिक्षित करने का प्रयास किया।

'चकल्लस' के अलावा कक्कू की दूसरी कृति थी—"ला-मज़हब"। इसका नामकरण रामविलास भैया ने किया था। यह कहानी संग्रह था। ठेठ खड़ी बोली में। प्रत्येक कहानी की धार बहुत पैनी। सामन्ती शोषण, रूढ़िवाद के कुप्रभावों और सामाजिक असमानता के मूलाधारों का निवारण करती हुई। हिन्दी साहित्य जगत के सभी सचेत पाठकों ने इस कहानी संग्रह का लोहा माना था। दुर्भाग्य की बात

कि आज वह उपलब्ध नहीं है।

कक्कू की 'चकल्लस' के नाम पर लखनऊ से श्री अमृतलाल नागर और श्री नरोत्तम नागर के सम्पादन में उन दिनों हिन्दी की अनूठी साहित्यिक व्यंग्य पत्रिका 'चकल्लस' निकलती थी। पत्रिका की हर जगह जबर्दस्त धूम थी। इसके एक विशेषांक ('भाभी-अंक') की झलक मैं झाँसी में पा चुका था। दसवें दर्जे के मेरे अंग्रेजी अध्यापक एच.के. अत्री उसे अन्य अध्यापकों को दिखा रहे थे। सम्पादन के स्थान पर छपा था 'देवर'। यह अंक खासा वज़नी था।

मेरे लखनऊ आ जाने पर 'चकल्लस' पत्रिका के नियमित अंक देख पाना सुगम हो गया था। सामान्य अंकों के मुखपृष्ठ पर एक दावात में दो मोटे कलम ठुँसे दिखाई देते; स्वभावतः दावात से इधर-उधर निकलते स्याही के छींटे भी। ऊपर लिखा होता—'चकल्लस'।

अमृतलाल नागर और नरोत्तम नागर जब भी हम लोगों के घर आते, मेरी नज़र सबसे पहले उनकी बास्केट की जेबों पर जाती। सच मानिए, दोनों की जेबों में मुझे एक-एक मोटा लाल फाउंटेनपेन दिखाई देता। इस बात की पुष्टि करता हुआ कि हाँ, ये ही दोनों 'चकल्लस' के सम्पादक हैं।

दोनों को पान खाने का बेहद शौक था। उनके आते ही मुझे पान लाने के लिए रपटाया जाता। 'नरोत्तम के पान में खूब तम्बाकू झोंकवा लाना'—मुझे रामविलासजी की आवाज़ सुनाई देती। पनवाड़ी की दूकान पर खड़ा-खड़ा मैं 'चकल्लस' के आगामी अंकों की कल्पना में डूब जाता। 'तस्लीम-लखनवी' (श्री अमृतलाल नागर) के धारावाहिक कॉलम **नवाबी मसनद** के मियाँ सुबराती और पहलवान में जरूर इस दफा करारी नोक-झोंक होगी, पहलवान कहेंगे, 'म्याँ...'

यह मुझे बहुत बाद में मालूम हुआ कि 'चकल्लस' में छपी कई पैरोडी स्वयं श्री अमृतलाल नागर की लिखी हुई थीं।

इस पत्रिका के प्राण थे श्री अमृतलाल नागर—नरोत्तम नागर—कक्कू—रामविलास। निरालाजी इसके—अप्रकट—सहयोगी और समर्थक थे। अन्य कितने ही जागरूक लेखकों और लेखिकाओं का भी 'चकल्लस' को समर्थन प्राप्त था।

'हितैषी जी' जैसे कवि भी एक-आध बार 'चकल्लस' के मैदान में उतरे। रामविलास भैया विविध नामों से पैरोडी, एकांकी, लेख, व्यंग्य कविताएँ लिखते। 'चतुरानन चौबे' तो व्यंग्य कविताओं के लिए 'चकल्लस' में उनका जाना-माना नाम था, अन्य विधाओं का जब वह प्रयोग करते तो, सम्पादक अपने मूड के अनुसार कभी उनका नाम श्री चिरकुट, कभी श्री दीमक आदि, न जाने क्या-क्या रख देते। श्री नरोत्तम नागर 'त्रिविड़ा जोशी' के नाम से तो लिखते ही थे, अपने भी मनचाहे नाम रख लेते।

निरालाजी भी कभी-कभी, कार्टूनों के माध्यम से, व्यंग्य के शिकार बनते—यद्यपि

पूरी 'चकल्लस मंडली' उनका बहुत आदर करती थी। हिन्दी साहित्य सम्मेलन में राजर्षि टण्डन से निरालाजी की झड़प पर, निराला के उग्र रूप को चित्रित करते हुए, 'चकल्लस' में छपा कार्टून मुझे अब तक याद है।

इस मंडली की अन्तरंग गोष्ठियाँ कभी-कभी हमारे घर भी होतीं। बहसों के कुछ मुद्दे तो पल्ले पड़ते, लेकिन अधिकांश सिर के ऊपर से निकल जाते। मुझे ज्यादा मज़ा आता इन लोगों की भाव-भंगिमाएँ देखने में।

सबसे मस्त और मौजी दिखाई देते श्री अमृतलाल नागर। उनकी उन्मुक्त हँसी अनायास ही वातावरण को गुँजा देती थी। सबसे 'चुप्पे' लगते श्री नरोत्तम नागर। जब भी बोलते, एक-दो वाक्य से अधिक नहीं। बोलते भी बहुत धीमे स्वर में। लेकिन जब वह बोलते तो सब उनकी बातें बड़े ध्यान से सुनते। मुझे लगता यह आदमी बड़ा 'शातिर' है।

कक्कू इन गोष्ठियों में 'मॉडरेटर' का काम करते। बहसें खूब खुलकर और जमकर होतीं। रामविलास भैया का स्वर इन बहसों में पहले तो प्रायः सामान्य रहता, पर किसी सैद्धान्तिक मुद्दे पर ढुलमुलाहट दिखाई देते ही तीव्र हो उठता। कहा जाय तो 'चकल्लस' की 'इंटलेक्चुअल टोन' निर्धारित करने में उनके योगदान को विशेष महत्त्व दिया जाता। कक्कू की बात विशेष आदर से सुनी जाती। एक तो साम्राज्यी शत्रु के प्रचार-गढ़ (रेडियो) में उनकी पैठ थी, दूसरे जन-साधारण से उनका असाधारण लगाव था।

उन्हीं के मुँह से एक बार मैंने सुना था—"यह काम कम्युनिस्टों को करना चाहिए (पिछड़े किसानों में शिक्षा-प्रसार और मजदूरों किसानों को एकजुट करने का काम—मुं.) लेकिन अभी वे बहुत थोड़े हैं और खुलकर काम नहीं कर पा रहे।"

बहस के दौरान कक्कू की गम्भीर आँखों में सहसा जब चमक कौंध जाती, होंठ मुस्करा उठते, और वह धीरे से कोई बात कहते तो वातावरण शान्त हो जाता। लगता—प्वाइंट 'क्लिच' हो गया है। अब जरूर कोई न कोई गुल खिलेगा। 'चकल्लस' के अगले अंक के लिए उत्सुकता बढ़ जाती।

कभी-कभी ये गोष्ठियाँ बहुत देर तक खिंच जातीं। ऐसे में भाभी का उकता उठना स्वाभाविक होता। "न जाने इनकी बहसें कब खतम होंगी?" लेकिन इससे आगे वह कुछ न कहतीं। जानती थीं कि ये लोग कोई अच्छा काम कर रहे हैं; करने देना चाहिए।

ये गोष्ठियाँ कभी-कभी श्री अमृतलाल नागर के घर चौक में होतीं। मैं भी, घूमने जाने के बहाने, कक्कू और रामविलास भैया के साथ लग लेता। चौक के चौराहे से कुछ आगे बढ़कर ये लोग बायें हाथ के एक दोमंजिले मकान के सामने रुक जाते। कक्कू ऊपर को मुँह उठाकर आवाज़ देते—"अमृत!..." और ऊपर से श्री अमृतलाल

नागर की भव्य आकृति झाँकती दिखाई देती। फिर सुनाई देता—''आ जाइए जीने से।'' ऊपर पहुँचने पर सब एक तखत पर जम जाते। यह 'चकल्लस'-चबूतरा था। श्री नरोत्तम नागर यहाँ पहले ही से मौजूद होते। अन्दर से पान की गिलौरियाँ आतीं। और, गोष्ठी शुरू।

आगामी अंकों की विषय-वस्तु और रूपरेखा ऐसी ही गोष्ठियों में निर्धारित होती थी। नियमित स्तम्भों के अलावा इन लोगों में से कौन क्या-क्या लिखेगा यह तो निर्धारित होता ही—किन-किन अन्य लोगों से क्या-क्या लिखाया जाना चाहिए यह भी तय किया जाता।

'चकल्लस' का खर्चा किस तरह चलता था, यह सोच पाना आज भी मेरे लिए असम्भव है। किसी को 'पारिश्रमिक' मिलता हो, यह कल्पनातीत है। कक्कू के परिवार की जीविका का मुख्य साधन रेडियो स्टेशन में उनका काम था। किन्तु 'चकल्लस-मंडली' के लोग रेडियो का इस्तेमाल लोक-चेतना प्रसार के लिए भी करना चाहते थे। मौका मिलने पर कभी चूकते नहीं थे। यह बात प्रशासनाधिकारियों को निश्चय ही चुभती थी और वे बदला लेने की ताक में रहते।

'चकल्लस'-मंडली के कक्कू के मित्रों में भी किसी की आर्थिक स्थिति सुदृढ़ नहीं थी। रामविलास भैया लखनऊ युनिवर्सिटी के अंग्रेजी विभाग में लेक्चरर जरूर थे, लेकिन छोटे भाइयों को पढ़ाने और स्वयं अपने बच्चों को पालने के लिए 125 रुपये मुश्किल से ही पर्याप्त थे। मेज के अभाव में बक्से का इस्तेमाल और लुंगी के अभाव में बिस्तर की चादर का इस्तेमाल कोई आश्चर्य की बात न थी। इससे पहले तो वह अपने श्वसुर रामसेवक चाचा के साथ मजदूर मुहल्ले में हीरालाल कुम्हार के हाते में रह चुके थे।

जहाँ तक श्री अमृतलाल नागर और नरोत्तम नागर की बात है, मैं समझता हूँ, उनकी जीविका और परिवार-पालन का मुख्य साधन फ्री लान्स जर्नलिज़्म और पत्र-पत्रिकाओं में स्फुट लेखन मात्र था। ऐसे में 'चकल्लस' निकालना और उसका खर्चा झेलना, बच्चों का खेल नहीं था। हिन्दी के प्रति अपने दायित्व की चेतना ही सम्भवतः 'चकल्लस' मंडली के लिए प्रेरणा-स्रोत थी।

वह ब्रिटिश साम्राज्यी शासन का जमाना था। रेडियो की नीति को लेकर कक्कू का अधिकारियों से टकराव होना स्वाभाविक था। और, टकराव मोल लेने का अर्थ कक्कू के लिए सिर पर कफन बाँधकर चलना था।

ऐसे में ही एक दिन मैंने रामविलास भैया को भाभी से कहते सुना : ''मालकिन, कुछ रुपये हों तो दे दो।''

''क्यों? खास काम है क्या?''

''हाँ, कक्कू के घर आटा नहीं है। वह उच्चन के कप बेचने जा रहे थे।''

"कप बेचने जा रहे थे?... मैं अभी रुपये देती हूँ।"

और, भाभी ने रुपये निकालकर दे दिये।

मैं कक्कू के घर आता-जाता रहता। ऊपर से सब कुछ सामान्य दीख रहा था। उनके घर में मुझे बड़ा अपनत्व लगता। जिस चीज ने मुझे सबसे ज्यादा प्रभावित किया था वह स्वयं उनके रहन-सहन का तरीका था। वह मध्यमवर्गी नहीं थे, निम्न मध्यमवर्गी भी नहीं। वह मेहनतकश किसान थे। अपनी प्रतिभा पर उन्हें विश्वास था।

परिवार को पालने का उनका ढंग भी अनूठा था। पिता और बच्चों के बीच ऐसी कामराडरी मैंने कम ही परिवारों में देखी है। सम्भवतः यही कारण है कि उच्चन की बौद्धिक 'उठान' इतनी अद्‌भुत थी। सुना था, 12 वर्ष की उम्र में वह बॉम्बे टॉकीज में सरोद बजा चुके थे। बाल-साहित्य लिखने में उन्हें गज़ब का कौशल प्राप्त था। कक्कू के यहाँ 'साकेत' का तथा विविध श्रेष्ठ पुस्तकों का सामूहिक पाठ भी मैंने देखा-सुना था।

सबसे ज्यादा प्रभावित करनेवाली चीज थी कक्कू और उनके परिवार की सादगी। इस सादगी की आधारशिला थी—अपराजेय जीवट।

हाँ, ऊपर से सब कुछ सामान्य दीख रहा था; किन्तु कक्कू का संघर्ष भीतर ही भीतर नये स्तर पर पहुँच रहा था—सिद्धान्त के लिए संघर्ष के स्तर पर।

एक दिन कॉलेज से लौटने पर अचानक सुना कि कक्कू ने रेडियो छोड़ दिया है। यह भी सुना कि केवल उच्चन लखनऊ में रह गये हैं, बाकी सब लोग गाँव—अम्बरपुर—चले गये हैं।

बातचीत मेरे कानों में कुछ इस तरह पड़ी थी : "रेडियो की नीति के सवाल पर कक्कू अड़ गये। लोगों ने ताना कसा—'जाओगे कहाँ? करोगे क्या?' बोले—'मेरे हाथ टूट गये हैं क्या! किसान हूँ। हल जोतूँगा। खेती करूँगा। जितनी बन पड़ेगी, साहित्य की सेवा भी करूँगा।"

इसके कुछ ही दिनों बाद की बात है। 'चकल्लस'-मंडली के लोग बेहद उद्विग्न और चिन्तित दिखाई देने लगे थे। उनके बीच ठहाकों और मस्ती का स्थान अब इस या उस खम्भे की ओट में दबे स्वरों में परामर्श ने ले लिया था। श्री अमृतलाल नागर हों या नरोत्तम नागर, अब आते तो जोर से 'रामविलास' नहीं पुकारते थे। धीरे से दरवाजा खटखटाते। मैं बाहर आता तो पूछते—"हैं?"

"बैठिये।"

पर उनका उत्तर होता : "बाहर भेज दो। हम लोगों को जरा जल्दी जाना है।" मेरी समझ में न आता कि किस बात की जल्दी है।

इन्हीं दिनों एक बार निरालाजी के यहाँ किसी काम से जाना पड़ा। उन्हें भी मैंने

कमरे के एक कोने से दूसरे कोने तक उद्विग्नता से टहलते देखा; होठों ही होठों में कुछ बुदबुदा रहे थे। मैं जो पूछने गया था, उसके उत्तर में कुछ 'हाँ-हूँ' कहकर चुप हो गये। मैं चला आया।

लखनऊ के साहित्यिक वातावरण को सदा सरगर्म रखनेवालों को सहसा क्या हो गया था, मेरी समझ में नहीं आ रहा था।

अन्ततः सुनाई पड़ा कि गाँव में खेत जोतते समय कक्कू के पैर में हल का फाल घुस गया था और उनकी दशा बिगड़ती जा रही है। घाव के बिगड़ जाने के कारण सारे शरीर में विष फैल गया था।

आखिर उन्हें बलरामपुर अस्पताल में भर्ती कराया गया। साहित्यकारों ने बहुत दौड़-धूप की। 'चकल्लस'-मंडली ने जो भी किया जा सकता था, करने में कुछ उठा नहीं रखा। रामविलास भैया अक्सर अस्पताल उनके पास जाते। किन्तु कक्कू को बचाया नहीं जा सका। आखिरी समय में भी रामविलास भैया उनके पास थे।

कक्कू के निधन ने सारे साहित्य जगत् को झकझोर दिया।

अब प्रश्न था, कक्कू के परिवार का पालन कैसे होगा? उच्चन लखनऊ में रहकर अभिमन्यु की तरह आर्थिक कठिनाइयों का व्यूह भेदने के लिए जूझ रहे थे। अपनी प्रतिभा और परिश्रम के बल पर, रेडियो पर, वह देहाती प्रोग्राम के इन्चार्ज बन गये थे। और, रेडियो के विविध विभागों की लोकप्रियता सम्बन्धी आँकड़े एकत्र किये जाने पर यह पता चला था कि लखनऊ रेडियो स्टेशन से प्रसारित देहाती प्रोग्राम सर्वाधिक लोकप्रिय था।

उच्चन गाँव को कुछ पैसे भेजते थे। 'चकल्लस' मंडली के लोगों से भी जब और जैसी सहायता बन पड़ती, अक्सर करते थे।

इसी बीच उच्चन को खेत की सिंचाई के लिए छुट्टी लेकर गाँव जाना पड़ा। इस बार वह गाँव ऐसे गये कि फिर कभी लौटकर आये नहीं।

पूस की एक रात। पुरहाई करते शीत ने उन्हें अपने चपेट में ऐसा लिया कि छोड़ा नहीं।

इस वज्राघात से सभी लोग हतबुद्धि से हो गये थे। एक प्रतिभापूर्ण परिवार अपनी आन पर किस तरह जूझा है, यह आँखों के सामने था। कथाओं में वीरत्व की कहानियाँ रोचक लगती हैं। लेकिन यथार्थ शौर्य किस जीवट की अपेक्षा करता है, यह इस परिवार के उदाहरण से प्रकट था।

हिन्दी के तत्कालीन सुप्रसिद्ध मासिक पत्र 'माधुरी' ने 'पढ़ीस' विशेषांक निकाला। इस विशेषांक का सम्पादन किया था रामविलास भैया ने। उस समय साहित्यकार कहलाने का अधिकारी कौन-सा ऐसा व्यक्ति होगा जिसने इस विशेषांक में न लिखा हो? आज भी कहा जाता है कि ऐसे विशेषांक कम ही निकलते हैं।

समय रुकता नहीं, बढ़ता जाता है। सन् 43 में रामविलास भैया लखनऊ से आगरा चले गये थे। लखनऊ में अब मैं के.सी. डे लेन वाले मकान में चौबे भैया और सरला भाभी के साथ रह रहा था। बड़े भैया का झाँसी से तबादला हो गया था। वह वहीं भाभी और बच्चों के साथ लखनऊ आ गये थे और सामनेवाले मकान में किराये पर रह रहे थे।

अम्बरपुर से हम लोगों का सम्पर्क सूत्र टूटा नहीं था। लेकिन पहले की तरह लोगों का नियमित आना-जाना अब उतना नहीं होता था।

अपनी-अपनी जीवन-गाड़ी अपने-अपने ढंग से चल रही थी।

सन्, 45-46 मेरी एम.ए. फाइनल की परीक्षा का वर्ष था। सहसा एक दिन 'अम्मा' (उच्चन की माँ) उच्चन के छोटे भाई 'चुन्नी' को साथ लिए के.सी. डे लेन के नुक्कड़ पर रिक्शे से उतरीं। उन्हें हम लोग आदर से घर ले आये। पता चला वह अस्वस्थ हैं; पेट में पीड़ा उठती है।

स्वभावतः मैंने पूछा : ''अम्मा, आने में तो कोई दिक्कत नहीं हुई?''

''नहीं, आने में तो खास दिक्कत नहीं हुई। रेल से आये, पर...'' और वह कुछ कहते-कहते रुक गयीं।

''पर क्या अम्मा। बताओ न!''

''कोई खास बात नहीं। रेल-भाड़े के पैसे पूरे नहीं हा रह थे। कुछ चावल पड़ोस में बेच दिये, आ गयीं।''

बात मैं समझ गया।

कुछ रुपयों की व्यवस्था करके चुन्नी को गाँव वापस भेज दिया और अम्मा की चिकित्सा की ओर ध्यान देना शुरू किया। आगरा पत्र लिखा कि मैं अम्मा को अपने पास रोककर उनका इलाज कराना चाहता हूँ।

आगरा से पूर्ण अनुमति सूचक उत्तर मिलते देर न लगी।

मेरी बड़ी भाभी को होमियोपैथी में दखल रहा है। अतः सबसे पहले उनकी ही दवाएँ इस्तेमाल की गयीं। लेकिन शीघ्र ही दूसरे डॉक्टरों की शरण लेनी पड़ी।

इन डॉक्टरों से भी स्थिति न सँभली तो ले जाकर मेडिकल कॉलेज में दिखाया। जाँच-पड़ताल के बाद मेडिकल कॉलेज के डॉक्टरों ने जवाब दे दिया।

अम्मा के पेट का ट्यूमर काबू से बाहर हो चुका था। मेरा युनिवर्सिटी जानायु छूट गया था।

'चकल्लस'-मंडली के रामविलास भैया आगरा में थे। श्री नरोत्तम नागर इलाहाबाद चले गये थे। 'चकल्लस' पत्रिका अपनी अमिट छाप छोड़कर बन्द हो गयी थी। केवल अमृतलाल नागर लखनऊ में थे। वह तत्परता से अम्मा के समाचार पूछते रहते।

बड़े भैया और बड़ी भाभी, चौबे भैया और सरला भाभी अम्मा की तीमारदारी में मेरी पूरी सहायता कर रहे थे। कभी-कभी अम्बरपुर से चुन्नी और उनके चचेरे बड़े भाई आकर अम्मा को देख जाते। उन्हें सन्तोष था कि लखनऊ में वह सब किया जा रहा है, जो गाँव में सम्भव नहीं था।

डेढ़ महीने मैं अम्मा की सेवा-शुश्रूषा में जुटा रहा। इस बीच उन्होंने जो मौखिक सर्टिफिकेट मुझे दिये, वे मेरे जीवन की अमूल्य निधि हैं। पर अम्मा की हालत बिगड़ती ही गयी।

और, एक रात तीसरे पहर। मेरी गोद में बैठे-बैठे उन्होंने प्राण त्याग दिये।

अब रह-रहकर मुझे केवल एक ही खीझ उठती थी : हम लोग इतने संगठित और समर्थ क्यों नहीं कि ऐसे कर्मठ, संघर्षशील और सिद्धान्तनिष्ठ परिवारों का दायित्व अपने ऊपर ले सकें।

'अम्मा' के निधन के कुछ दिन बाद मैं जब युनिवर्सिटी गया और क्लास में पहुँचा तो प्रो. सिद्धान्त ने आड़े हाथों लिया : "अगर तुम्हारा इम्तहान में बैठने का इरादा नहीं, तो डेढ़ महीने बाद क्लास में आने की जरूरत ही क्या थी?"

बहस का मौका नहीं था। सफाई देने की भी इच्छा नहीं हुई। सफाई किस बात की? मैंने धीरे से इतना ही कहा, "इम्तहान में जरूर बैठूँगा।"

युनिवर्सिटी का इम्तहान निश्चय ही उतना कठिन नहीं था जितना पिछला इम्तहान।

मुंशी

आत्मबोध और आत्मसंघर्ष

[1934 में एम.ए. करने के बाद मैं शोधकार्य करता रहा। 1938 से लखनऊ विश्वविद्यालय में अंग्रेजी के अध्यापक के रूप में कार्य करता रहा। 1943 की गर्मियों में मैं बम्बई में था—अमृतलाल नागर के यहाँ। कुछ समय के लिए कम्युनिस्ट पार्टी की पहली कांग्रेस में मैंने पूरनचन्द जोशी और बी.टी. रणदिवे के भाषण सुने, प्रगतिशील लेखक सम्मेलन में अध्यक्ष डांगे तथा हीरेन मुकर्जी, अली सरदार जाफरी के भाषण सुने, देखा कि इसमें दो-तीन से अधिक हिन्दी लेखक नहीं हैं; लखनऊ आने पर प्रोफेसर सिद्धान्त ने कहा, तुम्हारे लिए आगरे के एक कालेज में व्यवस्था कर दी है और मैं जुलाई में आगरा आ गया। पत्नी (कैलास कुमारी) और बच्चे (ललित, भुवन, विजय और शोभा) लखनऊ में रहे। नरेश को और मुझे छोड़कर बाकी चार भाई भी वहीं थे। मुंशी को मेरी याद साधारण रूप से तो आती ही थी, कभी-कभी विशेष रूप से भी आती थी।]

विशेष रूप से तुम्हारी याद उस समय आती है जब ललित को सवाल लगवाने होते हैं। चौथे दर्जे को छोड़ सवालों में हम कभी पास हुए ही नहीं। हमारा अन्दाज है कि सवाल लगाने को या लगवाने को एक विशेष रूप की ट्रेनिंग की आवश्यकता होती है। वह ट्रेनिंग हमने ली नहीं। अब ललित के साथ उसकी कोशिश कर रहे हैं; इसलिए बात मानी हुई है कि हम उतनी तेजी से नहीं चल सकते जिसे हमने तुममें पाया था। [मैं केवल मुंशी को देखते तेज था; अंकगणित वह एक मात्र विषय है जिसमें एक मात्र बार—सातवें दर्जे की छमाही परीक्षा में—मैं फेल हुआ था।] ललित को पढ़ाना velvet की इज़्ज़त रखना है [मुंशी इन दिनों निराला की तत्कालीन शैली में पद्य ही नहीं, गद्य भी लिखते थे], जिसके लिए न हमारे पास वैसा character है, न वैसी ability है। उसे सीखने की कोशिश कर रहे हैं।

तुम्हारे साथ Good Earth देखने गये थे। 'लुई पास्ट्यर' और फिर 'तानसेन' देखा। अब रतनसेन के पैसे से How Green was my Valley देखने जायेंगे।

आजकल अंग्रेजी Essay लिखने की practice कर रहे हैं। बड़ी मुश्किल से introduction और last para लिखने की कला कुछ-कुछ समझ में आयी। Economics में facts याद करने की जरूरत रहती है जिसके लिए दिसम्बर से मेहनत शुरू करेंगे। अभी तो Essay लिखने की practice कर रहे हैं। [मुंशी बी. ए. के दूसरे साल में थे।]

सुकुलजी [कान्यकुब्ज कालेज में भौतिकी के अध्यापक स्वामी चरन सुकुल] से कुछ लिखाने [मेरी एक प्रस्तावित हिन्दी शोध पत्रिका के लिए] का परिश्रम व्यर्थ सा मालूम होता है। तुम इस बात में जरूर फेल होगे। लेकिन हम उन आदमियों से लिखावेंगे जिन्हें आप सपने में भी न सोच सकते होंगे कि यह कुछ लिखेंगे। उनके नाम अभी नहीं बतावेंगे। जब वह लिख लेंगे—तब।

आज न मालूम क्यों तबियत किसी काम में लग ही नहीं रही।

अखाड़ा छोड़ दिया है, इसलिए ज़रा सुस्त भी हो गये हैं।

दशहरा आ रहा है। लखनऊ आने का समय भी नज़दीक है। आओगे तो मजा आयेगा।

चिट्ठी बड़ी खराब लिखी है। इसके लिए हमारा दिमाग जिम्मेदार है जो सही नहीं है।

[सितम्बर 43]

[दूसरों को लेखक बनाने के अलावा स्वयं भी लेखक बनने के लिए मुंशी नाना प्रकार के अनुभव बटोर रहे थे।]

झाँसी से लखनऊ आने में कोई तकलीफ नहीं हुई। यानी संयोग से W.T. आये। लखनऊ तो अपना घर है। बिना एक आना खर्च किये भी झाँसी से लखनऊ सफर

किया। बचे पैसों से M. Sen की 2/- की Economics की एक किताब और 8/- की एक History of English Lit. खरीदी।

हमारी नवजीवन समिति कुछ ऐसे कारणों से संकट में है। शायद 4-6 दिन में बन्द हो जावे। सोवियत औरतों पर जो किताब है, उसका अनुवाद कर रहे हैं। **गाँधीवाद की शव परीक्षा** का अंग्रेजी में translation, essays लिखना शुरू किया है। Luck. University में जो चीज कम मालूम होती है, वह है proper training। हमें Communism प्रिय लगता है कि यह आदमी को काम करने के लिए training देता है। छुट्टियों में आपके साथ रहकर काम करेंगे और training लेंगे।

अपने W.T. आने की बात हमने किसी से नहीं कही। शायद रुपये छिन जाते। आप इस आशय का कोई पत्र न लिखियेगा। किताबों के लिए अब जब पैसे की जरूरत होगी, आपसे माँग लेंगे। W.T. आने का केवल Experience करना था।

(13-1-44)

[मुंशी अभी अविवाहित थे किन्तु भावी सन्तान के भविष्य की चिन्ता उन्हें सताने लगी थी।]

दौआ, अम्मा, नरेश आज शाम को आठ बजे तक लखनऊ आ जावेंगे। हमारे ऊपर डाँट पड़ेगी क्योंकि दौआ ने कुछ काम बताया था जो हम भूल गये। Absence of mind भी तो बेवकूफी की निशानी है।

हमारी फीस की तारीख आज है किन्तु हम निश्चिन्त हैं। आशा है, आपके आने के साथ 39/- आ ही जावेंगे, कुछ आगे-पीछे दे देंगे। अवस्थी की पाँच महीने की फीस 27/- ली जा रही है। क्या खूब लूट है। अगर ऐसी ही हालत रही तो हम अपने बच्चों को नाईगीरी सिखाना ही ठीक समझेंगे।

यहाँ खूब मौज है। विद्यार्थीजी [रामदास विद्यार्थी, पड़ोसी, कान्यकुब्ज कालेज में जीवविज्ञान के अध्यापक] सपरिवार सानन्द हैं। बस्सू नयी दुलहिन की फिराक में दीवाने हैं। अवस्थी को पढ़ाई और सुलाई। हम सदा की भाँति आधे मस्त, आधे बेवकूफ, आधे अकलमन्द, all in one! (11-2-44)

[अपना ब्याह न सही, दूसरे का सही; ब्याह के बाद गौना और भी सही। मुंशी को कविता के लिए सामग्री मिलनेवाली है।]

[चौबे का] गौना सकुशल हो गया। हमें तो कुछ ऐसी खुशी हुई जैसे हमारा ही ब्याह हो गया हो। फिर भी दूध का जला मठे को फूँक-फूँककर पीता है। [दूध से कौन

जला और कब, यह रहस्य जाना कोउ कोऊ।] चौबे भैया खूब स्वस्थ हैं। दौआ और अम्मा आज अयोध्या गये हैं। (21-2-44)

[मुंशी का आत्मबोध, उसके साथ उनका आत्मसंघर्ष]

यह मैं आपके पत्रों का जवाब नहीं दे रहा हूँ। अपनी irresponsibility को defend करने का भी कोई प्रयत्न नहीं है। घर भर में शायद सबसे अधिक मैं irresponsible हूँ, हर काम में, हर दिशा में। अपनी irresponsibility को ठीक करने का प्रयत्न भी करता हूँ। लेकिन irresponsibility उतना महान् फैक्टर नहीं है जितने और।

मैं अच्छी तरह हूँ।

यह जानकर बहुत खुशी हुई कि आप लोग अप्रैल के अन्त तक आ रहे हैं। विद्यार्थीजी सुनकर बहुत प्रसन्न हुए; मकान मालकिन और पीछे की मुसलमानिन भी। हम सबके तब तक इम्तहान भी खत्म हो जायेंगे; बड़ी चहल-पहल रहेगी।

अपनी पढ़ाई-लिखाई के बारे में लिखना बेकार है। हाँ, bluff करना होता तो दूसरी बात थी। (22-3-44)

[मुंशी आगरे में मेरे साथ रहकर ट्रेनिंग पाना चाहते थे पर जब आये तब बहुत जल्दी उनका मोह भंग हुआ और वह लखनऊ वापस चले गये।]

किराये के जो रुपये भाभी ने दिये थे, उनमें से 5) बचे हैं। अगर मिल गयी तो C.P.S.U. (B) [सोवियत संघ की कम्युनिस्ट पार्टी का इतिहास] और Correspondence with Mr. Gandhi खरीदेंगे।

महात्मा गाँधी जिन्ना को invite करते हैं सामने बैठकर बात करने को। गाँधीजी का व्यक्तित्व सचमुच महान है। वह दबंग भी हैं। हम जब तुमसे बातचीत करते हैं तो सिवा हूँ-हूँ के और कुछ खुलासा बात ही नहीं कर पाते। कभी-कभी यह दिखाने को कि तुम्हारी बात हम सचमुच बड़े ध्यान से सुन रहे हैं, एक आध शंका उपस्थित कर देते हैं। इसमें सन्देह नहीं कि हम तुम्हारी बात सुनते बहुत ध्यान से हैं, समझते चाहे बिल्कुल न हों।

हममें तुम्हारे प्रति बचपन से अन्ध श्रद्धा रही है—जो अब उठ रही है। श्रद्धा का कारण यह था—जहाँ दौआ ने खाट पर से पटका, अम्मा ने खरी-खोटी सुनाई, बड़े भैया ने दुर्व्यवहार किया, बड़ी भाभी ने और भी अधिक, चौबे भैया ने तटस्थता पकड़ी—वहाँ तुमने हमको पेट पर लिटाकर सुलाया, पढ़ने को किताबें दीं, हमारे साथ हमदर्दी दिखाई। हमारी कमजोरियाँ देखकर तुमने दूर से उँगली उठाने के बजाय नजदीक से आकर उन्हें हमको पहचनवाया। दूर रहने और रखने के बजाय बराबर

के स्तर पर लाने की कोशिश की और यही कारण है कि हाथ-पैर ढीले होने पर आँखें तुम्हारी तरफ को ही घूमती हैं।

इस बार आगरे की थोड़े दिनों की मुलाकात में हमने अपन-तुपन को उतने नज़दीक नहीं पाया जितना हम चाहते थे या हम जितने के आदी थे। इसका कारण यह था कि अपने को अधिक से अधिक press करने पर भी तुम्हारे साथ रखने भर को न दबा पाया। तुम्हारी इच्छा थी कि हम वहाँ पर ही रहें। शायद बच्चों के बीच रहकर जिस हानि के विषय में लखनऊ में बात कर रहे थे, उससे अधिक तुम्हारे साथ रहकर लाभ उठा सकते। खाने को अच्छा, घूमने को अच्छा, पढ़ने को अच्छा—तुम पूछोगे इन सब बातों को बार-बार repeat करने की क्या जरूरत—लेकिन तुम्हारे साथ न रह सकने की दशा के कारण हम जितने मानसिक अस्वस्थ हैं, उसे हम ही जानते हैं।

आगे जब दिमाग ठीक हो जावेगा तब लिखेंगे। (14-7-44)

[मुंशी का अन्तर्द्वन्द्व—आगरे में न रह पाने पर फिर वहाँ आने की इच्छा]

सितम्बर का पहला हफ्ता उसी तरह बीता जिस तरह गाँधी-जिन्ना की मीटिंग के पहले का एक हफ्ता। तुमसे तो निराश होना पड़ा किन्तु गाँधी-जिन्ना से कुछ आशा है। खुदा करे जिस तरह दोनों गले मिले हैं, उसी तरह उनके मन भी मिल जायें।

मन मिलने की समस्या बहुत कठिन है। हमारे घर में भी कुछ इसी प्रकार की दशा। विस्तार में नहीं लिखना चाहते। अपने राम प्रयत्न से थक गये हैं, सफलता न मिली तो भूख हड़ताल करेंगे।

हमारी भी आगरा आने की इच्छा थी। किन्तु, एक तो किसी ने बुलाया नहीं, दूसरे अवस्थी [झाँसी से] आ रहे हैं, तीसरे शायद बड़े भैया और बड़ी भाभी इसे पैसे का दुरुपयोग समझें; अतः इसी लालटेन के सामने इन्हीं कीड़ों से लखनऊ में मन बहलायेंगे।

भाभी को हमारी तरफ से विश्वास दिला देना कि हम उन्हें भूले नहीं हैं, हालाँकि उन्हें हमारा ख़्याल शायद महीने में एक बार भी न आता हो। अगर यह एक पैजामा-कमीज़ हमारे पास न होता तो शायद उनकी सुबह-शाम याद आती; अब सिर्फ़ इतवार को जब उन्हें धोते हैं, तभी उनकी याद आती है। और भी कुछ लिखते। कठिनाई यह है कि भाभी इसे कहीं शिकायत न समझ बैठें।

बाकी सब वही हाल है—विद्यार्थीजी उसी तरह आधी रात को आकर कुण्डा खटकाते हैं।

पढ़ाई-लिखाई के बाबत। सब दुवा है। (15-9-44)

[एक कठिनाई कि और कुछ लिखने से भाभी शिकायत न समझ लें, दूसरी कठिनाई कि मेरे पत्रों की प्रशंसा कोरा भावावेश न मालूम हो, तीसरी कठिनाई कि परीक्षा क्यों दे रहे हैं, देने के बाद क्या करेंगे और हममें कोई गुण है तो बाजार में सौदा जरूर होगा लेकिन कब। और कठिनाइयों से जूझते हुए ललित गद्यकार मुंशी का आत्मविश्लेषण।]

बहुत दिनों बाद तुम्हारा एक पत्र हमारे नाम आया। उन दिनों हमारी परीक्षा चल रही थी, इसलिए उत्तर न दे सके।—हम यहाँ कुशल से हैं; तन्दुरुस्ती बहुत अच्छी नहीं है। सुबह-शाम घूमने जाते हैं; दिन में कुछ पढ़ते-लिखते और सोते हैं। मस्तिष्क भी आजकल शुद्ध है।

कठिनाई यह है कि यदि हम तुम्हारे पत्रों की प्रशंसा करें तो सम्भव है कि वह कोरा भावावेश मालूम हो। प्रायः तुम्हारे विषय में बात करते समय हमें भावुकता आ घेरती है। तुमने मुन्नी [बड़े भैया की बड़ी पुत्री] के लिए जो पत्र लिखा था, वह हमें विशेष प्रिय लगा। तुम्हारे पत्रों को पढ़ने वाले केवल घरवाले नहीं हैं, हमारे साथियों का दायरा भी उनमें दिलचस्पी लेता है। आकर्षण का कारण साहित्य और साहित्यकारों की चर्चा है। निरालाजी की रिपोर्ट तुम्हारे पारिवारिक और लोकयुद्ध में उद्धरित पत्रों को देखने से कुतूहलवर्धक थी। श्री निरालाजी के दर्शन पाने पर विरुद्ध अनुभव हुआ। उनकी दशा पहले से अच्छी मालूम हुई। यह जानकर और भी प्रसन्नता हुई कि उनका साहित्यिक कार्यक्रम स्थगित नहीं है।

तुमने हमसे श्री निरालाजी के पास [इलाहाबाद] जाकर रहने के लिए जो आदेश दिया, उससे हम असहमत हैं। कई कारण हैं; (1) अवस्थी, रज्जन, शिवप्रसाद इत्यादि हमसे पढ़ते हैं; (2) हम स्वयं यहाँ रहकर कुछ पढ़ना-लिखना चाहते हैं, इलाहाबाद जाकर वह न हो सकेगा; (3) सम्भवतः बड़ी भाभी दतिया के लिए शीघ्र ही रवाना हों, ऐसी दशा में भोजन का प्रबन्ध हमें करना होगा, (4) श्री निरालाजी pessimist हैं और हम तो उनसे भी दो डग आगे हैं। खुदा जाने कैसी गुज़रेगी जब दो दीवाने मिल बैठेंगे। हम इस विषय में तटस्थ हैं; तुम्हारे आदेश की प्रतीक्षा करेंगे।

[पढ़ीसजी के पुत्र] पुतान को तुम हमारे पास रखना चाहते हो, यह जानकर प्रसन्नता हुई। [पढ़ीसजी की मृत्यु के कुछ दिन बाद उनके बड़े लड़के उच्चन का देहान्त हुआ। उच्चन से छोटे भाई चुन्नी अपने गाँव में थे। उनसे छोटे पुतान की

पढ़ाई-लिखाई का सवाल था।] किन्तु हम अब तक यह नहीं समझ पाये कि तुमने हमको क्यों चुना। यह यथार्थ है कि कक्कू [पढ़ीसजी] के परिवार के लिए अभी तक हमारा त्याग केवल भावुकता रही है। हम अभी तक नहीं समझते थे कि हम क्या सहायता कर सकते हैं, अब भी हम निश्चित नहीं हैं। रुपया-पैसा हमारे पास है नहीं; पुतान को पास रखने का प्रश्न बिल्कुल नया है।

पुतान को साथ रखने में हमको कोई आपत्ति नहीं है। आपत्ति हो तो चौबे भैया या सरला भाभी को। यदि सरला भाभी ने कहा कि 'एक और लड़के के लिए खाना बनाना पड़ता है, सर में दर्द होने लगता है, अतः स्थीफा [इस्तीफा]!' तो उस दशा में हमारा क्या कर्त्तव्य होगा, यह हमने अभी नहीं सोचा। यह निश्चित है कि ऐसी दशा उपस्थित होना असम्भव नहीं है। इस विषय में चौबे भैया से यदि तुम मन्तव्य ले सको तो समस्या कुछ सुलझेगी। हाँ, हम पुतान के गार्जियन बनने में एतराज़ न करेंगे।

साथ ही तुम पुतान को कहाँ तक पढ़ाना चाहते हो, किस लक्ष्य से पढ़ाना चाहते हो; उसकी आर्थिक दशा का क्या प्रबन्ध होगा; उसके आचरण में तुम्हारा कहाँ तक हस्तक्षेप होगा (आचरण में सम्भवतः हम और तुम दो रास्तों पर हों और न मिल सकें); इन सब बातों को जानकर ही हम अपना मत दे सकते हैं।

परीक्षा समाप्त होने पर कई समस्याएँ उठीं। परीक्षा के पहले ही जो समस्या उठी थी, वह यह है कि हम परीक्षा क्यों दे रहे हैं। अगर डिगरी ही पाना है तो बेकार है। अगर ज्ञान बढ़ाना है तो M.A. में पढ़ना बेकार है क्योंकि शायद परीक्षा के दिनों में रटे हुए Hamlet और Tempest के quotation कुछ समय बाद भूल जायेंगे। मोल्टन [मिल्टन?] का supernatural चार लौंडों के बीच मैं बैठकर विद्वत्ता बघारने के लिए भले ही उपयुक्त हो, आगे वह बेकार है। Hazlitt की भाषा अच्छी लगी, किन्तु उसे imitate करने का अवकाश कहाँ, दूसरे इम्तहान की कापी पर उसे [परीक्षक] महत्त्व न देगा। हाँ Hardy के उपन्यास पढ़कर मनोरंजन ज़रूर हुआ। जुलाई सन् 44 से मार्च सन् 45 के बीच में कोई अमूल्य रत्न नहीं मिला। साहित्यिक रस सी भी किसी वस्तु का अनुभव नहीं हुआ। सिद्धान्त साहब [अंग्रेजी के प्रोफेसर] बड़े भारी विद्वान रहे होंगे, यह सम्भव है, किन्तु वह साहित्य से इतना प्रभावित नहीं मालूम होते जितना पैसे से। जिस विद्या केन्द्र में हम पहुँचे, वहाँ 'Schooling' मिली साफ़ कपड़े पहनने की (जिसको सीखने की हमने चेष्टा नहीं की), अंग्रेजी में बात करने की, किसी किताब से नकल करके लेख दिखाने की और कुछ quotation और साहित्यकारों

के नाम रटकर पास हो जाने की। बहुत समय खर्च करके यदि M.T.C. & R. [सेना कार्यालय] में ही काम करना पड़ा तो बेकार है, गिरजा [भैया के साले] भी तो वहाँ 70 रुपये माहवार कमाते हैं।

लेकिन क्लर्की वगैरह हमारे लिए मृत्यु के समान है। हम ज्यादा पैसे के पीछे परेशान नहीं होना चाहते। यदि हम कोई गुण रखते हैं तो बाजार में हमारा सौदा जरूर होगा। हिन्दुस्तान अब कुछ-कुछ उबर रहा है। ढर्रे पर चलने से काम न चलेगा। हम जानते हैं कि शायद हमें कुछ दिन बेहद गरीबी के काटने पड़ें, परन्तु हम मूर्ख बनना अच्छा न समझेंगे। पैसे की तरफ से हमको शुरू से ही लापरवाही है। माँ-बाप के खुश-नाखुश होने का हमें भय नहीं है। हम self-training को अधिक महत्त्व देते हैं; समय कुछ अधिक लगता है परन्तु मनुष्य मनुष्य हो जाता है। इस विषय पर तुमसे और बात करेंगे। हमको तुम्हारे आदेश का बहुत ख़याल रहता है क्योंकि तुम हमारे भले-बुरे दोनों का ख़याल रखते हो। इंसान को अपने बुरे का प्रायः कम ज्ञान रहता है।

श्री निरालाजी की जीवनी कितनी लिख ली? [माधुरी का] पढ़ीस अंक नहीं मिला। **चकल्लस** [पढ़ीसजी का कविता संग्रह] मिली तो भेज देंगे। एक-आध रोज़ में सब किताबें रवाना कर देंगे।

तुम आजकल कसरत करते हो या नहीं? अवस्थी और चौबे भैया की तन्दुरुस्ती अच्छी है। ललित ने अच्छा पत्र लिखा था; भुवन ने और भी अच्छा। उनके अक्षर देखकर उनकी आँखों की याद आ जाती है। (31.3.45)

अवस्थी

मुंशी का छात्र संगठन और अभिनय कला

[1]

स्टूडेण्ट्स आर्गनिजेशन के संचालक श्री मुंशीजी एक बड़े कलाकार थे। लखनऊ आने से पहले झाँसी में उन्होंने रामलीला में लक्ष्मण का जो पार्ट किया था, वह आज भी याद किया जाता है।

फिर वह अपनी इस प्रतिभा को कब तक दबाकर रख सकते थे?

इसके साथ-साथ अंग्रेजी की "दि ग्रेट डिक्टेटर" और "हंचबैक ऑफ नोत्र दाम" जैसी पिक्चरों के विश्वविख्यात कलाकारों Charlie Chaplin और Charles Laughton का इन पर वह प्रभाव था कि क्या कहना!

शाम को अक्सर घर के बाहर चबूतरे पर खड़े होकर चार्ली चैपलिन की अदा

से स्पीच देने लगते थे जिसकी भाषा किसी की न समझ में आने वाली आवाजें ही होती थीं। इस अदायगी में वह इतने मशगूल हो जाते कि बोलते-बोलते पसीना आने लगता था।

और, सामने खड़ी भीड़ को देखकर तो वह और भी जोश में आ जाते थे। यहाँ तक कि एक दिन वह बरामदे के एक खम्भे पर चढ़ने की कोशिश करने लगे। कारण यह था कि "दि ग्रेट डिक्टेटर" में चार्ली चैपलिन अपने कमरे में एक स्पीच की रिहर्सल करते-करते इतना उत्तेजित हो जाता है कि जोश में आकर कमरे में अटके लम्बे ऊँचे पर्दे पर चढ़ने लगता है। पर अपने 'चार्ली' को पर्दा न मिला तो खम्भे पर ही चढ़ने लगे।

लेकिन इस छोटी-मोटी ऐक्टिंग से इनका जी न भरा। एक दिन कुछ खास मेम्बर्स को 'कॉन्फिडेन्स' में लेकर यह 'भड्डरी' बने।

धोती, कमीज, साफा, त्रिपुण्ड आदि से सुसज्जित होकर बाहर निकले। लेकिन बोले, "अगर आवाज न बदली, तो सब पहचान जायेंगे।"

सोचा जाने लगा कि आवाज बदलने के लिए क्या किया जाये। आइडिया किसने दिया, याद नहीं, पर एक 'दुअन्नी' से काम बन गया। दुअन्नी का सिक्का लेकर दाढ़ के नीचे दबा लिया।

फिर क्या था! आवाज बिल्कुल बदल गयी। टेस्ट के लिए पड़ोसियों के एक-दो घर देखे। कुछ कमाई भी की। सबके घरों की असलियत मालूम ही थी। विशेषकर औरतों को कुछ कान्फिडेन्शियल बातें बताकर उनका विश्वास बढ़ा दिया। हम लोग जो 'बाडीगार्ड' थे, दूर पर खड़े मजा लेते रहे।

पर इससे इनको सन्तोष नहीं हुआ। यह और कड़ा टेस्ट चाहते थे।

इसके लिए अपने घर से बढ़कर कौन-सी जगह हो सकती थी?

उन दिनों अम्मा लखनऊ में ही थीं। घर में घुसने पर वही सबसे पहले मिलीं। और सब लोग शायद ऊपर छत पर थे। घर के आँगन में जाना खतरे से खाली नहीं था।

अम्मा ने जैसे ही एक अपरिचित को देखा, उससे बाहर दरवाजे पर से बात करने को कहा। सो 'भड्डरी' जी घर की बड़ी-बूढ़ी को आशीर्वाद देते हुए, भूत और भविष्य बताने का दावा करते हुए, दरवाजे की ओर खिसक आये। अब वह यह बता रहे थे—"माई! तेरे छह बेटे हैं। पाँच यहाँ हैं। एक यहाँ से दक्षिण में है (नरेश उन दिनों झाँसी में ही थे)। इनमें से एक बहुत बड़ा विद्वान है। बड़ा नाम करेगा तेरा। चौथा बेटा बचपन से काफी बीमार रहा होगा। वैसे है वह भी तेज। नाटक अच्छे करेगा।" आदि-आदि।

बाद में अम्मा ने अन्दर जाकर किसी को आवाज दी : 'भड्डरी आया है। कुछ दक्षिणा दे जाओ।"

इसके पहले कि कोई दक्षिणा देने आये, हम लोगों ने वहाँ से खिसक जाना ही उचित समझा।

एक और टेस्ट के लिए अब हम लोग अपने घर से थोड़ी दूर स्थित छंगालाल मालवीय [कान्यकुब्ज कालेज में हिन्दी के अध्यापक] के मकान पहुँचे जहाँ रामविलास भइया, विद्यार्थीजी, आदि अक्सर शाम को कैरम खेलने जाया करते थे। ये सब उस दिन भी वहाँ कैरम खेल रहे थे।

भड्डरीजी ने यहाँ काफी चतुराई दिखाई। रामविलास भइया की ओर ज़्यादा पीठ ही किये रहे। सबके बारे में कुछ न कुछ बताते रहे। पर जैसे ही भइया की ओर मुड़े तो उन्होंने कहा : "यह तो दूसरों के बारे में बताते हैं। मैं इनके बारे में बताऊँगा। यह है धूर्तराज मुंशी।"

[2]

अंग्रेजी पिक्चर "दि हंच बैक ऑफ नोत्र दाम" चल रही थी। बड़ी तारीफ सुनी थी।

हम लोग भी देखने गये। अच्छी लगी। विशेषकर उस कुबड़े का लड़की को लेकर एक मकान से दूसरे मकान की छत पार करते हुए गिर्जाघर की ओर भागना, फिर गिर्जाघर में जाकर रस्सी पकड़कर ऊपर लटक रहे घण्टे को बजाकर असमय सबको बुलाकर इकट्ठा करना।

हमारे मुंशीजी पर इस पिक्चर का कुछ ज्यादा ही प्रभाव पड़ा। अक्सर वह कुबड़े की ऐक्टिंग करके हम लोगों को दिखाया करते थे।

काफी समय बाद एक दिन यह निश्चय किया गया कि क्यों न मुंशीजी कुबड़ा बनकर मुहल्ले-पड़ोसवालों का मनोरंजन करें तथा अपनी कलाकारी का नमूना उनको भी दिखायें।

उसी दिन शाम को मुंशीजी ने के.सी.डे लेन के पीछे छोटीवाली गली में मिश्राजी के मकान के बाहरवाले कमरे में मेकअप किया। पीठ पर कपड़ों की सहायता से कूबड़ बनाया गया। चेहरे पर मेकअप किया गया जो कुछ ज्यादा ही काला हो गया था।

अँधेरा होते ही इनको गली के एक मकान की छत पर चुपचाप पहुँचा दिया गया। के.सी. डे लेन के ज्यादातर मकानों की छतें जुड़ी हुई हैं और एक छत से दूसरी छत पर फाँद जाना मुश्किल न था। हमारे कूबड़े ने छत पर से नीचे झाँकना शुरू किया। थोड़ी देर में किसी ने नीचे से देखा कि ऊपर छत पर कोई अजीब-सी चीज दिखाई दे रही है। पता लगाने जैसे ही वह ऊपर आया, कुबड़ा पड़ोस की छत पर फाँद गया।

थोड़ी देर में मुहल्ले भर में सनसनी फैल गयी। कोई कहता, "चोर आया है।

अपनी पीठ पर कीमती सामान बाँधकर भाग रहा है।'' कोई कहता, ''भूत है जो एक छत से दूसरी छत पर फाँद रहा है!''

चारों तरफ से नाकाबन्दी होने लगी। हममें से एक ने जो कुबड़े से बहुत दूर न था परिस्थिति की गम्भीरता बतायी और वहाँ से भाग जाने को कहा। कुबड़ा भागा। गली में नीचे मास्टर बाबूलाल के मकान के सामने एक बुजुर्ग रहते थे जिन्हें हम सब मौसिया कहा करते थे। घर के सामने बैठे थे, पास में जलती लालटेन रखी थी। हमारे कुबड़ेजी उनके पास आकर खड़े हो गये—यह जानने के लिए कि 'मौसिया' उन्हें पहचान पाते हैं या नहीं। 'मौसिया' जी ने जैसे ही लालटेन उठाकर चेहरा देखा, चीख मारकर लालटेन फेंकते हुए घर में घुस गये।

उनकी चीख सुनकर सब इकट्ठा हो गये। पास के हाते में भी खबर पहुँच गयी भूत के आने की। वहाँ से भी सब लाठी डण्डे लेकर आने लगे।

मामला संगीन होता जा रहा था। लगा कहीं इन सबने पीटना शुरू कर दिया तो असलियत बताते-बताते हमारे कुबड़े की दो-चार हड्डियाँ ज़रूर ही टूट जायेंगी।

कुबड़ा भागा। पीछे-पीछे हम सब।

उधर से एक औरत गली के नुक्कड़ के नल से बाल्टी में पानी भरकर ला रही थी। कुबड़े को देखते ही डर के मारे और कुछ नहीं तो बाल्टी समेत पानी कुबड़े के ऊपर फेंका और भागी।

मार पड़ने के डर तथा बाल्टी भर पानी से अब तक ऐक्टिंग का नशा काफी ठण्डा पड़ चुका था। मुंशीजी ने जाकर मिश्राजी के मकान में मेकअप उतारा और बाहर आकर सब से पूछने लगे—

''क्या बात है? इतनी भीड़-भाड़ क्यों हो रही है यहाँ?...''

[3]

आजकल अखबारों में अक्सर पढ़ने में आता है कि ''फलाँ जगह फलाँ का घेराव हो गया,'' ''फलाँ जगह फलाँ के घर के सामने धरना दिया गया।'' लेकिन जो लोग के.सी. डे लेन के ''स्टूडेंट्स आर्गनिजेशन'' के सदस्य रह चुके हैं, उनको ये कोई नयी बातें न लगेंगी क्यांकि वे यह सब सफलतापूर्वक पहले ही आजमा चुके हैं।

किस्सा कुछ इस प्रकार है। हमारे मकान से मिला हुआ एक मकान था जिसमें एक महाशय, जिन्हें हम वर्माजी के नाम से सम्बोधित करेंगे (पूरा नाम इस समय याद नहीं), अपनी पत्नी तथा एक बच्चे के साथ रहते थे। वह किसी कम्पनी में काम करते थे। दुबला-पतला, लम्बा छरहरा शरीर। रंग गोरा। देखने में आकर्षक। आते-जाते कभी-कभी नमस्कार हो जाती थी। ज्यादातर वह घर में न रहते थे। हम लोग समझते थे कि वह व्यस्त आदमी हैं।

इनको पड़ोस में रहते काफी दिन हो गये थे कि एक दिन ''आर्गनिजेशन'' के एक सदस्य ने खबर दी कि श्रीमती वर्मा काफी परेशान-सी नजर आती हैं; कई दफा

उन्हें रोते हुए भी देखा गया है।

हमें उनकी परेशानी का कारण समझ में न आ रहा था। सीधे सम्पर्क करके उनसे पूछना भी उचित न लग रहा था। अन्ततः मुहल्ले की एक विश्वसनीय भाभी को, जो "स्टूडेंट्स आर्गनिजेशन" की "सिम्पैथाइज़र" भी थीं, यह काम सौंपा गया कि वह पता लगायें कि श्रीमती वर्मा इतनी दुखी क्यों रहती हैं।

इन भाभी ने जो रिपोर्ट दी, वह काफी परेशान करने वाली थी। पिछले कुछ दिनों से वर्मा जी का व्यवहार पत्नी के प्रति बड़ा रुक्ष हो गया था। वह रात को कभी-कभी घर न आते, घर न आने का ठीक-ठीक कारण भी न बताते। पत्नी से कहते—"तुम मैके चली जाओ।" बेचारी पत्नी के मन में शक तो था, पर वह "भारतीय नारी" की परम्परा के अनुरूप स्पष्ट रूप से कुछ कहती न थीं।

हमें लगा, दाल में कुछ काला ज़रूर है। पर सही बात का पता कैसे चले?

निश्चय हुआ कि वर्मा जी को "शैडो" किया जाये। इनके "मूवमेण्ट्स" पर निगरानी रखी जाय।

दो-तीन दफा के शैडोइंग के बाद पता लगा कि प्रातः घर से जल्दी निकलकर यह मॉडेल हाउस मुहल्ले के एक घर में चले जाते हैं और वहाँ से दफ्तर जाने के समय पर ही निकलते हैं। इसी प्रकार शाम को भी दफ्तर से आकर उसी घर में चले जाते हैं और रात कभी-कभी घर भी नहीं आते।

थोड़ी और खोजबीन के बाद पता लगा कि उस मकान में एक कुमारी रहती हैं जिनके बारे में आस-पड़ोस के लोगों के विचार सन्तोषजनक नहीं थे। उस मकान में और भी लोग आते-जाते देखे गये थे।

बिना सही बात जाने कोई कदम उठाना ठीक न था। इसके अलावा, बिना श्रीमती वर्मा की अनुमति के हम लोग कोई भी कदम न उठाना चाहते थे। पति-पत्नी के निजी मामले में हस्तक्षेप करना खतरे से खाली नहीं था। श्रीमती वर्मा से सीधा सम्पर्क स्थापित किया गया और उन्होंने भी वर्मा जी के अनुचित सम्बन्धों की आशंका प्रकट की, पर स्पष्ट रूप से कुछ न कहा। यही कहा कि किसी प्रकार इनको उस लड़की से सम्पर्क करने से रोका जाय। वह लड़की पढ़ी-लिखी थी तथा कहीं काम भी करती थी। उसके पिता एक रिटायर्ड आदमी थे, जिनकी चार-पाँच लड़कियाँ थीं। घर की आर्थिक स्थिति ठीक नहीं थी। शायद वर्मा जी कुछ धन से सहायता भी करते थे जिसको ये लोग आसानी से छोड़ना न चाहते थे।

इस मामले में सोचा गया कि सिर्फ लड़कों से ही काम न चलेगा, मुहल्ले के कुछ बड़े बुजुर्गवारों को भी साथ लेना होगा, जो मौका पड़ने पर हम लोगों का साथ दे सकें।

दो-एक लोगों को 'फीलर्स' दिये गये, उनकी प्रतिक्रिया देखने के लिए। जब पता लगा कि अन्याय के खिलाफ आवाज उठाने में वे भी हमारा साथ देने को राजी

हैं, तो हम लोगों ने उनके सामने स्कीम रखी।

स्कीम इस प्रकार थी : कुछ दिन के लिए वर्मा जी को घर से बाहर न आने दिया जाय। वह बड़े-बूढ़ों के सामने क्षमा माँगें तथा भविष्य में ऐसा न करने का वचन दें। साथ ही, अपनी पत्नी के प्रति पूरी तरह वफादार रहें, वर्ना आगे इससे भी कड़ा कदम उठाया जा सकता है।

एक दिन पता चला कि वर्मा जी घर आये हैं। फिर क्या था! सुबह से ही सब लोग उनके दरवाजे पर इकट्ठा हो गये। इनके घर में आने-जाने का एक ही रास्ता था। किसी प्रकार की नारेबाजी नहीं की गयी। पर वर्मा जी को मालूम हो गया कि आज दिन अच्छा नहीं है।

दोपहर के समय लोग बारी-बारी से ड्यूटी देते थे। शाम के समय हमने अपना ''चार्टर आफ डिमांड्स'' उनके दरवाज़े के नीचे खिसका दिया। पड़ोस के मकानों से 'वाच' करते 'वालन्टियर्स' ने खबर दी कि वर्मा जी ने हमारा पत्र पढ़ लिया है।

दिन तो निकल गया, पर रात?... रात के समय लोगों ने उनके दरवाजे दरी बिछा कर लालटेन की रोशनी में ताश खेलना शुरू कर दिया।

रात में भी कुछ विशेष घटना नहीं घटी।

पर सुबह किसी प्रकार मॉडेल-हाउस में उसी लड़की के पिता को खबर लग गयी। वह हजरत वर्मा जी की मदद करने गली में आये। पर अभी वह उनके मकान तक पहुँच भी न पाये थे कि मुहल्ले के उस समय के बुजुर्ग सज्जन, जिन्हें हम ''लाला जी'' कहा करते थे और जो खुद भी वर्मा थे, बाहर निकल आये और बहुत ही चुनिन्दा शब्दों में इनका स्वागत किया।

स्वागत कुछ इतना जोरदार था कि मॉडेल-हाउस वाले सज्जन को बिना कुछ कहे ही गली से दुम दबाकर भागना पड़ा।

ग़ली में भीड़ लग गयी थी। अब क्या था! वर्मा जी को बाहर निकाला गया। सबके सामने उन्होंने माफी माँगी और आगे सदाचरण का वचन दिया।

कहना न होगा कि उन्होंने (जब तक गली में रहे) अपने वचन का पालन भी किया। शायद ''स्टूडेंट्स आर्गनिजेशन'' के 'भय' के कारण ही।

[4]

लखनऊ में जो ड्रामा सबसे पहले देखा था, वह था ''पाप के पुजारी''। इसमें पार्ट तो नहीं किया था पर और छोटा-मोटा मदद का काम करवाया था। ड्रामा रामबिलास भैया का लिखा हुआ था। इसमें भाग लेने वाले ज़्यादातर मुहल्ले के लोग ही थे। जिनके नाम मुझे याद हैं, वे थे सर्वश्री रामप्रसाद यादव उर्फ लल्लूजी जो हीरो थे, अम्बिका जिनकी लाल कुएँ पर कपड़े की दूकान आज भी है, सुदामा जिनकी किराने की दूकान भी लाल कुएँ के पास ही थी, चित्रा जो बाद में हमारी गली के पीछे रहने

लगे थे। इसमें एक बंगाली मोशाय ने लड़की का पार्ट किया था। बिल्कुल लड़की लग रहे थे। लल्लू के भाई शिवप्रसाद ने खानसामे का पार्ट किया था। ड्रामा शायद उस समय की सामाजिक दशा पर व्यंग्य के रूप में थे। इसका डाइरेक्शन भी शायद रामबिलास भैया ने ही किया था। ड्रामा छितवांपुर के म्युनिसिपल स्कूल के अहाते में किया गया था। काफी बड़ा मैदान था। स्टेज बनाया गया था। ड्रामे के समय बहुत भीड़ थी, मैं अन्दर सीन सेंटिग में मदद कर रहा था। उस ड्रामे का आखिरी सीन आज भी याद है। कुछ आग लगने का सीन था। स्टेज पर के सारे पर्दे उठा दिये गये थे। पीछे बड़े-बड़े ड्रमों के मुँह पर लगी चादर काटकर उनके चारों ओर लाल 'बटर पेपर' की लम्बी धज्जियाँ लगा दी गयी थीं। अन्दर लाल कागज से लपेटा पावरफुल बल्ब जला दिया गया था। इसके बाद इन खोखले ड्रमों को नीचे उलटकर टेबिल फैन चला दिये गये थे जिनसे धज्जियाँ ऊपर की ओर लपटों के रूप में उठने लगी थीं; सब लाइट बन्द कर दी गयी थी और दूर से आग लगने का सीन क्रियेट किया गया था। ड्रामे की बाद में काफ़ी तारीफ़ भी सुनी थी।

लखनऊ के के.सी. डे लेन में सरस्वती पूजा काफ़ी धूमधाम से मनाई जाती थी। स्पोर्ट्स, फैन्सी ड्रेस तथा ड्रामे भी किये जाते थे। फैंसी ड्रेस में मैं और रज्जन (विद्यार्थीजी के छोटे भाई और मेरे घनिष्ठ मित्र) भिखारी बने थे। मैं एक टूटी गाड़ी में बैठा था और रज्जन उसे खींच रहे थे। इसी प्रकार एक बार आदिवासी बना था। सारा बदन काला, कमर में घास और पत्तों की स्कर्ट और सर पर पंखों का मुकुट; तीर कमान तथा पैरों में घुँघरू। काफी उछल-कूद मचाई थी।

के.सी. डे लेन में सबसे पहला ड्रामा डी.एल. राय का 'वीर अभिमन्यु' खेला गया था। इसमें भाग लेने वाले मुख्य कलाकार थे अर्जुन—मुंशी भइया, अभिमन्यु—गिरिजानन्दन, भीम—चौबे भइया, दुर्योधन—लल्लूजी, जयद्रथ—मैं! कामिक में राजाबहादुर शिवप्रसाद बने थे तथा सुन्दरी का पार्ट एक और सज्जन ने किया था जिनका नाम न तब जानते थे और न अब जानते हैं। हम सब उन्हें 'सुन्दरी' के नाम से ही सम्बोधित करते थे। स्टेज मास्टर बाबूलाल के घर के सामने बनता था। गली के कम चौड़ी होने के कारण परदों को मोड़कर फिट करना पड़ता था। मास्टर बाबूलाल का बाहर का कमरा ग्रीन रूम बनता था। ड्रामे के दिन सारी गली खचाखच भर जाती थीं; महिलाएँ गली के दोनों तरफ मकानों के छज्ज़ों पर जम जाती थीं; इसी ड्रामे में दुर्योधन विंग से भागते आये और जगह कम होने के कारण मेरे ऊपर गिर पड़े। उनके हाथ की कटार मेरे लगते-लगते बची।

गली में दूसरा ड्रामा हम लोगों ने 'चन्द्रगुप्त मौर्य' खेला था। इसमें चाणक्य का पार्ट मुंशी भइया ने किया था जो आज भी याद किया जाता है। चन्द्रगुप्त

गिरजानन्दन बने थे। एंटीगोनस का पार्ट नरेश ने किया था। सेल्यूकस का पार्ट मैंने किया था। इसमें हेलेन का पार्ट जिन सज्जन ने किया था, अभी कुछ समय पहले नरेश को लखनऊ में मिले थे। मिलने पर बोले,.नरेश भैया! नमस्ते! नरेश ने कहा, जी मैंने पहचाना नहीं! बोले अरे, आपने पहचाना नहीं; मैं हेलन हूँ, हेलन! नरेश सुनकर दंग रह गये (नरेश ने अभी हाल ही में बताया।) यह थी हमारे ड्रामों की तासीर। पैंतीस साल बाद मिलने पर अपना परिचय ड्रामे वाले नाम से ही दिया जाता है। इस ड्रामे के दिन मुझको बुखार आ गया था, दूसरा कोई पार्ट कर नहीं सकता था। इसलिए बुखार में ही मैंने पार्ट किया था। हर सीन के बाद मेकअप करवाना पड़ता था क्योंकि पसीने के कारण सारा मेकअप धुल जाता था। ड्रामा खतम होने पर जब लोगों ने शाबाशी दी तो बहुत खुशी हुई।

ड्रामों के लिए हम लोग बड़ी मेहनत करते थे, यहाँ तक कि कहीं-कहीं पर तो सीन के सीन फिर से लिख डाले गये थे। उन दिनों 'सम्राट अशोक' पिक्चर चल रही थी जिसको हम लोगों ने पता नहीं कितनी बार देखा था। इसलिए नहीं कि पिक्चर बहुत अच्छी लगी थी बल्कि हम लोग पिक्चर देखने के बजाय अँधेरे में टार्च की रोशनी में डायलाग नोट करते थे जिन्हें हम फिर संशोधित करके अपने ड्रामे में प्रयोग करते थे। हम लोगों के ड्रामों में विशेष स्थान था हमारे प्राम्पटर श्री प्रयाग नारायण का। प्राम्पटिंग करते-करते ड्रामे उन्हें कंठस्थ हो गये थे। एक बार डालीगंज के पास कहीं 'चन्द्रगुप्त' ड्रामा खेला जाने वाला था; हम लोगों को भी देखने का निमंत्रण था। गिरजा, हम और प्रयाग नारायण देखने गये। वहाँ जब देखा, ड्रामा शुरू होने में देर हो रही है तो सोचा, अन्दर जाकर बता दें और फिर घर चलें। अन्दर जाकर पता लगा, जो सज्जन चन्द्रगुप्त बननेवाले थे, अभी तक आये नहीं थे, उधर बाहर पब्लिक शोर मचाने लगी थी। हम लोगों ने हाल ही में चन्द्रगुप्त खेला था जिसमें गिरजा चन्द्रगुप्त बने थे। वे पार्ट कर सकते थे पर हमारे ड्रामे की स्क्रिप्ट इस ड्रामे से अलग थी। आखिर तय यह हुआ कि चन्द्रगुप्त के पार्ट की प्राम्पटिंग प्रयाग नारायण करेंगे और बाकी लोगों के पार्ट की प्राम्पटिंग उनके आदमी करेंगे। प्रयाग नारायण ने अपनी प्राम्पटिंग कला का पूरा परिचय दिया। ड्रामा खतम हो गया पर किसी को यह पता नहीं लगा कि चन्द्रगुप्त का पार्ट करनेवाला अभी-अभी बाहर से पकड़कर लाया गया था।

हम लोगों ने लखनऊ में तीसरा नाटक खेला था, वह था 'वीर छत्रसाल'। इसके लिए बहुत मेहनत की गयी थी क्योंकि इसे गली में न खेलकर चारबाग के रेलवे इंस्टीट्यूट में टिकट लगाकर खेला गया था। भाग लेने वाले कुछ मुख्य कलाकार थे : छत्रसाल–गिरजानन्दन, रणदूलह खां–लल्लूजी, दलपतराय–मैं, औरंगजेब–गार्ड

साहब (एक पड़ोसी)। इसमें भी कामिक राजाबहादुर सुन्दरीवाला ही रखा गया था जिसमें राजाबहादुर शिवप्रसाद तथा सुन्दरी पुतान (पढ़ीसजी के पुत्र) बने थे। इस नाटक की रिहर्सल नियमित रूप से होती थी पर लल्लूजी अक्सर अनुपस्थित रहते थे। उनकी प्रौक्सी मुझे ही करनी पड़ती थी।

प्रौक्सी करते-करते मुझे रणदूलह खां का पार्ट भी याद हो गया था। इस नाटक की विशेष बात यह थी कि इतिहास का औरंगजेब तो दुबला-पतला और लम्बा बतलाया गया था, हमारे नाटक का औरंगजेब उतना ही मोटा और नाटा था जिसके स्टेज पर आने पर पब्लिक ने पूछा था, किस चक्की का पिसा आटा खाता है। पर हमारा औरंगजेब डटा रहा, पूरा पार्ट करके ही हटा। इसी नाटक में हमारे रणदूलह खां कुछ नर्वस हो रहे थे। बीच में पार्ट भूल जाते थे क्योंकि रिहर्सल में कम आते थे। कुछ ज्यादा ही ओवरकान्फीडेण्ट थे। नाटक खतम होने के एक सीन पहले जिसमें उन्हें भी स्टेज पर आना था, उन्होंने अपना मेकअप उतार फेंका और एक ओर बैठ गये। पर्दा उठनेवाला था, पर रणदूलह खां ने तो हथियार डाल दिये थे, टस से मस नहीं हो रहे थे; उधर बाहर सीटियाँ बज रही थीं। मैंने फौरन उनका चोंगा पहना, कुल्ला लगाया और तलवार बाँधकर स्टेज पर आ गया। जैसे ही परदा उठा, मैंने डायलाग बोले लेकिन उधर पब्लिक में से एक आवाज आयी, अरे यह रणदूलह खां इतनी जल्दी घिस कैसे गया? (मैं लल्लूजी से कद में छोटा था)। दूसरी आवाज आयी, देख, देख, इसकी मूँछें भी कोई चर गया है। (लल्लूजी की मूँछें घनी, बड़ी और अपनी खुद की थीं, मेरी छोटी और मेकअप की थीं)। खैर, किसी तरह सीन खतम हुआ। आखिर का सीन आया, मुझे दलपत राय के रूप में आना था। फिर से दलपत राय बनकर स्टेज पर पहुँच गया। आखिर में छत्रसाल भाषण देते हैं और परदा गिरना चाहिए था पर पर्दा कहीं फँस गया था, गिर नहीं रहा था। हमारे छत्रसाल स्टेज पर चुपचाप कैसे खड़े रहते? कहने लगे, "मैं फिर वही सेन्टेन्स दोहराऊँगा।" आवाज आयी, "दोहराओ, दोहराओ, अब तो पैसे ले ही लिए हैं।"

सर्विस में आ जाने के बाद कलकत्ते में 'जियोलौजिकल सर्वे आफ इंडिया रिक्रिएशन क्लब' द्वारा खेले गये दो हिन्दी नाटकों में भी भाग लिया। इनमें से एक नाटक था 'रीढ़ की हड्डी'। इसमें लड़की का पार्ट करने को एक सज्जन तैयार हो गये थे पर कोई लड़की की माँ बननेवाला नहीं मिल रहा था। अन्त में मैंने ही यह महिला पार्ट किया। इस ड्रामे का एक चित्र भी मेरे पास सुरक्षित है।

स्टेज पर ड्रामों में पार्ट लेने के अतिरिक्त मैंने आल इंडिया रेडियो के लखनऊ स्टेशन से प्रसारित अनेक नाटकों में भाग लिया है। रेडियो से प्रसारित होने वाला पहला नाटक जिसमें मैंने भाग लिया था, देहाती प्रोग्राम के अन्तर्गत था। काफी छोटा

था। स्व. बुद्धिभद्र दीक्षित 'उच्चन' [पढ़ीसजी के पुत्र] उन दिनों लखनऊ रेडियो स्टेशन के देहाती प्रोग्राम से सम्बद्ध थे। ड्रामा में पार्ट देने के पहले उन्होंने रामबिलास भैया से पूछ लिया था। वैसे मैं अक्सर देहाती प्रोग्राम देखने रेडियो स्टेशन जाया करता था और स्टूडियो के अन्दर बैठकर ही प्रोग्राम देखता था। काफी रिहर्सलों के बाद ड्रामे का दिन आया। समय से स्टूडियो में 'क्लिक' लिया गया। माइक ऑन हो गया। थोड़ी बातचीत के बाद ड्रामा शुरू हो गया और जैसे रिहर्सल में करता था, वैसे ही पार्ट बोल दिया। प्रोग्राम खतम होने पर उच्चन ने उठाकर मुझे गले से लगा लिया था। बहुत खुश थे, शायद उन्हें डर था कि मैं पार्ट खराब न कर दूँ। प्रोग्राम खतम होने पर मुझे एक जगह ले जाया गया जहाँ 5/- दिये गये। यह रेडियो से मेरी पहली कमाई थी। रुपये लेकर मैं पैदल घर की ओर जा रहा था कि देखा, सामने से निरालाजी चले आ रहे हैं। उन्होंने पूछा, 'कहाँ से आ रहे हो?' मैंने कहा, 'रेडियो स्टेशन से; ड्रामे में पार्ट करके आ रहा हूँ।' बोले 'कुछ मिला?' मैंने कहा, 'हाँ, पाँच रुपये मिले हैं।' कहने लगे, 'तुम्हारे यह पाँच रुपये डाक्टर के पाँच सौ रुपये के बराबर हैं। सँभालकर रखना।' यह कहकर वह चल दिये।

चौबे

अजातशत्रु का मंचन

सन् '41 में जब लखनऊ युनिवर्सिटी की ज्ञानवर्धिनी सभा ने निश्चय किया कि प्रसादजी के **अजातशत्रु** नाटक का मंचन किया जाये तो पात्रों की खोज होने लगी। नाटक के मुख्य पात्र की भी एक समस्या थी। व्यवस्थापक इस सम्बन्ध में विचार करते रहे। एक दिन बातों-बातों में मालूम हुआ कि उन्होंने उसे ढूँढ़ निकाला है। उस समय आश्चर्य की सीमा न रही जब पता चला कि वह और कोई नहीं, हमीं हैं। सुनकर गश आ गया। इसलिए नहीं कि स्टेज पर उतरने में किसी प्रकार की झिझक थी। झाँसी की रामलीला और इसके बाद होने वाले नाटकों ने इस दिशा में सभी को ट्रेन कर दिया था। घर में शायद ही कोई बचा हो जो स्टेज पर न उतरा हो। यहाँ तक कि पिताजी ने काफी उम्र में अंगद का पार्ट किया था, हम लोग तो लड़के ही थे। चयनकर्ताओं को इस बात की जानकारी होगी, ऐसी कोई सम्भावना न थी, किन्तु यहाँ एक तो प्रसादजी का नाटक, दूसरे युनिवर्सिटी। मामला संगीन था।

चयनकर्ता अपने चुनाव पर पूरी तरह सन्तुष्ट थे। उनके आत्मविश्वास को डिगाना भी सहज कार्य न था। साथ ही यह भी सोचा, ऐसा मौका फिर दुबारा तो

आने से रहा। एम.ए. का अन्तिम साल था, अतः कुछ संशय और कुछ उत्साह से इस जिम्मेदारी को स्वीकार कर लिया। देवदत्त, उदयन, छलना, मल्लिका, पद्मावती आदि पात्रों का भी चुनाव कर लिया गया और रिहर्सल शुरू हो गयी। अक्सर शाम को जब युनिवर्सिटी की चहल-पहल समाप्त हो जाती तो यह आरम्भ होती और दो-तीन घंटे चलती। पार्ट सबको लिख-लिखकर दे दिये गये थे, उनके याद होने की अपेक्षा की जाती किन्तु काम प्रौम्पटिंग के भरोसे चलता।

अभिनय की महारत तो किसी को हासिल न थी। डायरेक्टर आते और निर्देश देते। भैया [रामबिलास] भी बीच-बीच में आते रहे और निर्देश देते रहे। गुप्तजी [डॉ. दीनदयालु गुप्त] विशेष दिलचस्पी ले रहे थे। इनके अलावा श्री प्रेम बल्लभ पांडे, श्री अविनाश चन्द्र भी समय-समय पर आये। बहुत समय बाद उस समय आश्चर्य हुआ जब देखा कि पांडेजी हमारे ही विभाग में काम करते हैं।

उधर परदे, ड्रेस, लाइट, निमन्त्रण पत्र, बैठने की व्यवस्था का इन्तजाम होने लगा, इधर हम अपनी तैयारी में लग गये। पिछले अनुभव ने बताया कि अक्सर पात्रों की पोशाकें अच्छी तथा उनके अनुरूप नहीं होतीं। जो कुछ अच्छी होती भी हैं, उनके लिए छीना-झपटी होने लगती है। इसलिए हमने सोचा कि प्राचीन पहनावे के अनुसार नीचे धोती, फिर फेंटा, कवच, हाथों में भुजबन्द, गले में कण्ठहार पहनकर नंगे बदन उतरा जाये। यह अपनी सूझ थी। बाजार गये, कार्ड बोर्ड और लाल, नीली व सफेद रंग की पोत (चमकदार बिंदी) लाये। कार्डबोर्ड का कवच और भुजबन्द के आकार का काटा। गोंद लगा, उसमें बिन्दिया सजाकर चिपकाईं, प्रकाश के सामने ले आने पर मालूम हुआ कि यह उचित प्रभाव डाल रहा है।

नाटक मंचन की तिथि से एक दिन पूर्व फुल ड्रेस रिहर्सल होना निश्चित हुआ था किन्तु उसकी नौबत न आयी और सीधे ही स्टेज पर उतरना पड़ा। दर्शक काफी थे। नाटक आरम्भ हुआ और चलता रहा। युनिवर्सिटी के विद्यार्थी अपनी शैतानियों के लिए मशहूर थे किन्तु उस रात्रि गनीमत रही। मुमकिन है सरगना लोग कहीं और मशगूल रहे हों।

नाटक की दो बातें विशेष रूप से याद हैं। पहली–बिम्बसार का दरबार लगा है। अजातशत्रु व मंत्रीगण बैठे हैं। बिम्बसार को कुछ डायलाग बोलना है। बोले तो क्या, जोर से मुँह से थू-थू की आवाज निकाली। सब लोग यकायक उनकी ओर मुखातिब हो गये। माजरा समझ में न आया कि क्या हुआ। कुछ क्षणों बाद दाढ़ी मूँछ पर हाथ फेरकर उन्होंने संवाद बोला। उस समय इस बेहूदी हरकत के बारे में पूछने का सवाल ही न था। बाद में उन्होंने बताया कि नकली दाढ़ी-मूँछ का बाल मुँह में चला गया था।

दूसरी बात यों है कि दरबार में एक द्वारपाल को आकर किसी के आगमन की सूचना देनी है। द्वारपाल के लिए किसी खास चुनाव की आवश्यकता तो थी नहीं, एक लम्बे-चौड़े ठाकुर साहब को, जो ड्रामे में दिलचस्पी रखते थे, इसके लिए राजी कर लिया गया था। समय पर उन्हें उचित वेश-भूषा में रजत दंड देकर स्टेज पर जाने को कहा गया। बेचारे दो कदम आगे बढ़े, विंग्स में से बाहर झाँका, सारी रोशनी अपने ऊपर, सामने दर्शकों की भीड़, कदम आगे बढ़ाया, फिर अन्दर हो गये। उनसे फिर जाने को कहा गया, उन्होंने फिर झाँका मगर दर्शक तो यथावत् वहीं मौजूद थे। अब हालत यह है कि उन्हें ठेलकर आगे करते रहे और वह फिर पीछे खिसक आते। दर्शक भी तब तक मामला समझ गये; चिल्लाये "अब, चड़फाँसी, चड़फाँसी"! द्वारपाल से चपरासी हुए और चपरासी से चड़फाँसी। उनके लिए वास्तव में फांसी पर चढ़ना हो गया। बमुश्किल तमाम वह स्टेज पर गये और किसी तरह एक वाक्य जो उन्हें बोलना था, बोलकर जान छुड़ाई।

नाटक भली प्रकार चला। प्रसादजी के नाटक मंचित किये जा सकते हैं, इस बात की पुष्टि हुई। कुछ पुरस्कार घोषित किये गये, कुछ वहीं मिले। मल्लिका का पार्ट सर्वोत्तम रहा। उसका चरित्र भी भारतीय नारी के त्याग और तपस्या के अनुरूप था। अपना पार्ट न बुरा, न बहुत अच्छा रहा। इनाम में शायद एक कप मिला। डॉ. बड़थ्वाल ने अपनी पुस्तक "दि निर्गुण स्कूल ऑफ हिन्दी पोयेट्री" "अजातशत्रु का सुन्दर अभिनय करने के उपलक्ष में" भेंट की। अपने दिये हुए सर्टिफिकेट में भी इसका उल्लेख किया। भैया ने दौआ को पत्र लिखा, उसमें तारीफ की। विशेष खुशी उस समय हुई जब एक दिन युनिवर्सिटी मिनिट्स (जो कि विश्वविद्यालय के विभिन्न कार्यकलापों का लेखा-जोखा देती थी) में नाटक के मंचन तथा अपने नाम का उल्लेख देखा।

रक्षा शर्मा (श्रीमती अवस्थी)

बड़े भैया

लड़कियों को छोटी उम्र में ही थोड़ी-सी गलती पर डराया-धमकाया जाता है कि ससुराल में यदि ऐसा किया तो...? या जब सास डण्डे लगाएगी तब पता चलेगा। या चार देवर-जेठों के बीच में रहोगी तो कैसे निभाओगी? इस तरह की बातों से ससुराल के प्रति एक अजीब-सा भय बैठ जाता था। किसी-किसी के मुख से तो यहाँ तक सुना था कि यू.पी. में सासें बड़ी खूँखार होती हैं, बहुओं की ज़रा-सी गलती पर मिट्टी का तेल डालकर आग लगा देती हैं। [इसका चलन दिल्ली में ज्यादा है।]

जनवरी 1957 में जब बड़े भैया मुझे एक बटालियन के साथ देखने आये तो डर के मारे हम तो बीमार ही पड़ गये। घर में तो उनके आने के पहले बड़े जोरों से तैयारियाँ हो रही थीं। यह पलंग कहाँ लगेगा, कुर्सी कहाँ लगेगी? बड़े भैया के साथ भाभीजी व भाभीजी के भैया-भाभी भी थे।

बड़े भैया जब हमें देखने के लिए कमरे में प्रविष्ट हुए तो एक बार आँख उठाकर उन्हें देखा और हाथ जोड़कर आँखें नीची कर लीं। उनका शान्त व सौम्य मुख देखकर भय की मात्रा थोड़ी कम हो गयी। उन्होंने कुछ प्रश्न किये जिनका उत्तर भी मैंने सहज भाव से दे दिया। ससुराल में जो जेठ की कल्पना थी, इसके वे एकदम विपरीत निकले।

विवाह की तिथि निश्चित हो गयी और विवाह यू.पी. में ही तय हुआ। ससुराल का डर तो बना ही रहा।

जब पिताजी लखनऊ गये तब 'दहेज' नामक भूत से डरे हुए थे। कैसे बात करेंगे? यदि उन दिनों लोगों ने कैश माँगा तो कहाँ से देंगे? आदि-आदि... वहाँ जब पहुँचे तब उन्हें बड़े भैया ने घर में ही ठहराया और जिस प्रकार का विवाह तय हुआ, उस प्रकार की हमारे परिवार में किसी को भी आशा नहीं थी।

पहली शर्त यह थी कि विवाह की हर रस्म एक रुपये से ग्यारह रुपये तक होगी।

दूसरी शर्त यह थी कि तिलक में किसी को आने की ज़रूरत नहीं है। 1 रु. से 11 रु. तक डाक द्वारा भेजे जावें।

तीसरी—बारात दिन में ही आनी चाहिए। रोशनी और आतिशबाजी पर व्यर्थ खर्च नहीं होना चाहिए। चौथी—बैण्ड-बाजा नहीं होना चाहिए।

पाँचवीं—रात्रि दस बजे तक विवाह की सारी रस्में पूरी हो जानी चाहिए जिसमें किसी की नींद खराब न हो।

छठी—बारातियों को दाल-चावल-रोटी—कच्चा खाना मिलना चाहिए।

सातवीं—यदि सम्भव हो तो साँची देखने का प्रबन्ध होना चाहिए! [रक्षा का मायका भोपाल में है।]

इन सब चीज़ों से और बड़े भैया के व्यक्तित्व से बाबूजी इतने प्रभावित हुए कि ट्रेन में लौटते समय ही उन्होंने एक कविता बना डाली। मुझे पूरी तो याद नहीं पर कुछ याद है उसे लिखे बिना रह न सकूँगी!

श्री भगवान तेरी कैसी अपरम्पार माया है
कि जलवा अपनी कुदरत का हमें कैसा दिखाया है।
मेरी 'रक्षा' की शादी के लिए, फिर फिर के वर ढूँढ़ा
न पाया जब तो ध्यान अपना वो ईश्वर से लगाया है।
किसी को ज़र की ख्वाहिश थी किसी को चाह दौलत की
मैं था बेबस कि क्यों मुझको ही यूँ बेज़र बनाया है।

पहुँचकर लखनऊ बी.डी. से जब जाकर मिला था मैं
उन्होंने मेरी मुश्किल को बहुत आसाँ बनाया है।
ये सब मिलकर के छह भाई हैं जिनका नाम रौशन है
कोई 'भगवान', कोई 'राम', सबने नाम पाया है।
मेरी 'रक्षा' पुजारिन थी सदा से 'राम शंकर' की
इसी बाइस से उसने राम शंकरवर को पाया है।

यह सब सुनाते-सुनाते उनका कण्ठ भर आया। बड़े भैया की बातें सुनकर और उनके प्रति बाबूजी का इतना प्रेम और आदर भाव देखकर मेरे मन में भी उनके प्रति अपार श्रद्धा का बीज अंकुरित हो गया।

20 जून 1957 में विवाह हुआ। जिसे देखो उसके मुख से बड़े भैया व परिवार के सभी लोगों की प्रशंसा हो रही थी। मुझे भी मन ही मन अपने सौभाग्य पर गर्व हो रहा था। शिष्टाचार के समय बाबूजी ने अपनी कविता भरे हुए कण्ठ से सुनाई। उसके बाद कृष्ण भगवान का एक तुलादान सुनाया जो किसी उर्दू शायर द्वारा लिखा गया था। उसकी अन्तिम पंक्तियाँ थीं–

प्रेम मूरत को नहीं मालो मदारात की कद्र
है मगर प्रेम में डूबे हुए जज़्बात की कद्र।

यह सुनाते हुए वह रो ही पड़े जैसा कि मैंने दूसरों के ही मुख से सुना है, देखा तो नहीं है। इसके बाद श्रद्धेय बड़े भैया तथा डाक्टर साहब ने जो कुछ सुनाया, उससे वातावरण में थोड़ा परिवर्तन आया।

लखनऊ में जब विवाह के पश्चात् नये घर में प्रवेश किया तो संकोच के मारे ऊपरवाले कमरे में चुपचाप बैठे रहते थे। एक-दो दिन तो बड़े भैया देखते रहे पर तीसरे दिन बोले, "जब रेल में यात्री यात्रा करता है और जगह नहीं होती तो उसे किसी प्रकार जगह बनानी पड़ती है।" यह बात मुझे ऐसी लगी कि मैं खाली समय में रानी को बुलाकर पढ़ाने लगी। जब मैं रानी [भैया की पुत्री] को पढ़ाती तो वह बहुत खुश होती और जब भैया उसे पढ़ाने के लिए आवाज़ लगाते तो झट से कहती–"बाबू हमने चाची से पढ़ लिया है।"

विवाह के बाद दूसरी बार केवल बड़े भैया ही भोपाल से लिवाकर लाये थे। हमारी पाठशाला की छात्राओं ने उन्हें अपनी कलाएँ दिखायीं। छोटे-छोटे बच्चे थे। भैया ने उन्हें अपने हाथ से मिठाई व फल खिलाये। उसके बाद ट्रेन में भी भैया तरह-तरह के पुराने किस्से सुनाते रहे। विदिशा स्टेशन आने पर भैया ने बताया कि वे वहाँ भी रह चुके हैं।

लखनऊ पहुँचकर मुझे बड़ा डर लगता था कि मुझे अँगीठी जलाना नहीं आता। पत्थर का कोयला जलाने से मैं बहुत घबराती थी। 1957 में मैं बी.ए. की परीक्षा

में बैठी थी। सर्विस के साथ एक तो वैसे ही पढ़ना मुश्किल था, फिर घर में बड़ी भाभी की पुत्री ने जन्म लिया और उन्हें ज्वर के बाद सन्निपात जैसा हो गया। मेरी परीक्षा की कुछ पढ़ाई न हो पायी और मैं सफलता प्राप्त न कर सकी। भैया ने बहुत हिम्मत दिलायी और फिर तैयारी करने को कहा। उनका कहना था कि अपनी अंग्रेजी ठीक करने के लिए तुम अंग्रेजी में पत्र लिखो। मैंने संकोच छोड़कर सबको अंग्रेजी में पत्र लिखना शुरू किया। सबसे ज्यादा पत्र मैंने नरेश भैया को लिखे। सभी लोग मेरे पत्रों में Correction करके मुझे ही लौटा देते थे। बड़े भैया ने जब लखनऊ में रही तो ट्रान्सलेशन करवाया। अंग्रेजी की ग्रामर पढ़ाई। इस प्रकार मेरे मन से अंग्रेजी का डर मिटाने का सारा श्रेय बड़े भैया को ही है!

अक्टूबर सन् 1959 में मिनी के जन्म के समय भैया-भाभी कलकत्ता आये। भैया एक पैसा भी व्यर्थ में खर्च नहीं होने देते थे, जहाँ भी जाते पैदल ही जाते। एक बार भाभी को 'शिशु मंगल अस्पताल' तक पैदल ही ले गये। कलकत्ते में बालीगंज से सियालदह तक भैया पैदल ही गये। 6 अक्टूबर 1959 को मिनी का जन्म हुआ। उसके जन्म के बाद मेरी पुरानी बीमारी ने फिर से जोर पकड़ लिया। खाँसी, श्वास का ज़ोर, रात कभी बैठे-बैठे ही बीत जाती थी। उन दिनों भाभीजी का स्वास्थ्य भी ठीक नहीं चल रहा था, इसलिए मिनी रोती तो आधी रात को भी बड़े भैया उसे गोद में लेकर टहलाते और मुझे व भाभीजी को सोने देते।

मिनी के बाद आशु का जन्म तो लखनऊ में ही हुआ। भैया आशु-मिनी दोनों को ही सम्हाले रहते। ज़रा-सी भी खीझ या चिढ़ नहीं। इस मामले में दोनों ही बड़े भाग्यवान हैं जिन्हें बड़े भैया की गोद मिली और दिव्य प्रेम मिला।

ज्यों-ज्यों दोनों बड़े हुए, दोनों को भैया A, B, C, D लिखकर भेजते, बच्चों को पत्रों से ही सदैव प्रोत्साहन देते। जब टाटानगर आये तो आशु, मिनी, पिन्टो, बिल्लू [नरेश के पुत्र] की प्रसन्नता की सीमा नहीं थी। सुन्दरनगर व जादूगुडा बच्चों के साथ घूमने जाना, बच्चों के स्कूल देखना, बच्चों की Hand writing ठीक करवाना, यही काम रहता था।

हम सब लोग मिलकर दीघा Sea beach गये। भैया ने खूब समुद्र में स्नान किया। स्नान करने में बड़े जोर की लहर आयी और भैया का चश्मा पानी में बह गया। इनके पास एक चश्मा था, इन्होंने वह भैया को दिया। फिर टाटानगर वापिस आकर ही भैया के लिए चश्मा बनवाया जा सका।

दीघा में खाने की समस्या थी। कहाँ मैं व भैया शुद्ध शाकाहारी और कहाँ वहाँ मछली भात? उस समय हमको वहाँ एक सरस्वती मिष्टान्न भण्डार दिखा जहाँ हम लोगों ने पूरी बनवाने की व्यवस्था की।

दक्षिण यात्रा के समय हम सब लोगों को भैया के स्वास्थ्य की चिन्ता रहती थी पर भैया जहाँ भी हम लोग जाते थे, सबसे आगे रहते थे। जहाँ चढ़ाई हो, वहाँ सबसे पहले चढ़ते थे। जब गाड़ी से सामान उतारा जाता तो स्वयं ही ऊपर चढ़ाने लगते। सबके मना करने पर उत्तर होता, "क्या मैं बूढ़ा हूँ?"

दक्षिण यात्रा के समय बड़ा कड़ा अनुशासन था। जो समय निश्चित होता, सवेरे सभी को उस समय चल देना पड़ता था। यदि 5 बजे सवेरे चलने का समय है तो भैया 10 मिनट पहले ही गाड़ी के पास पहुँच जाते। किसी दर्शनीय स्थल से जब लौटते तब स्त्रियाँ कुछ खरीदने को रुक जातीं। वहाँ भैया अपने लिए भी कुछ सामान बताकर स्वयं जल्दी से गाड़ी में जाकर बैठ जाते।

कन्याकुमारी व कोवलम् के समुद्र में भैया बच्चों के समान पानी से खेले। अपनी पैण्ट ऊँची करके बड़ी देर तक लहरों से खेलते रहे। ऊटी का दृश्य देखकर तो भैया की प्रसन्नता की सीमा नहीं थी। जिस गेस्ट हाउस में हम लोग रुके थे, वहाँ का शौचालय ही इतना सुन्दर और साफ था कि भैया पूछने लगे, "क्या इसी में जाना पड़ेगा?" हैदराबाद के पास आकर उनका स्वास्थ्य कुछ गड़बड़ हो गया था। 20-22 दिन इतना घूमे थे कि बहुत थक चुके थे, फिर भी आजकल के युवा वर्ग से ज़्यादा ऐक्टिव व प्रसन्न रहे। जहाँ पर जो कुछ मिला खा लिया। एक जगह तो गाड़ी रोककर इमली तोड़ी गयी और जेब में रखकर सबको बाँटी गयी। रास्ते-भर नमक लगा-लगाकर इमलियाँ बाँटीं भी और खायीं भी।

1976 में जब इन्होंने कार खरीदी और भैया से प्रार्थना की कि आप ही इसमें सबसे पहले बैठें तो भैया ने तुरन्त ही पत्र लिखा, "आत्मकथा का शीर्षक मिल गया 'लढ़िया से मोटर तक'। कितना अच्छा होगा जब आशु चलावेंगे और हम बैठेंगे।"

पिछले वर्ष इसीलिए ऐसा प्रोग्राम बनाया गया कि "भैया बैठेंगे और आशु चलावेंगे।" नागपुर से लखनऊ गाड़ी ले जायी गयी। सुन्दरबाग की गली में जब गाड़ी खड़ी हुई तो जो प्रसन्नता भैया को हुई वह हम लोग ही जान सकते हैं। भैया के साथ हम लोग पार्क तक गये। वहाँ आशु ने गाड़ी चलाई और भैया बैठे।

इस प्रकार बड़े भैया का पूरे परिवार के प्रति अगाध प्रेम है और परिवार के छोटे से लेकर बड़े बच्चों व बड़ों को भी बड़े भैया के प्रति जो श्रद्धा है और प्रेम है, वह इस लेखनी द्वारा व्यक्त नहीं किया जा सकता। धन्नो भाभी के पत्र की पंक्ति—"बड़े भैया तो सचमुच बड़े भैया हैं।"

चौथा अध्याय

आगरा

[लखनऊ से मैं आगरा आया, उधर मुंशी बम्बई पहुँचे। सन् 46 से 50 तक वह कम्युनिस्ट पार्टी के केन्द्रीय कार्यालय में काम करते रहे। आगरे से बम्बई का तार मुंशी के माध्यम से जुड़ा हुआ था। बम्बई में पार्टी के नेताओं के अलावा मुंशी अमृतलाल नागर, शमशेर, नरेन्द्र शर्मा आदि साहित्यकारों के साथ भी काम करते थे। उस समय मुंशी ने मुझे जो पत्र लिखे थे, वे अमृतलाल नागर के पास बहुत दिन तक सुरक्षित रहे। पार्टी केन्द्र से मेरे लेखन का सम्बन्ध, बम्बई की साहित्यिक गतिविधि, पार्टी केन्द्र में मुंशी की साहित्यिक हलचल—इन सब बातों की जानकारी मुंशी के उद्धृत पत्रों से होगी।]

मुंशी

जन आन्दोलन और साहित्य

[मुंशी अभी अविवाहित हैं, इलाहाबाद में नरोत्तम नागर के साथ स्काउट युवकों की पत्रिका **सेवा** में काम कर रहे हैं।]

कान में तेल डालकर बैठ रहने की भी हद होती है। अगर उत्तर न मिला तो मैं इसे अपना आखिरी पत्र बना लूँ। नागरजी भी बहुत असन्तुष्ट हैं। मैं जानता हूँ कि ज़रूरी खतों का जवाब देना ही ज़्यादा ज़रूरी है—प्रकाशजी [प्रकाशचन्द्र गुप्त] से मालूम हुआ कि आपने P.W.A. [प्रगतिशील लेखक संघ] आगरा की रिपोर्ट उनके पास भेजी है जो जरूरी थी। लेकिन इस व्यक्तिगत उदासीनता के सामने कोई अपनी ज़रूरतों को ज़रूरी कहे ही किस तरह। सभी लोगों की रिपोर्ट है कि आप उत्तर नहीं देते—केदार भैया [केदारनाथ अग्रवाल] भी कहते थे। इस तरह आपकी एक मित्र, भाई या साथी होने की प्रेस्टीज डाँवाडोल है।

रामविलास शर्मा और कैलास कुमारी शर्मा (मालकिन)

ज़रूरी बात यह है कि 22, 23, 34 को कानपुर में जो I.P.T.A. Conference [जननाट्य संघ का सम्मेलन] हो रही है, उसमें आ रहे हैं या नहीं? अगर पारिवारिक या साम्प्रदायिक परिस्थिति के कारण न आ सकें तो लिखिये। केदार भैया को भी बुलाया है; नागरजी भी सौ बिसुआ पहुँचेंगे। मैं भी आ रहा हूँ। आप आ जायें तो अच्छा संगम हो जाय।

नागरजी के आदेश से ही पत्र लिखा है। (18.12.46)

[फिर मुंशी कम्युनिस्ट पार्टी के केन्द्रीय कार्यालय बम्बई पहुँचे।]

बम्बई आने से घर से दूर ज़रूर हो गया हूँ मगर घर से अलग नहीं। लखनऊ [जहाँ भैया, अवस्थी और चौबे थे] से पत्र आना तो खैर स्वप्न हो ही गया है, तुम्हारा पत्र भी मानो कुछ छिपाकर बोल रहा हो। इस परिस्थिति में अगर मैं घर की बाबत इधर-उधर की बातें सोचने लगता हूँ तो पूरा कसूर मेरा ही नहीं है।

मैं यहाँ अच्छी तरह हूँ। राधेश्याम दुबे छुट्टी पर गया है। वह आगरा भी आयेगा और तुमसे मिलेगा। उससे यहाँ का काफी हाल पूछ सकते हो। मेरे लिए, मुमकिन है, वह शिकायत करे कि मैं कुछ गन्दा रहता हूँ मगर वह शिकायत निरर्थक होगी। खासतौर से इस महीने तो इस खूबी से काम चलाया कि जब देखो तब आफिस में मुंशीजी झक्क कपड़े पहने बैठे हैं।

आजकल यहाँ पानी बरसता है। रात को 'अँधेरी' जाने में दिक्कत ज़रूर होती है। मगर वह स्थान इतना रमणीक है कि निरालाजी यहाँ चार दिन रहें तो 'सूरदास' ज़रूर लिख डालें। तुम पूछोगे कि तुम क्यों नहीं लिखते। उत्तर एक ही है–कोरी रमणीकता से न मुँह भरता है न पेट।

पन्तजी यहीं (नरेन्द्र के यहाँ) हैं। एक दिन उनकी मालिश करने का समझौता हो चुका है, मेहनत में उस रोज़ वह खीर खिलायेंगे। मुझे अच्छी तरह याद है कि एक बार बाहर के कमरे में (लखनऊ के मकान में) निरालाजी ने पन्तजी का मूल्य आँकते समय कहा था–'पन्तजी तो किशोर कवि हैं।' निराला की बात तो यथार्थता पन्तजी के सम्पर्क में आने पर मालूम हुई। उनकी नयी कविताएँ [**स्वर्ण किरण** और **स्वर्णधूलि** में संकलित होने वाली कविताएँ] भी सुनने को मिलीं। परन्तु उनमें राजीव के शब्दों में 'पन्तजी पुनः पल्लविनी युग को लौट गये हैं।' कहते थे, मैं कभी सोचकर नहीं लिखता; विचार और अनुभूति अनुकूल परिस्थितियाँ पाकर संगीत बन जाते हैं।

अगर निराला की तरह पन्त के संस्मरण लिखने बैठूँ तो शायद कुछ लिखने ही को न मिले।

अमृत और नरेन्द्र की बाबत तुम्हारी सीख का आदर करता हूँ। शोलोखोव को भी पढ़ूँगा। फिलहाल तो India Today का मोर्चा है। [रजनी पाम दत्त की इस पुस्तक का जो अनुवाद मैंने किया था, वह अब छप रहा था।] पहले दो प्रूफ मैं देखता हूँ, तीसरा संगल [ओमप्रकाश संगल], चौथा-पाँचवाँ मैं। संगल पौण्ड शिलिंग का रुपया आना बनाते-बनाते खीझ उठता है। अभी-अभी कह रहा था, रा.वि. राहुल बाबा से कुछ कम थोड़े ही हैं।

India Today के अलावा पैम्फलेट भी हैं। नया अनुभव है; ज़िम्मेदारी भी भारी है और लम्बी। कविता आदि न लिखने की कमी इधर पूरी हो जाती है।

अगिया बैताल [मेरा अन्य नाम] का 'धनुष यज्ञ' [सत्ता के हस्तान्तरण पर व्यंग्य कविता] लोग मुंशी की कृति समझे। शरद् (artist) को [ओमप्रकाश] संगल ने बड़ी मुश्किल में विश्वास दिलाया कि वह मेरी नहीं है। मुझे भी कभी-कभी खीझ हो उठती है कि मैं पीछे छूटा जा रहा हूँ। मगर सन्तोष यह है कि फुर्सत मिलने पर कसके लिखूँगा, अभी चीजें बटुर रही हैं।

शरद् से बड़ी नज़दीक की दोस्ती है। कभी-कभी वह मुझे डाँट भी देता है। उसके डाँटने में मुझे तुम्हारी याद आ जाती है, इसीलिए उससे इतना अपनत्व मालूम होता है।

W.N.P. [वाल न्यूज पेपर] के पिछले अंक में announce किया था कि अगली बार **हलचल** पर विशेष लेख होगा। कल लिखकर देना है।

चमेली [निरालाजी की कृति] की प्रतीक्षा है।

बड़े भैया ने बैजनाथजी की लड़की देखी। मैं उनसे खुद पूछूँगा। राजीव तो कहता था कि अब की वह सेल मीटिंग में यह बात [मुंशी के ब्याह की बात] रखेगा। मैंने कहा—अभी कुछ जल्दी है। लड़की मैंने तो देखी नहीं। रामबिलास भैया quick decision के आदमी हैं; मुझे खुद तो सोच लेने दो। (18.4.47)

[मुंशी का ब्याह हो गया। आगरे में संक्षिप्त हनीमून के बाद वह फिर बम्बई पहुँच गये।]

सकुशल बम्बई आ गये। लोगों ने बेहद घेरा, उतना जितना हम सोच नहीं सकते थे। Romesh Chandra ने चारों ओर आँखें घुमाकर देखा, बोले—'कहाँ है बीबी।' घाटे ने तस्वीर माँगी। बोले—**हलचल** [मुंशी की पत्रिका] में बनाओ। राव [ऐम.बी. राव] ने बिस्तर सूँघा और जबर्दस्ती खोलकर पूड़ियाँ और हलुवा चट कर गया। मुझे ताज्जुब हुआ—क्या सचमुच मुझे इतने लोग जानते हैं। ब्योरे वार बातें फिर लिखेंगे।

फिलहाल मेरा यू.पी. आना कठिन है। श्यामू [श्यामू संन्यासी] पहुँच रहे हैं।

'नया साहित्य' के आगरा पहुँचने में भी 'शायद' लग गया है। [बम्बई के बाद यह पत्र इलाहाबाद से निकला।]

मैंने Reddy [जननाट्य संघ के कार्यकर्ता जिनसे पहले-पहल 1937 में मेरी भेंट शान्तिनिकेतन में, फिर 1946 के आसपास बम्बई में हुई थी] से कहा, 'आप नाराज़ होंगे कि मैं इतने दिन बाद आया।' बोले, 'On the contrary I am angry that you came so early.'

सब मज़े में हैं। शमशेर शादी की बातें सुनकर हाथ मलकर रह गये। [कवि शमशेर इन दिनों पार्टी के केन्द्रीय कार्यालय में ही थे।] (9.7.47)

राजीव ने बताया कि तुम्हारे लिए ख़त लिख रहे हैं, इसलिए हमारी भी कुछ लिखने की तबियत चल आयी।

पहली बात तो यह है कि मैं अच्छी तरह हूँ। इसका कारण यह है कि यद्यपि चाय आदि पर तो पैसा जाता ही है मगर अब पूर्ण पूँजी का एक अंश केला, नीबू और प्याज पर भी खर्च होता है जो पहले न होता था। शाम को अँधेरी जाते समय एक आने का प्याज और नीबू लेता जाता हूँ। अब खाने के साथ सुबह दही भी मिलता है। फिर भी लौटते समय एक-दो केले खाता हूँ। यही कारण है कसरत और मालिश की सुविधाएँ न होने पर भी मैं प्रसन्न हूँ।

अच्छी तरह होने का एक कारण है भैया का तौलिया बाथ प्रयोग। अब मेरे शरीर पर उतना मैल नहीं है जितना पहले रहता था और यदि यह प्रयोग चालू रहा तो मैल जमने की गुंजाइश बहुत कम हो जाएगी। मगर इस प्रयोग को चालू रखने के लिए अपनी irregular habits और समय से लड़ाई लड़ना पड़ेगी। उसके लिए अभी पूरी तरह हिम्मत नहीं बाँध पाया।

दूसरी बात यह कि तुम कम-से-कम 20)-25) रु.—मेरे नाम नहीं तो—का. घाटे के नाम 'मुंशी की शादी की मिठाई के लिए' लिखकर भेद दो। यह रुपया किचनकमिटी अपने हिसाब से खर्च करेगी। लोग दावत और मिठाई की माँग के काले झण्डों से सब तरफ स्वागत करते हैं। शादी को लेकर जो चर्चा चली, उसका एक-चौथाई मैंने धन्नो [श्रीमती मुंशी] वाले पत्र में लिखा है। रुपया भेजना निहायत ज़रूरी है।

शमशेर इस समय कुर्सी पर बैठे **जनयुग** देख रहे हैं। अभी हमारी **हलचल** कमिटी की बैठक हुई थी। चित्ता [चित्रकार] प्रसन्न हैं। (18.7.47)

यह तो मालूम ही हो गया होगा कि बम्बई आ गया हूँ। अँधेरी में रहता हूँ। अँधेरी केन्द्रीय I.P.T.A. का अड्डा है। यहाँ P.W.A.meeting (बड़ी—Independence

दिन की) में अपनी 'रेज़गारी', निराला की 'राम की शक्ति पूजा' सुनाई थी। राजीव [राजीव सक्सेना] और हम एक ही कमरे में रहते हैं।

काम काफी है। तबियत लगती है। भोजन adjust नहीं कर पाया। कमीज़, हाफ पैण्ट पहनता हूँ। कोई तकलीफ नहीं है। निरंजन [नाटक-कविता के लिए मेरा एक नाम] का नाटक **जनयुग** में आ रहा है। 'ओवरटाइम गोली चलने और एक पैसा ज़्यादा न लेने' को सुनकर पी.सी. [पूरनचन्द जोशी] खूब हँसे।

दूध के लिए नहीं, फलों के लिए पैसा भेज सकते हो। दूध luxury होगा। मगर पैसा सीधे भेजा तो याद रखना, जान-पहचान वाले सनीमा या चाय में खत्म कर देंगे। अमृतलाल (नागर) के यहाँ भेज सकते हो। (अगस्त, 47)

संगल की तबियत खराब है। मुझसे कहा कि भैया को एक खत भी लिख दो कि कलकत्ते पर जो रिपोर्ट P.A. (पीपुल्स एज) में छपी है, उसके आधार पर **रामबिलास** की एक कविता भेजें [नाम पर ज़ोर मूल पत्र में है।]

तुम्हारी 15 अगस्त वाली कविता यहाँ बहुत पसन्द की गयी, उसके लिए बधाई।

पुनश्चः

संगल के आदेश का पालन कर दिया।

P.C. [जोशी] की आजकल तबियत खराब है; मुझे मुंशी के नाम से नहीं, रामबिलास के भाई के नाम से ज़्यादा जानते हैं। सर दबाने को अक्सर बुलाते हैं।

परसों मुझसे तुम्हारी 15 अगस्त और बैरगियानालावाली कविता मँगाई। मुझसे पढ़ने को कहा। मैंने 15 अगस्तवाली सुनाई तो पूछा कि क्या इसे गाया नहीं जा सकता। मैंने कहा–'नहीं'।

बैरगियानालावाली अपने (पंचम) स्वर में मैं गा-गाकर सुना रहा था। बुखार काफी था। बीच-बीच में मुस्कराते और nod करते जाते थे। अपने कमरे में थे।

तुम्हारी 15 अगस्त वाली मुझे बहुत अच्छी नहीं लगी। संगल से इस पर कुछ बहस भी हो गयी। हमने कहा–तुमने कविता लिखने को कहा, उन्होंने भेज दी; कविता बोझिल है; बहुत नहीं निभा पाये। इस पर उसने चोट की। बोला–एक महीना अगर उनके पास रहती तो निश्चय ही बहुत improvement हो जाता। मैंने हार मान ली।

गिरजा [गिरिजाकुमार माथुर], केदार, वीरेश्वर [उर्फ़ गोरा बादल] की भी कविताएँ आयी थीं। गिरजा का **हंस** वाला गीत था [पहरुए सावधान रहना]। केदार की ज्यादा नरम थी। वीरेश्वर गोरा बादल के रूप में कुछ wrong politics के साथ आये थे।

राहुलजी बगल की मेज़ पर बैठे सिगरेट फूँक रहे हैं। जब आये थे, बाल रखाये

थे; अब खोपड़ी मुड़ा दी है। मैंने उनसे पूछा था कि यहाँ रहकर लिखना कुछ स्थगित सा क्यों हो जाता है। बोले—'यहाँ सामने का काम जो ज़्यादा रहता है। मैं खुद यहाँ रहकर या तो अनुवाद कर सकता हूँ या मार-पीटकर मुझसे लेख लिखाये जा सकते हैं।' फिर बोले—'हताश होने की कोई ज़रूरत नहीं। देखो, डांगे कितना अच्छा लेखक था मगर ट्रेड यूनियन में फँसा है। बेचारा क्या करे!' मैंने यह भी पूछा कि नरेन्द्र से लेखकों के लिए क्या किया जाय जो कभी पास सिमट आते हैं तो फिर दूर चले जाते हैं। बोले—'इन लोगों की गति सीधी नहीं होती, टेढ़े-मेढ़े चलते हैं। जब जनता को चारों ओर खड़ा देखते हैं तो इधर-उधर नहीं भटक पाते, वर्ना...!'

सेल की ओर से एक रोज़ उनसे बातचीत हुई जिसमें मालूम हुआ कि पत्नी और ईगर धार्मिक प्रवृत्ति के हैं। ईश्वर की ओर से ध्यान खींचने को राहुल ईगर को किस्से-कहानी सुनाकर यह सिद्ध करना चाहते थे कि ईश्वर और शैतान एक हैं। इस पर ईगर की माँ बहुत लड़ती थीं।

राहुलजी ने कई अपने चित्र भी दिखाये। पत्नी के साथ जो चित्र था, उसमें टाई बाँधे, अंग्रेजी बाल रखाये बिल्कुल अंग्रेज मालूम होते थे।

राहुलजी ने यह भी बताया कि जब वे वहाँ से चलने लगे तो उनकी पत्नी को शंका हुई कि अब यह लौटकर नहीं आवेंगे। उनको रोना आ गया। 'तुम्हारा पति और पिता का भी तो कुछ कर्तव्य है'—उसने कहा। राहुलजी बताते-बताते खुद डाँवाडोल हो गये थे। उन्होंने पत्नी को उत्तर दिया—'मेरा देश भारत है; वहीं मेरा कार्यक्षेत्र है।'

दो वर्ष भारत में रहेंगे। दो उपन्यास अनुवाद कर रहे हैं। एक लिखने को सोच रहे हैं। Central Asia के इतिहास का सामान भी जुटा लिया है। (23.8.47)

तुम्हारा संगल के नाम उबलता, उफनाता ख़त और अपने लिए एक पर्चे में कुछ पंक्तियाँ—दोनों चीज़ें पढ़ीं। वैसे बीच में बोलने का हमको कोई हक़ नहीं है मगर ज़ाती तौर पर यह कहना चाहता हूँ कि इस समय जैसी हालत है, उसके हिसाब से बाहरवालों को भले ही हम लोग सुस्त लगें मगर वास्तव में सुस्त नहीं हैं। संगल यू. पी. गया है; यहाँ हम लोग भी प्रेस के प्रयत्न में लगे हैं [**नया साहित्य** के प्रकाशन के लिए]।

मेरा मुख्य काम पी.पी.एच. [जन प्रकाशन गृह] है हालाँकि कुछ छीना-झपटी चल रही है। **नया साहित्य** भी मुझे चाहता है, पी.पी.एच. भी। देखें किसकी जीत होती है। **जनयुग** के लिए भी लिखता हूँ।

कानपुर पर जब तुम्हारा नाटक आया, तब पी.सी. हम लोगों के सेल में ही थे। संगल ने पढ़कर सुनाया—'हम लोग ओवरटाइम गोली चलाता है' इत्यादि; पी.सी.

खूब हँसे। हँसते भी बच्चों की तरह हैं।

जहाज़ियों पर [नाविक विद्रोह पर] तुम्हारी कविता मैंने कामन रूप में पढ़ कर सुनाई। चारी [ए.एस.आर. चारी, विधि विशेषज्ञ] बहुत चाहते थे कि छपे मगर 'लीगल पक्ष' पर आजकल ज़्यादा ध्यान दिया जाता है। फिर मेरी अपनी कविता का प्रश्न आया; उसमें भी वही नुक्स था। ख़ैर, जहाज़ी दिवस पर नरेन्द्र के सभापतित्व में (P.W.A. और I.P.T.A. के जलसे में) मैंने तुम्हारी कविता खूब ज़ोरों से पढ़कर सुनाई।

नया साहित्य का निराला अंक आखिर निकल गया। उसे लोग तुम्हारे लेखों की पुस्तिका कहते हैं। [कई नामों से लेख लिखे थे।] गिरजा कुमार सिन्हा ने राजीव से कहा—'रामबिलास तुम लोगों की तरह साहित्यिक थोड़े ही हैं; वह भी साहित्यिक होते तो निराला अंक न निकल पाता।'

यहाँ भी प्रायः मैं वही पुराना 'मुंशी' हूँ, कुछ शैतान, कुछ गन्दा, कुछ होशियार। कम्यून एनिवर्सरी पर मैंने अपनी एक कविता जो लखनऊ के 'समाचार' पत्र के भाभी अंक में 'गुप्ताजी के लड़का हुआ' शीर्षक से निकली थी, सुनाई। लोग समझ गये।

यहाँ भी 'सेल' में **चहलपहल** निकालता हूँ। पहले ही अंक के एक स्केच के बारे में सुनकर नरेन्द्र शर्मा ने मुझसे कहा, 'सुना है, तुमने मुझको बहुत चापा है।' तुम भी भेजो कुछ। एक स्तम्भ है प्रश्नों का। मेरा तुमसे प्रश्न है : 'दो चीज़ों में क्या ज़्यादा मज़बूत और टिकाऊ है—कलम या कुल्हाड़ी?'

राजीव से प्रश्न था—चर्मकार बड़ा है या कलाकार? सतीश ने पहाड़ी की **सराय** पर लिखा है। गिरजा ने 'वल्गर सोशियालाजी' के नारे का जवाब दिया है। शमशेर स्केच बनाते हैं। धीरे-धीरे और लोग खिंच रहे हैं।

झाँसी से दौआ का खत आया था। लिखा था, भाइयों से सलाह लेकर चलना चाहिए। आशीर्वाद भी दिया है।

कसरत करता हूँ मगर बीच-बीच में अनियन्त्रित हो जाती है। कभी दौड़ भी लगाता हूँ, डँड़ें भी मारता हूँ और उछल-कूद भी करता हूँ। कभी सिर्फ डँड़ें ही रह जाती हैं; कभी वह भी नहीं। कभी-कभी तो यहाँ तक नौबत आती है कि उछल-कूद भी बन्द। उन दिनों इसी में सन्तोष हो जाता है कि अँधेरी आता-जाता हूँ।

दूध और फल अभी नहीं शुरू किये। पी.एफ. [पार्टी फण्ड] के लिए रु. रोके हूँ। मुझे 75) जमा करना है। लखनऊ के प्रायः सभी साथियों को लिखा है मगर उम्मीद कम है। बम्बई में ज़्यादा लोगों से जान-पहचान नहीं हो पायी। कारण यह है कि बाहर घूमने-फिरने का मौका कम मिलता है।

राजीव, शमशेर, संगल, गिरजा, राधे सब प्रसन्न हैं। शमशेर **हलचल** के लिए

चित्र बनाते हैं। कभी आओगे तो देखोगे। **हलचल** के हमारे विशेष कालम हैं—'सेल (cell) टॉक', 'जनयुग चर्चा', 'एण्टी मेडिसिन फ्रण्ट', 'स्टॉप प्रेस'। **हलचल** लखनऊ के **समाचार पत्र** और **सबकुछ** की कोटि को अभी नहीं पहुँच सका। कारण यह है कि लिखनेवाले कम हैं, पढ़नेवाले भी कम। हाँ, सफाई और सजावट पर ज़्यादा ध्यान रहता है। फिर भी कुछ लोग इसे W.N.P. [वाल न्यूज पेपर] से ज़्यादा अच्छा समझते हैं।

नागरजी से प्रायः भेंट होती रहती है। नरेन्द्र से भी मुलाकात हुई। P.W.A. की बैठक प्रायः उनके ही यहाँ होती है। पिछली बार मैं भी गया था। यह नरेन्द्र अब वह नरेन्द्र नहीं रहे। सनीमा संसार में पहुँचकर उनकी बुद्धि भी छायाचित्रों पर केन्द्रित हो गई है। वास्तविकता से वह कोसों दूर हैं।

नरोत्तम नागर के साथ मैं बहुधा श्रीकृष्णदास के [यहाँ] जाया करता था। मुझे देखकर वह दो-चार बातें सुना देते—'सर्दी लग जाएगी और रह जाओगे।' साथ ही मेरे कोट के कालर से मेरी गर्दन को ढँक देते थे। पार्टी की बाबत वे बहुत सी बातें बतलाते थे और मैं खोद-खोदकर उनसे पूछता था। जितना सन्तोष उनके यहाँ जाकर होता था...

निराला की प्रेस कापी तैयार करने के लिए मैंने उसे पढ़ा। पुस्तक का नवाँ परिच्छेद है 'तुलसीदास' और 'राम की शक्तिपूजा'। 'राम की शक्तिपूजा' की आलोचना समाप्त होते-होते 'सरोज-स्मृति' भी आ जाती है। मालूम होता है कि यहाँ एक नया परिच्छेद शुरू करनेवाले थे परन्तु कुछ सोचकर उसे भी एक में ही मिला दिया। इस प्रकार जो सन्धि हुई है, वह कुछ अजीब-सी मालूम होती है। क्या शीर्षक में कुछ और जोड़कर इस सन्धिभेद को मिटाया नहीं जा सकता जैसे 'तुलसीदास', 'रा. की श. पू.' और 'सरोज-स्मृति' या इसी तरह कुछ और। हम सोचेंगे; तुम सुझाव दो। या कहो तो जैसे है वैसे ही जाने दें।

इसी तरह दसवें परिच्छेद 'कथा साहित्य में नयी प्रवृत्तियाँ' के दो अंग हैं—'देवी' चतुरी चमार' और 'निरुपमा' इत्यादि। 'निरुपमा' आदि को तुमने नये पृष्ठ से शुरू किया है जिससे मालूम होता है कि तुमने उसके दो खण्ड किये हैं परन्तु हम उनको मिलाये देते हैं। ग्यारहवें परिच्छेद में भी इसी तरह 'कुल्ली भाट', 'बिल्लेसुर बकरिहा' एक ओर हैं—दूसरी ओर 'कुकुरमुत्ता' और 'खजोहरा' आदि। शीर्षक है 'प्रगति और प्रयोग' जो दोनों को cover करता है।

परिच्छेद के शीर्षक Pica Italic में रहेंगे। जैसे 1. बैसवाड़े का जीवन। पहला परिच्छेद, दूसरा परिच्छेद आदि से किताब को नहीं छेदेंगे।

पुस्तक के विषय में अपने Reaction फिर लिखेंगे। फिलहाल यही कहेंगे कि संस्मरणवाला भाग बहुत मनोरंजक है, आलोचना के विषय में कुछ कहना हैसियत

के बाहर की बात है। 'अनामिका' का नाम पुस्तक में एक बार भी नहीं आया, शायद इसलिए कि वह अनामिका है, गो कविताएँ सब ले ली गयी हैं।

हमारे P.P.H. के आगामी तीन महीने के प्रोग्राम में 'निराला' नहीं है, इसलिए हम लोग और बातचीत कर सकते हैं। फिलहाल निरंजन का 'काले झण्डे' 'महाराजा कठपुतलीसिंह' के नाम से निकल रहा है [कुछ साल पहले यह नाटक **जनयुग** में **काले झण्डे** शीर्षक से फिर छपा]। अश्क की 'तूफ़ान से पहले' दो-चार दिन में छप जाएगी। **आज का भारत** की छह गैली तैयार हो गयी हैं; दंगा शुरू हो जाने से हाथ कमज़ोर पड़ गया। पुस्तक का पहला भाग सम्भवतः अप्रैल [1948] के अन्त तक निकलेगा।

नया साहित्य में मेरे [निराला सम्बन्धी] संस्मरणों को लेकर, सुना है, रमेश को शिवदानसिंह ने लिखा था कि इस तरह की चीज न छपना चाहिए। रमेश से मैंने पूछा नहीं। अश्क तारीफ कर रहे थे। उन्हें एक स्थान कमज़ोर लगा जहाँ टी. बहादुर से निराला रेडियो के इम्पीरियल ऑनर का ज़िक्र करते हैं।

तुमने उपन्यास शुरू करने को कहा। ठीक है। बढ़ावा अच्छा है। मगर तुम सोच सकते हो कि कमरे में बैठकर उपन्यास लिखें भी तो वह किस काम का होगा। उपन्यास के लिए जो देखना-सुनना ज़रूरी है, उसके लिए जहाँ जुटे हैं, वहाँ से कुछ करना दुर्लभ है। वैसे मैं कोशिश कर रहा हूँ—मज़दूरों से मुलाकात, बातचीत आदि। परन्तु जब तक कानपुर या बम्बई की किसी मिल में खुद काम न किया [जाय], तब तक जोरदार उपन्यास मज़दूरों पर नहीं लिखा जा सकता। वैसे, कोरे पन्ने रँगने से क्या लाभ। तुम सोचोगे कि 'जब तक नौ मन तेल न होगा, तब तक राधारानी नाचेंगी नहीं।' बात किसी हद तक सही है। लेकिन किसी-न-किसी तरह वह रास्ता निकालने की कोशिश करूँगा।

फिलहाल तो सोचता हूँ एक दूसरी चीज़ लेने को। राहुल बाबा के 'नये भारत के नये नेता' में बड़े-बड़ों का ज़िक्र है मगर उसमें शान्ति, सतीश, विमलेश, रमेश आदि नहीं आते। यहाँ के जीवन के विषय में भी लोग कम जानते हैं। सोचता हूँ, उन पर लिखूँ। मगर रहेंगे डायरी के रूप में ही, गो छपने की दृष्टि से नहीं। पढ़े जाने पर सोचा जाएगा।

तुम्हारी 'कलम कुठार' थ्योरी **हलचल** में छप गयी है। 'जनयुग चर्चा' में तुम P.A. और ज.यु. की आलोचना भेज सकते हो। अभी सतीश लिखते हैं।

सरदार जाफरी ने अभी पाखाने जाते-जाते कहा—भाई, कुछ सँदेसा भेजना हो तो दे दो, पंजाब मेल से मैं जा रहा हूँ, लखनऊ में रामबिलास से मुलाक़ात होगी।

मैंने तुहें लिफाफा लिखने के लिए सोचा था मगर पगार कल मिलेगी; तुम्हारे

दिए हुए लिफाफे खत्म हो गये हैं।

मैं इलाहाबाद कान्फ्रेन्स नहीं जा सकता क्योंकि उससे यहाँ काम में काफी ढील पड़ जाएगी,—फिर, अभी मैं लेखक भी नहीं। हाँ, वहाँ आने से बहुत से लोगों से मुलाकात हो जाती, बातचीत होती; इलाहाबाद इप्टावालों से मिलता! रमेश [रमेश सिन्हा] ने तो और भी लालच दिया। कहा—तुम चलो, मैं रामबिलास को लिखकर तुम्हारी wife को भी बुलवा लूँगा। मगर लासा लगा नहीं। मैंने इनकार कर दिया।

तो इलाहाबाद में नये-पुराने सभी मिलेंगे। नये लोगों का उठता हुआ जोश और पुरानों की साहित्यिकता—दोनों की मुठभेड़ होगी। शायद आपसी इत्तिफ़ाक-ना-इत्तिफ़ाक के मसले भी पेश हों। शगल देखने लायक होगा।

केदार भैया के ख़त आते रहते हैं; बढ़िया और मजेदार। दो ख़त विशेष महत्व के हैं; मैं तुम्हें 'पत्र संकलन' के लिए भेजूँगा। ['पत्र संकलन' साहित्यकारों के पत्र छापने की मेरी पुरानी योजना थी।]

शमशेर बहादुर से भी बिछोह हो गया। कुछ भी हो, शमशेर हैं एक ही आदमी। F.S.U. [फ्रेन्ड्स ऑफ दि सोवियट यूनियन] शो के लिए टिकट खरीदेंगे, R.F.H. [रेड फ्लैग हाल] से चलेंगे तो नीचे पहुँचने पर मालूम होगा कि 10 तो यहीं बज गया—वापस। I.P.T.A. की ओर से कोई जलसा होगा; शमशेर पहुँचेंगे; वापस आने पर मालूम होगा कि किसी दूसरे की चप्पलें पहन आये हैं। अखबार पढ़ने बैठेंगे, तल्लीन होंगे; कोई और आकर बतायेगा कि तीन दिन पहले का है।—परन्तु कमरे में सबसे साफ झाड़ू शमशेर ही लगाते थे; bathroom की सफाई में भी specialise करते हैं। 14 अगस्त की रात को वह मेरे साथ घूमने निकले। हम लोगों ने एक दूकान पर बैठकर रसगुल्ले खाये; उस समय उन्हें तुम्हारी बहुत याद आ रही थी। शमशेर बावजूद अपनी कमजोरियों के हम सबके अलग-अलग विश्वासपात्र रहे, और हमने जी से उन्हें प्यार किया। कभी उनकी उमर का बड़प्पन ऊपर उठकर नहीं आया। यही कारण था कि मौज की मस्ती में ज़बान के बेकाबू होने से कभी-कभी बड़े गलत शब्द निकल जाते थे—और फौरन उनकी उमर का ध्यान आने पर अफसोस होता था; गो मौज की मस्ती और ज़बान के बेकाबू होने का बहुत कुछ श्रेय बहादुर को ही रहता था। शमशेर ने रात को जग-जगकर हमारी डायरी सुनी। जो अंश मुझे अच्छे न लगते थे, वे उन्हें अधिक रुचिकर लगे। बिट्टीवाला किस्सा वह P.W.A. मीटिंग में सुनानेवाले थे (मेरी डायरी से) इस आधार पर कि उसमें short story की बहुत बड़ी खूबी है। अवस्थी और काशी [मुंशी के साले] को छोड़ तीसरे आदमी शमशेर ही थे जिन्हें वे ख़त पढ़ने को मिले जो शादी से पहले अण्डरग्राउण्ड तरीके से धन्नो ने मुझे और मैंने धन्नो को लिखे थे।

शमशेर के जाने से सचमुच लगता है कि चिराग़ हटाया जा रहा है, अँधेरा तो न

होगा—बौद्धिक दृष्टि से—परन्तु चहल-पहल का सामान कुछ अलग हो जायेगा। चलते समय वे मुझसे नहीं मिल सके, मैं अखबार [पार्टी का साप्ताहिक] बेचने चला गया था। वापस आने पर उन्हें बहुत ढूँढ़ा मगर वे न मिल सके। मिलने पर उन्हें मेरी याद दिलाना; कम्बख़्त गोर्कीवाला लेख भी मुझे नहीं सौंप गया; कहना कि कृपा करके उसके बारे में लिख दें कि Notes कहाँ तक तैयार किये हैं, और किसके पास छोड़ गये हैं आदि। अब हिन्दी कमरे में जाने पर हरी पैण्ट और मटमैली कमीजवाला—हम बच्चों के लिए—तमाशे का सामान न मिलेगा। शमशेर एक रोज़ लिखते-लिखते ऊँघा गये थे; हमने उठकर रस्सी से उनकी कमीज (कालर के पास से) कुर्सी में बाँध दी थी। शमशेर झटके से उठे। हमने माफी माँग ली। बूढ़ों को बच्चे तंग करते ही हैं। शमशेर के रुख में कोई परिवर्तन नहीं हुआ; साजिश तो गिरजा, सतीश, राधे सभी की थी—हिम्मत का काम हमारा था।—मेरी इच्छा शमशेर को छोड़ने की न थी मगर लाचारी। अब वे ज़्यादा काम करेंगे, उनकी तन्दुरुस्ती अच्छी रहेगी; हम सबने उन्हें शादी की सलाह दी है; सच्चिदानन्द ने रामेश्वरी गर्ल्स कालेज में प्रोफेसरी के लिए रिकमेण्ड किया है; तुमसे वे मिलेंगे ही—तुम भी अपनी सलाह देना।

नरोत्तम का ख़त बहुत दिनों से नहीं आया। ग़लती हमारी भी है। हमने उन्हें नहीं लिखा।

अमृतलाल नागर पता नहीं [इलाहाबाद] जायेंगे या नहीं। उनके आगरा से आने पर मुलाकात हुई थी। बीच में उनको मैंने एक कार्ड लिखा था। उन्होंने भी जवाब दिया। कुछ पंक्तियाँ हैं : 'ख़त पाते ही जी तो चाहा कि चलें—न बटेरें सही, गप ही सही—दो-दो चोंचों का मज़ा तो आ ही जायेगा। तुम हौ [प्रूफरीडर, **हौ** को शुद्ध करके **हो** न कर देना] लखनौवा, हम हैं लखनवी—इतने से फर्क के बावजूद रंग एक ही है। तभी तुम्हें भी गपबाज़ी का चस्का है। हमारी बाज़ियों का तो पूछना ही क्या, वाजिदअलीशाही तबाह हो गयी... बहरहाल सुकून रहा तो कल आऊँगा। तुमसे गप लड़ेगी, शमशेर से प्यार चलेगा—(स्याही खलास झाला) [यहाँ से लिखावट पेन्सिल की है]—हिं.हा (रमेश) से देखादेखी होगी, और हो सका तो राहुलजी से भेंट होगी।' यह भी लिखा कि 'कल संगल की डायरी से नहीं डरूँगा।' उन्होंने मुझे सलाह दी है कि मैं हर इतवार को सुबह उठकर पहला काम किया करूँ—बीवी को खत। सलाह तो उनकी हफ्ते में दो बार की थी मगर जब मालूम हुआ कि यहाँ पखवारे में एक भी ज़्यादा समझते हैं तो हफ्ते में एक पर घसीटा! ख़त में पूछा भी है कि मैंने बीबी को ख़त लिखा या नहीं। आगरे से वे मालूम होता है कुछ नया अनुभव लाये थे।

आज का भारत के चौथे भाग के तीन फार्म छप गये हैं, चार-पाँच और होंगे। सितम्बर के अन्त तक पाँचों भाग निकाल देना चाहते हैं गो हाथ और आँखें दो ही दो हैं।

Marxism & Culture (हिन्दी रूपान्तर) भेजना। तुमने तो लिखा था कि 10 दिन बाद ही भेज दोगे। मगर जब वकील सुस्त तो गवाह चुस्त होकर भी क्या करेगा। [मुद्दई–जन प्रकाशन गृह, वकील–मुंशी, गवाह–अनुवादक।]

उम्मीद है, लखनऊ और इलाहाबाद–दोनों जगहों से ख़त भेजोगे। तुम्हारे आगरा वापस पहुँचने तक मैं न लिखूँगा। तब तक के लिए जै-जै राम।

(31.8.47)

[कुछ समय के लिए मुंशी लखनऊ आये। उस समय–]

दौआ से बातचीत हुई; विशेष नाराज़ नहीं हैं। उन्हें हम अपनी [जन प्रकाशन गृह की] किताबों की दूकान दिखाने को ले गये थे। दौआ, अम्मा, नरेश इसी इतवार तक गाँव जाने वाले हैं। (16.6.48)

[लखनऊ से बम्बई पहुँचने पर]

C.I.[कम्युनिस्ट इण्टरनैशनल सम्बन्धी दस्तावेज़] के लिए धन्यवाद।

चीन की किताब का सिनाप्सिस इसी दोस्त के हाथ भेज दो तो अच्छा है; वह 6 जुलाई को वहाँ से रवाना हो रहा है।

Cultre and Marxism [अनुवाद के लिए पुस्तक] के साथ र.सिं. [रमेश सिन्हा] का पत्र भी है। तुम डाँटकर लिख सकते हो।

अब तक तुम्हारी कविताएँ नहीं आना शुरू हुईं। शायद तुम पता भूल गये हो। पता है : Jagdish Prasad Cèo Amrit Lal Nagar, Dadar, etc. तुम्हारी कविताएँ न आने से लोग परेशान से हैं।

सोचा था कि तुम्हें अन्ना भाऊ साठे [मराठी लेखक] का **लोकमन्त्री** भेजेंगे मगर आज सुबह वहाँ छापा मारा गया और किताब ज़ब्त कर ली गयी।

VI Congress Thesis [कम्युनिस्ट इण्टरनैशनल की छठी कांग्रेस का थीसिस] अगर खतम कर दो तो अच्छा है। हम constitution [संविधान का अनुवाद] कर रहे हैं; उपरान्त मलबार पर एक pamphlet होगा। Kautsky [लेनिन की पुस्तक का मेरा अनुवाद **सर्वहारा क्रान्ति और गद्दार कौट्स्की**] अभी तक प्रेस नहीं जा सकी। India Today चल रहा है। अखबार में भी जूझना पड़ता है।

आजकल हम R.F.H. में उसी कमरे में हैं जहाँ पहले Doc [डाक्टर अधिकारी] रहते थे। सामने opposite कमरे में Mr. and Mrs. सं. [संगल] हैं। बिजली का पंखा खुला रहता है। आज सच्चिदा पूछ रहे थे कि तुम्हारी बीवी आये तो क्या तुम

भी इसी तरह रोज़ कमरा बन्द करके उसे लिये बैठे रह सकते हो?

सं. के कमरे की बगल में ही र.सि. हैं; पत्नी सहित।

शान्ता, हमें लगता है, [ब्याह के बाद] अब कुछ शरमाने लगी हैं। भोगी और सुभद्रा, प्रशान्त और उनकी पत्नी भी यहीं हैं।

यूगोस्लाविया के समाचार ने कुछ अरसे के लिए लोगों को चक्कर में डाल दिया है।

अंग्रेजी और हिन्दी अखबारों पर ऊपर से आलोचनाएँ आती रहती हैं। कड़ी मार पड़ती है।

जिन लोगों को मालूम होना चाहिए था, उन्हें जब मालूम हुआ कि **जनयुग** के लिए तुम हमारी अपील मानने को तैयार नहीं हो तो बड़ी हँसी हुई। यह पत्र informal है; वर्ना P.P.H. के letter pad पर ही लिखते।

साथ का एक ख़त धन्नो के लिए है।

तुम्हारे लिए हमने जो ख़त लिखना शुरू किया था, उसका पहला पन्ना उड़ गया। पत्र तुम्हें इस दशा में नहीं भेजना चाहते थे। खड़ी बोली में लिखना चाहते थे; इसमें केवल first impressions हैं। यहाँ के हाल भी उसमें विस्तार से लिखना चाहते थे। मगर वह पड़ा ही रह गया। हमने सोचा धन्नो के लिए खत देखोगे तो जरूर नाराज होगे [पत्नी को लम्बा खत लिखा, भाई को यों ही टाल दिया]; इसीलिए यह पुरानी चिट्ठी attach किये दे रहे हैं with due apologies.

लम्बी चिट्ठी लिख सकोगे तो यह महाशय लेते आयेंगे। (29.6.48)

चीन पर किताब मिली। हम सब उसे पढ़ रहे हैं। राय लिखेंगे। [यह किताब प्रकाशित नहीं हुई।] (16.9.48)

[मुंशी बीमार हुए, बम्बई से मई 1950 में बिदा हुए। इलाज के सिलसिले में कुछ दिन लखनऊ, खुर्जा और बुलन्दशहर रहे। फिर दिल्ली में आकर उसी पुराने जन प्रकाशन गृह और **जनयुग** के साथ जम गये। चौदह बरस बाद फिर बम्बई देखी।]

मुम्बई के रास्ते में पड़ता है—दोहद। जनता से सफर कर रहे थे मुंशीरामजी। चाय की पियास लगी तो उतर गये टी-स्टाल पर। दो गरम-गरम कप डाटने के बाद ध्यान गया पेपर-स्टाल पर। एक ब्लिट्ज़ एक इलस्ट्रेटेड वीकली लेकर डिब्बे में आ बैठे। इलस्ट्रेटेड वीकली पलटते-पलटते ध्यान गया Literary Column पर—दो-एक जगह Dr. Sharma का नाम देखकर पढ़ना ही पड़ा। पढ़ गये। वाह! जादू वह जो सिर पर चढ़कर बोले। तबियत खुश हो गयी। इसी हफ्ते का Weekly है। न देखा

हो तो देख लो। [मुंशी की खुशी का कारण यह था कि जन-प्रकाशन गृह की ओर से **भाषा और समाज** के प्रकाशक वही थे।]

यहाँ हम लोग दादर में, चित्रा सनीमा के सामने, पुरन्दरे स्टेडियम में ठहरे हैं।

आज दोपहर का खाना शंकर शैलेन्द्र के यहाँ खाया। अपना मकान है। दो मोटरें हैं। ठाटबाट में कोई कमी नहीं। Weekly वाला रिव्यू—जो मैंने उसे पढ़ने को दिया—पढ़कर बोला, 'किताब पढ़ने लायक होगी।' **सेठ बाँकेमल** का ज़िक्र किया तो बोला—'मैंने पढ़ी नहीं।' मैंने समझ लिया—साला सेंट-परसेंट खुस्कैट हो गया है। किस्मत।

मुम्बई पूरे 14 साल बाद आया हूँ। सन् 50 में जब लोगों ने यहाँ से लादकर भेजा था तो शायद यह सोचकर कि गया काम से—अब नहीं लौटने का। साइटिका प्रताड़ित उस जीवन की याद आती है तो रीढ़ की हड्डी में आज भी ठण्डी सुरसुरी दौड़ जाती है। वही मुम्बई है यह। और अपने राम भी वही हैं। (13.12.64)

सुमति शर्मा

आगरे के संस्मरण

[कम्युनिस्ट पार्टी की दूसरी कांग्रेस के बाद आगरे के कम्युनिस्ट कार्यकर्ता नये उत्साह से अपने काम में जुट गये। ज़्यादातर कार्यकर्ता नौजवान थे और अभी पढ़ रहे थे; स्वभावतः अन्य जनसंगठनों की अपेक्षा छात्र संगठन अधिक सक्रिय था। कम्युनिस्ट छात्रों की एक विशेषता यह थी कि जिस मोर्चे पर भी उनसे काम करने को कहा जाता, वे पूरी लगन से वहाँ अपनी जिम्मेदारी निबाहते थे। इनमें बहुतों ने आगरे के चमड़ा मज़दूरों और फ़ीरोज़ाबाद के काँच मज़दूरों से पहली बार नजदीकी परिचय प्राप्त किया और इस परिचय ने उनके जीवन पर गहरा असर डाला। उन दिनों एक लड़की जो महिला समाज का मोर्चा सँभाले थी, कभी-कभी मुझे भी भाषण करने के लिए बुला ले जाती थी। उसमें एक बड़ा गुण यह था कि वह जिससे मिलती थी, उसके सारे परिवार से जान-पहचान कर लेती थी। हमारे परिवार में वह घुलमिल गई थी। अपने इस गुण के कारण वह महिलाओं का मजबूत संगठन बना सकी। किन्तु महिला समाज ही क्या, प्रगतिशील लेखक संघ को छोड़कर, वह किसी भी मोर्चे पर अचानक प्रकट हो जाती थी। वह काम करते थकती न थी मानो उसके भीतर ऊर्जा का अटूट स्रोत हो। उसका पार्टी नाम सुमति

थी। बहुत दिनों बाद—कम्युनिस्ट पार्टी के भीतर चलने वाले लम्बे संघर्ष के बाद—उससे एक दिन भेंट हुई और वह उसी उत्साह से, और कुछ खेद के साथ कि वे दिन अब नहीं रहे, पुरानी बातें सुनाने लगी। मैंने कहा, तुम अपने संस्मरण लिख डालो, **नया पथ** में छपवा दूँगा। जब उसके संस्मरण प्राप्त हुए, तब **नया पथ** बन्द हो गया था। **घर की बात** के लिए पुराने कागज-पत्रों की छानबीन करते हुए यह लेख मिला। सन् 49-50 में मेरी साहित्यिक गतिविधि की सामाजिक पृष्ठभूमि यहाँ विद्यमान है।]

सन् 1949-50 की बात है। उत्तर प्रदेश की अखिल-भारतीय स्टूडेण्ट्स फेडरेशन का वार्षिक अधिवेशन आगरा में होने जा रहा था। अधिवेशन से पूर्व की रात हम लोग दो बजे तक तैयारी करते रहे। कौन-कौन भाषण देंगे, कौन-कौन बाहर से आये प्रतिनिधियों को लाएँगे तथा कहाँ-कहाँ उन्हें टिकाया जायेगा, आदि बातों पर सोचते और निर्णय लेते रहे।

अधिवेशन के उद्घाटन का काम महिला प्रतिनिधि (मुझे) सौंपा गया। मेरा दिल धड़क रहा था और मैं इस जिम्मेदारी से कतराना चाह रही थी। किन्तु कोई चारा नहीं था। विद्यार्थियों की माँगों में प्रमुख थी—फीस कम करवाना। उत्तर प्रदेश सरकार को, जिसके चीफ मिनिस्टर उस समय श्री गोविन्द वल्लभ पन्त थे, हम लोग अपनी माँगों के ज्ञापन भेज चुके थे। सारे उत्तर प्रदेश के छात्रों को एकता के झण्डे के नीचे बाँधने के लिए यह अधिवेशन आयोजित किया गया था।

मैं और मालती गोकुलपुरे के मकान से सुबह निकले कि कुछ घरों को इत्तला देते हुए हम बाहर से आये मेहमानों से मिलें। गली में कुछ ही कदम बढ़े थे कि देखा पुलिस एक लड़के को बुरी तरह पीट रही है। हम दंग रह गये! यह तो अपना ही साथी गोपाल था! यह भी हमारी तरह ही काम करने निकला था।

हम कुछ कर भी न पाये थे कि चार सिपाहियों ने हमें भी घेर लिया। हम समझ गये कि काम शुरू होने से पूर्व ही हम धर पकड़े गये हैं। भागने के उपक्रम किये; किन्तु कोई लाभ न हुआ। गोपाल की अपमानजनक पिटाई देखकर दिल मसोस रहा था, क्रोध उबल रहा था और हमने नारे लगाने शुरू कर दिये 'स्टूडेण्ट्स यूनियन जिन्दाबाद', 'हमारा अधिवेशन होकर रहेगा।'

गोपाल को पीटनेवाला कांस्टेबिल एक गोरा, लाल चेहरेवाला, तगड़ा व्यक्ति था, जो मुझे उस समय भयानकता में हिटलर के समान दिखा। उसके प्रति घोर घृणा से मन भर उठा। उसे परेशान करने के लिए हम मुहल्ले की जनता को एकत्र करके अपनी माँगें सुनाने लगे।

इधर पुलिस द्वारा एक ताँगा लाकर खड़ा कर दिया गया तथा हम तीनों को उसमें जबरन चढ़ा दिया गया। उस हेड-कांस्टेबिल का चेहरा हमारी निर्भीकता देखकर और भयानक हो गया था और भीड़ में गूँजते हुए हमारे नारों को सुनकर वह अपमान से भर उठा था। हमने अपने नारों में कुछ नये नारे भी जोड़ दिये थे; जैसे 'पुलिस जुल्म हाय-हाय!' 'छात्रों पर जुल्म, हाय-हाय!' उस कांस्टेबिल को कुछ नहीं सूझा तो वह उत्तेजित होकर हमारे ताँगे के पीछे-पीछे चलता हुआ नारे लगाने लगा—'स्तालिन कुत्ता, हाय-हाय', 'स्तालिन मुर्दाबाद।' तबियत की कि उसके लाल मुँह पर ताँगे में बैठे-बैठे ही एक लात लगाऊँ। मगर मजबूरी थी।

अब हमने शहर कोतवाली के कमरे में प्रवेश किया। हम अभी तक समझ रहे थे कि हम ही अपनी असावधानी के कारण पकड़े गये हैं। किन्तु यहाँ देखा कि रेलवे स्टेशन पर पहले से मुस्तैद पुलिस ने गाड़ी से उतरते ही लखनऊ व अलीगढ़ से आये डेलीगेटों को पकड़ लिया था। शहर के विभिन्न क्षेत्रों में काम करने वाले छात्र व छात्राएँ भी पकड़े गये थे।

कोतवाली में घुसकर मैंने सबसे पहला काम यह किया कि मेरे पास जो गोपनीय कागजात थे, उन्हें शौचालय के फ्लश के हवाले कर दिया। कुछ देर बाद हमसे कहा गया कि तलाशी दो। हमारी एक महिला साथी पार्वती के पास अपने घर की चाभियाँ थीं। वह घबरायीं। उनके जेठ उनसे मिलने दरवाज़े के बाहर खड़े थे। उन्होंने अपने जेठजी को किसी तरह चाभियाँ पकड़ा दीं और साथ ही कुछ कागज़ों को जल्दी से फाड़कर फेंक दिया। अब हम खाली थे। एक-दूसरे को देखकर दुखी थे कि यह तो हमारी सारी योजना मिट्टी में मिल गयी।

जेल ले जाने से पूर्व हमसे कहा गया था कि हम नाश्ता कर लें। किन्तु, हमने मना कर दिया था। एक ट्रक पर सवार होकर हम जेल के लिए रवाना हुए। ट्रक में पूरे रास्ते हम नारे लगाते रहे और अन्त में जेल की चहारदीवारी के भीतर कर दिये गये।

अन्दर पहुँचकर कुछ विश्राम भी न कर पाये थे कि हमारे वार्ड के दरवाजे पर नारे व चीख सुनाई पड़ीं। हमने देखा कि एक छात्रा को वार्ड के कम्पाउण्ड में जबरन धकेला जा रहा है। यह लखनऊ के एक कॉलेज की छात्रा थी, जो किसी भी हालत में अन्दर नहीं आ रही थी। उसके कपड़े फट गये थे। पुलिसवालों ने किसी तरह डण्डाडोली करके उसे दरवाजे के अन्दर पटक दिया और बाहर से दरवाजा बन्द कर दिया।

हमारे साथ तीन छात्राएँ लखनऊ की, दो अलीगढ़ की तथा चार-पाँच आगरा की थीं। अलीगढ़ व लखनऊ की सभी छात्राएँ मुसलमान थीं तथा मध्यमवर्गीय खाते-पीते परिवारों की थीं। अलीगढ़ की छात्राएँ तो अपने घरवालों को बिना सूचना दिये ही आन्दोलन में आ गयी थीं। वे डर रही थीं कि उनके वालिद उन्हें डाँटेंगे।

लखनऊ की छात्राएँ दबंग थीं। हमारे साथ एक हरिजन बालिका भी थी। पढ़ी-लिखी तो नहीं, मगर समझदारी में तेज।

हमारी बैरक में सज़ायाफ्ता कैदी औरतें भी थीं—खूनी, चोर, डाकू, वेश्या—मगर हमें उस समय उनसे ज़रा भी डर नहीं लगा और न ही घृणा हुई। लगा कि वे भी शायद हमारी तरह ही नाज़ायज दमन की शिकार हैं।

हमने जेल में आकर घोषणा कर दी कि हम भूख हड़ताल करेंगे। हम राजनीतिक बन्दी हैं, हमें ए-क्लास मिले, साथ ही पुरुष छात्रों में भी हमारे जो साथी पकड़े गये हैं, उन्हें भी सी-क्लास की जगह ए-क्लास दी जाये—वे छात्र हैं, मुजरिम नहीं। जेल में हल्ला मच गया कि ये छात्राएँ तो बस में नहीं आयेंगी, अतः इन्हें अलग-अलग solitary cells में रखा जाय। हमें पता चल गया और हम अपनी एक पुरानी साथी मीराजी (जो हमसे पूर्व जेल में ही थीं) की कोठरी में घुस गये।

पुलिस आयी तो हमने उस कोठरी का दरवाजा अन्दर से भेड़ लिया। उसमें कुण्डी तो थी नहीं, अतः दरवाजे के सहारे सभी उसे दबाकर खड़े हो गये। अब एक तरफ पुलिसवाले शक्ति लगा रहे थे दरवाजा खोलने की और दूसरी तरफ हम उसे दबाये खड़े थे। दरवाजा खोलना जब बिल्कुल असम्भव हो गया तो दरवाजे के ऊपर के 'की-होल' से जेल की पुलिस ने लाठियाँ घुसाकर हमें दरवाजे के पास से खदेड़ना शुरू किया। हम लोग भी लाठियों को पकड़ लेते। बहुत कशमकश के बाद दरवाजा खुल ही गया।

अब हममें से हरेक को खदेड़-खदेड़ कर बैरक में बनी अलग-अलग कोठरियों में ले जाया गया व बाहर से कुण्डा लगा दिया गया। जाड़े के दिन थे। उन कोठरियों में एक जूट-पट्टी व एक-एक कम्बल रखा था। हम लोग अपनी-अपनी कोठरी में से नारे लगाते रहे। किसी को भी नींद नहीं आ रही थी। एक तो भूख, दूसरे कोठरी का दमघोट वातावरण, तीसरे सर्दी में न ओढ़ना, न बिछौना—ऊपर से उबलता हुआ क्रोध।

यकायक आवाज़ आयी खट-खट-खट। दरअसल शबनम ने अपनी कोठरी का कुण्डा अन्दर से तोड़ दिया था। अब क्या था! शबनम ने स्वयं मुक्त होकर सभी की कोठरियों के कुण्डे तोड़ने शुरू कर दिये और हम सभी उसके साथ धड़ाधड़ कुण्डे तोड़ बाहर आ गये। हमारी खुशी का ठिकाना नहीं था। हममें से कुछ बैरक की एक दीवार (जो लोहे की जाली की बनी थी) पर चढ़कर दूर पर स्थित लड़कों की बैरक को सन्देश देने लगे—"हमें solitary cell में बन्द कर दिया था। हम अब बाहर आ गये हैं। हम भूख हड़ताल पर हैं। हम तुम्हें सलाम भेजते हैं। तुम कैसे हो?" आदि। रात-भर हम क्रान्ति के गाने गाते रहे व बातें करते रहे। उस गर्म जोश में रात कहाँ गुजरी, कुछ पता नहीं चला।

जेल का दूसरा दिन। सुबह हुई। बाहर से हमारे घरवालों ने तथा अन्य हमदर्दों ने हमारे कपड़े आदि जेल के दरवाजे पर जमा करा दिये। अब सुबह हमने स्नान आदि किया। कुछ देर बाद मोटी, भूसी मिली रोटियाँ, बिना दूध का दलिया हमें खाने को दिया गया। हमने तो भूख-हड़ताल की घोषणा कर दी थी। अतः हमने कुछ न लिया। अधिकारी आये, कुछ समझाने की कोशिश की। किन्तु हम कब माननेवाले थे।

हमसे नाम व पते पूछे गये जो हमने गलत-सलत बताये, विशेषकर लखनऊ व अलीगढ़ की छात्राओं ने। अलीगढ़ की एक छात्रा के पिता कोई सरकारी अफसर थे जो सुबह आये व अपनी पुत्री को जेल से रिहा करवा ले गये।

हमारा प्रोग्राम रहता—सुबह नहाना, फिर एक-दूसरे के सिर में तेल डालना, मीटिंग करना, रिपोर्ट लिखना, गाने गाना, ताश खेलना और कुछ देर अन्य सज़ायाफ्ता कैदियों से बातें करना।

एक पहाड़ी कैदी औरत थी जो नाचती थी तथा बड़ी ही दर्द भरी आवाज में गाती थी; भाषा हम समझ नहीं पाते थे। उसे किसी खून के जुर्म में पकड़ा गया था। हमारे सामने ही एक पन्द्रह वर्ष की लड़की जेल में आयी जो देखने में तो बड़ी भोली लगती थी, मगर किसी बड़े अपराध में पकड़ी गयी थी। इन लोगों से हम इनके बारे में पूछना चाहते थे मगर इसके लिए मौका ढूँढ़ रहे थे। वे हमारे कार्यों में हमारी मदद करती थीं।

धीरे-धीरे हमारी हालत पतली होती गयी। अब तो हममें इतनी शक्ति भी नहीं रह गयी थी कि हम अपना दैनिक कार्य भी कर सकें। मुझे सर्दी लगकर खूब बुखार आ गया। नीचे बिछाने के लिए केवल जूट की पट्टी थी व ओढ़ने को कम्बल। दिन में इतना जाड़ा लगा कि दूसरों ने लाकर चार कम्बल ओढ़ाये व चार बिछाये।

हमारी हड़ताल का नवाँ दिन था। हमने भूख-हड़ताल तोड़ दी—बाहर से कुछ हिदायतें मिलने पर कि हमें अब 'ए-क्लास' दी जायगी।

हड़ताल तोड़ने का पहला दिन था। आज साबूदाने की खीर बनायी गयी। उसे लखनऊ की मुसलमान छात्रा गुलशन ने बड़े प्रेम से बनाया। इस दिन खीर खाने में जो आनन्द आया, वह अवर्णनीय था। सुनते थे, जेल की 'ए-क्लास' में अच्छा खाना मिलता है। मगर वह हमारे नसीब में न था। हम धीरे-धीरे रिहा कर दिये गये। अभी तो हम फल व दूध ही पचा पाते थे। जो रोटी देखी थी, वह काली, मोटी, खुरदुरी तिनकों से भरी थी।

हम ऐसे भूख-हड़ताली थे कि उस दौरान केवल पानी ही पीते थे। एक दिन हरिजन बालिका गोपा ने जो उम्र में 15 वर्ष की थी, इमली का कटारा खा लिया था जो जेल में इमली के पेड़ से गिरा था। हममें से कुछ ने उसकी आलोचना की। लेकिन बाद में यह कहकर माफ कर दिया गया कि कटारा कोई 'खाद्य पदार्थ' नहीं है।

अब हम घर आये। यहाँ से हमने अपने बाहर के साथियों को विदा किया और अगली बार फिर मिलने का वादा किया। शबनम, गुलशन, रजिया व वह हरिजन लड़की गोपा हमें कभी नहीं भूलेंगी। अब वे जहाँ भी हों, हमें पूरा विश्वास है कि यदि हम कभी मिले, तो इतने खुश होंगे कि कुछ कह नहीं सकते। हमारा साथ ऐसे माहौल में हुआ था जहाँ एक-दूसरे को बिल्कुल न जानते हुए भी हम इतना जान गये थे कि क्या कोई दूसरा जानेगा।

मीराजी और मैं अपने साथ की लड़कियों में बड़े थे। मैं पढ़ाई-लिखाई में सबसे ज्यादा। हम लोग किसी भी मसले पर बहस करके फैसले को अमल में लाते थे। हममें कोई अन्तर नहीं था। सभी सबके दोस्त थे। कोई प्रान्तीयता, जातीयता नहीं थी। अब सोचते हैं तो लगता है वह क्या था? वह क्यों था? झगड़ा भी होता था मगर कैसा? कि पार्वतीजी ने पुलिसवालों के सामने ज़रूरी कागज़, फाड़कर ही सही, क्यों फेंक दिये। उन्होंने घर की चाभी तो अपने जेठ को दी और ज़रूरी कागजों की हिफाजत नहीं कर सकीं! यदि वे कागज़ जेठजी को देकर पार करा देतीं व चाभी पुलिस को दे देतीं, तो कोई हर्ज न था; चाभी तो आखिर उनके घर पहुँच ही जाती। यह गलती पार्वतीजी ने स्वीकार भी की। लखनऊ की छात्राएँ इतने साफ कपड़े क्यों पहनती हैं? यदि हमें हरिजन बालिकाओं के साथ रहना है तो हमें अपने को डि-क्लास करना चाहिए। हमारे रहन-सहन के स्तर में पूरी समानता न भी हो तो जमीन-आसमान का फर्क तो न होना चाहिए।

लखनऊवालों ने अपनी सफेद-पोशी को अपना कसूर माना व उसे एक मध्यम वर्गीय अवगुण स्वीकार किया। इस प्रकार हममें समझदारियों का आदान-प्रदान किताबी रूप में न होकर, एक ठोस धरातल पर हुआ।

[2]

इन दिनों हमें काम करना था स्थानीय मिल के मज़दूरों के बीच। हाँ, अजीब तो लगता है कि हम मध्यमवर्ग के लोग मिल मजदूरों में काम करें। जहाँ मजदूर वर्ग स्वयं, अपना नेता अपने लोगों में से न निकल पाये, वहाँ हम बुद्धिजीवी लोग उसका नेतृत्व करें, यही समझदारी थी।

मजदूरों में काम करना तलवार की धार पर चलना है। पर हम तो प्रतिज्ञाबद्ध थे कि देश में क्रान्ति लायेंगे; हमें चाहे मजदूरों में भेज दो, चाहे किसानों में और चाहे महिलाओं में। देखा जाए तो ईमानदारी से हम किसी में भी दक्ष नहीं थे। पर, हौसले हमारे बुलन्द थे।

हमने मजदूरों की मीटिंग बुलाई थी। यह मीटिंग मजदूर सभा के दफ्तर में होने वाली थी। हम निश्चित समय पर दफ्तर पहुँचे तो देखा कि वहाँ कोई भी मजदूर नहीं आया था। जिनको सभा का आयोजन करने के लिए कहा गया था, वे ही ढीले निकले। और, हम लोग मजदूर सभा के दफ्तर पर कुछ देर बैठकर वापस आ गये। हाँ, इतना

जरूर हुआ कि जहाँ मीटिंग होनी थी, वहाँ सी.आई.डी. पहुँच गयी थी। हमारी बातें मजदूरों ने तो नहीं सुनीं, मगर पीछे लगी सी.आई.डी. के दलालों ने सुन लीं।

हम करीब पाँच लोग थे—केशव, माधव, मालती, गोपा और मैं। हम लोग पैदल चले आ रहे थे। अभी घटिया तक ही आये थे कि हमें लगा एक सी.आई.डी. का आदमी लगातार हमारा पीछा कर रहा है। केशव ने उससे पूछा कि वह क्यों हमारा पीछा कर रहा है? अपने रास्ते क्यों नहीं जाता? उसने उत्तर दिया : "तुम्हें इससे क्या मतलब।" वह लड़का हमारे पीछे ही लगा रहा। कई बार मना करने पर भी वह न गया तो केशव और माधव ने उसे चाँटे मारे। पिटाई का यह स्थान कोतवाली से कुछ ही दूरी पर था। हम लोग आगे बढ़ गये। वह लड़का चला गया।

हमने अपने मोहल्ले में प्रवेश किया ही था कि हमारे पीछे-पीछे लट्ठधारी पन्द्रह-बीस पुलिस के जवान आ धमके। केशव, माधव, मालती और गोपा दौड़कर मेरे मकान के चबूतरे पर चढ़ गये। मैं चुपचाप सीधे चलती गयी तथा सोचा कि ऐसे ही चलती जाऊँ। मगर आगे खतरा था। मैं घर के बड़े फाटक में घुस गयी जहाँ अँधेरा था। घर के अन्दर हम सभी थे और बाहर पुलिस व पूरा मुहल्ला। हमने सोचा कि हम छत पर छिप जायें।

छत पर गये तो चारों तरफ अन्य मकानों की छतों पर आदमी-औरतें खड़े थे। मेरी माँ ने सलाह दी कि हम फाटक में जो कई कोठरियाँ कबाड़े के सामान की हैं, उनमें छिप जायें। अँधेरे, गुफानुमा फाटक के गलियारे में बनी ये कोठरियाँ बरसों बिना सफाई के बन्द पड़ी रहती थीं। उनके पास फटकने की किसी की हिम्मत नहीं होती थी। मगर उस समय इनमें से एक कोठरी में मैं, केशव, माधवी, मालती बड़ी तत्परता से घुसकर बैठ गये। न साँप-बिच्छू का डर, न अन्य किसी कीड़े-मकोड़े का।

हरिजन छात्रा गोपा को मेरे भाई की नवजात लड़की के पास आया बनाकर बैठा दिया गया था।

पुलिस ने घर को चारों ओर से घेर लिया। सारा मुहल्ला तो इकट्ठा था ही, अब घर की तलाशी शुरू हुई। प्रत्येक कमरा, गलियारा, छत छान डाली गयी। घर के प्रत्येक व्यक्ति का परिचय लिया गया। कुछ पुलिस वाले हमारे एक पड़ोसी को लेकर फाटक में खोजते हुए आये। हमारी साँस ऊपर की ऊपर और नीचे की नीचे। एक पुलिसवाले ने कहा, इधर क्या है? पड़ोसी हरप्रसादजी ने तपाक से उत्तर दिया—"ह्याँ तौ कूड़ो भरो है। ह्याँ तौ कोई जिन्दोई नाय रह सकै।"

पुलिसवाले ने इधर-उधर टार्च की रोशनी फेंकते हुए पड़ोसी हरप्रसाद के घर तक की तलाशी ले आये। हमारी साँस में साँस आयी। पुलिस हैरान थी कि हम लोग घर में घुसकर गायब कहाँ हो गये। एक गलियारा घर के पीछे की गली में जाता था तथा उसके दरवाजे में ताला लगा रहता था। मेरी माँ ने उस दरवाजे का कुण्डा खोल

दिया था। जब पुलिस के आदमी उस गलियारे में घुसे तो उन्हें शक हो गया कि हम लोग उस गली से निकल भागे हैं।

अब घर के बाहर पुलिस तैनात कर दी गयी। धीरे-धीरे अन्य लोग चले गये। बाहर का ऊपरी नाटक समाप्त हो गया। किन्तु गुप्तचर विभाग गुप्त रूप से बाहर जाल फैलाये बैठा रहा।

फिर हमें कोठरी से बाहर निकाला गया, खाना दिया गया। तय किया कि जब बाहर की पुलिस थककर ऊँघ जाएगी, तब हम घर से चुपचाप बाहर निकल जायेंगे। सुबह चार बजे हम एक-एक करके वेश बदलकर घर से निकल गये। यह तो याद नहीं कि उस समय हम कहाँ-कहाँ भटके मगर गिरफ्त में नहीं आये, बस इतना ही सन्तोष था।

इसके बाद हमारा अण्डरग्राउण्ड काम शुरू हुआ। मैं एक महाराष्ट्रियन परिवार में गयी। उनका घर अँधेरी गली में एक कमरा मात्र था। किसी तरह से उनके घर एक दिन काटा। उनके घर उनकी पत्नी व पति केवल दो प्राणी थे। यहाँ मुझे उनकी पत्नी की भाषा बिल्कुल समझ में नहीं आती थी। मगर उनके इशारों से जाहिर था कि वे बहुत गरीब हैं तथा बहुत दुखी हैं, तो भी उन्हें मेरा पूरा-पूरा ध्यान है। वे बड़े सरल हृदय व पार्टी के प्रति श्रद्धापूर्ण नजरियेवाले लोग थे।

इसके बाद एक छात्र प्रभु मुझे अपने घर ले गया। उसकी माँ व बहन जानते थे कि हम लोग क्या हैं। यह घर एक बड़े बाड़े में था जहाँ अनेकों शरणार्थी परिवार (पंजाबी) रहते थे। नीचे आँगन में पंजाबी औरतें टप्पे गातीं। उनकी मस्त आवाजें, खिलखिलाहटें सुनाई पड़तीं। लगता कि पार्टीशन के बाद के दुखों को वे अपने कर्मरत जीवन और संगीत की लहरों में पीसकर मिटा रही हैं। बुनाई व सिलाई का काम वे मोहल्ले से लाकर दोपहर में करती थीं तथा सुबह-शाम को रोटी-पानी।

एक बार मुझे एक रात एक खाली दुकान में बितानी पड़ी। रात को उस दुकान में हमारे चतुर साथी श्री विजय ने बाहर से ताला लगा दिया। रात निरापद बीत गयी। एक दिन मैं एक जान-पहचान के घर गयी। उन्होंने मुझसे खाना खाने का आग्रह किया। आर्थिक स्थिति ठीक न होने पर भी वे अपना खाना बाँटकर खाने को तैयार थे। सब्जी सूखी थी तथा कम होने के कारण खूब मिर्चें डाली गयी थीं। मैं टाल गयी और सोचा कि अन्यत्र खा लूँगी। मैं अपनी बहन के घर गयी। खाना बढ़िया था मगर यहाँ मुझे लगा कि मैं अपनी असहाय व्यवस्था क्यों प्रकट होने दूँ। अतः उनके खाना खाने के आग्रह को मैंने साफ नामंजूर कर दिया। एक महिला बाग मुजफ्फर खाँ में थीं। मैं उनके घर पहुँची। उन्होंने भी मुझसे खाना खाने को कहा। लेकिन यहाँ भी मैंने संकोचवश खाना नहीं खाया। इस तरह जब सारे दिन भूखा रहना पड़ा, तब महसूस हुआ कि यह तकल्लुफ तो ठीक नहीं है।

अब कई परिवारों के खट्टे-मीठे अनुभव लेते हुए अन्ततः मैं पुलिस की गिरफ्त में आ ही गयी।

कोतवाली गयी। यहाँ के इंचार्ज ने कहा—"आप जीवनप्रकाशजी की लड़की हैं। आपने कम्युनिस्ट पार्टी में जाकर उनके नाम पर धब्बा लगाया है। वह तो बड़े अच्छे कांग्रेसी थे।" मैंने कहा, "अब तो कांग्रेस का राज्य है, और अब कम्युनिस्टों की उतनी ही जरूरत है जितनी अंग्रेजों के जमाने में कांग्रेसियों की रही थी।"

खैर, यहाँ से एक पुलिस गाड़ी में बैठाकर मैं जेल भेज दी गयी। रास्ते में मैं अकेली ही नारे लगाती गयी।

जेल पहुँचते-पहुँचते रात हो गयी थी। जेल में मुझसे पूर्व मीराजी व मालती मौजूद थीं। हम लोग बड़े प्रेम से मिले। मीराजी ने कहा—"चलो अब जेल में कुछ दिन आराम से जी लगेगा।" उन्होंने बताया कि यहाँ उन्हें अकेलापन अखरता था और जब कोई मिलने आता था तो उन्हें बहुत अच्छा लगता था। बाहर से आनेवाले उनके लिए जरूरत का सामान भी ले आते थे।

इधर घर पर मेरे बारे में सूचना मिल चुकी थी। दूसरे दिन सुबह मुझे व मालती को ज़मानत पर रिहा कर दिया गया। हम लोग बाहर आ गये।

मेरे बारे में लोग क्या सोचते थे, यह मुझे नहीं मालूम। मैंने मालूम करने का प्रयास भी नहीं किया। कुछ लोग जरूर अच्छी नज़र से देखते थे, तो कुछ सोचते थे कि यह तो हाथ से निकल गयी। मुझ पर इन बातों का कोई असर नहीं होता था। मैं तो बस काम में लगी थी। रोज कुछ न कुछ काम करना। सर्विस छूट चुकी थी। उसके लिए अर्जियाँ दीं मगर कोई उत्तर नहीं। पिताजी के नाम का एक स्कूल शहर के बड़े-बड़े लोगों की निजी सम्पत्ति बन चुका था। ये लोग पिताजी के नाम का उपयोग करके उसे अपनी शोहरत का साधन बनाने में लगे थे।

अब तक हम लोग शहर में काफी प्रसिद्ध हो चुके थे। दोनों रूपों में प्रसिद्धि मिली थी। "बहुत खतरनाक है", दूसरी तरफ "बड़ी दिलेर है।" हमारी नेता रेखाजी तो सभी रूपों में हमारे लिए आदर्श थीं। उनके भाषण में जादू था, साथ ही व्यवहार में चुम्बकीय आकर्षण। वह हमारे घर में रहीं। एक कमरे में मैं और वह रहते थे। वह ऐल.टी. की परीक्षा दे रही थीं, साथ ही काम भी करती थीं। सुबह कमरा साफ करना उनका काम था। उसके बाद वह मेरी माँ के साथ चौके में हाथ बँटातीं, दाल बीनकर देतीं और वहीं बैठकर हम लोग अखबार पढ़ते, गप्पें मारते। कपड़ों के नाम पर उनके पास सिर्फ दो सलवार-सूट व दो साड़ी सेट थे; मगर वह उन्हें खूब साफ रखतीं। हमारे घरवालों ने उनसे नील डालकर कपड़े धोने की कला सीखी। उनका व्यवहार सभी को मोहित करनेवाला था।

एक बार मेरी माँ बीमार पड़ीं तो रेखाजी ने काफी दौड़धूप की। हमने एक

सेकेण्ड हैण्ड लेडीज साइकिल 90 रु. में खरीदी। साइकिल मैं तो चला नहीं पाती थी, रेखाजी ही उसे चलाती थीं। पढ़ाई में वह बहुत तेज थीं। इसका प्रमाण तो यही था कि जब 1955 में मैं और रेखाजी के भाई माधव ऐल.टी. की कक्षा में पढ़ते थे तो हमारे प्रधानाचार्य ने कहा : ''ऐल.टी. में रेखा जैसी महिला छात्रा थी, वैसा न तो कोई लड़का अभी तक हुआ है और न लड़की। पढ़ाई में भी तेज़ और व्यवहार में भी अच्छी।''

रेखाजी ने जनवादी महिला सभा की नींव डाली थी। जनवादी महिला सभा के द्वारा हम घर-घर में प्रवेश पाने लगे। मध्यमवर्ग से लेकर निम्नतम वर्ग तक, घरेलू औरतों से लेकर टीचर्स तक, सभी को हम सदस्य बनाते और मीटिंग करते। हर जनवादी आन्दोलन का समर्थन करते। एक स्कूल की हड़ताल के दौरान हम उसकी प्रिंसिपल से जबरदस्त टक्कर ले चुके थे। किन्तु यह रेखाजी का ही बूता था कि उन्होंने इन प्रिंसिपल महोदया को जनवादी महिला समाज की अध्यक्षा बनाया और इसे उन्होंने सहर्ष स्वीकार ही नहीं किया, वरन् उसी स्कूल के हॉल में इस सभा की प्रथम मीटिंग भी की। जिन छात्राओं ने स्कूल की हड़ताल में भाग लिया था, उनकी माताएँ इस सभा की सदस्य बनीं। जेल में गये साथियों की माँगों को लेकर हम ज. म.स. की ओर से प्रस्ताव पास करते; डेपुटेशन ले जाते; जेल के साथियों से मिलने जाने के प्रोग्राम बनाते।

एक सिविल लिबर्टी यूनियन भी थी, जिसके द्वारा प्रगतिशील विचारधारा का प्रसार होता था। इसकी मीटिंग में हम अपनी जनवादी महिला समाज की सदस्याओं को ले जाते जहाँ वे गिरीश अस्थाना, श्री रांगेय राघव, घनश्याम अस्थाना, डॉ. रामविलास शर्मा, डॉ. पद्मसिंह शर्मा कमलेश, डॉ. कुण्ठे आदि के भाषण सुनतीं व देश की मौजूदा परिस्थिति से अवगत होतीं। कभी-कभी जरूर उन्हें लाने में दिक्कत होती मगर रेखाजी के प्रयास से हम इसमें काफी सफल होते थे।

एक दिन की बात है। जनवादी महिला समाज की ओर से मीटिंग की गयी, जिसमें डॉ. रामविलास शर्मा ने भाषण दिया। उन्होंने सासों द्वारा बहुओं पर किये जानेवाले अत्याचारों का विरोध भी डटकर किया तथा इसकी घोर निन्दा की। इस पर हमारी एक बुआजी ने डॉक्टर साहब से परिहास में कहा—''अरे हम जानते हैं, तुम क्या कहना चाहते हो।''

हम किसी भी आन्दोलन के लिए पोस्टर हाथ से बनाते थे तथा रात को चिपकाते थे। बड़े-बड़े कागजों पर लाल व नीली स्याही से अंग्रेजी और हिन्दी में मोटा-मोटा लिखते थे। मैदे में नील डालकर लेई बनाते। सुबह चार बजे के करीब पोस्टर चिपकाते। पोस्टर बनाने के काम में हमारे घर के लोग भी पूरी मदद करते। तीन-चार बजे सीढ़ी, डण्डा व लेई की बाल्टी लेकर कुछ लोगों को पोस्टर चिपकाने

भेजा जाता। माधव हमेशा इसमें आनाकानी करता। वह अधिकतर ऐसे कामों से कतराता। मगर हम उसे भला-बुरा कहने में न चूकते। अन्ततः उसे जाना ही पड़ता।

इस समय जेल में भूख-हड़ताल चल रही थी।

मेरे घर में जब पोस्टर बनते तो माँ हमारे लिए लेई बनातीं, कलमें गढ़तीं। मामाजी भी उर्दू में पोस्टर लिखते। हमारे पड़ोसी कुछ रिऐक्शनरी लोग थे। हमें उनसे लामुहाला खुन्दक थी। हमने ऐसे एक पड़ोसी के घर के दरवाजे की चिक पर भी पोस्टर चिपका दिया। एक पड़ोसी, जो सदा अंग्रेजों के पिट्ठू रहे थे, के पाखाने की दीवार पर ही पोस्टर चिपका दिया गया। सुबह होते ही उन लोगों ने पोस्टर देखे और जलभुन के फाड़ फेंके। हमें उनको चिढ़ाने में कुछ आत्मसन्तोष होता था।

एक बार इसी आन्दोलन के दौरान हमें यह काम भी सौंपा गया कि हम नुक्कड़ मीटिंगें करें। पहले तो बड़ी हिचक लगी पर फिर ताँगे में बैठकर एक भोंपू लेकर हम स्थान-स्थान पर ताँगा रुकवाकर जेल के साथियों के समर्थन में बोलते। लोग इकट्ठा होकर विशेषकर महिलाओं द्वारा कही बातें सुनते। उनका ध्यान से सुनना ही हमें बहुत उत्साह देता क्योंकि हम तो डरते थे कि कहीं उल्टे 'हूट आउट' न कर दिये जायें।

हम मज़दूर बस्तियों में भी जाते। किसी पेड़ के नीचे आदमी व औरतों को जमा करते तथा अपनी बातें सुनाते। कभी-कभी अकेले ही जाना होता। माधव, केशव व गोपाल आदि को कालेज के गेट पर खड़े होकर अकेले बोलना पड़ता। रात को फैसला लेते समय जरूर वे लोग ऐतराज करते कि लड़के सुनेंगे नहीं, हम बोलते जायेंगे, क्या लाभ होगा आदि। मगर यदि फैसला हो जाता, तो केशव तो जरूर ही जाता। अपना फर्ज पूरा करके ही आता, कितना ही कठिन विरोध क्यों न हो। अन्ततः स्टूडेण्ट्स भी सोचते कि यह बड़ा दिलेर है, अकेला ही बोल रहा है, आखिर सुनें तो कहता क्या है। डिस्ट्रिक्ट मेजिस्ट्रेट के पास हम लोग डेपुटेशन भी ले गये थे यानी हम हर कार्य करते थे। उसका असर जरूर होता। हमारी माँगों का व्यापक प्रचार हुआ। जेल की वह भूख हड़ताल बहुत लम्बी चली थी। साथियों की दशा खराब होने लगी। कई महीने हो गये थे। और उधर शासक वर्ग के कान पर जूँ तक न रेंगती थी।

अन्त में कुछ फैसला हुआ। कुछ लोग जरूर अपने-अपने परिवार के दबाव से भूख-हड़ताल छोड़कर रिहा होकर आ गये थे। मगर जिन्होंने यह लम्बी भूख हड़ताल छोड़ी, उनकी भी बहादुरी प्रशंसनीय थी।

[3]

फीरोजाबाद में पार्टी कान्फ्रेंस का निश्चय किया गया। इसमें शामिल होने लखनऊ से भी लोग आये। श्री नागार्जुन, डॉ. रामविलास शर्मा आदि सुप्रसिद्ध लेखक भी आये।

हम फीरोजाबाद एक दिन पहले चले गये थे। डॉ. रामविलास शर्मा की पत्नी भी मेरे साथ वहाँ गयी थीं। फीरोजाबाद के चूड़ी मजदूरों में पार्टी का खूब असर था।

हम आगरा के लोग कान्फ्रेन्स से एक दिन पूर्व शाम को पहुँचे थे। पार्टी दफ्तर एक छोटे से कमरे में था। सामान यहाँ डालकर छत पर सोये। सुबह मुहल्ले के सम्मिलित शौचालय में जाकर फारिग हुए। शहर का चक्कर लगाया। गली-गली में, घर-घर में, चूड़ियाँ ही चूड़ियाँ रखी थीं, जहाँ—घरेलू उद्योग की तरह—महिलाएँ दिये की बत्ती पर चूड़ियाँ जोड़ने का कार्य करती थीं। हमारा स्वागत उसी प्रकार होता जैसे किसी बाराती का होता है। महिलाएँ बड़े प्रेम से मिलतीं। वे बहुत गरीब थीं। सारे दिन मेहनत करने पर भी सुख की नींद सोने के लिए उन्हें चारपाई अथवा बिस्तर नसीब न होते थे। कुछ अमीर लोग भी थे। आबादी अधिकतर मुसलमानों की थी जो पुश्तैनी रूप से चूड़ी का धन्धा चलाते थे।

हमने एक होटल् में खाना खाया और फिर बैठकर शाम की तैयारी का प्रोग्राम बनाया। अगले दिन के लिए निश्चय हुआ कि ताँगे पर बैठ, शहर में नुक्कड़ मीटिंग करते हुए, चक्कर लगायेंगे। जो ताँगे में बैठेगा, वह मीटिंग सम्बोधित करेगा। आम लोगों में मैं और मालती मशहूर हो चुके थे तथा बार-बार यही आग्रह होता कि हम नुक्कड़ मीटिंगों में बोलें। बड़ा जोश था। हमारे ताँगे के साथ-साथ चलती भीड़ नारे लगाती हुई शाम को मीटिंग स्थल पर पहुँची थी।

इस मीटिंग का उद्‌घाटन भाषण मुझे देना था। भाषण दिया। लोगों का उत्साह हमारा उत्साह बढ़ा रहा था। उनकी करतल-ध्वनि दिल के अन्दर दृढ़ विश्वास व अपने आन्दोलन के प्रति आस्था बढ़ा रही थी। इतने में ही फुसफुसाहट सुनाई दी—"डॉ. रामविलास भी आ गये।" भाषण देते-देते ही यकायक मैं सोचने लगी कि वह क्या सोचेंगे! मैंने शीघ्र ही भाषण समाप्त कर दिया। बाद में ज्ञात हुआ कि वह आने वाले हैं, आये नहीं हैं। अतः फिर अफसोस हुआ कि भाषण बीच में ही क्यों छोड़ दिया। थोड़ी देर में वह आये। मीटिंग में श्री नागार्जुन ने भी कविताएँ सुनाईं।

सी.आई.डी. के लोग मीटिंग की रिपोर्ट लिख रहे थे। हमें मालूम था। उन पर छींटाकशी की गयी। इस मीटिंग में श्री रामविलास शर्मा ने अपने भाषण में कांग्रेस की नीति की कटु आलोचना की। श्री नागार्जुन की कविता—"पाँच साल कम ख़ाओ भैया गम खाओ दस-पन्द्रह साल।"...खूब जमी।

वहाँ रेखाजी भूमिगत थीं। हमसे उनकी मुलाकात हुई तो हम दंग रह गये। वह बिल्कुल गाँव की महिलाओं जैसे मोटे, अधमैले वस्त्र पहने, हाथों में हरी-लाल चूड़ियाँ पहने, माथे पर मोटी लाल बिन्दी लगाये, बाल कसकर बाँधे हुए थीं। उनके बालों में जूएँ पड़ गयी थीं। मगर आन्दोलन का संचालन करने में उनकी भूमिका अद्वितीय थी।

इस कामयाब मीटिंग के बाद उत्साह के मारे जनता के पैर जमीन पर नहीं पड़ रहे थे।

जनता हमें पुलिस थाने पर हल्ला बोलने के लिए ठेल ले गयी। थाने की पुलिस घबराकर भाग गयी और हम थाने की मेज पर खड़े होकर नारे लगाते रहे।

कुछ देर बाद हम लौटे। रात को एक घर में बैठकर मीटिंग की। यह एक मुसलमान गुलमुहम्मद का घर था। वह चूड़ी बनानेवाला कारीगर था। बड़ा जुझारू था। हमें उससे मालूम हुआ कि वह प्रतिदिन 10 रु. पाता है। हमने कहा, इस हिसाब से उस जमाने में 300 रु. तो एक महीने में बहुत होते हैं। मगर ज्ञात हुआ कि भट्ठी के पास प्रतिदिन बैठना मुश्किल है। उसके लिए बहुत ताकत की जरूरत होती है। कुछ देर में ही शरीर की शक्ति भट्ठी की आग से समाप्त हो जाती है तथा खाने के लिए प्रतिदिन मांस नहीं लाया जा सकता। महीने में मुश्किल से पन्द्रह दिन काम होता है।

उसके घर की अवस्था अच्छी नहीं थी। उसकी शादी कुछ दिन पहले ही हुई थी। घर अँधेरा व अधकच्चा था जहाँ बकरियाँ बँधी थीं। बकरियों की गरमाहट सर्दी से बचाने में काम आती थी।

हम रात-भर के जागे हुए थे। एक दिन पहले की थकावट भी थी। दूसरे दिन भी काम था। सुबह खाना हमने एक मज़दूर के घर खाया। दो-दो मोटी-मोटी रोटियाँ, अरवी की सूखी सब्जी, खाना बहुत स्वादिष्ट लगा।

एक दिन शाम के समय हमारी दावत एक रईस मुसलमान बुजुर्ग ने की। हम खाने बैठे। मगर मुझे शक हुआ कि मांस परसा है। मैं बड़े पसोपेश में थी। मैंने कहा : "मुझे यदि थोड़ा दही मिल जाय तो ठीक है।" मेरी देखा-देखी सभी साथी कहने लगे कि दही चाहिए। पूछने पर पता चला कि वह मांस नहीं था—वह बैंगन का भुर्ता था। खाने में वह बेहद स्वादिष्ट था। खाना पूर्णतः शाकाहारी था। वैसा भुर्ता कई बार बनाने की कोशिश की, मगर वह स्वाद कभी नहीं मिला।

अब हम घर वापस लौटे। मेरी माँ ने डाँटा "आज तो करवा चौथ है। व्रत आदि किया या नहीं?" इस बात का तो होश ही न था। कोई बुरा काम तो नहीं किया था। अतः केवल व्रत न करने का प्रायश्चित तो वैसे ही बहुत बार हो जाता है, इसलिए हमें क्षमा किया ही जाना चाहिए था।

जेल में फिर भूख-हड़ताल चल रही थी। हम लोगों ने जेल के साथियों से मिलने जाने का प्रोग्राम बनाया। श्यामसिंह की माँ, मेरी माँ, मेरी बड़ी भाभी, प्रमोद की नव-विवाहिता पत्नी निर्मला, मालती व मैं चल पड़े। जेल के दरवाजे पर हमें रोक दिया गया तथा मिलने नहीं जाने दिया गया। श्यामसिंह भी भूख-हड़ताल पर थे, प्रमोद भी। जाहिर था कि यदि माँओं और पत्नियों को मिलने न दिया जाय तो क्रोध बढ़ेगा ही। जेल अधिकारियों से कुछ कहा-सुनी हुई। आखिर हम व्यवस्था को कोसते हुए रेल की पटरियों के सहारे-सहारे पैदल ही घर की तरफ लौट चले।

हम राजामण्डी स्टेशन से थोड़ी दूर ही पहुँचे थे कि पीछे से डण्डा लिये दो पुलिसवाले हमारे पीछे दौड़े आये। उनको आदेश था कि मुझे व मालती को पकड़ लें। उन्होंने हमें रुकने का आदेश दिया।

हम समझ गये कि मामला क्या है। मैं व मालती बिना पीछे देखे, सीधे चलते गये। और आगे बढ़ने से पहले पीछे का माजरा जानने के लिए थोड़ा आड़ में रुके। वहाँ पुलिस से निर्मला की झड़प सुनी। वह पुलिसवाले से कह रही थी—"हम प्रमोद की तरह बुद्धू नहीं हैं जो सीधे तेरे साथ चले जायें। हमें हाथ लगाकर देख। अभी पीट-पीटकर भुर्ता कर देंगे।" उसने चण्डी का रूप धारण कर रखा था और हाथ में चप्पल लेकर पुलिसवालों को डाँट रही थी। भाभी की आवाज आयी—"हम घर पर दो महीने की बच्ची को छोड़कर आये हैं; तू हमें कैसे ले जायेगा?" श्यामसिंह की माँ भी उस पर चिल्ला रही थीं। हम समझ गये कि हमें न पाकर वे उनको ही पकड़ने लगे थे।

हम और तेज़ी से राजामण्डी पार करके बुआजी के घर में घुस गये। उनके बड़े बेटे की बहू ने हमें आश्रय दिया व हमने आराम की साँस ली। शाम तक हम उनके मेहमान बने रहे।

बाद में पता चला कि निर्मला आदि ने पुलिसवालों को इतनी खरी-खोटी सुनाई थी कि उन्हें भागना पड़ा था।

[4]

भरतपुर हाउस में सैकड़ों लोग टिके थे, जहाँ उन्हें सिर्फ सिर छिपाने की जगह मात्र मिली थी। वहाँ न कोई खाने का इन्तजाम था, न पानी का। उनके लिए हम घर-घर जाकर बुनाई का कुछ काम लाते व उन्हें देते थे। महिलाएँ हाथ की सिलाई व बुनाई करके कुछ कमाती थीं तथा पुरुष शहर में जाकर मज़दूरी करते; कुछ किराने का सामान बेचते, कुछ सब्जी बेचते तथा कुछ दुकानों पर जाकर मज़दूरी करते।

एक रात हमने वहाँ ज़रूरी मीटिंग के सिलसिले में बिताई थी। जब सुबह चार बजे मीटिंग खतम करके घर आने लगे, तो देखा कि एक महिला केवल कच्छा व कुर्ता पहनकर बाहर नल से पानी भर-भरकर ला रही है। बड़ा आश्चर्य हुआ उसके इस वेश को देखकर। मगर उसकी मजबूरी थी। उसके पास सलवार तो केवल एक थी जो दिन में पहनने के लिए थी। जब सभी मरद सो रहे हैं, तो उस समय वह उसे क्यों पहने! उसके पति सरदारजी भी उठ गये थे। वह भी कच्छा पहने थे और उन्होंने भी पानी भरना शुरू कर दिया था। उनकी यह व्यवहारकुशलता व समझदारी शायद मुसीबतों की देन थी।

आगरा के शू मार्किट में भी पार्टी के बहुत लोग थे। वे अधिकतर मुसलमान थे। एक-आध बार मैं इनके कारखानों में भी गयी। कुछ साथी यहाँ से फीरोज़ाबाद की कान्फ्रेंस में गये थे। उनसे काफी जान-पहचान हो गयी थी। एक दिन वे घर

पर मिलने आयी। घर में मेरी माँ का जैसा व्यवहार था, उससे ज़रा भी हिचक नहीं हुई। मैंने उन्हें रोटी खिलाई और उनके साथ ही स्वयं भी खाया। मेरी माँ ने विरोध नहीं किया। मेरी मामी आदि क्या सोचती थीं, इसका मैं ध्यान नहीं करती थी। सम्भव है, वे मेरी माँ से इस बात का विरोध करती हों। मगर मामाजी तो हमें अपने नज़दीक नज़र आते थे। वह कहते भी थे—"दिल्ली में क्लाथ मिल पर सरोजनी बड़ा गजब का भाषण देती हैं। उनका भाषण सुनकर तबियत खुश हो जाती है।" सरोजनी से वह बहुत प्रभावित थे। वह सदा मुझे आदर की दृष्टि से देखते थे और कुछ राजनीतिक काम भी करना चाहते थे मगर फौज में दुर्घटना हो जाने से उनकी टाँग खराब हो गई थी तथा स्थिति कमजोर थी। लड़कियाँ दो थीं, जिनका गुज़ारा करना था। वह कहते थे कि शादी न हुई होती तो वे जरूर कुछ करते।

शहर की मिल के मज़दूरों की हालत खराब थी। मिल में तालाबन्दी थी। मज़दूर बेकारी से परेशान होकर घर छोड़कर चले जा रहे थे। मज़दूर बस्ती उजड़-सी गयी थी। ऐसे में भी हम वहाँ जाते। अक्सर अकेले। उनसे बातें करते। कुछ लोग पार्टी को गालियाँ तक देते। मगर हमारे जाने से उनमें हमारे प्रति विश्वास भी बढ़ता था।

एक मज़दूर औरत अपने बेटे को बुरी-बुरी गालियाँ सुना रही थी। बेटा सुबह नौ बजे तक सो रहा था। घर में खाना नहीं था। बेटे को कहीं काम न मिला था और बेकारी ने गृह-कलह का रूप धारण कर लिया था। उस औरत को हम जानते थे। पूछने पर उसने स्थिति बताई। उसने कहा, "न हम हड़ताल करते, न तालाबन्दी होती। अब तो भूखों मरने की हालत हो गयी है।"

एक मुस्लिम लड़का लतीफ था। वह आन्दोलन के दिनों में मज़दूरों में बड़ा सक्रिय था। बाद में सुना कि वह पार्टी का कट्टर विरोधी हो गया है, पार्टी के लोगों को गालियाँ देता है। मैं अकेली एक दिन उधर से जा रही थी। वह एक अन्य लड़के के साथ ठेला खींचता चला जा रहा था। मैंने उसे दूर से देखा और रास्ता बदल कर कतराना चाहा, क्योंकि मुझे लगा कि अकेले में यह मुझसे बहसेगा।

मगर उसने दूर से ही आवाज़ दी—"कामरेड, लाल सलाम।"

मैं रुक गयी। वह पास आया और बड़े आदर से बातचीत की। उसने बताया—"गुजारा नहीं होता, अब ठेला खींचता हूँ।"

मैंने सबके हालचाल पूछे। उसने कहा—"अब तो पार्टी के लोग शकल भी नहीं दिखाते।" उसने पार्टी की नीति का विरोध किया तथा कहा कि यदि पार्टी के लोग आते रहते तो हम डटे रह सकते थे; अब क्या करें?

बाद में मुझे ज्ञात हुआ कि लतीफ ने ठीक उन्हीं दिनों, बड़ी सावधानी से, पार्टी-सेक्रेटरी को अपने घर, उनके भूमिगत समय में, रखा था। ऊपर से वह पार्टी-विरोधी होने का अभिनय करता था।

स्वाति शर्मा

जान-पहचान

कितने आश्चर्य की बात लगती है कि मैंने अपने पिताजी उर्फ 'चा' को पत्रों के माध्यम से जाना। कारण, बचपन से मैंने उन्हें लिखते-पढ़ते ही देखा। गर्मियों की छुट्टियों में हमारे साथ या कैरम, चायनीज़ चेकर्स या स्पेलक्राफ खेलते, बस। घर में उन्हें ज़ोर से बोलते या डाँटते कम ही सुना, साल में एक या दो बार।

अम्मा से यही सीखा कि चाचा लिख रहे हैं, उन्हें तंग नहीं करना है। अम्मा की यह आज्ञा, चाचा को जहाँ साहित्य जगत् की ऊँचाइयों तक ले गयी है, वहीं हम भाई-बहनों को (खासकर अपनी तो मैं जानती हूँ), उनसे काफी दूर ले गयी है। यही कारण था कि हम लोग (मुझे छोड़कर) सभी बातें अम्मा से ही कहते थे। घर की पूरी-पूरी ज़िम्मेदारी अम्मा के ही कन्धों पर थी जिससे चाचा को लिखने-पढ़ने का भरपूर समय मिला।

घर में सबसे छोटी होने के कारण लाड़-प्यार कुछ ज़्यादा ही मिला। अम्मा कई बार नाराज होकर चाचा की लाइब्रेरी में मुझे बन्द कर देती थीं। तब मैं रैक पर से गड्डी भर किताबें ज़ोर से नीचे गिरा देती। कुछ देर बार अम्मा दरवाज़ा खोल देती थीं और स्वयं ही गिरी किताबों को समेटने लगतीं। इस प्रकार चाचा की किताबों से बैर की भावना कुछ बचपन से मन में बैठ गयी थी। कारण यही रहा होगा कि इन्हीं किताबों के बीच मुझे बन्द होना पड़ता है। बाकी भाई-बहन शायद ज़्यादा पढ़ें हों चाचा से पर मैं शायद इसलिए बच गयी कि मेरे समय में ही चाचा की सारी किताबें छपीं, कुछ को छोड़कर।

जब मैं चाचा से कुछ पूछने जा रही होती, अम्मा जैसे चौकीदारी कर रही होती, "कहाँ चली? चाचा लिख रहे हैं।" और मैं रास्ते में ही रुक जाती। इस प्रकार उनके लिखने से भी मन-ही-मन दुश्मनी-सी पाल ली। वैसे तो मुझमें इतनी अक्ल नहीं थी कि उनकी पुस्तकों को समझ सकूँ पर मन में भाव वही था कि मैं भी नहीं पढ़ती आपकी किताबों को। 'निराला की साहित्य साधना' पर जब साहित्य एकेडमी ने पुरस्कार दिया, तब सोचा, चलो देखें, ऐसी क्या बात है इस किताब में। इसके अलावा एक-दो और किताबें पढ़ी हैं, बस।

[वनस्पतिशास्त्र में] मेरे ऐम.एस.सी. करने के बाद अम्मा अस्वस्थ हुईं। मेरे पास चूँकि समय ही समय था, अतः अम्मा का काम मैंने ही सँभाल लिया। चाचा की इस बात से मुझे काम करने में बड़ा प्रोत्साहन मिला कि चीज़ चाहे जैसी बेढंगी बनी हो, तारीफ जरूर करते। अब चाहे खाना बनाना हो या पेटिंग करना हो। इसलिए मैं बेहतर से बेहतर बनाने की कोशिश करती थी। चार साल बाद मेरी शादी हुई।

इन चार सालों में मेरी चाचा से काफी बातचीत होती थी, हल्के-फुल्के मामलों में मुँह ज़बानी और गम्भीर वार्ता लिखित रूप में। यहीं से मेरी आदत चाचा को पत्र रूप में सब कुछ लिख देने की पड़ी।

शादी के बाद जो पत्र उन्होंने मुझे लिखे हैं, उनसे मुझे अपने को सुधारने में जो मदद मिली, उसे शब्दों में नहीं लिख पाऊँगी। इसके अलावा चाचा की साहित्यिक कृतियों के बारे में, उनके बचपन के बारे में, शादी ब्याह आदि के बारे में काफी जानकारी मिली। चाचा की पसन्द-नापसन्द, प्रकृति से लगाव, चित्रकला के बारे में जो कुछ मुझे पत्रों में लिखा है, वह आप आगे पढ़ेंगे। ये पत्र किसी क्रम से लगाना मुश्किल लग रहा था, सो सबसे पहले एक पत्र का कुछ हिस्सा लिख रही हूँ।

शादी के बाद मैं सुल्तानपुर आ गयी और मैंने उन्हें लिखा कि घर की बहुत याद आती है। उन्होंने यह उत्तर दिया :

> बच्चा जब माँ का दूध छोड़ने को बाध्य किया जाता है, तब उसे काफी परेशानी होती है। किन्तु शिशु से बालक बनने के लिए माँ का दूध छोड़ना उसके हित के लिए बहुत जरूरी होता है। वैसे ही विवाह के बाद लड़के और लड़की के लिए, उनके अपने विकास के लिए, यह जरूरी होता है कि वे अपने-अपने माता-पिता का साथ छोड़कर अपनी गृहस्थी बसायें और अपने पैरों खड़े हों। हमारे समाज में लड़की ही अक्सर अपना पुराना घर छोड़ती है। लड़का अपने मायके में बना रहता है। अपनी यह राय है कि दोनों को अपना-अपना घर छोड़ना चाहिए। सुना है इंग्लैण्ड में ऐसा ही होता है। अगर दोनों न छोड़ें, तो स्वभावतः लड़की को ज्यादा तकलीफ़ होती है। खैर, जैसे भी मायका छोड़ें यह काम उनके विकास के लिए जरूरी है, जरूरी वैसे ही जैसे किसी समय माँ का दूध छोड़ना जरूरी था। इस ज्ञान से मन की परेशानी दूर करनी चाहिए।
>
> तुम्हारी माताजी ब्याह में तो बिदा हुई न थीं; इसलिए हम बहुत खुश डोले में बैठकर अकेले गाँव लौटे। गौने में बिदा हुईं तो काफी ऊँची आवाज में रोयीं। मैंने पिताजी से कहा—बहुत रोती है, इसे क्यों जबरदस्ती लिये चलते हैं? उन्होंने मूँछों में मुस्करा के और आँखों में घुड़ककर मुझे चुप कर दिया। अब उतने छुटपन में ब्याह नहीं होते, लड़कियाँ भी पढ़-लिखकर ज़्यादा समझदार हो गयी हैं। बैलगाड़ी से यात्रा करने में दिक्कत होती थी, अब रेल से जब चाहो, आज दिल्ली, कल आगरा, परसों सुल्तानपुर। घर में बैठे-बैठे तुम आगरा की याद में खाना गोल कर जाती हो, यह बात हमें बिल्कुल पसन्द नहीं आयी। खूब खाना खाओ, खूब घूमो और शरीर को स्वस्थ रखकर आगरे को

खूब याद करो। लेकिन सबक याद करने के लिए विद्यार्थी को अपने स्वास्थ्य का ध्यान रखना चाहिए, वही बात यहाँ। तुम दो लीटर दूध लेती हो, पढ़कर मुँह में पानी आ गया। हम राह देख रहे हैं बाबू की भैंस कब ब्याये...! न जमे दही; दूध अमृत है, दही पंचामृत है। अपनी पसन्द सबसे पहले अमृत की है।

प्याज के पकौड़े खाकर आध घण्टे तक पानी न पीना। कलकत्ते की सड़कों पर उग्रजी ने मुझे बहुत प्याज के पकौड़े खिलाये—मई-जून में—कहते थे इनके पीछे शहीद हो जायेंगे लेकिन मुझे पानी न पीने देते थे।

(24.6.74)

पिताजी से हमारी दोस्ती न थी, बाबा की तरह, लेकिन साहित्य-प्रेम के संस्कार उनमें भी गहरे थे। झाँसी में वह रात को लालटेन जलाकर रोटी बनाने बैठते। मुझसे कहते रामायण पढ़ो। हम लालटेन के पास बैठकर मोटे अक्षरों में छपी रामायण पढ़ते। उसमें अवधी के शब्द हमारी पहचान में आने पर वह कहते—वही है जो गाँव में हम बोलते हैं। जहाँ हम पढ़ने में अटकते या गलत पढ़ जाते, वह चौके में रोटी पोते हुए वहीं से खुद पाठ दोहरा देते। उन्हें पूरी रामायण तो नहीं, उसका बहुत-सा हिस्सा कण्ठस्थ था। जब कोई नाटकीय प्रसंग आता तो वह आनन्दविभोर हो जाते थे। रोटी पर निगाह साधे हुए उस समय उन्हें राम, लक्ष्मण, सीता के साथ केवट (निषाद) दिखाई देता था। अपने को सँभालते हुए रुक-रुककर बोलते थे और हम रामायण का प्रसंग भूलकर अपने पिता की मुख-मुद्रा देखने और उनकी वाणी सुनने में तन्मय हो जाते थे। फिर उन्होंने झाँसी की रामलीला के लिए रामायण और अन्य पुस्तकों के सहारे पूरी लीला तैयार की जो अब भी सदर बाजार में होती है। (जब तक चतरे पण्डित दशरथ का पार्ट करते थे, तब तक कैकेयी के सामने एक हमारा बनाया हुआ गीत भी गाते थे—दूर हो दूर हो पापिनी केकयी!) पिताजी ने मेरे झाँसी से (सन् 30 में) चले जाने के बाद अंगद और परशुराम के पार्ट भी किये थे। मुंशी और नरेश ने लक्ष्मण के पार्ट किये थे; हमने रामलीला में नहीं नाटक में अवश्य पार्ट किया था। (1.7.74)

पत्रों में मुझे कभी-कभी ऐसी खबरें भी पढ़ने को मिलती हैं कि मूड हल्का हो जाता है।

आज खास खबर यह है कि नाई की मण्डी के कलुवा उर्फ कलुवासिंह

ने एफीडेविट नं. ई/51/76 के अनुसार अपना नाम बदलकर अब केशवसिंह कर लिया है और **अमर उजाला** द्वारा उन्होंने हर खास व आम को सूचित किया है कि उन्हें इसी नाम से पुकारा जाय। इनके कुनबे के बड़े-बूढ़ों और लँगोटिया यारों को कलुवा नाम छोड़ने में काफी कष्ट होगा। केशव कहते-कहते बीच में कलुवा भी निकल आयेगा। पर केशवसिंह को नाक ऊँची रखना है और उन्हें दूसरों की तकलीफ की ज़रा भी परवाह नहीं। बहुत दिन हुए हमारे एक मित्र जगदीश बकस उर्फ जगदीश बख्श सिंह ने इसी तरह बख्श को बहादुर कर दिया था और अपना नाम अमरीकी स्टाइल में जगदीश बी. सिंह लिखने लगे थे। उनका विचार था कि बख्श विदेशी शब्द है और बहादुर खालिस स्वदेशी है। माँ-बाप बच्चे से राय लिए बिना उसका नाम रख देते हैं, इसलिए होश सँभालने पर यह उसका डिमौक्रैटिक राइट है कि वह अपना नाम बदल ले। कठिनाई यह है कि वह अपने बाप का नाम नहीं बदल सकता और सारी दुनिया में यह गलत रिवाज चला आता है कि लोग बाप का नाम पूछते हैं। अब अगर केशवसिंह के बाप का नाम घसीटे सिंह हो तो वह इससे पीछा छुड़ा नहीं सकते। कल्लू बदलकर केशव भले हो जाय पर रहेंगे घसीटे की औलाद। हो सकता है बख्शसिंह के बाप का नाम फौजदार सिंह हो। (17.4.78)

शोभा [स्वाति की बड़ी बहन] बिचारी जब आगरे में थी तो उसे इस बात से बड़ी परेशानी थी कि स्वाति आधी सब्जी बनते-बनते खा जाती है। अब दिल्ली में है तो उसे परेशानी है कि डॉ. जैटली [शोभा के पति] आइसक्रीम, फ्रूटक्रीम की क्रीम खा जाते हैं। मैंने समझाया, बेटी तेरा भाग्य ही ऐसा है; स्वाति से तो छुटकारा मिल गया लेकिन डॉ. जैटली से छुटकारा मिलने का सवाल ही नहीं है।

तो स्वाति ने पतीली में पकती हुई सब्जी माँगी। शोभा ने न दी। तब स्वाति ने पतीली से सब्जी कटोरी में निकाली और उसे खाने लगी। तब शोभा ने पतीली नाली में औंधा दी। और स्वाति ने गटिया बीनकर सब्जी खा ली। फिर अम्मा के सामने शोभा ने फरियाद की। तब स्वाति ने कहा—'इन्होंने सब्जी सब फैला दी; मैंने गटिया बीनकर खा ली तो क्या बुरा किया!'

तो इस समय इन्दिरा गाँधी के मुकदमे का फैसला सुनने के बाद हम–शोभा–अत्ती [सेवा के पति]–अम्मा की पब्लिक के सामने सेवा [स्वाति की मझली बहन] ने सारा किस्सा सुनाया और हँसते-हँसते पेट में–जैसा कहते हैं–बल पड़ गये। (7.11.75)

हमारे मन के कमरे में कई जोकरों के चित्र टँगे हैं (1) टुँइयाँ मौलवी। हमें छठे दर्जे में उर्दू पढ़ाते थे। छोटी-सी दाढ़ी थी और उससे थोड़ा ही बड़ा उनका कद था। यानी वह कुर्सी पर बैठ जाते थे तो मेज़ के उस पार उनकी गर्दन भर ही दिखाई देती थी। जब दर्जे में ज़्यादा शोर होता था, तब वह कुर्सी पर खड़े हो जाते थे और लड़कों से मुखातिब होते थे। उनके दर्जे में जैसा शोर होता था, वैसा और किसी दर्जे में जरा कम ही होता था। लड़के शरारत करने के लिए दरवाजा बन्द कर देते थे या बन्द करने चलते थे और टुँइयाँ मौलवी के चेहरे का रंग निहायत अनूनैचुरल तरीके से उतर जाता था। अक्सर हेड मास्टर उठकर लड़कों को डाँटने आते थे क्योंकि हंगामे की वजह से आसपास किसी दर्जे में पढ़ाई न हो पाती थी। थोड़ी देर की खामोशी, फिर धीरे-धीरे पानी का चढ़ाव और फिर बढ़ते-बढ़ते शोर का वही ज्वार, आवाजों की लहरें, कमरे से निकलकर दूर-दूर तक दीवालों-दरवाजों से टकराने लगतीं। कागज की गोलियाँ, चॉक के टुकड़े, कभी एकाध पैसा भी–उस ज़माने में पैसा काफी वज़नी होता था–टुँइयाँ मौलवी पर फेंकना आम बात थी। लेकिन घण्टा बजने से पहले टुँइयाँ मौलवी बाहर न जाते थे। वह बादशाह कैन्यूट की तरह शोरगुल के ज्वार के सामने डटे रहते थे और कभी-कभी याद करते थे–एक ज़माना था जब हम काबुल के बादशाह को फ़ारसी पढ़ाते थे। पिंपियाती हुई आवाज में उनके ऐसा कहने का हम पर कोई असर न होता और ज़ाहिर है कि हमें उर्दू न आयी तो फिर न आयी।

(2) मास्टर उल्फत राय उतने ही लम्बे थे जितने टुँइयाँ मौलवी छोटे थे। दाढ़ी इनके भी थी लेकिन बहुत घनी, फावड़ा मार्का, आधी सफेद, आधी काली यानी ख़सख़सी। आँखों पर मोटा चश्मा, सर पर गोल टोपी और ढीला पाजामा मुंशीजी पहनते थे। नज़र धुँधली थी। लड़कों को उनके टोपी, कोट के कलर से पहचानते थे। तेज़ लाल रंग की तुर्की टोपी–मुसलमानों में सन् 20 के बाद इसका बहुत चलन था–दूर से पहचान में आ जाती थी। मास्टर उल्फत राय क्लास में दाखिल हुए, लड़कों ने जूते घिसना शुरू किया। दो-चार बार सुअर-सुअर करने के

बाद उन्होंने हाजिरी ली। फिर बोर्ड पर सवाल लिखने या लगाने लगे। बायाँ हाथ पीठ पर चुटकी बजाने की मुद्रा में हरकत करता रहता था। लड़कों ने कुछ उल्टा-सीधा कहा, मा. उल्फत राय ने घूमकर तुर्की टोपी अन्दाजी और एक झापड़ रसीद किया। लड़का बोला, सर मैं तो फलाँ हूँ और फलाँ तो वह बैठा है, उसने जबरदस्ती अपनी टोपी मेरे लगा दी थी। मा. उल्फत राय उस फलाँ को पहचानने की बेकार कोशिश करके बोर्ड की तरफ लौट गये। लड़के इस तरह कोट बदलकर भी उन्हें छकाते थे। सुना कि एक बार वह सर पर झापड़ रसीद करने जा रहे थे कि लड़के ने कलम—फाउण्टेन पेन नहीं, 'जी' निबवाला लम्बा कलम—बचाव के लिए कान पर रख लिया और मा. उल्फत राय का वार वहीं पर हुआ। फिर सुअर-सुअर की आवाज़...। ज़ाहिर है, गणित हमें नहीं आयी तो नहीं आयी। (यह सातवें दर्जे की बात है)।

चाचा के कई पत्रों में रेखाचित्र खींचे गये होते। कई बार हँसी मज़ाक के मूड में लिखे पत्र में मज़ेदार दोहे लिखे होते। एक पत्र में उन्होंने लिखा था :

अंग्रेजी के एक निबन्धकार चार्ल्स लैम्ब बड़े मजेदार आदमी थे। हकलाते थे; शराब पी लेने पर धाराप्रवाह हकलाते हुए धीर-गम्भीर कवि वर्ड्सवर्थ को खूब वाही-तबाही सुनाते थे। दफ्तर में क्लर्क थे : लिखते हैं जब दफ्तर में रजिस्टर पर कलम चलाता हूँ तो अड़ियल टट्टू की तरह आगे बढ़ता ही नहीं, और घर पर जब निबन्ध लिखने बैठता हूँ तब रद्दी-सद्दी कागज जो मिला उस पर ऐसा भागता है कि रोके रुकता ही नहीं। तो उनका एक दोस्त आस्ट्रेलिया में था। उसे लिखा : दुनिया के दूसरे छोर पर हो, मज़ाक लिखें तो तुम तक पहुँचते-पहुँचते बासी हो जाएगा। एक दोहा इस समय याद आ रहा है। (च्याङ् काई शेक चीन से भागने वाले थे तब की बात है) :

बोले आधी रात को मैडम से यों च्यांग।
प्यारी अब तो चीन में रही न भूजी भांग।

सन् 45-46 में अगिया बैताल के नाम से 'जनयुग' में मेरी बहुत-सी कविताएँ निकली थीं लेकिन उनका संग्रह अपने पास नहीं है।

(23.6.75)

एक बार मैंने चाचा को लिखा, आप क्या पढ़ते हैं और लिखते हैं? उपन्यास लिखने की जगह भाषा विज्ञान क्यों पढ़ते हैं? तो उन्होंने यह उत्तर दिया—

अब प्रश्न यह है कि हम उपन्यास लिखने के बजाय भाषा विज्ञान क्यों पढ़ा करते हैं और पढ़ते हैं तो उसमें क्या पढ़ा करते हैं। उपन्यास

लिखना बाग में फूल लगाने की तरह है। फूल लगाने से बाग खूबसूरत लगता है और फूलों की गन्ध और रंग-रूप आँख और नाक की राह से भीतर पहुँचकर दिमाग तर कर देते हैं। किन्तु कुछ लोग माली का यह परम सुखद बागवानी का काम छोड़कर वनस्पति शास्त्र पढ़ना शुरू करते हैं और फिर पढ़ते यों हैं कि लैब में माइक्रोस्कोप पर एक आँख दबाये पत्ती के रेशे-रेशे की छानबीन करते हैं। सुना था कि बर्लिन का एक वैज्ञानिक माइक्रोस्कोप पर आँख दबाये इतनी देर काम करता था कि जब उसके सामने माइक्रोस्कोप नहीं होता था, तब भी उसकी एक आँख दबी रहती थी। बाग लगाने (कविता करने) और वनस्पति शास्त्र के अध्ययन में उतना फासला नहीं है जितना ऊपर से जान पड़ता है। डारविन ने अपनी जवानी के यात्रावृत्तान्त में लिखा है कि जिसे प्रकृति का सौन्दर्य देखना हो, उसे दो विज्ञान पढ़ने चाहिए (1) Geology (2) Botany; तब उसे हर चट्टान में, पेड़ की हर टहनी में कविता दिखाई देगी। उसका यात्रावृत्तान्त एक कवि की रचना है और वनों-पर्वतों का वैसा वर्णन मैंने कम ही देखा है।

किसी भी विज्ञान का आनन्द—बशर्ते कि उसमें परीक्षा न देनी हो—कविता या उपन्यास पढ़ने के आनन्द से कम नहीं होता। यदि आदमी स्वयं अनुसन्धान कर रहा हो, तो उसे जो नये-नये सत्य दिखाई देते हैं, वे कविता देखने या चित्र देखने से कम हलचल मचाने वाले नहीं होते। मेरा मतलब उस कविता और चित्र से है जो कागज पर उतारने से पहले कलाकार को मन की आँखों से दिखाई देता है। पिछले चार साल में बहुत कम दिन ऐसे बीते हैं, जब हमें नया कुछ न दिखाई दिया हो, जब हमारे मन के सरोवर में ऊँची-ऊँची लहरें न उठी हों। हमने शुरू में एक उपन्यास लिखा था (**चार दिन**), बाद में कविताएँ लिखते रहे थे, उपन्यास और कविताएँ अब भी पढ़ते-पढ़ाते रहे हैं। इसलिए कविता-उपन्यास लेखन-पाठन के आनन्द से परिचित होने का दावा हम कर सकते हैं और फिर कह सकते हैं कि हमें जो आनन्द वनस्पति शास्त्र के अनुसन्धान में आया, वह बागवानी में नहीं यद्यपि बागवानी का फल (फूल) सब देख सकते हैं, और वनस्पति शास्त्र के अनुसन्धान का फल कोई बिरला ही देखता है, और देखे क्या, जब वह सब अभी दिमाग के अन्दर हो। किन्तु आनन्द की प्राप्ति यों ही हो गयी; वह मेरा लक्ष्य नहीं। विशुद्ध ज्ञान की खोज भी अपना लक्ष्य नहीं।

भाषा विज्ञान हमारे लिए अपने देश को—एशिया और यूरुप में

उसकी स्थिति को–पहचानने का मुख्य साधन है। भारत की असली सूरत यहाँ की इमारतें, यहाँ की चित्र-शिल्प कलाएँ देखने, साहित्य और दर्शन (कविता + उपन्यास) पढ़ने से नहीं दिखाई देतीं। वह इस देश की और पड़ोस की भाषाओं के ऐतिहासिक और तुलनात्मक अध्ययन से दिखाई देती हैं। अत्यन्त प्राचीन काल से हमारा देश एशिया में भाषातत्वों का प्रसार केन्द्र रहा है। इस केन्द्र की एक बाँह मध्य एशिया में–Caspian Sea से लेकर अफगानिस्तान होती हुई मंगोलिया तक–फैली है। दूसरी सिन्धु नदी से लेकर इराक-ईरान, आधुनिक तुर्की होती हुई अफ्रीका में मिस्र तक चली गयी है। तीसरी असम से ब्रह्मदेश होती हुई वियतनाम-मलाया और इण्डोनेशिया तक चली गयी है। चौथी लंका में जाकर रुक गई क्योंकि आगे समुद्र ही समुद्र है। भारत से जिन भाषा-तत्वों का प्रसार हुआ है, वे एक भाषा परिवार के नहीं, अनेक परिवारों के हैं जिनमें कुछ अभी जीवित हैं, और कुछ के fossils ही मिलते हैं। तुम जो भाषा बोलती हो और जिस भाषा में चिट्ठी लिखती हो, उस पर इन अनेक प्राचीन भाषा परिवारों की छाप है (जैसे पेड़ की उम्र उसके तने के भीतर लिखी रहती है) किन्तु जो कुछ हमें दिखाई देता है उसे व्यवस्थित ढंग से कागज़ पर उतार लेना–इस तरह कि दूसरे को भी वह दिखाई देने लगे–बड़ा मुश्किल काम है। बहुत से काम जो अच्छे लगते हों, उन्हें एक साथ या जल्दी-जल्दी करने के बदले एक ही काम धीरे-धीरे, सब्र के साथ, पूरे मनोयोग से करना ज्यादा अच्छा है। चाहे चित्रकला हो, चाहे भाषाविज्ञान, चाहे उपन्यास-लेखन, धीरज से काम लिये बगैर सफलता नहीं मिलती। न लिख पायें उपन्यास, कोई बात नहीं; एक अच्छी भाषा विज्ञान की किताब लिख जायँ, उसी से हमारा जीवन सार्थक हो जाएगा। (2.6.75)

चाचा को चित्रकला से भी काफी लगाव है पर वह चित्रकार क्यों नहीं बन पाये? जवाब में यह पत्र–

हम बेशक बहुत अच्छे कलाकार हो सकते थे बशर्ते कि जो हम देखते हैं, उसे कैन्वस पर उतारने का हुनर भी हमारे पास होता। तीसरे-चौथे दर्जे में ड्राइंग मास्टर ने हमारे हाथ पर एक फुटा मारा कि ड्राइंग के लिए रबर क्यों नहीं लाये। उस मास्टर की शकल से हमें नफरत हो गयी। लेकिन उसके बाद मास्टर रुद्रनारायण ने हमें मिट्टी की मूरतें, पेन्सिल से कागज पर तस्वीरें बनाना सिखाया, पंजा लड़ाना भी। उनकी सिखाई

हुई कला हम भूले नहीं हैं। वह चन्द्रशेखर आज़ाद के मित्र, क्रान्तिकारी विचारक और अपने शिष्यों के साथ खेलने-कूदनेवाले दोस्त थे। उन दिनों हमारा अर्द्ध सरकारी स्कूल राष्ट्रीय हो गया था और राष्ट्रीय होने से अंग्रेज सरकार ने उसे चलने न दिया। हम सब वह स्कूल छोड़कर दूसरे स्कूल में आये और मास्टर रुद्रनारायण का साथ छूट गया। कुछ दिन और साथ रहता तो हम कुछ और सीख जाते लेकिन वैसा न हुआ। भैया ने चित्रकारी (पेन्सिल ड्राइंग) में हमसे ज्यादा प्रगति की थी। दूसरे स्कूल में हमारे अंग्रेजी के मास्टर प्रफुल्ल कुमार चटर्जी भी चित्रकार थे। कुछ तो अपनी बनाई हुई तस्वीरें उन्होंने मढ़वाकर अपने कमरे में टाँग रखी थीं, कुछ बाद को उनकी स्केच बुक में दिखाई दीं। मास्टर उल्फत राय इम्तहान में इनविजिलेशन करते-करते ऊँघ रहे थे। चश्मा सरककर नाक में बीच की तरफ आ गया है। चटर्जी मास्टर साहब पोस्टकार्ड की खाली जगह पर उनका स्केच बना रहे हैं। वह स्केच मैंने बहुत साल बाद उनकी स्केच बुक में देखा जब मास्टर उल्फत राय को दुनिया छोड़े काफी दिन हो गये थे।

हमने जो विषय रिसर्च के लिए चुना, वह चित्रकारों से सम्बन्धित था। इनमें रौसेटी कविता करता था और चित्र भी बनाता था। पीठ पर फैले हुए सुनहले बालों की उपमा उसने खेत की पकी फसल से दी है : इससे उसके colour sense का अन्दाज तुम्हें हो ही जाएगा। रौसेटी शब्दों के माध्यम से चित्र खींचने में कवि कीट्स को अपना गुरु मानता था।

चाचा निरालाजी के रंग में पूरी तरह रँगे हैं और यह रंग पत्रों में भी अक्सर दिखाई देता है...

बहुत दिनों बाद हमने एक बखिया उधेड़ लेख लिखा है। निरालाजी की जीवनी लिखते समय हमने नोट किया था कि प्रसादजी व्यर्थ की बहस में न पड़ते थे, न अपने विरोधियों को हमेशा उत्तर देते थे। हमने तै किया, अब मारधाड़ वाली आलोचना न लिखेंगे। पर निराला की साहित्य साधना के तीसरे खण्ड की भूमिका लिख लेने के बाद हमने कहा—लाओ जरा जानकी बल्लभ शास्त्री द्वारा सम्पादित 'निराला के पत्र' देख लें, कोई खास बात तो नहीं है? उसकी लम्बी भूमिका पढ़ी, निराला के पत्र पढ़े, उनके नीचे जा.ब. के फुटनोट पढ़े। और सोचा—निराला के इन पत्रों के महत्त्व के बारे में थोड़ा-सा लिखकर अपनी पुस्तक की भूमिका में जोड़ दें। फिर लिखते समय निराला और जा.ब. के सम्बन्ध बहुत दिलचस्प लगे और कुछ चीजें बदलीं; कुछ चीजें जोड़ीं। फिर जो लिखा

> था, उसे पढ़ने के बाद जा.ब. की शकल और ध्यान से देखी, पता लगा—वह दोनों पंजों के बल खड़े होकर निराला की ऊँचाई नाप रहे हैं और खुद को निराला से चार-पाँच अंगुल ऊँचा पाते हैं। तब हमने लेख की रूपरेखा बदली, बैठक का मसाला रसोई में और रसोई का दालान में लगाकर मकान की शकल बदल दी। लेख काफी लम्बा हो गया, काफी संक्षिप्त किया, अभी एक बार और पढ़ेंगे कि और संक्षिप्त हो सकता है या नहीं। लेकिन इस सारी मेहनत में हमें बड़ा आनन्द आया और इससे जा.ब. को भी लाभ होगा। उनकी किताब बिकती न थी, अब बिकने लगेगी।

चाचा ने सबसे ज्यादा निरालाजी पर ही लिखा। मुझे ध्यान है जब निरालाजी का स्वर्गवास हुआ तो रेडियो से कोई श्रद्धांजलि प्रोग्राम आ रहा था शायद। मेरी बहन [सेवा] उन दिनों बहुत बुरी तरह बीमार थी और उसकी देखरेख चाचा ही करते थे। रेडियो सुनकर उनके चेहरे के भावों को देखने से ही जाना जा सकता था कि अन्तिम समय में निरालाजी से न मिल पाने का उन्हें कितना अफसोस है।

एक बार निरालाजी के सुपुत्र हमारे यहाँ आये, खूब लम्बे, आँखें बड़ी-बड़ी। चाचा ने बताया, निरालाजी कद में करीब इतने ही लम्बे और साथ ही खूब तगड़े भी थे। तब कल्पना में निरालाजी के दर्शन मैंने किये। उस डीलडौल पर बड़ी-बड़ी आँखें अजीब आकर्षण लिये दिखाई दीं।

चाचा के मित्रों में जो सबसे नज़दीक रहे हैं उनमें पं. अमृतलाल नागर का नाम मेरे ख़याल से सबसे ऊपर होगा। एक बार जब डॉक्टरों ने नागरजी के गले में कैंसर का शक किया तो चाचा बहुत सुस्त हो गये और जब पता चला कि नहीं है तो उस गले के छाले का नाम उन्होंने बुलबुल रख दिया। [यह नामकरण नागरजी का ही था।] नागर चाचाजी चाचा के पत्रों में—

> अमृतलाल नागर, उम्र 59, घने काले बाल, तरकैट सूरत, गले में बुलबुल (छाला), पान तम्बाकू बदस्तूर, अचला से मिलने मथुरा आये थे, एक चक्कर यहाँ का लगा लिया। तुम्हारी चिट्ठी की तारीफ कर रहे थे।
>
> (9.9.75)

> कल यहाँ गीदड़ क्लब के विशेष अतिथि के रूप में पं. अमृतलाल नागर पधारे। सर के बाल काफी गिरे, दाढ़ी में सफेद बाल चमक रहे थे। इधर उनके खून में शक्कर बढ़ी है। बोले—ज्यादा नहीं टू प्वाइण्ट कुछ है। हमने इसका अर्थ लगाया, 200 से ज्यादा है।
>
> (29.8.78)

जब मास्को शहर जर्मन फौजों से घिरा हुआ था तब एक रूसी पत्र के मुखपृष्ठ पर यह खबर छपी कि वसन्त ऋतु आ गयी है और अमुक स्थान पर अमुक फूल खिले हैं। मैंने यह बात पं. अमृतलाल नागर को बताई तो उन्होंने कहा—इस जाति को कोई नहीं हरा सकता; युद्ध के दौरान भी इसे कौन से फूल कहाँ खिले हैं, इस बात का ध्यान है।

(19.5.75)

तुम्हारी कचौड़ी कला, उसके स्रोत और उस स्रोत-के-स्रोत (भाषा-वैज्ञानिक संकेत चिह्नों के अनुसार स्वाति की कचौड़ी कला < स्वाति के मित्र की क. कला < मित्र की खिड़की के नीचे हलवाई की क. कला) का हाल पढ़कर हमें लखनऊ अमीनाबाद में कब्रवाले हलवाई की दुकान याद आ गयी जहाँ अनेक बार अकेले या निरालाजी के साथ हमने कचौड़ियाँ खाई हैं। कचौड़ियाँ खूब फूली हुई कुरकुरी, पर्त पतले, धोई उड़द का स्वाद देती हुई हलके लेप-सी पर्तों में चिपकी हुई। जैसे तुम्हारी मित्र ने कचौड़ी कला सीखी, वैसे ही पण्डित अमृतलाल नागर ने नालेवाली गली के मकान की छजली पर बैठे हुए लोगों की बातें कमरे के भीतर बैठे-बैठे सुनकर सेठ बाँकेमल का अद्‌भुत मसाला इकट्ठा किया था।

(28.7.75)

चाचा सन् 57, 58 के आसपास अमृत चाचाजी की लिखी **बूँद और समुद्र** के अंश पढ़कर हम लोगों को सुनाया करते थे। मुंशी चाचा जब **सेठ बाँकेमल** सुनाते तो हम लोग खूब हँसते। अमृत चाचाजी के मुँह से भी उन्हीं दिनों **सेठ बाँकेमल** का अंश सुना है और यह किताब मुझे बेहद पसन्द है। (ये सन् मैंने अन्दाज़ से लिखे हैं)। कुछ पत्रों में महावीरप्रसाद द्विवेदीजी की चर्चा है।

हिन्दी के प्रसिद्ध लेखक महावीरप्रसाद द्विवेदी के बाबा बंगाल में पुराण बाँचकर सिपाहियों को सुनाया करते थे। उनके पुत्र रामसहाय फौज में बाकायदा सिपाही थे। उनकी पल्टन ने 1857 में विद्रोह किया। अंग्रेज़ों ने पल्टन घेर ली और तोपों की मार से बहुतों को खतम कर दिया। रामसहाय भागकर सतलज में कूद पड़े। बहुत बेहोशी की सी हालत में किनारे लगे। घास के डण्ठल चूसते, साधू का भेस बनाकर माँगते-खाते गाँव आये। फिर बम्बई पहुँचे, वहाँ एक गोसाईं के यहाँ नौकर हुए—पूजा-पाठ के काम में। गदर के सात साल बाद 1864 में महावीरप्रसाद पैदा हुए। रेलवे में 250) की नौकरी इसलिए छोड़ दी कि

अंग्रेज अफसर इनके ज़रिये नीचे के क्लर्कों को सताना चाहते थे। 23) पर सरस्वती का सम्पादन शुरू किया। महावीरप्रसाद ने इस देश और साहित्य के बारे में जो कुछ लिखा, उसके बीजों का पूरा विकास प्रेमचन्द, रामचन्द्र शुक्ल और निराला में हुआ। सरस्वती का सम्पादन करते हुए किसी अमीर आदमी को घास नहीं डाली। ऐसे आदमियों को हम अपना पूर्वज कहने में गर्व करते हैं। (5.2.78)

हम सरस्वती के पुराने अंक देख रहे थे और उन्हें देखकर हमने सोचा—महावीरप्रसाद द्विवेदी ने इतना बड़ा काम किया और लोगों ने उन्हें केवल भाषा सुधारनेवाला वैयाकरण बनाकर रख दिया! हमने कहा—एक छोटा-सा नोट द्वि. जी के काम के बारे में लिखा दें। तो आज शुरू किया 'म.प्र. द्विवेदी की सरस्वती और हिन्दी प्रदेश में नवीन सामाजिक चेतना का प्रसार।' आज उसकी भूमिका बाँधी है। देखें, कब खत्म होता है। (27.11.75)

चाचा के पत्रों से मुझे लेखकों, चित्रकारों, आदि के बारे में भरपूर जानकारी मिली है।

उपन्यास लिखने के बारे में उन्होंने कई बार मुझे लिखा है। कई लोग उनकी खुस्की भी खेंचते हैं कि उन्होंने अभी तक उपन्यास क्यों नहीं लिखा। पर मेरा खयाल है कि उपन्यास चाचा के दिमाग की कोठरी में बन्द है। और भाषा विज्ञान से पिण्ड छूटे तो उपन्यास लिखा जाय और ऐसा होना मुझे काफी मुश्किल नज़र आता है।

अगर पत्र में कुछ मौसम, फूल, पेड़-पौधों की चर्चा न हो तो पत्र अधूरा है। चाचा हमेशा कुछ-न-कुछ लिखते रहे हैं जिससे पता चलता है कि उन्हें प्रकृति से कितना लगाव है।

इधर हमारे यहाँ खूब जुही खिल रही है। कलियों के गुच्छे-के-गुच्छे लगते हैं, इसलिए यह यूथिका—यूथी—उर्फ जूही कहलाती है। लेकिन कलियों के गुच्छे और फूलों में भी होते हैं—हरसिंगार में नहीं—पर यह नाम इस फूल के साथ जुड़ गया।

(30.3.75)

कल रात तीन बजे नींद खुली, आसमान का रंग हल्का, गोवर्धन होटल से मदीया कटरा तक पेड़ों का रंग गाढ़ा; मकानों के बीच इधर-उधर झाँकता हुआ बिजली का प्रकाश; स्टेशन प्लेटफार्म से ज़रा ऊपर कबूतर के पंख-जैसा—न सफेद, न स्याह—बैकग्राउण्ड में खोया-सा

दूज का चाँद। फिर उसका रुपहलापन निखरा, ऊपर चढ़ा, बैकग्राउण्ड से अलग होकर चमका और हमारे अलावा किसी के देखे बिना चमकता रहा। हम फिर ठण्डा पानी पीकर सो गये। (6.6.75)

स्टेशन के पास अमलतास पीले फूलों से रँग गये हैं। सवेरे छोकरों की टोली पेड़ पर चढ़कर डालें नोचती है, रिक्शेवाला हैंडल में पीले फूल लगाता है। पड़ोस में गुलमोहर लाल ध्वजा फहराये है। शाम को बकरी चरानेवाली छोकरी लग्घी से टहनियाँ तोड़कर खेलने को ले जाती है। हमारे गुलमुहर के फूल घनी पत्तियों में छिपे हैं जहाँ तक बकरीवाली की नज़र नहीं जाती। (9.10.75)

स्टेशन पर बैठकर लिख रहे हैं। संक्रान्ति के बाद हवा में ठंडक है। धूप भी साफ-सुथरी, कुछ नरम, कुछ गरम, प्लेटफार्म पर फैली हुई है। (19.1.76)

हमारे लान में कुछ घास हरी है और कुछ गर्मी में सूखी हुई पीली है–काले बालों के बीच सफेद लट के समान। लान में एक विशेषता है कि उसका कुछ हिस्सा गंजा है। जुही के पेड़ तो इतने उग आये कि इन्हें निकालें नहीं तो जुहीवन तैयार हो जाय। हमने मोथा से लड़ाई की और वह हार गया। इस बार घास मोथाविहीन है; सिर्फ किनारे-किनारे, निर्दलीय सदस्यों की तरह, जहाँ-तहाँ दिखाई देता है। बरसात आ गयी। मौसम ठण्डा है और हम अपनी किताब का पहला खण्ड लगभग दोहरा चुके हैं। (26.6.78)

मेरे बहुत से चित्र हैं जिन्हें मैंने बाहर की दुनिया में देखा है और जिन्हें प्रकाश में लाने, उन्हें रंग-रूप देकर सँवारने का कभी मौका न आयेगा। इसमें एक वर्ग landscapes का है, दूसरा portraits का। Landscapes में प्रमुख विषय है सूर्य; विशेषतः सवेरे का उगता हुआ सूरज : गाँव का नीम की ओट से निकलता, जाड़े का सूरज, मुड़ेर के ऊपर से झाँकता हुआ; लखनऊ के रेलवे पुल पर लोको वर्कशाप को जाते हुए मज़दूर, धुएँ में टिमटिमाता छोटा लाल धब्बे-सा गर्मी का सूरज; आगराः नहर की सीध में चर्च के पास बड़ा, गोल, ठण्डा, दहकता–दिन में दिखनेवाली साइज़ से बीस गुना बड़ा, शरद का सूरज, इत्यादि, इत्यादि। और portraits ? मुख्य विषय निराला का चेहरा, कविता में

डूबा, आँखें सामने कुछ नहीं देखतीं; व्यंग्य से मुस्कराती आँखें जो सब कुछ देखती हैं, आखिरी दिनों की आँखें, पागल की सी खोई-खोई आँखें जो किसी पुराने दोस्त को देखकर अचानक दर्द से गीली हो जाती हैं। उनका बन्द आँखोंवाला, सोता हुआ चेहरा, पत्थर की मूर्ति जैसा, रूप-रेखाओं में दृढ़ता और सुकुमारता की व्यंजना एक साथ। खैर। जब भाषा विज्ञान से छुट्टी मिलेगी तब हम ये लेख लिखेंगे।

(12.7.75)

आज हम बरामदे में बैठे (क्रिकेट मैच की) कमेण्ट्री सुन रहे थे और धूप खा रहे थे, सामने बेसिन पर बैठी चिड़ियाँ गेंदे के फूल की पंखुरियाँ खा रही थीं। जितना खाती थीं, उससे ज्यादा गिराती थीं। उड़ा दो, फिर आ जाती थीं। भीतर अमरूद के पेड़ की पत्तियाँ बीट से सफेद हो गयी हैं और नीचे सीमेण्ट के फर्श पर मार्बल चिप्स ही चिप्स हैं। तोता इनसे शरीफ है। अमरूद खाता है, खा-पीकर निशान छोड़े बिना उड़ जाता है। कल 29 नम्बर से उसने एक अंजीर काटा। चोंच में डण्ठल दबाया, फिर हमारे गुलमोहर की डाली पर आ बैठा। एक बार हमारी तरफ देखा, हमने कहा—तुम खाओ। फिर वह अंजीर पर ध्यान लगाकर उसे खाने लगा।

(9.1.78)

इस साल हमार गुलमोहर लहलहा उठा है लेकिन सिर्फ एक तरफ। जो डालें सूरज की तरफ हैं, उन्हीं में लाली फूटी है। डूबते सूरज की तरफ हरियाली है। (1.5.76)

आजकल साढ़े छह बजे का सूरज पेण्ट करने लायक होता है। कभी राजपूत कालेज फार्म के उस पार पेड़ों के ऊपर, कभी सूर्य नगर के मकानों के बीच बड़े लाल पत्थर के टुकड़े जैसा, कभी रेलवे लाइन के पुल के डण्डों के बीच जाल में फँसा हुआ दिखाई देती है।

(25.11.74)

हमारा गुलमोहर जिसकी चुटिया हर बरसात में काटी जाती है, फिर बिजली के तारों से उलझने लगा है। पत्तियाँ घनी और गहरी हरी बादलों के रंग से मेल खाती हैं; चटक हरी होतीं तो साँवले से दिन में अच्छी न लगतीं। गुलाब तो काफी खिले हैं लेकिन बादलों और गुलमोहर की पत्तियों के गहरे साँवलेपन के आगे बेआब हो गई हैं। सिर्फ एक पौधे

> में एक बड़ा सा शोख गुलाब तेज़ लाल रंग में दमकता हुआ, गुलमोहर और बादलों को चिढ़ाता हुआ, अकड़ में उन्हें ठेंगा दिखा रहा है।
>
> (27.7.75)

चाचा अक्सर गर्मियों में या बरसात के मौसम में आसमान खुला होने पर छत पर खटिया डालकर लेट जाते। उस समय बादलों को देखते हुए बताते कि देखो इसमें कौन-सी आकृतियाँ दिख रही हैं। मुझे भी सुबह-शाम इस तरह बादल देखना बहुत अच्छा लगता है।

बरसात शुरू हुई और चाचा अम्मा से अक्सर कहते "कुछ पकौड़ी-वकौड़ी बनाओ, मौसम है पकौड़ियों का।" उन्हें कचौड़ी, पकौड़ी (खासकर बैंगन की), दही-बड़े, उड़द की दाल, पनीर बहुत पसन्द हैं। वैसे वे पहले बाज़ार कम ही जाते थे पर पकौड़ी की बात हो तो फिर छाता लगाकर बेसन भी ले आयंगे।

कुछ पत्रों ने मेरा बड़ा हौसला बढ़ाया है जिन्हें मैं अब भी अक्सर पढ़ लेती हूँ। और मेरी सुस्त और बीमारी के कारण शान्त जिन्दगी में फिर से कुछ लिखने, कुछ पेण्टिग बनाने की इच्छा जाग उठती है—

> तुम्हारे 20, 25/11 वाले पत्र आज की डाक से मिले। 20 वाला खत बहुत बढ़िया है। तुम्हारे भीतर चारों तरफ की दुनिया—खेत, नहर से लेकर ब्रज बोलनेवालों तक—को देखने और उसका वर्णन करने का माद्दा है। उसे बुझने न देना। छपे चाहे न छपे, लिखती रहना, और कहीं नहीं तो चिट्ठियों में ही। (27.11.75)

> जब हम 22 साल के थे तब एम.ए. पास करने के बाद कवि कीट्स के पत्र अपने रिसर्च के सिलसिले में बड़े ध्यान से पढ़ते थे। उसने अपनी छोटी बहन और भाइयों को और दोस्तों को पत्र लिखे थे, उन्हें पढ़कर ऐसा लगता था मानो हमने कीट्स को प्रत्यक्ष देखा हो, उसके जीवन की छोटी-बड़ी घटनाओं में स्वयं भाग लिया हो। इसका एक फल यह हुआ कि निरालाजी से परिचय होने पर हम भैया को सारा विवरण लिख भेजते थे। उन्होंने हमारे 40 साल पहले के वे पत्र सुरक्षित रख छोड़े थे; निरालाजी की जीवनी लिखने में हमें उनसे बड़ी सहायता मिली। अब अगर तुम कीट्स के वे पत्र पढ़ो तो तुम्हें यह देखकर आश्चर्य होगा कि उसके लिखने के ढंग का असर हमारे पत्रों पर ही नहीं, स्वाति शर्मा की लेखन कला पर भी है—कचौड़ी कला की तरह; स्वाति की पत्र लेखन कला < रा. वि. शर्मा की लेखन कला < जॉन कीट्स

की पत्र लेखन कला। यहाँ |<| यह चिह्न केवल सापेक्ष प्रभाव का द्योतक है। स्वाति शर्मा का स्टाइल अपना है; और किसी हद तक जॉन कीट्स से स्वतन्त्र रा.वि. शर्मा का भी। बहरहाल स्वाति शर्मा का स्टाइल अपन को पसन्द है। क्यारियों में कनेर और गुड़हल, साहब के पजामे पर रंग के छींटे, क्यारी में भचाक से गिरा ओवरसियर, चूहा-दम्पत्ति का घर छोड़कर प्रवास... ऐसा लगता है कि हम भी सुल्तानपुर में हैं। जेन आस्टिन के उपन्यास पढ़ो तो देखोगी, ऐसे ही जिन्दगी की छोटी-छोटी बातों से उसने अपने महान् उपन्यास रचे हैं। (28.7.75)

तुम्हारे 6/8 और 7/8 के पत्र मिले। सुल्तानपुर का गाँव तुम्हें अच्छा लगा, यह बात तुम्हारे नये संस्कारों को हमारे पुराने संस्कारों से जोड़ेगी क्योंकि अपनी तो रग-रग में गाँव का रंग बसा है। शहर के बाहर की प्रकृति के बिना न वनस्पति विज्ञान है, न कविता। मारवाड़ियों, बगुलों और इमली के पेड़ पर मोर देखकर हमें आनन्द आ गया, खास तौर से यह जानकर कि वह भीगे परों को सुखाता हुआ बैठा है। प्रकृति की इन छोटी सी लगनेवाली चीजों पर बहुत अच्छे निबन्ध लिखे जा सकते हैं : कालिदास और रवीन्द्रनाथ ने इन पर सुन्दर कविताएँ लिखी हैं। तुमने मेघदूत न पढ़ा हो तो ज़रूर पढ़ो—हिन्दी अनुवाद में। हार्डी के शुरू के उपन्यासों में गाँवों के सुन्दर प्राकृतिक चित्र हैं।

चाचा के पत्रों में अम्मा के स्वास्थ्य की चर्चा ज़रूर होती है। स्वयं के बारे में यही लिखते कि मैं ठीक हूँ। एक बार कुछ जुकाम हुआ तो लिखा—

हमें परसाल गर्मियों में जुकाम हुआ था, इस साल भी हुआ है। गले में और नाक में नवम्बर-दिसम्बर है, कमर में जुलाई-अगस्त, पर खोपड़ी में फरवरी-मार्च है, इसलिए ज्यादा परेशानी नहीं है। (5.6.78)

अपने बचपन की जो सबसे ज्यादा बातें याद हैं, उनमें एक बात चाचा के बारे में खास याद है। वह यह कि घर में जब कोई सदस्य बीमार होता तो चाचा की लिखाई-पढ़ाई एक तरफ हो जाती और चाचा मरीज़ की सेवा में हाज़िर। इसलिए तब मुझे बीमार होना बड़ा अच्छा लगता था हालाँकि ऐसे मौके शादी से पहले बहुत कम ही आये। मुझे दूध से बड़ी चिढ़ थी। एक बार हाईस्कूल में मुझे टायफायड हुआ तो चाचा खुद जगाकर दूध देते हुए बोले, "अरे स्वाति तो सेवा से भी बहादुर है, देखना एक साँस में दूध पी जायेगी।" और मैं जोश में फटाफट दूध का गिलास खाली कर देती थी। मरीज़ स्वस्थ हुआ और चाचा अपने लिखने के कार्य में फिर मस्त हो जाते।

शादी के बाद मैं अपने 2 महीने के बड़े बेटे को लेकर आगरा गयी। वहाँ उसे भयंकर उल्टी-दस्त हो गये। रात को लाइट जाने पर चाचा स्वयं लैम्प जलाकर रख गये और चिन्ता के मारे आधी रात के बाद तक गैलरी में टहलते रहे।

शुरू से ही मैं चाचा से बात कहना ज्यादा पसन्द करती थी बजाय अम्मा के। और भाई-बहनों की नहीं कहती पर चाचा मेरे लिए माँ-बाप दोनों रहे हैं। किसी भी समस्या को, जो मैं अम्मा से नहीं कह पायी हूँ, चाचा को लिख सकी हूँ।

अबकी जब इसी साल दिल्ली गयी तो उन्हें बहुत दुबला पाया। इससे मुझे बहुत आघात लगा। चाचा के अनुसार वह खुद कमजोरी नहीं महसूस करते। पर मैं ईश्वर से रोज़ उनके अच्छे स्वास्थ्य के लिए प्रार्थना करती हूँ, साथ में अम्मा के स्वास्थ्य के लिए भी क्योंकि अम्मा के बिना उनका जीवन, जीवन नहीं है।

चाचा के साथ बहुत-सी घटनाएँ बचपन की अभी तक याद हैं पर वह फिर कभी **सचेतक** के लिए लिखूँगी। अभी तो बस इतना ही। [**सचेतक** का परिचय अगले अध्याय में है।]

सेवा शर्मा

आगरे की यादें

गोकुलपुरे के मकान की छत पर एक दिन अजिया मुँडेर पर बैठी पास के मकान में झाँक रही थीं। शादी हो रही थी। शाम का समय था, इतने में एक मोटा नककटा बन्दर आया और अजिया के गले में बाँहें डालकर पीठ से चिपक गया। अजिया समझीं स्वाति है। बोलीं, 'अरी बिटिया, छोड़ो। देखो, कहीं गिर न जाई।' जब तीन-चार बार बोलने पर भी उत्तर न मिला तो पीछे मुड़कर देखा। उसी समय हम लोगों ने वह दृश्य देखा। डर लगा कि कहीं डर के मारे अजिया गिर न जायें, इसलिए रोटी लाकर बन्दर को दी। तब उसने अजिया की पीठ छोड़ी। बोलीं, 'अरी दइया, हमका का मालूम रहै कि ई ससुरऊ हमरी पीठि पर चढ़े वइठि हैं।'

इस मकान में विजय भैया व भुवन भैया को नाटक, जादूगर का तमाशा आदि करने का बहुत शौक था। एक दिन रात को पास के मन्दिर में प्रोग्राम बना कि जादूगर का तमाशा होगा। विजय भैया को सफेद कपड़ा ओढ़ाकर जमूरा बनाया गया। भुवन भैया लुंगी पहने, बुशशर्ट के बटन खोले, हाथ में डण्डा लिये जोर-शोर से पार्ट कर रहे थे। 'जमूरे बतायेगा?' 'बताऊँगा।' 'मेरे हाथ में क्या है?' 'तीन बटन हैं।' 'ठीक। अब कहाँ गये?' 'गायब हो गये।' 'पहला बटन कहाँ गया?' 'फलाने साब की जेब में।' इतने में ललित भैया स्टेज पर पहुँचे। बोले, 'जमूरे के बच्चे, चल घर।

पढ़ाई-लिखाई कुछ नहीं, जादूगर बनने चले हैं।'

भुवन भैया, विजय भैया को पतंग उड़ाने का बहुत शौक था। चरखी पकड़ने के लिए हमें पकड़ा जाता। स्वाति झाँसा देकर भाग जाती, शोभा पकड़ाई में न आती, हम धूप में उन लोगों का साथ देते। कभी पतंग कट जाती तो हमारी पिटाई होती कि तुमने चरखी ढीली क्यों नहीं पकड़ी। बड़ा गुस्सा आता। पटककर चले जाते। 'जाओ, नहीं पकड़ते चरखी। एक तो धूप में पैर जलाओ, ऊपर से मार खाओ।' थोड़ी देर बाद दोनों फिर बुलाने आते, फुसलाते और हम फिर चल देते। एक दिन पड़ोस की 6-7 फुट नीची छत पर पतंग पड़ी थी। हमसे कहा गया, 'कूद जा, नहीं तो मारेंगे।' डर के मारे हवा खराब, पर कूदें कैसे। भुवन भैया ने दोनों हाथ पकड़े और लटका दिया नीचे। हिम्मत करके कूद गये। पर अब ऊपर कैसे चढ़ें। तब खुद कूदे, उकड़ूँ खड़े हुए; हम पीठ पर चढ़े, तब अपनी छत पर आये।

स्वाति ने कभी अपने को हमसे छोटा नहीं माना। हमेशा बड़प्पन जैसा रौब मारा। उसी का नतीजा है कि हमारी काफी झिझक मिट सकी। एक बार बोली, 'अँधोरी तोड़ो गिनकर। जितनी तुम तोड़ोगी, उतनी मैं।' हम बैठ गये गिनती करने, गिनते जाते और तोड़ते जाते। जब 100 हो गयीं तो हमने कहा, अब हमारी तोड़ो। तो बिना देखे जल्दी-जल्दी 10, 20, 30...100 करके समाप्त कर दीं। बड़ा गुस्सा आया और झगड़ा बढ़ गया। उसने मेरे हाथ में काट लिया। हम रोने लगे। जब चाचा ने आवाज लगाई, 'क्या हो रहा है? कौन रो रहा है?' तो मेरे को धमकी दी, 'देख चाचा से कहा तो और मारूँगी।' चाचा के आने पर बोली, 'इसके पेट में दर्द हो रहा है।' चाचा बोले, 'मैं अभी दवाई लाता हूँ।' मैंने सोचा दवाई खानी पड़ेगी। इसलिए कहा, 'पेट में नहीं पैर में दर्द हो रहा है।' चाचा थोड़ी देर तेल की मालिश करके अपना काम करने चले गये। स्वाति ही-ही करके हँसने लगी। बोली, 'देखा, मज़ा आया मालिश में!'

गोकुलपुरे के मकान में अधिकतर दूध लेने अम्मा जाती थीं। सामने कढ़वा कर लातीं। सभी खुश थे। (विशेषरूप से चाचा) कि शुद्ध दूध पीने को मिलता है। एक बार अम्मा बीमार पड़ गयीं और दूध लेने हम गये। देखा, सब दूध लेनेवाले बाड़े से कुछ दूर खड़े हैं, कुछ चारपाई पर बैठे हैं। हम भी दूध के इन्तजार में डिब्बा रखकर इधर-उधर मुआयना करने लगे। थोड़ी देर में गुलकन्दी दूध लायी और ज़ीने के नीचे की कुठरिया में दूध की बाल्टी (आड़ में) रखी। भगवान को कुछ छींटे दिये और सबको दूध बाँट दिया। हम भी दूध ले आये पर दिमाग में बात उठी कि ज़ीने के नीचे कौन-कौन से भगवान हैं। दूसरे दिन जल्दी गयी। जब गुलकन्दी भैंस को चारा दे रही थी, तब जल्दी से झाँककर देखा, एक मूर्ति दीवार में लगी थी। उस पर हनुमानजी का चोला चढ़ा था, पास में पानी की बाल्टी और

लोटा रखा था। अब जैसे ही दूध काढ़कर भगवानजी को छींटा लगाने गयी, हम पीछे-पीछे हो लिये। पहले बाल्टी में दो लोटे पानी डाला, फिर भगवान् को दूध का छींटा दिया। गुलकन्दी को मालूम नहीं पड़ा कि हम पीछे खड़े हैं। जैसे ही मुड़कर उसने हमें देखा, बोली, 'तुम्हें दूध बाद में दूँगी। अभी बैठ जाओ।' हम बैठ गये। जब सब चले गये तो बोली, 'किसी से कहना नहीं, थोड़ा देर से आना, तुम्हें दूसरी भैंस का दूध दिया करूँगी।'

घर पहुँचकर अम्मा को किस्सा सुनाया। उस दिन खाना भी चाचा ने बनाया था, भरवाँ बैंगन और हाथ की पोई मोटी रोटी। उस सब्ज़ी का स्वाद आज भी याद है, दुबारा वैसी सब्ज़ी आज तक खाने को नहीं मिली। याद आते ही मुँह में पानी भर आता है।

बड़ी मुश्किल से गोकुलपुरा छूटा और मदीया कटरा के मकान में पहुँचे। वहाँ भी बड़ी-बड़ी घटनाएँ घटीं। एक दिन दो अँगीठियों में पानी चढ़ा था, एक में अरहर की दाल उबल रही थी, दूसरे में चावल का पानी चढ़ा था। अम्मा ने कहा, चावल धोकर पानी में डाल आओ। गलती से चावल दालवाले भगौने में पड़ गये। अब यह हिम्मत तो पड़ी नहीं कि गलती बता दें, तीनों बहनों ने मिलकर काम किया। एक ने सब दाल-चावल नाली में बहाये, दूसरी ने बाल्टियों पानी डाला और तीसरी ने गली की नाली झाड़ी ताकि शक न पड़ जाये। वह नाली शायद चुंगीवालों ने भी कभी साफ़ न की होगी जो हम लोगों ने की। आज भी सोचकर अफसोस होता है। नये सिरे से दाल-चावल साफ करके चढ़ाये। इतना डर होना भी ठीक नहीं।

इस मकान में दूसरी तरफ कपिलदेवसिंह [राजपूत कालेज के] लाइब्रेरियन रहते थे। एक दिन चाचा, अम्मा शाम को कहीं घूमने गये थे। हमने हौदी में रबर का पाइप लगा दिया। (दूसरे दिन मेहतरानी को पानी चाहिए होता था)। कपिल चाचाजी गये और हटा दिया, कारण याद नहीं क्यों। हम फिर गये और लगा दिया। यह क्रम चार-पाँच बार चला। अन्त में कपिल चाचाजी ने पाइप निकालकर फेंक दिया। खुदा न ख़ास्ता, तार लपेटा पाइप हमारे पैर में लग गया। बस, फिर क्या था, रोने लगे। चाचा अम्मा जब रात 9 बजे लौटकर आये, तब स्वाति ने चाचा से कहा, 'कपिल चाचाजी ने सेवा को पाइप से मारा।' उस समय स्वाति शायद चौथी क्लास में पढ़ती थी। बस, चाचा को तो चढ़ गयी चण्डी। बोले, कल मकान बदल लेंगे और अब मैं दूसरे मकान में ही खाना खाऊँगा। (कपिलजी से कुछ नहीं कहा।)

दूसरे दिन जल्दी सुबह मकान ढूँढ़ने निकल पड़े और दोपहर को बताया, 200/- महीने पर कोई मकान देख आये हैं। अम्मा से कहा, 'सामान बाँधो।' अम्मा ने कहा, 'इतना महँगा मकान? खायेंगे क्या?' बोले, 'जब दूसरा मिल जायेगा, तब छोड़ देंगे।'

खैर, सामान बाँधने की तैयारी होने लगी। इतने में कोई सज्जन आये और बोले, 'डाक्टर साहब, आपको मकान चाहिए न? अशोकनगर में एक मकान है पर पूरा नहीं बना है। किराया 55 रु. है।' बस, चाचा खुश। बोले, 'मकान का क्या देखना। तुम मकान मालिक से कह दो, हम आज ही पहुँच रहे हैं।'

यह-वह करते-करते शाम हो गयी पर ट्रकवाला नहीं आया। रात 9 बजे ट्रक वाला आया। बोला, 'बाबूजी, आज तो देर हो गयी, कल सुबह जल्दी आपका सामान पहुँचा दूँगा।' पर चाचा बोले, 'नहीं, सामान तुम अभी ले चलो। मैं तो खाना वहीं जाकर खाऊँगा।' अम्मा पूरी बना चुकी थीं और आलू छौंके थे। खैर, सब सामान के साथ कच्ची सब्जी भी रखी गयी। रात करीब 11 बजे अशोकनगर पहुँचे। मकान में न बिजली, न दरवाजे, न फाटक, न [पक्का] फर्श। सामान उतारा गया। अब लगी भूख तो खानेवाली बाल्टी सामान में खो गयी। टार्च से ढुँढ़ाई हुई और एक घण्टे बाद खाना खाया। खाना खाकर सोये होंगे कि दो-ढाई बजे घर में खड़-खड़, भड़-भड़ की ज़ोर-ज़ोर से आवाज़ आयी। सभी हड़बड़ाकर उठे। देखा, एक लम्बा-चौड़ा साँड़ सामान के बीच फँस गया है।

दूसरे दिन जब चाचा से लोग मिलने आये तो पूछा, 'रात को कोई तकलीफ तो नहीं हुई?' बोले, 'और तो कुछ नहीं बस साँड़ घुस आया था।' कपिलजी से मकान बन्द करने को कहा तो बोले, 'डॉक्टर साहब, हमसे क्या गलती हो गयी?' चाचा बोले, 'मेरे बीवी-बच्चों से आपका झगड़ा होता है। आप कहें तो मैं उनको वहाँ छोड़कर अकेले आपके साथ रह सकता हूँ।'

अशोक नगर में एक बार पुए बनाने का भूत सवार हुआ। अम्मा कहीं बाहर गयी थीं। स्वाति और हमने मौके का फायदा उठाया। कच्चे कोयले की अँगीठी जलाई। एक भगोने में आटा घोलकर चीनी मिलाई। तवे में जब पुए बनाने लगे तो लगा, आटा पतला हो गया है। उसमें फिर सूखा आटा मिलाया और खाने में लगा, चीनी कम है। तो चीनी और डाली, आटा गाढ़ा हो गया तो फिर पानी, फिर आटा, फिर पानी, फिर चीनी करते-करते बड़ा भगोना मुँह तक भर गया। कच्चे-पक्के जितने खाये गये, उतने खाये। अब समस्या हुई इस आटे का क्या करें? अम्मा देखेंगी तो अच्छी मरम्मत होगी। इसलिए नाली में बहा दिया। एक जना अन्दर से पानी डालता रहा, दूसरा गली की नाली साफ करता रहा। बर्तन साफ कर कराके रख दिये। अम्मा आयीं। देखा, अँगीठी में एक-दो जगह आटा टपका हुआ है। बोलीं, 'अँगीठी में क्या किया था?' सोच रहे थे, इतनी कोशिश की छिपाने की, फिर भी पोल खुल गयी। यह तो बता दिया कि पुए बनाये पर यह नहीं बताया कि आटा नाली में बहाया है।

अम्मा को नया मकान साफ रखने का काफी शौक था। [यह 30, नयी राजा मण्डी का अपना घर था।] बाहर के बरामदे में चिप्स के खम्भे पर तेल का दाग बढ़ता जा रहा था। बोलीं, 'कितनी बार सबको मना किया है, सिर टिकाकर मत बैठा करो पर कोई सुनता ही नहीं।' स्वाति ने दलील दी, 'घर में इस समय केवल तीन लोग रहते हैं। नापकर देख लिया जाय कि कौन बैठता है।' पहले चाचा बैठे। दाग नीचे रह गया। फिर स्वाति बैठी। दाग ऊपर रह गया। और जब अम्मा बैठीं तो दाग फिर एकदम सिर के बराबर आया। हँसकर मामले को टाल दिया गया। (स्वाति के पत्र से)।

एक बार घर में कहीं से लड्डू आये (शादी के)। काफी पुराने थे, अतः सूख गये थे। चाचा ने अम्मा से कहा, 'ये लड्डू बच्चों को खाने को मत देना। सूख गये हैं, पेट में दर्द हो जाएगा। कल मेहतरानी या महरी को दे देना।' शाम को अम्मा ने जब पूछा, खाना क्या बने, तो बोले, 'मुझे तो भूख नहीं है।' बिना कुछ खाये सो गये। रात एक बजे भूख लगी। उठे। खाना ढूँढ़ा तो कुछ बिस्कुट मिले। फिर भी काम न बना तो लड्डू बट्टे से तोड़कर खाये। सुबह अम्मा महरी को देने के लिए लड्डू ढूँढ़ने लगीं तो मिले नहीं। जब सबसे पूछा तो देखा, चाचा मुस्करा रहे हैं। अम्मा ने जब पूछा तो बोले, 'बड़ी भूख लगी थी। कड़े बहुत थे, इसलिए बट्टे से तोड़ने पड़े।' इससे हमारी सास की यह कहावत सार्थक होती है, 'भूख बावली कण्डा खाये, भरे पेट गुलगुले कचकचे।'

एक बार अम्मा ने चाचा से कहा, केटली टूट गयी है। आप बाजार जा रहे हैं तो लेते आइयेगा। केटली तो आ गयी पर मुँह टेढ़ा था। अम्मा ने कहा, 'यह टेढ़े मुँह की क्यों ले आये?' बोले, 'कोई-न-कोई तो इसे ले ही जाता, मैं ही ले आया तो क्या हुआ? या तो कुछ लाने को कहा मत करो या कहा करो तो जो लाऊँ वह रख लिया करो।' ऐसी आदत इसलिए पड़ी कि बाजार का काम, मकान [बनवाने का काम], शादी-ब्याह, ज़्यादातर सभी काम अम्मा ने किये। हमने तो चाचा को जब देखा, तब लिखते-पढ़ते देखा या बीमारी में दिन-रात मरीज़ के पास बैठे देखा। हैट और जूते भी अम्मा धागे से नाप लेकर लाया करती थीं।

चाचा लिखने-पढ़ने में इतने मशगूल रहे कि वह क्या कहते हैं, कभी इतना भी ध्यान न रहता। हमारी एक सहेली कालिज जाते समय रोज़ बुलाने आती थी। एक दिन हम चाचा से बाहर के बरामदे में कह आये, 'मेरी सहेली आये तो कहियेगा, सेवा अन्दर है।' पर जब वह बुलाने आयी तो उससे कह दिया, वह तो गयी। सारे रास्ते वह भुनभुनाती चली गयी। जब काफी देर बाद मैंने चाचा से पूछा, 'वह लड़की नहीं आयी?' तब बोले, 'अरे उससे तो मैंने कह दिया, कालेज गयी।' मैं कालिज पहुँची और सहेली की गलतफहमी दूर की।

एक दिन चाचा ने वनस्थली पत्र लिखा [सेवा के लिए] और अपना ही पता लिखकर पोस्ट कर दिया। दूसरे दिन जब पत्र पहुँचा तो सोचने लगे, यह मेरा लिखा पत्र मेरे ही पास कैसे आ गया?

एक बार हिजड़े आये। बिना सिर ऊँचा किये बोले, 'माताजी सब्जी लेने गयी हैं, फिर आना।' जब अम्मा लौटीं तो बोले, 'तुम्हारी कोई सहेलियाँ आयी थीं। मैंने फिर आने को कह दिया है।' यह तमाशा हम लोग खिड़की से देख रहे थे। जब अम्मा अन्दर आयीं तो पूछा, 'अम्मा हिजड़े तुम्हारी सहेलियाँ कब से हो गये?' आज भी हिजड़े देखकर मौका लगे तो अम्मा को चिढ़ा देते हैं कि तुम्हारी सहेलियाँ जा रही हैं।

एक दिन दूध चढ़ाकर अम्मा ने स्वाति से कहा, 'ध्यान रखना, मैं सब्ज़ी लेकर आती हूँ।' स्वातिजी अपनी पेण्टिंग में व्यस्त थीं। दूध उफन गया। चाचा से डाँट पड़ी। दूसरे दिन अम्मा किसी काम में व्यस्त थीं। दूध फिर उफन गया। अब चाचा बोले, 'कल से मैं दूध गरम करूँगा।' दूसरे दिन दूध चढ़ाकर लिखने के चक्कर में कुछ सोचने बैठ गये और सारा दूध बाहर निकलकर जब उसके जलने की बू आयी, तब तन्द्रा टूटी। समझौता यह हुआ कि जो भी दूध गरम करे, पास खड़ा रहे।

एक बार रात को चाचा की मच्छरदानी में एक चुहिया घुस गयी। उठे। धीरे से उसे मच्छरदानी के कोने में पकड़ लिया। ऊपर से एक रस्सी बाँधकर गुलसखाने में रख आये कि सुबह इसको छोड़ आऊँगा। सुबह तक चुहिया मच्छरदानी काटकर रफूचक्कर हो चुकी थी।

भुवनमोहन शर्मा

स्पोर्ट्स

जब मैं पाँच, छह साल का रहा हूँगा, लखनऊ में के.सी.डे. लेन में अक्सर कबड्डी देखता था। घर के सामने कोयले से लाइन खींचकर कबड्डी होती थी, खेलने वालों में निराला बाबा, मुंशी चाचा, अवस्थी चाचा तथा बीनू की याद है। अवस्थी चाचा और बीनू अक्सर पकड़ते समय निराला बाबा के भारी भरकम शरीर की गोद से छटक कर निकल भागते थे जिसकी बाबा बड़ी तारीफ करते थे।

आगरा आने पर, जब मैं स्कूल में पढ़ता था, तो अक्सर कालेज के लड़कों को जाड़ों में अपने ब्लेजर पर कालेज का क्रेस्ट लगाये देखता था; देखता था कि अक्सर उनके आसपास के साथी लोग उनको बड़ा महत्त्व देते थे। मेरा मन भी करता कि

बड़े होने पर मुझे भी ऐसा ही कोई क्रेस्ट लगाने का मौका मिले।

जब आगरा कालेज में आया तो उम्र और शरीर दोनों में ही काफी छोटा था। दुबले पतले होने की वजह से मुझे शक था कि शायद ही कोई खेलने का मौका देगा, अतः दौड़ लगाता था। एक रोज दौड़ लगाने के बाद बारबेल के पास कुछ आज़माइश करना ही चाहता था कि श्री पी.जी. ओक, जो कालेज के व्यायाम शिक्षक थे, कहने लगे, "बच्चे लोग, तुम लोग इधर क्यों आ जाते हो, जाओ भाग जाओ।" कुछ लड़के जो स्कूल में पढ़ते थे, चले गये, मैं रुका रहा। उन्होंने बुलाकर पूछा कि किस स्कूल में पढ़ते हो। मैंने कहा, आगरा कालेज में पढ़ता हूँ। कहने लगे, किस क्लास में? मैंने कहा Iyr A में। उन्होंने व्यंग्य करते हुए कुछ लोगों से कहा कि देखो, यह Iyr की प्रोडक्ट है, और मुझसे कहने लगे कि अभी सिर्फ दौड़ा करो।

अथलेटिक्स एक ऐसी activity है, जिसमें performance नापी तोली जाती है, सोचा कि चलो अथलेटिक्स का अभ्यास किया जाये क्योंकि कालेज टीम में आने के लिए सिर्फ मेहनत और अभ्यास करना होगा। रोज शाम को कालेज के मैदान पर अभ्यास करने जाने लगा, साथ में अपने दोस्त श्याम गौड़ और सुरेश सक्सेना को भी ले लेता था। हफ्ते में दो दिन सुबह क्रासकन्ट्री लगाने जाते थे, जो पहले जग जाता था दूसरे को जगा देता था। सड़क पर निकलते ही दौड़ना शुरू कर देते थे। थोड़ी देर सुरेश दौड़कर साथ देते तो श्याम साइकिल पर रहते, थोड़ी देर श्याम दौड़ते तो सुरेश साइकिल पर रहते थे। अक्सर सिकन्दरा की तरफ से जब दौड़ते हुए लौटते तो उधर गाँव की तरफ से आनेवाले या तो यह समझते कि कोई सजा दी गयी है और साथ के लोग दौड़ा रहे हैं, या यह सोचते कि कहीं जल्दी पहुँचना है, अतः पूछ बैठते थे कि साइकिल पर बैठोगे।

पहले साल 800 मीटर की दौड़ में भाग लिया। पहले सोच रखा था कि अगर दम उखड़ी तो Track में किस जगह रुक जाऊँगा। दौड़ में पहला चक्कर ठीकठाक लगा लिया, दूसरे चक्कर में भी आगे था पर उस सोचे हुए स्थान पर पहुँचते ही पैर अपने आप रुक से गये और थोड़ी देर में एक, फिर तीन-चार लड़के आगे निकल गये। मैं ट्रैक से बाहर निकल आया। मेरे दोस्त मेरे पास दौड़कर आये कि शायद मुझे पेट में दर्द हो गया पर ऐसा कुछ न पाने पर मुझे बहुत डाँटा। मैंने भी अपनी भूल का एहसास किया। मुझमें आत्मविश्वास की कमी थी। दूसरे साल और अभ्यास किया और Annual Sports Meet में भाग लिया। मेरी पहली Race 1500 मीटर की थी। उसमें मैं फर्स्ट आया पर मुझे विश्वास न हो कि मैं first आ गया हूँ, क्योंकि साथ में दौड़ने वाले उस समय के आगरे के मशहूर दौड़ाक थे।

तीसरे साल Athletic Championship जीत ली, और Basketball खेलना

शुरू कर दिया। थोड़ा शरीर बन जाने पर फुटबाल, कबड्डी, वेट लिफ्टिंग में बिना किसी परेशानी के कालेज टीम के लिए चुन लिया गया।

जब आठवीं क्लास में पढ़ता था तो एक बार English में Cricket मैच पर essay लिखने को दिया गया। मैंने चाचा से कहा कि Cricket match पर essay लिखा दीजिए। बोले अपने आप लिख कर लाओ, मैं Correct कर दूँगा। मैंने दो एक किताबें देखदाख कर essay लिखा कि हमारी team एक नामी team से मैच खेल रही थी। हमारी team को मैच जीतने के लिए 121 रन बनाने थे पर हमारी team के पाँच खिलाड़ी मात्र 28 रन पर आउट हो गये। उसके बाद मैं गया और चार रन से खाता खोला। उसके बाद तो मानो रन पेड़ से टपक रहे हों और मैं छक्के चौवा मारने लगा। थोड़ी देर में ही मेरी team जीत गयी और मुझे man of the match का award भी मिल गया। Essay में काफी गल्तियाँ थीं, जैसे जैसे चाचा Correction करते मुझे लगता कि शायद अब डाँट पड़े कि अब पड़े। पूरा essay Correct कर दिया पर डाँट न पड़ी। हाँ, जब कापी लेकर चलने लगा तो इतना जरूर कहा कि अच्छा होता कि अपनी जगह ये रन अपने किसी साथी से बनवाये होते या अपनी जगह किसी साथी का नाम भी लिख सकते थे।

कभी-कभी शाम को खेल के बाद घर लौटने में देर हो जाती थी। जब तीन-चार रोज़ यह हरकत लगातार हो जाती थी, तो घर आने पर बहनों से मालूम पड़ जाता था कि अम्मा ने मेरी रिपोर्ट चाचा से कर दी है। अतः दो-तीन दिन चाचा से नजर बचाते फिरते और मजबूरी में जाना पड़ता तो भी डरते रहते कि शायद अब डाँट पड़ी कि अब पड़ी। पर डाँट न पड़ती। जब तीन बार रिपोर्ट पहुँच जाती, तब इतना कहते कि "दिया जलने से पहले घर आ जाया करो।" बस, उस दिन के बाद कुछ दिन के लिए निकलने की हिम्मत न पड़ती।

सन् 1957 में ग्वालियर में लक्ष्मीबाई कालेज ऑफ फ़िज़ीकल एजूकेशन की स्थापना हुई और भारत में पहली बार Degree Course in Physical Education शुरू हुआ। सोचा कि यह Course Join कर लूँ क्योंकि एक तो इससे लगाव है, साथ ही डिग्री कोर्स होने से scope भी ज्यादा रहेगा। अत apply कर दिया। एक रोज़ कालेज के Principal डॉ. पी.एम. जोसेफ ने पूछा कि तुम्हारे पिताजी तो इतने बड़े साहित्यिक आदमी हैं, तुम sports में कैसे हो? मैंने कहा कि उन्होंने sports के लिए हमेशा उत्साहित किया है।

सेवा शर्मा

स्वास्थ्य चर्चा

हमारे घर में हमेशा से एक ही बात पर जोर रहा है, और वह है 'स्वास्थ्य'। सभी जानते हैं स्वास्थ्य के लिए खेल कूद और अच्छे भोजन की आवश्यकता है। चाचा का हमेशा एक ही बात पर अधिक ध्यान रहा कि घूमो फिरो और अच्छा खाओ, अच्छा पहनो चाहे न पहनो, स्वास्थ्य है तो सब कुछ है।

हमारे घर में अक्सर सुनने में आता था कि सभी चाचाओं को कुश्ती, कसरत, मालिश आदि के साथ मलाई खाने का शौक रहा है। मुंशी चाचा और अवस्थी चाचा की कुछ फोटो ऐसी हैं जिनको देखकर दारासिंह की मांसपेशियाँ याद आ जाती हैं। चौबे चाचा का नाम ही 'चौबे' शायद इसलिए पड़ा था कि उन्हें दूध और मलाई का विशेष शौक रहा। आज भी हमारे पिताजी से दूध की कोई भी चीज बनी खाने के लिए किसी भी समय आप पूछ सकते हैं, विशेष तौर से मलाई। परीक्षा के दिनों में जब भगवान को प्रसाद चढ़ाने के लिए मिठाई लाते तो कहते "भगवान को डायबिटीज़ हो जाएगी, उन्हें काजू का प्रसाद चढ़ाया करो।" अशोक नगर (आगरा) में लेख से जो रुपये आते थे, उनका उपयोग 'सूखी मेवा' लाने के लिए किया जाता था।

चाचा को मालिश, घूमने, कसरत करने के अलावा सामने का कढ़ा दूध पीना विशेष प्रिय रहा। एक बार कोई इण्टरव्यू लेने अशोक नगर में आया। उस समय चाचा मालिश करवा रहे थे। वैसे ही उठकर आ गये। कुछ अजीब सा भी लगा लेकिन उन्हें फिर मालिश करवानी थी, अतः वैसे ही इण्टरव्यू दिया।

चाचा के लिए पैसा, कपड़ा उतना जरूरी नहीं जितना स्वास्थ्य। स्वास्थ्य के लिए भोजन के बाद बात आती है खेल की। जहाँ तक मेरा सम्बन्ध खेलों से है, इच्छा होने पर भी मैं इस दिशा में नहीं बढ़ सकी क्योंकि मेरे शारीरिक स्वास्थ्य ने साथ नहीं दिया। बचपन में कंचे, लँगड़ी टाँग, खो-खो आदि अवश्य खेले। भाइयों के साथ पतंग भी खूब उड़ाई जिसके लिए कई बार डाँट खाई।

घर में जब से मैंने होश सँभाला, भुवन भैया व विजय भैया में खेल के प्रति अधिक रुचि पायी। विजय भैया का ध्यान पढ़ाई की ओर भी रहता था पर भुवन भैया पर अक्सर मैं डाँट पड़ते देखती थी।

भुवन भैया को शुरू से ही खेलों में रुचि थी, उनका पढ़ाई में उतना मन न लगता था जितना और लोगों का। अक्सर मेरी सहेलियाँ मुझे बतातीं, "तेरे भाई लम्बी दौड़ में दौड़े थे, वॉलीबॉल के मैच में गये थे"। हम सुनकर बड़े प्रसन्न होते कि हमारे भाई खेल कूद में भाग लेते हैं।

अम्मा इस बात से बहुत परेशान रहती थीं कि यह अपनी जिन्दगी में क्या बनेगा और क्या करेगा। एक बार M.A. का रिज़ल्ट निकला, भुवन भैया फेल थे और ललित भैया पास। भुवन भैया हाथ में पेपर लिये चले आ रहे थे। आकर बोले, "अम्मा, मैं फेल हो गया और भैया पास हो गये।" मैं देखकर दंग रह गयी और आज सोचती हूँ शायद इसे ही "Sports man's spirit" कहते हैं।

अशोक नगर के मकान में अधिक से अधिक समय भुवन भैया खेल में निकालते और अम्मा उनके भविष्य के लिए चिन्तित रहतीं। भुवन भैया ने बताया कि चाचा एक दिन अपने दोस्तों से कह रहे थे, "मैं चाहता हूँ, मेरे बच्चे मेरा नाम रोशन करें या न करें पर जितनी नाक है, उसे न कटाएँ।" यह सुनकर मैंने तय किया कि मैं कुछ करके दिखाऊँगा!

एक दिन भुवन भैया आकर बोले, "मेरा ग्वालियर में Interview है।" अम्मा बोलीं, "जाओ। पता नहीं कैसा Interview है। यह क्या करेंगे, यही जानें।" ग्वालियर से लौटकर Interview का किस्सा सुनाया—"कमरे के अन्दर सभी लड़कों से बिना चश्मे के पढ़वाया जा रहा था। मैंने सोचा, मेरा चश्मा तो बहुत मोटा है, कैसे पढ़ूँगा? यह सोचकर एक लड़के से एक-एक लाइन रट आने को कहा और सबको मिलाकर मैंने रट लिया। जब अन्दर बुलाया और पूछा कि "आप बिना चश्मे के पढ़ सकते हैं?" मैं बोला "हाँ" और धीरे-धीरे ऐसे पढ़कर सुनाया मानो सचमुच पढ़ रहा हूँ। इसके बाद पूछा "बिना चश्मे के खेल सकते हैं?" मैंने कहा, "हाँ"। एक लड़के से जो गहरे रंग की कमीज़ पहने था, कहा, तू बॉल के पीछे भागना। बस, इस तरह मैं बॉल के पीछे भागता रहा और Interview में पास हो गया।

भुवन भैया को नाटक आदि का पहले से ही शौक था, जल्दी ही ग्वालियर में सिक्का जम गया। अच्छे नम्बर आने से 40 रुपये का वजीफा भी मिलने लगा। अक्सर ग्वालियर से लौटकर वहाँ के किस्से सुनाते और हम लोग हँसते-हँसते लोटपोट हो जाते। अब अम्मा को भी कुछ आशा होने लगी थी कि जीवन में शायद कुछ कर लें। धीरे-धीरे समय बीतता गया। अब स्वास्थ्य बहुत अच्छा था। गठा शरीर, चुस्त, और हर काम में फुर्ती। ग्वालियर में 'पॉपे' के नाम से जाने जाते थे।

पढ़ाई पूरी होने के बाद समस्या आयी नौकरी की। विजय भैया और भुवन भैया की पढ़ाई साथ-साथ समाप्त हुई। नौकरी के फॉर्म साथ-साथ भरे जाते। विजय भैया का Interview आ जाता और यह सोचते रह जाते। अम्मा कहतीं, "पता नहीं, क्या पढ़ाई करके आये हैं। कहीं से नौकरी का Interview ही नहीं आता।" खैर, काफी इन्तजारी के बाद वनस्थली विद्यापीठ से P.T.I. का Interview आया। भुवन भैया और उनके एक दोस्त Interview देने गये। आज से करीब 21 वर्ष पहले वनस्थली का कुछ और ही रूप था। इन लोगों को मालूम नहीं था कि यह लड़कियों की संस्था

है। Interview letter में लिखा था "ठहरने की व्यवस्था Guest house में होगी"। ये लोग बस से उतरकर guest house ढूँढ़ने लगे। पता करने पर एक बड़े कमरे में (कच्चा फर्श, मिट्टी की दीवार, छत पर खपरैल) दरी बिछी थी। उसी में सभी Candidates रुके थे। इन लोगों ने भी एक कोने में धरना दिया। थोड़ी देर में एक आदमी बाल्टी में चाय लेकर आया और सबके ग्लासों में एक मग्गे से डालने लगा। ये लोग जो हजामत के लिए मग्गे ले गये थे, उन्हीं में चाय पी। नाश्ते के लिए पूछा तो जवाब मिला, बाहर दूकान में पूछ लीजिए। थोड़ी देर में शौच जाने के लिए पूछा तो मालूम हुआ, सब खुले मैदान में जाते हैं। ये लोग उसी मग्गे से शौच हो आये। भुवन भैया का दोस्त बोला, "यार मुझे Interview नहीं देना। तुझे देना हो तो दे, मैं तो चला।" भुवन भैया बोले, "अब आये हैं तो Interview तो दे ही दें।" खैर, 11 बजे Interview शुरू हुआ। पहले भुवन भैया के दोस्त को बुलाया। Management के लोग नीचे दरी पर पेड़ के नीचे बैठे थे। पहले तो ये लोग समझे कि शायद कोई मर गया है पर बाद में मालूम हुआ कि Interview यहीं होगा। दोस्त से कहा, P.T. करके दिखाओ तो उसे गुस्सा आ गया और नाराज होकर वापस लौट आया। भुवन भैया से P.T. करने को कहा तो बोले "पहले कक्षा के विद्यार्थियों को बुलाइए"। बाद में बच्चों को P.T. कराई और उनकी नियुक्ति हो गयी। घर आकर बोले, "मैं Join नहीं करूँगा। लड़कियों की संस्था में मुझसे नौकरी नहीं होगी, Personality develop नहीं होती।" उसी दिन B.H.U. का appointment letter आ गया कि आप Join कर लें। बनारस से कई वर्ष तक तो ये पत्र आते रहे कि नौकरी छूट गयी है और मैं सामान लेकर आ रहा हूँ। छुट्टियाँ समाप्त होते ही फिर बुलावा आ जाता। अम्मा कहतीं, "जितनी बार आते हैं, एक स्टोव, एक खटिया छोड़ जाते हैं।"

आज B.H.U. में Physical Education Department में Lecturer की post पर हैं। जगह-जगह Teams ले जाते हैं खेल खिलाने के लिए। आज उनकी अच्छे कोचों में गिनती है। यह नतीजा है उनकी लगन का जो हमेशा खेल के प्रति बनी रही। अब उनका साथ उनकी पत्नी भी देती हैं कसरत करने और करवाने में क्योंकि मधु भाभी भी अपने समय की Sports champion रही हैं।

यदि इन्सान में लगन हो और किस्मत उसका साथ दे तो हर असम्भव काम भी सम्भव हो सकता है।

[यहाँ विजय के नाम मेरा एक पत्र उद्धरणीय है। विजय उस समय खड्गपुर में अपनी इंजीनियरी की पढ़ाई पूरी कर रहे थे

> कल भार्गव होस्टल के यूनियन का उद्घाटन करने गये थे। Art of Living पर भाषण दिया। शरीरमाद्यम् खलु धर्मसाधनम् का अर्थ समझाया।

शरीरसुख सभी चाहते हैं लेकिन शरीर [की] रक्षा करना कम ही जानते हैं। बड़ी जल्दी भाखड़ा डैम का हाल हो जाता है।

यह जानकर प्रसन्नता हुई कि तुम्हारा वज़न उतना ही है जितना हमारा एम.ए. करने के वक्त था [दो मन]। अब जरूरत इस बात की है कि शरीर में कस पैदा किया जाये। फूलने फैलने की ज़रा भी प्रवृत्ति हो तो उसे रोकना चाहिए। घूमने, खेलने और कसरत करने से शरीर हल्का, चुस्त और कसा हुआ, परिश्रम का आदी और इसलिए जल्दी न घिसा जाने वाला बल्कि ज्यादा टिकाऊ होता है। (31.8.59)]

रामविलास शर्मा

बड़े भैया–कुलपति की भूमिका में

बड़े भैया कुलपति की भूमिका किस तरह निभाते हैं, इसका अनुमान उनके कुछ पत्रों से होगा जो उन्होंने अपने भतीजों को लिखे थे। इनका सन्दर्भ यह है कि भुवन एम.ए. (अंग्रेज़ी) के पहले साल की परीक्षा में फेल हो गये थे। भुवन ने बी. एससी. किया था, उसके बाद उन्होंने अंग्रेज़ी साहित्य में एम.ए. करने की इच्छा की। बच्चे क्या पढ़ेंगे और पढ़ने के बाद क्या बनेंगे, इसके बारे में मैंने पहले से कभी सोच-विचार कर कोई योजना नहीं बनायी। सिद्धान्त यह था कि किसी भी दबाव के बिना इनके व्यक्तित्व का विकास होने दिया जाये! ललित ने पहले राजनीति शास्त्र लिया। उसे छोड़कर उन्होंने अंग्रेज़ी में एम.ए. किया, फिर हिन्दी में एम.ए. किया। काफी दिन बाद उन्होंने अपनी पत्नी दया के साथ इतिहास पढ़ने में मन लगाया। बड़े भैया ने भाभी को इण्टर की परीक्षा की तैयारी करायी। पत्नी के साथ उन्होंने भी परीक्षा दी। भाभी पास हो गयीं भैया फेल हो गये। उनका कहना था कि भाभी को पढ़ाने में इतना समय लगा कि खुद के पढ़ने को समय ही न मिला। उनका एक तर्क और था कि इण्टर के चार विषयों में उन्हें चारों डिवीज़न मिले थे, एक में फर्स्ट, दूसरे में सेकेण्ड, तीसरे में थर्ड, चौथे में फोर्थ। इसलिए पास होने वालों की सूची में उनका नाम न आया। वास्तव में इससे यही साबित होता है कि परीक्षापद्धति बहुत ही दोषपूर्ण थी। एक विषय में किसी को फर्स्ट डिवीजन मिलता है, तो उस विषय का आगे अध्ययन करने के लिए उसे सुविधा मिलनी चाहिए। इसके विपरीत हुआ यह कि जिन विषयों में उनकी गति नहीं थी, उनके कारण उस एक विषय के अध्ययन से वह वंचित हो गये।

वंचित केवल इस अर्थ में कि विश्वविद्यालय की परीक्षाएँ देने का अवसर उन्हें

न मिला। किन्तु जिन विषयों में उनकी रुचि थी, उनका अध्ययन वे बराबर करते रहे और बहुत से विश्वविद्यालयी छात्रों और अध्यापकों से उनकी जानकारी अच्छी रही। जहाँ तक लिखने का सम्बन्ध है, उनकी लेखन कला से 'सचेतक' के सभी पाठक परिचित हैं। इस कला की शिक्षा विश्वविद्यालय नहीं देते, शायद बहुत दिनों तक दे भी न सकेंगे। यह बात मैं खासतौर से श्रीमती अवस्थी उर्फ रक्षा शर्मा के लिए लिख रहा हूँ। इधर उन्होंने अपने एक पत्र में यह सूचना दी थी कि विश्वविद्यालय में शिक्षा न पाने के कारण उनके मन में हीनभावना है कि वह अच्छा नहीं लिख सकतीं। यह भावना उन्हें और उन जैसों को भैया का उदाहरण देखकर अपने मन से निकाल देनी चाहिए।

जहाँ तक याद है, ललित एम.ए. के दूसरे साल में थे और भुवन पहले साल में। दोनों को मैं एक साथ शेक्सपियर का कोई नाटक पढ़ाता था यानी घर पर पढ़ाता था। कॉलेज में मुझसे न पढ़ना पड़े, इसलिए ये दोनों ही राजपूत कॉलेज के बदले आगरा कॉलेज में पढ़ रहे थे। कौन किस कॉलेज में पढ़े, इसका फैसला मैंने इन्हीं लोगों पर छोड़ दिया था। हमारे घर में जो नाट्यकला की परम्परा रही है, उसके एक प्रतिनिधि भुवन भी हैं। शेक्सपियर के नाटकों में कौन से प्रसंग विशेष कलात्मक हैं, यह भुवन बहुत अच्छी तरह पहचानते थे। इससे मुझे सन्तोष होता था। नाटक पढ़ते समय परीक्षा का ध्यान न भुवन को रहता था, न मुझे। तो जब परीक्षाफल निकला तो परीक्षक ने याद दिला दिया कि शेक्सपियर को आनन्द के लिए नहीं दण्डस्वरूप परीक्षा के लिए पढ़ना चाहिए।

भुवन के फेल होने से मुझे कोई खास परेशानी न हुई, इसलिए कि वह खेलकूद में बराबर प्रगति कर रहे थे। कसरत, कुश्ती और खेलकूद की परम्परा की जड़ें हमारे परिवार में बड़ी गहरी थीं। चारों दिशाओं में न सही, किसी एक दिशा में मनुष्य उन्नति करे तो उसके शुभचिन्तकों को प्रसन्न होना चाहिए। भैया का दृष्टिकोण यह था कि खेलकूद में प्रगति को गौण स्थान देना चाहिए, मुख्य स्थान साहित्य, विज्ञानवाली विश्वविद्यालयी शिक्षा को देना चाहिए। संयोग की बात है कि एम.ए. में असफल होने के बाद भुवन को खेलकूद की विश्वविद्यालयी शिक्षा पाने का अवसर मिला। इस तरह का शिक्षाक्रम कुछ ही समय पहले शुरू हुआ था। भुवन ने ग्वालियर में यह शिक्षा पायी और फिर बनारस विश्वविद्यालय में खेलकूद विभाग में अध्यापक हो गये। भैया ने जब अपने पत्र लिखे थे, तब उनके सामने यह परिप्रेक्ष्य नहीं था कि खेलकूद भी विश्वविद्यालयी शिक्षा का विषय हो सकता है और आगे चलकर आजीविका का साधन बन सकता है। उनके पत्रों में जो चिन्ता झलकती है, उसे देखकर यह न समझना चाहिए कि वह अकारण थी। जो परिप्रेक्ष्य बाद में दिखाई दिया, वह उस समय भैया के सामने होता तो शायद वह दूसरे ढंग से पत्र लिखते।

पर यह बात पक्की है कि उस समय भुवन के भविष्य के बारे में वह मुझसे ज्यादा परेशान थे।

29 मई 1958 को भैया ने तीन पत्र लिखे, एक मुझे, दूसरा ललित को, तीसरा भुवन को। मुझे उन्होंने लिखा :

> भुवन की दशा से न हमें पहले सन्तोष था और न अब ही। मुझे दुःख है कि तुम उसकी ठीक नब्ज़ न पहचान सके। उसके खेल के प्रोत्साहन में कमी होना चाहिए। वैसे तो जागने-जगाने के लिए धक्का भी आवश्यक होता है पर सच तो यह है कि बच्चों की असफलता वास्तव में हमारी ही असफलता है कि हम उनको सुमार्ग पर न लगा सके। यह ठीक है कि परिस्थितियाँ न अनुकूल थीं और न हैं, पर यहाँ तो संघर्ष ही जीवन है। किस-किस चीज को रोया जाय? पिछले दिनों मुन्नी का स्वास्थ्य ठीक नहीं था पर हाथ में लेकर कोई काम छोड़ना भी उचित नहीं। सब्र के साथ लगे रहने के अलावा और क्या हो सकता है? तैरते रहो, एक दिन किनारा मिलेगा ही।

मेरी पढ़ाई-लिखाई के बारे में अपनी भूमिका याद करते हुए भुवन के प्रसंग में उन्होंने ललित को लिखा :

> कल रामविलास का पत्र मिला। पढ़कर बड़ा दुःख हुआ। बड़ी बेचैनी रही, विशेषकर तुम भी इस कुवृत्ति में [खेलकूद में या सनीमा देखने में] शामिल थे। वैसे तो इसमें विजय भी शामिल थे पर तुम्हारी जिम्मेदारी सबसे बड़ा होने के कारण बहुत ज्यादा है। यह ठीक है कि तुम भी लड़के ही तो हो पर कभी-कभी आवश्यकतावश लड़के को बुजुर्ग बनना पड़ता है। वैसे तो अपनी माँ के सामने हम भी तो लड़के ही हैं पर इसका यह अर्थ नहीं कि हम तुम्हारे या नरेश के सामने भी लड़के हो जायें। तुमको तो उचित-अनुचित का ध्यान रखना ही चाहिए था। छोटे तो तुमको आगे करके अलग हो जायेंगे कि भैया भी तो गये थे पर तुम किसको आगे करोगे? महत्व इस छोटी-सी घटना का [मुन्नी के साथ ललित, भुवन, विजय, हमसे पूछे बिना सनीमा देखने गये थे] ही नहीं है। तुमको तो बड़े होने के नाते सभी बातों को देखना है, यहाँ तक कि भुवन के फेल होने की जिम्मेदारी भी तुम्हारी ही है। वह रामविलास का लड़का होते हुए भी उनसे तुम्हारे नजदीक अधिक है। तुमको देखने की जरूरत है कि उसकी प्रवृत्तियाँ किधर जाती हैं और नित्यप्रति उसको आगाह करते रहने की जरूरत है। दूर जाने की जरूरत नहीं है। गिरजा का परिचय देने के बाद उनके भाइयों का परिचय देते समय गर्दन अपने आप झुक जाती है, आवाज धीमी हो जाती

है, और शब्दों में वह ओज नहीं रहता। लोग अन्दर का खोखलापन आसानी से झाँक लेते होंगे। क्या तुम समझते हो, विजय के सामने भुवन की यही परिस्थिति न होगी? समय निकल जाने पर हाथ मलने के सिवा और कुछ नहीं हो सकता। नमूने के लिए हम मौजूद हैं। जिम्मेदारी लेना कोई मुश्किल चीज़ नहीं है। जिस बोझ को कल ढोना है, उसके लिए आज ही से क्यों न तैयार रहा जाय! भुवन इसको अच्छी तरह समझेंगे कि दौड़ में जरा सा ही स्टार्ट की ढील से आदमी पिछड़ जाता है। पर दुःख तो यह कि वह जीवन की दौड़ का मूल्य नहीं समझते। इस संसार की दौड़ में कोई किसी का साथी नहीं बल्कि प्रतिद्वन्द्वी और द्वेषी ही हैं। जो पिछड़ गया, उसको दुनिया हँसती है, सहानुभूति में भी खिल्ली की पुट रहती है।

तीसरा पत्र भुवन के लिए इस प्रकार था :

यह ठीक है कि लड़के की ज़िम्मेदारी माँ-बाप पर होती है, पर उस लड़के की, जो कि नासमझ हो, न कि बी.ए. पास। यदि हम कहें कि हमारे कामों की ज़िम्मेदारी हमारे माँ-बाप पर है तो दुनिया हमीं को हँसेगी।

तुम कह सकते हो कि पाँचों उँगली बराबर नहीं होतीं। ठीक है, पर पाँचों उँगली उसी एक औसत से ही छोटी-बड़ी होती हैं, न कि एक बहुत बड़ी और एक बहुत छोटी। वह तो एक शारीरिक दोष होगा। क्षम्य इतना ही हो सकता है कि यदि दूसरे फर्स्ट डिवीजन हैं तो तुम सेकेण्ड, थर्ड हो जाओ, न कि फेल। दुनिया सुनेगी तो क्या कहेगी? तुम चाहो जो कुछ समझो, पर हमें तो यह मुँह से निकालते शर्म आती है कि रामविलास का लड़का फेल हो गया। यह बात नहीं कि तुममें बुद्धि न हो, शक्ति न हो। जो बी.ए. कर सकता है, वह एम. ए. भी कर सकता है। यह तो तुम्हारी केवल उदासीनता है, कुप्रवृत्ति है जो तुम्हें सुमार्ग पर जाने से रोकती है। जो सुविधाएँ तुम्हें आज प्राप्त हैं, उनका शतांश भी हमें प्राप्त न था। इससे बड़ा हमारा और तुम्हारा दुर्भाग्य और क्या होगा कि तुम उनसे लाभ न उठाओ? खेलने के लिए तो जीवन भर पड़ा है पर पढ़ने के लिए नहीं। अवस्थी के कप और मेडल आज धूल खा रहे हैं, काम उनकी विद्या और बुद्धि ही दे रही है। तुम्हारे जो कप कल घरवालों को ही सुन्दर मालूम पड़ते थे, आज काटने दौड़ रहे हैं। तुम्हारी इज़्ज़त के ख़याल से तुम्हें कोई कुछ न कहे पर अकर्मण्य को कोई प्यार नहीं करता है, चाहे अपनी स्त्री, अपना पुत्र ही क्यों न हो। कालिदास की स्त्री ने उसके मूर्ख रहने पर घर से निकाल दिया था और ज्ञान पाने पर रख लिया था। तुम क्या इस स्वार्थी

दुनिया में आशा करते हो कि तुम्हारे मूर्ख रहने पर भी कोई तुम्हारी इज्जत करेगा? और जब धक्के खाओगे तब बाप-दादों को दोष दोगे कि हमारे साथ क्यों हमदर्दी की। जैसा कि मैं। बाबा ने कहा, ''अब तो बच्चा बहुत पढ़ गया है। न हो तो अब यहीं कुछ दिन रह लेने दो।'' मैं मारे खुशी के घुल गया। [भैया हाई स्कूल की परीक्षा देने के बाद उस समय 18 साल के थे।] बाबा बड़े अच्छे लगे। पर अब? अब मैं उनके और अपने दोनों के कर्मों पर रोता हूँ और रोते नहीं बनता। मेरे सहपाठी मेरे ही डिपार्टमेण्ट में चौदह महीने मुझसे सीनियर हो गये। और जिन्होंने उन्नति की, उनको तो छोड़ ही दो।

संसार में कर्म का फल मिलता है। जो जैसा करता है, वैसा पाता है। नमूने के लिए हम छह भाई मौजूद हैं। हमसे छठे दर्जे में पूछा गया था, तुम्हारे जीवन का लक्ष्य क्या है? क्या तुम बी.ए. पास करके बता सकते हो कि तुम्हारे जीवन का लक्ष्य क्या है और तुम उसकी पूर्ति में क्या प्रयास करते हो? स्पोर्ट्स में मनुष्य चार आदमियों की निगाह में जरूर ऊँचा उठ जाता है और इससे स्वाभाविक प्रवृत्ति के अनुसार वह गद्‌गद भले ही हो जाये पर यह क्षणिम होता है। मनुष्य को स्थायी प्रसन्नता का प्रयास करना चाहिए। कहने की बात नहीं कि आज विजय के विशेष स्पोर्ट्समैन न होने पर भी उनकी इज़्ज़त तुममें सबसे अधिक है। हम सभी को उनका गर्व है। अवस्थी की तरह यदि तुम दोनों ओर सफलता प्राप्त करते हो तो अति उत्तम है पर स्थायी को छोड़ अस्थायी को प्राप्त करना कोई मूल्य नहीं रखता। तुम रसहीनता, मजा न आने की शिकायत कर सकते हो पर संसार में कोई ऐसा काम नहीं जिसमें मजा न आये। मैं जिस जगह हूँ, उस पर आने के पहले सुपरडेंट से तीन दफे नाहीं की थी। घबड़ाता था, उलझन मालूम होती थी। पर अब बड़ा मजा आता है, अपना खेल दूसरों को सुनाता हूँ, छुट्टी तक लेना बुरा मालूम होता है।

उल्टी डाल पर बैठकर उसी को काटनेवाला मूर्ख अमर कालिदास हो गया। दुनिया में क्या नहीं हो सकता? जिस काम की मास्टरी हो जाती है, उसी में रस आने लगता है। आखिर रस क्या है, कहाँ मिलता है? मनुष्य जहाँ कठिनाइयों पर सरलतापूर्वक विजय पाने लगता है, वहीं उसे रस मिलने लगता है। पहलवान एक दाँव लगाकर, प्लेयर एक ट्रिक देकर, वकील एक पेचीदा बात कह कर, लेखक एक तथ्यपूर्ण बात लिखकर, इंजीनियर एक नया कन्सट्रक्शन करके रस लेता है। पर यह रस एकदम से नहीं आने लगता। इसके लिए उसे पहले कुछ दिन मन मारकर, बेवकूफ बनकर अभ्यास करना

होता है। टी.एम. इक्ज़ामिनेशन के लिए कुछ दिन हम और मिश्रा साथ-साथ पढ़े थे। टेक्निकल सवाल न आने पर मिश्रा ने एक दिन कहा था, "अगर कोई बच्चा होता तो चाँटा मार देते।" उसी पेपर में मुझे समय आने पर सौ में से छियत्तर नम्बर मिले थे। जब पढ़ोगे ही नहीं तो रस कैसे आयेगा? इसलिए अभी कुछ नहीं बिगड़ा है। आज ही से नियमपूर्वक काम शुरू कर दो, सफलता तो मिलेगी ही। तुम्हारा नाम भुवन मोहनी हमीं ने रखा था। ऐसा न हो कि तुम भुवन तो क्या घर मोहन भी न रहो।

शोभा जैटली

बचपन की बातें

बाबा का देहान्त हो जाने पर अम्मा मुझको अपने साथ आगरा ले आयी थीं। अब मैं अकेली अजिया के साथ झाँसी में कैसे रहती? आगरा आने पर कुछ दिनों तक मुझे अजिया और बाबा की कमी बहुत महसूस हुई।

अब अजिया कुछ दिन आगरे रहतीं तो कुछ दिन लखनऊ। एक बार जब अजिया आगरे आयीं तो बोलीं कि दुलहिन (अम्मा से), शोभा की शादी तक मैं रहूँ न रहूँ। अच्छा है कि उसके पैर पूज लूँ। झाँसी में होती तो शादी मैं ही करती।

एक दिन उन्होंने मुझे और सेवा को बैठक में बुलाकर पीढ़े पर बैठाया। एक लोटे में पानी लाकर हम दोनों के पैर धोये और अपने कान की एक बाली उतारकर मेरे हाथ पर रख दी। फिर हम दोनों के पैर छुए। इसी बाली को तुड़वाकर अम्मा ने हम दोनों की बालियाँ बनवा दीं, जो कि अभी तक मेरे पास हैं।

अजिया की एक आदत थी कि जब अम्मा उनको कुछ खाने की चीज देतीं तो वे उस समय न खाकर अपने पास रख लेती थीं। बाद में थोड़ा-सा स्वयं खातीं और उसका अधिक भाग बच्चों में बाँट देतीं।

आगरा आने पर चाचा ने मेरा दाखिला, मुरारीलाल स्कूल की दूसरी कक्षा में करवा दिया था। घर पर पढ़ाने का काम भैया करते थे। एक दिन मुझे भिन्न के सवाल समझा रहे थे। उनके काफी प्रयत्न के बावजूद भी जब मैं सवाल न निकाल सकी तो उन्होंने मेरी काफी पिटाई की जो स्वाभाविक ही थी, पर चाचा ने उन्हें कहीं से पीटते हुए देख लिया तो भैया को बुलाकर कहा कि तुम शोभा को मत पढ़ाया करो। चाचा बच्चों को पीटने के पक्ष में बिल्कुल नहीं थे। भैया के समझाये हुए भिन्न के सवाल मैं अभी तक ठीक प्रकार से निकाल लेती हूँ।

बड़े भाई साहब से उस समय सभी लोग डरते थे, उन्हीं दिनों भुवन भैया के एक दोस्त जैसवाल उनसे बहुत मिलने आते थे। जब वे आते तो आवाज देते—भुवन, और उनकी आवाज सुनते ही ललित भैया भुवन भैया से कहते कि यह फिर आ गया, मना करो, यह न आया करे। तब भुवन भैया का जवाब होता कि मैंने थोड़े ही बुलाया है, अपने आप आता है, मैं कैसे मना करूँ।

भुवन भैया ने बचपन में हमारी और सेवा की वजह से भी कई बार अम्मा से मार खाई थी। अम्मा का गुस्सा होना और मारना भी ठीक ही होता था। हम लोग जब शाम को गली में खेलते तो यह भूल जाते कि अब रात हो गयी है और घर भी चलना है। जब अम्मा आवाज़ देतीं तो घर पहुँचते। तब अम्मा एक-आध चाँटा मारकर कहतीं, दो बार पहले भी बुलाया था और अब आयी है। तभी भुवन भैया सामने आते और कहते, ''मारकर तो देखो।'' अम्मा कहतीं, ''सामने से हट'' और भुवन भैया के न हटने के चक्कर में एक आध कभी-कभी उनके भी पड़ जाता।

बचपन से ही भुवन भैया की यह आदत थी कि वह घर में छोटे बड़े सभी का ध्यान रखते थे। वही आदत उनमें अभी तक है, जिसका प्रमाण यह है कि हम तीनों बहनों में से जिस किसी को भी उनकी आवश्यकता होती है वह निःसंकोच उनको लिखकर बुला लेती है।

सेवा शर्मा

पढ़ाई के दिन और रातें

चर्चा हो रही थी स्त्रियों की शिक्षा की और वह भी अपने घर की। सोचा हम भी कुछ अनुभव, संस्मरण लिख डालें। जब होश सँभाला तो आर्य कन्या पाठशाला में, जो कक्षा 8 तक थी, भर्ती करा दिया गया। उस समय तख़्ती पर खड़िया से लिखते थे। शायद कक्षा 4 से कापी पर होल्डर से लिखना शुरू किया था। चाचा कहते थे, पेन से लिखाई खराब हो जाती है।

जब आर्य कन्या छोड़कर मुरारीलाल में भर्ती कराना था तो चाचा ने कहा, ''यह चिट्ठी बड़ी बहनजी को दे देना''। स्कूल की प्रिंसिपल ने चिट्ठी पढ़ी और एक चपरासी बुलाकर एक फार्म पकड़ा दिया। कहा, ''इसमें अपने पिताजी के दस्तखत करवा लाना''। दूसरे दिन दाखिला हो गया और प्रिंसिपल ने चपरासी से कहा, ''इसे कक्षा 5 बता देना''। इतना बड़ा स्कूल देखकर जी घबड़ाने लगा और सोचा, यहाँ कैसे पढ़ेंगे। थोड़ी देर में ही घबड़ाहट के मारे उल्टी हो गयी और हम घर वापस आ गये। धीरे-धीरे नये वातावरण के लिए अभ्यस्त हो गये और अब स्कूल में मन लगने

लगा। जब बहनजी P.T. या games के लिए बच्चों को छाँटती तो सबसे पहले दौड़कर हम जाते और यह भूल जाते कि हमारा पैर कमजोर है। बहनजी हमको लाइन से बाहर खड़ा कर देतीं। उस समय मन मसोस कर रह जाते। घर आने पर जब चाचा सूरत देखते तो समझ जाते, कुछ बात है। हम बहनजी की शिकायत करते तो चाचा हमको यह कहकर समझाते कि "दूसरे तो बिल्कुल अपंग हैं तुम तो चल लेती हो"। इसी तरह के वाक्यों द्वारा मन से यह हीन भावना निकल गयी और अपने आपको दूसरों की तरह समझने लगी। स्कूल में एक डांस में भी भाग लिया। बहनजी चाहे जितना लाइन से निकालें हम सबसे पीछे लाइन में खड़े हो जाते (बहनजी के जाने के बाद) और सबके साथ P.T., लँगड़ी टाँग, खोखो आदि खेलते।

मुरारीलाल से कक्षा दस की परीक्षा देने के बाद फेफड़ों की बीमारी हो गई और एक वर्ष आराम करना पड़ा। ग्यारहवीं कक्षा में जब बी.आर. कॉलिज में दाखिला लिया तो लड़कियों ने पहचाना नहीं क्योंकि बीमारी के बाद काफी मोटी हो गयी थी। उसी समय भुवन भैया का विवाह हुआ और मधु भाभी आयीं। उनकी हार्दिक इच्छा थी कि वह आगे पढ़ाई करें। उस समय वह इण्टर की परीक्षा देकर आयी थीं और स्वाति मुरारीलाल में पढ़ती थी। चाचा ने मधु भाभी का दाखिला भी मुरारीलाल में करा दिया।

स्कूल में मधु भाभी को सभी लड़कियाँ "सिर ढकने वाली भाभी" की पदवी से पहचानती थीं। मैं, शोभा, स्वाति और मधु भाभी तीनों ही बाहर के कमरे में पढ़ते थे। स्वाति की पढ़ाई नियमित रूप से रोज कम से कम एक घण्टा होती थी और हम लोग सारा साल नोट्स बनाने में लगे रहते थे और जब परीक्षा के तीन-चार महीने रह जाते तो दिन-रात किताबें लेकर बैठे रहते। चाचा का कहना था, रात को अधिक देर मत पढ़ा करो वर्ना आँखें खराब हो जाएँगी। जब अम्मा रात को कहने आतीं, "बिटिया अब सो जाओ, बहुत देर हो गयी", स्वाति तुरन्त बोलती, "हम तो इसी बात का इन्तजार कर रहे थे कि कब तुम कहने आओ और हम सोएँ"। अब समस्या होती कि कमरे की रोशनी अगर बाहर जाएगी तो डाँट पड़ेगी, अतः दरवाजों की झिरियों में कपड़ा घुसा देते।

एक दिन आपस में झगड़ा हो गया। शोभा कहती थी बिजली बन्द कर दो, हमें नींद आ रही है; स्वाति कहती, हमें पढ़ना है, बिजली बन्द नहीं करेंगे। जब तुम्हारी इच्छा हो बत्ती बन्द करो, जब तुम्हारी इच्छा हो खोलो, ऐसा नहीं होगा। जब तुम रोज पढ़ती हो और हम सो जाते हैं, तब तो हम कुछ नहीं कहते तुमसे। झगड़ा काफी बढ़ गया। हम काफी समझौता कराने की कोशिश करते रहे लेकिन सब बेकार। हम अम्मा को उठाने गये और शिकायत की। अम्मा बड़बड़ाती हुई आयीं; बोलीं, "जब बाप घर में नहीं होता (दिल्ली, यू.पी. एस.सी. की मीटिंग में गये थे और भाई सब पहले से ही बाहर थे), तब इन लड़कियों को लड़ाई झगड़ा सूझता है। समझ में नहीं

आता। इतने कमरे हैं, अलग-अलग क्यों नहीं बैठतीं।'' बड़ी मुश्किल से मैंने और मधु भाभी ने स्वाति को मनाया कि दूसरे कमरे में चली जा। वह अपना तामझाम उठाकर चली पर कह गयी, ''अब इस कमरे में नहीं आऊँगी।''

दूसरे दिन शोभा ने मुझे बुलाया और कहा कि स्वाति से कह, ''इस कमरे में आ जाए।'' मैंने स्वाति से कहा तो उसने जवाब दिया, ''पहले लड़ती है, फिर बुलाती है। कह दे, पहले मुझसे माफी माँगे, और मेरा सामान उठाकर दूसरे कमरे में ले चले, तो मैं आऊँगी।'' जब शोभा ने यह सुना तो बौखला गयी। बोली, ''बड़ा अपने को तीसमारखाँ समझती है। मुझसे इतनी छोटी और मैं उससे माफी माँगूँ? कतई नहीं। कह दे, कोई जरूरत नहीं है आने की।'' हम एक-दूसरे के बीच मेसेंजर का काम करते रहे। शाम तक यह नौबत आ गयी कि शोभा सब सामान उठाकर बाहर वाले कमरे में ले गयी और एक ही कमरे में दो टेबल लैम्प लगे कि जो सोए, उसकी तरफ आड़ कर दी जाए ताकि रोशनी उसकी तरफ न जाए।

रात को देर तक पढ़ने से नींद सभी को आती थी पर जिसको भी कहो, तुम सो रही थीं तो जवाब होता, ''नहीं तो''। मधु भाभी से एक बार कहा, सो रही थीं तो बोलीं ''हमारी आँखें ही ऐसी हैं कि नीचे की लाइन पढ़ो तो लगता है सो रहे हैं।'' शोभा से कहो तो गुस्सा होती और कहती, ''तुम अपनी पढ़ाई करो। हमें देखने की जरूरत नहीं है।'' एक दिन मधु भाभी पढ़ते-पढ़ते कुर्सी पर सो गयीं। स्वाति ने सोशिऑलोजी की किताब हटाकर बायलॉजी की किताब रख दी और फिर पूछा, ''मधु भाभी पढ़ रही हो?'' बोलीं, ''हाँ''। हम लोगों ने कहा, ''पढ़ो, पढ़ो।'' दो-तीन बार आँखें जोर से खोल कर देखा, किताब हाथ में दूसरी थी। जब हम लोग हँसने लगे तो बोलीं, ''जरा झपकी लग गयी थी।''

दूसरे दिन जैसे ही हमारी झपकी लगी, किताब हटाकर हाथ में चप्पल रख दी (यह काम भी स्वाति का था)। हमने भी पहले तो ताव में कहा, ''पढ़ तो रहे हैं,'' पर जब हाथ में किताब की जगह चप्पल देखी तो खिसिया गये। अब यह स्पष्ट हो गया कि नींद सबको आती है; इसको भगाने के लिए क्या किया जाए, उसके लिए कई रास्ते अपनाये।

सबसे पहला रास्ता यह अपनाया कि मधु भाभी के मेकअप का सामान बाहर वाले कमरे में ले आये। रात 12 बजे सब मेकअप करके एक-दूसरे की शक्ल देखकर खूब हँसते। थोड़ी देर बाद मुँह धो लेते और नींद भाग जाती। दूसरे दिन पड़ोसिन कपूरनी अम्मा से पूछतीं, ''मात्ता जी, त्वाड्डे घर कल बोत मखोल होन्दी सी।'' अम्मा कहें, ''पता नहीं बहन जी।'' कुछ दिन बाद मेकअप का सामान खत्म हो गया और समस्या हुई, अब क्या किया जाए। तय हुआ कि चाय बनाया करेंगे। स्टोव, चीनी, चाय, भगोना, छन्नी आदि सब रात को कमरे में रख लेते और बारी-बारी सब चाय

बनाते। नतीजा यह कि एक हफ्ता तो मामला ठीक रहा पर उसके बाद चाय बनाने में समय ज़्यादा खर्च हुआ और पढ़ाई कम हुई। लगा, यह रास्ता बेकार है। एक तो समय की समस्या, दूसरे बनाये कौन।

अब दूसरा रास्ता अपनाया। एक तकिए की सिलाई खोलकर उसकी रुई के छोटे-छोटे फाए बनाकर पानी में भिगोते और छिपकली के पास दीवार पर फेंकते। रुई दीवार से चिपक जाती और छिपकली कीड़ा समझकर खा जाती। रुई गले में अटक जाती और वह दीवार पर सिर पटकती, हम लोग देख-देखकर खुश होते और नींद भाग जाती। तीन-चार दिन बाद जब तकिया अम्मा के हाथ पड़ा तो अच्छी-खासी डाँट खायी। इधर छिपकली इतनी अभ्यस्त हो गयी उस रुई की कि पास आकर पानी पी जाती और रुई वहीं छोड़ जाती। यह रास्ता भी फेल हो गया।

अब मैं टेबल पर चढ़कर बैठ जाती और सोचती कि झपकी आने पर झटका लगेगा और नींद खुल जाएगी। एक दिन ऐसी जोर का झोंका आया कि चारों खाने चित जमीन पर गिरे। स्वाति खूब हँसी। बोली, ‘‘रात को पढ़ना क्या किसी डॉक्टर ने कहा है? जब याद नहीं होता तो ऐसी पढ़ाई से क्या फायदा?’’

ऐसे ही धीरे-धीरे विद्यार्थी जीवन गुजर रहा था। शोभा के एम.एससी. के नोट्स से हम पढ़े; स्वाति का दाखिला एम.एससी. केमिस्ट्री में करवा दिया, यह सोचकर कि दो ने तो बॉटनी में किया है, यह केमिस्ट्री में कर ले। (उस समय स्वाति दिल्ली गयी थी)। स्वाति ने चाचा से शिकायत की, ‘‘सेवा ने मेरा दाखिला केमिस्ट्री में करवा दिया है। मुझे बॉटनी में इंटरेस्ट है।’’ चाचा ने बुलाकर हमें डाँट लगाई कि ‘‘तुमने उसका दाखिला केमिस्ट्री में क्यों कराया?’’ हमने सफाई दी कि बॉटनी में भी फार्म भरा है। शोभा के नोट्स से ही स्वाति पढ़ी। उसका I div. आया और हम दोनों का। यह नतीजा था नियमित पढ़ाई का।

एम.एससी. करने के बाद प्रश्न उठा कि आगे क्या किया जाए। इस सम्बन्ध में जब चाचा से बात की तो बोले, ‘‘जिसमें तुम्हें रुचि हो, करो।’’ पर हमारी पढ़ाई रुचि के अनुसार नहीं चल रही थी क्योंकि जब मैं बहुत छोटी थी तब विचार उठते थे कि मैं बड़ी होकर बच्चों की डॉक्टर बनूँगी पर डॉक्टरी की परीक्षा में पास नहीं हुए और झक मारकर एम.एससी. करना पड़ा। बाद में सोचा कि पीएच.डी. करेंगे लेकिन उसके लिए भी कोई गाइड न मिलने से बी.एड में दाखिला ले लिया और न चाहते हुए भी बी.एड. कर लिया। अब लगता है, अच्छा ही किया, क्योंकि बी. एड. करते समय बहुत आत्मविश्वास जागा। पहली बार स्टेज पर नाटक किया और चाचा ने हमें राजा की भूमिका में नहीं पहचाना। घर आकर अम्मा से कहा, ‘‘सेवा स्टेज पर बोल भी सकती है, हमने इसकी कल्पना भी न की थी।’’ इसी समय समूह गान में भी भाग लिया।

(पढ़ाई लिखाई के सिलसिले में यहाँ स्वाति और सेवा के कुछ पत्र उद्धृत करता हूँ। पत्र विजय को लिखे गये हैं। विजय खड़गपुर में थे, हम लोग आगरे के अशोकनगर मोहल्ले में रहते थे। स्वाति पड़ोस की एक पाठशाला में पढ़ने जाती थी।)

[1]

पूज्य विजय भैया, ता. : 27-3-58

राम राम। चाची [रक्षा] आगरे आ गयी हैं। हमारे लिए फ्राक, 3 जोड़े फीते भी लायी हैं। हमें सब चाचियों में ये ही चाची अच्छी लगती हैं। हमें चीज लाकर खिलाती हैं। केनी [पालतू कुत्ते] को हमने कल भेज दिया था। वह जंजीर में से खुलकर भाग आया। हमारी क्यारी में 1 बैंगन है जो बड़ा होता जा रहा है। और सब पौधे ठीक-ठाक हैं। चाची भी आपको चिट्ठी लिख रही हैं। हमारा स्कूल 11 अप्रैल को खुलेगा। 8 बजे [8 अप्रैल को] शोभा का खुल गया है। शेष कुशल है।

आपकी छोटी बहन स्वाति शर्मा कक्षा 4
12 अशोकनगर
आगरा

[2]

पूज्य विजय भैया, [अप्रैल 1958]

सादर प्रणाम।

आपकी बहुत याद आती है। आप कब आवेंगे, लिखियेगा। हम स्कूल 9 बजे जाते हैं। 10 बजे कक्षा में पढ़ाई शुरू हो जाती है। मेरे टेस्ट के नम्बर रिजर्ट [रजिस्टर अथवा रिजल्टकार्ड] में चढ़ेंगे। इंगलिश के नम्बर 19/20, और इतिहास और भूगोल, सामाजिक जीवन तीनों का 30 का पेपर था। तो उसके नंबर 24, 30, किसी भी लड़की के 24 से ज्यादा नम्बर नहीं हैं। हमने कहा, जब सबके नम्बर बता दिये जावेंगे, तब खत लिखेंगे। हिसाब में नम्बर हैं 8/10। दो नम्बर इसलिए कट गये थे कि वे नये सवाल थे। और हिन्दी में 20/40 हैं। और किसी के बारे में नहीं पता। सूरजमुखी का फूल पूरा खिल गया है। रेडियो ठीक ठाक है। सहेलियाँ सब ठीक ठाक हैं। आप के दोस्तों को प्रणाम कह देना।

आपकी छोटी बहिन स्वाती शर्मा कक्षा 4 ने यह चिट्ठी भेजी है। अब स्कूल जाने [का] वक्त है। जल्दी-जल्दी लिख रहे हैं। 9 बज गया है।

[3]

पूज्य विजय भैया, 31.8.59

सादर प्रणाम।

अबकी बार तुम्हारी चिट्ठी भी खूब लम्बी थी। बहुत खुशी हुई। यहाँ पर पढ़ाई लिखाई शुरू हो गयी है। लेकिन यहाँ चाइनीज़ चेकर्स अभी तक खेला जाता है। आज

रात मैंने तुमको तथा भुवन भैया को देखा था। अमृत चाचा जी ने चाइनीज़ चेकर्स का नाम चीनी चक्कर रखा था। वे दो दिन पहले लखनऊ चले गये। सहारनपुर [चौबे के बच्चों के लिए] हमने राखियाँ भेजी थीं जिसमें मनीआर्डर [से] 3 रु. आये थे। वे गुलक में पड़ गये। मैं कल शायद स्पंज की चप्पलें पहनूँ। सामने गुड्डी [सहेली] का नौकर बता रहा था कि एक लड़का ट्रक से कट गया। आज से चिट्ठी लम्बी जाया करेगी और तुम भी लम्बी लिखना। स्कूल का समय हो गया है। बस पत्रोत्तर शीघ्र देना।

आपकी बहन स्वाती शर्मा कक्षा 6 अ

[4]

12 अशोकनगर,
आगरा
ता. 8.12.59

पूज्य विजय भैया,

सादर प्रणाम।

तुम्हारा पत्र मिला। पढ़कर खुशी हुई। मूँछोंवाले गुड्डे के लिए सेवा ने एक गुड़िया बनायी है जिसका एक बच्चा भी है। गुड़िया फैशन बहुत करती है और साटन के कपड़े पहनती है। और जूड़ा भी बनाती है।

हमारे पर्चे आज खत्म हो गये हैं। आज हिन्दी II का था। पर्चे सब अच्छे हो गये हैं। मैं आज अपनी सहेली से लोमड़ी की पूँछ लायी हूँ। बहुत गुदगुदी है। आजकल गुलाब के फूल बहुत खिलते हैं। अमरूद का पेड़ अब छत से भी ऊँचा निकल गया है। तुम आगरे कब आओगे? सेवा का भी आखिरी पेपर था। लौट कर नहीं आयी है। शोभा के पेपर हो चुके हैं। इम्तहानों के दिनों में हमको सात बजे जाना पड़ा और अब स्कूल साढ़े दस बजे जाया करेंगे।

यहाँ पर सुबह बहुत सर्दी पड़ती है, और दिन में कम, फिर रात को ज्यादा पड़ती है। शोभा स्कूल से आ गयी है। अच्छा अब पत्र समाप्त करती हूँ। दोस्तों को राम राम।

तुम्हारी
स्वाति

शोभा के हिन्दी में नम्बर 50/100 हैं और बौटनी में नम्बर 18/35 हैं।

[5]

पूज्य विजय भैया, 15.2.58

सादर प्रणाम।

तुम्हारा पत्र कल शाम को मिला। हाल मालूम हुए। शोभा ने क्या मँगवाया है, हमें चुपचाप लिख दो। शोभा हमें बताती नहीं है। अच्छा, हम भी लिख रहे हैं कि

हमारे लिए क्या भिजवा देना। एक अच्छा सा फ्राक का कपड़ा भिजवा देना। और 2 गज फीते कोई सुन्दर चैक के अगर हो सके तो भिजवा ही देना। हम इन्तजार करेंगे। हमारे स्कूल में भी चेचक के टीके लग चुके और हमारे ठीक भी हो गये। फ्राक में कपड़ा ढाई गज लगेगा। यहाँ तो चेचक के टीके हम तीनों में किसी के भी नहीं फूले। तुम लिखना, तुम्हारे फूले या नहीं। हम सोचते हैं कि वहाँ तो बहुत हरियाली होगी यहाँ के देखते हुए। स्वाती अभी सोकर उठी है साढ़े सात बजे।

एक दिन एक गाना आया था। वह यह था–बेटा डर मत 2, यूँ ही मर मत 2, बेटा डर मत 2। इसी तरह यह गाना आया। चाचा को तो यह सबसे ज्यादा पसन्द है। और चूँ चूँ करती आयी चिड़िया–यह भी बहुत अच्छा लगता है। और हमें तो यह अच्छा लगता है–हम हैं नन्हे मुन्ने बच्चे, हम हैं हिन्दुस्तान के बच्चे। पी लो बीड़ी खा लो पान, अपने घर की बढ़ा लो शान–यह भी चाचा को अच्छा लगा। जिस पेन से हम लिख रहे हैं, वह एक लड़की ने दिया है। अभी हिसाब का टेस्ट हुआ था। तो एक सवाल तो ठीक है और एक गलत है। क्लास भर में एक लड़की के दोनों सवाल ठीक हैं। और किसी के भी नहीं हैं। अब हमारा भूगोल का टेस्ट मंगल को होगा। आज तो शनिवार है। उसका भी लिखेंगे कैसा हुआ। अबकी बार तुमने पीले कागज पर क्यों लिखा था? यहाँ सब कुशल है। अपने हालचाल लिखना।

तुम्हारी छोटी बहन
सेवा शर्मा
VII A

जो तुमने भुवन भैया को चिट्ठी में लिखा था कि ऊँट के मुँह में जीरा, वह पत्र पढ़कर चाचा को बड़ी हँसी आयी।

[6]

पूज्य विजय भैया, 28.3.59

सादर प्रणाम।

तुम्हारा पत्र आया लेकिन हम तुम्हें जवाब न दे सके। अब हम, चाची, शोभा, स्वाति, सब बैठक में बैठकर चिट्ठी लिख रहे हैं। यह चाची हमको बहुत अच्छी लगती हैं। ये चाची ऐसी हैं कि अगर अम्मा खाना बना रही हों और पास में कुर्सी पड़ी हो तो बैठने को कहो तो ऊँचा होने के कारण नहीं बैठती हैं। और अगर चाची कुर्सी पर बैठी पढ़ रही हों तो [अम्मा के आने पर] खड़ी हो जाती हैं। अम्मा ने कई बार मना किया पर चाची तो मानती ही नहीं हैं। कल रात को जब अम्मा और चाचा घूमने गये तो चाची बन गयीं माँ और हम और स्वाति दो बच्चे। हम लोगों को कन्धे पर लटका लिया और गाना गाने लगीं–दुनिया में हम आये हैं तो जीना ही पड़ेगा। यही गाना गाने लगीं। इतने में भैया [ललित] आ गये और काफी देर तक हँसते रहे। और चाची ने

एक गाना यह सुनाया—मेरा छोटा सा वह संसार है। चाची हमको इतनी अच्छी लगती हैं। प्यार के मारे गले लगा लेती हैं। और छोड़ने को भी मन नहीं करता है।

हमारी अभी छुट्टियाँ चल रही हैं। हमारे इम्तहान 20 अप्रैल से होंगे। अभी अच्छी तरह पता नहीं है। और [स्कूल] 7 अप्रैल को 7 बजे खुलेगा और स्वाति का 11 ता. को खुलेगा। केनी इस समय भूँक रहा है और दिन पर दिन मोटा होता जा रहा है। चाची जिस दिन आयी थीं, उसी दिन चाची की नयी चप्पल काट डाली। इसलिए उसे छोड़ने का इरादा किया गया। पहले बगीची में छोड़ा लेकिन भाग आया। और मीतल साहब [अशोकनगर मुहल्ले के पड़ोसी और मित्र प्रह्लाद नारायण मित्तल] को दिया तो पहले तो उनके घर रोया, फिर घुमाने लाये तो अपने घर भाग आया। उसे गुस्सा बड़ी जल्दी आ जाता है। अपनी पढ़ाई लिखना किस तरह की चल रही है। यहाँ सब ठीक है। यह लिखाई हमने भैया के पेन से लिखी है।

तुम्हारी

सेवा शर्मा

एक बात हम तुम्हें लिखना भूल गये, वह यह है कि चाची की लिखाई बहुत अच्छी लगती है।

यह चिट्ठी हमारे विजय भैया को ज़रूर मिल जाय।

आत्माराम शर्मा

ससुराल में आगमन

शादी अपने आप में एक संकोच, भय का मिश्रण है। मेरी शादी परिवार के लिए एक समस्या थी। आखिर वह दिन आ ही गया। शादी हुई। अब चिन्ता थी कि ससुराल में कैसे रहना होता है, कैसे जाना होता है। बड़ी झेंप थी मन में परन्तु उत्कण्ठा बहुत थी।

शादी के वक्त मुझे बहुत सी हिदायतें दी गयी थीं कि तुम कम बोलना, ज्यादा चपलता ससुराल में अच्छी नहीं होती और तुम्हारे सास-ससुर बहुत शान्त प्रकृति वाले हैं और तुम्हें यह भी ध्यान रखना है कि तुम्हारी बहन की ससुराल भी है। खैर, इन सभी चीज़ों को ध्यान में रखकर, कमर कसकर आखिर ससुराल पहुँच ही गये। चाचा [रामविलास] बहुत शान्त परन्तु अपने में मस्त और अपनी पढ़ाई में व्यस्त दीख पड़े। यह मेरे लिए अच्छा था क्योंकि न बात करनी पड़ेगी न मेरी चपलता का उन्हें ज्ञान होगा। मैं जब प्रथम बार चाचा के पैर छूने गया तो चाचा ने कहा था, "मुझे पैर छुवाने से हाथ मिलाना ज़्यादा अच्छा लगता है।" परन्तु आज तक मुझे चाचा से हाथ

मिलाने की हिम्मत नहीं हुई है, न होगी। इसका क्या कारण है, मैं स्वयं भी नहीं जान पाया हूँ।

मेरे जैसे स्वभाव वाले व्यक्ति के लिए मुँह बन्द रखना एक बहुत बड़ी सजा थी। अतः आहिस्ते-आहिस्ते अम्माजी (सासजी) की ओर गये और अम्मा से बहुत देर तक बातें कीं। अम्मा ने चाचा के बारे में बहुत सी हिदायतें इनडायरेक्ट रूप में दीं। इनसे मुझे यह आभास हो गया था कि चाचा का सभी काम समय से होता है और यह ध्यान रखना है कि ज़्यादा हल्ला गुल्ला नहीं होना चाहिए जिससे उन्हें लिखने में असुविधा हो।

परन्तु दो-तीन बार ससुराल में आने के बाद सभी धारणाएँ, जो मैंने मन में बना रखी थीं, शनैः शनैः खत्म होती जा रही थीं और मैंने पाया, चाचा को अपने से ज्यादा चिन्ता अम्मा की होती और उनके लिए सभी प्रिय चीजों को त्याग सकते हैं। चीनी, नमक, घी, मिठाई आदि, ये सब अम्मा की वजह से कम कर दी थीं।

मैं चाट पकौड़ी खाने का शौकीन, अतः सुबह जाकर जलेबी और कचौड़ी खा आता था परन्तु अम्मा को यह अच्छा न लगता था कि मैं अपने पैसे ससुराल में खाता हूँ। अम्मा को क्या चीज पसन्द नहीं है, इसका ज्ञान तब होता था जब वह बोलना बन्द कर देती थीं और सोचने लगती थीं। खैर, मैंने निश्चित कर लिया कि मुझे ऐसा काम न करना चाहिए। अतः सुबह अम्मा से रुपये लेता और जलेबी और कचौड़ी बाजार से ले आता और अकेले ही खा लेता। यह प्रक्रिया तीन-चार दिन चली। एक दिन चाचा ने बुलाया। पूछा, "आत्ती, कहाँ जा रहे हो?" मैंने कहा, "जलेबी लेने।" तो चाचा ने कहा, "आज हमारे लिए भी लेते आना।" तो मुझे बड़ी खुशी हुई कि आज चाचा ने कुछ कहा तो सही और उन्होंने हमारे साथ जलेबी खायी और आहिस्ते-आहिस्ते जो चाचा के प्रति मुझे भय लगता था, वह क्षीण होता गया। आज मुझे लगता है कि चाचा मेरे बहुत अच्छे सलाहकार हैं। लोगों ने उनके बारे में धारणाएँ बना रखी हैं कि उन्हें ज्यादा हँसना, शोर आदि पसन्द नहीं है, ये बिल्कुल गलत धारणाएँ हैं। आज मैं मस्ती से ससुराल में आता हूँ, रहता हूँ, बिल्कुल उन्मुक्त, किसी भय, किसी संकोच के साथ नहीं। सुना जाता था कि पटाखे नहीं दागने चाहिए, नहीं तो चाचा नाराज होंगे। परन्तु मैं आज आठ साल में जब भी दिवाली पर ससुराल आया तो खूब बम, गोले, पटाखे दागे। चाचा ने मुझे कभी मना नहीं किया बल्कि उन्हें मुस्कराते देखा है।

हम लोगों को देर से खाना खाने की आदत है। अतः कभी-कभी आगरे में बड़ा खटकता था कि सुबह 10 बजे खाना खा लो और सायं को आठ बजे, और नौ बजे खाट पर सो जाओ। हम लोग 11 बजे सोने वाले। परन्तु अनुभवोपरान्त पता चला

कि यह भी चाचा अम्मा के कारण करते थे जिससे उन्हें आराम मिल सके। अतः बाद में हमें बुरा न लगता था क्योंकि हमने देखा, वह स्वयं तो 10 बजे सोते थे।

चाचा ने जब कभी किसी मसौदे पर चर्चा की तो उन्होंने उसे बड़े ही अच्छे ढंग से समझाया है। शादी के बाद जब कैम्बे पहुँचे तो देखा कि डनलप के गद्दे किसी ने चुरा लिये। हानि तो थी ही। इसकी सूचना हमने चाचा को बहुत दिन बाद दी। सोच रहे थे कि चाचा की डाँट आयेगी परन्तु चाचा ने लिखा था, किसी की बीमारी और पढ़ाई हेतु यदि रुपये की कमी हो तो परेशानी ठीक है, किसी चीज के खो जाने से हानि होती है तो वह नगण्य है। ऐसे बहुत से समय आये हैं, जब चाचा के पोस्ट कार्ड की चार लाइनों ने ढाढस बँधाया है, एक रास्ता सुझाया है। सबसे बड़ी बात यह है कि चाचा ने मुझे हमेशा पुत्रवत् समझा है, जामाता नहीं। मैंने देखा है कि चाचा जिस तरह निःसंकोच मुझसे कुछ कह देते हैं, ऐसे शायद दूसरे दामादों से न कहते होंगे।

मुझे आज भी ससुराल ससुराल नहीं लगती। मैं वैसे ही मस्ती और फक्कड़पन से जितने दिन रहता हूँ, रहता हूँ।

रामविलास शर्मा

आगरे का जीवन
(भैया को लिखे पत्र से)

कल नमन महाशय [ललित के पुत्र] ललित दया के साथ जयपुर गये। नमन ने कहीं एक ट्रैक्टर देखा था। घर में लकड़ी के टुकड़े बटोर कर वह अक्सर अपना ट्रैक्टर ठीक किया करते थे। कहानी सुनने का शौक, लेकिन कहानी में ट्रैक्टर जरूर होना चाहिए। हमने [बाबा से सुनी कथा में] ऊँट और सियार के साथ ट्रैक्टर को भी खरबूजे खिलाये; [दूसरी कथा में] जो बंदरिया गरम ईंट पर बैठकर जल गयी थी, उसे खीर खिलानेवाली माँ से ट्रैक्टर चलवाया; [तीसरी कथा में] शेरों के घर में जहाँ नककाट और पूँछिउखार भरे थे, लोहे की डँडिया से तरे कै बँड़िया [बंडा शेर] खिसकाने के बाद बाप बेटा खेती करने लगे—ट्रैक्टर से। लेकिन नमन फिर कहते, बाबा ट्रैक्टरवाली कहानी सुनाओ। फिर ट्रैक्टर से हमने बहुत दूर-दूर की यात्रा कराई, पहिया तुड़वाया, होमियोपैथ से दवा कराई, फिर एक चिड़िया फुर्रवाली नीति से ट्रैक्टर पाँच गज़ चलाया, फिर रोका, फिर पाँच गज़ चलाया, फिर रोका—लेकिन आखिर नमन ने हमें हरा ही दिया। जहाँ रुके कि नमन ने कहा—बाबा ट्रैक्टर वाली कहानी सुनाओ।

बाप-माँ से ज़िद, हमसे सावधान। सवेरे हम लिखने बैठे, नमन सामने कुर्सी पर। घंटा आध घंटा बीत जाये और नमन चुपचाप अपनी उधेड़बुन में, हमें छेड़े बिना।

तनू बाबू [विजय के पुत्र तन्मय] नमन का रोब बिल्कुल नहीं मानते। इसलिए नमन अपना बड़प्पन गुड़िया [भुवन की पुत्री गीतिका] पर झाड़ते हैं : मिट्टी खाती है! जाओ भीतर। पानी खेलती है! जैसे दया जूनियर स्कूल की लड़कियों को डाँटती होंगी, उसी स्वर में। और तनू हर काम में दूसरों की नकल करते हैं। नमन लो गये तो वह भी लोट गये। नमन ने पानी पिया तो वह पी पियेंगे। लेकिन नमन रोते हैं, तब वह रोते नहीं हैं; अफसोस जाहिर करते हैं—बीया [भैया] रोता है। गेंद खेलने चले, नमन ने भी सोचा गेंद खेलें, तब झगड़े की नौबत। हम बरामदे में एक तरफ नमन को खड़ा करते, दूसरी तरफ तनू को। अपनी पाली में रहकर गेंद फेंकने को कहते। लेकिन तनू को यह अनुशासन पसन्द न आता; वह दौड़कर नमन की पाली में आ जाते अैर रेफरी की मुसीबत आ जाती। तनू extrovert type हैं। दूध पिया, खेले, सो गये; बाप चला गया, कोई चिन्ता नहीं; किसी की गोद में बैठने की आदत नहीं। नमन से बोलने के कम्पटीशन में जब तनू को शब्द निकालने में कठिनाई होती, तब वह सीधे तार सप्तक पर पहुँचकर पंचम और निषाद ही निकालते।

सन्तोष [तनू की माँ] ने किसी जगह के लिए अर्जी दी थी; इंटरव्यू के लिए जाना था। कल जाते समय तनू से कहा गया—गुड़िया से हाथ मिलाओ। तनू ने बायाँ बढ़ाया, फिर दुरुस्त करके दाहिना बढ़ाया, लेकिन गुड़िया ने ऐसे हाथ मिलाया जैसे दिन में दस-पाँच बार उसे रोज़ दूसरों से हाथ मिलाना पड़ता हो। वह जब तक जागती है, भरत नाट्यम् की किसी न किसी मुद्रा में रहती है। आँखों में काजल लगाने, ओंठ लिपस्टिक से रँगने, रेडियो की धुन पर थिरकने आदि की कलाएँ वह दिखाती ही रहती है। उसमें सबसे बड़ी कला है घिस्सा देकर मिट्टी खाने की। गमले के पास बैठेगी, हाथों में मिट्टी लगा लेगी, पास आयेगी कि पोंछ दो; फिर गमले के पास, एक हाथ दिखायेगी कि मिट्टी लगी है, दूसरे हाथ की उँगली मुँह में! मिट्टी न खाई हो और कहो, मुँह खोलो, तो तुरन्त मुँह खोल देगी; खाई होगी तो भागेगी। बैठना वह जानती नहीं। दिन में कितने किलोमीटर चलती है, कोई हिसाब नहीं।

अब इसके चार दाँत ऊपर के, दो नीचे के निकल आये हैं। दाढ़ें भी फूट रही हैं—शायद।

स्वाति अपने विषय [वनस्पतिशास्त्र] में युनिवर्सिटी में प्रथम आयी है।

(24-26.6.70)

(स्वाति को लिखे पत्रों से)

कल यहाँ कवि सम्मेलन था। बालकृष्ण राव अध्यक्षता करने वाले थे; नातिन हुई है, बहाना करके दिल्ली खिसक गये। कवि सम्मेलन की अध्यक्षता शिवमंगलसिंह सुमन ने की। सम्मेलन में सुमन साढ़े आठ बजे आये और सवेरे पाँच बजे अध्यक्षता खत्म करके साढ़ू इंजीनियर के घर गये। हमारे यहाँ दो-ढाई घण्टे रहे। रात भर जगने पर भी चेतन्न थे। उनकी बीवी भी आयी थीं। दोनों ने आते और विदा होते समय तुम्हारी अम्मा के पैर छुये। हमने भी सुमन के आगे पैर कर दिये लेकिन अम्मा के आगे चाचा को कौन लिफ्ट देता? धौल-धप्पे से बात खत्म हुई।

तुम्हारी चिट्ठी अम्मा एक बार दूसरे से सुनती हैं, फिर एकान्त में ध्यान से खुद पढ़ती हैं। इसलिए साफ-साफ लिखा करो और अंग्रेजी के शब्द जहाँ तक हो सके बचा जाया करो। उनका स्वास्थ्य सुधर रहा है और सवेरे घुमाने ले जाते हैं। गर्मी के मारे कभी-कभी नींद टूट जाती है तो हम दोनों दिन में कभी नौ बजे, कभी खाना खाने के बाद एक बजे सो जाते हैं। इधर काफी गर्मी पड़ी। आज लू नहीं है लेकिन बरसातवाली चिपचिपी गर्मी है। सुबह जब सुमन आये तब बिजली गायब थी; हमने उन्हें बरामदे में बैठाया। इधर दया, ललित घर की धुलाई अक्सर करते हैं, उतना ही रेत उड़कर बरामदे, और कमरों में भी इकट्ठा हो जाती है। इस समय भी दो-तीन किलोग्राम रेत बरामदे में बिखरी होगी। आसमान में धुंध और हवा में नमी (तरावट नहीं) है।

17.6.74

तुम्हारी अम्मा की हालत सुधर रही है। आज मूँग की दाल का पानी लिया था। थोड़ा चली भी थीं। दो दिन बाद शायद नर्सिंग होम से छुट्टी मिल जाएगी। शोभा, विजय, सन्तोष यही हैं। पटियाला में ब्याह से लौटते बड़े भैया भी कुछ घण्टों को आ गये। रात को लखनऊ जायँगे। लेकिन हम अब बहुत थक गये हैं।

20.2.75

तुम्हारी अम्मा की तबियत सुधर रही है। दलिया खाती हैं, मुसम्मी का रस लेती हैं। आज हमारे साथ बरामदे के दो चक्कर लगाये थे। विजय, सन्तोष शाम को दिल्ली, भुवन रात को बनारस जायँगे। बड़े भैया एक दिन रुकने के बाद कल लखनऊ गये। शोभा अभी यहीं हैं।

जब कोई आदमी परेशान हो तो उसकी बात का बुरा न मानना चाहिए। दो मनुष्यों के बीच वास्तव में प्रेम है या केवल बचकाना आकर्षण, इसकी परख दुख और परेशानी में ही होती है। जिन्हें हम प्यार करते हैं, उनकी दो बातें सह लेने के लिए हमें तैयार रहना चाहिए।

23.2.75

आजकल कमरे में सोओ तो गर्मी, बाहर सोओ तो सर्दी लगने का डर। कभी-कभी कमरे के भीतर ही जुकाम भर को हवा लग जाती है। इसलिए इस सर्दी-गर्मी से बचाव का ध्यान रखना। कवियों ने वसंत की तारीफ में हजारों पन्ने रँग डाले हैं। मुश्किल से दो हफ्ते को दिखाई देता है। मार्च में देर तक सर्दी पड़ी और अप्रैल में जल्दी गर्मी आ गयी। अलबत्ता रात में पन्द्रह-बीस मई तक अपनी झलक दिखा देता है। बेले ज़रा देर में खिलेंगे और नीम भी देर में महकेगी। पागलखाने की सड़क पर घने पेड़ों में कोयल मई में ही चार बजे सवेरे से कूकेगी। एक भाषा विज्ञानी ने लिखा है कि कोयल सैकड़ों साल से कुऊ ही बोलती आयी है, उसकी भाषा में कोई ध्वनि परिवर्तन नहीं हुआ क्योंकि वह साल-दर-साल अपने बच्चों को यही पाठ पढ़ाती है।

4.4.75

यह अन्तर्देशी ऊपर पते के बिना और भीतर किसी इबारत के बिना बाकायदा चिपकाया जाकर अपने और साथी अन्तर्देशियों के साथ डाकखाने जाने ही वाला था कि उसे तुम्हारी अम्मा ने गिरफ्तार कर लिया। मैंने भीतर झाँक कर देखा कि किसका पता लिखना भूल गये थे तो मालूम हुआ कि जैसे बाहर पता नदारद, वैसे ही भीतर ख़त का मज़मून नदारद। तो आज अपना सवेरे के काम का कोटा पूरा करने के बाद बड़े जतन से हमने इसे खोला क्योंकि इसे अच्छी तरह गोंद से चिपकाया था और इतने ध्यान से चिपकाया था कि पते की जगह पर नज़र ही न पड़ी थी। और फिर ककड़ी खाते हुए तुम्हें हम पत्र लिखने बैठे।

भुवन नरसों आये, एक चक्कर ग्वालियर का लगाते हुए। कल माधुरी को साथ ले गये। माधुरी काम इतना ज्यादा करती है कि बच्चे की दुर्गति हो जाती है। अब हम उन्हें बहुत सोच-समझकर यहाँ बुलायेंगे। बच्चे [सोनू] को सर्दी, ज़ुकाम, दस्त कुछ-न-कुछ लगा ही रहा—वह अलग से। वैसे उसने हमसे बहुत दोस्ती कर ली थी और स्वभाव में अपने बाप, ताऊ, चाचा सबसे अच्छा है।

जिस समाज व्यवस्था में हम रहते हैं, उसमें दूसरों की मेहनत का फल खुद हड़प जाना आम बात है। दूसरों का माल देखते ही लोगों की नीयत बदल जाती है। एक दिन शाम के झुटपुटे में हमारे एक पुराने दोस्त फाटक से भीतर घुसे, इधर-उधर देखा, गुलाब का फूल तोड़कर जेब में रख लिया। जब बरामदे में आये तो चेहरे पर चोरों वाले चौकन्नेपन का भाव मिटाकर शरीफ बन गये। यहाँ बहुत से फूल चोर बाकायदा थैले लेकर फूल तोड़ने निकलते हैं। एक सिन्धी तुम्हारी अम्मा से बोला—चोरी से फूल तोड़ना पाप है, सवेरे पूजा के लिए फूल ले जाता; सोचा आप से पूछकर तोड़ूँ। तुम्हारी अम्मा ने उसे अनुमति दे दी। कल सवेरे वह बाहर से हाथ डाल कर गुलाब

तोड़ रहा था। मैंने उसे डाँटा। सोचा–अब न आयेगा। लेकिन आज सवेरे जब मैं इधर [जुही के] फूल तोड़ रहा था, तब कानों में गाने की आवाज आयी। देखा–वह दूसरी तरफ फूल तोड़ रहा है और कोई गीत भी गुनगुना रहा है जिसका पूजा से कोई सम्बन्ध न था।

तुम्हारी अम्मा ने आज कहा–तुम कमरे में जो फूल रख देते हो उनकी सुगन्ध सारे दिन कमरे में गूँजती है। (हम यह वाक्य कई बार दोहराते रहे।)

14.4.75

तुम्हें पत्र लिखने बैठे कि संतोष ने चाय का प्याला सामने लाकर रखा। अभी सवेरे के 9 बजते होंगे, कल घर की पुताई के बाद आज धुलाई हुई है। बरामदे में तोतापंखी रंग ऐसा पोता गया है कि देखने वाले के हाथ के तोते उड़ जायें; जगह-जगह कूची बराबर न फेरने से नीचे की सफेदी ऐसे झलकती है जैसे तोते के हरे पंखों के नीचे सफ़ेद पर। पर गुड्डन को यह रंग बहुत पसन्द है और सवेरे उन्होंने यह जिज्ञासा प्रकट की कि बाबा सभी कमरों में यही रंग क्यों नहीं कराते। मैंने कहा–लोगों को यह रंग पसन्द नहीं। कल शाम को राजपति तिवारी [राजपूत कालेज में अंग्रेजी के अध्यापक] समेत कई लोग इस रंग की नहीं तो पुताई की काफी आलोचना कर गये थे। लेकिन गुड्डन की पसन्द के बाद यह रंग हमें भी अच्छा लगने लगा और उसकी पुताई के साथ शान्तिपूर्ण सह-अस्तित्व की नीति बरतने में हमें सफलता मिलने लगी है।

चाय का प्याला खाली हो चुका है और हम याद कर रहे हैं, सवेरे राजपूत कॉलेज के सामने ख़रबूजों की गहरी महक दिमाग में सोंधापन भर गयी थी और उसी समय ऊँची नीम पर कोयल की आवाज़ ने दिमाग के ध्वनिकेन्द्रों को ऐसा चालू किया कि संगीत की लहर गन्ध की लहर से जा मिली। और हमने घर आकर देखा–जब गुड्डन ने पूछा, बाबा इस पेड़ में फूल क्यों नहीं आते–कि जूही में फूल आने का समय तो समाप्त हो गया लेकिन नयी-नयी कोंपलें अब भी फूटती चली आ रही हैं। जब मौस्को शहर जर्मन फौजों से घिरा हुआ था, तब एक रूसी पत्र के मुख पृष्ठ यह खबर छपी थी कि वसंत ऋतु आ गयी है और अमुक स्थान पर अमुक फूल खिले हैं। मैंने यह बात अमृतलाल नागर को बतायी तो उन्होंने कहा–इस जाति को कोई नहीं हरा सकता; युद्ध के दौरान भी इसे कौन से फूल कहाँ खिले हैं, इस बात का ध्यान है।

हमारे लिए घर में लड़की का ब्याह युद्ध-संकट से गुज़रने की तरह है। काम न करने पर भी बहुत से झंझट व्यर्थ ही परेशान करते हैं। इसलिए फूल, पत्तियों, ख़रबूज़ों की गन्ध और कोयल की आवाज़ की तरफ हमारा ध्यान और भी ज़्यादा जाता है। और यह सोचकर मन को दिलासा देते हैं–यह युद्ध-संकट हमें हरा नहीं सकता;

एक हफ्ते बाद तो 26 मई आयेगी ही जब चौबीस मई को बीते दो दिन हो चुके होंगे! [चौबीस मई को सेवा का ब्याह था।]

19.5.75

सवेरे के 6 बजे होंगे। कुछ पब्लिक सो रही है, कुछ जाग चुकी है। कुछ मेहमान चले गये हैं, कुछ बाकी हैं। ब्याह के लिए उधार लिया हुआ बहुत सा सामान चला गया है, कोकाकोला की कुछ खाली और भरी बोतलें बाकी हैं। आखिर 26 मई आ गयी।

23 के सवेरे जब जवाहर नहीं आये तब हमें तुम्हारे बारे में चिन्ता होने लगी; जब तीसरे पहर वह आ गये, तब हमारी चिन्ता कुछ दूर हुई।

ब्याह का दिन हमारे लिए D-Day है। D-Day के माने युद्ध का दिन। युद्ध समाप्त होने पर mopping up operations बाकी रहते हैं; सामान को यथा-स्थान भेजना, मेहमानों को विदा करना, बाकी पेमेंट करना—mopping up operations हैं।

21 को भुवन के न आने से चिन्ता। विजय प्रायः अकेले इन्तज़ाम करने वाले। चीनी, मैदा, सूजी का प्रबन्ध; हलवाई आदि को बुलाने का काम। ढोलक गीत, शोरगुल। 22 को बिजलीवालों के डेकोरेशन का काम। रात में काम, छत पर सौ पावर का बल्ब जलता हुआ। सारी रात न मालकिन सोयीं न हम। 23 को दिन में शोरगुल, भब्भड़। सोने का सवाल नहीं। सबसे बड़ी चिन्ता—बिजली न चली जाये। 23 को बिजली आध घण्टे को आयी, ढाई घण्टे को गायब। यह खेल शाम के पाँच बजे तक। फिर लगा—आती रहेगी। साढ़े सात बजे जब ग्रामोफोन रिकार्ड बज रहा था, लोग घर की सजावट देख रहे थे, बिजली गायब। पैट्रोमैक्स की व्यवस्था कर ली थी किन्तु वक्त पर पैट्रोमैक्स गायब। टेलिफोन करियो, मोमबत्ती लाइयो, पैट्रोमैक्स वाले के यहाँ गाड़ी लेकर दौड़ियौ। सवा आठ के करीब फिर बिजली आयी और उसके बाद उसने धोखा नहीं दिया। लेकिन आँगन में सारी रात पैट्रोमैक्स जलता रहा। दस बजे के क़रीब बरात, लौंडों का कूल्हा मटका कर नाचना। द्वारचार। बरातियों का भोजन, घरातियों का भोजन। एक बजे के करीब विवाह संस्कार शुरू। हम अपना काम करके खाली पंडाल में सामान की चौकीदारी करते रहे। साढ़े तीन बजे पंडित अपने घर; बराती वापस। भैया, अवस्थी, हम पंडाल में। अवस्थी साढ़े चार बजे थोड़ा सोये; भैया और हम जागते रहे। मालकिन की यह रात भी प्रायः बिना सोये बीती।

काम का बोझ, गर्मी में दौड़-धूप की परेशानी—सबसे ज़्यादा तक़लीफ विजय को। कौन कहाँ सोता है, किसके पास दरी है, तकिया है, ओढ़ने की चादर है या मच्छरों के काटने से सो नहीं पा रहा है—सब अस्त-व्यस्त। ब्याह माने दिमागी टेंशन, फिजूलखर्ची, रात का जागना, सबको परेशानी, गर्मी में विशेष। विवाह की रस्में, पुरानी रूढ़ियाँ, बेहिसाब मूर्खता का प्रदर्शन। इन सबसे निपटना असम्भव; इधर वालों को समझा भी लें, उधर वालों को कौन समझाये? ब्याह बेटी का हो चाहे बेटे का,

दोनों तरफ के लोगों को साथ लेकर चलना है तो यह सब बर्दाश्त करो।

ब्याह माने हम सब भाइयों का मिलना, मुंशी की खिंचाई, पुराने संस्मरण, बहुत सी लिखने-पढ़ने की बातें। 23 की रात बच्चों और कुछ लड़कियों ने कल्चरल प्रोग्राम किया। आशु के Items सबसे बढ़िया रहे। आशु अब बड़ा होकर अवस्थी से थोड़ा ही छोटा रह गया है। अवस्थी के साथ Sports week वगैरह पढ़ता, खिलाड़ियों और खेल पर राय देता है। 24 की रात को मालकिन ऊपर जाकर सो गयीं। नीचे बड़े कमरे में फिर Cultural programme हुआ। सभी ने कुछ न कुछ गाथा या चुटकुले वगैरह सुनाये। 25 को मुंशी शीतला गली गये; हम लोगों ने पुरानी चिट्ठियाँ पढ़ीं और अपना ग्रुप डिस्कशन किया। भैया और नरेश से हमें दौआ के बारे में कई नयी बातें मालूम हुईं।

किसने क्या present दिये, कितनी साड़ियाँ, कैसे डिज़ाइन की आयीं, गहने वगैरह किस किस्म के—तुम शायद यह सब जानना चाहो लेकिन हम कुछ बता नहीं सकते क्योंकि हमें कुछ पता नहीं। तुम्हारी माँ चल फिर रही हैं, बीमार होकर खाट पर नहीं पड़ गयीं, यह हमारे लिए ब्याह की सबसे बड़ी उपलब्धि है।

26.5.75

जवाहर का 24/9 का पत्र हमें 26/9 को मिल गया था। तुम्हारा 25/9 का पत्र हमें 27/9 की शाम को मिल गया था। वहाँ मौसी ने तुम्हारी देखभाल की, उससे हमें प्रसन्नता हुई, इसके लिए हमारी ओर से उन्हें हार्दिक धन्यवाद। और वहाँ माताजी को उनके पोता होने पर बधाई।

हमारा जन्म भी कनागतों में हुआ, यानी कनागतों के आखिरी दिन, पितृ-विसर्जनी अमावस्या के दिन। जब पितृगण विदा हो रहे थे, तब हम संसार में आये—रास्ते में ज़रूर मुलाकात हुई होगी पर अब हमें याद नहीं। इसलिए माताजी ने करणसिंह नाम दिया है, वह सार्थक है। वैसे तुम्हें सुल्तानपुर [जिला कोटा] बहुत पसन्द है, इसलिए सुल्तानसिंह नाम भी बुरा नहीं है। यहाँ अम्मा कहती हैं कि स्वाति को नहला धुला कर जब लाया गया तो उसने अँगूठा चूसना शुरू किया। इसलिए करणसिंह का अँगूठा चूसना—वंश परम्परा का पालन। जब सेवा हुई थी तब स्वदेशी बीमा नगरवाले घर में मैं अकेला था; रात में दाई नहीं थी। फिर सेवा को हमने अपने पास बिस्तर में सुलाया। तो करणसिंह अपने पिता के साथ सोये, यह भी हमारी वंश परम्परा के अनुसार हुआ।

तुम समय से कोटा आ गयी, कोटा में समय से कॉटेज मिल गयी, और समय से तुम भर्ती हो गयीं, डॉक्टर जैन ने तुम्हारा बड़ा ध्यान रखा—यह सब जानकर हम सब लोग बहुत प्रसन्न हुए।

तुम्हारी अम्मा को दो-चार दिन से गैस बहुत परेशान कर रही थी। कल रात वह गहरी नींद सोयीं। सवेरे कुछ बूँदा-बाँदी हुई थी और हम कुछ और दिनों से ज़्यादा देर तक सोते रहे, इसलिए घूमने नहीं जा सके। अब अम्मा पित्तो [सेवा की सहेली] वाले पार्क के दो चक्कर लगा कर लौटती हैं और घर में भी काफी टहल लेती हैं। इनका काफी समय सोनू के साथ बीत जाता है और कभी-कभी माँ के पास के बदले वह दादी के पास सोने का हठ करता है। हमसे दोस्ती इसलिए है कि हम उसे लेकर बाहर घुमाएँ। हॉल [बड़े कमरे] से पलँग हटाकर अम्मा वाले कमरे में कर दिया है। अब यहाँ सोनू की दौड़-धूप के लिए काफी जगह हो गयी है। कल रात हमने ड्राइंग रूम के सोफे, कुर्सियाँ एक तरफ़ सरका दिये और बाबा-नाती दोनों ने ज़मीन पर लोट लगाई। सोनू हमें हमारी लुंगी से पहचानते हैं। एक दिन छत पर माधुरी लिये थीं कि सोनू ने सड़क पर किसी को लुंगी पहने जाते देखा तो हाथ उठाकर हल्ला मचाना शुरू किया। फिर माधुरी उन्हें नीचे लाकर हमें दिखा ले गयीं कि ये बाबा बैठे हैं, तब सोनू शान्त हुए।

तीन बजने वाले हैं। इतनी गहरी घटा है कि कमरे में अँधेरा है। हल्की बूँदा-बाँदी हो रही है। सम्भव है, कुछ देर में ज़्यादा पानी गिरे। अगर सवा चार बजे निकलने लायक रहा तो इसे पंजाब मेल में आज डाल देंगे, नहीं तो कल। हाँ, हम जिस किताब [मार्क्स की **पूँजी,** खण्ड दो] का अनुवाद कर रहे थे, वह अब खत्म होने वाली है। सवा पाँच सौ पन्नों में साठ-सत्तर रह गये हैं। बादल गड़गड़ा रहे हैं। इति।

29.9.75

तुम्हारा 16.10 का फोटो वाला लिफाफा मिल गया था। फोटो—दोनों सुन्दर हैं। फोटो में तुम्हारा स्वास्थ्य ठीक लगता है। आशा है, कैमरा सही तस्वीर दिखा रहा है। नानी को [बच्चे के] पैरों के पंजे बिल्कुल अपने जैसे लगते हैं, माधुरी को मुँह स्वाति जैसा, मेरा अनुमान है कि लम्बाई में यह जवाहर और उनके भाइयों की तरह होगा लेकिन माथा? माथा तो इसका बिल्कुल नाना जैसा है। इसकी बायीं आँख कुछ दबी सी और दाहिनी आँख उससे कुछ बड़ी सी लगती है। यह विशेषता भी नाना की है। और तुमने उसे गोद में लिये-लिये चिट्ठी लिखी, यह हमारी एक और सिफत से मिलता-जुलता काम है, बच्चों को गोद में लिये-लिये किताब पढ़ना। पिछले दिनों कभी-कभी सोनू को गोद में लिये हुए हमने अनुवाद बोलते जाने की कोशिश की लेकिन सोनू लिखने वाले की कलम ही छीनने पर आमादा हो गये, इसलिए वह प्रयोग बन्द करना पड़ा।

नाम हमने बहुत सोचे लेकिन अभी दिमाग की रचनात्मक कोठरी बन्द है। जैसा नाम हम चाहते हैं, वैसा अभी सूझा नहीं। बढ़िया नाम रख लेना बढ़िया किताब लिख

लेने की तरह है और कभी-कभी किताब लिखना आसान, उसका नाम रखना मुश्किल होता है। अमृतलाल नागर ने उपन्यास लिखा, नाम हमने रखा–'महाकाल'। कहने से धोबी गधे पर नहीं चढ़ता, कहने से वाग्देवी कृपा नहीं करतीं। जब सूझना होगा तो अपने आप किसी प्रयत्न के बिना नाम सूझ आयेगा। आज हमने पूँजी खण्ड दो का अनुवाद पूरा किया। पुस्तक के अन्त में नाम, सूची आदि को हिन्दी में लिखने में एक हफ्ता और लगेगा और सारी पुस्तक दोहराने में लगभग डेढ़ महीना–मकान बन जाने पर पलस्तर करने में जैसे अतिरिक्त समय लगता है। यह किताब मार्क्स के साथी एंगेल्स की समझ में कई जगह न आयी थी, इसलिए इसे पढ़ने का अपना विचार छोड़ देना। हाँ, अब हम निराला का पत्र संग्रह लगभग दोहरा चुके हैं। एक हफ्ते में उसकी भूमिका वगैरह से फुर्सत पा जायेंगे। उसके बाद हमारी भाषा की पोथी चलेगी।
20.10.75

नींबू की चाय पी है। रेडियो में कोई सज्जन कर्णाटक संगीत में अच्छी गलेबाजी दिखा रहे हैं और वायलिन जब उनकी नकल करता है तो कभी-कभी लगता है, नकल करते हुए हँस रहा है।

सर्दी गायब। चाय के लिए अम्मा ने एक नीबू गिराया। मैंने कहा, और लगे हैं, गिरा दूँ? पर एक और गिरने पर उन्होंने कहा–रहने दो, फूल गिर रहे हैं। पके नींबू और फूल दोनों, संगीतकार की गलेबाज़ी और वायलिन की हँसी दोनों।
9.2.76

आज हमने जुही के काफी फूल इकट्ठे किये और देखा, दो-एक फूल मुर्झा भी गये हैं। यानी हम अपने काम में इतना खोए हुए थे कि कल शाम के पहले जुही का खिलना हमने देखा ही नहीं।

बिजली का बिल–118 रु. का आया। पता चला पावर की लाइन कहीं लीक कर रही है और बिना इस्तेमाल किये वहाँ यूनिट पर यूनिट रिकार्ड होते रहे–दिसम्बर 75 से! अब पावर का मेन ऑफ कर दिया है। बिजलीघर से लिखा-पढ़ी करेंगे।
15.3.76

इस बार होली के दिन काफी सर्दी थी। 10 बजे तक बच्चा पार्टी को छोड़कर बालिग लोग घरों से न निकले थे। रात में बाबू की बहू की लायी हुई 'गूलरी', अपने मन से निश्चित किये हुए मुहूर्त में, नौ बजे जलाकर अम्मा ने हमारे साथ होली तापी। दूसरे दिन अम्मा के मना कर देने पर भी गुझिया वगैरह [ब्रजकिशोर सिंह] शास्त्री ने बनवाई और कचौड़ी, दही बड़े, साग [राजपति] तिवारी ने। शास्त्री लेकर चले तो

रास्ते में लड़कों ने टिफिन कैरियर खोलकर सब कुछ खा-पी डाला। तब शास्त्री शाम को दो टिफिन कैरियर भरकर फिर आये। यहाँ हम लोगों ने दोपहर को कचौड़ियाँ खायी थीं और पाँच बजे के करीब जो बची थीं, उन्हें भी खा गये थे। फिर रात को उनके टिफिन कैरियरों का सामान क्या खाते! कुछ सवेरे खाया, बाकी महरी, मेहतरानी को extra दिया क्योंकि उनके लिए अम्मा पहले ही बना चुकी थीं और दे भी चुकी थीं।

बहुत दिनों बाद हमारे बेसिन में गेंदे के फूल दिखाई दिये हैं। दो ही पेड़ हैं और वह भी छोटे फूलों वाले, पर फूल गहरे पीले हैं और इस बार वसंत में उन्होंने जुही का साथ दिया। जुही के फूलों से हमारे सामने, अम्मा की बुनी टोकरी भरी है, सफेद फूलों के ढेर पर दो गुलाब हैं। 18.3.76

कल शाम को घूमने गये तो रास्ते में डॉ. रामकरण सिंह [राजपूत कॉलेज के भूतपूर्व प्रिंसिपल] और श्रीमती सिंह मिले। दोनों की उम्र में काफी फर्क है। सड़क पार करना हो तो श्रीमती डॉ. सिंह को आने जाने वाले वाहनों से बचातीं और डॉ. सिंह श्रीमती को। श्रीमती : This is Dr. Sharma. डॉ. सिंह : Yes, yes, I have known him for a longer time than you. श्रीमती : But I know him better. इस पर डॉ. सिंह निरुत्तर हो गये। हमने डॉ. सिंह से कहा, आपकी बात सही है क्योंकि मुझसे परिचय के बाद इनका ब्याह हुआ था। पर इनकी बात भी सही है क्योंकि बीच में आप बाहर चले गये थे और मुझे जानने का इन्हें ज़्यादा मौका मिला।

अपने ब्याह के भी पचास साल हो गये। इस मई में हमारे ब्याह की गोल्डन जुबली है सो माताजी तो अक्सर दो-चार कौर चावल आये दिन खा लेती हैं। [मधुमेह के कारण चावल खाना मना था।] हम इन्तजार में हैं कि मौसम ज़रा साफ हो—आँधी की रेत से घर भर जाता है—तो दही बड़ों का प्रस्ताव करें।

सोनू ने अपनी एक सैन्डल दादी के सिरहाने रखी है। उनकी दोनों चप्पलें लेकर मम्मी को देने गये हैं। 19.5.76

कल शायद तुम्हारा पत्र आये। पर कल हमें विद्यापीठ जाना है। फुर्सत न मिलेगी। इसलिए आज शाम को यह कार्ड लिख रहे हैं। सवेरे घूमने जायेंगे, डाकखाने के हवाले करेंगे। इस समय गिलहरियों का चखा हुआ अमरूद हमने खाया है, थोड़ा-सा अम्मा ने भी टेस्ट किया है। कल उड़द की दाल, आज छोले [देसी] बनाये थे। नीबू खूब पक रहे हैं। अम्मा ने काफी लोगों को बाँटे हैं। इस साल तोरई बोई हैं। मनी प्लान्ट लगाने में अम्मा एक्सपर्ट हो गई हैं। दो गमलों में वाश बेसिन के पास लहलहा रहे हैं। दो और गमलों में बढ़ना शुरू हुए हैं। 5.8.76

कल दूध लेकर लौटे तो गली में देखा, हरसिंगार का एक फूल उसी के पौधे की पत्ती पर पड़ा है। मैंने सोचा—पौधा छोटा है, बड़ा पेड़ तो परसाल काट डाला गया था, यह फूल कहाँ से आया? उसे हमने कई बार जी भर सूँघा। फिर देखा, पौधे में कुछ बहुत छोटी कलियाँ लगी हैं। आज पाँच-छह फूल इकट्ठे किये। हरसिंगार के बिना मन उदास था। अब शरद् का आना सार्थक हुआ। 1.10.76

एक हमारा बर्थडे पितृ विसर्जनी अमावस्या को बीत गया है, दूसरा दस अक्तूबर को आनेवाला है। दोनों जन्मदिवसों के बीच हमने यह तय किया कि अगला जन्मदिन आने तक यानी 65 पूरे होने तक हम अपना भाषाविज्ञान आदि का आलोचनात्मक कार्य समाप्त कर लेंगे। कुछ काम बाकी रहेगा—इतिहासलेखन के बारे में। एक हमारी किताब गदर पर है। बहुत दिनों से वह अप्राप्य है। उसे फिर से लिखना है। यह काम हम अगले जाड़ों में करने की सोच रहे हैं। उसके बाद उपन्यास लिखेंगे। पहला उपन्यास उसी गदर पर होगा। इसलिए यह योजना बनायी है कि गदर पर इतिहासवादी किताब पूरी करने के बाद उपन्यास शुरू कर देंगे। उस समय सारी बातें दिमाग में ताज़ी होंगी। उपन्यास लिखने के पहले ही लगता है, हमने कलम तोड़ दी। सस्ती कलम में सस्ता निब काफी दिन से चल रहा था। कल देवेश [लेखन कार्य में सहायक] से कहेंगे, दूसरा डलवाकर लाओ।

तो यह तय करने के बाद कि साल भर के बाद आलोचनात्मक काम बन्द कर देंगे, हम यह सोचने लगे हैं—यह साल जल्दी से खत्म हो जाये और हमें इस काम से छुट्टी मिले। नतीजा यह कि अब भाषा वाले काम से मन उचटने लगा है और हम अक्सर मन को 1857 की दिल्ली में घूमते हुए पाते हैं। हमारे उपन्यास के एक पात्र भागीरथी मिसिर खुद अपनी कहानी कहेंगे तो कैसी लगेगी, हम उनकी कहानी कहेंगे तो कैसी लगेगी, यह मसला हल नहीं हुआ।

खैर, सवेरे दो घण्टों को देवेश महाशय लिखने आते हैं तो हमें बाध्य होकर उन्हें भाषा विज्ञान पर लिखाना ही पड़ता है। इस तरह आशा है, यह काम पूरा हो जायेगा। और यह बिल्कुल सम्भव है कि साल भर बाद जब उपन्यास लिखने बैठें और गाड़ी आगे न चले तो फिर कोई बहाना ढूँढ़ कर आलोचना लिखने बैठ जायें। अभी तो जैसे ताज़गी आ गयी है, यह सोच कर कि बरसों से फैलाया हुआ यह भाषाविज्ञान का तानाबाना मुझे साल भर में समेटना ही है। आज कोश में देखा, तमिल में मोन शब्द का अर्थ बेटा है। तो, मोनू माने बिट्टू। [अनन्त उर्फ बिट्टू को पहले मैं पत्रों में मोनू लिखा करता था।] स्विमिंग पूल का भराव मज़बूत है न? हर बच्चा मिट्टी में खेलना पसन्द करता है और बच्चों के खेलने के लिए हमारे गाँव से अच्छी मिट्टी कहीं नहीं है। 7.10.76

शाम के छह बजने वाले हैं। हल्की बूँदा-बाँदी हो रही है। हम बाहर के बरामदे में बैठे पत्र लिख रहे हैं। उधर के बरामदे में अम्मा कुमारिल उर्फ मुनुआ [भुवन के साले] के साथ बैठी वार्तालाप कर रही हैं। मेरे अलावा उन्हें एक नया श्रोता मिलने से प्रसन्नता है। मेरे बारे में जानती हैं कि यह श्रोता ऐसा हैं कि जागते हुए भी सोता रहता है। मुनुआ की माताजी ने बहुत सा जन्माष्टमी का प्रसाद भेजा है जिसका कुछ अंश हमने कृष्ण भगवान को धन्यवाद देते हुए ग्रहण किया। तुम्हारे ओवरसियर महोदय तो आये नहीं। अम्मा ने प्लास्टिक की थैली में नीबू भरकर आभा [स्वाति की सहेली] की मम्मी द्वारा प्रदत्त बोर्नवीटा के खाली डिब्बे में उन्हें पैक कर रखा था। एक आध दिन और देखकर थैली अनपैक कर दी जायेगी।

करीब साढ़े चार बजे कई रंगों की जनानी छतरी लगाये कोई स्त्री फाटक की तरफ आ रही थी। अम्मा समझीं कुसुम [पड़ोसिन[आ रही है। फाटक के पास आने पर देखा—श्रीमती मन्टोली उर्फ सुक्खो हैं। सरदारनी की छतरी माँग लायी थीं। रक्षाबन्धन के अवसर पर दो दिन को छुट्टी ले गयीं। उससे पहले दो-तीन दिन और नागा कर चुकी थीं। इस बार ड्यूटी ज्वाइन करने पर बोलीं—कई दिना नाय आयी, इनके पईसा काट लेओ। तो यह पहली महरी हैं जो नागा करने पर पैसे काटने को खुद कहती हैं। अम्मा ने कहा—कैसी बातें करती हो सुक्खो, इत्यादि। सुक्खो भी प्रसन्न, अम्मा भी प्रसन्न। सवेरे दूध लेकर आते अक्सर मन्टोली नंगे बदन, सीने पर दोनों हाथ बाँधे, पहलवान की अदा से सड़क पर मस्त झूमते हुए दिखाई देते हैं। कभी बीड़ी का बंडल माचिस के साथ हाथ में लिये ऐसी शान से चलते हैं मानो गोल्ड फ्लेक का डिब्बा हाथ में हो। कमाती हैं सुक्खो, खाते हैं मन्टोली। कभी-कभी झक चढ़ने पर उन्हें पीट भी देते हैं। झक चढ़ने से पहले के दौर में सुक्खो सोती रहें, मन्टोली सवेरे उठ कर घर में झाड़ू लगा देते थे। 6.9.77

सन् 60 में एक किताब लिखी थी—**भाषा और समाज**। उसका दूसरा संस्करण हो रहा है 1977 में। उसे दोहराते समय फिर पढ़ा था। अब आखिरी फार्मों के प्रूफ देखते समय बहुत जगह ऐसा लगा जैसे कुछ नया लिखा हुआ पढ़ रहे हों। स्मृति अच्छी न होने से एक लाभ यह है कि अपनी पुस्तक के प्रूफ पढ़ने में बोरियत नहीं होती।

हमने अम्मा से कहा—65 पूरे होने में दो हफ्ते रह गये हैं। उन्होंने कहा—हमारा जन्मदिन बरगदहाई का है। हमने कहा, हमारा जन्मदिन पितर बिसर्जनी अमावस का है; उसको कितने दिन हैं? उत्तर मिला—उसको तो अभी बहुत दिन हैं; कनागत शुरू नहीं हुई हैं। हमने कहा—शायद इसलिए कि सावन दो हैं।

हिन्दुस्तानी हिसाब से पैंसठवें में चलने का सुख हमें कुछ हफ्ते अभी और

मिलेगा। कार्यक्रम था कि पैंसठ पूरे करने पर उपन्यास लिखेंगे पर वह सम्भव नहीं हुआ। इस साल मार्च से देवेश ने बहुत कम दिन काम किया। मई-जून में छुट्टी ही कर दी थी। इस महीने भी छुट्टी है। कुछ आँख में विकार, कुछ कौलेस्ट्रोल के कारण दूध बन्द कर देने से हमने नियमित कार्यक्रम में भारी कटौती कर दी। भाषाविज्ञान की किताब पूरी करने की जल्दी नहीं है इसलिए मन प्रसन्न है।

आज हरसिंगार में चार फूल लगे; इस तरह शरद् ऋतु का विधिवत् उद्‌घाटन हो गया। बेले की छँटाई कर दी थी। नये पत्ते निकले हैं। तुम्हारी स्टूडियो के पास वाली क्यारी में मनी प्लाण्ट लगा है। कुछ गेंदे के पौधे भी लगाये हैं। लॉन में बार-बार मोथा उखाड़ने से हरियाली ने उसका गंजपन कुछ ढँक दिया है। पाँच-छह गुलाब भी खिले हैं।

(26.9.77)

पत्र एक दिन विलम्ब से; क्योंकि ग्यारह की रात को इन्दु [चौबे की पुत्री] का ब्याह हो गया। उस रात हम सो न पाये यद्यपि साढ़े बारह के बाद चौबे हमें स्कूटर पर यहाँ छोड़ गये थे। भुवन का कहना है, लड़का सीधा है; लड़कियों ने जूते छिपाने वाले नाटक में उसे काफी परेशान किया पर वह गर्माया नहीं। बाप की भी तारीफ करते थे। सारा काम, किसी तनाव के बिना, बरातियों की प्रसन्नता के साथ समाप्त हुआ। तुम्हारी अम्मा सारी रस्में करा रही थीं और सारी रात जगीं—कुछ देर को उन्हें खाट पर आराम करने के लिए लिटा दिया गया था।

कल रात वहाँ सब भाइयों की गोष्ठी हुई। मुंशी ने अपने कान खींचे जाने की कहानियाँ सुनाईं। चुंगल चिड़िया की कहानी सुनते रहने पर घर देर से लौटे तो भैया ने, पतंग की डोर हाथ से छूट गयी तो चौबे ने मुंशी के कान खींचे थे। मुंशी की ऐक्टिंग पर खूब हँसाई हुई और मुंशी की आँखों में हँसते-हँसते आँसू आ गये और चाँद पर पसीने की बूँदें चमक उठीं। 13.12.77

कल अम्मा ने दो-तीन बार कबड्डी-कबड्डी सुनाई और तुम्हारे बनाये चित्र के सहारे वह बिट्टू [के कबड्डी खेलने] की नकल करके हँसती रही। कल रावत पाड़े गये थे—च्यवनप्राश लेने। रास्ते में एक भिखारी देखा—ठण्ड के मारे चीथड़े लपेटे था; पैरों में किसी बाबू के फेंके हुए ऊँची एड़ी वाले हिप्पी शू पहने था। हीलें घिसी नहीं थीं, कुछ टेढ़ी हो गयी थीं। पालिश की कमी थी। (अम्मा : कबडीवालों को लिख रहे हो? अलमारी से एक मुँह मूँग की दाल चबाते, फिर चौके में)। हिप्पियों से बदन फिर भी साफ था उसका।

एक दिन सुक्खो काम करके बाहर जाते हुए ब्रज भाषा में बोली। हमें उसमें

याँ याँ के बीच गैस समझ में आया। उसने फिर समझाया। हमने पूछा, गैस पर दूध जल गया? इतने में अम्मा ने आकर उसकी बात सुनकर दुभाषिये का काम किया। बोलीं—कह रही है, ठण्ड बहुत थी, हमने गैस पर पानी गरम किया बरतन धोने को, गैस बन्द कर दी है पर तुम भी देख लेना। हमें अपने भाषाविज्ञान पर खूब हँसी आयी।

आज शाम को घूमने जा रहे थे तो देखा, काछियों के मन्दिर में बरात आयी है। ट्विस्ट डांसवाली धुन बज रही है और कुएँ की जगत पर कुछ सात-आठ साल के बच्चे धोती पहने ट्विस्ट की नकल कर रहे हैं, औरतें अपने गीत गा रही हैं और हाते के बाहर मन्टोली किसी का दिया ढीला स्वेटर पहने पीछे हाथ बाँधे, नैपोलियन की मुद्रा में सारा शो देखने में तल्लीन हैं। अम्मा ने अपना एक पुराना स्वेटर सुक्खो को दिया है। वह कहती है, ऐसो लगै जैसे रजाई ओढ़ लई होय।

यहाँ दो-तीन दिन से कोहरा, ठण्डी हवा और बहुत सर्दी पड़ी। अलीगढ़ में ओले गिरे हैं। बस : झन्ना ऊँचा रहे हमाला। गाय और बछड़ा किसको मिलेगा, पता नहीं।

23.1.78

तुम्हारा डबल कार्ड देखकर अम्मा ने पूछा, क्या जवाबी कार्ड भेजा है? क्योंकि कार्ड की मोहर [आशय स्टाम्प से है] सही सलामत है, इसलिए इसे जवाबी कार्ड की तरह ज़रूर इस्तेमाल किया जा सकता है पर इससे तुम्हारे पत्र के पूर्वार्ध को उत्तरार्ध से मिलाना असम्भव हो जायेगा, इसलिए इसे हम अखण्ड रूप में अपने ही पास रखेंगे।

चलो सखी जमुना से जल भरा जाय—यह गीत सोनू झूले में बैठे खूब उतार चढ़ाव के बाद [साथ] देर तक और बार-बार गाते रहे। अम्मा ने कहा—सोनू कहते हैं, जल भर लाये। तभी सोनू ने दोहराया—जल भरा जाय। अम्मा ने कहा- कभी कहते हैं जल भर लायें और कभी जल भरा जाय।

सोनू ने बनारसी ढंग से गीत की भाषा बदली है। मूल पाठ जल भर लायें ही होगा पर बनारसी-इलाहाबादी अब चला जाय, सोया जाय जैसे प्रयोग बहुत करते हैं। उसी मुहावरे का कलात्मक प्रयोग सोनू ने किया था।

तुम्हारा पत्र जब अम्मा को सुना रहे थे तब सोनू पास खड़े बीच-बीच में फुटबॉल का मैच देखनेवालों की तरह हल्ला मचाते जाते थे। बिट्टू का नाम आने पर बिट्टू! बिट्टू!! फिर लंगूरों का जिक्र आने पर लंगूर! लंगूर!! और 'बहुत से लंगूर'। अलीबाबा की कहानी सुनी है। अकेले बैठे खुल जाओ सम-सम किया करते हैं।

भुवन ने अन्दर के बरामदे में झूला डाला है एक दिन अज्जू-बिन्दु [चौबे के पुत्र

और पुत्री] ने भी खूब झूलाई की और अम्मा को झूलते तो नहीं देखा पर झूले पर बैठे सोचते देखा है। मेरे अध्ययन कार्य में तेज़ी नहीं है पर धीमे तिताले काम चालू है। विजय के हाथ किताब का पहला खण्ड दिल्ली भेज दिया है। अब दूसरा खण्ड दोहरा रहे हैं। लिपिक नहीं आता, इसलिए थोड़ी देर सवेरे काम करते हैं, फिर आराम। 3.7.78

घर में पुताई हो रही है। हम बहुत घबड़ाये कि किताबें हटानी पड़ेंगी और इन दिनों हम अपनी किताब लिखने में व्यस्त हैं पर हमारे कमरे साफ पाये गये और पुताई से बच गये।

शाम को पड़ोस के अंजीरों पर तोते आकर बैठते हैं। अंजीर के बड़े पत्तों में उनका हरा रंग छिप जाता है। पत्तों के ऊपर उनकी लाल चोंच, नीचे हल्की लम्बी नीली पूँछ दिखाई देती है। एक तोते की गर्दन बराबर हिलती है। वह टें-टें करता है और हर टें के साथ गर्दन ऊपर-नीचे जाती है। परसों वह दूसरे तोते के पास आकर टें-टें करने लगा। उसके और पास पहुँचा; मतलब अंजीर मुझे भी दो, पर वह दूसरा तोता अंजीर लिये उड़कर गुलमोहर पर जा बैठा। शायद यह तोता बूढ़ा है, उसे लकवा मार गया है, गर्दन पर कन्ट्रोल नहीं है और वह चोंच से अंजीर तोड़ नहीं सकता।

दूसरा तोता कभी इस डाली, कभी उस डाली, अंजीर खाता रहा, बूढ़ा तोता उड़-उड़कर उसके पास पहुँचता रहा, गर्दन हिला-हिलाकर टें-टें करता रहा। पर उसने अंजीर उसे न दिया। कल शाम एक तोता उसे अंजीर खिला रहा था, पहले अंजीर के पेड़ पर, फिर गुलमोहर पर। शायद यह कोई दूसरा भला तोता था। बूढ़ा तोता जब अंजीर खाता था तब टें-टें बन्द कर देता था; फिर गर्दन हिलाने के साथ वही टें-टें शुरू कर देता था।

कल शाम गुड्डन सोनू के पास लेटने लगीं। सोनू ने कहा—हमारे पास नहीं; हमारे बालों में जुँएँ पड़ जाएँगे। 28.5.79

तुमने 30 मार्च सन् 78 के पत्र में एक 65 वर्ष के आदमी का स्केच बनाकर भेजा था। 'और खास बात यह रही कि एक 65 वर्षीय युवा नाचा, देखते-देखते आँखें फैल गयीं, कैमरे में रील न होना अखर गया। गजब का नाचा, हाथ में तलवार, कुछ टोंटा सा था।' वह स्केच हमें बहुत पसन्द आया था। ज़िन्दगी में लोगों को देखकर उनके स्केच बनाये जायें तो वे बड़े जानदार होंगे, किस तरह के लोगों के स्केच बनाने चाहिए, यह इससे जाहिर है कि 65 साल के टोंटा का तलवार भाँजना देखकर 'आँखें फैल गयीं।' 'सचेतक' देखा न था। भैया का पत्र आया—'सचेतक में जवाहर के ऊपर स्वाति का लेख पढ़ा। लंका में जो सबसे छोटा, वह बावन गज का। लेख अच्छा

है।' तब हमने भी सचेतक पढ़ा। बैकग्राउण्ड में जीपवाली घटना है [जीप के उलटने से जवाहर के गम्भीर चोट आयी थी], रेखाचित्र में होली के नाच के साथ जैसे टोंटा का हाथ है। वह तलवार भी साधे है। स्वास्थ्य सध गया तो कला सधी सधाई है।

9.4.81

कल अम्मा की तबियत कुछ खराब हुई। हृदय काफी कमज़ोर हो गया है, ठीक से काम नहीं करता। बहुत सावधानी और देखभाल की ज़रूरत है। कल कुछ समय के लिए घर पर ऑक्सीजन दिया गया था। आज एम.सी. गुप्त भी डॉ. माहेश्वरी की सहायता के लिए आये थे। पूरी तरह स्वस्थ होने की सम्भावना नहीं है पर काफी दिन तक बिस्तर पर आराम करने से शरीर के कुछ दिन और बने रहने की आशा है। लिवर अब भी बढ़ा है। शरीर में रक्त की बहुत कमी है। पूरी कोशिश कर रहे हैं कि उनके हृदय पर किसी तरह का ज़ोर न पड़े। आज भुवन को तार देकर बुलवाया है। कल से मुंशी भी यहीं हैं।

आज वह काफी देर सोयीं जो अच्छा लक्षण है। 23.9.81

[10 नवम्बर 1981 को उन्हें दिल्ली के पन्त अस्पताल में भर्ती कराया। 11 दिन बाद वहाँ से छुट्टी मिली। तब से हम लोग दिल्ली में हैं।]

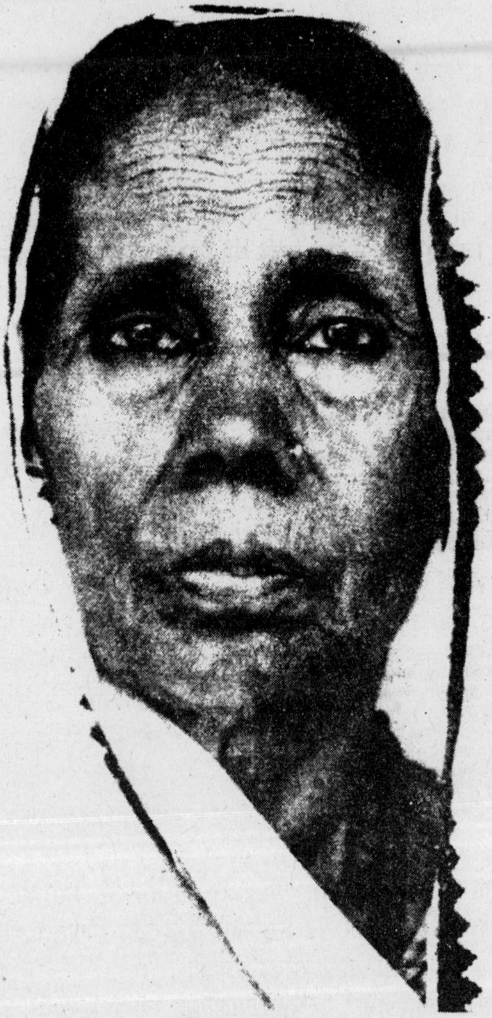

बिटाना (अम्मा)

पाँचवाँ अध्याय

दिल्ली

[अपने अन्तिम दिनों में हमारी अम्मा दिल्ली आकर मुंशी के साथ रहने लगीं। जिस मुहल्ले में वह रहती थीं, उसका वर्णन सोना शर्मा ने किया है। धन्नो, रक्षा, उषा—इन तीन बहुओं ने अपनी सास के संस्मरण लिखे हैं। अम्मा से सम्बन्धित कुछ सामग्री मुझे लिखे हुए मुंशी के पत्रों से उद्धृत है।]

सोना शर्मा

तुर्कमान गेट

धार्मिकता, गरीबी, गन्दगी, मुहब्बत, खीझ, तू-तू-मैं-मैं आदि के मिले-जुले भावों से भरा घड़ा जैसे इस जगह गिरकर फूट गया हो। जहाँ गिरा, वहाँ जो ज्यादा-सा रंग फैला, वह तो बन गया रामलीला मैदान; जहाँ घड़े के टुकड़े गिरे, वहाँ खड़ी हो गयीं मस्जिदें; और, इधर-उधर, टेढ़ी-मेढ़ी, चौड़ी-पतली, एक-दूसरे से मिलती-अलग होती या थोड़ी दूर पर जाकर रुक जाती जो धाराएँ बहीं, बस वे ही बन गयीं तुर्कमान गेट की गलियाँ।

हमारा घर भी इन्हीं में से टेढ़ी गली के अन्त में था। हमारे घर को जाने वाली गली के नुक्कड़ पर एक घोड़ा खड़ा रहता था। कारण यह कि नुक्कड़ वाले घर में ही घोड़े का मालिक रहता था। यह घोड़ा जब सीधा खड़ा होता, तो आने-जाने वालों को अपने शरीर को दीवार से सटाकर, घोड़े से बचकर निकलना होता था। लेकिन अगर वह टेढ़ा खड़ा होता तो... रास्ता बन्द।

अक्सर हमारा और हमारे घर आने वालों का स्वागत सर्वप्रथम इस घोड़े की दुम करती थी। दूसरों का तो पता नहीं, पर अपने गालों, पीठों और कन्धों पर कई बार पड़ी इस दुम की चपत मैं आज भी महसूस कर सकती हूँ।

इस तरह तुर्कमान गेट की हर गली, हर दूसरे-चौथे मकान के आगे घोड़े-ताँगे

खड़े रहते थे क्योंकि मुहल्ला विशेष रूप से घोड़े-ताँगे वालों, गधे वालों और छोटी दूकान वालों का था।

तुर्कमान गेट के अन्दर घुसकर चार कदम चलने के बाद आगे जाने में परेशानी होती, क्योंकि वहाँ दीवार के सहारे एक पत्थर का कुण्ड-सा बना था। इस कुण्ड में मुहल्ले के घोड़े पानी पीते थे। आदमियों की तरह घोड़े भी एक-दूसरे से आगे बढ़ने के प्रयत्न में लीन, एक-दूसरे को धकेलते, या बीच से रास्ता बनाते, कुण्ड के सामने आड़े-तिरछे खड़े होते और अपने दो पैरों पर उचक-उचककर धकापेल करते रहते। घोड़ों की इस कशमकश के बीच से रास्ता मुहल्ले के बाहर का कोई निवासी नहीं बना सकता था। यह कला सिर्फ इस मुहल्ले के बाशिंदों में ही थी कि घोड़ों के उठे हुए थूथनों, उत्तेजना से फूलते नथुनों और उनसे निकलती गर्म साँसों तथा उनकी पूँछ की फटकारों से बचते हुए निकल जायें।

चलिए, घोड़ों से तो बच लिये पर भीड़ से कैसे बचेंगे। गली तंग है, लोग ज़्यादा हैं। अधिकतर लोग जल्दी में हैं। एक-दूसरे से कन्धे रगड़ते, टकराने से बचने के लिए हाथों से एक-दूसरे को एक ओर को ठेलते आपको भी अन्य लोगों के साथ इसी तरह चलना होगा। निश्चय ही आप यहाँ सीधे नहीं चल पायेंगे। कभी आपको दीवार से चिपकना होगा, कभी सामने से तेज़ी से चले आ रहे ताँगे या मिट्टी लादे गधों की मस्त फौज को रास्ता देने के लिए घूमकर वापस भागना होगा और फुर्ती से दो दूकानों के बीच बनी ज़रा-सी जगह में घुस जाना होगा, या किसी दूकान के सामने खड़े ग्राहकों के बीच स्वयं भी दबकर खड़े रहना होगा।

नन्हे मियाँ आज बाप के साथ घोड़े की पीठ पर बैठे हवाखोरी को जा रहे हैं। कल आप देखेंगे कि वह घोड़े के बालों को अपनी मुट्ठी में दबाये अकेले ही बैठे होंगे। और घोड़ा, अपने नन्हे मालिक को बड़ी नफासत से पीठ पर बैठाये, धीरे-धीरे चलता हुआ उन्हें सैर कराने ले जा रहा होगा। लेकिन परसों जब नन्हे मियाँ 10-11 साल के हो जाएँगे, तब उनका यही घोड़ा धड़धड़ाता हुआ गली में भागेगा और बिना जीन के इस घोड़े पर यही नन्हे मियाँ एक ओर पैर लटकाये पीठ पर उछलते चले जा रहे होंगे।

यहाँ के नौजवानों के शौक थे—पतंगें उड़ाना, गिल्ली-डंडा खेलना, कंचे खेलना, कबूतर पालना, मीट-मुर्गे खाना और सिनेमा देखना।

पतंग पर नज़र टिकाये, आसमान की ओर मुँह उठाये चलने वाले बच्चे, बूढ़े, जवान आपस में अक्सर टकरा जाते। कुछ गालियाँ देते, कुछ गालियाँ सुनते और फिर आगे बढ़ जाते—या बढ़ा दिये जाते। बच्चे व जवान अक्सर पतंग लूटने के लिए एक घर की मुँडेर से दूसरे घर की मुँडेर पर बन्दर की तरह उछलते दिखाई देते। या

फिर गली में ही वे गिल्ली-डंडा खेलते होते। ऐसे में आपकी खोपड़ी में उनकी गिल्ली न लगे, इसका ख़याल आपको स्वयं ही रखना होगा।

आप अपनी छत पर पहुँचे ही होंगे कि आपको अगल-बगल से कुछ ज़ोर-ज़ोर से आती हुई आवाज़ें सुनाई देंगी—"आओ...आओ...आओ।" चौंकिये मत! दरअसल वे आपको नहीं, आसमान में उड़ते अपने कबूतरों के झुंड को बुला रहे हैं।

सुबह और शाम का आभास यहाँ किसी 'सायरन' की आवाज से नहीं, बल्कि मुल्ला की अजान से होता। अल्ला-हो-अकबर तो आप हर सुबह और हर शाम सुनेंगे ही (मस्जिद की छत पर मुल्लाजी जब ज़ोर-ज़ोर से खुदा की इबादत करते थे, तब स्वभावतः खुद अपने कानों में उँगली घुसाये रहते थे) लेकिन रात को भी आपको निराश नहीं होना पड़ेगा। यहाँ के लड़के घर में गाते थे या नहीं, यह तो पता नहीं, पर हाँ गली में चलते वे ज़रूर खूब जोर-शोर से गाते थे; कोई सुने तो भी ठीक, न सुने तो भी ठीक। वे तो अपनी खुशी के लिए गायेंगे ही। ठीक यही आदत यहाँ के गधों में भी थी। दिन है या रात, इसका असर उनके भी रेंकने पर कभी न पड़ता था।

बच्चे सुबह होते ही मटर के दानों की तरह बिखर जाते। धूल से सने ये बच्चे ईद के दिन जब नहा-धो कर नये कपड़े पहनते तो रंग-बिरंगे मोतियों की तरह चमकने लगते।

औरतें सब बुर्का पहनकर ही गली में निकलतीं। वैसे धूल भरे अँधेरे घरों में गरीबी से जूझती वे सालन-रोटी के जुगाड़ में लगी रहती थीं। तामचीनी के बरतनों, गुड़ की चाय, उल्टे तवे पर सिकीं बड़ी-बड़ी रोटियों और सालन की खुशबू में सांस लेती औरतें नमाज़ पढ़ना और अदब व प्यार से बातें करना जानती थीं। लेकिन अभावों और परेशानियों के हाथों बिकी हुई ये लड़ पाती थीं तो बस एक-दूसरे से ही। हाथ हिला-हिलाकर, माथा पीट-पीटकर, छज्जों पर झुकी ये जब लड़तीं तो इतनी दबंग हो जाती थीं कि इनके शौहर बेचारे अन्दर कमरों में दुबक कर बैठ जाते। उस समय लगता, मर्द में औरत से कम ताकत है शायद।

गली में शाम के समय एक मशहूर चूरन वाला चक्कर लगाता। एक ठेले पर तरह-तरह के चूरन रखकर वह आवाज़ लगाता—"चूरन...अस...क...मस्स्स।" इसका क्या मतलब है, यह हम कभी नहीं समझ पाये। पर यह आवाज़, और ये बोल, लोगों को चुम्बक की तरह खींच लेते थे। उसके ठेले पर एक बड़ा-सा पैट्रोमैक्स जला करता था और वह 10-10 पैसे में चूरन की पुड़ियाँ बनाकर देता। पुड़िया बनाने में उसे कुछ समय लगता था। लेकिन इस पुड़ियाँ में गड्डमड्ड हुए चूरनों का स्वाद ऐसा होता कि जब तक वह पुड़िया बनाता, तब तक हम खड़े-खड़े मुँह में रह-रहकर भर आते पानी को गटकते रहते।

तुर्कमान गेट के सामने था रामलीला मैदान। इस मुहल्ले की जनता को थोड़ा

सुकून जो मिलता था, वह इस मैदान की गोद में ही। मैदान में जनता खेलती थी, जनता सुस्ताती थी और भविष्य के सपने सजाती थी। कहीं कोई उल्टा लेटा मालिश करवा रहा है, कहीं कोई खुद बड़ी तन्मयता से अपने घोड़े की मालिश कर रहा है—घोड़े की चिकनी पीठ पर, गर्दन पर, अपने हाथों से रद्दे दे देकर। कोई घोड़े का एक पैर अपनी जाँघ पर टिकाये उसके खुर में कुछ ठोंका-पीटी कर रहा है। और कहीं कोई भागा चला जा रहा है, धूल उड़ाते, ढैंचू-ढैंचू करते अपने शैतान गधे के पीछे-पीछे; उसकी बिना बटन की खुली बुशशर्ट, उसकी लुंगी का साथ देते हुए, ठीक उल्टी दिशा में लहरा रही है, जिसकी उसे कोई फिक्र नहीं।

इस मैदान में दीन-दुनिया से बेखबर कहीं कोई आराम से टांग पसारे पड़ा है, तो कहीं दो व्यक्ति बिल्कुल सटे हुए उकड़ूँ बैठे हैं; एक ने आँखें मींच रखी हैं और दूसरा उसके कान में सींक जैसे अपने औजार घुसा-घुसाकर उसके कान की सफाई कर रहा है। कहीं दो-तीन घोड़े और गधे टाँगें आसमान की ओर उठाये, गर्दन और पीठ को मिट्टी में रगड़-रगड़कर इतने प्रेम से लोट लगा रहे हैं कि अब उन्हें सीधा खड़ा कर पाना ही उनके मालिकों के लिए दुनिया की सबसे बड़ी समस्या बन गई है। कोई मजनू का उत्तराधिकारी, धूल भरी अपनी दाढ़ी वाले अपने मुँह को जमीन में घुसाये पड़ा है, तो कोई दूसरा उससे चार कदम की दूरी पर ही आसमान की ओर ताकता, ज़ोर-ज़ोर से दर्द भरे गले से गा-गाकर फरियाद कर रहा है यानी यहाँ मोहब्बत में चोट खाये लोगों की भी कोई कमी न होती थी।

यह तो हुई इस मैदान में इधर-उधर बिखरे पड़े अकेले लोगों की बात।

इस मैदान में लड़कों के झुण्ड भी उछलते-कूदते धमाचौकड़ी मचाये रहते थे। वे मैदान में इस तरह से गिल्ली-डंडा खेलते व पतंगें उड़ाते कि अगर विश्व स्तर के खेलों में इनका मुकाबला करवाया जाता तो गिल्ली-डंडे व पतंगबाजी में ये ज़रूर "गोल्ड मैडल" जीतकर मुल्क को गौरवान्वित करते।

रामलीला मैदान को अक्सर तुर्कमान गेट के बाशिंदों से छीन लिया जाता। बड़ी-बड़ी तथाकथित जन-सभाएँ जब यहाँ होतीं, तो यहाँ की जनता को मैदान से बाहद खदेड़ दिया जाता। मैदान को फूलों से, झंडों से और डंडों से खूब सजाया जाता। फिर बड़े-बड़े नेता या परदेसी मेहमान आते, (यहाँ जवाहरलाल जी तो आते ही थे, यूरी गागारिन, वालेन्तिना, तेरेश्कोवा, एलिज़ाबेथ, लता मंगेशकर आदि-आदि हस्तियाँ भी आयी थीं।) लेकिन इन्हें देखने 'पब्लिक' आती थी, यानी नई दिल्ली से अच्छे खाते-पीते घरों के भद्र, सुसंस्कृत, सजे-सजाए लोग, जो दरी पर बैठने के लिए एक-दूसरे को धक्के देते या ठेलते रहते थे। और, तुर्कमान गेट के फटेहाल लोग मैदान के चारों तरफ लगी लोहे की जाली के उस पार अपने बच्चों को अपने

कन्धों पर चढ़ाये खड़े रहते! कुछ अन्य लोग घरों के छज्जों पर, पेड़ों पर या खम्भों पर लटके, पुलिस के डंडों की पहुँच से स्वयं को बचाये, यह देखते कि आज उनके मैदान को कितना महत्त्व दिया जा रहा है।

यह तामझाम जब समाप्त हो जाता, लोग अपने-अपने 'घर' लौट जाते तो बेघर लोग, पुनः मैदान में घुस आते। गन्दे, नाक सुड़कते, अधनंगे बच्चे दौड़कर सफेद पत्थर के बने सुन्दर मंच पर चढ़ जाते और लगते नेताओं की नकलें उतारने। इस समय जनता भी यही होते, नेता भी यही। और शायद इसी खुशी में मंच के गुम्बद पर बैठे, उसके मेहराब में घुसे और मंच पर ही इधर-उधर डोलते कबूतर भी उनके स्वर में स्वर मिलाकर खूब गुटर गूँ... गूटर...गूँ... करते।

रामलीला मैदान में मेले भी लगते थे, रामलीला तो होती ही थी। रामलीला तो नाममात्र के लिए होती, पर असली आकर्षण की चीज़ होती—रात को निकलने वाली राम-सीता तथा अन्य 'भगवानों' की झाँकियाँ। ये झाँकियाँ बेहद सुन्दर होतीं और इन्हें देखने में जो जन-समुदाय उमड़ता, वह इतना ज्यादा होता कि हवाई जहाज से तस्वीर ली जाय तो लगे, जनता के समुद्र के ऊपर 'भगवान' इत्मीनान से बैठे अपनी नाव खे रहे हैं।

इस अवसर पर लगे मेले में अन्य मेलों की-सी रौनक तो होती ही, पर हमें जो बात सबसे ज्यादा मनोरंजक लगती, वह थी सरकस के तम्बू के आगे टिकट बाँटने को बने लकड़ी के ऊँचे मंच पर हिजड़ों का नाच।

दशहरे वाले दिन यहाँ जो रावण, कुम्भकर्ण व मेघनाद के पुतले खड़े होते, उन्हें देखने के लिए हम बहुत दिनों से बेताब रहते क्योंकि ये पुतले बहुत ऊँचे और बहुत सुन्दर होते थे। इस मैदान में देश के प्रधानमंत्री स्वयं दशहरे के दिन आते। रावण आदि के पुतले तो जलकर राख हो जाते, रह जाते थे मैदान के सीने पर बड़े-बड़े तीन काले दाग। इन दागों को देख हम बाद में याद करते थे कि—हाँ, यहीं रावण, कुम्भकर्ण और मेघनाद के सुन्दर पुतले खड़े थे, जो जला दिये गये। रामलीला में जिनका पैसा लगता था, वे थे चाँदनी चौक के बड़े-बड़े सेठ (काश हमारे नेता कागज के पुतलों की जगह इन सेठों की पैसों की हवस को जलाकर समाप्त कर पाते!)।

रात के समय रामलीला मैदान अन्य मैदानों की तरह खाली न हो जाता था बल्कि रात को यहाँ आकर इतने लोग सोते थे कि प्रायः सीधे चल पाना मुश्किल हो जाता। यह मैदान हमें इसलिए भी प्रिय था कि यहाँ हमें खुली हवा मिलती थी। घर की घुटन और चखचख से थोड़ी देर के लिए हम दूर हो जाते थे।

× × ×

हम जिस मकान में रहते थे उसमें एक मकान मालिक और तीन किरायेदार रहते

थे। बाद में मकान मालिक के दो और भाई आ गये थे और एक किरायेदार परिवार कम हो गया था। मकान मालिक के दो भाई व किरायेदार नीचे रहते और स्वयं मकान मालिक ऊपर की मंजिल में। मकान मालिक को हम 'ऊपर वाले' कहते थे। हम पड़ोसी किरायेदारों के बच्चों के साथ खेलते थे।

आपसी झगड़ों और लड़ाइयों के मुख्य बिन्दु थे—गुसलखाना, पखाना। इतने सारे लोगों के बीच एक ही गुसलखाना व पखाना जो था। अतः जब-तब झगड़े हो जाना स्वाभाविक ही था।

इस सब वातावरण में हम रहते थे और हमारे साथ रहती थीं हमारी दादी जी।

दादी जी स्वभाव की बहुत शान्त थीं लेकिन समझती सब कुछ थीं। कभी भी दादी जी किसी से लड़ी-झगड़ी नहीं। हमारे घर में सास-बहू और बेटे-बच्चों के बीच समझदारी व परस्पर आदर प्रेम था।

अम्मा-चाचा [चाचा अर्थात् पिता] तो अपने-अपने कामों पर चले जाते, रह जाते थे हम बच्चे और दादी जी। दादी जी व मैं मुकुल व कदम को स्कूल पहुँचाने जाते। रास्ते में एक खम्भा पड़ता था जिसके नीचे पत्थर का चिकना फिसलने वाला-सा चबूतरा था। मैं इस पर खूब फिसलती थी। दादीजी मना न करती थीं।

इस खम्भे के सामने, थोड़ी ही दूरी पर, एक बरगद का पेड़ था। दादी जी उस पेड़ के सामने प्रायः हाथ जोड़तीं, उनकी देखा-देखी मैं भी श्रद्धा से हाथ जोड़ देती थी। बाद में पेड़ के चारों तरफ पुलिस चौकी बन गयी तो हम लोग चौकी के बाहर से हाथ जोड़ लेते थे। उसके बाद पेड़ कट गया और दादीजी भी नहीं रहीं। परन्तु उस दिशा में और उसी जगह हाथ जोड़ने की आदत जो पड़ी थी, वह बहुत बाद तक बरकरार रही।

अक्सर शाम को हम लोग रामलीला मैदान में जाकर कोड़ा-जमालसाही खेलते और कभी-कभी वहाँ जब चाचा वगैरह किसी गूढ़ बातचीत में लीन होते तो हम ठण्डी घास पर खुली हवा में लोट लगाते। जब लगता कि अब बातचीत खतम हो गयी, या सुनाई पड़ता कि "चलो अब घर चलें," तो हम आँखें बन्द करके चुपचाप ऐसे पड़ जाते मानो बहुत ही गहरी नींद में हों। चाचा-अम्मा हमें कई आवाजें देते, झकझोरते भी, लेकिन हम पर कोई असर न होता—क्योंकि हम तो "गहरी नींद" में होते।

हार कर उनमें से कोई हमें अपनी गोद में उठा लेता। गोदी में चढ़ते ही हम उनके कन्धे पर सिर टिकाकर इत्मीनान से आँखें खोल लेते और 'डिलाइट' सिनेमाघर की तथा उसके पास की बिल्डिंगों पर लगे झकझकाते विज्ञापनों की जलती-बुझती रौशनी देखते रहते। घर आकर जब हमें बिस्तर पर लेटाया जाता तो पुनः हमारी आँखें बन्द होतीं। यह नाटक हम इसलिए करते थे कि पैदल न चलना पड़े!

धनवन्त कुमारी शर्मा

अम्मा की यादें

"अम्मा, आज तुम छत पर धूप सेंकने क्यों नहीं गयीं? सर्दी में कमरे में क्यों रहीं?" एक दिन मुंशी ने अम्मा से पूछा।

"अब हम ऊपर न जाब।"

"क्यों?"

"ऊपर फलाने की माँ हमसे कहेसि—'तुम्हारि बहू दिन भरि नौकरी करति बाहेर रहति है। तुम्हारि सेवा नाहीं करति है।' हम उनसे बोलि दीन—'देखौ तुम हमते ऐस न कहौ। हमारि बहू वहै करति है जो हमारा बच्चा कहत है। हमारि बहू हमार बच्चा की मरजी के खिलाफ नौकरी नाहीं करति।' याक दिन हम धन्नो कै फाटि धोती सियत रहिन तो वी बोलीं—'काहे मरी जात हौ? बुढ़ापा माँ बहू कै धोती सियत हौ? वह बाहिर सैर करति फिरत है।' बच्चा, हमार जिउ जरिगा। हमार जिउ जानत है कि धन्नो केत्ता कामु करति है, और बहिका तौ फाटि धोती पहिरै माँ संकोच नाहीं।"

मुंशी बिगड़ उठे—"अम्मा यह तो गलत है। तुम इनकै फाटि धोती काहे सियौ? इनका चही कि तुम्हारि सेवा करैं। मगर हियाँ उल्टा होइ रहा है। तुमका इनका डाँटै चही। अम्मा, यह अब कुछु बिगरै लागि है।"

अम्मा—"खबरदार, हमरे आगे ऐसी जबान बोली तौ। अरे हम सब जानित हैं। तुमका सूध धन्नो मिलिगै है। कौनौ और मिलति तौ तुम्हारि खबरि लेति।" अब मुंशी की हवा बन्द।

× × ×

देवनगर स्कूल। रात 7 बजे। अध्यापकों की मीटिंग शुरू। प्रेसीडेंट श्रीमती डी.के. शर्मा। मेरे लाख मना करने पर भी कोई छुटकारा नहीं। 8 बजा, 9 बजा, आखिर 10 बजे गये। सभा विसर्जित। रात के 10.30 बजे स्कूटर से घर वापस।

घर में अम्मा के कराहने की आवाज़। देखा, टाँग पकड़े बैठी हैं। पास में मस्सू [पुत्री], घुन्डू [पुत्र], सोना उदास। मुंशी हजरत नदारद।

"क्या हुआ अम्मा?" मैंने पूछा।

"तुम अब आई हौ? बरै जाय। हमारि टाँग कै नस अस चढ़िगै कि दर्द के मारे चैन न पड़ी। कौनू तना रोटी सेंका। मुंसियौ अबै नहीं आवा।" अम्मा ने कहा।

मैं—"वह तो कह गये थे कि मैं जल्दी आ जाऊँगा। अभी तक नहीं आये? तुमने रोटी क्यों सेंकी अम्मा?" मैं अम्मा की टाँग दबा ही रही थी कि देखा मुंशी झोला लटकाये चले आ रहे हैं।

मुंशी बोले—"क्या हुआ अम्मा को?"

मैंने कहा–"अम्मा की टाँग की नस चढ़ गयी है। रोटी सेंक रही थीं। बड़ी मुश्किल से बिस्तर तक खुद आयी हैं। तुम हो कि अब आ रहे हो। हमेशा जब भी मुझे कुछ काम हुआ कि उससे पहले तुम अपने काम के बहाने घर से बाहर हो जाते हो और बाद में घर आते हो।"

मुंशी–"मालूम पड़ता है, तुम भी अभी आयी हो।"

मैं–"हाँ, वहाँ मुझे प्रेसीडेंट बना दिया गया था। 10 बजे जाकर छुट्टी मिली।

मुंशी–"तो प्रेसीडेंट बनने से मना कर देतीं।"

मैं–"मना क्या खाक करती? कोई सुनने वाला भी तो हो। एक भी तो महिला नहीं थी जिससे घर की दशा बताती। सब मर्द ही थे। और तुम तो जल्दी आने वाले थे?"

मुंशी–"वहाँ मुझे भी प्रेसीडेंट बना दिया गया था।... भाड़ में जाय यह मीटिंग-फीटिंग, अब अम्मा को देखो।"

अम्मा–"द्याखौ हम कहे देइत है, तुम दूनौ जने माँ ते याकै जना मीटिंग-फीटिंग मँ जावा करौ। हम बड़ी मुसीबत माँ रोटी सेंका।"

मुंशी–"अम्मा तुम रोटी न सेंकती।"

अम्मा–"हम सोचा, यहौ थकि कै आई। तुम गुस्सा न होव। यह दिन भर खटति है। अब नौकरौ नाहिंन। बच्चन का को देखी? मुलौ हम कहे देइत है कि आगे बहुत मीटिंग-फीटिंग मँ न जावा करौ।

हम दोनों को गहरा पश्चात्ताप था। फिर हम लोग कभी एक ही समय में प्रेसीडेंट नहीं बने।

× × ×

संक्रान्ति का शुभ अवसर आया। मैंने सोचा कि अम्मा के लिए एक स्वेटर बुनकर उन्हें दूँ। मैं ऊन तो ले आयी मगर व्यस्तता के कारण स्वेटर दो वर्ष में बनकर तैयार हो पाया। जब अम्मा को स्वेटर दिया तो वे बोलीं : "यहु स्वेटर तुम पहिरौ।"

मैं : "यह स्वेटर तो तुम्हारे लिए ही बनाया है, अम्मा। इसे पहन लो।"

अम्मा : "अरे, तुम सरदी मां स्कूल जाती हौ, खाली शाल ओढ़ि कै। हमका अबै स्वेटर कै जरूरति नहिंन।"

मैं : "यह तो मनसा हुआ ऊन था, तुम्हारे ही लिए। मैं अपने लिए दूसरा ले आऊँगी।"

अम्मा : "तुम पहिले आपन लै आओ, तब हम यहि का पहिरब। अबै यहि का तुम पहिरौ।"

सो अम्मा की धार्मिकता मनसा-वनसा का पाखण्ड नहीं मानती थी। वह स्वेटर आखिर मुझे ही पहनना पड़ा।

× × ×

एक बार अम्मा अपना ब्लाउज़ दर्जी से सिलवा कर लायी थीं, जिसके उन्होंने केवल आठ आने दिये थे। सो वे मुझसे बोलीं–"दुलहिन, लाओ तुम्हार ब्लाउज़ हम सिया लाई।"

मैंने उन्हें कपड़े दे दिये। वे कदम [उर्फ़ मस्सू] को साथ लेकर दर्जी के पास गयीं। वापस आयीं तो बड़ी उत्तेजित थीं। मैंने पूछा : "क्यों अम्मा क्या हुआ? ब्लाउज़ तो सिलने दे आयीं?"

अम्मा : "अरे। बहु दर्जी बेईमानी करै लाग। कहेसि कि यहु ब्लाउज़ तुम्हारि बहू का होई। यहि का तो हम याक रुपैया ते कम न लेब। हम वहि का डाँटा : काहे, हमारी बहू कौनो हमते दूसरि है? जौनु पइसा तुम हमते लेत हौ, हम वहै देब।"

सो, अम्मा उस दिन उसे एक रुपये में दो ब्लाउज़ सीने देकर ही आयीं। आगे उससे न तो उन्होंने फिर अपने ब्लाउज़ सिलवाये, न मेरे।

× × ×

मुकुल [उर्फ़ घुंड्डू] की सालगिरह थी। कुछ नज़दीकी परिवारों को आमन्त्रित किया गया। श्री गिरिजाकुमार सिन्हा अपनी पत्नी व बच्चों सहित, फोटोग्राफर वीरेन्द्र कुमार अपने बच्चों सहित, जवाहर चौधरी अपनी माँ, पत्नी व बच्चों सहित, विष्णु प्रभाकरजी अपनी पत्नी व बच्चों सहित, सच्चिदा अपनी पत्नी व बच्चों सहित तथा बी.टी. रणदिबे व डॉ. अधिकारी अपने-अपने पुत्रों सहित आये। बुलाया तो बच्चों को ही था मगर आ गये माता-पिता भी। बोले : "बच्चों को अकेला कैसे भेजते? हमें मालूम है, मुंशी उपहार तो लेगा नहीं, बस फल-फूल ले आये हैं।"

अब बच्चों का प्रोग्राम चला। मुंशी ने सदारत अम्मा को सौंपी। गाने, कविताएँ, चुटकुले, नृत्य, रंगारंग प्रोग्राम। अन्त में अम्मा से बोलने को कहा गया। "अब हमका रहै दियौ।" मगर अनौपचारिक बातचीत में बोलीं : "मुंसी बच्चन का बहुतु पियारु करत है, सबहिन के। हमरे हियाँ लरिका-बिटिया माँ फरकु नाहिन। मुन्नेवा (मुन्नी डॉ. प्रभा शर्मा) लरिका की तना रही है। आगरा माँ सोभा वही तना पली है। राम बिलास तौ बच्चन का मारै के बहुतै खिलाफ हैं। तुम सब जने बच्चन के साथ आ गयौ, यहु हमका बहुतु अच्छा लाग।" बी.टी. रणदिवे व डॉ. गंगाधर अधिकारी ने भी उनसे कुछ बातचीत करने की कोशिश की, किन्तु भाषा की कुछ कठिनाई बनी रही। वे हाथ जोड़कर, मुस्कराकर, मौन श्रद्धा ही प्रकट कर पाये।

× × ×

चाँदनी चौक में द्वितीय पाली (12.30 से 6.25 शाम तक) में नया स्कूल खुला। केवल दो अध्यापिकाएँ श्रीमती श्रीवास्तव और मैं उसे चलाने के लिए भेजे गये। नवम्बर का महीना था। करवा चौथ का दिन आया। दोनों में से यदि एक भी छुट्टी

लेता तो एक के लिए स्कूल चलाना मुश्किल था। स्कूल बन्द कर नहीं सकते थे क्योंकि छुट्टी स्वीकृत नहीं करायी थी। अब छुट्टी लेने का सवाल खटाई में पड़ गया और निश्चय किया कि दोनों ही स्कूल आयेंगे और साथ-साथ पिसेंगे।

6.25 पर स्कूल की छुट्टी करके घर की राह पकड़ी। नई सड़क, चावड़ी बाज़ार, चूड़ी वालान, सीताराम बाज़ार और फिर तुर्कमान गेट—घर का दरवाज़ा। इतना पैदल चलते-चलते दिमाग पर कामों की फेहरिस्त सवार होने लगी। अँगीठी जलानी है, सब्जियाँ बनानी हैं, पुए, पूरी, कचौड़ी बनानी है, करवा सजाना है, कथा कहनी है, चाँद को अर्घ देना है। गोया काम नहीं हनुमानजी की पूँछ हो गये हों। हरी (नौकर) बहुत छोटा है। वह आज का स्पेशल काम क्या करेगा? अम्मा ने उसे रोटी सेंकना भले ही सिखा दिया हो, मगर वह पूरी, कचौड़ी?...

आँगन में घुसी। देखा रसोई के किवाड़ उढ़के हुए हैं। हरी को आवाज दी। उत्तर आया, "बीबीजी मैं यहाँ हूँ।"

रसोई में झाँका तो दंग रह गयी।

हरी हजरत बड़े मनोयोग से कचौड़ियाँ तल रहे थे। पूरियाँ व पुए डलिया में सजे तैयार रखे थे। सब्जियाँ, दही बड़े प्यालों में रखे थे। पास में अम्मा व बच्चे मुस्करा रहे थे। अम्मा ने कहा : "कुछ देर और न आतीं तो कचौड़ी सब बन जातीं।" कदम मुझे कमरे में ले गयी, यहाँ करवा फूल माला से सजा रखा था।

अरे! यह सब कैसे हो गया? पता चला दोपहर से ही अम्मा ने हरी को अपने अनुशासन में चलाया हुआ है। हरी बड़े खुश थे कि उन्हें सभी कुछ बनाना आ गया। शाम 7.30 तक खाना पूरी तरह तैयार था। काम केवल अपना ही शेष था जिसे केवल मुझे ही करना था—बायना निकालना, कथा कहनी व अर्घ देना। वह 'हनुमानजी की पूँछ' बिल्कुल गायब थी।

8 बजे चाँद निकला। सभी काम समय पर निपटे। हम लोग फुर्सत से कमरे में बैठे। यह चमत्कार देखकर मुंशी भी दंग रह गये।

अब पर्दे के पीछे डायरेक्टर का रोल समझ में आया।

× × ×

एक दिन देखा कमरे के बीच में अँगीठी के आसपास अम्मा, मस्सू, घुण्डू, सोना व हरी घिरे बैठे हैं। शाम का खाना बन चुका है। मुझे आया देख अम्मा ने हरी को आर्डर दिया, "तुम अब जाओ, चाय बनाओ।" हरि टस से मस भी न हुए।

दुबारा कहा तो बोले, "बाबूजी आ जायेंगे तब बनाऊँगा, नहीं तो तुम पूरी कहानी खतम कर दोगी।"

पता चला, कहानियाँ चल रही हैं। सीता हरण की, हनुमान द्वारा लंका दहन

क्री। अम्मा अपने धीमे स्वर में गाना भी सुना रही हैं। गौर से सुना; गाना था–

"झीनी-झीनी बीनी रे चदरिया, काहे का ताना..."

अम्मा गाने में उसके शब्दों के गूढ़ अर्थ सहज रूप में बता रही थीं तथा उन्होंने यह भी बताया, "यहु गाना तुम्हार बाबा गावत रहैं।"

कहने की जरूरत नहीं कि इस प्रकार की स्वतः आयोजित बाल-वृद्ध गोष्ठियाँ भविष्य में भी अनेक बार देखने को मिलीं।

× × ×

और एक दिन अम्मा सोना का हाथ पकड़कर तथा अपनी बगल में कुछ दबाकर चल दीं, घर से बाहर। वे कहती गयीं, "बहू हम अबहीं आइत है। तनिक घूमै जाइत है।"

अब सोना व अम्मा घर से बाहर मैदान में थीं। अम्मा की निगाहें जमीन पर कुछ ढूँढ़ रही थीं और सोना की आसमान में चिड़ियों और रंगीन पतंगों के साथ दौड़ रही थीं। अम्मा ने पुकारा :

"अरे सोना इधर आओ तो। तनिक देखौ चींटी का कोई बिल है?"

सोना : "दादीजी आप चींटी के बिल का क्या करेंगी?"

अम्मा : "हम यह चीनी और आटा हुआँ छिरकब।"

सोना : "आप चींटी को आटा क्यों खिलायेंगी?"

अम्मा : "यह चींटी भी जीव है ना! चींटी को आटा खिलाना अच्छा होता है।"

सोना : "यह देखिए दादीजी, चींटी की लाइन जा रही है।"

और अम्मा व सोना ने चींटी का बिल खोज निकाला व उस पर आटा छिड़का। सोना की निगाहें अब आसमान से उतर कर ज़मीन पर रेंगने लगीं। बिल पर बिल ढूँढ़े जाने लगे। आटा-चीनी छिड़का जाने लगा।

दोनों घर आयीं। बहुत खुश व ताजा। सोना से राज पूछा। बोली, "बाद में बताऊँगी। बड़ा अच्छा काम करके दादीजी आयी हैं।"

× × ×

बात बहुत पुरानी है मगर यादें ताज़ा हैं। कुसुम [लेखिका की छोटी बहन] के विवाह का निमन्त्रण देने भाभी और बुआजी हापुड़ आयी थीं। तब हम हापुड़ में ही थे। मैं, कदम व मुकुल को लेकर आगरा आ गयी। साथ में अम्मा भी थीं।

गाड़ी से सीधे हम लोग शीतला गली पहुँचे। वहाँ घर मेहमानों से भरा था। मामियाँ, भाभियाँ, बुआएँ, बहनें, भाई, भाभो आदि सब घिर आये। अम्मा की मुलाकात सबसे हुई। उलाहने सुनने को मिले कि अब आये हो ऐन वक्त पर!

कुछ औपचारिक स्वागतादि के बाद हम लोग राजामण्डी जाने को तैयार हुए। भाभी बोलीं (अम्मा से)

"धन्नो-मुंशी बच्चों को भैया भाभी से मिलवा लायेंगे, तुम अब यहीं आराम

करो। ब्याह देखकर दो दिन बाद चली जाना।''

अम्मा बोलीं : ''तुम हमारी वजह से परेसान मत होओ। हम अब तुम सबसे मिल ली हैं। हमें जाने दो।'' भाभो के साथ अन्य लोग भी आग्रह करने लगे, ''वहीं क्या करोगी? वे तो यहीं आयेंगे। तुम ब्याह का घर छोड़कर मत जाओ। तुमको किसी बात की तकलीफ नहीं होगी। हम लोग तुम्हारा पूरा ध्यान रखेंगे।'' मगर अम्मा तो समधियाने में किसी को अपनी वजह से ज़रा भी दिक्कत या असुविधा नहीं होने देना चाहती थीं। अतः वह बोली : ''हमें तो अब सबसे मिलकर ही बड़ी खुशी हो गयी है। तुम राजी खुसी ब्याह करो। अब हमारी बाट उधर भी बच्चे जोह रहे होंगे। मौका मिला तो फिर मिलना होगा।'' और वह सबसे विदा होकर हमारे साथ ही चल दीं।

× × ×

तुर्कमान गेट का मकान। वसंतपंचमी का दिन। घोषणा—''आज शाम को एक मीटिंग होगी। सभी के कच्चे चिट्ठे खोले जाएँगे। कुछ इनाम व जलपान भी होगा। सभी बच्चे वसंती कपड़े पहन कर आयें।''

शाम को यथासमय मुंशीजी घर आये। साथ में श्री नरोत्तम नागरजी भी थे। पहले तो श्री नागरजी को आश्चर्य हुआ कि आज बात क्या है, मगर शीघ्र ही वह इस माहौल में घुल-मिल गये।

अम्मा की सदारत में मीटिंग शुरू हुई। सब बच्चों ने मिलकर अपने पंचम स्वर में 'जन गण मन अधिनायक...' राष्ट्रीय गान से मीटिंग का उद्घाटन किया। सोना व सच्चिदा-पुत्री आभा ने मुंशी की माचिस के तबले की ताल पर—''जानी तेरे दिल का हवाल सेठ मोटे लाल'' पर नृत्य प्रस्तुत किया। कदम ने ''च्याओ, क्याओ, श्याओ'' कुछ चीनी भाषा की नकल पेश की। मुकुल ने ''आस्त्रौ, प्रास्को, पुस्त्रो'' बोलकर रूसी लोगों की नकल की, तथा आलोक ने श्री जवाहरलाल नेहरू की नकल की। खूब तालियाँ बजीं। कुछ अन्य प्रोग्रामों के बाद चाय व नाश्ता दिया गया व आगन्तुकों को धन्यवाद देकर सभा समाप्त हुई। पड़ोसी बच्चे चले गये।

अब अंतरंग मीटिंग, अर्थात् परिवार की मीटिंग शुरू हुई। कच्चे चिट्ठे खुले, जिनकी गम्भीरता से अम्मा समेत सभी लोग पूर्व परिचित थे। ट्रायल मीटिंग, फिर उसकी सज़ा के पूर्व-भुक्तभोगी सभी रह चुके थे।

अम्मा ने बताया : ''कदम पढ़ाई तो करती हैं मगर हर वखत गुस्सा होकर। मुकुल और सोना को पीटती बहुत हैं। खाना खाते वखत भी चिड़चिड़ाती हैं। मुकुल को तो जबरदस्ती करो तभी पढ़ते हैं। खुद पढ़ने नहीं बैठते। रोज सवेरे टट्टी जाने में अलसाते हैं। हाँ, इनमें दूध पीने की अच्छी आदत है। सोना अभी छोटी हैं मगर बस्ता लेकर कदम के साथ स्कूल जाने की ज़िद करती हैं। नाचने का बड़ा शौक है। कहानियाँ मन से गढ़कर सुनाती हैं। धन्नो काम तो करती हैं, मगर भड़भड़ाई

रहती हैं। मुंशी खाना दफ्तर नहीं ले जाते, चाय और सिगरेट बहुत पीते हैं। पान भी बहुत खाते हैं। वैसे ठीक हैं सब लोग।" फैसला हुआ—"मुकुल को अच्छे स्वास्थ्य पर एक बॉल दी जाय। कदम को डायरी और पेन। सोना को एक गुड़िया।

अब इनाम बाँटने के लिए श्री नागरजी से कहा गया तो वह बोले, "हमसे बड़ी अम्मा हैं। इनाम अम्मा के हाथों ही बाँटे जायें। और, हम तो कहते हैं कि एक इनाम अम्मा को ज़रूर दो। मैं तो देखता हूँ कि इस घर में सबका ध्यान अम्मा ही रखती हैं।" इस पर बच्चों ने कहा—"हाँ, दादीजी को इनाम ज़रूर दो। जब दादीजी हमें नहलाती हैं तो सब मैल साफ हो जाता है। अम्मा के नहलाने से मैल भी साफ नहीं होता, उल्टे उनकी बड़बड़ाहट सुनने को मिलती है।"

उस वसंतपंचमी पर सभी लोग अम्मा के हाथ से इनाम पाकर खुश थे।

रक्षा शर्मा

भगतिन बहू

सन् 1958। जयपुर से परीक्षा देकर लौटी थी। दिल्ली में पूज्य अम्मा के साथ रहने का अवसर मिला।

भैया, भाभी, बच्चे—सभी प्रसन्न थे। रोज शाम को रामलीला-ग्राउण्ड जाने का प्रोग्राम बनता; उसके बाद खेलकूद, गाना। सभी में अम्मा का सहयोग मिलता। सोना की अंगुली पकड़कर चलती थीं।

उन दिनों श्रावण मास, पुरुषोत्तम मास, चल रहा था। मैं एक समय ही भोजन करती थी।

मेरे इस तरह के व्रत से उन्हें बहुत चिन्ता रहती थी। रोज़ कहतीं—"कुछ न कुछ खा लिया करो।"

एक दिन मेरे बहुत मना करने पर भी उन्होंने अपने हिस्से का दूध मुझे पिला दिया। बहाना यह—"आज मैंने बहुत खा लिया है; दूध पिया न जाएगा।"

दूसरे दिन भैया के किसी मित्र से यह कहते हुए सुना : "हमारे घर में 'रच्छा' बड़ी भगतिन आयी हैं।" उनका यह प्यार भरा वाक्य भुलाया नहीं जाता।
जुलाई सन् 1959। नरेश भैया का ब्याह था।

× × ×

मिनी होने वाली थी। इसलिए, अम्मा को हमेशा चिन्ता रहती थी कि मुझे कोई तकलीफ न हो। उन दिनों बड़ी भाभीजी का भी स्वास्थ्य ठीक नहीं रहता था। हम लोग कलकत्ते से आये थे। हमारे साथ कलकत्ते से तलवार परिवार की "माताजी" आयी थीं। हम लोगों का उनके साथ बिल्कुल घर जैसा ही सम्बन्ध था।

जब बारात लौटकर आयी, उस वक्त माताजी "बहू" को देखने आयीं।

अम्मा उनसे जो कुछ कह रही थीं, वह मैं बड़े ध्यानपूर्वक सुन रही थी : "मेरी बीमारी के कारण ये लोग मुझे कलकत्ते नहीं जाने देते। परदेस में, बहनजी, आप ही का भरोसा है। रच्छा का ध्यान रखना।" उनके ये ममता भरे शब्द सुनकर मेरा मन भर आया।

उषा शर्मा

ब्याह के सन्दर्भ

लखनऊ आये दूसरा ही दिन था। आने-जाने वालों का ताँता लगा था। मुँह दिखाई की रस्म हुई, मगर हमारी पूज्य सास का दर्शन नहीं हुआ। हम संकोचवश कुछ पूछ न पाये, जबकि उनकी उपस्थिति का आभास था। हम ऊपर से नीचे आँगन में जैसे ही पहुँचे, हमें देखकर किसी ने घूँघट निकाल लिया। अब हम सकपकाये कि घूँघट तो हम निकालते, इन्होंने हमें देखकर क्यों निकाला। बच्चों ने शोर मचाया, चाची से अजिया ने घूँघट निकाला। अब हम समझे कि यह क्या हुआ। पहले तो हम डरे। फिर पता चला कि सास जब तक मुँह दिखाई नहीं देंगी तब तक बहू का मुँह न देखेंगी। इस रिवाज पर मन-ही-मन हँसे भी कि अम्मा ने तीन दिन तक अपने मन पर कितना काबू रखा होगा।

जब तीसरे दिन कंगन आये तब अम्मा ने हमें कंगन पहनाकर हमारी सूरत खूब अच्छी तरह देखी और बहुत प्यार किया।

यह रिवाज हमारे लिए नया था।

आज भी अम्मा का घूँघट निकालने वाला दृश्य आँखों में घूम जाता है और हम रोमांचित हो जाते हैं।

× × ×

ललित भैया की शादी की बात है। गाना-बजाना चल रहा था। आगरे में शोभा [ललित की बहन] की सहेलियाँ खूब फिल्मी गीत सुना रही थीं।

हमारी शादी हुए साल भी नहीं हुआ था, हम भी उनके साथ खूब गाने लगे।

और जब नाचने का दौर शुरू हुआ, तो पहला नम्बर हमारा ही रहा। शोभा, सेवा, स्वाति और उनकी सहेलियाँ गानेवाली और हम नाचनेवाले। बस, हम रुकने का नाम ही न लें। हमें नाचने में मज़ा आ रहा था। वैसे ही हम नाचने के शौकीन थे। मौका मिला। लड़कियाँ भी एक के बाद दूसरा गाना शुरू कर देतीं। हम एक साथ आठ गानों पर नाचे। पर अन्दर पूज्य अम्मा का दिल धड़क रहा था और वह बार-बार रक्षा भाभी से कह रही थीं : उषा का नाच बन्द करवाओ। उसे नजर लग जाएगी। वह तो लीली घोड़ी की तरह नाचे जा रही है।

उनका प्यार भरा उलाहना मुझे जीवन में कभी नहीं भूलता। जब भी नाच की बात आती है, तो अम्मा की आवाज़ कानों में गूँजने लगती है और उनकी प्यारी बातों को याद करके मन भर आता है।

× × ×

बात सन् 59 दिसम्बर की है। मैं शादी के बाद पहली बार मुंशी भैया के यहाँ दिल्ली गयी। उस समय काफी पर्दा करना पड़ता था पर अम्मा और भैया दोनों ही पर्दे के पक्ष में नहीं थे। फिर भी मैं संकोचवश पर्दा करती रही। अम्मा एक दिन तो कुछ न बोलीं, पर एक दिन सब लोग जमे थे, गोष्ठी चल रही थी, लोग बातचीत का आनन्द उठा रहे थे, एक हम चुपचाप घूँघट किये बैठे थे। अम्मा को शायद लगा कि हम भी कुछ बोलें और सबके साथ बराबर का हिस्सा लें। जब बातचीत जोरों पर थी, किसी को कुछ शक भी न था, अम्मा ने धीरे से पीछे आकर मेरे पीछे से साड़ी सरका दी और प्यार से बोलीं, "ई पर्दा यहाँ ना किया करो।" थोड़ी देर तो हम सकपकाये पर बाद में सबने अम्मा का समर्थन किया। आज मुझे यह बात यही सोचकर याद आ रही है कि अम्मा का हम बहुओं के प्रति कितना प्यार था। वह चाहती थीं, बहुएँ भी सबके साथ गोष्ठी में हिस्सा लें। मुझे अम्मा के साथ रहने का सबसे कम अवसर मिला पर उनकी कुछ बातें और साथ बिताये वे क्षण मैं कभी नहीं भूलती।

मुंशी

अम्मा के साथ

बच्चों की और धन्नो की छुट्टियाँ होने पर अम्मा भी छुट्टियों के मूड में हैं। धन्नो के कुछ ट्यूशन हैं, इसलिए फिलहाल आगरा नहीं आ रहीं। अम्मा शायद हफ्ते डेढ़ हफ्ते के लिए आगरा आयें। [मई 1958]

अभी तुम्हारा कार्ड मिला। हरदेव मामा [के निधन] के बारे में मगड़ायर का पत्र रिडाइरेक्ट होकर आया था। समझ में नहीं आता मैं क्या करूँ। अम्मा के दुबले पतले शरीर को देखता हूँ तो साहस नहीं होता कि उनसे यह बात कहूँ। धन्नो से भी कड़ी ताकीद की है कि जब तक मैं न कहूँ, अम्मा से कुछ न बतायें। जब मुझे इतना दुःख हुआ तो अम्मा को तो न जाने कितना होगा। सालिक भैया [हरदेव मामा के पुत्र] के बेटे के ब्याह में जाने को कह रही थीं। मैंने कहा कि इन गर्मियों में अकेले भेजने को तैयार नहीं हूँ। अब पीछे पड़ी थीं कि बहू के मुँह दिखाई के रुपये भेज दो। तभी वह कार्ड मिला।

हरदेव मामा मेरी स्मृति में अक्षय, अजेय, कर्मठ बैसवाड़े के प्रतीक हैं। उनके बड़े-बड़े धूल भरे चमरौधे जूते और सुदीर्घ निनादित कंठ—सदा मेरे लिए 'विराट' का मूर्त स्वरूप

रहे हैं। मुझे भी वह कन्धे पर बिठालकर गाँव से मगड़ायर लाये हैं। और जितनी देर मैं उनके कन्धे पर रहा, दुनिया से इतने ऊपर होने से भयभीत रहा। फिर उनका वह डंकारता हुआ स्वर : "कहौ झौआ मुंदनऊ...!" [मामा भांजे का परिहास–झौए से ढँक देंगे]। वह हम सबको बहुत प्यार करते थे। बाबा के बाद गाँव की जिन विभूतियों के लिए मेरे मन में (आतंकप्रद) प्यार रहा, उनमें सबसे पहले हरदेव मामा हैं।

जब बाबा जीवित थे, तो कभी-कभी हरदेव मामा बैठक में बैठकर उनसे बहुत घुल-मिलकर बातें किया करते थे। बाबा जब रुष्ट होते तो मामा की अनुपस्थिति में 'अरे वहु सार हरदेउना...' कहकर बातें करते थे। दोपहर में जब बाबा से मैं कथा सुनने की ज़िद करता तो वह मामा के खो जाने की बात कहते। [किसानों को कथा सुनाने का अवकाश रात को ही होता था। दिन में बच्चों को बहलाने का प्रचलित बहाना था, दिन में कथा सुनोगे तो मामा रास्ता भूल जायेगा, खो जायगा।] मैं सोचता, 'ऐसे मामा खो भी जायें तो क्या हरज है!'

जब बाबा के निधन का समाचार मुझे मिला था, तब मैं बहुत छोटा था (उन दिनों झाँसी में था); मेरी समझ में न आया था कि यह क्या हो गया; क्यों बाबा पहले से बिना कुछ बताये इस तरह चुपचाप मर गये। मुझे बहुत क्रोध आया था; बड़ा दुःख हुआ था। लेकिन सबको चुप देखकर मैं मन मसोस कर रह गया था। लेकिन अब वह बात नहीं है। अब दिल को समझाना आसान नहीं है; मन को मसोसना भी चाहता हूँ तो वह विरोध करता है। अम्मा को देखता हूँ तो और भी मन कचोट उठता है। आखिर कब तक उनसे यह बात छिपाऊँगा। (6.6.58)

[अम्मा कुछ दिन आगरे आकर रहीं, फिर मुंशी के पास दिल्ली पहुँच गयीं।]

जिस दिन यहाँ आये, उसी दिन से अम्मा का इलाज जारी है। अम्मा के Lungs का X-ray कराया है, पेशाब और कफ का टेस्ट कराया है। दवा नियम से हो रही है। Heart, Lungs, Kidney सभी affected हैं। अगर उम्र इतनी अधिक न होती तो कभी का ठीक कर लिया होता; अब अम्मा के स्वास्थ्य के लिए लड़ाई बड़ी जटिल हो गयी है। हम लोग पूरी कोशिश कर रहे हैं और अपनी ओर से कुछ भी नहीं उठा रखेंगे।

अम्मा किसी छोटी चद्दर के लिए कह रही हैं कि बहू को लिख दो कि नहीं मिली। (29.5.60)

रामविलास शर्मा

सचेतक

तो मुंशी भाई ने **सचेतक** निकाला। हर लघु पत्रिका के सम्पादक की तरह उन्हें विश्वास न था कि पत्र निकलता ही रहेगा, इससे आगे बढ़कर उन्हें यह विश्वास

भी नहीं था कि इसी नाम से निकालते जाना ठीक होगा कि नाम बदलना जरूरी होगा। इसलिए प्रवेशांक में उन्होंने घोषित किया : 'पत्रिका की तरह ही **सचेतक** अस्थायी नाम'। मैंने 'सचेतक' को 'पत्र' माना है; सम्पादक के दिमाग में लघु पत्रिका थी, यह 'पत्रिका की तरह ही' से स्पष्ट है। लघु पत्रिका के सम्पादक आवरण पृष्ठ पर अपना नाम शान से प्रकाशित करते हैं पर यहाँ आवरण पृष्ठ था ही नहीं। कुल दो फूल्सकैप पृष्ठ, केवल एक तरफ लिखे हुए, क्योंकि पेन्सिल और कार्बन की सहायता से आवश्यक प्रतियाँ निकाली गयी थीं (सम्पादकीय प्रतियाँ छोड़कर शुरू के चार अंकों की एक भी अतिरिक्त प्रति सुलभ नहीं है!); तो आवरण पृष्ठ की जगह मुखपृष्ठ की पादटिप्पणी में सूचना दी–'सम्पादक : सभी लोग जो सचेतक में लिखें'। इससे आप यह न समझें, सम्पादन में किसी तरह की अराजकता थी। 'सचेतक' का समूचा प्रवेशांक मुंशी की हस्तलिपि में था। आप 'लिखें' को व्यापक अर्थ में लें तो भी इस पूरे अंक के लेखक मुंशी ही हैं। बड़े भाई भगवानदीन के पत्र से एक उद्धरण, पुत्री कादम्बरी के पत्र से एक उद्धरण, शेष रचनाएँ मुंशी की। पर वह इस स्थिति को बदलना जरूर चाहते थे। इसलिए प्रवेशांक के मुखपृष्ठ पर उन्होंने यह सूचना भी प्रकाशित की थी : '**सचेतक** के ग्राहक बनिये और बनाइये। चन्दा : आपकी रचना'।

'सचेतक' को रचनाएँ मिलने लगीं। चार अंकों के बाद इस सूचना का प्रकाशन बंद हो गया कि इसमें लिखनेवाले सभी लोग इसके सम्पादक हैं। प्रवेशांक 1 जून 1980 को निकला। 15 सितम्बर 1980 से पेन्सिल कार्बन छोड़कर स्टेन्सिल से साइक्लोस्टाइल करके पत्र निकाला गया। पृष्ठ संख्या भी बढ़ती गयी। 15 जून 1981 से अब तक वह मुद्रित रूप में निकलता रहा है। किन्तु सम्पादक का नाम नहीं छपता। पत्र के जितने ग्राहक हैं, सब जानते हैं, सम्पादक कौन है, इसलिए नाम न देने से कोई हानि नहीं है, विशेष रूप से इसलिए कि मुंशी को इस बात का बड़ा ध्यान है कि ग्राहक संख्या बढ़ने न पाये। लघु पत्रिकाओं से अलग 'सचेतक' की नीति निराली है। हर अंक में वे ग्राहकों को याद दिलाते रहते हैं : 'केवल परिवार के सदस्यों के लिए'। यदि कोई ग्राहक इसकी सामग्री किसी अन्य पत्रिका या पुस्तक में छपाना चाहे तो उसे चेतावनी दी गयी है : ''इसकी कोई सामग्री बिना पूर्व अनुमति के छापना वर्जित''।

'सचेतक' के प्रवेशांक में उसके महान उद्देश्य की घोषणा की गयी थी : 'जीवनयापन की समस्याओं को हल करने के अलावा हम लोग आज शिक्षा के क्षेत्र में नये कीर्तिमान स्थापित करने, जीवन-पद्धति को सुरुचिपूर्ण बनाने, संकीर्णताओं व कुविचारों के विरुद्ध निर्ममता से जूझने आदि में जुटे हैं। ऐसे में बैरिकेड के इस पार क्या एक ऐसे सचेतक की जरूरत नहीं थी जो सबको सजग रखे, सबको ताजगी

से लैस रखे, एकता में अनेकता और अनेकता में एकता को सुदृढ़ करता रहे...?' एकता-अनेकता की बात पढ़कर स्वर्गीय राष्ट्रपति राधाकृष्णन की याद ताजा आ गयी। इसमें सन्देह नहीं कि 'सचेतक' इस उच्च आदर्श की ओर बराबर बढ़ता गया है; प्रवेशांक में एकता की मात्रा कुछ ज्यादा है, बाद के अंकों में अनेकता का अनुपात बढ़ता गया है और कुल मिलाकर बैलेन्स बराबर हो गया है।

हर महान पत्र की तरह 'सचेतक' में भी विज्ञापन प्रकाशित होते हैं और जैसे हर महान पत्र के सम्पादकीय लेखों से उसकी वास्तविक नीति का उतना ज्ञान नहीं होता जितना उसमें प्रकाशित विज्ञापनों से होता है, वैसे ही 'सचेतक' की रीति-नीति का सही ज्ञान उसके विज्ञापनों से होता है। एक नमूना यह है :

शर्तिया इलाज

> **कद्रदान जानते हैं कि जिसके हाथ में खुजली उठती है, वह कितना बेचैन हो जाता है। आपके हाथ में खुजली उठे तो फौरन सचेतक कार्यालय से सम्पर्क बैठाइये और इलाज का नुस्खा मँगाइये। मुफ़्त इलाज? हर्गिज़ नहीं!!**

आप समझ गये होंगे, विज्ञापन का उद्देश्य 'सचेतक' में अनेकता की मात्रा बढ़ाना है। इसीलिए हाथ की खुजली का इलाज मुफ्त न होगा, इलाज का नुस्खा मँगाना होगा। और नुस्खा वही होगा, रचना भेजिये और हाथ की खुजली मिटाइये। विज्ञापन का दूसरा नमूना देखिये :

> **आज के जमाने में जब चीनी नदारद है, तब जरूरत इस बात की है कि आप खट्टी मीठी चीज़ें पढ़ें और छपवायें यानी 'सचेतक' में लिखें और सबसे लिखवाएँ।**

पहले नमूने में कोई बात अस्पष्ट रह गयी हो तो वह यहाँ स्पष्ट हो गयी है। तीसरा नमूना और देख लीजिए :

> **दीवाली पर ज्यादा मिठाइयाँ खाने से हाजमा बिगड़ गया हो तो 'सचेतक' पढ़िए : हाजमा दुरुस्त हो जायगा।**

मतलब यह कि विज्ञापन तो अनेक हैं पर उन सबका आशय एक है : **सचेतक** के लिए रचना भेजो।

सचेतक के जितने पाठक हैं, लगभग उतने ही उसके लेखक हैं। कारण यह कि जो इसमें लिखेगा नहीं, वह इसका ग्राहक न बन सकेगा और ग्राहक बने बिना वह उसे पढ़ेगा कैसे? फिर भी किसी लेखक-ग्राहक से पत्र की प्रति लेकर परिवार का कोई दूसरा सदस्य तो उसे पढ़ ही सकता है। **सचेतक** के पाठक 70-80 साल के लोग हैं और 5-6 साल वाले भी। इस दूसरी श्रेणी में स्वातिपुत्र अनन्त उर्फ बिट्टू हैं।

सचेतक दो रोज़ पहले मिल गया था। हमने घोट डाला। आज सोचा, लाओ संभालकर रख दें पर **सचेतक** काफी खोजने पर भी नहीं मिला। जब हार गये तब बिट्टू से पूछा, 'एक अखबार सा तो नहीं देखा?' बोले, **सचेतक?** हमारी आँखें फैल गयीं थोड़ा गरम होकर हम बोले, 'तुमने क्यों लिया उसे? कहाँ रखा है?' बोले, 'मम्मी लैट्रीन में रखा है। (हमारे यहाँ ज्यादातर पत्रिकाएँ यहीं मिलती हैं। एक **सचेतक** बचा हुआ था।) मैं तो उसमें रामलीला पढ़ता हूँ [झाँसी की रामलीला पर नरेश की धारावाहिक लेखमाला]।' मुझे विश्वास नहीं हुआ। मैंने कहा जरा पढ़ना, तो बिट्टूजी पद्य छोड़कर गद्य पूरा पढ़ गये। तब हमें बिट्टू के हिन्दी ज्ञान पर बहुत प्रसन्नता हुई क्योंकि हम उन्हें हिन्दी नहीं पढ़ाते। पापा से उन्होंने **रामायण, महाभारत** और **बाल भागवत** सुन रखी हैं। रोज सुनाने के चक्कर से बचने के लिए **बाल भागवत** तो पूरी टेप करवा ली है, रोज़ रात को बिना सुने नहीं सोते। बिट्टू के [रामलीला सम्बन्धी] सवालों से मैं जरा पीछे हटती हूँ क्योंकि मुझे घटनाएँ उतनी अच्छी तरह याद नहीं हैं। अब बिट्टू रोज़ ही पूछने लगे हैं, अगली रामलीला कब आयेगी? (मुंशी को स्वाति : 30.8.82)

यद्यपि **सचेतक** केवल परिवार के सदस्यों के लिए है किन्तु यह परिवार दरअसल कई परिवारों का महासंघ है। इसके सदस्य केवल भारत में ही दूर-दूर तक नहीं फैले हुए हैं, कुछ भारत के बाहर भी हैं और इन सबको एक सूत्र में बाँधने वाला माध्यम है **सचेतक**। जो अन्तरंग जानकारी **सचेतक** के माध्यम से इस परिवार के सदस्यों को एक दूसरे के बारे में मिलती है, वह उन्हें इसके बिना मिल ही न सकती थी।

सचेतक को निकलते दो साल से ऊपर हो गये। अनेक लघु पत्रिकाएँ इतनी दीर्घजीवी नहीं होतीं। उसके जीवन के दीर्घतर होने की पूर्ण सम्भावना है। फिर भी उसके पाठक-ग्राहक-लेखक यह चिन्ता प्रकट करते रहते हैं कि पत्र कहीं बन्द न हो जाय। जो पत्र विख्यात हो जाने पर भी उन्नति करना चाहते हैं, वे समय-समय पर अपने पाठकों की गोष्ठियाँ आयोजित करते हैं। इस प्रकार **सचेतक** ने भी अपने परिवार के कुछ सदस्यों की गोष्ठी आयोजित की। गोष्ठी तीन दिन हुई अथवा यों कहें, एक नहीं तीन गोष्ठियाँ हुईं। 'विशेष संवाददाता द्वारा' इनका विवरण तैयार किया गया और **सचेतक** में प्रकाशित हुआ। जैसे **सचेतक** के पाठक उसके लेखक भी हैं, उसी तरह उसके सम्पादक उसके विशेष संवाददाता भी हैं। रपट का पहला वाक्य पढ़कर ही आप समझ जायेंगे कि संवाददाता और सम्पादक में परस्पर अद्वैत सम्बन्ध है।

नवम्बर 1981 से मैं जनकपुरी, दिल्ली में अपने पुत्र विजय के साथ रहता हूँ। पहली दो गोष्ठियाँ यहाँ हुईं। तीसरी गोष्ठी मुंशी के यहाँ हरिनगर घंटाघर में हुई।

तीसरी गोष्ठी के बारे में विशेष उल्लेखनीय यह है कि इसमें अधिकांश भाग लेने वालों की साहित्यिक अभिरुचि का सम्बन्ध उनकी विद्यालय में प्राप्त शिक्षा और पेशे से नहीं है। कादम्बरी ने नृतत्वशास्त्र में पीएच.डी. प्राप्त की है, सन्तोष रसायनशास्त्र में एम.एससी. हैं और विजय का सम्बन्ध पहाड़ों में बाँध बनानेवाली इंजीनियरी विद्या से है।

रपट

विशेष संवाददाता द्वारा

प्रसन्नता की बात है कि हमारा परिवार "बैठे ठाले" लोगों या 'दिवास्वप्न देखने वालों' की जमात नहीं। ऐसे में, समय निकालकर, बड़े भैया का मालकिन भाभी के स्वास्थ्य को देखने दिल्ली आना और, लगे हाथ, कुछ समय **सचेतक** सम्बन्धी चर्चा को भी देना, विशेष रूप से महत्वपूर्ण था।

बड़े भैया ने अपने पत्र में (अंग्रेजी में टाइप्ड, 24 मार्च 82, जो उन्होंने नागपुर, जादूगुड़ा, हैदराबाद आदि स्थानों को भेजा है) लिखा है : "The report of the meetings may appear in due course".

अतः **सचेतक** सम्बन्धी गोष्ठियों की यह चर्चा। पहली गोष्ठी में मुख्यतः **सचेतक** की नीति सम्बन्धी चर्चा हुई। दूसरी गोष्ठी में **सचेतक** के आर्थिक पक्ष पर चर्चा हुई। तीसरी गोष्ठी में चीनू से आरम्भ कर बड़े भैया तक ने **सचेतक** में प्रकाशित या तो अपनी रचनाओं का पाठ किया, या संस्मरण सुनाये।

पहली गोष्ठी

पहली गोष्ठी (जनकपुरी में) बड़े मजेदार ढंग से शुरू हुई। मुंशी ने एक पुराने **सचेतक** से बड़े भैया का बाबा पर लेख पढ़ना शुरू किया जो इन शब्दों से आरम्भ होता था—"बाबा ने बचपन में पढ़ा नहीं था। लिखना-पढ़ना पलटन में सीखा।"... बड़े भैया का ध्यान दूसरी तरफ था। पूछा, "किसने लिखा दिया यह तुमको?" फिर क्या था! हँसी के ठहाके। बाद में रामविलास भैया के पूछने पर कि बाबा किस स्कूल में पढ़े थे, बड़े भैया ने बताया :

"वह अपने गाँव में नहीं, दूसरे गाँव में पढ़ने जाते थे। माँ फीस नहीं देती थीं। उन्होंने डेढ़ साल बाद पढ़ना छोड़ दिया।"

खाना बना, अच्छा हुआ

बड़े भैया के संस्मरण अविस्मरणीय हैं—विशेषकर बाबा और अजिया सम्बन्धी। तो भी मुझे लगा कि परिवार के पुराने इतिहास के सम्बन्ध में उनका शोध-कार्य जारी है। यही कारण है कि बाबा की बचपन की पढ़ाई के सम्बन्ध में उन्होंने उक्त तथ्य, जो हम लोगों को नहीं मालूम था, उद्घाटित किया।

बातचीत अब चल पड़ी थी। मुंशी ने कहा, "आपके लेखन के माध्यम से बाबा स्वयं हमारे सामने प्रकट हो जाते हैं। अगर आप न लिखते, तो बाबा का व्यक्तित्व समझने का अवसर हमें न मिलता।" बाद में, मौका देखकर, प्रश्न किया : "दौआ के बारे में आप कब लिखेंगे?"

"हाँ दौआ के बारे में भी जरूर लिखा जाना चाहिए।" बड़े भैया का संक्षिप्त उत्तर था।

बात आगे बढ़ी। बड़े भैया कह रहे थे : "**सचेतक** शुरू हुआ। खाना बना। अच्छा हुआ। खाना स्वादिष्ट और स्वास्थ्य-वर्धक हो। हम तो सोच रहे थे–पैसा भेजा, अच्छा हुआ। इस्तेमाल हो रहा है। 'सुरक्षित रखा है,' पढ़कर हमें बहुत गुस्सा आया। सुरक्षित तो हमारे पास भी रखा था। तुम्हारे पास भेजने की क्या जरूरत थी?"

मुंशी : "इस विषय पर चर्चा बाद में करेंगे।"

रामविलास भैया : "तुम कौन होते हो चर्चा करने-न-करनेवाले?"

बड़े भैया : "अब नहीं करोगे चर्चा तो कब करोगे?"

मुंशी : "आज की गोष्ठी में नहीं। वह गोष्ठी आपके जाने से पहले हो जायगी। यकीन न हो तो–लिखित में दे दूँ?"

अब लगभग यह निश्चित था कि आर्थिक पक्ष पर मुख्य बातचीत अगली गोष्ठी में होगी। बड़े भैया ने यह भी बताया कि अवस्थी से उनकी कुछ बातचीत हुई थी और अवस्थी का कहना था कि आप दिल्ली जायें तो **सचेतक** के बारे में भी बातचीत कर लें।

विजय ने बताया कि आगरा में चौबे भैया से भी उनकी बातचीत हुई थी। चौबे भैया ने कहा था : "आप तीन लोग हैं, मिलकर decide कर लीजिए। अगर कुछ change होगा तो discuss कर लिया जाएगा।

दिशा

अब बड़े भैया ने कहा : "यह बहुत Important paper है। परिवार का इतिहास। हर एक को जानना चाहिए कि हम कहाँ थे और कहाँ आ गये। उसे भूल नहीं जाना चाहिए।" उन्होंने इंगित किया कि **सचेतक** का काम educate करना होना चाहिए।

इस पर मुंशी ने आशंका प्रकट की कि अगर motto यह बना लिया गया कि हमें तो दूसरों को educate करना है, तो **सचेतक** कहीं artificial न हो जाय।

रामविलास भैया ने बात को इस रूप में रखा : "आज भैया से हमारी बात हुई थी। आम अखबारों में जो चीजें लिखी जाती हैं, वे इसमें न हों। जिन बातों का परिवार से सीधा सम्बन्ध है, वे बातें होनी चाहिए। इसकी दिलचस्पी का

सबसे बड़ा कारण यह है कि यह परिवार का इतिहास लोगों के सामने प्रस्तुत करता है। एक परिवार है—उसकी यूनिटें कैसे बनती हैं, कई यूनिटें होते हुए भी वे आपस में कैसे जुड़ी रहती हैं, उनका विकास कैसे होता है। इन यूनिटों में कोई कैसे गिरता है, कैसे उठता है, यह सब दिलचस्प होता है। दोनों तरह का पक्ष इसमें आये तो अच्छा है। हमारे कहने का मतलब यह कि इसको योजना बनाकर निकालना चाहिए। महावीर प्रसाद द्विवेदी प्लान करके लोगों से 'सरस्वती' में लिखवाते थे।''

विजय ने जब कहा कि, ''वह चिट्ठी जो आपने (यानी रामविलास भैया ने) बड़े चाचा को लिखी थी, उसकी कापी मेरे पास है,'' तो मुंशी मानो आसमान से गिरे। ऊपर ही ऊपर बड़े भाइयों में विचारों का आदान-प्रदान हुआ और मियाँ मुंशी को इसकी हवा भी नहीं।

बड़े भैया ने प्रसन्न होकर विजय से पूछा, ''अच्छा तो उसकी कापी यहाँ है?''

और विजय के शब्द थे—''इसकी एक कापी जादूगुड़ा में भी है।''

वह पत्र पूरा पढ़कर विजय ने सबको सुनाया। (यह पत्र **सचेतक** में अवश्य ही प्रकाशित होना चाहिए।)

मुंशी ने मानो अपनी सफाई देते हुए कहा, ''**सचेतक** हम कुछ योजना बनाकर ही छापते हैं। बाबा के बारे में consistently आना, अम्मा के बारे में छपना—योजनाबद्धता के बिना सम्भव नहीं था।''

बड़े भैया : ''लोगों को आप लिखिए कि अमुक चीज के बारे में लिखो और मैटर इस तारीख तक आ जाना चाहिए। हम लिखेंगे। चौबे से आप लिखवा सकते हैं—बहुत-सी चीजें जो उन्हें याद हैं और हम भूल गये। मैटर, जो छप रहा है उसके अलावा एक या दो महीने के लिए आपके पास होना चाहिए।''

रामविलास भैया : ''मालकिन से और चौबे से अम्मा के बारे में तुम्हें तमाम बातें पता चलेंगी। इनसे ये बातें Interview द्वारा भी जानी जा सकती हैं।''

मुंशी ने कहा, 'हमें लोगों को tactfully handle करना होता है। देखना होता है कि अमुक में लिखने की कैसी कला है, वह किस चीज पर अच्छा लिख सकता है, आदि! यह चीज पिन्टू और बच्चे, मुकुल और धन्नो के बारे में भी लागू होती है। नरेश ने पूछा—रामलीला कोई पढ़ता भी है या नहीं। उन्हें खुद नहीं मालूम कि 'रामलीला झाँसी की' उनका कितना बड़ा contribution है।'' अपनी बात को और भी स्पष्ट करते हुए आगे कहा, ''मैं यह कहता हूँ कि **सचेतक** stagnant नहीं हो जाना चाहिए! अगर सिर्फ परिवार के बारे में ही लिखा गया तो आशंका है कि कहीं artificiality न आ जाय। परिवार के बारे में तो प्राथमिकता है ही, मगर अखबार को आम जीवन से कटा नहीं होना चाहिए।... शुरू में कुछ यह भी तो था न

कि–set the ball rolling! अब गेंद लुढ़कना शुरू हो गयी है!"

रामविलास भैया : "अंग्रेजी बोल रहे हैं। He is a rooling stone, not a rolling ball–जो बातें हम कह रहे हैं वह सम्पादन पर reflection नहीं है किसी तरह का। तुमने जो अंक निकाले हैं उनमें सुपाठ्य सामग्री है। हम लोग सुझाव दे रहे हैं कि **सचेतक** को और भी बढ़िया कैसे बनाया जाये।"

मुंशी : "यही तो हम जानना चाहते हैं।"

मार्मिक

रामविलास भैया : "बड़े भैया चाहते हैं कि 'सचेतक' ऐसा होना चाहिए जिससे लोगों को कुछ सीखने को मिले। तुम्हारी difficulty है कि लोग लिखते नहीं। उनको बताना चाहिए कि इस चीज पर लिखो–बजाय इसके कि 'कुछ भी' लिखो।"

धन्नो ने विजय और रक्षा के लेखों के विषय में कहा : "विजय ने विदेश यात्रा सम्बन्धी अपने अनुभवों में वहाँ के culture और यहाँ के culture में साम्य और वैषम्य पर लिखा। वे बहुत रोचक लेख थे। रक्षा ने 'शंकर दादा' लिखा। वह भी बहुत अच्छा था; बहुत ही मार्मिक।"

दूसरों से लिखाने के मसले पर मुंशी ने बड़े भैया से कहा : "आप कहते हैं कि रामविलास भैया अपने बचपन के बारे में खुद लिखेंगे। मैं डंके की चोट कह सकता हूँ कि यह नहीं लिखेंगे।" बड़े भैया प्रत्युत्तर में बोले, "हमने जो लिखा है, उसमें बहुत है इनके बचपन के बारे में। हम और भी लिखेंगे। किसी भी विषय में लिखवाना चाहो, हम लिखेंगे–हमें भय नहीं है।" मुंशी ने सुझाव दिया : "आप अजिया और दौआ के बारे में लिखें। बुआ के बारे में आपका लिखा मुझे बहुत अच्छा लगा। बुआ की दाल-रोटी का स्वाद अभी भी मुझे याद है। सुर्जबली भैया के जीवन के भी कई aspects हैं। उनका sense of humour अपने ढंग का अनूठा था। दिनारा की बात है। महिलाएँ कोई गीत गा रही थीं। सुर्जबली भैया ने उसमें कुछ amendment किया। जो amendment किया उससे ऐसा हो-हल्ला मचा कि कुछ कहना नहीं।" भाभी ने कहा–"मुझे याद है।" मुंशी : "भाभी का भी बताया material है मेरे पास कुछ; बहुत ही अच्छा। वह यथा-समय और यथा-स्थान प्रकाशित होगा।"

'क्रमशः' से कष्ट

अब चर्चा 'सचेतक' में लेखों में छपने के तरीके के विषय में चल पड़ी। रामविलास भैया ने कहा–"एक ही आदमी की बात अलग-अलग कालम में छापने के बजाय, उसकी बात दो कालम में दीजिए। हमारी या भैया की कोई

बात छोटे-छोटे paragraphs में लिखने के बजाय दो कालम में दे दो। जहाँ तक हो सके, एक अंक में पूरा करने की कोशिश करनी चाहिए। फिर 'क्रमशः' से लेख की continuity पर बुरा असर पड़ता है। जहाँ तक हो सके, एक-चौथाई column की चीज न हो। अगर कोई isolated चीज है, जो अपने आपमें complete है, उसमें उत्सुकता की आवश्यकता नहीं, उसे पूरी दो। पर लम्बी चीज को सहसा बीच में तोड़ देना, पाठकों के साथ अन्याय है।''

मुंशी : ''हाँ, बच्चे ने एक बार सोना को लिखा था कि कदम के लेख के आगे का तुम अपने खत में लिख दिया करो क्योंकि **सचेतक** के अगले अंक की प्रतीक्षा काफी दिनों तक करनी पड़ती है।'' बड़े भैया : ''इससे बड़ा और क्या proof हो सकता है इनकी (रामविलास भैया की) बात का?''

रामविलास भैया : ''मुंशी के खिलाफ जब मुकदमा जमता है हरिनगर में, तो मैं ही इन्हें बचाता हूँ।'' मुंशी (चौंकते हुए) ''यह बचाते हैं? अरे he is one of the instigators!''... (ठहाके)।

विजय ने कहा—''मैं सोचता हूँ कि मुंशी चाचा का यह consideration होता है कि **सचेतक** में सभी लोग हों। एक बार इन्होंने यह कोशिश की थी कि सभी छहों भाई उसमें आयें।'' रामविलास भैया : ''अगर छहों भाइयों वाली बात है, तो एक ही बात तीन जगह क्यों छपे? उसे एक जगह ही दे दो।'' मुंशी ने बड़े भैया की ओर मुखातिब होते हुए कहा : ''आप अजिया के बारे में लिखते हैं; और तो कोई लिखता नहीं। आपकी दक्षिणापथ-यात्रा अलग चीज है। उसमें भी लोग Interested थे। इसी तरह छोटी-छोटी अन्य बातें होती हैं, अपने में पूर्ण; मैं अपनी तरफ से कोई comment नहीं करता हूँ। उन्हें ज्यों का त्यों दे देता हूँ। इसीलिए एक की बात अलग-अलग कई जगह।... मैं सारी बहस से इस नतीजे पर आ रहा हूँ कि इसके पृष्ठ बढ़ें और इसकी frequency बढ़े। लेकिन... मैं मकान खड़ा करूँ और उसमें सभी दबकर मरें—तो मैं चेतावनी दे दूँ कि भाई साहब देखिए...।''

जिस बात को मुंशी टालना चाह रहे थे, आखिर कब तक टलती। अतः रामविलास भैया बोले—"co-operative enterprize बनाओ इसको। जिसको तुम टाल रहे हो वह सवाल फिर घूम-फिरकर आ गया। उसको कितनी frequency से और कैसे चलाया जाय, यह सवाल है—these are primary things; पर उसमें खर्चा कितना बैठेगा?''

मुंशी ने कहा : ''**सचेतक** में सदस्य कितना-कितना contribute करें, क्या यह propose करना पड़ेगा मुझे?'' रामविलास भैया बोले—''तुम तो discussion ही postpone करने का कह रहे थे।'' मुंशी ने बिल दिखाने की बात कही तो जवाब मिला : ''बिल तब दिखाना, जब तुम्हें question करें।''

बड़े भैया : ''एक दिन खम्भे पर इमारत खड़ी कर रहे हो। कहीं झोंका लगा,

ढह गयी! तो उससे अच्छा है, चार खम्भों पर इमारत खड़ी करो।" मुंशी ने **सचेतक** के पुराने अंकों को भी छपवाकर रखने की बात कही क्योंकि और किसी तरह preserve करना कठिन होता है। बड़े भैया ने कहा–"तुमने दीक्षितजी के सुपुत्र चुन्नी को अपनी डायरियाँ, वाल पेपर, वगैरह दिये थे रखने को। सब नष्ट हो गये।" रामविलास भैया बोले–"अगर छपी हुई सामग्री रहे, तो कहीं न कहीं तो बच ही जायेगी।"

बड़े भैया (मुंशी से) : "अभी तो तुम finance पर बात ही नहीं कर रहे हो।... जो cyclostyled अंक हैं, उन्हें छपवाने में कितना खर्चा होगा?"

मुंशी : "अभी खर्चे की बात मैं उठा ही नहीं रहा हूँ। अभी तो बस policy के बारे में पूछ रहा हूँ।"

बड़े भैया : "policy के लिए भी पता चलना चाहिए कि खर्चा कितना होगा।... देखो न अभी देश में sixth five year plan पर झगड़ा चल ही रहा है।

सुझाव

कुछ लेखकों से, जो बार-बार अनुरोध करने पर भी नहीं लिखते, या बहुत कम लिखते हैं, सामग्री हासिल करने में कठिनाई की मुंशी द्वारा बात उठाई जाने पर रामविलास भैया ने कहा : "सम्पादक मंडल में बड़े भैया को होना चाहिए। पत्र लिखकर इनसे दस्तखत कराओ और भेजो।"

बड़े भैया : "क्या? हम समझे नहीं।" रामविलास भैया : "मुंशी समझ लें तो काम बन जायेगा। वैसे, यह सम्पादकी का अपना इजारा छोड़ना नहीं चाहते।" बड़े भैया : "लिखने का?" रामविलास भैया : "नहीं...। यह प्रधान सम्पादक बने रहना चाहते हैं।"

बड़े भैया : "उसमें अपने को कोई आपत्ति नहीं।" रामविलास भैया : "उसमें तुमको सहकारी सम्पादक बनायेंगे, प्रधान सम्पादक मुंशी।"

बड़े भैया : "नहीं, नहीं।... हम तो उसके कोई कम्पोजीटर-अम्पोजीटर जैसी category में ही रहना चाहते हैं।"

विजय ने शायद बड़े भैया की दूरदर्शिता को पहचानते हुए कहा, "यह कह रहे हैं कि सम्पादक बनाकर हमको भी पिटवाओगे, इनके साथ? इनकी नजर में सम्पादक का यही हश्र होने वाला है।" रामविलास भैया : "बहरहाल जब मार पड़ेगी तो बँट जायेगी।" बड़े भैया : "सम्पादक की खोपड़ी ज्यादा मजबूत है हमारी से।"

रामविलास भैया अपनी बात को पुनः रखते हुए बोले, "सम्पादक-मण्डल होना चाहिए। editorial committee"

मुंशी की राय थी कि जैसे अखबार **सचेतक** evolve हुआ है, वैसे ही

editorial committee भी evolve हो।

बहरहाल, मुंशी की मदद के लिए फिलहाल धन्नो और कदम को कमेटी में रखा गया।

दूसरी गोष्ठी

दूसरी गोष्ठी जनकपुरी में हुई। चर्चा का मुख्य विषय **सचेतक** की आर्थिक स्थिति थी। भाग लेने वाले थे बड़े भैया, रामविलास भैया, मालकिन भाभी, मुंशी, धन्नो तथा विजय।

मुंशी ने बताया : ''सबसे पहले **सचेतक** को हाथ से लिखकर कुछ कार्बन कापियाँ निकाली जाती थीं। यह काम बहुत श्रम-साध्य था और **सचेतक** भी बहुत कम लोगों तक पहुँच पाता था। इसके बाद 'फोटोस्टेट' कापियाँ करके **सचेतक** को कुछ अधिक लोगों तक पहुँचाने के प्रयत्न किये गये। इस प्रक्रिया में देखा गया कि कुछ प्रतियाँ बिल्कुल अस्पष्ट आती थीं तथा सामग्री पढ़ी नहीं जा सकती थी।''

उन्होंने बताया कि तत्पश्चात् साइक्लोस्टाइल से **सचेतक** निकाला जाने लगा। इस विधि में भी कुछ कठिनाइयाँ आयीं। साइक्लोस्टाइल की मशीन हमारे पास है नहीं, अतः उसके लिए दौड़-धूप करना, कागज जुटाना, स्टेंसिल पेपर जुटाना, फिर स्टेंसिल को हाथों से काट कर लिखना—ये तमाम दिक्कतें आती थीं। इसके बाद भी जब सामग्री पढ़ने में कठिनाई होती, तो बड़ा दुःख होता, झुँझलाहट बढ़ती। अन्ततः हम लोग इसे मुद्रित रूप से निकालने लगे।

जब से मुद्रित रूप में निकला है, तब से ही इसके खर्चे का हिसाब नियमित रूप से रखना शुरू किया गया। इससे पूर्व कोई हिसाब नहीं रखा जाता था। हाँ कागज की व्यवस्था विजय करते थे, साइक्लो कराने की जिम्मेदारी भी उन्हीं की थी। मैटर एडिट करने, स्टेंसिल काटने, लोगों के पास **सचेतक** भेजने, आदि का काम मुंशी का होता।

इतना बताकर मुंशी ने धन्नो को आदेश दिया कि वह **सचेतक** का हिसाब पेश करें।

तीसरी गोष्ठी

तीसरी गोष्ठी हुई हरिनगर घण्टाघर में। इस गोष्ठी में मुंशी परिवार, विजय परिवार, रामविलास भैया, मालकिन भाभी और बड़े भैया उपस्थित थे।

गोष्ठी की शुरुआत की चीनूजी ने—**सचेतक** में छपी अपनी कविता 'नया वर्ष'

से। जी हाँ, यह वही वर्ष है जिस वर्ष "चूहे मामा ने कागजों का किया सफाया, तो **सचेतक** सम्पादक ने खूब हल्ला मचाया।" और... तालियाँ। इसके बाद उन्होंने अपनी गद्य रचना भी सुनायी।

चीनूजी के बाद नम्बर आया तनूजी का। तनू ने अपना व्यंग्य-लेख "मिस टोनी" सुनाया। कुछ विद्यार्थी क्लास में सोते हैं—यह तो आम बात है। लेकिन टीचर क्लास में सोये, तो बच्चे सक्रिय हो ही जाते हैं। एयरफोर्स स्कूल के बच्चे टीचर के क्लास में सोने पर, कागजी जहाजों के माध्यम से प्रश्नों के उत्तर एक-दूसरे तक पहुँचाते हैं, यह तनूजी ने बताया। (यानी पढ़कर सुनाया)। और जब उनका यह लेख समाप्त हुआ तो कमरा फिर तालियों से गूँज उठा।

अब आयी बारी सन्तोषजी की। चीनूजी की टिप्पणी थी : "मम्मी ने कुछ लिखा ही नहीं तो सुनायेंगी क्या?"

अतः अब मम्मियों को 'सचेत' हो जाना चाहिए; जिन्होंने **सचेतक** में अभी तक कुछ नहीं लिखा, उन्हें जल्दी ही कुछ लिखना चाहिए। अन्यथा—यही रफ्तार रही तो—बच्चे पूछेंगे : "मम्मी आपने क्या लिखा?" अस्तु!

सन्तोषजी ने जयशंकर प्रसाद की **कामायनी** का एक प्रारम्भिक अंश सुनाया : "हिमगिरि के उत्तुंग शिखर पर..."। उन्हें यह जबानी याद है, और बहुत अच्छा सुनाती हैं।

सन्तोषजी के बाद नम्बर आया विजय का। विजय ने अपनी कविता सुनाई : "तब और अब"—**सचेतक** में विजय की पहली कविता। कविता की सभी ने दाद दी।

अब मुंशी परिवार के सबसे छोटे सदस्य यानी सोनाजी का नम्बर था। सोना ने अपना स्केच "हे प्रभु" पढ़कर सुनाया। सोना के बाद मुकुल ने अपनी लम्बी कविता "तपन नं. 1" सुनाई। तालियों के साथ मुकुल की कविता खत्म हुई, तो कदमजी की कविता आ गयी—"मुर्गियाँ"।

चुहल

अब धन्नोजी का नम्बर था। धन्नो अभी सोच ही रही थीं कि क्या सुनाऊँ, तभी मुकुल उनकी वह कापी उठा लाये जिसमें उनकी कुछ कविताएँ (अप्रकाशित) इधर-उधर, आड़े-तिरछे, लिखी थीं। धन्नो ने मुकुल से कापी छीनकर तखत पर बिछे गद्दे के नीचे छिपा ली और खुद उस पर बैठ गयीं। वह अपनी अप्रकाशित कविताएँ, स्वभावतः; किसी को दिखाना नहीं चाहती थीं। हाँ, **सचेतक** से अब वह 'राजगीर' सुना रही थीं—पूरी तन्मयता से। तभी रामविलास भैया के इशारे पर, सोना ने धन्नो की कापी चुपचाप गद्दे के नीचे से निकाल ली। इधर धन्नो कविता पढ़ रही थीं। धन्नो

ने अपनी कविता पढ़ना खत्म किया ही था कि सोनाजी ने उनकी अप्रकाशित तुकबन्दी—''जेठ तो जेठ, ऐसे देवर भी मुश्किल से मिला करते हैं...'' पढ़ना शुरू कर दी। धन्नो को जब यह घपला समझ में आया, तो सोना से कापी छीनने को झपटीं। इधर रामविलास भैया कापी को अपने कब्जे में करने के फिराक में। सोना कापी पकड़े कविता पढ़ने में मगन। उधर धन्नो कापी को अपनी तरफ और रामविलास भैया कापी को अपनी तरफ खींचने में व्यस्त। ऐसी छीना-झपटी मची कि बस पूछिए मत। मुंशी बोले—''अरे-रे, यह तो गृहयुद्ध छिड़ गया भाई!''

[इस युद्ध में धन्नो की जीत हुई।]

धन्नो के बाद आया नम्बर मुंशी का। मुंशी ने **सचेतक** में से कुछ अपना लिखा नहीं पढ़ा। हाँ ''तोड़ो नहीं तार'' कविता-संग्रह से 'चार ईंट चूल्हा टूटा' कविता सुनाई।

मुंशी के कविता पढ़ चुकने के बाद बड़े भैया बोले : ''अब मालकिन तुम सुनाओ। तुम्हारा संस्मरण भी **सचेतक** में छपा है।'' भाभी बोलीं : ''हमारी तरफ से मुंशी सुना दें।'' अतः मुंशी ने ही भाभी की तरफ से बाबा-दौआ पर उनका संस्मरण पढ़कर सुनाया।

संस्मरण

रामविलास भैया का नम्बर आया तो लोगों ने उनसे कविता सुनाने को कहा। उन्होंने कहा, ''हमें अपनी कोई कविता याद नहीं।'' मुंशी उनका कविता संग्रह **रूपतरंग** ले आये। रामविलास भैया स्वयं सुनाने के मूड में नहीं थे। मुंशी से बोले—''तुम अच्छा पढ़ते हो। तुम्हीं सुना दो'' अस्तु मुंशी ने **रूपतरंग** से उनकी कविता ''तूफान के समय'' सुनाई।

रामविलास भैया के बाद बड़े भैया का नम्बर आया। उनसे पूछा गया : ''आप कौन-सी रचना 'सचेतक' में से सुनायेंगे?'' बोले : ''हम कोई पुरानी चीज पढ़कर क्यों सुनायें? हमारे पास और है सुनाने को।'' बस, अब नया सिलसिला शुरू हो गया। बड़े भैया ने दो संस्मरण (स्मृति से) सुनाये। एक संस्मरण रामविलास भैया और स्वयं उनके बाल्यकाल से सम्बन्धित था। दूसरा संस्मरण मुंशी के बचपन से सम्बन्धित था—अर्थात्, किस प्रकार दौआ ने मुंशी को एक बार रसगुल्लों के प्रति उनके लालच की बढ़िया सजा दी।

बड़े भैया के इन संस्मरणों पर ठहाकों का दौर जारी था कि तभी रामविलास भैया ने मुंशी के बचपन का एक मजेदार संस्मरण—''मोरे माथे पै बिंदिया लगाय दयी हो''—सुनाया; साथ में बड़े भैया, दौआ और मुंशी की अपनी-अपनी स्थिति का

अभिनय भी था।

हँसी-खुशी और ठहाकों के माहौल की कल्पना पाठक स्वयं कर सकते हैं।

मुंशी की रपट के अन्त में जिस मजेदार संस्मरण का उल्लेख है, वह संक्षेप में इस प्रकार है।

मैं झाँसी के इण्टर कॉलेज में पढ़ता था। वहाँ लड़कों के कल्चरल प्रोग्राम में एक कलाकार छात्र ने रीतिमुक्त और ग्राम्यदोषयुक्त यह पद सुनाया :

उस चूतिये की कब्र पै उल्लू ने हग दिया।
उसने दहाने कब्र से चिल्ला के यूँ कहा--
लगाय दयी हो मोरे माथे पै बिंदिया।

घर आकर शाम को मैंने यह पद भैया और मुंशी को सुनाया। मेरी तरह इन्हें भी यह पद खूब पसन्द आया और बिंदी लगाने के अनूठे उपमान को सोच-सोचकर खूब हँसे। जब खाना खाने बैठे तो चौके में दौआ थे, हम तीनों भाई उनसे थोड़ी दूर थे। बिंदिया की याद ताज़ा थी। भैया ने मेरी आँखों में देखा, मैंने मुंशी की आँखों में और लाख प्रयत्न करने पर तीनों लगभग एक साथ हँस पड़े। दौआ ने एक बार हम लोगों की तरफ देखा। शान्ति छा गयी और हम लोग खूब संयम बरत कर रोटी खाने लगे। थोड़ी देर में मुंशी ने और मैंने एक साथ भैया की तरफ देखा और उन्होंने भौंहों में संकेत किया--बिंदिया! तीनों एक साथ हँसे यानी ज़ोरों से मुँह बन्द रखने पर भी गुब्बारा फूट पड़ा। इस बार ज़ोर की डाँट पड़ी। दौआ के डाँटने का अपना स्टाइल था; शब्द साफ न सुनाई देते थे, गरजने का गम्भीर घोष देर तक कानों में गूँजता रहता था। कुछ देर तक निस्तब्धता छायी रही। किन्तु वह बिंदिया हास्य का ऐसा समर्थ आलम्बन थी कि उसे कल्पना से तुरन्त निकाल बाहर करना असम्भव था। परिणाम यह कि किसी के मुँह से फिस् की आवाज़ निकली। भैया ने सोचा, अनर्थ होने ही वाला है। तेज़ी से उठे; लात मारने की भंगिमा दिखाते, फिस् फिस् करते आँगन पार अपने कमरे में पहुँच गये। मुंशी को साथ लेकर मैं भी पीछे-पीछे जा पहुँचा। यहाँ दौआ के क्रोध का डर न था पर अब हँसी भी न आ रही थी। डर के बिना मानो हँसने का मज़ा ही ख़त्म हो गया था।

× × ×

मुंशी की रपट से आप समझ गये होंगे कि **सचेतक** के मुख्य स्तम्भ हम लोगों के बड़े भाई हैं। अनेक लघु पत्रिकाओं की तरह **सचेतक** की भी यह भूमिका महत्त्वपूर्ण है कि उसने अनेक नये लेखकों को अभिव्यक्ति का माध्यम प्रदान किया है, उनकी निगूढ़ लेखन क्षमता का उद्घाटन किया है। उसके सम्पादक ने कई को लेखक बनाया है और उसके कई लेखकों ने भी सम्पादकजी को बनाने में कुछ उठा नहीं रखा। वैसे **सचेतक** के मुख्य स्तम्भ हमारे बड़े भाई उस समय से लेखक हैं जिस समय

सचेतक के जन्म को बीस साल बाकी थे। उन्होंने किसी के कहे बिना अपनी ही प्रेरणा से अपने जीवन के बारे में लिखना शुरू कर दिया था। उनकी वह लिखाई मुंशी के हाथ लगी। उसे पढ़कर मुंशी ने पाण्डुलिपि के अन्त में भैया के नाम एक पत्र लिखा। उसका एक अंश इस प्रकार है :

> तुम लेखक नहीं हो यह बहुत अच्छा है, इसीलिए सब कुछ साफ-सुथरा अपनी जगह पर मिल जाता है। मुझे खास तौर से ज्यादा मज़ा इसलिए आया कि तुम्हारे बचपन से मैं कतई वाकिफ नहीं। कभी कुछ सुना भी ज़्यादा नहीं। मेरे लिए हर चीज़ नयी थी। न मैंने कभी सेरावन डाली, न पुरहाई की, न पिता की नौकरी की अस्थिरता के कारण शहर से देहात और द्रेहात से शहर के बीच झटके खाये। अपने बचपन के नोट्स से तुम्हारे नोट्स कम्पेयर करता हूँ तो एकदम भिन्न। इसलिए और ज़्यादा मज़ा आया। बाबा का चित्र काफी उभरकर आया है तो भी शायद उतना नहीं जितना दौआ का जिनकी अदृश्य छाया शहरी पीरियड को डॉमिनेट करती है। बाबा सामने दिखाई देते हैं–लेकिन कभी कभी ही; दौआ हमेशा दिखाई देते हैं–लेकिन पार्श्वभाग में।
>
> (दिल्ली, 5-5-62)

मुंशी ने यह सब भैया की लिखाई की प्रशंसा में कहा था। 'तुम लेखक नहीं, हो' का आशय था 'तुम बहुत अच्छे लेखक हो क्योंकि तुम पेशेवर लेखक नहीं हो।' भैया यह आशय समझ गये होंगे, फिर भी उनके मन में शंका बनी हुई थी कि वह अच्छा नहीं लिख पाते। **सचेतक** के सन्दर्भ में मैंने उन्हें लिखा था :

> **मैं कल मुंशी से कह रहा था कि हमारे परिवार और उससे जुड़े हुए अन्य परिवारों के अलावा 'सचेतक' का महत्त्व और लोगों के लिए भी है जो इन परिवारों से जुड़े हुए न हों। किसी परिवार का दो-तीन पीढ़ियों का इतिहास हर समाजशास्त्री के लिए रोचक होगा, ज्ञानप्रद (शिक्षाप्रद की तरह) भी। इस दृष्टि से तुमने जो 'आत्मकथा' लिखी थी, वह सब 'सचेतक' में छपनी चाहिए। जहाँ तक याद है, उसका काफी अंश (या सभी?) छपने को बाकी है। मैंने मुंशी को यह सुझाया कि परिवार से सम्बन्धित सारी सामग्री पुस्तक रूप में छाप देना उचित होगा। किसी समय महावीर प्रसाद द्विवेदी योजना बनाकर 'सरस्वती' के अंक निकालते थे। इस कारण इसके पुराने अंक आज के लोगों को भी कुछ विषयों की सिलसिलेवार उपयोगी जानकारी दे सकते हैं। योजनाओं के अनुसार 'सचेतक' भी निकाला जा सकता है तथा साल भर में बाबा, दौआ की पीढ़ियों की बातें छापी जा सकती हैं। मुंशी, अपने नाम के अनुसार, कुछ तो मुनीमजी हैं [पिताजी मुनीम थे], खजाने में सब**

कुछ जमा करते जाना उनका स्वभाव है। इससे भी ज़्यादा वह मगड़ायर की बिटाना अम्मा के बेटे हैं, बटोरी हुई संपदा दिखाते भी डरते हैं, उसका उपयोग करने में महाकंजूस हैं। इसलिए परिवार सम्बन्धित पूरी पुस्तक? कौन जीता है तेरी जुल्फ के सर होने तक!

नरेश का लिखा रामलीला का वर्णन बहुत सजीव है। हम तो रामलीला बाहर से देखते थे, नरेश ने भीतर से देखी और हमें भी दिखाई। जहाँ तक तुम्हारे लिखने का सम्बन्ध है, मुंशी से मैंने कभी किसी इंटरव्यू में कहा था, जैसे शरलॉक होम्स का भाई जासूसी में शरलॉक से बढ़कर था, वैसे ही लिखने में हमारे बड़े भाई हैं। पर मेरा ख़याल है, वह एक दिन का इंटरव्यू मुंशी कई अंकों में, बीच में गैप देते हुए, कई साल तक छापेंगे।

(दिल्ली, 5-2-82)

मुंशी की रपट में मेरे जिस पत्र का उल्लेख है, वह यही है। अगले महीने भैया दिल्ली आये और वे गोष्ठियाँ हुईं जिनका विवरण रिपोर्ट में है। भैया के जाने के बाद मैं जुल्फ को सर करने की तरकीब सोचता रहा यानी 'परिवार सम्बन्धी पूरी पुस्तक' तैयार करने के बारे में सोचता रहा। जो कुछ सोचा, उसका परिणाम है **घर की बात**। इस प्रकार **घर की बात सचेतक** से घनिष्ठ रूप में सम्बद्ध है। **घर की बात** में जो कुछ छपने जा रहा है, वह या तो **सचेतक** में छप चुका है या उसमें छपने योग्य है (मेरी लिखाई छोड़कर)।

छठा अध्याय

रेखाचित्र

चिन्मय शर्मा

डैडी

डैडी की याद मुझे तबसे है जब हम जनकपुरी में रहने आये थे। जब मैं उनसे कहता कि मैं भी आपके साथ ऑफिस जाऊँगा तो वह मुझे ले जाते। जब वह नया स्कूटर लाये तो मुझे और भी मज़ा आया, यह सोचकर कि जब मैं भी बड़ा हो जाऊँगा तो मैं भी स्कूटर चलाऊँगा। मैं मम्मी डैडी से कहता था कि जब आप छोटे हो जाओगे और मैं बड़ा हो ज़ाऊँगा तो आपको स्कूटर पर बिठाकर बाजार ले जाऊँगा और टाफी दिलाकर लाऊँगा। अब मैं उनके साथ ऑफिस टेबलटेनिस खेलने भी जाता हूँ। अब वह कनाडा चले गये हैं। एक साल के लिए। पहले जब मैं छोटा था तो मुझे स्कूल जाना अच्छा नहीं लगता था, और मैं पेट के दर्द का बहाना बनाता था, लेकिन डैडी किसी तरह मुझे स्कूल ले जाते थे। जब डैडी की छुट्टी होती थी तो वह हमारे साथ क्रिकेट खेलते थे। मैं हमेशा उन्हीं की टीम में होना चाहता था, क्योंकि वही सबसे ज़्यादा रन बनाते थे। जब डैडी ऑफिस से लेट आते थे तो मैं उनसे गुस्सा हो जाता था।

एक बार जब दादी बीमार पड़ीं तो डैडी ने उनकी बहुत सेवा की। उनकी दवाइयाँ लाये, सब्जी मंडी से मुसम्मी लाये। ऑफिस से 2 महीने की छुट्टी ली। और न जाने क्या-क्या।

हमारे यहाँ हर Sunday को Sunday special बनता है यानी लाजवाब नाश्ता और खाना (नहा धोकर), रेडियो के पास बैठकर प्रायोजित कार्यक्रम सुनना।

तन्मय शर्मा

मेरे डैडी

डैडी की सबसे पहली याद ग्रीन पार्क की है। वे मेरे खेल में साथ देते। उन्होंने मुझे

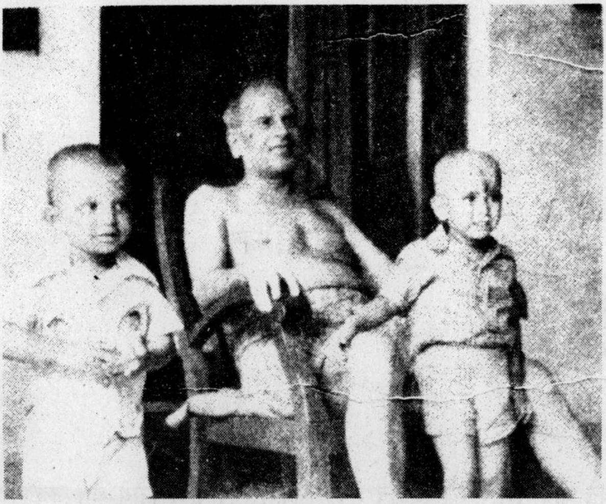

अनन्त (बिट्टू), रा. वि. और गौरव (सोनू)

बायें से : ललित, भुवन, विजय

बायें से : शोभा, सेवा, स्वाति

तन्मय, चिन्मय

अनुपम

आशु, मिनी

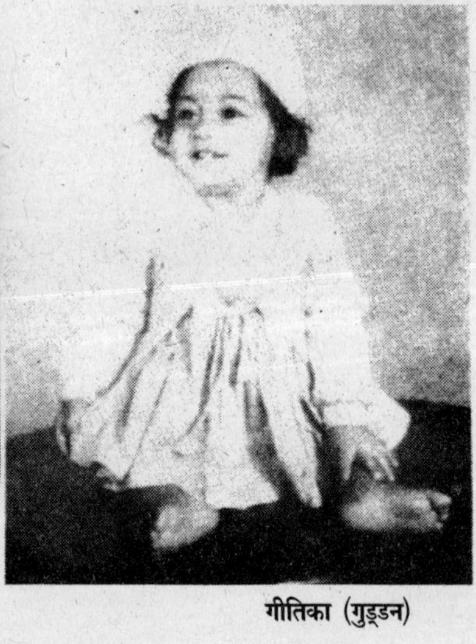

गीतिका (गुड्डन)

कम्पूरी देवी

नमन

मयंक और अनन्त
(टन्नू और बिट्टू)

कई खेल सिखाये। उनके हर काम में मुझे कोई न कोई खास बात नज़र आती। अगर वह शेव कर रहे होते तो मुझे ध्यान से देखना आवश्यक था। झाग, रेज़र, ब्रश मुझे बड़े मज़ेदार लगते।

एक बार वह उबले अंडे छील रहे थे। मैंने पूछा, यह क्या है? उन्होंने कहा, 'आलू'। मैंने कहा आलू नहीं अंडा। बहस हो गयी।

चीनू के जन्म के वक्त मैं डैडी को हमेशा अस्पताल से जाते देखता (स्कूटर पर)। जब डैडी आते तो उनके साथ सारे अस्पताल का चक्कर लगाता।

जब हम लोग केरल गये तो डैडी जिस डैम को बनवाने में मदद कर रहे थे, उसे मुझे दिखाया। उसका काम करने का तरीका समझाया जो मुझे अभी तक याद है। उन्होंने मुझे भाप के इंजन का काम करने का तरीका भी बताया।

वहाँ पर डैडी ने बैडमिंटन, क्रिकेट आदि खेल शुरू किये। उनका मैच देखने मैं रोज जाता, कभी तो सारे दिन और कभी थोड़ी देर के लिए।

दिल्ली वापस आने पर मुझे जो कुछ भी मुश्किल होती थी, उसे डैडी हल कर देते (खासकर गणित में)।

अगर डैडी टूर पर जा रहे होते और हमारी छुट्टियाँ होतीं तो हम लोग भी कई बार उनके साथ चले जाते। इस प्रकार हम लोगों ने भारत की सैर की।

डैडी जब इंग्लैंड गये तो वे हमारे लिए कई खिलौने लाये। अब भी लायेंगे।

डैडी को टेबल-टेनिस, बैडमिंटन और क्रिकेट का शौक है। वे ऑफिस में और घर पर टेबल-टेनिस खेलते हैं। मौका लगने पर हमारे साथ बैडमिंटन, फुटबाल, क्रिकेट आदि खेलते हैं।

डैडी को गाने सुनने, सुनाने का शौक है। उनके पास कई कैसेट हैं, जिन्हें वे क्रमबद्ध करके सम्हाल कर रखते हैं।

मैंने, स्कूल में Electronics लिया है। मेरे Battery Eliminator के बनने में थोड़ी कसर थी कि छुट्टियाँ हो गयीं। डैडी सारा सामान लाये और उसे बनाने में मेरी मदद की।

डैडी घर पर कोई बिजली की गड़बड़ ठीक करते हैं तो मैं बड़े चाव से देखता हूँ। क्रिकेट मैच आदि भी वह बड़े चाव से देखते हैं।

तन्मय शर्मा

बाबा

बाबा की पहली याद मुझे तब की है जब हम ग्रीन पार्क में रहते थे और वह हमसे मिलने आये। बाबा से दिन भर कोई खास बात नहीं होती। लेकिन जब वह शेव

बनाते थे, तो बड़े ध्यान से मैं यह देखता था कि यह हो क्या रहा है। बाबा का सबसे बड़ा आकर्षण उनकी कहानियाँ थीं। रोज रात को शेर वाली कहानी सुनने का साहस जुटाते लेकिन कहानी में शेर आया और दहाड़ा और हम भागे।

छुट्टियों में जब हम आगरा जाते तो सारी बच्चा पार्टी मिलती। हमारी तो चाँदी हो जाती। दिन भर मस्ती। खूब खेलते पर हल्ले पर Ban (क्योंकि बाबा काम कर रहे हैं) यह चीज खटकती।

जब शाम होती तो हमारी मस्ती। छत पर, घर में ऊधम मचाते। जब अँधेरा होने लगता, तब कहानी सुनते। हर कहानी कई बार सुनते।

जब थोड़ा और बड़ा हुआ तो बाबा की लाइब्रेरी से किताबें पढ़ने लगा। यहीं पर मेरी किताबों में रुचि बढ़ी। यहाँ पर मुझे हर प्रकार की पुस्तकें मिलीं और मैंने पढ़ीं।

आगरा में मेरी ज्यादातर फोटो (बचपन की) बाबा के साथ ही हैं। जब हम आगरा जाते या आगरा से जाते, तो बाबा हमेशा, कभी-कभी दादी भी, बरामदे में मिलते। आगरा में मैं घर को गेट से पहचानता (हमारा गेट सबसे ऊँचा था)। एक बार रंग (घर और गेट का) बदलवाने पर ही कुछ गड़बड़ हुई थी।

बाबा को चिट्ठी मैंने जब से लिखना सीखा, मैंने शुरू किया। बाद में Drawing paper और फिर पोस्टकार्ड पर ग्रीटिंग कार्ड बनाना शुरू किया। सबसे पहले बाबा को भेजता। उन्हें कार्ड पसन्द आते तो चिट्ठी में लिख देते। एक बार मैंने लिफाफा बैरंग भेज दिया लेकिन वह बिना बैरंग हुए पहुँच गया।

जब से बाबा दिल्ली आये, मैंने उन्हें अच्छी तरह जाना। मैं आजकल हर विषय में शंका उन्हीं से दूर करवाता हूँ। आजकल हमारा वार्तालाप एशियन गेम्स को ही लेकर होता है। अगर टी.वी. पर कोई अच्छा मैच हो तो मैं उन्हें सूचना देता हूँ या फिर डाक आने पर उन्हें देता हूँ।

बाबा रोज सवेरे घूमने जाते हैं। उनकी दिनचर्या निश्चित है। उनका नाश्ता, खाना सब Fixed हैं। वे नाश्ते से खाना खाने के समय तक पढ़ते हैं। दोपहर को सोते हैं और शाम को घूमने जाते हैं। वापस आकर हमसे बातें करते हैं।

चिन्मय शर्मा

अत्ती मामा

यह नाम आपका पहचाना हुआ होगा। यह नाम एक शैतान मामा का है। वह बचपन से ही बहुत शैतान थे। यह बातें मुझे मम्मी बताती हैं।

एक बार मम्मी उनकी शैतानियों के बारे में बता रही थीं। उन्होंने बताया कि जब अत्ती मामा तुम्हारे जितने थे, तब उन्हें चीनी बहुत अच्छी लगती थी। एक बार घर में बिल्कुल चीनी जैसी खाद आयी। अत्ती मामा ने सोचा, चीनी है और उन्होंने मुट्ठी भरकर मुँह में डाल ली। अगले ही क्षण थू-थू करने लगे और उन्हें उल्टी हो गयी।

इन्हें चटपटी चीज़ें बहुत अच्छी लगती हैं, गोलगप्पे, आलू की टिक्की आदि।

साढ़े छह फुट के लम्बे आदमी हैं पर कहते हैं कि हम तुमसे छोटे हैं।

जब टी.वी. पर कुश्ती आ रही होती है और भारत और किसी देश में हो रही होती है तो वह ऐसे चिल्लाते हैं जैसे उसी के पास बैठे हों। बोलते हैं, मार दे लँगड़ी, मार कैंची, पलट दे उसे, उतार दे चड्ढी।

ऐसे हैं हमारे मामा। किचन का काम जानते हैं। सब्जी, दाल, सब कुछ। आप भी आइये और इनके हाथ का खाना खाइये।

सन्तोष शर्मा

अत्ती भैया

अत्ती भैया का अपना ही व्यक्तित्व है। सबसे भिन्न। अत्ती भैया मेरे भाई हैं और बचपन से मेरे साथी। हम दोनों घर में एक साथ दिखते थे। शान्ति भैया दोनों को एक साथ ही बैठाकर पढ़ाते थे। इनकी पिटाई ज्यादा हुई क्योंकि पढ़ाई में इनका मन नहीं लगता था। मुझे भी शान्ति भैया ने पढ़ाते समय कुल चार पाँच थप्पड़ लगाये होंगे। मैं जो भी काम वह देते, कर लेती थी। अत्ती भैया इसमें कुछ कटौती कर जाते थे और पिटाई होती थी। शान्ति भैया का गुस्सा तेज है। जो कुछ भी हम लोग सीखे हैं, उसमें शान्ति भैया का प्रमुख हाथ है। शान्ति भैया ने अनुभव किया कि पढ़ाई के साथ-साथ घूमना और खेलना भी आवश्यक है। इसीलिए कुछ दिन पहले वह मुझे और अत्ती भैया को प्रातः भ्रमण के लिए भेजते और रास्ते में तरह-तरह के फूलों और पत्तियों का निरीक्षण करने का आदेश देते। अत्ती भैया रास्ते में खूब हँसाते जाते। कभी किसी बच्चे को छेड़ते, उससे बातें करते, कभी किसी अन्य व्यक्ति पर कोई हास्य की बात कहकर हँसाते। हम दोनों का घूमना कुछ ही दिन चल पाया। शायद इसका कारण खूब देर से घर लौटना ही था।

अत्ती भैया में सेवा-भाव अद्भुत है। उन्हें सबको खुश रखने में अपार सुख मिलता है। अपने आसपास उन्हें जितने भी लोग दिखते हैं, सबसे बात किये बिना, उनके दुख-सुख में शामिल हुए बिना उन्हें सन्तोष नहीं होता। इन सबमें इतना रम

जाते हैं कि उन्हें अपनी प्रगति का समय ही नहीं मिलता या फिर वह इस ओर ध्यान नहीं देना चाहते। एक बार अत्ती भैया एक जर्मन को अपने घर बुला लाये। मेरी अम्मा छूत पाक बहुत मानती थीं और क्रिश्चियन को अपने घर रखकर अपने ही बर्तनों में खिलाना उन्हें गवारा न था। अम्मा का कहना था कि बर्तनों को आग में खूब लाल करके माँज लो तो अशुद्धि दूर हो जाती है। अत्ती भैया को युक्ति सूझी। बोले–अम्मा तुम एक थाली, एक कटोरी और एक गिलास दे दो। यह जर्मन कुछ ही दिन रहेगा। बिचारे को लोग पत्थर मार रहे थे (यह अत्ती भैया की कपोल कल्पना होगी)। हमारे भारतवर्ष में आया है। क्या सोचेगा भारतीय लोगों के बारे में। किसी को तो मदद करनी चाहिए। मैं कल ही इसका कहीं और ठिकाना कर आऊँगा। यह अपने बर्तन स्वयं साफ करेगा और मैं तुम्हें बर्तन शुद्ध करके लौटाऊँगा। अम्मा मान गयीं और अत्ती भैया जर्मन की सेवा में लग गये। उसे घुमाकर लाते। उसकी सब सुविधाओं का ध्यान रखते। जर्मन मज़े से रहने लगा। 15 दिन तक रहा। भारतीय खाने की तारीफ करता। जब तब पूरियाँ खाता। उसे पूरियाँ ही पसन्द थीं। अब अम्मा के अतिरिक्त बाकी लोगों को भी हस्तक्षेप करना पड़ा और जर्मन को किसी तरह विदा किया।

अत्ती भैया को घर में कोई उत्सव हो, इसका विशेष शौक है। हमारे घर में सब त्यौहार जोर शोर से मनाये जाते हैं। अत्ती भैया इसमें सबसे आगे रहते। घर में सबसे छोटी मैं हूँ, इसलिए मेरा जन्मदिन मनवाते। अम्मा से आग्रह करके जन्मदिन पर खर्च होनेवाले रुपये माँगते।

अपना जेब खर्च भी उसी में लगा देते। मुझसे कहते–तू अपनी सहेलियों को बुला। मैं आनाकानी करती तो स्वयं न्यौता दे आते। हमारे घर जितनी भी मोहनी बहनजी की और मेरी सहेलियाँ आती थीं, वे अत्ती भैया की बहनें थीं। उनके छोटे बहन-भाई भी इनके छोटे बहन-भाई थे। मोहनी बहन जी इस तरह के उत्सवों में अत्ती भैया को पूरा सहयोग देतीं। सबसे कम काम मेरे जिम्मे आता।

हमारे स्कूल में खाना बनाने की भी एक परीक्षा होती थी। अत्ती भैया मुझे और मोहनी बहनजी को स्कूल छोड़कर आते, हमारी अँगीठियाँ, चकला-बेलन, कड़ाही सब ढोकर ले जाते। खाना बनाने की परीक्षा के बाद हमारी सहेलियाँ भी हमारे साथ होती थीं क्योंकि हम कुछ लड़कियाँ इकट्ठे ही घर आते थे। अत्ती भैया कहीं से एक लम्बा बाँस ले लेते और सब लड़कियों की अँगीठियाँ तथा बाल्टियाँ बाँस में पिरो लेते, डंडा-डोली करते, सबको हँसाते और पिकनिक का माहौल पैदा करते तामझाम के साथ घर लौटते।

अत्ती भैया हम दोनों बहनों का विशेष ध्यान रखते थे। हम तीनों मिलकर कपड़े धोते। इसमें मेरा काम कपड़े सुखाने का या पानी में खँगालने का ही रहता था। अत्ती

भैया अपने कपड़ों के साथ हम दोनों के कपड़ों पर भी इस्त्री करते थे। वह स्काउटिंग में भी जाते थे। जब कैम्प लगता था, तब अत्ती भैया को सजाकर भेजना हम दोनों बहनों का काम होता था। अत्ती भैया का सामान पैक करवाते, उनके ले जाने की सब चीज़ें इकट्ठी करके देते। अत्ती भैया को बाबूजी पहले कुछ पैसे देते। जब अत्ती भैया तैयार हो जाते, कुछ और रुपये देते। जब स्काउटिंग की ड्रेस पहनकर विदा होने लगते, कुछ टूटे रुपये (रेजगारी) अत्ती भैया को देते। उस समय मुझे लगता, अत्ती भैया कोई किला जीतने जा रहे हैं। अत्ती भैया जब कैम्पिंग से लौटते, सबके लिए उस जेब खर्च से कुछ न कुछ अवश्य लाते। उसमें हम दोनों का उपहार सबसे अच्छा होता।

अत्ती भैया ने पढ़ाई लिखाई की ओर बहुत कम ध्यान दिया। पूरे साल या तो सोते या समाजसेवा करते। मुझे चिन्ता रहती कि अब ये जरूर फेल होंगे। उस समय इनकी किताबों को पढ़कर इनके लिए नोट्स बनाती। अत्ती भैया रटने में उस्ताद थे। वह रटते और मैं सुनती। यह रटने की और नोट्स बनाने की क्रिया परीक्षा से केवल एक सप्ताह पूर्व ही होती। अत्ती भैया कभी किसी भी परीक्षा में फेल नहीं हुए पर पास हुए हमेशा तृतीय श्रेणी में। परीक्षा के दिनों में दिन रात एक कर देते थे। पूरे साल की पढ़ाई एक हफ्ता या पन्द्रह दिनों में करते थे।

घर के बाहर का काम या तो बाबूजी करते या अत्ती भैया। कोई बीमार हुआ, उसकी जी-जान से सेवा करते। दवाई लाते। डॉक्टर के पास ले जाते। पास पड़ोस के लोगों के घर कोई बीमार हुआ या उसे कोई तकलीफ हुई, अत्ती भैया हाजिर।

अत्ती भैया बहुत टैक्टफुल भी हैं। जो काम और लोग नहीं कर पाते, वह कर दिखाते हैं। एक बार प्रतिमा भाभी को रुड़की से हरिद्वार ले जाना था। उन दिनों कुम्भ का मेला लगा हुआ था। बहुत भीड़ थी। बसों में जगह मिलना बहुत मुश्किल था। पहले अत्ती भैया कुछ देर इन्तज़ार करते रहे, फिर उन्हें एक युक्ति सूझी। कन्डक्टर से जाने क्या कानाफूसी की और वह भाभी और अत्ती भैया को बिना 'क्यूँ' के ले जाने को तैयार हो गया। भाभी से अत्ती भैया कह रहे थे, "आइये, मेमसाहब बैठ जाइये। मैं खड़ा ही रहूँगा, आपको कोई तकलीफ तो नहीं है?" भाभी को अत्ती भैया और कन्डक्टर के वार्तालाप से पता चला कि अत्ती भैया ने भाभी को अपने ऑफिसर की धर्मपत्नी घोषित किया है और अगर उन्हें समय से हरिद्वार न पहुँचा सके तो नौकरी से हाथ धोने का खतरा है। सफर तय हो जाने पर भाभी नाराज़ हुईं–यह सब नाटक करने की क्या जरूरत थी? बोले, देखिये, आपको सही सलामत हरिद्वार कम समय में पहुँचा दिया या नहीं। इस तरह की अनेकों घटनाएँ हैं जहाँ अत्ती भैया ने कठिन काम को आसान किया है।

अत्ती भैया बच्चों के परम मित्र हैं। उनसे छेड़खानी करना, जानवरों और पक्षियों

की आवाजें निकालकर तथा दरवाजे का बैंड बनाकर उनका मनोरंजन करना आम बातें हैं। किसी भी आदमी की चाल ढाल और बोलचाल की नकल उतारना इनका शौक हैं। रोते बच्चों को हँसाने में इन्हें कमाल हासिल है। जब चाहें यह विवाह मण्डप में बैठे पंडितजी के श्लोक उच्चारण की पैरोडी प्रस्तुत कर सकते हैं। संस्कृत के न जानने वाले लोग यह कह नहीं सकते कि इन्हें सारे श्लोक कण्ठस्थ नहीं हैं।

अत्ती भैया के लिए छोटा बड़ा सब एक समान हैं। वह किसी बड़े आदमी से या चमार, मोची, रिक्शा चालक से उसी श्रद्धा से बात करते हैं। अपनी विनम्रता से सबको वशीभूत कर लेते हैं। कभी-कभी इनकी सादगी और विनम्रता का लोग नाजायज़ फायदा उठाते हैं, अत्ती भैया को किसी भी तरह का काम बताकर निश्चिन्त हो जाना अपना जन्मसिद्ध अधिकार समझने लगते हैं। अत्ती भैया हैं कि पूरी भागदौड़ करके उनका काम कर रहे हैं। काम कर देने पर औपचारिक धन्यवाद ही अत्ती भैया को प्राप्त होता है। इनसे बड़ी उम्र के किसी व्यक्ति ने इन्हें काम बताया तो वह जरूर करेंगे। गरीब व्यक्ति की सेवा करने में इन्हें अपार सुख मिलता है। एक बार अत्ती भैया के नीचे काम करने वाले 'गाइड' को टी.बी. हो गयी। उसकी देखरेख करने वाला कोई नहीं था। अत्ती भैया ने उसको दवाई खिलाने, डॉक्टर को दिखाने, उसकी पूरी सेवा करने की जिम्मेदारी ले ली। उसकी हर प्रकार से सहायता की। जब मैं खंभात गयी, वही गाइड मिला—बोला आपके भाई साहब ने तो मुझे जीवनदान दिया है। मैंने गर्व का अनुभव किया। अत्ती भैया को अपना भी ध्यान रखना चाहिए, यह विचार भी मन में आया।

बिल्लू (अनुपम)

बच्चे दादा

अगर भगवान ने गाँधीजी के बाद किसी को स्वयं पर पूर्ण विश्वास और भरोसा रखने योग्य बनाया है, तो वह हैं हमारे बड़े भाई साहब—बच्चे दादा।

पाठकों को यहाँ पर मेरी भी तारीफ करनी पड़ेगी कि मैंने अपने इतने बड़े भाई साहबों में से बच्चे दादा को चुना। यह कदम उठाना सबके बस की बात नहीं।

पहली नज़र में तो अच्छे-अच्छे समझ बैठें कि वे बहुत सीधे व्यक्ति हैं। लेकिन धीरे-धीरे पता चल जाता है कि ये बिल्कुल जलेबी की तरह सीधे हैं।

अगर आप 'बच्चे गुरु' की हर बात मान लें तो ऐसा लगेगा कि ईश्वर साक्षात् रूप में हैदराबाद में पधारे हुए हैं। इस बात से मैं आपको पहले ही सतर्क कर देता हूँ।

एक बात दादा के ज्ञान की है जिसे मैं भी मानता हूँ। शायद ही ऐसा कोई क्षेत्र

होगा जिसका दादा के पास ज्ञान न हो।

अगर आपको भारतीय रेलवे के कायदे-कानूनों को जानने की इच्छा है तो आप सीधे 'बच्चे गुरु' के पास जाइए। अक्सर स्टेशन मास्टरों को भी हार माननी पड़ती है।

अन्तर्राष्ट्रीय राजनीति में कब क्या होने वाला है, जानने के लिए आप दादा से मिलिए। जिम्मी कार्टर को अमरीकी बन्धकों को छुड़वाने के प्रयास से पहले एक बार 'बच्चे दादा' से सलाह ले लेनी चाहिए थी।

बच्चे दादा का एक और गुण है—वाद-विवाद में भाग लेने की उनकी कला। आप उनसे कोई बात करके तो देखिए, कितनी जल्दी बच्चे दादा उसका प्रतिवाद करते हैं। आप उनसे इन्दिरा गाँधी के एक गुण की चर्चा कीजिए। वह आपको चार अवगुण सुना देंगे। ऐसी बात नहीं है कि वह इन्दिरा गाँधी के खिलाफ हैं। अपना वोट हमेशा कांग्रेस (ई) को देंगे। लेकिन क्या करें, आदत से मजबूर हैं।

आप कहिए, बेदी एक 'स्पिन' गेंदबाज है। लेकिन दादा कहेंगे कि वह एक तेज़ गेंदबाज है। दस मिनट बाद आपको मानना पड़ेगा कि बेदी विश्व का सबसे तेज़ गेंदबाज़ है।

सुना है, बिना टिकट बस यात्रा तो इनके लिए चुटकी का खेल था। कहीं बस वालों ने पूछ लिया, "टिकट है?" तो हाँ के लिए सिर हिला देंगे। छानबीन करके अगर उसने झूठ का इल्जाम लगाया तो कहेंगे : "मैंने हाँ या नहीं कहाँ कहा, सिर्फ सिर ही तो हिलाया था।" लेकिन सुनते हैं, यह सब अब छोड़ दिया है।

बातों में तो आपको सारी दुनिया घुमा देंगे लेकिन अमल में आपको अमीरपेट से आगे ले गये तो आपका सौभाग्य है।

चाहूँ तो उन पर पूरी किताब लिख दूँ। पर क्या करूँ—हूँ तो 'बच्चे गुरु' का छोटा भाई ही।

[सबसे बड़े भाई भगवानदीन के पुत्र बच्चे दादा और सबसे छोटे भाई नरेश के पुत्र बिल्लू—एक हैदराबाद में, दूसरा सिंहभूमि में—इन दोनों के स्नेह-सम्बन्ध का परिचय इस रेखाचित्र से होगा। बिल्लू का विशेष परिचय मुंशी की इस कविता से मिलेगा।]

मैं हूँ बिल्लू बड़ा चिबिल्लू बातें खूब बनाता हूँ।
रोज सवेरे बस्ता लेकर तफरी करने जाता हूँ।
ए.बी.सी.डी., वन टू कहकर सब पर रौब जमाता हूँ।
पापा जी का टोप लगाकर जियोलॉजिस्ट बन जाता हूँ।
चाची दिन भर काम बतातीं उनको बहुत छकाता हूँ।
कोई पढ़ने को कहता है, झट जाकर सो जाता हूँ।

स्वाति शर्मा

''जरा जल्दी में हूँ...''

सचेतक परिवार में एक दामाद हैं जो हर समय जरा जल्दी में रहते हैं। पिछले दिनों इसी जल्दी के कारण जीप दुर्घटना में घायल होकर उन्हें डेढ़ महीने आगरा अपनी ससुराल में रहना पड़ा। जी हाँ, उसी ससुराल में जिससे वह सदा कतराते थे, कि दामाद को अपनी ससुराल से जरा जल्दी ही चल देना चाहिए। खैर साब, उस ऊपरवाले ने कहा कि बेटा इकट्ठे ससुराल में रहकर पुरानी जल्दबाज़ी का समय पूरा करो।

इसी दौरान सचेतक सम्पादक भी दामाद जी से मिलने आये। और, जैसी की उनकी कला है, मुझसे बोले कि सचेतक के लिए कुछ लिखो। मैंने कहा अपने श्रीमानजी पर एक छोटा-सा लेख, ''जरा जल्दी में हूँ...'' लिखना चाहती हूँ। इस पर सचेतक के सम्पादकजी मंद-मंद मुस्काते हुए कुछ डरे-से बोले—''खैर, लिखो। पर मुझे डर है कि कहीं मेरी श्रीमतीजी ने भी मुझ पर लिख डाला तो...!'' (सचेतक के सम्पादक हैं; आखिर हर बात से सचेत रहना ही चाहिए—हालाँकि सम्पादक जी की श्रीमतीजी का मूड हुआ तो सचेतक परिवार की किसी भी सभा में सम्पादकजी की खुस्की खैंच देती हैं, इसलिए उनका सचेत होना भी बेकार है। और फिर उनकी श्रीमतीजी को सचेतक परिवार के दिग्गजों का समर्थन भी प्राप्त है।) सो,''जरा जल्दी में हूँ'' में देर न हो, इसलिए श्रीमान 'क' पर आ जाती हूँ। आप चौंकेंगे कि 'क' भी भला कोई नाम हुआ। पर इसका रहस्य जरा देर बाद।

श्रीमान 'क' की माताजी का कहना है कि 'क' ने दुनिया में आने में काफी जल्दी की। वे बताती हैं कि दाँत निकालने, चलने और बाल कलाएँ सीखने में 'क' ने अन्य बच्चों की अपेक्षा काफी जल्दी की। थोड़ा बड़ा होने पर 'क' ने स्वाद लेना शुरू किया, बुझे हुए बीड़ी के 'टौटों' का। यह काम इसलिए करना पड़ा कि बीड़ी पीने की उम्र में देर थी और 'क' जरा जल्दी में थे।... उसके बाद भांग, तम्बाकू का स्वाद चखा। यहाँ भी उम्र के लिहाज से जल्दी ही की। 14-15 वर्ष की उम्र में चाकू जेब में रखकर घूमने में 'क' गर्व का अनुभव करते। कहना न होगा कि बाइस वर्ष के दादा बनने में देर थी, और 'क' जरा... में थे!

बी.एससी की परीक्षा में सप्लीमेंट्री थी। पर 'क' ने इम्तहान छोड़ दिया, क्योंकि इंजीनियरिंग में जाने की जल्दी थी (हालाँकि बी.एससी भी जल्दी में साथ-साथ पास की)। इंजीनियर बनने के बाद 7 रु. रोज पर नौकरी कर ली, आखिर नौकरी की जल्दी थी। 15 दिन बाद इंजीनियर बनकर घर से 700 किलोमीटर दूर चले गये। अजी घर से दूर हों तो क्या, इंजीनियर के पद की जल्दी भी थी। इसी बीच शादी का प्रस्ताव आया तो 'क' बिना लड़की देखे शादी को तैयार हो गये। बहुत कहने पर लड़की

देखने गये, पर जल्दी में थे—बिना किसी पूर्व-सूचना के ही चले गये। खैर सगाई हुई तो दूसरे दिन से ही 'क' जल्दी-जल्दी प्रेम-पत्र लिखने लगे और, चाहे जितनी जल्दी में हों, अपनी भावी ससुराल के चक्कर लगाने लगे। मतलब, जल्दी-जल्दी।

शादी के बाद 'क' को कहीं जाना होता तो श्रीमती 'क' से कहते "सब्जी नहीं है तो न सही, अचार से खा लूँगा। रोटी, पराँठा, जो भी जल्दी बन जाय, बना दो—जल्दी जाना है।"

क्या-क्या लिखूँ। कोई बीमारी हो तो उसमें 'क' की इच्छा यही रहती है कि ऐसा क्या किया जाय कि जल्दी ठीक हो जायें, चाहे बीमारी देर से ठीक होने वाली हो!

4 जनवरी 81 को कलक्टर की मीटिंग थी। 'क' ने सोचा—जरा जल्दी पहुँचा जायें। और, इसी जल्दी में जीप बस से टकरा गयी। दोष बेचारे ड्राइवर का रहा। खैर, हाथ-पैर में फ्रैक्चर लेकर 'क' आगरा आ गये और अक्सर डॉक्टर से सवाल करते—"प्लास्टर जल्दी नहीं खोला जा सकता? कोई ऐसी दवा नहीं है कि घाव जल्दी भर जाये?" आदि। लेटे-लेटे 'क' शतरंज खेलते और कहते—"चाल जल्दी क्यों नहीं चलतीं?" बोर होकर कहते—"कुछ पढ़ने को ही ला दो।" मैंने पूछा—कैसा साहित्य पसन्द करोगे। बोले—"जो जल्दी पढ़ा जा सके।" मैं अपनी समझ से लघु उपन्यास, कुछ श्रेष्ठ कहानियाँ छाँटकर ले गयी। 'क' ने सारी मेहनत पर पानी फेर दिया। नाक चढ़ाकर बोले—इन्हें पढ़ने में तो देर लगेगी। मैंने झल्लाकर कहा, कोई उदाहरण देकर बताओ। 'क' बोले—"सेठ बांकेमल की तरह।" मैंने मन में सोचा, अमृत चाचाजी तो एक सेठ बांकेमल लिख गये, दूसरे को ढूँढ़ने क्या गोकुलपुरा जाना पड़ेगा?

खैर साब, 'क' का बस नहीं चला वर्ना नाम के साथ जुड़ी देरी भी दूर कर देते। पर नाम तो पिताजी को ही रखना था और उन्हें जल्दी थी नहीं। सो नाम रख दिया—जवाहरलाल शर्मा।

अन्त में 'क' का कहना है कि यह लेख जल्दी नहीं पढ़ा जायगा, छोटा लिखना चाहिए था।

अब मैं क्या लिखूँ। मेरी हार्दिक इच्छा यही है कि 'क' दुनिया में तसल्ली से रहें। ऐसी जल्दी न दिखाएँ, जैसी इस जीप दुर्घटना में दिखाई।

सन्तोष शर्मा

मुंशी चाचा

मुंशी चाचा कभी मुझे ससुर जैसे लगे ही नहीं। शुरू से ही उन्होंने इस दूरी को ज़मने नहीं दिया। मैं पहली बार तुर्कमान गेट गयी शादी के बाद। मन में बहुत डर था। चाचा मिले मैंने पैर छुए। बोले—हमारे पैर मत छुआ करो, हमसे हाथ मिलाया करो।

मैं रसोई में ही रहती चाची और कदम-सोना के साथ। चाचा बीच-बीच में आकर पूरा प्रयत्न करते यह देखने का कि कहीं मुझे कोई तकलीफ तो नहीं है। चाची से कहते, सन्तोष से ही काम करवाओगी? उसको अन्दर भेजो। खाना बन जाने पर सब मिलकर खाना खाते। चाचा घर के हर सदस्य का पूरा ध्यान रखते हैं, चाहे वह घर का सबसे छोटा सदस्य ही क्यों न हो। मुझे तो यह कभी कल्पना भी नहीं थी कि चाचा मुझे (बहू को) इतनी महत्ता देंगे, मेरे मन के अन्दर झाँककर देखने की कोशिश करेंगे। खाना परोसा जाता—चाचा को खाना परोसने का ओर सबको खिलाने का शौक है! हम लोग जल्दी-जल्दी काम निबटाते, बर्तन साफ किये जाते। चाचा बीच-बीच में कह जाते सबसे, जल्दी करो और सब लोग आकर कमरे में बैठो। कमरे में सब गोल घेरे में बैठ जाते और फिर गोष्ठी आरम्भ होती। सब लोगों को कुछ न कुछ बोलना, गाना या सुनाना पड़ता। बीच-बीच में चाचा समय भी देखते जाते क्योंकि हम लोग अक्सर शाम को तुर्कमान गेट आया करते थे और रात को घर (ग्रीन पार्क) जाया करते थे। अधिक देर हो जाने से बस छूट जाने का डर था। चाचा और चाची हमको बस स्टॉप पर छोड़ने आते।

पहली करुआ चौथ पड़ी। चाचा बहुत सवेरे ग्रीन पार्क में थे। इस बार कुछ रुपये लाये थे करुआ चौथ की सरगी के लिये। बोले—तुम्हारी चाची ने भिजवाये हैं, सवेरे व्रत के दिन कुछ खा लेना। और शाम को अपने घर का न्यौता दे गये।

जब कभी कोई सलाह लेनी होती या किसी दिन का कोई प्रोग्राम निश्चित करना होता, चाचा मुझे भी सबके बीच में बैठाकर मेरी राय पूछते। चाचा के घर जाकर कभी लगा ही नहीं, मैं बहू हूँ। मुझे लगा मैं भी कदम, सोना या मुकुल में से एक हूँ। सबके बीच में उनकी तरह ही सब कुछ निःसंकोच कह सकने और कर सकने का अधिकार रखती हूँ।

मैंने चाचा को उनके हर रूप में देखा है। कभी देखा चाचा सहमे हुए हैं। उनके अधिक काम करने और अपना ध्यान न रखने पर, सब ओर से प्यार भरी शिकायतों की बौछार पड़ रही है और वह मुँह नीचा किये सब सुन रहे हैं, उन्हें अपनी गलती लग रही है, इसका अहसास दिला रहे हैं। कदम-सोना को चाचा की पोलपट्टी खोलते भी देखा है। चाचा के बारे में सबके सामने और चाचा के ही सामने चाचा की अच्छाई और बुराई निःसंकोच कहते भी सुना है।

चाचा अपनी मर्जी का काम सबसे करवा लेने का चातुर्य भी रखते हैं। उनकी मर्जी के बिना घर का कोई काम नहीं हो सकता। सबके ऊपर उनका पूरा नियन्त्रण है। कभी-कभी इस अंकुश को लोग ज्यादती की संज्ञा भी दे डालते हैं।

अवस्थी

मुंशी भैया

मुंशीजी से मैं पाँच साल छोटा हूँ। पर बचपन से ही उनसे तगड़ा था और कभी-कभी इसका फ़ायदा भी उठा लिया करता था। यह काफ़ी जिद्दी थे। एक बार शायद अम्मा इन्हें खाना खिला रही थीं। इनको खिलाते खिलाते एक कौर अम्मा ने स्वयं खा लिया। फिर क्या था "जनाब" की तौहीन हो गयी थी। अम्मा के पीछे पड़ गये कि तुमने मेरा कौर खाया तो क्यों खाया? उसको अभी निकालो। बहुत समझाने पर जब न माने तो अम्मा ने बाहर जाकर कौर निकालने का नाटक किया। तब जाकर इनको तसल्ली हुई। मुझे बड़ा बुरा लगा। यह मियाँ ख्वाहमख्वाह जब देखो तब अम्मा को तंग करते रहते हैं। मैंने भी मन में सोचा, रहो बच्चू मौक़ा मिलने पर मैं भी मज़ा चखाऊँगा। छेड़खानी की आदत तो इनमें थी ही। एक दिन दोपहर इन्होंने मुझे छेड़ दिया। फिर क्या था आव देखा न ताव, चौके में घुस गया और चूल्हे से एक जलती लकड़ी लेकर इनको मारने दौड़ा। इधर चौका छूत हो गया था। हल्ला मच गया। आगे आगे मुंशीजी, पीछे जलती लकड़ी लिए मैं और मेरे पीछे घर की स्त्रियाँ। नीचे, ऊपर, गली दरवाजे सब नाप डाले। आख़िर मुझे किसी ने पकड़ ही लिया। जलती लकड़ी छीनकर फेंक दी गयी। मुंशीजी सहमे किसी के पीछे खड़े थे। मेरे हाथ से लकड़ी छिन जाने पर धीरे से झाँके। इस बीच किसी ने मेरे एक चाँटा मारा और डाँटते हुए कहा, जानते हो? ऐसे ही गाँव में आग लग जाती है। आग लगने का नाम सुनकर मेरा सारा गुस्सा काफ़ूर हो गया। मुंशीजी मेरी दशा देखकर मुस्करा रहे थे।

सोना शर्मा

चाचा

हमारे चाचा (पिताजी) [मुंशी] का व्यक्तित्व द्वन्द्वात्मक है। द्वन्द्वात्मक इस तरह कि वह स्वभाव के कोमल भी हैं, कठोर भी (बच्चे उनसे बिल्कुल नहीं डरते पर बड़े-बड़े डर जाते हैं।) वह अज्ञानी भी हैं, ज्ञानी भी (अपने स्वास्थ्य, अपनी सुविधा का उन्हें बिल्कुल ज्ञान नहीं रहता पर वह अच्छे स्वास्थ्य पर घण्टों भाषण दे सकते हैं।) वह दयालु भी हैं, निर्दय भी (नौकर को अपने बच्चों की तरह रखते थे पर बच्चों की गलती पर सजा देते समय उन्हें ज़रा भी यह ध्यान नहीं रहता कि ये मेरे अपने बच्चे हैं।) वह हर इन्सान से प्यार भी करते हैं, नफरत भी (बुरे से बुरे व्यक्ति में उन्हें ज़रा सी भी अच्छाई दिख जाये तो उसे गले लगा लेते हैं और अच्छे से अच्छे व्यक्ति की

एक भी बुरी आदत उन्हें बेबर्दाश्त है।) वह कला प्रेमी हैं (गाते अच्छा हैं) और राजनीतिक दाँव-पेंचों में उलझे रहते हैं (डायरी में अक्सर कुछ-न-कुछ लिखते रहते हैं।) वह पहलवान, खिलाड़ी, जादूगर और अभिनेता हैं (अवस्थी चाचा के लेख व स्वयं चाचा द्वारा सुनाये जाने वाले किस्सों के अनुसार) और यथार्थवादी, भाववादी, रोमांटिक कवि साथ ही गद्य लेखक भी हैं। वह आत्मकेन्द्रित हैं (कमरे में बन्द हो जाते हैं) और बहिर्मुखी भी (चुहलबाजी, छेड़छाड़ उनकी रग-रग में समाई रहती है, इसलिए शरारतें करते हैं और दूसरों को शरारत करने के लिए उकसाते रहते हैं)। उन्हें अपना जन्मदिन पता नहीं है (जैसा कि वह कहते हैं) और है भी (वसंत पंचमी को मानते हैं) और अन्त में वह 'सचेतक' सम्पादक हैं भी (जैसा कि सभी जानते हैं) और नहीं भी हैं (क्योंकि 'सचेतक' पर सम्पादक के रूप में अपना नाम नहीं देते।)

हम जब तुर्कमान गेट में रहते थे तब रात हो जाने पर भी चाचा अक्सर घर न लौटते थे। अम्मा चिन्तित रहतीं और कहानियाँ सुनाकर हमें सुलाने और अपना ध्यान बटाने के असफल प्रयत्न करती रहतीं। हम अम्मा के बिस्तर में दुबके कहानी सुनते तो रहते पर हमारा ध्यान गली में होने वाली हर आहट पर केन्द्रित रहता। मन डर और शंकाओं से घिरा रहता। कभी किसी दुर्घटना की दुश्चिन्ता घेर लेती तो कभी यह डर लगता कि कहीं रास्ते में बदमाशों ने तो उन्हें नहीं पकड़ लिया और हाथ-पाँव बाँधकर पिस्तौल दिखाकर उन्हें घर से बहुत दूर किसी खतरनाक जगह तो नहीं ले गये। इन सब शंकाओं से छुटकारा हमें गली में होने वाली उनके जूतों की आहट और खँखारने की आवाज़ ही दिला पाती थी जिसे सुनने के लिए हम बेताब रहते थे।

एक दिन जब रात के दो बजे तक चाचा घर नहीं आये तो अम्मा मुझे लेकर स्कूटर से एक बड़े दफ्तर में पहुँचीं। यहाँ केवल दो-तीन कमरों की बत्तियाँ जल रही थीं और इन्हीं में से एक कमरे में मेज पर झुके कुछ लिखते हुए चाचा हमें दिखाई दे गये। अब चाचा-अम्मा में कुछ कहा-सुनी होना तो स्वाभाविक ही था। हाँ, इस कहा-सुनी का निष्कर्ष यह निकला कि हम चाचा समेत घर लौट आये और मैं दुश्चिन्ताओं से दूर आराम से सो गयी।

एक दिन एक रात को चाचा ने मुझे और अम्मा को जगाया और गली की ओर खुलनेवाली खिड़की के पास ले गये। खिड़की के बाहर गली में चौकीदार खड़ा था। उसने चाचा की ओर इशारा करते हुए पूछा कि क्या तुम इन्हें जानती हो? मैंने उसे बताया कि ये मेरे पिताजी हैं और अम्मा ने शायद कहा कि ये ही मेरे पति हैं। तब वह चुपचाप चला गया। हुआ यह था कि सबके सो जाने के बाद रात देर तक जागकर काम खतम करने के बाद चाचा ने कमरे की बत्ती बुझाई लेकिन लेटने से पहले उनको थोड़ा तमाखू खाने की हुड़क उठी तो अँधेरे में ही वह खिड़की के पास

बने आले में तमाखू ढूँढ़ने लगे। तभी चौकीदार वहाँ से गुज़रा। उसने देखा तो समझा कि ज़रूर कोई चोर अँधेरे में कुछ चुरा रहा है। इसीलिए उसने इन्हें डाँटा और तहकीकात की। अपनी सज्जनता के प्रमाण स्वरूप जब चाचा ने हमें उसके सामने पेश किया, तब कहीं उसे विश्वास हुआ।

चाचा या तो दफ्तर से देर से आते थे या घर में देर तक काम करते रहते थे। चाय, तमाखू और पान के बल पर यह आधी-आधी रात तक कलम लिए लिखते रहते थे।

अब प्रश्न उठ सकता है कि यदि यह अपने ही काम में आकंठ डूबे रहते थे तो फिर गृहस्थी कैसे चलती थी। दरअसल होता यह था कि परिवार के हर सदस्य की छोटी बड़ी ज़रूरतें क्या हैं, उन्हें किस तरह पूरा किया जा सकता है, कौन सी ज़रूरत की तत्काल पूर्ति आवश्यक है और किसे थोड़ी देर के लिए रोका जा सकता है, ये सारी बातें परिवार के सब सदस्य एक साथ बैठकर निश्चित करते थे। इसमें छोटे-से-छोटे सदस्य की राय ली जाती थी। प्राथमिक आवश्यकता और घर के बजट को देखते हुए निर्णय लिये जाते थे। सबकी ज़रूरतों को देखते हुए प्रमुख ज़रूरतों के आधार पर एक सूची बनती थी और बाजार जाकर सीधे वही सामान खरीद लिया जाता था।

बच्चों के लिए, जहाँ तक मेरा ख़याल है, चाचा ने पढ़ाई को प्राथमिक माना था। इसीलिए कॉपी, पेन व किताबें खरीदने के लिए वह बिना सोचे-विचारे हमें तत्काल पैसे दे देते थे।

पढ़ाई के बाद जो सबसे महत्वपूर्ण चीज़ थी, वह थी घर में समय-समय पर होने वाली सांस्कृतिक गोष्ठियाँ। अपने या किसी दूसरे के जन्मदिन के अवसर पर सब मिलकर बैठते, चाचा के नेतृत्व में घर के सबसे छोटे सदस्य को सभापति बनाया जाता और फिर वह जिसका नाम घोषित करता, उसे गाकर या पढ़कर कुछ-न-कुछ सुनाना ही पड़ता। इस प्रकार एक ऐसा वातावरण बन जाता जिसमें सब अनुशासित रूप में आनन्द मनाते और कोई भी स्वयं को उपेक्षित महसूस नहीं कर पाता था।

एक-दूसरे से शिकवे-शिकायतें और झगड़े होना भी स्वाभाविक है क्योंकि कोई भी एक व्यक्ति आदतों और रुचियों में हू-ब-हू दूसरे जैसा तो हो नहीं सकता। लेकिन हमारे घर में झगड़े विकृत रूप इसलिए नहीं ले पाते थे कि चाचा ने एक ऐसी कॉपी बना रखी थी जो सामूहिक थी यानी जिसमें घर के सदस्य अपनी शिकायतें लिख सकते थे और उनकी सुनवाई होती थी। गलती करने वाले को सर्व-सम्मति से सज़ा मिलती थी। सज़ा पानेवाले को पहले सबके सामने अपना गुनाह कबूल करना पड़ता था और उसके बाद निर्धारित समय के लिए एक कोने में मुँह करके खड़ा रहना पड़ता था। सज़ा छोटों को ही नहीं, बड़ों को भी मिलती थी। गलती यदि

चाचा की होती तो वह भी कोने में मुँह करके खड़े होते।

घर में 'वांल पेपर' का भी प्रचलन था। इसमें जिसकी जो इच्छा हो लिखकर या बनाकर कमरे में लगे पार्टीशन पर लगा सकता था, जिसे देखकर घर का या बाहर का हर व्यक्ति अपनी प्रतिक्रिया बता सकता था। प्रशंसा प्राप्ति के उद्देश्य से बच्चे कुछ-न-कुछ लिखकर, बनाकर टाँगने के प्रयत्न में रहते थे।

कभी-कभी ऐसा भी होता कि सर्दियों में हम सब अपनी रजाइयों में घुस जाते, बीच में हल्की आँचवाली अँगीठी रखी रहती और चाचा सेठ बांकेमल या खोजा नसरुद्दीन का उन्मुक्त कंठ से ऐसा पाठ करते कि हमें लगता, दुनिया में सबसे महान् व्यक्ति तो बस सेठ बांकेमल और उनके यार चौबेजी हैं तथा खोजा नसरुद्दीन और उसका गधा है।

यह चाचा की पाठनकला का ही प्रभाव था कि हमें विश्वास हो चला था कि दोस्ती की, खरे दिल और हिम्मत की दुनिया में इनसे बेहतर मिसाल और कोई नहीं है और खोजा नसरुद्दीन को तो हम मन-ही-मन इसलिए सराहते रहते थे कि उसका दिमाग चुहलबाजी और खुराफातों के लिए विशेष रूप से उपजाऊ था।

मज़े की बात यह कि जब अम्मा-चाचा काम पर चले जाते और हम अपने इन आदर्शों के पद चिह्नों पर चलते हुए नेक भावना और प्रशंसा प्राप्ति के उद्देश्य से कोई बढ़िया हकरत कर बैठते थे तो हमें सिवाय सज़ा के और कुछ न मिलता था। मसलन चौबेजी की तरह भांग तो नहीं, हाँ कोका-कोला की बोतलें चढ़ाते, सेठजी की तरह गप्प हाँकते, खोजा नसरुद्दीन की तरह अत्याचारी मास्टरों और थोपे हुए कामों की बिल्कुल परवाह न करते और उसके गधे की तरह मस्ती और काहिली में मशगूल रहते। चाचा और अम्मा की डाँटों और मीटिंगों में दी जाने वाली सजाओं की ऐसी बाढ़ सी आ जाती कि हमारी सारी उमंगों पर पानी फिर जाता और सारे मनसूबे तहस-नहस हो जाते।

घर के कोलाहल से दूर चाचा अक्सर जमुनाजी के किनारे जाकर बैठ जाते। वहाँ कविता या लेख लिखते, चलने से पहले जमुनाजी को धन्यवाद देते यानी आचमन करते। रास्ते में गरम कचौड़ी खिलाते और फिर तेज़-तेज़ कदमों से गली-कूचे पार करते हुए घर पहुँच जाते।

चाचा को स्त्री वर्ग से प्यार और आदर बराबर मिलता रहा है। इसके दो कारण हैं। एक तो यह कि इनका हृदय स्त्रियों से अधिक कोमल है जो उनके दुख, दर्द को सुनकर द्रवित हो उठता है। दूसरा कारण यह है कि यह स्वयं स्त्री नहीं हैं, इसलिए स्त्रियों को इनके प्रति वैसी ईर्ष्या नहीं होती जैसी कि एक स्त्री को दूसरी स्त्री से होती है। इसीलिए यह बड़ी जल्दी स्त्रियों के आत्मीय बन जाते हैं। यह उनके कष्टों को, समस्याओं को सहानुभूतिपूर्वक सुनते हैं और समाधान का प्रयत्न करते

हैं। समाधान नहीं हो पाता तो भी उनकी बात सुनकर उनके बोझ को थोड़ा कम अवश्य कर देते हैं।

चाचा में आत्मविश्वास भी बहुत है। रोज़मर्रा की छोटी-छोटी बातों में इनका आत्मविश्वास झलकता है। कई बहुत कष्टप्रद बीमारियाँ झेल चुकने के बाद भी चाचा अब चलती बस में दौड़कर चढ़ लेते हैं। घण्टों लाइन में खड़े रह सकते हैं। जनता के बीच घुसकर धक्के खा सकते हैं और इस सबमें चुस्त इसलिए रहते हैं कि रोज़ व्यायाम करते हैं।

चाचा के व्यक्तित्व का यह भी एक द्वन्द्वात्मक पहलू ही है कि बीमारी के दिनों में यह बेहद सचेत, हँसमुख और क्रियाशील रहे हैं। उन दिनों यह बिस्तर पर लेटे पुस्तकें पढ़ते रहते थे, बच्चों व पत्नी से खूब बातें करते थे, ट्रांजिस्टर से गाने आदि सुनते थे, पत्र लिखते थे और सबसे बड़ी बात तो यह कि अपने शरीर व उसके स्वास्थ्य यानी खाने-पीने और सफ़ाई आदि का खूब ध्यान रखते थे। बीमारी के दौरान इनकी सहनशक्ति देखकर हम सब चकित थे। 'ट्रैक्शन' आदि की बेबर्दाश्त तकलीफें वह बिना उफ किये झेलते थे तथा इस बात का ख़याल रखते थे कि घरवाले न घबराएँ।

लेखक-कवि चाचा के द्वन्द्वात्मक व्यक्तित्व का एक पहलू यह भी है कि वह दफ्तर से बाहर यानी घर पर कुछ छोटे-बड़े काम प्रयोग के रूप में करते रहते हैं। इससे ज्ञात होता है कि वह वैज्ञानिक भी हैं। छत पर 'टीप' कर रहे हों या कुछ टेस्ट-ट्यूबों में थोड़ा खाना डालकर रखते हों, तो यदि उनसे पूछा जाय कि वह यह क्यों कर रहे हैं तो कहेंगे कि 'प्रयोग कर रहा हूँ।' इसी तरह सिगरेट-पान छोड़कर तमाखू-चूना खाना शुरू कर देना और 'सचेतक' निकालना आदि भी उनके लिए प्रयोग मात्र ही हैं।

सोना शर्मा

आगरे के ताऊजी (रामविलास शर्मा)

पढ़ना कम कर दिया है

रात को ताईजी ने मुझसे दूध पीने को कहा। मैं बचपन से चाय की शौकीन रही हूँ, दूध से अरुचि है। अतः मैंने पीने से साफ मना कर दिया।

ताऊजी ने देखा कि मैं दूध नहीं पी रही तो बोले : "हम भी दूध नहीं पीते थे। अभी पढ़ना कुछ कम कर दिया है, इसलिए पीने लगे हैं।" मैंने बुद्धिजीवियों पर किये गये इस व्यंग्य को चुपचाप पी लिया।

बुलावा

मैं नहा रही थी। ताऊजी मुझे पूछते हुए पीछे आँगन में आ गये। ताईजी ने बताया कि नहा रही है—तो लौट गये। मैं नहाकर आयी तो ताईजी ने कहा : "तुम्हारे ताऊजी पता नहीं किस काम से तुम्हें बुला रहे थे।"

मैं दौड़ी-दौड़ी गयी तो बोले—"पाकिस्तान के सब खिलाड़ी आउट हो गये हैं। कपिलदेव ने 3 विकटें और ले ली हैं।"

हाई क्लास

हम चाय पी रहे थे। ताईजी को दूध कम लगा। वह और दूध डालने चौके में गयीं। ताऊजी से मैंने पूछा : "आपकी चाय में भी और दूध डाल लाऊँ।"

बोले : "नहीं, इसमें से निकाल लो।"

मैंने अपने कप में कम चीनी डाली तो ताईजी से बोले : "यह 'हाई क्लास इंटेलेक्चुअल' है, इसीलिए कम चीनी पीती है; अमृतलाल नागर तो एक कप में तीन चम्मच चीनी पीते हैं।"

"गावस्कर और मैं"

भारत व इंग्लैण्ड के बीच हो रहे मैच की कमेंट्री सुन रहे थे। गावस्कर ने अच्छे रन बनाये थे। ताऊजी बोले : "मैं गावस्कर से अपनी तुलना करता हूँ। गावस्कर भी धीरे-धीरे रन बनाता है। और, मैटर Study करने में मेरी रफ्तार भी कम हो जाती है।" वह अपनी लिखने की रफ्तार को फास्ट पैसेंजर कहते हैं।

अँधेरे बन्द कमरे

मैंने श्री मोहन राकेश का उपन्यास 'अँधेरे बन्द कमरे' जिस दिन पूरा पढ़ लिया उस दिन सोचा, चलो आज ताऊजी से इस पर विस्तार से बातें करूँगी। खाने के समय मैंने कहा : "ताऊजी, एक बात बतलाइए।"

बोले : "हाँ, पूछो।"

मैंने कहा : "अँधेरे बन्द कमरे की नायिका अपने पति को छोड़कर चली जाती है। वह तीन बार ऐसा करती है। उसका चरित्र कुछ समझ में नहीं आया।"

अब उनका प्रश्न था मुझसे : "कमरे जब अँधेरे हैं और बन्द हैं, तब वह जाती कैसे है?"

आत्मानुशासन

एक दिन ताऊजी ने बताया—"शाम को सोकर उठने के बाद मेरे मन में कुछ प्वाइंट्स थे। लिखने की बहुत इच्छा थी। पर मैं कण्ट्रोल किये रहा। सुबह तीन घण्टे जमकर लिखने के बाद मैं शाम को नहीं लिखता, क्योंकि इससे अगले दिन के लिए ताजगी समाप्त हो जाती है।"

स्वयं साफ किया

ताऊजी श्री कैफी आजमी के बारे में बातें कर रहे थे। बातचीत के दौरान उन्होंने बताया कि एक बार कैफी आजमी किसी रईस के बाथरूम में इसलिए नहीं गये कि वह बहुत साफ था। बताते-बताते बोले—"मैं भी एक बार ट्रेन का सफर करके किशोर साहू के घर पहुँचा था। नहाने गया तो बदन पर जमी सफर की गर्द और कालिख उतरकर बाथरूम में फैल गयी। उसे (बाथरूम को) भी मैंने साफ किया।"

यानी, स्वयं नहाये, फिर बाथरूम को भी नहलाया।

चार आँखें

ताईजी चौके में रोटी सेंक रही थीं। ताऊजी दाल बीन रहे थे। मैंने ताऊजी से कहा कि लाइए दाल मैं बीन दूँ, तो बोले : "तुम भी बीनो, हम भी बीनते हैं। Four eyes are better than two" हम दोनों ने मिलकर एक ही थाली में दाल बीनी।

पुरस्कार

ताऊजी ने एक दिन बताया कि जब उन्हें साहित्य अकादेमी का पुरस्कार मिला तो एक उत्साही व्यक्ति ने पत्र में लिखा था : "आपकी जीवनी मैं लिखना चाहता हूँ। जीवनी लिखने पर मुझे भी पुरस्कार मिल जायेगा।"

ताऊजी ने जवाब दिया : "पहले आप कुछ और भी लिख लीजिए। पता नहीं, मेरी जीवनी पर आपको पुरस्कार मिले, न मिले।"

कबीरपन्थी

एक बार एक सज्जन ने पत्र लिखकर पूछा : "कम्युनिस्ट पार्टी के दो पन्थ हैं। आप इनमें से किस पन्थ को मानते हैं?" ताऊजी ने उसे जवाब में लिख दिया : "मैं कबीर पन्थ को मानता हूँ।"

भगवान को बचाओ

देश में ग्रहण की चर्चा जोरों पर थी। जिस दिन ग्रहण पड़ने की ज्योतिषियों ने घोषणा की थी, उस दिन ग्रहण नहीं पड़ा। ताऊजी बोले—"ग्रहण नहीं पड़ा, मजा नहीं आया।"

मैंने कहा, "जब मैं दिल्ली से आ रही थी तब स्नान करने वाली जनता स्टेशन पर बैठकर भजन-कीर्तन कर रही थी।"

बोले : "जब खुद पर विपत्ति आती है तो लोग चिल्लाते हैं, 'भगवान! हमें बचाओ।' अब भगवान पर विपत्ति आयी है। चिल्ला रहे हैं : 'भगवान को बचाओ!' 'भगवान को बचाओ!' "

बुद्धिजीवियों का कर्तव्य

वनस्थली के पते पर प्राप्त 9.11.78 के मुझे लिखे ताऊजी के एक पोस्टकार्ड का अंश :

"आगरे की पूड़ियाँ तुमने और मुकुल ने दिल्ली में खायीं; यह जानकर हमें बड़ी प्रसन्नता हुई। इस बार जब दिल्ली लौटो तो मुकुल के लिए सवेरे नाश्ते का ठीक प्रबन्ध करना। ठीक प्रबन्ध का मतलब है 'हैवी ब्रेकफास्ट'। उसके लिए एक लंच बाक्स भी खरीदना, जरा बड़ी साइज का। मुकुल इस समय (उन दिनों मुकुल ऊषा इलेक्ट्रानिक्स में काम कर रहे थे—सो॰) सर्वहारा वर्ग का अंग है; उसके खाने-पीने का ध्यान रखना तुम जैसी बुद्धिजीवियों का कर्तव्य है।"

"तुम्हें पसन्द है"

ताईजी चौके में रोटियाँ सेंक रही थीं। ताऊजी आये, कन्धों पर एक सिल्क का दुपट्टा लटकाये, हाथ पीछे किये। दुपट्टा दिखाते हुए ताईजी से बोले : "यह तुम्हें पसन्द है? तुम्हें पसन्द होगा तो ले लूँगा।" ताईजी ने हाथ धोये, दुपट्टे को छूकर देखा। कहा—"कपड़ा तो अच्छा है। कौन लाया? कितने का है?"

ताऊजी बोले—"अरे कितने का है यह छोड़ो, पहले बताओ कि तुम्हें पसन्द है या नहीं।"

"हाँ पसन्द तो है।" ताईजी ने कहा।

अब ताऊजी ने मुस्कराते हुए, हाथों में पीछे छिपाया मखमली नीला डिब्बा भी ताईजी के आगे कर दिया और बोले—"यह भी देखो! यह कैसा है?" ताईजी ने आश्चर्य से डिब्बा खोला। डिब्बे में और कुछ नहीं उत्तर प्रदेश सरकार की ओर से ताऊजी को दिया गया सम्मान पत्र था। ताँबे का यह सम्मान पत्र बहुत सुन्दर था।

ताईजी की अब समझ में आया कि इतनी देर से ताऊजी उन्हें 'बना' रहे थे। वह सिल्क का दुपट्टा भी इसी पत्र के साथ आया था। ताऊजी बोले—"लो इन्हें रख लो।" ताईजी ने दोनों चीजें अपनी धोती के पल्ले से पकड़कर ले लीं और अन्दर रख आयीं।

इससे पहले

ताऊजी ने बताया कि जब डाकिया बड़ा-सा पार्सल लाया तो उन्होंने उसका आकार-प्रकार देखकर सोचा था—जरूर कोई थीसिस है पढ़ने के लिए। समयाभाव के कारण थीसिस पढ़ना सम्भव न था, सो वह उसे वापस लौटाने लगे थे कि तभी उत्तर प्रदेश सरकार की मोहर पर नजर पड़ गयी। उन्होंने पार्सल को थोड़ा खोलकर देखा तो नीला डिब्बा-सा दिखाई दिया। उन्होंने डाकिये के फार्म पर प्राप्ति सूचक हस्ताक्षर कर दिये।

कादंबरी (कदम) शर्मा

ताऊजी, ताईजी आगरा में

अपने देहरादून प्रवास के दौरान मुझे पत्रों की बहुत प्रतीक्षा रहती थी। मैं चाचा, अम्मा और सोना के पत्रों में से कुछ अंश दे रही हूँ। चाचा, अम्मा कुछ दिन आगरा रहकर लौटे थे और सोना तो कुछ महीने वहीं पर रही थी।

पहला पत्र चाचा का है।

दिल्ली
13.4.79

प्रिय कदम,

खुश रहो।

आगरा से लिखे मेरे पत्र तुम्हें मिले होंगे। अब, इस पत्र में दिनांक से ऊपर लिखा पता पढ़कर तुम समझ गयी होगी कि हम लोग दिल्ली लौट आये हैं—आज ही।...

...हाँ, मैंने अपने आगरा में जीवन के बारे में इस पत्र में कुछ नहीं लिखा। कदम, सच 30, न्यू राजामंडी के उस आश्रम में मैंने और तुम्हारी माँ ने कैसे ज्ञान, शान्ति और सुख की अनुभूति की है, उसे संक्षेप में लिखना असम्भव है। तुम्हारी माँ ने, प्यार के साथ ही, उस घर में जो सम्मान पाया, उसे देखकर तो मैं दंग रह गया। आगरा-प्रवास के बारे में विस्तार से अगले किसी पत्र में लिखूँगा।।...

तुम्हारा चाचा

दूसरा पत्र अम्मा का है—

दिल्ली
16.4.79

प्रिय कदम,

खुश रहो।

तुम्हारे 13.4.79 को दो पत्र मिले थे। उसी दिन हम आगरा से वापस आ गये थे। आगरा में हमने राजामंडी के मकान में जो दिन व्यतीत किये, वे अविस्मरणीय रहेंगे। भैया और भाभी का मकान एक पुनीत आश्रम है जहाँ मानसिक व शारीरिक दोनों प्रकार की स्वस्थ परम्पराएँ विद्यमान हैं। उन्होंने हमें बहुत प्रभावित किया। मुंशीजी भी वहाँ बहुत प्रसन्न रहे तथा ताजगी प्राप्त कर सके। (चाचा लम्बी बीमारी से तभी उठ के चुके थे—कदम)

तुम्हारी
अम्मा

तीसरा पत्र सोना का है—

आगरा
22.1.80

पूज्य कदम दीदी,

सादर प्रणाम।

मैं यह पत्र तुम्हें आगरा से लिख रही हूँ। आजकल मैं ताऊजी व ताईजी के साथ रह रही हूँ। ताऊजी व ताईजी का आपसी सहयोग और शान्त जीवन एक अद्‌भुत साधना की उपलब्धि लगता है। सुखी वैवाहिक जीवन की समस्या आज के साहित्य की शायद प्रधान समस्या हो गयी है। कारण है बदलता हुआ युग व बदलती परिस्थितियाँ। एक ऐसा स्थायित्व जो सुख दे सके अथवा कह सकते हैं कि सुख या सुखानुभूति का स्थायित्व—यही शायद यांत्रिक युग के भावना-सम्पन्न मनुष्य की आकांक्षा है। इस सुख को इसी युग में पाने में ताऊजी, ताईजी सफल हुए हैं।

ताऊजी विद्वान् हैं—कार्यक्षेत्र गहरा भी है, व्यापक भी। ऐसे व्यक्ति का जीवन साथी उसके कार्य क्षेत्र से बिल्कुल अनभिज्ञ हो, तो ऐसे में वैवाहिक जीवन अपनी गति व लय कैसे पकड़े रह सकता है? यह प्रश्न व्यक्ति विशेष का नहीं, इस युग के मनुष्य का है। ताईजी भले ही ताऊजी के क्षेत्र को न समझती हों, (अब तो समझती हैं, ऐसा लगता है) परन्तु उनके मन को, उनकी आवश्यकताओं, इच्छाओं को खूब समझती हैं। और यह एक सबक है, आज के युग में जीने वाले प्रत्येक व्यक्ति के लिए, इसे समझना अनिवार्य है। नारी न तो अब पुरुष की दास है और न ही इसके विपरीत पुरुष नारी का। दोनों सहयोगी हैं—यह नया मूल्य है। लेकिन सहयोग या समानता का मतलब एक-दूसरे के कार्य क्षेत्र की समझ व उसमें सहयोग से अधिक एक-दूसरे की कमजोरियों, गुणों, इच्छाओं, कठिनाइयों व जरूरतों की समझ भी है। हम अपने अहं को लेकर सुखी नहीं रह सकते और न ही बहुत अधिक महत्वाकांक्षी होकर सुखी रह सकते हैं। एक सहज और उद्देश्यपूर्ण जिन्दगी ही वास्तविक जिन्दगी है।...

तुम्हारी
सोना

भगवानदीन शर्मा

रामविलास

बैसवाड़े में और उसके बाहर भी पहले मकान बनाने की प्रथा प्रायः एक सी ही रही है। दरवाजे पर चबूतरे। घुसते ही एक या दो दहलीजें, फिर आँगन। उनके दाहिने,

बायें और सामने खमसारें और फिर उन खमसारों में, अथवा उनके पीछे, कोठरियाँ।

गाँव का मेरा घर भी बहुत कुछ ऐसा ही बना है। इसमें बायीं तरफ की खमसार स्त्रियों की निजी है। इसमें घुसते ही बायीं तरफ कोठरी और दाहिनी तरफ एक बड़ी डहरी की आड़ देकर एक खुली कोठरी है–जो हम सभी का जन्मस्थान है।

मैं करीब 5 साल 10 महीने का था। जाड़े के दिन थे। मैं जमीन पर बिछे पैरे (धान के डंठलों) पर रजाई के भीतर सबके साथ सो रहा था। सवेरे नींद खुली तो देखा मेरे आसपास बड़ी चहल-पहल है। कोठरी तक विशेष आवाजाही है।

मुझे स्तंभित देख चम्ब्याला दिदिया (फुफेरी बड़ी बहन) ने मुझसे कहा : ‘‘तुम्हरे भाय भा है!’’

मुझे बड़ा अजीब लगा। यह क्या अचानक नयी बात हो गयी! खैर दिन को अम्मा ने मुझे मेरे इस भाई को उठाकर दिखाया। रंग जरूर साफ था, परन्तु देखने में जरा भी अच्छा न लगा। लम्बा, महादुर्बल शरीर, आँखों पर कुछ लगा।

दो एक दिन बाद मैंने सौर में जाकर भाई को सोते नजदीक से देखा। गनीमत लगा।

बाबा बच्चे के लिए पुरवा या उन्नाव से दूध पिलाने की चपटी शीशी लाये। शीशी के सिरे पर छोटे से छेद में निपिल लगायी गयी। निपिल में सुई से छेद किया गया। शीशी के बीच में बड़ा छेद था। उससे शीशी में दूध भरा गया। भाई काला-सा कनटोपा और ऐसा ही कुर्ता पहने, ओढ़ा कर, लाया गया। परन्तु जब उसके मुँह में निपिल दी गयी और उसने दूध खींचा, तो एकदम दूध से मुँह भर गया और इधर-उधर से बाहर आने लगा।

बाबा ने कहा : ‘‘यहु ना बनी। वहि कै जोर ते खैंचै कै आदति है।’’ इसके बाद फिर शीशी का प्रयोग होते नहीं देखा।

रामविलास कुछ थोड़ा पैरों चलने लगे थे। अम्मा ने आँगन में एक कोने में खाट बिछायी। उस पर कथरी बिछायी और लेट कर दूध पिलाने की तैयारी में थीं कि रामविलास ने चल कर कथरी के मुड़े हुए कोनों को ठीक किया। अम्मा बोलीं : ‘‘यहु द्याखौ, कथरी कतौं मुड़ी न रहि जाय।’’ तब अम्मा खाट पर लेटीं और दूध पिलाने लगीं।

मुझे न जाने क्यों दूध पीते बच्चे को तंग करने में मजा आता है!... तो उस दिन भी मैंने रामविलास को दूध छुड़ा कर तंग किया–शायद पहली बार। रामविलास ने पहले तो मेरी तरफ घूर कर देखा और फिर झपट्टा मारकर स्तन को दोनों हाथों

से पकड़ कर मुँह में भर लिया और दूध पीने लगे। बीच-बीच में मेरी तरफ तिरछी निगाह से देखते भी जाते।

बात थी बाबा द्वारा उनकी सूझबूझ, सुविधानुसार रामविलास को शिक्षा देने की। सो उन्होंने दी। और उसका फल भी तुरन्त पाया।

एक दिन पिता नहा पर बैठे थे, बाबा आँगन में। अम्मा आड़ में खमसार में थीं। मैं सभी को देख रहा था।

उसी समय रामविलास बाबा से न जाने किस बात पर नाराज हो गये। उनके हाथ में कोई डेढ़ फुट का मोटा डंडा था जो उन्होंने तड़ से बाबा के खल्वाट में जमा दिया। बाबा सर पर हाथ फेरने लगे। पिता ने जोर से "हूँ..." किया। अम्मा मुँह में कपड़ा लगा कर हँसीं। बाबा ने पिता से कहा : "कुछु कह्यो ना!" वह स्वयं तो कहते ही क्या!

अम्मा ने बाद में कहा : "भले भा! जौनु सिखावति हैं, तौनु फल पायेन।"

मैंने देखा रामविलास मुझसे कुछ भिन्न हैं, वह चोट किये जाने पर तुरन्त चोट कर देते हैं और अक्सर ईंट के जवाब में ढेला न उठा कर पत्थर ही उठाते हैं। यह बात मुझ में भी है। फर्क सिर्फ इतना है कि मैं कुछ बरदाश्त कर लेता हूँ। पर रामविलास की प्रतिक्रिया तुरन्त होती है।

झाँसी में रामविलास को थोड़ा पढ़ा कर सरस्वती पाठशाला में भरती करा दिया गया। पहले जब मैं अकेला था, रात को पिता के साथ सोता था। परन्तु रामविलास के आने पर हम दोनों को अलग चारपाई पर सोने को कहा गया। हम लोग अलग सोने लगे। परन्तु सोने से पहले खाट पर एक बार हाथापाई जरूर हो जाती। आज 63-64 वर्ष बाद यह कहना कठिन है कि झगड़ा किस बात पर होता था। फिर झगड़े की भी कोई जड़ होती है?... बहरहाल पिता के सोने आने तक हम लोग खाट पर पहुँचते ही एक बार लात-घूँसे का रियाज जरूर पूरा कर लेते और थककर स्वप्नलोक में पहुँच जाते। यह अभ्यास काफी दिनों तक चलता रहा।

सन '20 में, जब मैं छठे में था, तब सरस्वती पाठशाला को, असहयोग आन्दोलन के प्रभाव में, राष्ट्रीय सरस्वती पाठशाला का रूप दे दिया गया था। फिर भी मैं दो वर्ष तक उसमें पढ़ता रहा। परन्तु आठवाँ दर्जा पास करने के बाद पिता ने सोचा कि मान्यता प्राप्त हाई स्कूल के सर्टिफिकेट के बिना भविष्य में नौकरी मिलना सम्भव न होगा। इसलिए, अपनी राष्ट्रीय कांग्रेस की विचारधारा के विपरीत, मुझे मैकडॉनेल हाई स्कूल में नवें में और रामविलास को शायद छठें में भर्ती करा दिया।

यह स्कूल हम दोनों ही के लिए नया था। मैं अक्सर रामविलास से वहाँ की पढ़ाई और मास्टरों के बारे में पूछा करता। मेरे पढ़ाई के जीवन में बड़ा ऊँच-नीच रहा है। छठे दर्जे से फिर अच्छा समय आया। मैं छठे, सातवें और आठवें में अच्छा विद्यार्थी और क्लास का मॉनीटर रहा। रामविलास को मैं कुछ पढ़ाता और उत्साहित तो सरस्वती पाठशाला से ही करता रहा कि जिससे उसकी प्रतिष्ठा मेरी प्रतिष्ठा से कम न हो। परन्तु, यह उत्साहवर्धन इस नये स्कूल में आकर और बढ़ गया।

हमारी चर्चा शिक्षकों से बढ़कर पढ़ाई के विषयों पर भी होने लगी। उस समय मेरे, भूगोल और संस्कृत के रूपों को छोड़, सभी विषय अच्छे थे। हम लोग उन पर खूब खुलकर बातें और आलोचना करते! उनमें रस लेते। इसमें रामविलास को भी रस आने लगा। जहाँ भी मैं अटकता, मैं उन्हें उकसाता कि वह मास्टर से पूछकर आवें। आखिर फीस किसलिए दी जाती है।

कुछ मास्टर जो मुझे सरस्वती पाठशाला में पढ़ा चुके थे, यहाँ पाठशाला छोड़कर आ गये थे—जैसे हेडमास्टर शशि भूषण चटर्जी, मास्टर स्वरूप नाथ, पं. ब्रजभूषणलाल त्रिपाठी, इत्यादि।

इनकी और अन्य शिक्षकों की चर्चा रामविलास ने अपनी पुस्तक 'पंचरत्न' में विस्तार से की है और बहुत सार्थक की है।

मैं अपने जाने हुए शिक्षकों के पढ़ाने के तरीके की आलोचना करता और जिनसे मैंने नहीं पढ़ा था, उनकी आलोचना सुनता। इसका परिणाम रामविलास का शिक्षकों में तथा उनके द्वारा पढ़ाये जाने वाले विषयों में इण्टरस्टेड होना अनिवार्य हो गया और स्कालरशिप के अलग कोचिंग क्लास में बैठने की अनुमति मिल गयी।

और, वह उत्साहित तो थे ही! उन्होंने स्कालरशिप की परीक्षा पास कर ली और दो वर्ष के लिए 5 रुपये नवें और दसवें में मिलने लगे।

उस समय स्कालरशिप-होल्डर की प्रतिष्ठा ही और थी। जैसे पहलवान घी खाकर और तन्दुरुस्त होता है तथा कमजोर को अजीर्ण हो जाता है, वही हाल रामविलास का रहा।

पढ़ने का उत्साह। यह चारों तरफ हाथ मारने लगे। कविता तथा रामायण से प्रेम वंशगत था। तिस पर मिल गये शिक्षक रूप में कवि पं. ब्रजभूषणलाल त्रिपाठी 'निश्चल'।

रामविलास के समय में त्रिपाठीजी हाई स्कूल में आ गये थे और इनको हिन्दी पढ़ाने लगे। त्रिपाठी जानते भी थे कि यह मेरे छोटे भाई हैं और तेज भी हैं। तो, एक-दूसरे से प्रभावित होना स्वाभाविक ही था।

और इसके फलस्वरूप रामविलास कुछ कविता भी लिखने लगे। अक्सर परीक्षा

में हिन्दी के कुछ एक प्रश्नों के उत्तर कविता में लिख आते। मुझे बताते तो प्रसन्नता होती। मैं और उत्साहित करता।... रामविलास का परीक्षा में कविता में उत्तर लिखने का उनके मास्टरों पर क्या प्रभाव होता था, कह नहीं सकता; पूछा जरूर होगा, पर याद नहीं।

जैसे पहलवान, खिलाड़ी का कुश्ती मारने, गोल करने, सेन्चुरी बनाने से दिल बढ़ जाता है, रामविलास का भी स्कालरशिप पाने से दिल बढ़ गया था और वह हाई स्कूल पास करने के बाद इण्टरमीडियट में दाखिल हो गये।

इण्टरमीडियट में उन्होंने अपने कविता प्रेम के बारे में स्वयं ही कुछ इशारा किया है। जो नहीं लिखा है, वह ध्यानचन्द के भाई रूपसिंह से पंजा लड़ाना है। रूपसिंह इनके साथ पढ़ते थे और हाकी के साथ टेनिस में भी रुचि रखते थे।

यह पंजा, कसरत, हाकी का शौक झाँसी की देन है। कलाई, पंजा और पैरलल-बार का हमारा, सदाशिवराव और भगवानदास माहौर का अड्डा मास्टर रुद्रनारायण के यहाँ था ही। तो, यह छूत रामविलास को लगना स्वाभाविक ही था।

हाकी के लिए घर के समीप ही नाले पार खाली मैदान में शाम को आसपास के लड़कों की कमी न रहती। रामविलास भी इसमें विशेष रुचि लेने लगे।

इनकी, हाकी लिये हुए, एक तस्वीर भी है जो मास्टर रुद्रनारायण ने खींची थी।

हम लोग आपस में बहुत खुले दिल से बातें करते थे। पिताजी ने इससे पहले से ही हम लोगों की पढ़ाई की देखरेख छोड़ दी थी, तो मुझे डर लगने लगा कि रामविलास कहीं हाकी भर के ही न रह जायें; ध्यानचन्द बनने की न सोच लें। उन दिनों झाँसी हाकी का एक बहुत बड़ा केन्द्र थी। झाँसी की हीरोज टीम उस समय भारत में प्रसिद्ध थी। कसरत-कुश्ती के लिए सरस्वती पाठशाला के राष्ट्रीय सरस्नती पाठशाला हो जाने के बाद वहाँ एक अच्छा अखाड़ा बनवा दिया गया था। मैं उसमें कुश्ती लड़ा करता था। इसी सिलसिले में झाँसी सदर बाजार के गंज मोहल्ले की धर्मशाला के अखाड़े में अक्सर चला जाता। संयोग से वहाँ पं. लीलाधर शास्त्री आकर रहने लगे थे। वह भी कभी-कभी कसरत कुश्ती में शामिल हो जाते। धीरे-धीरे उनसे मित्रता हो गयी। रामविलास भी वहाँ जाते।

शास्त्रीजी विद्या-व्यसनी भी थे। रामविलास उनके सम्पर्क में आये और संस्कृत में इनकी रुचि देख उन्होंने इनको संस्कृत की प्रथम परीक्षा के लिए उत्साहित किया। जीवन में सहारे, उत्साह का बड़ा महत्व होता है। रामविलास ने शास्त्री जी की सहायता से प्रथमा के लिए पढ़ना आरम्भ कर दिया और परीक्षा पास कर ली।

गाँव का, हाई स्कूल पास करने वाला मैं पहला विद्यार्थी था; झाँसी सदर बाजार

का भी पहला विद्यार्थी था जिसने पहले ही वर्ष, बिना फेल हुए, सेकेंड डिवीजन में हाई स्कूल पास किया था। इसी तरह रामविलास भी गाँव तथा सदर बाजार के पहले विद्यार्थी थे, जो युनिवर्सिटी में पढ़ने गये। लखनऊ युनिवर्सिटी में जाकर इन्होंने दो वर्ष के लिए 20 रुपये का स्कालरशिप प्राप्त कर लिया, जो एक वर्ष आगे आनर्स में भी मिलता रहा। यह उस समय एक अच्छी आर्थिक सहायता थी।

रामविलास छुट्टियों में गाँव आते। मैं भी (ऐसी छुट्टियों में) घर पर होता। नित्य प्रति ही शाम को घूमने निकलते और गाँव की एक दिशा में जाकर नहर के किनारे चलते हुए गाँव में दूसरी दिशा से घुसते और घर आते। इस 3-4 मील के चक्कर में रास्ते भर साहित्य चर्चा होती। रामविलास कभी कालिदास और भवभूति के विषय में बातें करते और उनकी कविता सुनाते और कभी शेक्सपियर, मिल्टन, शेली, कीट्स इत्यादि की जीवनियों के बारे में बताते और उनकी कविताओं की चर्चा करते।

अक्सर घर पर भी बातें होतीं और वह 'पैराडाइज लॉस्ट' से शैतान द्वारा कहा भाग सुनाते और बताते कि इसकी भाषा कितनी ओजमयी और सटीक है। ऐसे ही 'हैमलेट' के प्रसिद्ध भाग और ब्रूटस इत्यादि के भाषण सुनाते। मुझे साहित्य में रुचि थी ही।

बात साहित्य की है। पिता द्वारा रामायण और त्रिपाठी जी द्वारा अन्य हिन्दी साहित्य में जो मेरी रुचि जाग्रत हुई थी, तो मैं कुछ न कुछ समयानुसार पढ़ा ही करता था। रामविलास ने भी बी.ए. में हिन्दी ली थी। अंग्रेजी तो विशेष विषय था ही।

फिर, लखनऊ का वातावरण और लायब्रेरी की सुविधा। स्वस्थ शरीर। जिस दिशा में तैरने लगते, उसी तरफ तैरते चले जाते। कोई गाँव के ताल की तरह अथवा हाकी की फील्ड की तरह बन्धन तो था नहीं। यह स्वभाव उनका तब भी था और आज भी है।

"यह हमारा विषय नहीं है"—यह शायद उन्होंने कभी नहीं कहा। जो कुछ सामने आ गया, उसको पढ़ा और समझा और उसकी तह तक जाने की कोशिश की।

यहाँ यह भी ज्ञातव्य है कि इनका विवाह 13 वर्ष की आयु में ही हो चुका था। बहुधा यह लखनऊ में सपरिवार भी रहते थे और एम.ए. के आसपास एक पुत्र भी हो चुका था।

लखनऊ युनिवर्सिटी में पढ़ते समय रामविलास का व्यवहार मेरे प्रति प्रारम्भिक खाट पर के जीवन से ठीक उलटा हो गया था।

बहुत कुछ मित्र भाव तो इनके छठे-सातवें दर्जे से ही हो गया था, जो क्रमशः

बढ़ता रहा और युनिवर्सिटी पहुँचने पर तो अति प्रगाढ़ हो गया।

हम लोग आपस में पत्रों द्वारा विविध विषयों पर वार्तालाप—डिस्कशन्स—करते। रामविलास मुझे बड़े लम्बे-लम्बे पत्र लिखते। मैं भी यथायोग्य अपनी बुद्धि अनुसार उनका उत्तर देता। पत्रों में साहित्यिक चर्चाएँ भी होतीं और कविताएँ, गीत भी होते।

मुझे अतीव दुःख है कि मैं डाकखाने की सर्विस में, अपने ट्रांसफरों के कारण, उन पत्रों को सुरक्षित न रख सका...।

[फिर भी काफी सुरक्षित हैं! रा.वि.]

इसके बाद हम लोगों की भावना के अनुकूल रामविलास ने कठिन परिश्रम करके अपना थीसिस तैयार किया।

कठिन परिश्रम कुछ इस कारण भी करना पड़ा कि सिद्धान्त साहब को यह भय था कि लखनऊ युनिवर्सिटी से अंग्रेजी का यह पहला थीसिस जा रहा है, कहीं ऐसा न हो कि वह विदेश से रिजेक्ट हो जाय।

थीसिस टाइप करने के लिए रामविलास ने टाइपिंग सीखी और थीसिस को बड़े परिश्रम से स्वयं ही टाइप किया।

सौभाग्य से थीसिस पहली ही बार में स्वीकृत हो गया।

उस समय निराला, पन्त, प्रेमचन्द वगैरह आगे-पीछे लखनऊ में ही थे—विशेषकर निरालाजी, जिनके साथ रामविलास नारियलवाली गली के मकान के ऊपरी भाग में काफी दिन रहे भी!

छुट्टी लेकर मैं भी कुछ दिन उसमें रामविलास के साथ रहा।

मैं, रामविलास, निराला, रामरतन भटनागर 'हसरत', भगवतीचरण वर्मा, इत्यादि के शाम के घूमने में प्रायः नित्य ही साथ होता था। मुझे उन लोगों की साहित्यिक चर्चा, आलोचना में बड़ा मजा आता—विशेषकर इसलिए कि सब लोग खुले दिल से बात करते। कोई हिचक न होती, यद्यपि सभी लोग 19-20 शालीनता का ध्यान रखते। मुझे यह वातावरण बड़ा प्रिय लगा।

झाँसी लौटकर मैं इस प्रयत्न में रहने लगा कि कैसे भी लखनऊ पहुँचा जाय! होनहार, दूसरी वर्ल्ड वार शुरू हो गयी और मैं मौका आने पर सन '42 में अपनी 19 साल की सीनियारिटी को छोड़, केन्द्रीय तारघर, लखनऊ में आ गया।

यहाँ आने पर वह निराला-वर्मा वातावरण तो नहीं मिला। परन्तु छोटे भाई लोग अब उच्चतम कक्षाओं में पहुँच गये थे। इसलिए, घर का वातावरण पूर्णतया हिन्दीमय हो गया था, विशेषकर मुंशी के कारण जो अंग्रेजी पढ़ते हुए भी हिन्दी में गोते लगा रहे थे।

उन्हीं दिनों रामविलास और फ़िराक़ में नोक-झोंक चल रही थी। मुंशी की सक्रियता स्वरूप कभी "रणदुंदुभी" का हस्तलिखित संस्करण तैयार होता और कभी "सब कुछ" का। उसमें एक-दूसरे पर चोटें भी होतीं।

रामविलास भी उसमें कभी-कभी कविता लिखते। मुझे दुख है कि वे सब संस्करण नष्ट हो गये। केवल याद रह गयी अपने ऊपर लिखी एक लाइन–

"कनफूची की छोटी मूँछ, भीतर गहिरे बाहेर छूँछ।–" (मुंशी)।

ऐसे ही मुंशी पर : "फटा पाजामा पैर में, सिर पर रूखे बाल। किस लैला के ध्यान में, मजनू का यह हाल।" (रामविलास)

रामविलास और परिवार की सक्रियता लिखने-पढ़ने तक ही सीमित नहीं थी। वंशानुगत उनको कसरत और कुश्ती से भी प्रेम था। खुद भी अखाड़े जाते और छोटे भाइयों को भी साथ ले जाते। सभी लोग वहाँ और लोगों के साथ कसरत-कुश्ती में भाग लेते। वहाँ गुड़ियों का दंगल भी होता।

मैंने अपने तीन भाइयों रामस्वरूप (चौबे), रामशरण (मुंशी) और रामशंकर (अवस्थी) को दंगल में भाग लेते देखा है।

इस सब प्रोत्साहन का जो परिणाम होना चाहिए था, हुआ।

खबरें फैलती ही रहती हैं। रामविलास युनिवर्सिर्टी में पहलवान प्रोफेसर के नाम से जाने जाने लगे। बात इधर-उधर से छिपती भी कैसे; हमारे तीसरे भाई चौबे इनके स्टूडेण्ट भी तो थे।

चौबे कुछ समय बाद युनिवर्सिर्टी में सर्वश्रेष्ठ बाडी-बिल्डर माने गये और पाँचवें (भाई) अवस्थी तो सर्वश्रेष्ठ बाडी-बिल्डर, वेट-लिफ्टर और बाक्सर भी रहे।

इनके लखनऊ यूनिवर्सिटी में करीब पाँच साल पढ़ाने के बावजूद, इनको परमानेंट नहीं होने दिया गया। सन '43 में इनको आगरे के बलवन्त राजपूत कालेज में सरका दिया गया।

रामविलास से बात करते समय किसी को यह सोचने की आवश्यकता नहीं पड़ती कि वह अमुक टापिक को उठावे या नहीं। यहाँ तक कि कसरत-कुश्ती, क्रिकेट, हाकी और ड्रामा-सिनेमा भी उन्हें उतने ही प्रिय हैं, जितने तुलसीदास और शेक्सपियर। और यही कारण है कि विभिन्न भाषाओं में पैठ होने से उनकी भाषाविज्ञान में रुचि हुई और "प्राचीन भाषा परिवार" जैसी पुस्तकों की रचना सम्भव हुई।

हिन्दी, संस्कृत, अंग्रेजी, फ्रेंच–ये तो उनके पाठ्यक्रम में थीं ही। श्री वैशम्पायन के साथ मराठों में रुचि हुई और निराला जी से तो इन्होंने बँगला साहित्य पढ़ा ही

था। [मराठी और बँगला के मेरे आदि गुरु सहपाठी बालनारायण पेंढरकर थे, वैशम्पायन उस समय के मेरे राजनीतिक गुरु थे।] मेरे एक मित्र ने बताया कि यह आगरे में तमिल क्लासेज भी अटेण्ड करते थे। इसके अतिरिक्त अन्य भाषाएँ, जैसे लैटिन और ग्रीक, में भी वह अपना सिर खपाते थे। इन्होंने विभिन्न भाषाओं के ज्ञान के लिए उनके शब्दकोश भी एकत्रित किये।... इतने का ज्ञान तो मुझे है।

बाद के जीवन में मेरा और रामविलास का जब कभी मिलना हुआ अथवा पत्र-व्यवहार हुआ—चर्चा का विषय साहित्य, राजनीति और खेल ही मुख्यतः रहे हैं। घर-गृहस्थी की बातें तो एक कोने में सूचना मात्र ही रही हैं, विशेषकर उनके पत्रों में।

इतना ही नहीं। तमाम शादियों में भी, शादियों का काम एक तरफ होता, दूसरे लोग करते रहते—और हम लोग साहित्य, राजनीति और खेल की बातों में तन्मय रहते।

घर का प्रभाव। वंश परम्परा। दो छोटे—पाँचवें और छठे—भाई साइंस पढ़कर भी, साहित्य से अछूते नहीं रहे। वह भी उसमें रस लेते रहे हैं।

एक बात और स्पष्ट कर दूँ कि रामविलास शिक्षक यों ही, अनायास, पढ़ते-पढ़ते नहीं बन गये। इसके पीछे कुछ उद्देश्य भी था।

जैसा कि सभी जानते हैं, सन 1920 के बाद के समय में देश में उथल-पुथल हो रही थी।

गाँधीजी का नेतृत्व। विदेशी वस्त्रों का बहिष्कार; उनकी होली। नये-नये नेताओं का उदय। क्रिमिनल लॉ अमेण्डमेण्ट का तोड़ना। जेलों का भरना। फिर, क्रान्तिकारियों का संगठन, उनकी सरगर्मियाँ, कारनामे तथा सरस्वती पाठशाला का राष्ट्रीय सरस्वती पाठशाला होना। यह सब हम दोनों के शिक्षा काल में ही हुआ। अतः हम लोगों का उससे प्रभावित न होना कैसे सम्भव होता?

राष्ट्रीय पाठशाला में पढ़ते समय खद्दर पहनना और गाँधी टोपी लगाना कुछ तो बाध्यता और कुछ फैशन हो गया था। उसके साथ-साथ कुछ हृदय परिवर्तन भी हुआ था। नित्य प्रति नेताओं के भाषण सुनने से यह स्वाभाविक ही था। फिर स्वामी सत्यदेव जैसे लोगों के भाषणों, लेखों, पुस्तकों से लगता कि हम लोग और यह देश कितना पिछड़ा हुआ है। हम लोग क्यों नहीं उनके समकक्ष हो सकते!

फिर कुछ क्रान्तिकारियों के सम्पर्क ने भी प्रभाव डाला—जैसे काकोरी केस के श्री शचीन्द्रनाथ बख्शी का झाँसी आगमन, मेरा उनका सम्पर्क, उनका मुझे क्रान्ति सम्बन्धित पुस्तकें देना, हम लोगों का उनको पढ़ना, उनसे प्रभावित होना, अन्य

विद्यार्थियों को नियत स्थान पर उनसे मिलाना, आदि। इसके साथ ही, पिताजी क्रान्ति और जेल तो नहीं पसन्द करते थे, परन्तु कांग्रेस और असहयोग से उनकी पूर्ण सहानुभूति थी।

इन सब बातों ने हम लोगों को यह सोचने के लिए बाध्य किया कि रामविलास को भविष्य में क्या बनना है।

उन दिनों कांग्रेस में और बाहर भी वकीलों का बड़ा दबदबा था।

मैंने रामविलास के सामने वकालत का प्रस्ताव रखा। इस पर रामविलास का कहना था, "जिस व्यवसाय में आदमी जाता है, वह उसी का हो जाता है; अगर वह उसके अनुकूल व्यवहार नहीं करता तो उसको सफलता नहीं मिलती। वकालत-डॉक्टरी में जाकर लोगों को बिना ठगे, धोखा दिये, पैसा नहीं मिल सकता। फिर एक दफे जहाँ लालच में फँस गये, तो उससे निलकना बड़ा कठिन हो जायगा।"

इसके अतिरिक्त, मेरे दिमाग में यह भी था कि देश में उदार, शिक्षा प्रेमी, त्यागी, आदर्श शिक्षकों की बहुत कमी है।...

तो ऐसी स्थिति में मेरा और रामविलास का यह निश्चय करना स्वाभाविक ही था कि रामविलास को शिक्षक बनना है। एक बार जोश में आकर मैंने इनको यहाँ तक लिख दिया था कि—"पढ़ने के बाद तुम्हें शिक्षक बनना है, फिर चाहे तुम्हे पासाखेरे की मुदर्रिसी ही क्यों न करनी पड़े!"

मुझे आज भी प्रसन्नता है कि वह शिक्षक बने। और, निश्चय ही उन्होंने अच्छे विद्यार्थी, अच्छे नागरिक, पैदा किये होंगे।

कुछ तो मुझे मिले भी और जाने-अनजाने इनकी प्रशंसा की है।

सेवा शर्मा

पिताजी

हमारे पिताजी उर्फ चाचा (डॉ. रामविलास शर्मा) के बारे में भिन्न-भिन्न लोगों के भिन्न-भिन्न विचार हैं। उनके बारे में अनेक प्रकार के प्रश्न सुने हैं, जैसे "डॉ. साहब घर में हँसते हैं? तुम लोगों से बात करते हैं डॉ. साहब कभी घर की ओर ध्यान देते हैं?" आदि। घर में अलग-अलग लोगों के अलग-अलग विचार हैं। अधिक लोगों की यही धारणा है कि चाचा नाराज़ हो जाएँगे। उनके सामने खुलकर बात करने की हिम्मत शायद लड़कियों में ज़्यादा है बनिबस्त लड़कों के। जहाँ तक मेरा अनुभव है, चाचा को कभी मैंने किसी को मारते नहीं देखा, न ही कभी जोर से बोलते देखा। हाँ, अधिक गुस्सा आने पर कुछ गम्भीर अवश्य देखा।

यह सत्य है कि घर को बनाने व चाचा के लेखन कार्य में सबसे अधिक सहयोग अम्मा का रहा। मकान पूरा अम्मा ने बनवाया, जमीन अम्मा ने खरीदी।

मैं चाहती थी कि बड़ी होकर डॉक्टर बनूँ। एक सज्जन ने चाचा से कहा कि "फलाने साहब को आप फोन कर दीजिए, सेवा का medical में हो जाएगा।" पर न साहब, चाचा ने जवाब दिया, "मेरे बच्चों में यदि काबिलियत होगी तो वे स्वयं बनेंगे जो उन्हें बनना है। मैं किसी से सिफारिश नहीं करूँगा।"

एक बार एक महाशय किसी के नम्बर बढ़वाने आये और कुछ घूस की बात की। थोड़ी देर में जोर से आवाज आयी चिल्लाने की। मैं बाहर दौड़ी और बाहर जाकर देखा कि चाचा उन महाशय पर गरम हो रहे थे। बाद में माजरा समझ आया।

चाचा ने हम लोगों को हमेशा स्वतन्त्र रखना पसन्द किया और हम लोगों से आशा की कि मेरे बच्चे मुझसे कोई बात न छिपाएँ, चाहे सही हो अथवा गलत! कहीं भी जाओ कहकर जाओ कि कहाँ जा रहे हो और कब लौटोगे। हालाँकि इस दिशा में लड़कियाँ जितना खुलकर बात कर सकीं उतना लड़के नहीं, कारण चाहे कुछ भी रहा हो।

एक बार एक महाशय ने चाचा से पूछा कि "मैं अपनी लड़की पर इतनी पाबन्दी रखता हूँ, फिर भी मेरी लड़की रात को छत फाँदकर पड़ोस के मकान में चली जाती है, जब कि आपकी तीन लड़कियाँ हैं और मैंने आपको कभी डाँटते या रोकते, टोकते नहीं देखा। क्या कारण है?" चाचा का जवाब था, "मुझे अपनी लड़कियों पर भरोसा है। उनको स्वतन्त्रता है। मैं अपने बच्चों से मित्र जैसा व्यवहार चाहता हूँ।"

जब हम लोगों का मकान बन गया तो अम्मा ने चाचा से कहा, "आज गृह प्रवेश है। चलिएगा।" चाचा ने कहा, "मकान तुमने बनवाया है, तुम ही चली जाना।" अम्मा के ज़ोर देने पर गये और लौटकर बोले, "पण्डित गलत संस्कृत बोल रहा था।"

अम्मा को आगरे में अधिक लोग "माताजी" के नाम से जानते हैं। चाहे बच्चे हों या बूढ़े, यहाँ तक कि एक बार चाचा कुछ सामान लेने गये तो दुकानवाले को परिचय देकर बोले, "माताजी ने मँगवाया है नई राजा मंडी वाली।" बीमारी में डॉक्टर के पास ले तो अम्मा ही जाती थीं पर जब कोई खास बात हो तो चाचा को बताती थीं। एक बार स्वाति की उँगली में सेप्टिक हो गया और डॉ. ने आपरेशन करने को कहा। डॉ. साहब अम्मा के बारे में यह जानते थे कि वह डॉ. रामविलास शर्मा की पत्नी हैं और उन्हें माताजी के नाम से पुकारते थे। आपरेशन वाले दिन चाचा ने कहा, "आज मैं भी चलता हूँ।" अस्पताल जाकर चाचा डॉ. के कमरे में घुसने लगे। अम्मा व स्वाति पीछे थे। घुसते ही डॉ. बोले, "रुकिए साहब, अभी मुझे डॉ. रामविलास शर्मा की लड़की का आपरेशन करना है।" चाचा बोले, "मैं ही रामविलास शर्मा हूँ।" इस

पर डॉ. ने खिसिया कर कहा, "माफ कीजिएगा, मैंने आपको पहचाना नहीं।"

हमारे पिताजी को नफरत है, तो एक बात से, वह यह कि जो काम जिस समय पर कहा गया हो उसी समय पर न हो। उनका हर कार्य निश्चित समय पर होता है—कितने समय उठना, नाश्ता करना, खाना खाना, लिखना आदि। काम करने व खाना खाने के बाद उन्हें कुछ आराम करना आवश्यक है। नई राजा मंडी में खाना खाकर जब लेटे तो कोई न कोई महाशय पधार जाएँ और उनकी नींद में विघ्न पड़े। इससे बचने के लिए उन्होंने घर के गेट पर एक बोर्ड लगा दिया, "कृपया 1 से 3 के बीच न मिलें।" बोर्ड पढ़कर लोग वापस लौट जाया करते थे, कुछ लोग थोड़ी देर खड़े रहते और फिर चले जाते (यह सब हम लोग खिड़की से देखते थे)।

उनके विद्यार्थी कहते थे, "हमने बी.आर. कालेज में ऐडमिशन इसलिए लिया है कि अंग्रेजी डॉ. साहब पढ़ाते हैं। क्लास में डर लगता है पर जब पढ़ाना शुरू करते हैं तो मालूम नहीं पड़ता कि पीरियड कब समाप्त हो गया। लगता है स्टेज पर ड्रामा हो रहा है।"

नियमितता के चक्कर में एक बार एक मीटिंग छोड़कर आ गये। नागरी प्रचारिणी सभा में एक मीटिंग में संयोजक महोदय चाचा को बुलाने आये। चाचा ने मना किया। कहा, मेरी पत्नी का स्वास्थ्य ठीक नहीं, मैं नहीं आ पाऊँगा। पर वह सज्जन न माने। 5 बजे का समय देकर चले गये कि मैं लेने आऊँगा। दूसरे दिन 5 बजे वह महाशय पहुँचे। चाचा ने रिक्शा किया और निश्चित जगह पहुँच गये। देखा अभी कुर्सी बिछ रही है। चाचा ने एक किताब निकाली और एक कुर्सी पर बैठकर पढ़ने लगे। थोड़ी देर में संयोजक महोदय घबराये हुए पहुँचे और माफी माँगने लगे। चाचा ने ऐसा प्रदर्शित किया मानो कोई बात ही न हो। थोड़ी देर में सभा शुरू हुई। चाचा भाषण देने खड़े हुए। बोले, "सज्जनो, आपके संयोजक महोदय ने मुझसे 5 से 6 तक (सायं) का समय माँगा था और अब 6 बज रहे हैं। मैं चलता हूँ।" संयोजक महोदय घबराये, बहुत हाथ-पैर जोड़े पर चाचा नहीं रुके और वह घर वापस आ गये।

शोभा की शादी में अम्मा का स्वास्थ्य ठीक न था। इसलिए सोचा किसी तरह 11 बजे तक शादी समाप्त हो जाए ताकि सब समय से सो जाएँ। यह सोचकर पंडित को अलग बुलाकर कहा कि एक घंटे में शादी खतम कर दो तो 10 रुपये अधिक दूँगा।

हर बात को समझाने का उनका अनोखा ही तरीका था। शादी-ब्याह का मामला बच्चों के स्वयं के निर्णय पर छोड़ दिया; बच्चों से उम्मीद की कि कोई बात छिपाएँ नहीं और स्वतन्त्र रहें।

रुपये पैसे को कभी महत्व नहीं दिया, उनकी निगाह में महत्व है **स्वास्थ्य** का।

निराशावादी लोग उन्हें पसन्द नहीं। मुसीबत का हँसकर सामना करने वालों की उन्होंने हमेशा तारीफ की।

जहाँ तक मेरे जीवन का सवाल है, मैंने उनके पत्रों से बहुत कुछ सीखा है। ईश्वर शुरू से ही हमसे कुछ अधिक प्रसन्न रहे—बीमारियों के मामले में। अभी तक शायद कोई वर्ष ऐसा नहीं गया जब किसी Specialist के दर्शन न किये हों, इन बीमारियों से लड़ने की हिम्मत, आत्मविश्वास और परोपकारी जीवन की क्षमता चाचा के पत्रों से आयी।

चाचा के अतिरिक्त मेरा जीवन बनाने में स्वाति का भी काफी सहयोग रहा है—वैसे समय-समय पर चाचाओं, बहनों, भाभियों, भाइयों, जेठ, जिठानियों और दोस्तों के पत्रों ने भी परेशानियों का सामना करने की हिम्मत दी है।

मैं सन् 71 में घर से बाहर निकली और अब सन् 82 चल रहा है। इन 11 वर्षों में चाचा ने मुझे बहुत से पत्र लिखे। इन पत्रों में उनके स्वभाव की भी झलक है, किसी भी बात को समझाने के लिए कभी वह दूसरों के उदाहरण देते हैं, कभी नाराज़ होते हैं, कभी खुश होते हैं और कभी तारीफ करते हैं ताकि हर इन्सान हर परिस्थिति में जीने के लिए अपने को तैयार कर ले। पत्रों में संक्षिप्त पर पूर्ण विवरण देखने को मिलता है।

आज मैं जिन हालात में हूँ, जहाँ भी हूँ, सन्तुष्ट हूँ और खुश हूँ। हाँ, कभी-कभी निराश होती हूँ पर उस निराशा को दूर करने के लिए इन पत्रों का सहारा लेती हूँ और पढ़कर फिर से एक बार आत्मबल जाग्रत करती हूँ। इन पत्रों से मुझे अपना ही जीवन सुधारने में सहायता नहीं मिली बल्कि इनसे मैंने दूसरों का जीवन भी सुधारा है।

मैं चाहती हूँ कि इन पत्रों को इस पुस्ताक में भी प्रकाशित किया जाए। हो सकता है, कुछ पाठकों को भी इनसे कुछ लाभ हो। कुछ मुख्य पत्र इस प्रकार हैं :

इधर कुछ दिन तक युनि. में काम करने से काफी नये अनुभव प्राप्त हुए। हम 3 बजे जाते हैं, 6 बजे लौटते हैं। खाना खाने के बाद आराम करने का काफी समय मिल जाता है। युनि. में एक गुट कानपुर के कायस्थों का है एक आगरे के बनियों का। बनिये आपस में लड़ रहे हैं, कुछ कायस्थ कभी इधर हो जाते हैं कभी उधर। 29 अगस्त को कानपुर के शारदा प्रसाद सक्सेना ने एक प्रस्ताव एक्ज़ीक्यूटिव कौंसिल में रखा था कि रा.वि. शर्मा की नियुक्ति अवैधानिक ढंग से हुई है, इसलिए इन्हें इस पद से हटा दिया जाय। उनके प्रस्ताव का विरोध हुआ। लोगों ने कहा एक्ज़ीक्यूटिव साल भर के अन्दर अपने फैसले को दोहरा नहीं सकती। प्रस्ताव पास न हुआ किन्तु हमने सोचा, झगड़े की जगह रहना ठीक नहीं। इसलिए 14 सितम्बर

को हमने इस्तीफा दे दिया। अभी वह मंजूर नहीं हुआ, मंजूर होने पर राजपूत कालेज लौट आयेंगे।

चौबे एक दिन दोस्त के साथ सिकंदरा रोड पर साइकिल से जा रहे थे। रात का समय, कुछ गिरने की आवाज आयी। लौटकर टार्च से देखा, हँसिया सा पड़ा था। उठाने को झुके थे कि ऊपर से आती हुई कार की रोशनी में उन्होंने देखा—कुंडली मारे साँप पड़ा है। बाल बाल बचे।

तुम अँधेरे में टार्च लेकर निकलना। घास के बीच से जो रास्ते जाते हैं, उनसे कम आना जाना। [सेवा इन दिनों वनस्थली में थी।] (29.9.71)

आज 30 दिसम्बर है। साल खत्म होने में एक दिन और है। पहले जब साल खत्म होने को होता था तब हम हिसाब किताब लगाते थे, साल में कितना काम किया। अगले साल के लिए योजना बनाते थे कि क्या-क्या करना है। अब इस सबके लिए समय ही नहीं मिलता। जो काम हाथ में है, उसी में डूबे हैं; आगे-पीछे देखने की फुर्सत नहीं है। यहाँ तक कि जब लड़ाई चल रही थी और एकाध गोला आगरे में भी गिरा था, हम सोने से पहले और जागने के बाद अपनी उधेड़ बुन में लगे रहते थे। [इन दिनों मैं **भारत के प्राचीन भाषा परिवार और हिन्दी** लिखने की तैयारी कर रहा था।] (30.12.71)

यहाँ वाइस चान्सलरों की कान्फ्रेन्स में सुमन आये थे। इसलिए तीन-चार दिन सब काम अस्तव्यस्त हुए। आज सवेरे हम घूमने गये। लौटकर सात बजे वाली खबर सुनी। एक चिड़िया पंखे पर बैठी चोंच मार रही है। तुम्हारी अम्मा लेटी हैं। स्वाति तन्द्रा में हैं—आधी सोती आधी जागती।

तुमने मेवा खाना शुरू किया या नहीं—यानी मोमफली की जगह काजू? (7.2.72)

रुपये पैसे का नुकसान होने पर खफा होना अपने स्वभाव में नहीं है। यह बात अपने मन से निकाल दो कि चाचा गुस्सा थे और इसलिए दो दिन तक बोले नहीं। गुस्सा होने पर न बोलना मेरी समझ में उच्च कोटि की मूर्खता है।

संसार में भले बुरे आदमी सभी तरह के लोग होते हैं—ज्यादातर ऐसे कि उनमें भलाई और बुराई दोनों की मिलावट होती है। इसलिए इनसे सम्बन्ध यों बनाने चाहिए कि न तो वे हमारे लिए देवता बन जायें, न फिर देव सिंहासन से गिरकर राक्षस हो जायें। उनसे स्वार्थी व्यवहार और कपट की ही उम्मीद करना चाहिए। कभी निःस्वार्थ भाव से कोई भला काम करें तो उसके लिए उन्हें धन्यवाद देना चाहिए। (10.7.73)

मेरा केवल यह कहना है कि हमें लोगों से गाढ़ी दोस्ती धीरे-धीरे करनी चाहिए और उसे जल्दी में तोड़ना न चाहिए। मिलना-जुलना सबसे चाहिए, यह समझते रहना चाहिए कि इनमें कोई दोष हैं जो हमें दिखाई नहीं दिये। बहुत अच्छे आदमी, जो स्वार्थी न हों, संसार में कम हैं और हमें इसी संसार में रहना है, यह याद रखना चाहिए।

तुम अपनी परेशानियाँ लिखकर हमें परेशान नहीं कर सकतीं। उन्हें लिखने से तुम्हारा मन हल्का होगा, सम्भव है हम कोई सलाह दे सकें। हमने पहले जो परेशानियाँ देखी हैं, उनके मुकाबले शायद ये हमें हल्की लगें। आदमी को रोटी मिलती रहे, स्वास्थ्य ठीक रहे तो और सब परेशानियाँ नगण्य हैं।

(7.7.73)

इधर ठंड के कारण अम्मा सवेरे घूमने नहीं जातीं पर दिन में काफी घूम लेती हैं, साग सब्जी भी ले आती हैं। घर के अमरूद खत्म हो गये, ठेलेवाले से लेकर खाते हैं—काफी मीठे, बीज कम। नीबू पक रहे हैं, खूब अचार डाला है और अचार खूब बांटा है। नीबू की पत्तियाँ पीली होकर झर रही हैं और पत्तियों से लगभग सूनी डालों में हरे पीले नीबू गोल घंटियों जैसे टँगे हुए हैं।

मुझे तो तुम्हारी हुड़क लगती नहीं, लेकिन तुम्हारी अम्मा कभी-कभी चिट्ठी पढ़ने को बेचैन हो जाती हैं। (9.1.74)

हमने तुम्हारा पत्र स्वाति से माँगकर पढ़ लिया है। मालूम हुआ कि हमारे प्रस्ताव से तुम्हें परेशानी हुई, इसलिए ऐसा करना जरूरी था।

अभी और आगे के लिए—मेरी सलाह है, मन को जो बात तकलीफ दे, मुझसे या भाई-बहनों से कह दो। इससे मन ही हल्का नहीं होता, हो सकता है, दूसरों की सलाह से हमें कोई नया रास्ता भी सूझे। इसके सिवा हमारे किसी काम से तुम्हें तकलीफ होती हो तो यह बात हमें सबसे पहले मालूम होनी चाहिए जिससे आगे के लिए होशियार हो जायें। और यह तो तुम्हें विश्वास होना चाहिए कि अपने किसी काम से तुम्हें तकलीफ पहुँचाना हमारा उद्देश्य नहीं हो सकता। तुम पाँच दिन इन्तजार न करके तुरन्त पत्र लिखतीं तो पाँच दिन की हैरानी बच जाती। उम्मीद है जो हैरानी बची होगी, वह इस पत्र से दूर हो जायगी।

अपना मन हल्का-फुल्का रखो, रंज को जगह न दो, जिन्दगी में कठिनाई आये, उसका हिम्मत से मुकाबला करो जैसे अब तक करती आयी हो, यही हमारी कामना है।

(11.4.74)

तुम्हारी चिट्ठी में आँसुओं के दाग देखकर मुझे बेहद दुख हुआ। मैंने यह सोचकर तुम्हें पत्र लिखा था कि उससे तुम्हारा मन हल्का हो जायगा, किन्तु तुम्हारे मन में पछतावे का भाव पहले ही पैदा हो चुका था, मेरे पत्र से लगता है वह और गहरा हो गया। हम जो सोचकर कोई काम करते हैं, उस काम का फल हमेशा वैसा नहीं होता। खैर, तुम पछतावे का भाव अपने मन से बिल्कुल निकाल दो और यह बिल्कुल न सोचो कि चाचा को मुँह कैसे दिखाऊँगी। तुम्हारे चाचा देवता नहीं हैं, न उनकी लड़कियाँ और लड़के देवता हैं, न इन सबकी माताजी। हम सब मनुष्य हैं जिनमें बहुत सी अच्छाइयाँ हैं, कुछ कमजोरियाँ भी। इन कमजोरियों में कुछ को हम जानते हैं, कुछ को नहीं। इसलिए मुँह देखने-दिखाने की बात बेकार हैं।

अपने मन की बात कहना गलत बात नहीं है, गलत बात है मन की बात न कहना। हमारा लिखना-पढ़ना मनुष्य को सुखी बनाने के लिए है, पैसा या नाम कमाने के लिए नहीं। इसलिए यह सोचकर मन में घुटने की जरूरत नहीं है कि हम चाचा को कोई बात लिखेंगे तो उनके लिखने-पढ़ने में बाधा पड़ेगी, अम्मा वैसे ही बीमार रहती हैं। हो सकता है, जो बात तुम्हें बहुत ज्यादा परेशान करने वाली लगती हो, वह हमें वैसी न लगे। हो सकता है, हमारी सलाह से कोई रास्ता निकल आये जो अकेले में तुम्हें न दिखाई देता हो या दोनों के मिलकर विचार करने से ऐसी राह सामने आ जाये तो पहले दोनों में से किसी को न सूझी हो। और अगर कोई राह न निकले तो कम से कम दूसरों से अपनी बात कह देने पर मन तो हल्का हो जाता है।

हमारी कोशिश हमेशा यह रही है कि हमारे बच्चे पैर छूकर श्रद्धा जताने के बदले हमसे मित्र की तरह व्यवहार करें। वे अपने मन की बातें छिपायें नहीं, जैसी बातें लोग छिपाते हैं, वैसी भी हों तो छिपायें नहीं। **हमारे पिता होने की सबसे बड़ी सफलता यही हो सकती है कि हमारे बच्चे पूरी तरह अपने जीवन के ऊँच-नीच में, दुख-दर्द में, मानसिक परेशानियों और उलझनों में हमें अपना साथी समझें।**

हम लोग जिस समाज में रहते हैं, उसमें बाप की दुनिया अलग है, बेटी की दुनिया अलग। इसीलिए इतना अटपटा लग रहा है। लेकिन हम तो दुनिया को बदलने में विश्वास करते हैं, उसके आगे घुटने टेकने में नहीं। इसलिए जो दीवारें परिवार के लोगों को एक-दूसरे से ओझल करती होंगी, उन्हें तोड़ने की बराबर कोशिश करेंगे।

स्वाति तुम्हें बहुत प्यार करती है लेकिन मेरा विचार है कि जितनी गहराई से मैं तुम्हें समझता हूँ, वह नहीं समझती। उसने तुम्हें क्या लिखा, मुझे नहीं मालूम। पर वह कुछ भी लिखे, तुम, अभी और आगे, हमेशा अपने मन के गरम ठण्ढे भाव उसे पत्र में लिखोगी और यह न सोचोगी कि स्वाति को बुरा लगेगा या भला।

इस समय तो हम चाहते हैं कि तुम जल्दी से जल्दी छुट्टी लेकर यहाँ आ जाओ।

जितना ही अलग रहोगी, बात का बतंगड़ बनाकर परेशान होगी। बहरहाल छुट्टी जब भी मिले और जब भी आओ, मन हल्का करो। तुमसे नाराज होना दूर, तुम्हारी स्थिति से हमें गहरी हमदर्दी है। हम दुखी हो सकते हैं और नाराज़ भी—सिर्फ तुम्हारे रोने-धोने से। तुमने काफी मुसीबतें झेली हैं, अब तो पैर सध गये हैं, भविष्य अंधकारमय नहीं है, इसलिए अपने मन से मुसीबतें पैदा करके दुखी मत हो।

(18.4.74)

तो कैसी है हमारी सेवा बिटिया? जिस रात वह पैदा हुई थी, उस रात हम घर में अकेले थे। सवेरे धाय के आने तक सारे काम हमने किये। जब सेवा झाँसी से लौटकर आयी तो उसके पैर को थोड़ा पतला देखा। पर वह स्कूल जाती रही, लड़कियों में खेलती, हँसती, बोलती रही। पैर के कारण वह निराश होकर दिन-रात सोच-सोचकर घुटती न रही। फिर सेवा को हरारत रहने लगी और कफ में खून आया पर वह रोई नहीं। उसके चेहरे पर हिम्मत देखकर हमें विश्वास हो गया कि यह लड़की सब कुछ झेल जायेगी और कुछ दिन में ठीक हो जायेगी। फिर सेवा बेटी को अपेंडिसाइटिस हुआ और सेवा बेटी ने जब बेहोशी दूर होने पर आँखें खोलीं तो उसने अपने परेशान बाप को देखकर पहला सवाल किया—चाचा, आप परेशान तो नहीं हुए? तब मैंने अपने मन में सेवा को बहुत प्यार किया और अपनी डायरी में लिखा कि इस लड़की में माँ की ममता है, आपरेशन के बाद यह वात्सल्य भाव से पूछ रही है, पिता को परेशानी तो नहीं हुई।

इसलिए हम जब यह कहते हैं कि हम गहराई से पहचानते हैं, तब यह उन बातों के आधार पर जिन्हें दूसरे नहीं जानते। जब तुमने वह बात कही थी, तब शायद तुम पूरी तरह होश में नहीं थीं, शायद यह बात तुम्हें याद न होगी, याद होगी तो शायद मैं उसे कैसे गाँठ में बाँधे हूँ, इसका तुम्हें पता न होगा। बहुत-सी बातें सतह पर होती हैं, उनकी जानकारी औरों के लिए महत्वपूर्ण हो सकती है। हो सकता है, वे बातें मुझे मालूम न हों, मुझे इसकी परवाह नहीं। मुझे भरोसा था कि मैंने तुममें जो माँ की ममता देखी है, उसका नाश सीलोन रेडियो का संगीत नहीं कर सकता।

घर में कई लोगों की राय थी कि शादी से पहले बीमारी व पैर के बारे में कुछ न बताया जाय, बाद में देखा जायेगा और ऐसी परिस्थिति में ही तुम्हें अपमानित होना पड़ा है और तुम्हारे साथ हम भी खून का घूँट पीकर रह गये हैं। कुछ न बताया जाय, इसके भयंकर परिणाम हो सकते हैं। रोमांस की रंगीनी बहुत थोड़े दिन टिकती है, सच्चा स्नेह वहाँ होता है जहाँ लोग एक-दूसरे की कमजोरी पहचानते हैं और दुख-सुख में एक-दूसरे के सहायक होते हैं।

जिन लोगों का देवता पैसा है, जिनका उद्देश्य केवल पैसा कमाना और ऐश

करना है, ऐसे लोगों का विश्वास कभी न करना चाहिए, वे चाहे जितने खूबसूरत हों, और कार से लेकर फ्रिज तक उनके पास टीम-टाम का चाहे जितना सामान हो। ऐसे आदमी ही तकलीफ देते हैं क्योंकि उनके लिए मनुष्यता नाम की चीज का कोई मूल्य नहीं है। जिसके जीवन में सादगी हो, दूसरों के लिए करूणा हो, उसका साथ करना चाहिए, उसका भरोसा करना चाहिए क्योंकि वह गलती भी करेगा तो रास्ते पर आ जायगा। लेकिन पैसे को देवता मानने वालों से ऐसी उम्मीद न रखना चाहिए। तुम भविष्य में कैसी लड़की बनोगी, यह जाने बिना मैंने तुम्हारा नाम सेवा रखा था और तुमने अपना नाम सही साबित किया—यह मेरे लिए गर्व की बात है।

तो समाज में मूर्खों की कमी नहीं। मूर्खों की बात का बुरा भी न मानना चाहिए, दुष्टों की बात का करारा जवाब देना चाहिए। जो स्वावलम्बी है, उसे किसी के सामने शर्म से सर झुकाने की जरूरत नहीं। (24.4.74)

यह जरूरी नहीं है कि बड़े जो राय बनायें, वह हमेशा सही हो। चाचा-अम्मा क्या सोचेंगे, यह सोचने की जरूरत नहीं है। तुम्हें एम.एड्. करने का अवसर मिले तो अवश्य कर डालो लेकिन ज्यादा स्ट्रेन न पड़े। सुना है कि बनारस में डॉक्टर ने स्ट्रेन न पड़ने की बात कही थी। (24.7.74)

जिस दुनिया में हम रहते हैं, वह फिल्मों और रेडियो की गीतों की दुनिया से बिल्कुल अलग है। छल, कपट, स्वार्थ, निर्दयता—यहाँ का नियम है। इसलिए कोई सीधे स्वभाव का निष्कपट सहृदय आदमी मिले तो गनीमत है। चाचा अम्मा की परेशानी की तुम चिन्ता न करो। अगर तुम सुख से रहोगी तो हमें सुख होगा, तुम परेशान रहोगी तो हमें भी परेशानी होगी। (29.7.74)

तुम्हारे पत्र से तुम्हारी मानसिक परेशानी का हमें अन्दाज हुआ। हम किताबें पढ़ते हुए घर से जितने बेखबर दिखाई देते हैं, उतने हैं नहीं।... ये सब बातें इसलिए लिखीं कि तुम कहने सुनने वालों का सामना ज्यादा हिम्मत और मुस्तैदी से कर सको। (7.8.74)

तुम्हारी एड़ियों का दर्द अब कैसा है, इस बार लिखना। हमारी परेशानियों का ख़याल न करो, हम आसानी से परेशान नहीं होते। घर गृहस्थी की चिन्ता के लिए समय निश्चित है, उसके बाद नहीं सोचते। आजकल तो निश्चिन्त हैं। (19.8.74)

एक बार हम औरंगाबाद गये थे। वहाँ हमने एक अस्पताल देखा जिसमें 5-6 साल से लेकर 14-15 साल की उम्र तक के लड़के लड़कियाँ थे। ये सब ऐसे थे जिनके हाथ, पैर या शरीर के किसी अंग में कोई न कोई दोष था। इस अस्पताल को प्राइवेट तरीके पर डॉ. मारवा चलाते थे। उन्होंने जहाँ-तहाँ से चन्दा करके बच्चों के एक्सरसाइज़ करने के लिए तरह-तरह के अपैरैटस बना लिए थे जिनमें एक, साइकिल के साथ जो स्टैण्ड लगा रहता है, उससे बनाया था। बच्चे डॉ. मारवा को बहुत प्यार करते थे। उनके आने पर ऐसी चहलपहल और धमाचौकड़ी देखने में आयी मानो इन्हें किसी तरह का हैण्डीकैप है ही नहीं। फिर गीत और कविता सुनाने का प्रोग्राम हुआ। मैंने सोचा कि शरीर तो माँ-बाप ने दिया है–और वे भी नहीं जानते कि कौन से जीवाणु मिलकर सन्तान को कैसा रूप देंगे, बच्चा मामा को पड़ेगा या दादा, नाना, माँ-बाप या किसी और को–पर मनुष्य अपने मन का मालिक है। मन में ताकत हो तो वह उतना खुश रह सकता है जितना भले चंगे शरीर, पर कमजोर मन वाला आदमी नहीं रह सकता। डॉ. मारवा को इस बात का श्रेय था कि उन्होंने बच्चों में यह आत्मविश्वास भर दिया था कि उनका जीवन व्यर्थ नहीं है, वे जीवन के साधारण कामों में और बच्चों की तरह हिस्सा ले सकते हैं। कोई भी मनुष्य, उसे जो शरीर मिला है, उससे पूरी तरह सन्तुष्ट नहीं होता। पुराने लोग कहते थे–शरीरम् व्याधिमन्दिरम्, यह शरीर रोगों का घर है। इसलिए यह सोचकर सन्तोष करना चाहिए कि जो व्याधियाँ हैं, उनसे और ज्यादा नहीं हैं। हमारी स्थिति और बहुत से आदमियों से अच्छी है जिनके आँखें नहीं हैं या जिनका अंग भंग हो गया है। अंग्रेज कवि मिल्टन जब अन्धा हो गया था, तब उसने अपनी भाषा के अमर महाकाव्य **पैराडाइज़ लौस्ट** की रचना की। तो मन के हारे हार है, मन के जीते जीत। (27.8.74)

तुम्हारी पार्टनर अच्छी मिली है, यह जानकर प्रसन्नता हुई। तुम्हें बी.एड. में मेहनत काफी करनी पड़ती है। तुम्हारी एड़ियों का दर्द ठीक न हो तो 'लीव विदाऊट पे' लेकर आराम करो। हम नहीं चाहते कि तुम अनावश्यक रूप से परिश्रम करो और कष्ट उठाओ।

(11.9.74)

स्वाति का तार पाकर तुम वहाँ गईं और उसे ढाढ़स बंधाया, इसके लिए हम तुम्हें शाबासी देते हैं। बहादुर लड़कियाँ अपने पैरों पर खड़ी होकर न केवल अपनी देखभाल करती हैं वरन् इसी तरह जरूरत पड़ने पर दूसरों की मदद भी करती हैं।

(23.9.74)

यह पत्र पढ़कर तुम बक्स में एक तरफ डाल देना और इसके बारे में कुछ न सोचना। एक हफ्ते बाद उठाकर फिर पढ़ना और कुछ सोचना जरूरी समझो तो सोचना। फिर एक हफ्ता और बीतने पर हमें अपनी राय लिख देना। बीच में राजी खुशी का पोस्टकार्ड भेज देना।

बनारस से लौटने पर तुम्हारा स्वास्थ्य लोगों को सुधरा हुआ लगा, यह खुशी की बात है। पढ़ने-पढ़ाने में—शारीरिक परिश्रम की अपेक्षा—मानसिक शक्ति अधिक खर्च होती है। जहाँ तक बने, बहुत अनावश्यक मेहनत मत करो, जितनी छुट्टी मिल सकती हो, उसे लो और घूमो फिरो, आराम करो। जो मनुष्य अपने पैरों खड़ा हो सकता है, वह हर मुश्किल आसान बना सकता है। जो सुख और सन्तोष स्वावलम्बी होकर काम करने में है, वह आश्रित रहने में नहीं। इसलिए शरीर का ध्यान रखना चाहिए।

(27.10.74)

तुमने हमें चिट्ठी लिख दी, अच्छा किया। एक हफ्ते बाद ही लिखो, कोई पाबन्दी नहीं थी, सुझाव भर था।

एक ने कहा—गिलास आधा खाली है।

दूसरे ने कहा—गिलास आधा भरा है।

पहला निराशावादी था, दूसरा आशावादी। दुनिया की एक ही घटना को हम अलग-अलग तरह से देखते हैं।

लड़ाई में गोला लगने से एक सिपाही की एक टाँग उड़ गयी। उसने इसके लिए ईश्वर को धन्यवाद दिया। किसी ने पूछा—इसमें धन्यवाद की क्या बात है? उसने कहा—अगर दोनों चली जातीं तो मैं क्या करता?

आदमी को पहचानना बहुत मुश्किल है। हम अपनी तरफ से कोशिश ही कर सकते हैं। पर किसके अन्दर कौन सा भेद छिपा है, किसका मन कब, कैसे बदल जाएगा, कौन कह सकता है? इसलिए पुरुष हो या स्त्री, जवानी हो या बुढ़ापा, कोशिश यही करनी चाहिए कि आदमी दूसरे के सहारे न खड़ा हो या इस तरह न खड़ा हो कि सहारा हटते ही लड़खड़ा कर गिर पड़े। यह हमेशा सम्भव नहीं होता, फिर भी कोशिश तो करनी ही चाहिए। खैर, दुनिया का यह भी एक अनुभव था—दुखद किन्तु शिक्षाप्रद। (4.11.74)

बड़े भैया की लम्बी चिट्ठी आयी है जो हमेशा की तरह बड़ी मज़ेदार है। उसका पूर्वार्द्ध उन्होंने अक्तूबर में लिखा था, उत्तरार्द्ध नवम्बर में। आजकल वह अपने मालिक की काफी शॉप में बैठकर उधार खाऊ युनिवर्सिटी के छात्रों का रंग-ढंग देखा करते हैं। उनके एक मित्र हैं, उनके यहाँ जब युद्ध होता है तो उनकी बीवी उनका

चश्मा उठाकर फेंक देती हैं और वे बीवी की किताबें।

डॉ. गोयल के इन्तजार में हम एक घण्टा बैठे रहे और उनके पिता से बातें करते रहे। उन्हें पेशाब न उतरता था, नली के ज़रिये जार में पेशाब करते थे। स्टूल पर पेशाब का आधा भरा जार था, पैरों पर रजाई डाले वह नली को ढँके थे। उनके चेहरे पर तेज था, जैसा मैंने कम लोगों में यहाँ देखा है। कुछ दिन पहले उनकी हालत काफी खराब हो गयी थी। कहते थे : "मैंने सोच लिया था, ईश्वर चाहेगा कि मैं ठीक हो जाऊँ तो मैं ठीक हो जाऊँगा, न चाहेगा तो उसकी यही इच्छा है, समझकर सन्तोष करूँगा। इससे उन्हें शान्ति मिली। (22.11.74)

तुम्हारे पत्र से तुम्हारी अम्मा को बड़ी प्रसन्नता हुई। अपनी बहादुर बिटिया की तारीफ अक्सर किया करती हैं। तुम यहाँ से काफी उदास होकर गयी थीं, इसलिए मैंने वैसा पत्र तुम्हें लिखा था। कठपुतली के नाच से तुम्हें जो परेशानी होती है, उसके लिए मुझे दुख है। समाज में ऐसे भले लोग हों जो सब बातें पहले से बता दें तो यह नौबत न आये। लेकिन लोग भेद छिपाये रहते हैं। जितना भेद वह बताते हैं, उतना ही हम जान पाते हैं। जो नहीं बताया, राम जाने वह क्या हो।

जिस समाज में हम रहते हैं, उसमें लड़की के जन्म से लोगों को उतनी खुशी नहीं होती जितनी लड़के के जन्म से। पुरुषों के सात खून माफ हैं, स्त्रियों का एक भी नहीं। ब्याह में लड़की वाला दहेज देगा, लड़के वालों के पैर पूजेगा, आते-जाते स्थायी कर्जदार की तरह कुछ न कुछ देता रहेगा मानो यह सब लड़की वाला होने की सज़ा हो। इसी व्यवस्था के कारण लड़कियों को दिखाना और फिर लड़के वाले का इन्कार सुनना पड़ता है। होना यह चाहिए कि लड़के और लड़कियाँ एक-दूसरे के साथ काम करते हुए उनको अच्छी तरह से जान बूझ लें और अपना साथी चुन लें। लेकिन हमारे यहाँ जैसी शिक्षा-पद्धति है, उसमें लोफर ज़्यादा पैदा होते हैं, अच्छे जीवनसाथी बहुत कम। और यह बात स्त्रियों और पुरुषों के आपसी सम्बन्धों तक सीमित नहीं है। अगर यह देखा जाय कि पचास की उम्र तक पहुँचने पर जवानी के कितने दोस्त बने रहते हैं, तो पता चलेगा कि ऐसे भाग्यशाली बहुत कम हैं जिन्हें सच्चे दोस्त नसीब हुए हों। यह समाज ही ऐसा है। इसका देवता है स्वार्थ, पैसा। भाई-भाई एक-दूसरे से अलग, उदासीन, बाप-बेटे एक-दूसरे के दुश्मन। इस समाज में ऐसा मनुष्य मिल जाये जिसे दूसरों का दुख देखकर तकलीफ होती हो, जो कपट न करता हो, जो बात मुँह में हो, वही मन में हो, तो उसे आदमी नहीं देवता समझना चाहिए। इसीलिए इस समाज व्यवस्था को बदलना जरूरी है क्योंकि पैसा इसका देवता है और पैसा बेईमानी से जल्दी इकट्ठा किया जाता है। यह व्यवस्था बदलेगी और इसे बदलने की कोशिश करनी चाहिए। हमारी मुसीबतें जहाँ तक इस व्यवस्था

के कारण हैं, वे हमारी व्यक्तिगत मुसीबतें ही नहीं हैं, यह सोचना चाहिए।

हमारी नीति है कि परिवार की समस्याएँ सब लोगों की राय से मिल जुलकर हल की जायें, किसी बात को छिपाने से बाद को नुकसान ही होता है।

(6.12.74)

पुराने ज़माने में लड़का और लड़की एक-दूसरे को देखकर ब्याह न करते थे, सम्बन्ध पक्का करते थे उनके माँ-बाप या ब्याह कराने वाला दलाल। अब यह नहीं होता और यह अच्छी बात है। मामला बराबरी का है। लड़का ही नहीं लड़की भी लड़के को नापसन्द करके अस्वीकार कर सकती है। इसलिए उसे देखकर जैसा ठीक समझो वैसा करना। (29.1.75)

कौन क्या कहता है, इसकी चिन्ता न करनी चाहिए यदि जिससे सम्बन्ध होना निश्चय हुआ है, वह ढंग का हो। वैसे मैं किसी के विश्वासों में दखल नहीं देता।

(20.2.75)

तुम्हारे इस विचार से हम सहमत नहीं कि अम्मा की तबियत तुम्हारी वजह से ठीक नहीं रहती। अगर इंजेक्शन देते समय कोई infection हो जाय, तो इसमें तुम्हारी जिम्मेदारी कैसे आ गयी?

तुम्हारे शरीर की गठन में कहीं कोई कमी है तो इसके लिए तुम्हारे माता-पिता जिम्मेदार हो सकते हैं, तुम नहीं क्योंकि अपने शरीर को तुमने नहीं रचा था। Genes के कितने Combinations हो सकते हैं, एक ही माता-पिता के कितने प्रकार की सन्तान हो सकती है, तुम हमसे अच्छी तरह जानती होगी। माता पिता इन genes पर काबू पाने की स्थिति में अभी कहीं नहीं हैं। इसलिए बहुत कुछ जिम्मेदारी उनकी भी नहीं रहती। हम सब लोग स्वतन्त्र हैं एक चौखटे के भीतर जिसे प्रकृति ने हमारे लिए बना दिया है। यह चौखटा तोड़ना हमारे लिए सम्भव नहीं है, चौखटे का ढाँचा समझकर—अपने प्राप्त शरीर की सीमाएँ समझकर—हम प्रकृति के अनुकूल आचरण करते हुए अपना जीवन सुखी बना सकते हैं।

अत्ती स्वभाव का बहुत अच्छा लड़का है। सुखी जीवन के लिए यह सबसे जरूरी है—और सब बातें बाद को हैं। (28.2.75)

कुछ समय के लिए हम भी Confusion में थे, तुम्हारा Confuse होना स्वाभाविक था। इस बीच सोचने का समय मिला और हमने नीति निश्चित कर ली है। जो बात

तुमने सोची थी, वही हमने यानी यह कि आदमी की नेचर सबसे पहले है। अत्ती की नेचर से हम लोग अच्छी तरह परिचित हैं और आगे चलकर यह बात ही सबसे ज्यादा महत्वपूर्ण साबित होगी। (12.3.75)

आशा है यह सम्बन्ध पक्का हो जायगा और इससे तुम्हारा जीवन सुखी होगा। जैसा हम कल के पत्र में लिख चुके हैं और तुमने खुद भी सोचा था, आदमी का स्वभाव सबसे पहले विचारणीय है। अत्ती के स्वभाव के बारे में मुझे दुविधा नहीं है। इत्तेफाक की बात है कि वही आगरे ज्यादा आया है। पैसा, आमदनी, पद—ये सब बातें जरूरी हैं लेकिन नम्बर दो के रूप में। आर्थिक स्थिति के बारे में ठीकठाक जानकारी नहीं है। बहरहाल अभी तो दस-पाँच साल तक हम तुम्हारी मदद कर सकते हैं और तब तक तुम्हें कहीं न कहीं काम मिल ही जायेगा। हाँ अपने स्वास्थ्य का निरन्तर ध्यान रखना। (13.3.75)

जो लड़के रोमांस के चक्कर में रहते हैं, उनसे तुम्हारी जैसी लड़की का सम्बन्ध करना खतरनाक हो सकता है। रोमांस की रंगीनी खत्म होने पर वह दूसरी जगह डोरे डालना शुरू करते हैं। अत्ती से कोई बात छिपी नहीं है। स्वभाव का अच्छा है। तुम्हारे साथ वह निबाह ले जायेगा। (17.3.75)

पुरानपंथी लोग कहते हैं, बेटी के यहाँ मत खाना; धुरानपंथी कहते हैं, जिस गाँव में बेटी ब्याही हो, वहाँ का पानी भी न पीना।

अपना हाल यह है कि बेटी के ब्याह के बाद तो उसके यहाँ खाते ही हैं, ब्याह से पहले जहाँ-जहाँ लड़के देखने जाते हैं, वहाँ-वहाँ भी खाना खा आते हैं।

चूंकि पिता और पुत्री का सम्बन्ध मित्रों जैसा होना चाहिए, इसलिए पिता की कमाई पुत्री खाये और पुत्री की कमाई पिता खाये, तो इसमें बुरा क्या है? मित्रों के लिए उचित है कि मिल बाँटकर खायें। अच्छा, पिता की सम्पत्ति पर पुत्रगण तो अपना जन्मसिद्ध अधिकार समझते हैं, उस पर पुत्रियों का अधिकार क्यों न हो? (20.3.75)

लाला जी की पोल वाला पता सही होगा, इस पोल से हमें जयपुर के किशन पोल आदि की याद आ गयी थी। खंभात के बाद ब्रैकेट में गुजरात अपनी तरफ से लिख देना। अत्ती का नाम आत्माराम है, यह तो तुम्हें मालूम होगा ही। (6.4.75)

23 मई की तारीख पक्की है। उनके पंडित ने भी 23 मई की तिथि शुभ बतलाई है। इस तरह हमारे गैर पेशेवर अध्यापक पंडित का ज्योतिष ज्ञान सही प्रमाणित हुआ।
(7.4.75)

डाकपत्थर में तुम्हारी माता जी के समाचार से चिन्ता है। विवाह के दौरान भरसक उनके शान्तिपूर्वक समय बिताने पर वहाँ ध्यान देना। (2.5.75)

जब कोई आदमी आपे से बाहर हो, तब उससे बहस करना या तर्क द्वारा अपनी बात समझाने का प्रयत्न करना मूर्खता है।

बेकार अपना मन दुखी न करो। मेरी राय है कि तुम यहाँ चली आओ।
(7.5.75)

तुम्हारी माताजी ठीक हैं, यह जानकर प्रसन्नता हुई। गद्दे-गलीचे को लेकर परेशान होने की जरूरत नहीं। इस बात पर खुश होना चाहिए कि और सामान या रुपये नहीं खोये। लम्बी यात्रा में जागने, थके होने, रात में बस से चलने के कारण ऐसा हुआ। सुख का मुख्य स्रोत है मन की शान्ति, और मन की शान्ति का स्रोत है–मन को अपने काबू में रखना। जो आदमी सुख मिलने पर हवा में न उड़े, दुख पड़ने पर जिसके पैर न उखड़ जायें, उसका मन उसके वश में है। इस स्थिति में मन को लाना और रखना मुश्किल होता है किन्तु प्रयत्न करना चाहिए। जब कोई बीमार हो और खाने को न मिले, तब आदमी का परेशान होना सही है। पैसा कम मिले, सामान खो जाये–इसके लिए परेशान होना गलत है।

कोई भी नयीं जगह पहले अटपटी लगती है। कुछ दिन में तुम गुजराती समझने लगोगी और गुजरातिनें तुम्हारी हिन्दी, तब मन लगने लगेगा। हमने रक्षा को एक पड़ोसी बंगालिन से काफी देर तक–आमने-सामने खिड़कियों से–बात करते (बालीगंज–कलकत्ता में) देखा था। रक्षा हिन्दी और कुछ बंगाली मिलाकर, उधर वह बँगला में जहाँ-तहाँ हिन्दी मिलाकर, मजे से अपना काम निकाल रही थीं। स्त्रियाँ एक-दूसरे से मिलने, बात करने में जितना तेज होती हैं, उतना मर्द नहीं। तुमने ठीक लिखा है–"कल पड़ोस की एक औरत से 3 घण्टे इसी तरह गप्पें मारी थीं।" कुछ तो समझ में आया ही होगा, वर्ना 3 घंटे का समय काफी लम्बा होता है, इम्तहान का एक पर्चा किया जाता है। (12.6.75)

नये स्कूल में तुम्हें काम कम रहेगा और कुछ दिन में अंग्रेजी बोलने का अभ्यास हो जाएगा। पहले-पहल जब हम क्लास में अंग्रेजी बोले तो हमें भी बड़ा अजीब लगा।

तबियत ठीक न होने पर लम्बा पत्र लिखना जरूरी नहीं।

(16.8.75)

तुमने स्कूल में पहले 12.30 तक रहने की बात कही थी। 7 से 1.30 तक 6.30 घंटे होते हैं। या तो घर के काम के लिए नौकर/नौकरानी रख लो, खाली माताजी के लिए तुम बना दिया करना या काम से थकान महसूस हो तो स्कूल छोड़ देने के बारे में सोचना। तुम्हारे injections किस चीज के लगे हैं? स्कूल में adjustment हो गया, भला भया। (4.9.75)

इधर तुम लोगों के पत्र जल्दी-जल्दी आ रहे हैं, इससे हम सबको बड़ी प्रसन्नता है। जल्दी-जल्दी पत्र आते रहें, यह जरूरी है, लम्बे न हों तो कोई बात नहीं। लम्बे पत्र भी हों, जल्दी भी आयें तो कहना ही क्या। हमारा मतलब सिर्फ यह है कि लम्बे पत्र लिखने में अपने ऊपर स्ट्रेन न पड़ने देना।

(12.9.75)

''इसी दाँत के चक्कर में तीन दिन पहले हम लोग डॉ. के पास जा रहे थे कि मोटर साइकिल का Accident हो गया''—तीन दिन यानी 19 के आसपास? लेकिन तुम्हारी एक चिट्ठी 14 (इतवार) से लेकर 18 तक कभी भी लिखी जानी थी? खैर, ''गनीमत यह हुई कि उस समय कोई बस आदि नहीं थी।'' साइकिल से गिरने पर हम भी यह सोचते थे। हर दुर्घटना से आदमी कुछ सीखता है। हमने साइकिल चढ़ना बन्द कर दिया। तुम लोगों ने भी यथोचित शिक्षा प्राप्त कर ली होगी।

(25.9.75)

हमारे हिसाब से 20 तारीख से ऋतु बदलती है। जाड़े का पूर्वार्द्ध समाप्त हुआ, अब उत्तरार्द्ध आरम्भ हुआ। चटक धूप के बदले आज बदली थी और हवा में ठंढक बढ़ गयी है। हफ्ते दस दिन में ठिठुरनवाली सर्दी पड़ने लगेगी और नौ दस दिन में यह साल भी खत्म! नये साल के लिए शुभकामनाओं वाले कार्ड आना शुरू हो गये। छपी हुई शुभकामनाएँ व्यर्थ होती हैं, इसलिए मैं इनका जवाब नहीं देता। यह कार्ड अगर तुम्हारे कार्ड से रास्ते में मिला, तब तो राम-राम हो ही जायगी। न मिला तो इसके पहुँचने पर उसे रवाना कर देना। (22.12.75)

(श्रीमान् जी के नाम)
तुम्हारा बिना तारीख का लाख टके का कार्ड पढ़कर हमें परम आनन्द प्राप्त हुआ।

तुम्हें विशेष अतिथि बनकर भाषण देने का जो अनुभव प्राप्त हुआ, राम करे, वह तुम्हें हर महीने नहीं, तो दूसरे-तीसरे महीने अवश्य प्राप्त होता रहे। विशेष अतिथि बनकर जाओ तो चेहरा जरा गम्भीर बना लो—लेकिन रोनी शक्ल नहीं, थोड़ा-थोड़ा मुस्कराते रहो, जोर से न हँसो, इसका ध्यान रखना। कभी संयोजक को पास बुलाकर उसके कान में फिजूल की बात कह दो, और वह जब कुछ कहे तो दो-तीन बार सिर हिलाओ, और जब माला पहनाये, तब उसका हाथ पकड़कर रोकते जाओ लेकिन माला गले में पड़ जाये, इसका ध्यान रखना। जब भाषण देना, तब रफ्तार धीमी, आवाज ऊँची रखना, देश के भविष्य और भारतीय संस्कृति के बारे में कुछ भी कह देना, घड़ी कई बार देखना और भाषण जल्दी ही समाप्त कर देना। आशा है, इससे विशेष अतिथि के रूप में तुम्हारी माँग बढ़ेगी। (26.2.76)

(श्रीमानूजी के नाम)
तुम्हारी देखादेखी कल हम भी एक फंक्शन में चीफ गेस्ट बन आये, पर भाई, कुछ भी मजा न आया। न तो चाय पीने को मिली, न किसी ने माला पहनाई। आर्कियोलौजिकल सर्वे आफ इंडिया नार्दन सर्कल ने पुराने मौनूमेन्ट्स के फोटोग्राफों की नुमाइश की थी। उसका उद्‌घाटन नीहार रंजन राय ने किया और अपने अंग्रेजी भाषण में यह समझाते रहे कि मौनूमेन्ट्स में पाखाना न करना चाहिए और वहाँ गन्दे शब्द न लिखना चाहिए। अध्यक्षता यहाँ के केन्द्रीय हिन्दी संस्थान के बालगोपाल शर्मा ने की जिन्होंने सुझाया कि लड़कों को बसों में भरकर नुमायश दिखाने लाना चाहिए। अपने राम ने एशिया और भारत के सम्बन्धों पर जो कुछ कहा, वह किसी के पल्ले न पड़ा। (5.4.76)

(श्रीमानूजी के नाम)
तुम्हारा 15/4 का पत्र आज मिला। जैसा भी समाचार हो, लिख दिया करो। पत्र न आने से परेशानी ज्यादा होती है। तुम्हारा पत्र पढ़कर अम्मा ने कहा, कितना अच्छा लड़का है, बेचारा दूर कुएँ से पानी लाता है। समझे?

बीमारी की खबर से हम लोग घबड़ाते नहीं हैं, खबर न मिलने से जरूर घबराहट होती है। (19.4.77)

दुनिया में समझदार कम हैं, नासमझ ज़्यादा हैं। इसलिए नासमझ दूसरों की निराधार नुक्ताचीनी काफी करते हैं। समझदार को चाहिए कि वह ऐसी नुक्ताचीनी पर ध्यान न दे। उस पर ध्यान देना नासमझों को समझदार मान लेना है। और मन को मजबूत रखने के लिए तन को मजबूत रखना चाहिए। शरीर रक्षा के लिए हर तरह का बन्धन

तोड़ने को तैयार रहना चाहिए। (25.7.77)

जब पहली मई का अन्तर्राष्ट्रीय त्योहार–मजदूर दिवस–नहीं मनाया जाता था, तब पहली अप्रैल का अन्तर्राष्ट्रीय दिवस–विश्वमूर्ख दिवस–मनाया जाता था। आज वही विश्व महत्व का दिवस है। पता नहीं कहाँ-कहाँ किसने किसको बेवकूफ बनाया। पर सच तो यह है, हम लोग थोड़ी बहुत बेवकूफी हर रोज करते हैं। सबसे बड़ा बेवकूफ वह जो सारी दुनिया को मूर्ख और खुद को बुद्धिमान समझता है।

(1.4.78)

बच्चों की शिक्षा में परीक्षा के लिए जो पढ़ाई होती है, वह काफी बेकार होती है, अपने व्यवहार से उनमें जो संस्कार जगाये जाते हैं या बनाये जाते हैं, उनका महत्व स्थायी होता है। शक्ति का खर्च कम, लाभ ज्यादा। (8.8.78)

आज ताश हुए। एक तरफ शोभा और हम, दूसरी तरफ सुरेश और भुवन। पहले सिर्फ भुवन बेईमानी करते थे पर अब उनके पार्टनर भी उनसे कुछ गुर सीख गये हैं।

तुम जल्दी-जल्दी पत्र नहीं लिख पातीं, इससे बचने की तरकीब है, रोज एक कार्ड लिखा करो, उसमें चार लाइन से ज्यादा न लिखो। एक लाइन में प्रिय फलाने–ढिमकेजी, आखिरी में आपकी सेवा। बीच की दो लाइनों में–(1) यहाँ माता जी समेत सब लोग सकुशल हैं, (2) बहुत दिनों से आपका पत्र न आने से चिन्ता है अथवा आपका पत्र मिलने से हम सबको बड़ी प्रसन्नता हुई।

(26.6.79)

Politics हर जगह है, यह सोचकर बुद्धिमान को परेशान न होना चाहिए। जैसे सड़क पर बस या ट्रक का धुआँ, वैसे ही स्कूलों में Politics। नाक बन्द करके आगे निकल जाओ। (18.6.80)

मन्त्रोच्चारण वाला नाटक बढ़िया रहा, रंगमंच का डायग्राम भी पसन्द आया।

(7.8.80)

तुम्हारे मोटापा कम करने के नाटक का विवरण पढ़कर बड़ा आनन्द आया। अगर नाटक के डायलोग छात्राओं ने वहीं स्टेज पर गढ़कर बोले हों, तो दूसरी बात है। तुमने नाटक लिखा हो तो उसे हमारे देखने के लिए जरूर लाना।

(13.10.80)

तुम सब लोग यात्रा से सकुशल वापस आ गये, यह जानकर हमने सुख की साँस ली। इससे भी अधिक प्रसन्नता यह जानकर हुई कि तुम्हारे दिमाग में उपन्यास लिखने की बात आयी। उपन्यास जब लिखना तब लिखना, जब तक यात्रा का अनुभव ताजा है, तब तक जो कुछ याद आता जाये, लिखती जाओ।

(22.12.80)

माताजी सकुशल यात्रा पूरी कर सकीं, इस पर उन्हें और तिरुपति बालाजी को बधाई। आशा है, नया साल शुरू होने के पहले वह अस्पताल से भी वापस आ चुकी होंगी।

(28.12.80)

अम्मा के हृदय का एक Valve ठीक काम नहीं करता, तुम्हें मालूम होगा, इधर हृदय की गति बहुत सुस्त हो गयी थी और कभी-कभी साँस फूलने लगती थी। उनका लिवर बढ़ गया था और अब काफी बढ़ा हुआ है। 4 ता. के बाद सुधार होता दिख रहा था पर कल फिर हालत बिगड़ती जान पड़ी। आज दिन में वह काफी सोई हैं और आशा है, हालत सुधरती जाएगी। हृदय काफी कमजोर है, इसलिए पूरी तरह बिस्तर पर आराम करते रहने को कहा गया है। सिर्फ चिन्ता करने से कोई लाभ नहीं। हम लोग तीमारदारी करते हैं, और बीच में सो भी लेते हैं, इसलिए व्यर्थ परेशान न होकर सोने की कोशिश करो। (23.9.81)

(श्रीमान्‌जी के नाम)

आजकल वह दिन में काफी सो लेती हैं, रात में जागती हैं। उनके साथ विजय भी जागते हैं। कल रात भुवन आ गये हैं। अब विजय का भार कुछ हल्का हो जायगा, तुम लोगों के आने पर इन दोनों का भार हल्का होगा, इसके लिए जरूरी है कि अपना स्वास्थ्य ठीक रखो। अपनी नींद गँवाकर तुमने स्वास्थ्य खराब कर लिया तो तुम बीमार की देखभाल कैसे करोगे? (6.10.81)

(श्रीमान्‌जी के नाम)

तुम्हारा 10/10 का कार्ड मिला। विजय 11 को दिल्ली गये। आज उनके पत्र से तुम्हारे यहाँ की दुर्घटना का समाचार पाकर बड़ा दुख हुआ। सेवा के कौन से पैर में चोट आयी है; हड्डी या हड्डियाँ जुड़ीं या नहीं, प्लास्टर चढ़ा या नहीं?

(14.10.81)

(श्रीमान्‌जी के नाम)

मुझे सेवा की हिम्मत का पूरा भरोसा है। अम्मा की देखभाल करते हुए मैं उसे बराबर याद करता हूँ। (5.11.81)

(श्रीमानूजी के नाम) [यहाँ से शेष पत्र दिल्ली से लिखे गए हैं]
तुम्हारी परेशानियों का अनुमान कर सकता हूँ। धीरज से काम लो, सेवा को भी धीरज बँधाना। (18.11.81)

23/11 के पत्र में तुम्हारी लिखावट देखकर प्रसन्नता हुई। कभी अत्ती के नाम, कभी तुम्हारे नाम, पत्र लिखकर तुम्हें यहाँ के समाचार देते रहे हैं। लखनऊ से बड़े भैया ने तुम्हारी अम्मा के बारे में लिखा है : "उनकी दृढ़ता में कोई कमी नहीं है। उनकी यह दिल की, नहीं मन की, मजबूती आगे भी साथ देगी। किसी भी बीमार के लिए उसकी मन की मजबूती उसके लिए बहुत सहायक होती है। उन्होंने अनेक आँधी-तूफान बरदाश्त किये हैं।" ये बातें मैं तुम्हारे लिए भी कह सकता हूँ। (26.11.81)

तुम्हारा 1/12 का पत्र बढ़िया था। कल उसे पढ़कर अम्मा को सुना दिया था, पढ़ते समय 'थोड़ी खुरसट' की जगह 'थोड़ी चोट'—इतना पाठान्तर कर दिया था। (4.12.81)

अम्मा ने यह विचार प्रकट किया कि सेवा के काफी चोट आई है, इसलिए माधुरी खंभात गयी हैं (माधुरी के पत्र का चोट सम्बन्धी हिस्सा सुनाते में छोड़ दिया था)। बोलीं—सेवा को पत्र लिख देना। अभी पूछेंगी—लिख दिया? पढ़कर सुनाओ। (11.12.81)

विजय ने मेरे लिए टेप की हुई [तुम्हारी] बातें मुझे सुनवा दीं। अम्मा के लिए जो कुछ टेप हुआ, वह अभी नहीं सुना। तुम्हारी जान बच गयी, बड़ी बात है। इलाज के सिलसिले में पैसों की जरूरत हो तो संकोच न करना। मेरे फालतू फंड में काफी पैसे जमा हैं। और भविष्य में जैसी हालत हो, हमें सूचित करती रहना। शायद किसी समय हमें ऐसी बात सूझे जिससे तुम्हारी हालत के सुधरने में मदद मिले। (18.12.81)

तुम्हारे टेप से सब बातें मालूम थीं, भुवन से फिर तुम्हारे समाचार मिले। आगे क्या होगा, यह सोच-सोचकर पहले से परेशान न होना। जिन्दगी बड़ी चीज है। किन

परिस्थितियों में हम जीते हैं, यह केवल हमारे हाथ में नहीं। जो बात हमारे हाथ में है, वह है हमारा मनोबल। नये साल में तुम्हारा मनोबल अटूट बना रहेगा, यह मेरी शुभकामना है, मेरा दृढ़ विश्वास भी है। (3.1.81)

सवेरे के 7 बजने वाले हैं। चौके से रोटियाँ बनाने की पटापट आवाज आ रही है। अम्मा अभी सो रही हैं। तनू चीनू नये साल में पहली बार जूतों पर ब्रश चलायेंगे। थोड़ी देर पहले हमारे कमरे से ब्रश ढूँढ़कर ले गये हैं। हम यह कार्ड पूरा करने के बाद घूमने जायेंगे। कल पार्क में साढ़े सात बजे तक भारी कुहरा था। युकलिप्टस के लम्बे पेड़ धुंध में खो से गये थे। ज्यादातर बूढ़े लोग घूमने आते हैं, कुछ नौजवान दौड़ लगाते हैं, कुछ स्थूल आकारवाली महिलाएँ बादी छाँटने आती हैं पर उन्हें सफलता नहीं मिल रही। कुछ लोग आसन-प्राणायाम के अलावा हँसने की कसरत भी करते हैं। एक दिन हमने देखा, दौड़ लगानेवाले दो नौजवान उनकी नकल कर रहे हैं। सोनाली [शोभा की पुत्री] से कहो, पापा से लड़ाई हुई थी, तो सर झटककर कहती है—नहीं। और मौसी (सोना) कैसे नाची थी? तो थिरकना शुरू कर देती है। (11.1.82)

तुम्हारा पत्र देखा और फिर उन्हें सेवा की माँ को सुनाने लगा। कोई हिस्सा छोड़ने की जरूरत न पड़ी, पूरा पत्र सुना दिया। शाम को अचानक बोलीं—पैर में कार्न था, सेवा ने सुन्न कराये बिना कटवाया था। थोड़ी देर में फिर बोलीं, माधुरी कहती थीं, स्वाति और शोभा तो सह नहीं सकती थीं जो सेवा ने सहा है।

मैं केवल तुम्हारे पत्र के बारे में सोचता रहा, और तुम्हारे पिछले जीवन के बारे में सोचता रहा। पत्र के कुछ अंश मैं बड़े भैया और स्वाति को भेजूँगा। और पत्रों से अलग मैंने इसे सँभालकर रख लिया है। (12.1.82)

अस्पताल के अकेलेपन से अब थोड़ा परिवर्तन होगा, मुहल्ले के लोगों से मिलने जुलने पर शायद मन बहल जाये। (18.1.82)

तुमने सारी सीढ़ियाँ उतरकर नीचे का मुआयना किया, इस समाचार से बड़ी प्रसन्नता हुई। किसी चीज का सहारा लिया था या नहीं? एकबारगी ज़्यादा मत चलना, पैर पर एकदम बोझ न पड़े। तुमने स्वेटर बुने और फूल बनाये, बढ़िया काम किया। तुम्हारे बुने मोज़े अभी काम दे रहे हैं। (24.1.82)

चाहे एक पोस्टकार्ड ही आ जाता है, मन को इतनी प्रसन्नता होती है...यह तो

मुसीबत है, आती है तो अपना वक्त लेकर जाती है।

बाप का पैसा बेटों को मिलता है, बेटियों को नहीं, हम इसके खिलाफ हैं। बेटे चाहे बाप से एक बार पैसा माँग लें, बेटियाँ न माँगेंगी। सोचती हैं, बाप कमाते नहीं हैं : क्यों बोझ डालें? हम ऐसा सोचने के खिलाफ हैं। बाप सोचता है, बेटे का पैसा खर्च कराना ठीक है, बेटी का खर्च कराना ठीक नहीं है, हम इस बेटा-बेटी भेद के खिलाफ हैं। मतलब यह कि फालतू फंड में काफी पैसे हैं। तुम्हें उनसे लाभ उठाना चाहिए।

(25.1.82)

यहाँ शोभा आयी। करीब दो घंटे तक तुम लोगों की बातें करती रही। कई बार शोभा का गला भर आया पर वह अपने को सँभाले रही और इसका ध्यान रखती आई कि अम्मा के सामने सारी स्थिति कैसे बतानी चाहिए। हम तुम्हारे भेजे हुए मोजे पहने यह कार्ड लिख रहे हैं। अम्मा को यह जानकर तसल्ली हुई कि सेवा उदास नहीं रहती और कोई न कोई उसके पास बना रहता है। चौके से लेकर बस में चढ़ाने तक अत्ती की कारगुजारी के वर्णन से गम्भीर कथा में कौमिक का आनन्द आया।

(16.2.82)

(श्रीमानूजी के नाम)

निस्सन्देह यह तुम्हारी परीक्षा का समय है और परीक्षा कठिन है। मामूली काँच चोट लगने से टूट जाता है, भारी चोट पड़ने पर भी हीरा नहीं टूटता। 'हीरा वही घन चोट न टूटे।' मुझे विश्वास है, तुम परीक्षा में टूटोगे नहीं।

खरा आदमी अपने लिए नहीं, दूसरों के लिए जीता है। यह आदर्श उसे हर मुसीबत सहने की ताकत देता है। तुम्हारा स्वभाव तो वैसे ही परोपकारी है। अपने मन को मजबूत रखो, अपने लिए, सेवा के लिए।

(सेवा के नाम)

अपने चारों ओर देखो, काफी दुख-दर्द फैला हुआ है। दुखियों की एक पूरी दुनिया है। जो हम चाहते हैं, वह सदा होता नहीं है। जिन्दगी बड़ी चीज है। कष्ट सहते हुए भी आदमी जीता रह सके तो उसे जीना चाहिए, उसे जीते रहने की बराबर कोशिश करनी चाहिए, अपने लिए और उन दूसरे लोगों के लिए जो उसे प्यार करते हैं और दुनिया में उसके बने रहने से खुद भी जीने के लिए हिम्मत पाते हैं। तुम्हारे मन की निराशा क्षणिक है, अब तक दूर हो गयी होगी। (26.2.82)

(श्रीमानूजी के नाम)
जिस भोजन से Calcification में मदद मिले, उसके लिए सेवा को राजी करना चाहिए। तुम्हारे जाने के बाद अम्मा ने कहा, सेवा जाते समय रोती थी, तब अत्ती कहते थे...इस बार उनसे बोला न जा रहा था, गला भर आया था।

जैटली साहब [शोभा के पति] से जैसे ही मुलाकात होगी तुम्हारा सन्देश सुना देंगे। भले आदमी हैं। तुम्हारी स्थिति जानते हैं। बुरा मानने का सवाल नहीं है।

(20.3.82)

हमारी 18 की पत्री तुम्हें तीसरे दिन मिल गई, वह जरूर उड़ती हुई गई होगी। पत्री नाम सार्थक हुआ। पत्री में वह पत् (= उड़ना) है जो पतंग और पतिंगे में है।

(23.3.82)

तुम पहले से प्रसन्नचित्त हो, यह जानकर हम लोगों को भी प्रसन्नता हुई। स्कूल जाने और वहाँ से लौटने का क्या प्रबन्ध किया है? क्लास में ब्लैक बोर्ड वाला काम भी करना पड़ता है या बैठे-बैठे बोलने से काम चल जाता है?

(29.3.82)

प्लास्टर चढ़ाये जाने के दौरान तुम्हें जितना शारीरिक और मानसिक कष्ट हुआ था, उसकी तुलना में एक्सरसाइज़ वाला काम दाल में नमक के बराबर होगा।

(20.4.82)

तुमने अपने पत्र में जो डायग्राम बनाये हैं, उन पर 60/100 अंक दिये, ऐक्सरसाइज़ों के वर्णन पर 80/100 दिये, पत्र में तुमने जिस mood और temperament का परिचय दिया है, उस पर 100/100 दिये। इस तरह तुम्हें 240/300 अंक मिले।

(27.4.82)

तुलसीदास की सीताजी 'चित्रलिखे कपि देख डरातीं', राम जी के साथ वन में बन्दर देखकर पता नहीं कितना डरी हों। हमारी सेवा बिटिया महीने भर साथ रहे, फिर चलने का दिन नजदीक आने पर रोना शुरू कर देती है। यह क्रम कई दिन तक जारी रहता है और रेल के डिब्बे तक जारी रहता है। अब वह कष्ट में है। बिज्जी भैया [विज्य] कुछ घंटों को दिखाई दिये, फिर चल दिये, तो रोने का क्रम शुरू हुआ ही होगा और पता नहीं, कब तक चला होगा। और मूड तो कई हफ्तों तक खराब रहा होगा। संतोष

की माँ तुम्हें बहुत याद करती हैं और याद करके बहुत दुखी होती हैं।

(24.5.82)

जब मूड ठीक न हुआ करे तब जरूर पत्र लिखा करो। यह मूड ठीक करने का अचूक नुस्खा है, यानी खोपड़ी के भीतर जितनी बेठीक बातें हों, उन्हें कागज पर लिख डाला करो। अक्सर ऐसा होता है कि आदमी को खुद पता नहीं होता कि मूड क्यों ठीक नहीं है। जब मूड के बारे में लिखना पड़ेगा, तब मजबूर होकर खोपड़ी के भीतर देखना पड़ेगा, कहाँ क्या खराबी आ गयी है। मूड ठीक करने का तरीका है, छिपी हुई खराबी को निगाह के सामने ले आना और दूसरे को उसे बता देना। मान लो कोई गम्भीर बात है, छिपी नहीं है, आदमी जानता है, तो भी उसके बारे में लिख डालने से बोझ कुछ हल्का हो जाता है। मतलब यह कि हर हालत में मूड ठीक करने के लिए पत्र लिखना जरूरी है।

(21.6.82)

कल शाम अम्मा देर तक तुम्हें याद करती रहीं और तुम्हारे बारे में बातें करती रहीं। एकबारगी ज्यादा चलने की कोशिश न करना।

(3.7.82)

तुम्हारे क्लास रूम का चित्र बहुत अच्छा लगा। हम एक किताब–**घर की बात**–निकालने की व्यवस्था कर रहे हैं। इसमें घर वालों के ही लेख होंगे और अधिकतर घर वालों पर रेखाचित्र, संस्मरण, चिट्ठियाँ, व्यंग्य-लेख, कई तरह की सामग्री होगी। हो सका तो नाटक भी। तुम इसके लिए क्या लिख सकती हो?

(12.7.82)

तुम लोग पैसों की कमी के कारण परेशान न होना, और चाहे जिस कारण होना। तुम्हारा लिखने का मूड बना है, यह जानकर प्रसन्नता हुई। जो लिखना, सीधे हमें भेजना क्योंकि हमें 'आलोचना' के विशेषांक के लिए सामग्री देनी है।

(5.8.82)

स्थिति अब ठीक है, यह जानकर प्रसन्नता हुई। भविष्य के लिए तुम लोगों ने स्थिति का विवेचन करके उचित निष्कर्ष निकाले होंगे। मनुष्य इसी तरह जीवन से सीख कर आगे बढ़ता है।

तुम्हारे बाबा से वह रंगमंचवाली परम्परा चली आ रही है। बड़े भैया के बारे में ठीक नहीं मालूम। बाकी हम पाँचों भाइयों ने रामलीला या नाटक में पार्ट किया है। मैं चाहता हूँ कि तुम खंभात स्कूल में अपने रंगमंच वाले संस्मरण लिखो—अत्ती का रोल, वहाँ के लोगों की नकल, छात्रों का संवाद गढ़ना इत्यादि। तुम्हारे पुराने पत्र ढूँढ़ने पर उनमें यहाँ भी मुझे कुछ सामग्री मिल जायेगी। (9.8.82)

दोपहर को तुम आराम करती हो यह बहुत अच्छा है। अमरीकी लड़की को एक घंटा पढ़ाती हो, इससे फिर थकान हो जाती होगी। हो सके तो उसे हफ्ते में दो या तीन दिन पढ़ाओ और दो या तीन दिन उससे इधर-उधर की बातें करो।

(4.9.82)

मेरा अनुमान है कि तुम्हारे पैर में बोन ग्राफ्टिंग की ज़रूरत पड़ेगी। वैसा हुआ तो यहाँ उसकी व्यवस्था हो जायगी। नौकरी की कभी चिन्ता न करना। कहो तो आगरे का मकान तुम्हारे और अत्ती के नाम अभी लिख दें। हमारी किताबों से रायल्टी का काफी पैसा मिलता है, उससे तुम दोनों का—माताजी समेत—खर्च मज़े में चल जायगा। इसलिए सर ऊँचा करके बेफिकर चलना और किसी बात की परवाह न करना।

तुम्हारे **अण्डे** वाला मज़ाक बहुत देर में सुनने को मिला है। नहीं तो अपनी भाषाविज्ञान वाली किताब में शामिल कर लेते। **अन् = वह; डे दे गे = स्थान; अंडे, इंडे, उंडे / अंगे, इंगे, उंगे** जैसे प्रयोग हरियाणा से लेकर कन्याकुमारी तक प्रचलित हैं, गुजराती में भी कहीं न कहीं होंगे। (29.9.82)

'टाइम कैसे पास होगा।' भाई कमाल है। टाइम पास कर पाने की बीमारी हमारे बड़े भाई साहब को भी है : 76 साल की उम्र में पेन्ट बेचने वालों के यहाँ मुनीमी करते हैं। और वह बहुत अच्छा लिखते हैं। लिखने का समय नहीं मिलता और टाइम पास करने की समस्या है। तुम भी अच्छा लिखती हो, तुम्हारे पास लिखने को बहुत कुछ है, फिर तुम नाटक लिख लेती हो, उन्हें स्टेज पर दूसरों को दिखा भी देती हो, सेवाराम आत्माराम थियेटर्स लिमिटेड कम्पनी का कारोबार आराम से चल सकता है। इसके अलावा बॉटनी में एम.एससी. करने के साथ-साथ तुम्हें बागबानी भी आती है। हर ऋतु में फूल लगाओ, सब्जी उगाओ। इतना काम काफी न हो तो मुझे एक प्राइवेट सेक्रेटरी की तुरत और सख़्त जरूरत है। वह काम तुम्हें मिल सकता है।

बँगला में सिगरेट खायी जाती है, अवधी में शरबत पीते हैं, खाते भी हैं, धुआँ—दाँतों से चबाये बिना—गले के नीचे जाता है, इसलिए सिगरेट **पी** जाती है, तमाखू **खाई** जाती है। (8.10.82)

हाँ तो पाठकों, आशा है इन पत्रों से वह बात स्पष्ट हो गयी होगी जो मैं कहना चाहती थी। हो सकता है, आपको इनमें कोई रुचि न हो पर जहाँ तक मेरा निजी मामला है—यह मेरी अमूल्य धरोहर है जिसे मैं किसी भी कीमत पर खोना न चाहूँगी।

भगवानदीन शर्मा

दौआ

मेरे पिता, जिनको हम सब लोग दौआ कहते थे, ऊँचा पूरा सुगठित, सुन्दर स्वस्थ बलिष्ठ शरीर, पक्का गेहुँआ ताम्रवर्णी रंग, अच्छी प्रभावशाली मुखाकृति में बड़ी आँखें, अपने माता-पिता के प्रभाव को लिये हुए, उठी हुई और आगे कुछ मोटाई में नुकीलापन लिये नाक और उसके नीचे हृदय की नम्रता-द्योतक नीचे को मूँछे, फिर पण्डिताऊ धोती, कमीज पर बन्द कालर तथा सुन्दर काट का ठंढा या गरम लम्बा कोट और ऐसे ही आवश्यकतानुसार, ठंडा या गरम चूड़ीदार पाजामा, पैरों में मोज़े, बूट अथवा फुल स्लीपर, सिर पर फेल्ट कैप अथवा साफे में वह किसी को भी आकृष्ट करने में समर्थ थे। उनकी शिक्षा-दीक्षा अधिक नहीं हुई थी परन्तु जो भी हुई थी, वह अच्छी हुई थी। उसकी नींव बहुत मजबूत थी। वह उर्दू, हिन्दी तथा अंग्रेज़ी के साधारण अच्छे ज्ञाता थे। उनका संस्कृत तथा फ़ारसी में भी कुछ दख़ल था। उनकी विशेषता यह थी कि वह सदैव यथासमय यथाशक्ति ज्ञान प्राप्त करने को तत्पर रहते थे। यही कारण था कि वह मराठी, गुजराती भी एक सीमा तक पढ़ने-समझने में समर्थ हो गये थे। यही नहीं, सुविधानुसार ज्योतिष तथा वैद्यक का भी अच्छा कामचलाऊ ज्ञान प्राप्त कर लिया था।

उनकी सबसे विशेष और अद्भुत बात यह थी कि वह असाधारण सुलेखक थे। उनका हिन्दी, उर्दू तथा अंग्रेज़ी का लेख दर्शनीय होता। हम लोग पत्र पढ़ना भूल उनका साधारण लिखा सुलेख देखते रह जाते। एक तो उस समय सुन्दर लेख का प्रचलन भी था। जैसे आजकल सुलेखक प्रायः ढूँढ़े से मिलते हैं, उस समय कुलेखक प्रायः ढूँढ़े से मिलते थे। दूसरे उनका सुन्दरता-प्रेम अगाध था, जो उन्होंने अपनी माँ से और कुछ-कुछ अपने पिता से पाया था। वह हर काम बड़ी सुन्दरता से करते थे, चाहे वह पत्र लिखना हो अथवा रोटी बनाना, चाहे बही पर सीधी लकीर खींचना

अथवा खेत में हल चलाना और चाहे सनई कातना हो अथवा आम ताकना। उनकी, उनके किये हुए काम पर, अलग छाप रहती। उनको उस काम में रस आता, वह उमसें तल्लीन हो जाते, यहाँ तक कि दर्शक को भी उनको काम करता हुआ देखकर उसमें रस आने लगता। सुन्दरता किसको आकर्षित नहीं करती, चाहे वह रूप की हो अथवा कार्य की? कुछ उदाहरणों से यह बात और स्पष्ट हो जायगी। आप कहेंगे आम ताकने में क्या सुन्दरता है? तो मेरे नहीं दूसरे के शब्दों में ही इसकी प्रशंसा सुनिये। गाँव के एक ठाकुर ने मेरे बाबा से कहा, ''ऐसा आमतकैया हम नहीं दीख। दिन भरि ऐसे बैठि रहति हैं जानो खुँटिया गाड़ी होय। एकु आँबु गिरा नहीं कि पट्टवैं खरिया मां पहुँचिगा।'' मुझे यह उनकी खुँटिया की उपमा बड़ी सुन्दर लगी।

पिताजी बजाय पालथी मारकर बैठने के एक पैर को दूसरे पैर की जाँघ पर रखकर समकोणवत् बैठते थे। आज की तरह वह न तो बाडीबिल्डर थे और न तुँदियल पहलवान ही। परन्तु उनका शरीर हृष्ट-पुष्ट तथा सुन्दर था। न किसी मांसपेशी में अति उभार था और न किसी का अभाव, सब यथास्थान सुन्दर-सुडौल। उन्होंने युवावस्था में साधारण डंड बैठक की कसरत की थी, कुश्ती लड़ी थी और घी खाया था, जो उनकी बचपन की आदत थी। हमारे बाबा घी खाने के नहीं, घी खिलाने के शौकीन थे; मैंने उनको घी खाते कभी नहीं देखा। कहते, ''अरे घ्यू लरिकन का खवाब, अबै इनकी खाय की उमिरी (उमर) है। हमका तो माठै दै दीन करौ।'' अम्मा सवेरे हमारे नाश्ते की खिचड़ी में परी भर घी डालतीं तो कहते, ''औरु डारु'', तो आधी, पौन परी और पड़ जाता। हमारे प्रतिरोध पर कहते, ''सारेन का घ्यू देत नरियात है (बांस की वह नली जिससे जानवरों को दवा दी जाती है); अबै खालियो। यादि करिहरै।'' तो ऐसे पिता ने अपने इकलौते पुत्र के खिलाने-पिलाने में कोई कोर-कसर रखी होगी, सोचना गलत होगा।

पिताजी भोजन बनाने में भी अति कुशल थे। यह सुरुचिपूर्ण कार्य प्रायः उन्होंने जीवन भर किया। पहले जब वह अकेले थे, फिर हम लोगों के साथ भी। हम लोगों के सर्विस इत्यादि के कारण हटने पर और अन्त में माता जी जब अस्वस्थता के कारण गाँव छोड़कर झाँसी आ गयीं तब भी प्रायः भोजन वही बनाते रहे। हमारे घर में स्त्रियाँ भी अच्छा भोजन बनाती रही हैं जैसे मेरी दादी, बुआ, मालकिन (श्रीमती रामबिलास) और कुछ-कुछ अम्मा भी। हम लोगों में भी मैंने और रामबिलास ने बहुत दिन खाना बनाया है और पर्याप्त दक्षता भी प्राप्त की है। परन्तु पिताजी के खाना बनाने का तरीका और स्वाद कुछ और ही होता था। वह घर पहुँचने पर पहला काम आटा सानकर उसे फुलो देते और चूल्हे पर दाल का पानी चढ़ा, मसाला पीस, नहाने चले जाते। लौटते तो बटलोई में दाल-मसाला डाल उसे ढँक देते। जब तक वह धीमी आँच में पकती, वह अपना पूजा-पाठ समाप्त कर लेते। फिर वह आटे को पानी

लगा-लगाकर खूब गूँधते और आटा इतना गीला हो जाता कि कम-से-कम मैं उस सीमा तक नहीं पहुँचा। इसके बाद बनती सधे हाथों कुछ छोटी गुदारी रोटी, और हल्की आँच में खूब सिंकी, मुझे याद नहीं आता कि कभी कोई उनकी रोटी फूली न हो। पिताजी को बेलना नहीं आता था। तिथि-त्योहार पर यदि पूड़ियाँ इत्यादि बनाते तो वह भी हाथ से ही बनाते। बाद को मैंने बेलना सीख लिया था और इस काम में उनकी सहायता कर देता। पिताजी रोटियाँ हमेशा खूब घी से चुपड़कर खाते। दो एक बार का तो मुझे याद है, ऐसा लगता है कि सूखी रोटी ही खाते रहें। पिताजी दाल-बाटी बनाने में भी दक्ष थे। अक्सर लोग उनसे दाल-बाटी बनवाकर बड़े स्वाद से खाते।

पिताजी को किसी दूसरे के हाथ का बना भोजन ग्राह्य नहीं था। एक बार लालाजी के यहाँ, जिनके यहाँ वह नौकरी करते थे, भोजन के लिए बहुत आग्रह किया गया तो उन्होंने दूध में आटा सनवाकर पूड़ी बनवायीं, तब खायीं। दूसरे के हाथ के बने कच्चे भोजन को न खाने के संयम के कारण वह दिन में एक ही बार भोजन करते थे। पिताजी तेल खाने के बहुत खिलाफ थे। तेल का प्रयोग तो वह भूलकर भी न करते।

पूजा-पाठ, कर्म-काण्ड उनको अपने पिता से विरासत में मिला ही था। परन्तु उसमें कट्टरता उनकी अपनी थी। सिर पर लोटे से पानी गिरते ही वह विष्णु सहस्र नाम का पाठ आरम्भ कर देते। फिर हनुमत् एक मुखी, पंचमुखी कवच, गुरु मंत्र इत्यादि का स्नान के बाद बैठकर 40-45 मिनट जाप का क्रम चलता रहता। इस पूजा-पाठ के बाद ही वह जल ग्रहण करते। यदाकदा कार्यवशात् ऐसे भी अवसर आये कि न तो वह सारे दिन स्नान ही कर सके और न पूजा-पाठ ही, तो उस दिन उन्होंने दिन को रोज़ा रखा ही, रात को भी रोज़ा ही रहा। यह तो अक्सर देखा गया कि दिन भर कार्यव्यस्त रहने के कारण रात को स्नान किया, पूजा की, भोजन बनाया तब अन्न जल ग्रहण किया।

पूजा के समय उनकी तन्मयता अप्रतिम होती थी। यही एकाग्रता उनकी, जब कभी मन्दिर जाते और मूर्ति के सामने मस्तक झुकाते, तब दर्शनीय होती। उठने-लौटने पर उनकी आकृति से लगता मानो वह बहुत सन्तुष्ट हो गये हों, साक्षात् भगवान के ही दर्शन कर लिये हों। यही नहीं, उनका प्रत्येक कार्य सुरुचिपूर्ण, निश्छल और हार्दिक होता कि देखते ही बनता। मैंने देखा, वह अपने माता-पिता के पैर दोनों हाथों से ऐसे छूकर मस्तक से लगाते मानो भगवान के ही चरण-स्पर्श कर रहे हों और माता-पिता भी ऐसे गद्‌गद होते कि आशीर्वाद के लिए कुछ अस्फुट शब्दों के साथ होंठ हिलकर रह जाते। मैंने ऐसे पुत्र तथा माता-पिता के मिलन अन्यत्र कहीं नहीं देखे।

उनकी यह भगवद्भक्ति पूजा-अर्चा तक ही सीमित नहीं थी, उनका तुलसी कृत रामायण से भी अगाध प्रेम था। वह जब सन 1912 में उज्जैन में थे और मैं धीरे-धीरे बन्दर भालू की कहानियाँ पढ़ने लगा था, तो पिताजी मुझसे रामायण पढ़वाने लगे थे। (इसे संयोग ही कहेंगे कि मैंने शुक सागर-भागवत से बाबा द्वारा अक्षर मिलाना सीखा और पिता द्वारा रामायण पढ़ना, वह भी गाकर।) मुझे कठिनाई होती तो स्वयं पढ़ने लगते और मैं साथ में कुछ शब्द बोलता जाता। उनको रामायण पढ़ने में आनन्द आता था। वह घर पर तो अक्सर रामायण पढ़ते ही थे, जहाँ घर के नौकर-चाकर तथा ठेके से सम्बन्धित दूकानदार सुनने बैठ जाते (उज्जैन में गांजा, भांग और अफीम का ठेका था और बाद को अन्य स्थानों पर शराब का), बाद को विदिशा तथा शिवपुरी में वह चबूतरे पर बैठकर रामायण पढ़ते और अर्थ कहते जहाँ आसपास के अन्य लोग भी सुविधानुसार दूर नज़दीक बैठते और कथा सुनते। यह नियमित नहीं था। यह उनकी सुविधा, मूड और दूसरों के प्रस्ताव पर निर्भर करता। परन्तु यह कहना कठिन है कि रामायण पाठ में पिताजी को अधिक आनन्द आता था अथवा हमारे शिक्षक, कवि पं. ब्रजभूषण लाल त्रिपाठी को। पिताजी का यह रामायण-प्रेम झाँसी सदर बाजार में वहाँ की रामलीला में व्यास गद्दी सँभालने पर विशेष रूप से प्रस्फुटित हुआ। उस समय माइक इत्यादि का इतना प्रचार तो था नहीं, तो उनकी बुलन्द आवाज़ ही सारे दर्शकों तक पहुँचने में समर्थ होती थी। वह सुलेखक तो थे ही, उन्होंने रामायण के समाजी अंश, अन्य गीत तथा भजन और पात्रों के संवाद पुस्तकाकार में बड़ी सुन्दरता से लिपिबद्ध कर लिये थे। तभी कुछ कार्यकर्ताओं ने दुर्भावनावश उसको रामलीला की सम्पत्ति कहकर अपने पास दाब लिया। पिताजी को यह अच्छा नहीं लगा। वे लोग उसे रामलीला को दान कर देने को कहते माँग ही लेते तो सम्भवतः वह उसके त्याग में न हिचकिचाते परन्तु चुपचाप पुस्तक का दाबना और माँगने पर बहाना बनाना उन्हें अखरा और उन्होंने अथवा थोड़े ही समय में अपने अध्यवसाय द्वारा उससे भी अधिक सुन्दर पुस्तक तैयार कर दी जो अब भी कहीं किसी के पास उनकी यादगार के रूप में सुरक्षित है।

उनका रामायण प्रेम विभिन्न स्थानों पर रामायण पाठ करके ही तृप्त न हो जाता था। वह उसके पात्रों से इतना तन्मय हो जाते कि अन्तःकरण से अपने को उस पात्र से एकाकार कर देते, विशेषकर जहाँ शक्तिप्रदर्शन होता। यही कारण था कि एक बार रामलीला में अंगद की अनुपस्थिति में वह उस वृद्धावस्था में भी युवा अंगद का पार्ट करने को तैयार हो गये और किया। सुना जाता है कि उनका अंगद का पार्ट, उनसे पहले कलाकारों से श्रेष्ठ रहा था। उनका यह नाटकीयता प्रेम उनमें कहाँ से आया, मैं कह नहीं सकता। मैंने उनको अपने स्तर के लोगों में बैठकर अल्फ्रेड तथा कोरिंथियन कम्पनियों के दृश्यों तथा उनके कलाकारों की चर्चा करते अवश्य सुना

था। सिनेमा वगैरह तो अभी कल की बात है। विदिशा में सन् 14 में वह मुझे कभी-कभी बाइसकोप दिखलाने ले जाते। उन चित्रों में हँसी मजाक भर होता था। नाट्यकला जैसी कोई चीज तो उन चित्रों में होती नहीं थी।

पिताजी की कर्मठता भी अपने पिता से 21 थी 19 नहीं। उनके पिता ने जिस प्रकार अपने परिश्रम से एक अच्छी गृहस्थी, अच्छा कुटुम्ब और अच्छी प्रतिष्ठा अर्जित कर ली थी, उसी प्रकार पिताजी ने भी। जिस काम में हाथ लगाया उसमें सफलता मिली। चाहे वह ठेके का काम हो अथवा कारिंदगी या कचहरी-मुकदमे। उस अदम्य "मूरा" की तरह वह हारना तो जानते ही न थे, यदि हारता था तो "नैपोलियन" हारता था। उनके सामने मुख्य लक्ष्य होता था कार्य की सफलता। स्नान-ध्यान, खाना-पीना तो सब द्वितीय श्रेणी की (सेकेन्डरी) गौण बातें होती थीं। उनकी मालिक के काम में तन्मयता अपने काम से भी अधिक होती और यही कारण था कि लालाजी के यहाँ भीतर-बाहर वह एक परिवार के सदस्य की तरह थे। बाहर तो उनका उचित आदर होता ही था, अन्दर स्त्रियों में उनकी कहीं अधिक आवभगत होती। श्रीमती गंगासहाय तथा उनकी लड़कियाँ इनकी घर गृहस्थी, दुख-सुख का हाल पूछतीं, इनसे सहानुभूति प्रदर्शित करतीं और यह भी भाभोजी, बीबीजी आदि शब्दों से सबको यथायोग्य सम्बोधित करके सबका हाल पूछते। स्वाभाविक था कि लड़कियों के पति उनसे साले का रिश्ता मानते और आपस में हास-परिहास होता तथा एक आध गुप्त परामर्श भी करते। लालाजी के भतीजे स्व. रोशनलाल से उनके निकट के सम्बन्ध थे। जब उनका देहान्त हुआ तो लालाजी ने पिताजी को उज्जैन में एक अति करुणापूर्ण पत्र लिखा था जिसको पढ़कर पिताजी के आँसू आ गये थे। यह सन् 1912 की बात है। मैं पहली बार पिताजी के साथ बाहर गया था। पिताजी ने भी लालाजी को अति सहृदयतापूर्ण उत्तर दिया था। उन्होंने वह उर्दू लिपि का पत्र अपने एक मित्र को पढ़कर सुनाया था। मित्र ने तो पत्र की तारीफ की ही थी, मेरा भी उसको सुनकर दिल भर आया था। पता नहीं क्यों, उर्दू के जानकार लोग उर्दू में तो अच्छा लिखते ही हैं, वह उसके प्रभाव से हिन्दी में भी अच्छा लिखते हैं। कम-से-कम उसमें रवानी खूब रहती है। वैसे मेरे समय में हिन्दी में बहुत अच्छा गद्य लिखा गया है। तो पिताजी एक बड़े अच्छे मज़मूनसाज़ भी थे; विशेषकर, न जाने क्यों, करुणाजनक पत्रों में। ऐसा ही एक पत्र उन्होंने अपने माता-पिता तथा मेरी स्त्री के करीब एक साल के अन्दर ही मरने पर रामबिलास को लिखा था। उन्होंने उसे मुझे पढ़ने को दिया था—(यह बात सन् 32 के आसपास की है) तो मैंने अलग से रामबिलास को लिखा था कि पत्र इतना सुन्दर है कि जी चाहता है, इसे शीशे में मढ़वाकर कमरे में टाँग दूँ। समझ की बात है अन्यथा आज तो मैं उसे निश्चय ही शीशे में सजा देता। मज़मून तो नहीं, परन्तु उसका चित्र आज भी आँखों के सामने

है। सफ़ेद कागज पर उस समय के रेड इंक निब से पतले पर सुन्दर गोल अक्षरों में उन्होंने वह करुणा भर दी थी कि वर्णन करना कठिन है। ऐसा लगता था मानो राजा दशरथ राम वियोग में घड़ियाँ गिन रहे हैं।

मेरा छोटा भाई रामकुमार (रामबिलास की पीठ पर का) नहीं रहा और पत्र भैया सूरजबली के पास आया तो वह मुझे लेकर करारी पहुँचे। पिताजी उन दिनों करारी में घास का काम देख रहे थे। कारण जानने पर खाना-वाना भूलकर सभी लोग शोकमग्न हो गये। कुछ समय बाद पिताजी उठकर आये और भैया से खाना खाने को कहने लगे। उनके न उठने पर उन्होंने उनको उपदेश देना शुरू कर दिया। तिस पर भी न उठने पर उन्होंने उनको कुछ डाँटा भी। और तब सभी ने विकृत मन से खाना खाया। इस बात को वह भूले नहीं। हमारे यहाँ यह नियम था कि हम लोग बाहर से आते तो घर के अन्दर सीधे बड़े दरवाजे से न जाकर बगल के कमरे में देवताओं को प्रणाम करके तब उधर से ही अन्दर जाते। ऐसा ही बाहर जाते समय भी होता था। जब गाँव गये तो पहले हनुमानजी के सामने खड़े होकर उनके चरणों में सिर रखा, फिर सीधे होकर उलाहना दिया, "अबके चोला नहीं चढ़ाऊँगा, जरा से बच्चे को नहीं बचा सके।" और तब घर के अन्दर चले गये।

वे बच्चे, भाई लोग भाग्यशाली रहे जिन्होंने उनसे पढ़ा नहीं। मैं तो इस विषय में संयोग से दुर्भाग्यशाली नम्बर 1 रहा। उनकी बड़ी-बड़ी आँखें, गम्भीर आकृति और फूली हुई नाक देखकर मेरी तो वैसे ही सिट्टी-पिट्टी गुम हो जाती। पढ़ने बैठता, नहीं, बैठाया जाता–(अपने आप तो मैं छठे दर्जे में फेल होने तक कभी पढ़ने बैठा ही नहीं), तो यह कहना कठिन है कि आपस में टकराने के लिए मेरे सर में सरसराहट अथवा उनके हाथ में खुजलाहट, पहले शुरू होती।

यह स्वाभाविक है कि पिता की आकांक्षाओं का सारा बोझ उसकी अपनी पहली सन्तान को वहन करना पड़ता है। यह मैं अधिकार के साथ कह सकता हूँ कि पढ़ाने में जितना समय पिताजी ने मुझको दिया और किसी को नहीं दिया। दूसरा नम्बर रामबिलास का था। परन्तु उनके पढ़ाने के लिए मैंने जो पाण्डित्य प्राप्त कर लिया था, उससे सभी को राहत मिल गयी थी यद्यपि रामबिलास को पढ़ाना कम-से-कम मेरे लिए आसान नहीं था। रामबिलास को पढ़ाना उस बँगरहा बैल को चारा डालने के समान था जो चारा डालनेवाले को ही हुँड़ेस लेता है। मन में आयी तो कुछ पढ़ लिया, न मन में आयी तो झगड़ा कर लिया। ऐसी स्थिति में मुझे तब प्रसन्नता होती जब कभी पिताजी स्वयं इनको पढ़ाने बैठ जाते। मैं सोचता, मेरा रास्ता अब कुछ सुगम हो जायगा। और कहने की आवश्यकता नहीं, देर अबेर पिताजी मेरा रास्ता सुगम कर देते। वह यह भी ध्यान रखते कि कई दिन बाद पढ़ाने का अवसर आया है तो पुराना बकाया भी साफ कर देते और रामबिलास फिर धरती पर चलने लगते।

पिताजी में भावुकता और क्रोध की मात्रा उनके अपने पितृ-तुल्य ही थी। विशेषकर जब कहीं उनके स्वाभिमान को ठेस लगती, कहीं उनकी इच्छा के विपरीत कार्य होता अथवा कोई उनको ठगने की चेष्टा करता। उनका कई बार नौकरी छोड़ना, चाभी फेंककर चल देना इस बात के स्पष्ट प्रमाण हैं। प्रथम बार नौकरी छोड़कर 6 महीने घर बैठने के विषय में तो मैं लिख ही चुका हूँ। अन्य अवसरों पर मैंने देखा कि लालाजी को इनके आवेश, दृढ़ प्रकृति का ज्ञान हो गया था, इसलिए वह इनको कुछ समय बाद घर से बुलवा लेते और समझा देते। पिताजी का स्वभाव व्यावसायिक बिल्कुल नहीं था, यहाँ तक कि मैंने कभी उन्हें मोल भाव करते नहीं देखा मैंने व्यवसाइयों को अति समीप से देखा है। वह यदि इस क्षण किसी से बड़ी भयंकरता से लड़ रहे हैं तो दूसरे क्षण दूसरे से ऐसे हँसकर बात करने लगते हैं। जैसे अभी कुछ हुआ ही न हो। पिताजी में ऐसा कुछ नहीं था। वह नाराज हो गये तो हो गये। उसके समाधान के लिए फिर कोई दूसरा ही कारण होना चाहिए था।

उनकी भावुकता उनकी पितृभक्ति से स्पष्ट हो जाती है। पिता ने उचित अनुचित जो भी कार्य कर दिया, वह उनको मान्य होता। अनुचित कार्य को अनुचित जानते हुए भी वह उसे बड़ी शालीनता से सहन कर लेते अथवा यों कहें कि पिता के कार्य में उनके अनौचित्य देखने का प्रश्न ही नहीं था। उनका कार्य तो मात्र उसमें सहायक होना था। उदाहरण के लिए, 9-10 की उमर में मेरी तथा 12-13 की उमर में रामबिलास की शादियाँ होना था। मैं मानता हूँ कि उस समय का चलन परिस्थितियाँ, भावनाएँ अपना अलग महत्व रखती थीं। मनुष्य बहुधा इनमें बँधा हुआ कार्य करता है। फिर भी उसमें ज्ञान और उसका प्रभाव तो होना ही चाहिए। यदि एक बार गलती हो गयी तो दुबारा वैसा होने से बचना चाहिए। यह तो मेरा पिता तथा पितामह से विद्रोह था जिसने तीसरी और बाद की शादियों को 24-25 तक पहुँचाया। यह संसार ऐसा है कि मनुष्य को अपने भीतर और बाहर, संसार में दोनों जगह संघर्ष करना पड़ता है। पिताजी बाहर संसार में तो पर्याप्त संघर्ष करते परन्तु अपने अन्दर कुछ निश्चित धारणाओं पर चलना ही श्रेयस्कर समझते। जैसे मेरे आग्रह पर भी उन्होंने **सत्यार्थ प्रकाश** पढ़ने से इंकार कर दिया।

उनके स्वतः सीखने की जिज्ञासा का श्रीगणेश उनको एक गुजराती पंचांग मिलने से हुआ। वह मोटा पंचांग मैंने उनके पास बहुत दिनों तक देखा। उसके द्वारा, जैसा उन्होंने मुझे बताया था, उन्होंने ज्योतिष की सभी जरूरी बातें सीख ली थीं। इसके अतिरिक्त किसी भी जानकार से उन्हें ज्ञान प्राप्त करने में संकोच नहीं होता था। मुझे याद है, शिवपुरी में उनके एक मित्र के मित्र उनको अक्सर मिला करते थे। परन्तु पिताजी उनके ज्योतिष ज्ञान से अपरिचित थे। वह कुछ साधारण पीने-खाने वाले भी थे, इसलिए पिताजी उनसे कुछ खिंचे ही रहते। परन्तु एक दिन

अपने मित्र द्वारा उन्हें ज्ञात हुआ कि उन महाशय का ज्योतिष में भी दखल है, तो सुनते ही पिताजी को ऐसी प्रसन्नता हुई कि आगे के लिए उनके परम भक्त हो गये, यहाँ तक कि मिले नहीं कि ज्योतिष चर्चा आरम्भ हो गयी। यह उनके मित्रों को खलना स्वाभाविक ही था, तो पिताजी उनको अक्सर अकेले में बुलाने लगे। संयोग से वहाँ शराब का ठेका भी अपना ही था। सो उन महाशय को यह सुविधा भी प्राप्त हो गयी। ज्ञातव्य है कि कैसा भी कुसंग हो, पिताजी पर उसका कोई कुप्रभाव न पड़ता था। और वह महाशय भी हमारे घर पर उसका कोई उपयोग न करते थे। धीरे-धीरे पिताजी की ज्योतिष में पर्याप्त पैठ हो गयी थी। हम सभी लोगों की उन्होंने लम्बी-लम्बी जन्मपत्रियाँ बनाई थीं। शादी-ब्याह के बाना बनत इत्यादि विचारना तो साधारण बात थी। एक बार हमारे गाँव के पुरोहित ने मेरा विद्यारंभ का मुहूर्त निकाला और बाबा ने मुझे विद्यारंभ करा दिया। इसके बाद पिताजी को लिखा तो उन्होंने उसे ठीक नहीं बताया और पुरोहित जी को उसकी विवेचना लिखी। पुरोहितजी ने यहाँ कुछ लीपापोती कर दी और बाबा ने मुझसे सब भूल जाने को कहा। परन्तु मेरा विद्यारंभ कुसायत में तो हो ही गया था, बाद को उसका फल भी मेरी शिक्षा ने स्पष्ट कर दिया।

पिताजी ने जैसे ज्योतिष में ज्ञान प्राप्त किया था, उसी प्रकार उनकी वैद्यक में भी पैठ थी। मेरे बाबा को ज्योतिष का ज्ञान तो नहीं था परन्तु गाँव में वह साधारण दवादारू किया करते थे। बुखार, पेट के दर्द के मरीज तो उनसे दवा लेने अन्य गाँवों से आया ही करते थे। इस विषय में उनकी **इलाजुल गुर्बा** पुस्तक अपना नाम बहुत सार्थक करती थी। हो सकता है, पिताजी पर इन बातों का प्रभाव पड़ा हो। सो उन्होंने वैद्यक की अनेक पुस्तकें इकट्ठा कर ली थीं। इसके अतिरिक्त जब जहाँ वैद्यों, हकीमों से उन्हें नुस्खे मिले, उन्होंने नोट कर लिये जिनमें बहुत से नष्ट होने के बावजूद अभी कुछ सुरक्षित हैं। वह मात्र नुस्खे इकट्ठे ही न करते, उनके प्रयोग भी यथासमय किया करते। खांसी, खुजली, बुखार का तो साधारणतया इलाज करते ही, जाड़े के मौसम में वह अक्सर तरह-तरह के पकवान भी बनाया करते, जो उनके महीने-दो महीने के लिए स्नान-पूजा के बाद नाश्ते का काम देते।

फौज का एक सिद्धान्त है कि ''कोई काम रुकना नहीं चाहिए''। अब यह आपकी बुद्धिमत्ता की बात है कि आप उसे कैसे आगे बढ़ाते तथा पूर्ण करते हैं। बाबा के जीवन में ऐसे अनेक उदाहरण देखने में आये। जैसे गाड़ी के पहिये का ''आरा'' टूटने पर उन्होंने रास्ते में एक ''चैला'' बाँधकर रास्ता तै कर लिया। जैसे एक बार जनेऊ टूटने तथा पण्डितजी के यहाँ न मिलने पर उन्होंने पुराना जनेऊ खोल उसकी ग्रन्थियाँ समझ नया जनेऊ बनाकर ही दम लिया। तो उनके पुत्र में भी इस गुण का अभाव नहीं था। पिताजी ने नाना प्रकार के कार्यों में हाथ लगाया

और उसे अपनी सूझबूझ तथा अध्यवसाय से सफलतापूर्वक ही समाप्त किया। जैसा कि मैंने बचपन में देखा, लाला गंगासहाय झाँसी से रहते हुए भी उस समय की ग्वालियर स्टेट में गांजा, भांग, अफीम, शराब वगैरह के ठेके लिया करते थे। पिताजी ही ठेके का सब काम देखते थे। लालाजी का उन पर इतना विश्वास था कि वह कभी भूले से भी न पूछते कि कहाँ क्या हो रहा है। वह तो साल के अन्त में अपने उस समय के, मात्र वहाँ खड़े होकर बोली बोलने के, दस पाँच हजार पाकर ही सन्तुष्ट हो जाते। और पिताजी का यह हाल कि लोग वास्तव में उन्हीं को ठेकेदार समझते। वास्तविक जानकारी तो स्टेट के कुछ अफसरों और अहल्मदों को ही होती। अक्सर लोग आश्चर्य करते कि यह "पण्डितजी" और यह "शराब" का काम। और पिताजी का यह हाल कि राजा जनक की तरह शराब के राज्य से नितान्त निर्लिप्त। शराब के मोह का तो प्रश्न ही नहीं, पैसे से भी निर्मोही। मैं जानता हूँ, उनके नीचे काम करने वालों ने उनसे कहीं कम वेतन पाते हुए उनसे कहीं अधिक कमाई की। दो एक बरस के लिए मेरे मामा व फुफेरे भाई भी वहीं आकर काम करने लगे थे। इसलिए मुझे, छोटा होने पर भी, वास्तविकता की पर्याप्त जानकारी रहती थी। पिताजी सारा कार्य, सवेरे दूकानों की बिक्री जमा करने से लेकर दफ्तर, लिखा-पढ़ी और सम्पूर्ण जनपद में शराब के वितरण कराने तक, स्वयं ही करते कराते थे। हाँ, जनपद के अन्य स्थानों की दुकानों की निगरानी के लिए दो-तीन सहायक अवश्य रखते और कभी आवश्यकता पड़ने पर स्वयं भी जाते। उनके सदाचार, ईमानदारी, निस्पृहता और निष्कपट व्यवहार की इतनी धाक थी कि यकायक कोई गड़बड़ी करने का साहस न करता था। यदि किसी ने किया भी तो प्रकाश में आने पर उसके कुकृत्य का फल भी उसे भोगना पड़ता।

समय बीता और संयोग से स्टेट ने ठेके जिलेवार से घटाकर परगनेवार कर दिये, तो पिताजी लालाजी के यहाँ से बेकार हो गये। लालाजी के एक गोवानी मित्र ने उनको अपने यहाँ बुला लिया। उन गोवानी मित्र सी. डिसिलवा का कटनी के पास बीरसिंहपुर के जंगलों में घास का ठेका था। पिताजी वहाँ शेर, भालू, भेड़ियों के घनघोर जंगल में आदिवासियों के बीच पहुँचे, और वहाँ का काम अपनी ईमानदारी और प्रतिष्ठा के अनुकूल सँभाला।

घास का काम कुछ दिन झाँसी के पास करारी स्टेशन के समीप भी चला। मैं अक्सर झाँसी से वहाँ जाया करता था। पिताजी को हाथ से काम करने में कोई संकोच न होता था। मैंने देखा कि घास बाँधने की एक बड़ी भारी मशीन को पेन्टर ने रँगा तो दूसरी वैसी ही मशीन को उन्होंने उसी सुन्दरता से रँग डाला।

घास का ठेका समाप्त होने पर वह लालाजी के यहाँ फिर आ गये और मकान और बँगलों की देखरेख करने लगे। इस देखरेख में उन्होंने कई मकान ऐसे ढूँढ़

निकाले जिनका लालाजी के रजिस्टरों में कोई हिसाब-किताब ही न था, जबकि उनका किराया बराबर वसूल होता रहा था। जाहिर है कि पहले के कार्यकर्ताओं ने कुछ हेराफेरी करके उससे लाभ उठाया था।

लालाजी के पहले मुनीमजी और लालाजी में कुछ खट-पट हो गयी। लालाजी स्वावलम्बी मनुष्य थे। उनको बर्दाश्त न हुआ और उन्होंने मुनीमजी की छुट्टी कर दी, और उनकी जगह पिताजी से काम करने को कह दिया। मुनीमजी का विचार था कि जब काम न चलेगा तब लालाजी उनको बुलायेंगे ही परन्तु पिताजी ने सवेरे से शाम तक जुटकर सारा काम बड़ी खूबी से सँभाल लिया। लालाजी के कारोबार में झाँसी शहर में सैकड़ों मकान, सदर और कैन्टुन्मेन्ट में बहुत से बँगले, एक बहुत लम्बा-चौड़ा लेन-देन, एक गाँव—और आये दिन कोर्ट केस होते रहते थे, जिनके लिए पैरवी और वकील के यहाँ हाज़िरी में बड़ा समय बर्बाद होता था। यही कारण था कि पिताजी दिन भर व्यस्त रहते और रात को खाना बनता। मेरा भी दस बजे से स्कूल होता था और सवेरे का समय पढ़ाई-लिखाई में निकल जाता। यह क्रम तब टूटा जब मैं सर्विस में आ गया। सवेरे सबके लिए खाना बना लेता और दस बजे पोस्ट आफिस चला जाता अथवा 9 से 10 और 2 से 6 की ड्यूटी में दोपहर में खाना बनाता। परन्तु इसमें भी बाधाएँ आतीं। पिताजी को अपनी कार्य-व्यस्तता, कचहरी, वकील के कारण दिन को खाने का मौका ही न मिलता। दूसरे मेरे तबादले तथा 9 महीने की टेलीग्राफ ट्रेनिंग इस नियम में बाधक सिद्ध हुई। माताजी यथापूर्व [गाँव में] घर पर ही रहतीं। मेरी स्त्री भी अपनी अपेन्डिसाइटिस की तकलीफ और डिलीवरी वगैरह के कारण एकाध बार थोड़े समय को छोड़ हमारे पास अधिक नहीं रहीं। वैसे माताजी भी 2-4 महीने के लिए एक बार रह गयी थीं।

पिताजी सात्विक वृत्ति के न्यायप्रिय मनुष्य थे। वह जितने न्यायप्रिय थे, उतने ही निर्भीक भी थे। इसके विपरीत व्यापारी मनुष्य का ध्यान सदैव अपनी लाभ-हानि पर रहता है। वह हर काम में आगा-पीछा सोचता है, और उसको सफल बनाने में आवश्यकतानुसार दाँव-पेंच की बात भी कर लेता है। किसी लेन-देन के मामले में पिताजी ने कोई न्यायपूर्ण स्पष्ट बात कह दी जिससे लालाजी को कुछ नागवार खातिर हुआ कि इन्होंने उनकी बात काट दी। पिताजी ने स्पष्ट भी किया कि उन्होंने मात्र उचित परामर्श ही दिया था। इस पर लालाजी ने कहा—"तुमने मेरी बात काट दी"। पिताजी जैसे स्वाभिमानी मनुष्य को यह कहाँ बर्दाश्त होता कि उनकी न्याययुक्त बात का इस तरह मूल्यांकन किया जाय। तो वह तुरन्त यह कह कर कि "यह रखी है चाभी, सँभालिये अपना काम" तुरन्त उठकर चल दिये। चलते समय किसी ने दबी जबान से कहा, "पण्डितजी जा रहे हैं।" लालाजी ने भी धीरे से कहा—"जाने दो"। पिताजी घर आये और दूसरे दिन सामान बाँध, मुझे साथ ले घर को रवाना हो गये।

घर पहुँचकर सारी घटना बाबा को बताई। बाबा भी सदैव की भाँति "चलो, हरिइच्छा" कहकर चुप हो गये। आषाढ़ मास आ गया था। पिताजी भी खेती के काम में बाबा का हाथ बँटाने लगे। उन दिनों मैं छठे दर्जे में पढ़ता था और यह प्रथम बार था कि मैंने देखा कि पिताजी खेती का काम भी कर लेते हैं—और कितनी सुघराई तथा रुचि से करते हैं चाहे बही पर बरू की कलम चलाना हो, चाहे खेत में हल—कूंड़, लकीरें हमेशा सीधी होती थीं मानो रूल रखकर खींची गयी हों। बाल्यावस्था में बाबा के पास अधिक रहने के कारण मैं खेती इत्यादि के काम में बहुत शीघ्र पारंगत हो गया था। बाबा को कुछ सिखाने में सुख मिलता था और मुझे सीखने में। खटिया, मचिया और खेती, जानवरों के काम आने वाली नाना प्रकार की रस्सी की चीजें मैंने सभी सीख ली थीं जो मुझे पुस्तकों से अधिक प्रिय लगतीं। पिताजी का पढ़ाते समय मुझे मारना एक नित्यप्रति कर्म था, सो अब गाँव में मेरी बारी थी कि मैं उनकी गुरुआई करूँ। इसलिए मैंने प्रथमतः उनके सामने ढ्यारा (सुतली) कातने का प्रस्ताव रखा। परन्तु मेरे आश्चर्य का ठिकाना न रहा जब मैंने देखा कि वह, पुरानी रुई के सूत की तरह, माधो बाबा से भी बारीक सुतली कात रहे हैं। (माधो बाबा अपने सुन्दर बैलों और बारीक सुतली कातने के लिए गाँव भर में प्रसिद्ध थे)। सुतली कतकर तैयार हुई तो मेरी समझ में न आया कि इसका सदुपयोग कैसे किया जाय। अन्त में मैंने सोच-विचार कर बैलों के माथे पर बाँधने वाली झालर बना डाली। यह तो एक नमूना है। पिताजी का हर काम अपनी अलग सुन्दरता से भरा होता। चाहे वह घास काटना हो अथवा कैति डालना (फावड़े से मेंड़ के किनारे की मिट्टी खेत में फेंकना)।

करीब 5-6 महीने बीत गये, तभी एक दिन उर्दू में लाला मुसद्दीलाल (लाला गंगासहाय के छोटे भाई के पौत्र, लालाजी के कोई पुत्र नहीं था) का पत्र आया—"कोई बात नहीं थी, आप नाराज़ हो गये। आपको ऐसी अच्छी नौकरी आसानी से नहीं मिलेगी। और न हमको ही ऐसा जाना बूझा ईमानदार नौकर। कहीं नौकरी न लगी हो तो चले आइये।" कुछ खतो-किताबत (जो मेरे पास अभी भी सुरक्षित है) के बाद पिताजी अपनी जगह बदस्तूर जा लगे। उन्होंने देखा कि छह महीने से किसी ने कुछ काम नहीं किया है। रोज़ाना का चिट्ठा मात्र बनता रहा है।

एक दिन रात्रि को पिताजी ने मुझसे कहा—"आज मुसद्दीलाल न जाने किस ख़याल में थे कि कहने लगे, "पण्डितजी, जिन्दगी का कुछ ठीक नहीं है। आप वह मकान (जिसमें हम लोग रहते थे) अपने नाम लिख लीजिए।" मैंने कहा, "क्या होगा, मैं रहता तो हूँ ही"। इसके बाद पिताजी चुप हो गये। मैं तो चुप था ही, क्या कहता। अच्छा तो नहीं लगा पर तीर छूट चुका था। मैं जानता था कि पिताजी से इस बारे में उनके फैसले के बाद कुछ कहना अनुचित होगा। ज्ञातव्य है कि हम

लोग सुविधानुसार लालाजी के 4-5 मकानों में रहे। किराये का कोई प्रश्न ही न था। इस मकान में चार छोटे कमरे, एक आधे बराण्डे का चौका, बड़ा सा पत्थर के फर्श वाला आँगन, एक छोटा बराण्डा और लैट्रीन थी। इसी मकान में मेरी पहली स्त्री का स्वर्गवास हुआ और दो वर्ष बाद दूसरी आयी। मकान खपरैल वाला और पिछाड़ी की तरफ था परन्तु, वहाँ सभी मकान ऐसे ही थे। मकान की स्थिति खराब नहीं थी। पड़ोस में एक तरफ लाला मुसद्दीलाल के एक फूफाजी का मकान था तो दूसरी तरफ उनके बहनोई का। अस्तु, आज मेरे लिए यह कहना कठिन मालूम होता है कि पिताजी ने यह उचित किया अथवा अनुचित। हो सकता है मकान स्वीकार करने पर मैं लाला मुसद्दीलाल की प्रशंसा कर देता जो अब भी कर रहा हूँ परन्तु पिताजी की निस्पृहता के विषय में कुछ न कह सकता जो उनके अपने पिता से एक कदम आगे थी।

(दौआ के जीवन के अन्तिम चरण में उनके साथ झाँसी में नरेश रहे थे। उस चरण में उनके जीवन में कोई परिवर्तन हुआ था या नहीं, यह जानने के लिए मैंने [रा.वि. ने] नरेश से कुछ प्रश्न किये थे। मेरे प्रश्न और नरेश के उत्तर इस प्रकार हैं :

प्र. अम्मा कुल मिलाकर तुम्हारे साथ झाँसी में कितने दिन रहीं? खाना कौन बनाता था? दौआ एक ही बार खाना खाते रहे या दो बार?

उ. हम कितने साल के थे जब हम झाँसी आये थे, हमें मालूम नहीं पर अक्षर ज्ञान हमारा झाँसी में ही शुरू हुआ। दौआ ने बैठक में हमें रामायण पढ़ाई। इसका मतलब है, हम तब 5-6 साल के रहे होंगे। झाँसी हमने छोड़ी 17 साल की उम्र में। इस तरह अम्मा हमारे साथ 12-13 साल रहीं।

खाना अम्मा ही बनाती थीं। हाँ, जब उनकी तबियत ज़्यादा ख़राब होती थी, तब दौआ ज़रूर खाना बनाते थे। उनके हाथ की पोई हुई रोटियाँ अब भी याद हैं। बाद में हमें रोटी बेलना आ गया था, हम रोटी बेल देते थे और वह सेंकते थे। [यह एक नयी बात थी। दौआ ने मुझे रोटी पोना सिखाया था, झाँसी में मैंने कभी रोटी बेली न थी।]

जबसे हमने होश सँभाला, दौआ को एक ही बार खाते देखा। जाड़ों में रात को सोते समय एक गिलास दूध पी लेते थे और गर्मियों में या तो एक गिलास शरबत या बहुत पतला सा नमकीन सत्तू का घोल। [मेरे समय में दूध पीना अपवाद था, न दौआ पीते थे, न हम दोनों भाई पीते थे। शरबत और सत्तू भी अपवाद थे।] विशेष आग्रह करने पर भी मैंने उन्हें रात को खाना खाते नहीं देखा। हाँ, जन्माष्टमी के दिन बट्टू महराज [मन्दिर के पुजारी] के यहाँ से प्रसाद आने के बाद दिन भर का व्रत तोड़कर रात को खाना खाते थे। [पहले वह रात को ही बनाते खाते थे। 1928-29 में मालकिन झाँसी में थीं। तब नियम से उन्होंने दो जून का भोजन किया था।]

प्र. दौआ के स्वभाव के बारे में सबसे पहले कौन सी बात याद आती है?

उ. दौआ का गुस्सा, लाल आँखें, शाम को घर आकर बैठक के पास जूते उतारना, सब इस तरह याद है जैसे अभी कल की बात हो। अपनी याददाश्त में शायद हमने अम्मा को गुस्सा होते नहीं देखा। उनका सीधापन, आपको 'डाकदर' कहना, अवस्थी भैया को 'जीलोजिस्ट' कहना, सभी तो याद आता है। दौआ का भय! अगर दौआ ने सुन लिया तो क्या कहेंगे, यही सबसे बड़ा पथप्रदर्शक रहा। अभी भी जब पिंटो [नरेश के पुत्र] लिखते हैं, "हम यही सोचते हैं कि पापा चाची क्या कहेंगे" तो मुझे लगता है, Heritage कितना प्रबल है।

प्र. दौआ ने कभी कहानियाँ सुनाईं?

उ. दौआ कहानियाँ तो बहुत सुनाते थे पर अब एक भी याद नहीं है। एक होती थी बिसबेलबाई की, एक गुलसनोवर की; कभी-कभी लखाबांदरी की भी सुनाते थे। मुश्किल यह थी कि कहानी सुनते-सुनते हम सो जाते थे।

प्र. दौआ ने तुम्हें पूजा पाठ सिखाया? तुम और वह कभी मन्दिर गये?

उ. पूजापाठ कभी नहीं सिखाया। एक बार हमने उनकी लाल पोथी खोलकर पढ़ने की कोशिश भी की थी। कागजों के इधर-उधर हो जाने से उन्हें मालूम हो गया। ज़्यादा डाँट तो नहीं पड़ी, इतना कहकर छोड़ दिया कि यह सब तुम्हारे मतलब का नहीं है। अपनी किताबें ही पढ़ा करो। [यह लाल पोथी मेरे समय में नहीं थी।]

हम और दौआ मन्दिर कभी साथ नहीं गये। अलबत्ता ऐसा हुआ कि हम वहाँ पहले से थे और वह भी पहुँच गये। वैसे अकेले दौआ रोज़ ही मन्दिर जाते थे। [यह नयी बात थी।] कुछ तो घूमने के लिए, कुछ लाला घूरमल के यहाँ गप्प लड़ाने के लिए। मैंने केवल वहाँ दौआ को लाइट मूड में देखा।

प्र. तुम स्कूल / कालेज कितने बजे जाते थे? क्या खाकर जाते थे?

उ. हम स्कूल/कालेज नौ साढ़े नौ बजे जाते थे। नाश्ते के नाम पर सवेरे चाय के साथ एक बासी रोटी खाते थे। स्कूल जाने से पहले पूरा खाना ताजा खाकर जाते थे [मेरे समय में बासी रोटियों का खाना और नाश्ता सब एक ही साथ हो जाता था। चाय पीने का चलन न था।] जब अम्मा की तबियत खराब होती थी या वह वहाँ न होती थीं, तब बासी ही खाकर चले जाते थे। कारण, दौआ दोपहर ही में नहा-धोकर खाना बनाते थे। सवेरे की चाय अमूमन दौआ ही बनाते थे। रात को दूध पीना जरूरी था।

प्र. तुम लोगों ने वहाँ होली, दिवाली, मकर संक्रान्ति के त्योहार कैसे मनाये?

उ. होली के 5-6 दिन पहले ही नाले में होली का डांडा गाड़ दिया जाता था। हम सब लोग होली के लिए लकड़ी वगैरह इकट्ठा किया करते थे। विशेष चीज़ होती

थी होली की पूजा के लिए बनाये गये गोबर के उपले, छोटे-छोटे, कुछ लम्बे-लम्बे, कुछ गोल-गोल। उनके बीच में छेद कर लिया जाता था और सुखा लिया जाता था। सूख जाने पर इन्हें मूंज की रस्सी में पिरोकर टाँग दिया जाता था। ये गिनती से हम सब लोगों के नाम के 5-5 बनाये जाते थे। होली जलने के दिन मारवाड़ी स्त्रियाँ होली का पूजन करती थीं। हम लोग होली जल जाने पर उसमें उपलों की माला डाल आते थे, बाँस में बाँधकर गेहूँ की बालों तथा 'बूटों' को सेंक कर घर लाते थे। आते समय एक झारे में होली की आग भी ले आते थे। घर आकर फिर से होली जलती और पूजा होती थी। [ये सब बातें मेरे लिए नयी हैं।]

दूसरे दिन हम सब लड़के करीब 9-10 बजे होली खेलना शुरू करते थे। मुसद्दीलाल के यहाँ एक बड़ा-सा लोहे का टैंक था। उसमें लाल रंग घोला जाता था और बारी-बारी से सबको उसमें डुबाया जाता था। दौआ केवल अबीर से ही होली खेलते थे। [मेरे समय में टैंक में डुबाने वाली क्रिया न होती थी पर दौआ रंग वाले हुल्लड़ से तब भी दूर रहते थे।] भांग अक्सर कहीं न कहीं छनती थी पर ज्यादातर कलाकन्द के साथ मिली रहती थी। शाम को सब लोग स्वच्छ कपड़े पहनकर फिर से होली मिलते थे।

दिवाली पर घरों की पुताई आवश्यक थी। चूने की भस से दौआ को बड़ी तकलीफ होती थी। उनकी साँस फूलने लगती थी। हमारे घर की पुताई सब घरों के बाद होती थी। अक्सर तब तक धनतेरस आ जाती थी। दिवाली के दिन घर पर लक्ष्मी की पूजा तभी होती थी जब दौआ सुन्दरबाबू के यहाँ पूजा कराके लौटते थे। [घर पर लक्ष्मी पूजा अम्मा के कारण होने लगी थी।] अम्मा कुछ जेवर, कुछ चाँदी के सिक्के, जिनमें कुछ तो अंग्रेज़ों के समय के होते थे और कुछ उससे भी पुराने जिन पर फ़ारसी लिखी होती थी, निकालकर रख लेती थीं और उन्हीं की पूजा होती थी। हम बाज़ार जाते थे और मिठाई लेकर आते थे। [मिठाई लाने का काम पहले दौआ करते थे।] उस दिन मिठाई ही खाई जाती थी। [सिद्धान्त यह था कि फिर साल भर मिठाई खाने को न कहना।] अम्मा एक बड़े से दिये में काजल पारती थीं और उसे सूखा ही आँखों में लगा देती थीं जो बहुत करकराता था। सवेरे सोकर उठने पर वह काजल सारे मुँह पर फैल जाता था जिसे छुड़ाना एक समस्या होती थी। दिवाली के दूसरे दिन अन्नकूट होता था मन्दिरों में। हम तो उसमें खाने जाते थे पर दौआ न जाते थे।

मकर संक्रान्ति—जाड़ा, वह भी झाँसी का जाड़ा। और दिन तो चाहे बिना नहाये चल जाये पर उस दिन असम्भव था। सवेरे से कुछ खाने को भी न मिलता था। जैसे ही सूरज थोड़ा ऊपर चढ़ता था, तिल के उबटन की तैयारी होने लगती थी। नौ-दस

बजे हम लोग कुएँ पर पहुँच जाते थे और नहा-धोकर, घर आने पर, मनसी हुई खिचड़ी बट्टू महाराज के यहाँ दे आते थे। फिर घर पर खिचड़ी बनती थी।

कभी-कभी संक्रान्ति पर उनाव के बालाजी के मन्दिर के दर्शन करने भी जाते थे। यह मन्दिर पहूज नदी के किनारे है। रात के अन्तिम प्रहर में बैलगाड़ी से हम सब लोग रवाना हो जाते थे। कभी-कभी भूरे नाई का परिवार तथा लल्लू [रामकिशोर अग्रवाल] तो अक्सर साथ होते ही थे। उनाव हम लोग सात-आठ बजे पहुँच जाते थे। नदी में जल बहुत थोड़ा होता था, फिर भी उसमें घुसकर नहा लेते थे और फिर मन्दिर में दर्शन करने जाते थे। मन्दिर बड़ा भव्य बना हुआ था। फर्श सफेद टाइल्स का था जिसमें चाँदी के सिक्के जड़े थे। दर्शन के बाद कोई अच्छी सी जगह देखकर खिचड़ी पकाई जाती थी। हम लोग शाम को कोई तीन-चार बजे वहाँ से लौटते थे।

[हमारी खिचड़ी हमेशा घर पर ही पकती थी। मैंने बालाजी के दर्शन नहीं किये। रीति यह थी कि संक्रान्ति की खिचड़ी उड़द की दाल की ही बनेगी। रात को मुँगौड़े बनते थे। दौआ ही बनाते थे, दूकान के काम से छुट्टी पाने पर बनाने बैठते थे। लहसुन, अदरक, हरी मिर्च, हरी धनिया काटने में काफी समय लगता था। थोड़ी सी पीठी में हरी मेथी भी काटकर मिलाई जाती थी। जब तक सारे मुँगौड़े बन न जाएँ, हमें धैर्य धारण किये बैठे रहना पड़ता था। लेकिन दिवाली की मिठाई से मुँगौड़े खाने में मुझे ज़्यादा मज़ा आता था। होली, दिवाली की तरह संक्रान्ति के पर्व पर भी सूरजबली भैया बरफखाने से सदर आ जाते थे और हमारे साथ होते थे। तब खिचड़ी मन्सने की प्रथा का चलन न हुआ था।]

प्र. ज्योतिष पर दौआ का विश्वास कब डिगा और क्यों? विश्वास कायम रहने और डिगने का कोई उदाहरण याद हो तो बताओ।

उ. दौआ ने हम सबकी तरह जगदम्बा [मेरे भाञ्जे] की भी कुंडली बनाई थी। उसके हिसाब से जगदम्बा की अचानक मृत्यु का अथवा उनके बुरे ग्रहों का उन्हें कोई आभास न था। पर जब जगदम्बा की अचानक मृत्यु हो गयी तो उन्हें बड़ा सदमा पहुँचा। उसके बाद से मैंने उन्हें जन्म कुंडलियाँ बनाते नहीं देखा।

जहाँ तक विश्वास का सवाल है, दौआ बाबा के बारे में एक किस्सा सुनाया करते थे। बाबा अक्सर दौआ की ज्योतिष का मज़ाक उड़ाया करते थे। एक बार उन्होंने दौआ से कहा कि तुम बड़ी ज्योतिष ज्योतिष करते हो, बताओ, "हम कब मरब?" दौआ बताते थे कि उन्हें बहुत बुरा लगा। उन्होंने कहा, "अब यहु सब हमरेहे मुहँ ते सुनै का है?" तो बाबा कहने लगे, "तुम घबड़ाति काहे का हौ। कुछु तुम्हरे कहे ते हम मरि तो जाब ना!" दौआ ने चैलेंज स्वीकार किया और उनसे

जन्मस्थान, घड़ी पल, तिथि, नक्षत्र इत्यादि सब पूछा। बाबा को जो याद आया, वह उन्होंने बतलाया। झाँसी आने पर पं. काशीनाथ के यहाँ से पंचांग निकलवाये तथा बाबा की जन्मकुंडली बनाई। जब गाँव गये तो बाबा को बताया कि "अस्सी के होइ कै मरिहौ।" और जैसा कि बताते थे, वैसा ही हुआ। हो सकता है अस्सी के बजाय कुछ और कहा हो पर इतना निश्चित है कि जितने वर्ष के बाद कहा था, उतने वर्ष के बाद ही बाबा की मृत्यु हुई।

[ज्योतिष के बारे में दौआ और बाबा की–विश्वास और अविश्वास की–दोनों परम्पराएँ घर में कायम हैं।]

अशोककुमार शर्मा

कम्पूरी देवी

कम्पूरी देवी। नाम तो साधारण ही है पर इस आकर्षक, त्यागमयी, विवेकपूर्ण, सन्तुलित एवं ममता की खान जैसी महिला से मेरा सम्बन्ध 25 अगस्त 1955 से है। 24 जून को इनके निधन पर लगा जैसे मेरा आधार ही खत्म हो गया, प्रेरणा का सोता सूख गया और किसी सर्कस का रिंग कमाण्डर दुर्घटनाग्रस्त हो गया। अब ऐसा कोई न रहा, जो हमारी छोटी-छोटी उपलब्धियों की भी विस्तार से चर्चा कर सके, हमारे सामान्य जीवन में घटित रोजमर्रा की बातों को हू-ब-हू अपने दिमागी कम्प्यूटर पर रिकार्ड कर सके, जिसे जब भी चाहो शब्द-ब-शब्द सुन लो।

उनकी आँखों की दवा देखते ही मुझे ओंकार भाई साहब से कहे मेरे ही वे शब्द ध्यान आये कि मॉइसौल तो अब इतनी इकट्ठी हो गयी है कि माताजी पर खत्म भी नहीं होंगी। अपनी अटैची देख रहा था कि माताजी की धोती निकल आयी। ब्रीफकेस में उनका मंजन निकल आया। अलमारी में सिरप रखा है जो अधूरा इसलिए रह गया कि दिल्ली ले जाने में फैलने का डर था, अतः आ के पी लेंगी। मेरे कागजों में से उनकी जाँचों के पर्चे निकलते हैं और अटैची की जेब से कपड़ों की रसीद ढूँढ़ते समय मिली हुई उनकी बोन मैरो की स्लाइड्स। हर बार एक झटका-सा लगता है, माताजी विभिन्न क्रियाकलापों में संलग्न याद हो आती हैं।

इस सारी यात्रा में माताजी को क्या-क्या न सहना पड़ा। जच्चा होते हुए भी 1।। मन चना ओरना (बुवाई करना), मजदूरों की तरह मैली, फटी धोतियों में निराई, गुड़ाई, कटाई करना व करवाना, खलिहान उठवाना। करीब एक दर्जन मवेशी को चारा लाना, रात में दो-तीन बार उनको चारा डालना, सुबह मुँह अँधेरे ही चक्की पीसना, छाछ बिलोकर घी निकालना और ऊपर से पिताजी की प्रताड़ना। सबसे बड़े पुत्र

किशनलाल का तो इलाज कराने का भी समय न मिला, पर बाकी भाइयों (मेरे समेत) के बीमार होने पर भी खुद को इतनी फुर्सत नहीं थी कि इलाज के लिए उनको लेकर घूमो, अतः यह काम सरबती दादी के जिम्मे था। इन सभी बाधाओं से माताजी का शरीर कृशकाय भले ही हो गया हो पर जिस बात के लिए उन्होंने कष्ट सहे, उसको फलीभूत होते देख वे अपने को एक ऐसी माँ का दर्जा दिलाने में सफल हुईं जिसकी सभी गाँववाले प्रशंसा करते।

दाहिना गाँव में अपने बाल्यकाल में उनका गरीबी से ही साक्षात्कार रहा। कच्चा घर, एक जोड़ी बैल, कर्मठ पिता और परिश्रमी माँ। नाना को तो उन पर स्नेह अपार था। विवाह के बाद भी जब वे दाहिने गाँव जातीं, नाना कहते, "अरे अब तौ कम्पूरी आ गई ऐ, चीला करैगी।" इस कार्यक्रम में कि कब दाल भीगेगी और माताजी को किस स्टेज से यह काम सँभालना होगा, नानी अपनी सुविधानुसार इसीलिए बीटो लगा देतीं कि "कहीं गोदी के छोरा को ठंड नहीं हो जाय।"

अपने निधन से एक सप्ताह पहले तक माताजी इस बात के लिए सराहना करती थीं कि नानी में कितना आत्मविश्वास व परिश्रम करने की हिम्मत थी। शायद ये गुण भी माताजी में स्वतः ही आ गये थे। नानी की मृत्यु सिर्फ 4 साल पहले ही हुई है। माताजी उदाहरण देकर बताती थीं कि किस तरह वह समय-समय पर नानी से सलाह लिया करती थीं। वे नानी के काम करने के ढंग से इतना वाकिफ थीं कि महीनों या सालों बाद भी पीहर जाने पर वांछित वस्तु को अन्दाजे स्थान पर तलाशतीं तो वह उसी स्थान पर मौजूद मिलती।

लगभग 10 वर्ष की आयु में ही उनका विवाह हो गया था। जहाँ शुरू-शुरू में झुनिया भुआ (हमारे बाबा की बुआ) का उन्हें कोपभाजन होना पड़ता, वहीं बाबा लालजी का उन पर बालिका समान ही स्नेह था। झुनिया भुआ पूजा पाठ खूब करतीं और माताजी को वे ठाकुरजी खिलौने जैसे लगते। विवाह से पहले क्वारी लड़की के हाथ का खाना तो पीहर में खाया नहीं गया था, इसलिए उन्हें सब्जी बनाना क्या आये। एक बार लालजी बाबा ने आलू के झोल की फरमाइश की। बालिका कम्पूरी ने छाछ में उबले आलू कोड़कर मसाला डाला पर सब्जी में अपनी माँ जैसी बनाई सब्जी की पीली रंगत न देखकर हल्दी डाल दी। फिर भी काम नहीं बना तो और हल्दी डाल दी। इस पर्याप्त हल्दीयुक्त सब्जी को देखकर झुनिया भुआ तो भभक उठीं पर लालजी बाबा ने सब्जी की तारीफ करते हुए और सब्जी माँग-माँगकर खाई। यह बात अलग है कि नौहरे पर आते ही बाबा को उल्टियाँ करके उस खाने का मूल्य चुकाना पड़ा।

अपने युवा पुत्रों की अकाल मृत्यु से शोकाकुल लालजी बाबा अपने नाती (पिताजी) के स्वच्छन्द विचारों को लगाम दे पाने में अपने को असमर्थ पा रहे थे।

कौन है, क्या हो रहा है, कैसे हो रहा है, इसकी कोई फिक्र उन्हें न रही। यहाँ तक कि ओंकार भाई के पैदा होने और जवाहर भाई के भयंकर बीमारी की सूचना भी उन्हें जेल में ही पहुँचाई गयी। इन्हीं परिस्थितियों में माताजी की उम्र कुछ और बड़ी हुई तो स्वाभाविक था कि लालजी बाबा ने अपना ध्यान उन्हीं की तरफ़ व उनसे प्राप्त पुत्रों में रमा दिया। माताजी ने भी उनका अन्तिम समय तक पूरा-पूरा ख़याल रखा और अपने अन्तिम समय तक भी बाबा के प्रति सम्मान से उनका हृदय ओत-प्रोत रहा। समय के साथ बाबा को दिखाई भी कुछ कम देने लगा था। नहलाने, धुलाने, खाना खिलाने, टट्टी पेशाब आदि सभी की जिम्मेदारी माताजी की ही थी, पर थीं तो आखिर बहू ही। बाबा से बात करने के लिए कोई माध्यम न होने पर ही स्वयं ऊँची आवाज में कहतीं, "लल्लू, बाबा ते कै दै कै रोटी खा लें।" यह बात और है कि वहाँ कोई 'लल्लू' नहीं होता था। बाबा कभी किसी खास खाने को कहते तो अपने पुत्रों को भी न देकर बाबा के लिए वह बना देतीं। बाबा को पता भी न चलता कि बच्चे उनके हलवे को ललचाई नज़र से देख रहे हैं और स्वयं को वंचित करने के लिए माँ को बड़े होकर ताना देंगे।

लालजी बाबा करीब 13-14 वर्ष की आयु में स्वर्ग सिधारे। इस बात की भी अक्सर चर्चा होती है कि उनके अन्तिम संस्कार में जवाहर भाई, जिस रोटी को खाते-खाते गये थे, वही उनकी चिता पर रख दी और कहा कि "बब्बू रोटी खा लै।" माताजी का विश्वास था कि बब्बू मरने के बाद भी उनको दिखाई देते रहे। ऐसे ही एक उदाहरण में वह कहती थीं कि रात को बब्बू ने चौके में से आवाज देकर जगाया कि बैल खुलकर जा रहा है। बात सही निकली।

मेरे और जीजी के अलावा बड़े भाइयों का जन्म बब्बू के सामने ही हो गया था। बच्चों की परवरिश, घर का काम व खेती के काम में मजदूर से लेकर मालिक तक की हैसियत से जुट जाना, मजदूरों से काम करवाना, खुद जी तोड़ मेहनत करना, खेती में साझीदारों से सुलटना, सभी काम पिताजी की उदासीनता के कारण माताजी के ही जिम्मे थे। भारत के स्वतन्त्र होने पर तो पिताजी को वस्तुतः कोई विशेष काम रह नहीं गया था, माताजी का यही उपालम्भ रहता कि मास्टरी का चान्स भी पिताजी ने यों ही छोड़ दिया।

इस सारे समय दुःख में माताजी के साथ लगी रही थीं सरबती दादी। अपने वैधव्य को उन्होंने माताजी की ही गृहस्थी में गूँथकर काट दिया, अर्थात् करीब 70 वर्ष उन्होंने हमारे परिवार की सेवा में बलिदान कर दिये। तुलनात्मक दृष्टि में सरबती दादी इस अर्थ में अधिक त्यागमयी हैं। माताजी के साथ ही सरबती दादी ने भी अपने जेवरात पिताजी को कांग्रेस कोष में दान के लिए दिये। दोनों ही अपनी सामर्थ्य से अधिक श्रम करती रहीं। माताजी को भी सरबती दादी के निधन पर उनके साथ

अपनी जिन्दगी याद हो आयी थी, जिसमें वे सास बहू की अपेक्षा सहेली की तरह रही थीं।

अनपढ़ होने पर भी माताजी कुशाग्र बुद्धि की थीं, इसमें कोई शक नहीं। 12 बैल के साझीदारों में किस-किससे कितना बीज लिया, कितने का बीघा बीज काम आयेगा, कितना बचा, मजदूरों को कितना अनाज दिया, कितना रुपया दिया, लुहार, बढ़ई, चरवाहे तथा सामान्य वस्तुओं के लेन-देन उनको जबानी रटे रहते। घटना चाहे कितनी ही पुरानी क्यों न हो, उसे संवादों में वाक्य-दर-वाक्य सुना देने पर या किसी स्वजातीय आदमी के बारे में रिश्तेदारी कि वह किस का किस तरह क्या लगता है, यह सब सुनकर आश्चर्य होता था कि माताजी इतना याद कैसे रख लेती हैं।

माताजी ने जीवन में जिससे भी अपनापन पाया, उसी की जीवनपर्यन्त स्नेहाधीन रहीं चाहे वह चम्पी डोकरी हो, रामबक्स बाबा, बीघा कोरी परिवार या अन्य और। जहाँ एक ओर गैस्ट्रिक अल्सर से पीड़ित रामदयाल की बहू के साथ होने वाले दुर्व्यवहार से द्रवित हो जातीं, वहीं अकारण ही "भैंसे की तरह लट्ठों से पीटने पर" अमरों की बहू का दुःख भी उन्हें असह्य था पर दूसरे के मामले में हस्तक्षेप न करने की नीति पर चलते हुए, सिर्फ मन मसोसकर रह जातीं या हमसे कह डालतीं।

चम्पी डोकरी यों तो जाति की चमार व सारे गाँव के लिए ही दाई थी, लेकिन हम लोगों पर उसका विशेष स्नेह था। यहाँ तक कि मेरे जन्म पर उसने पिताजी को भी 'कानी छोरी के जन्म' का समाचार ही दिया जिससे पाँचवाँ पुत्र होने से कहीं मुझे नजर न लग जाय (फिर भी लग गयी थी) तो बेला कभी खाली रहता ही न था, भले ही ठंढी रोटी खानी पड़े। जब भी चम्पी दादी आती, कम-से-कम उसे रोटी या महेरी तो मिल ही जाती और फिर बथुआ का साग, कढ़ी या करारा हो तो स्पेशल डिश ही हो गयी। क्या दिया गया है, शायद इससे ज्यादा महत्वपूर्ण यह बात थी कि किसने और किस भाव से दिया है। तभी तो चम्पी दादी तृप्त हो के ही जाती और अपने 'बेले' में भी कुछ भर ले जाती। मरते समय चम्पी दादी का दामाद उसके पास बैठा रहा। रात भर बुढ़िया बीमारी के कारण अचेत सी रही पर जब भी जरा होश आता, 'बलराम को' देखने की रट लगा देतीं। सुबह ज़ब दामाद ने 'बलराम को' ले जाने की बात कही तो मालूम हुआ कि वे तो रूस में हैं। फिर रिप्लेसमैंट में जवाहर भाई चम्पी दादी के पास गये और कहा कि मैं आ गया हूँ। उसने भाई साहब के हाथों को टटोलकर कहा, 'ऐ बेटा तू तौ बड़ौ लट गयौ ए।"

रामबक्स बाबा के साथ नियति ने बड़ा ही क्रूर मजाक किया। न सिर्फ उनका भरा-पूरा परिवार छिन्न-भिन्न हुआ, विधुर हुए बल्कि जवान बेटा भी आगरा में गोली चलने से मारा गया। वैधव्य से त्रस्त सरबती दादी एवं सहृदय माताजी, अच्छी तरह रामबक्स बाबा की पीड़ा समझती थीं। कालचक्र को तो वे नहीं उलट सकती थीं पर

अपना सामर्थ्यानुसार रामबक्स बाबा की सेवा की, सालों उसको खाना बनाने के झंझट से दूर तब तक रखा जब तक कि खूबी ने इसका चार्ज नहीं ले लिया।

माताजी ने प्रारम्भिक जीवन गरीबी के साथ अशिक्षा में ही गुजारा था। उनकी एक ही साध थी कि हमारे बड़े भाई पढ़-लिखकर अच्छी-अच्छी नौकरियों में हों जिससे खाने-पीने का खर्च निकलता रहे और तनख्वाह बची रहे। शायद उनको तब यह मालूम भी न था कि इन नौकरी से कुछ बड़ी नौकरी भी होती हैं। पर समय के साथ वे भी अपने को हमारी समस्याओं से पूर्ण वाकिफ करके चलती रही। तभी तो मेरे वांछित हाउस जॉब न मिलने पर और यह जानकर कि मेरे मित्रों को इस सम्बन्ध में खास परेशानी नहीं है, बोली थीं "सपत्ती दुनियाँ कूँ हाऊ जौ मिल जाय, तोकू क्यों ना मिलै।" बालगंगाधर भाई के अपनी उपलब्धियों पर असन्तुष्ट रहने पर मुझसे पूछतीं, "रेडियालाजी अच्छी नाँय का?" और अपने निधन से 13 दिन पहले ही लीबिया में बालगंगाधर भाई से फोन पर बात करते हुए उन्हें निर्देश दिया था कि लता भाभीजी आ रही हैं, इनके पहुँचते ही टेलीफून कर देना।

मेरी याददाश्त बहुत अच्छी नहीं है। एक घटना याद है जब माताजी ने अपने भानुमती के पिटारे समान बक्से को नीचे की अँधेरी कोठरी में से निकालकर खोला था और मैं एक पैर में बिछिया पहन छम-छम करता जीजी को बुलाने स्कूल चला गया था।

अजमेर में बलराम भाई लेक्चरर थे। पहले साल वहाँ माताजी और दूसरे साल सरबती दादी रहीं। वहाँ मुझे जो लाड़ प्यार मिला, अब तक याद है। पतला-दुबला तो था ही, सबसे छोटा भी। सोफिया गर्ल्स स्कूल में भरती कराया गया, बस लेने आती थी। टाई वगैरह लगा के स्कूल पहुँचते तो वही पोइम रटाई। सुबह 'गुड मानी' कहना। वहीं पर बड़े भाइयों ने मुझे तमीज सिखाने के लिए भैया, कक्कू व भैया के बजाय माताजी, पिताजी व भाई साहब और 'तू' की जगह 'आप' कहना सिखाया। वहाँ पहले साल जीजी नहीं थीं सो वे अब तक 'दीदी' नहीं हो पाई हैं। जब हम गंगाराम के मकान में रहते थे तो माताजी गली के नुक्कड़ तक मुझे छोड़ने जातीं, जहाँ कि बस आती थी। काफी सालों तक मेरा उस बात के लिए मज़ाक उड़ाया जाता कि एक दिन मैंने माताजी से यह कहा था, "आप गन्दे कपड़े पहनकर मुझे छोड़ने न आएँ क्योंकि मुझे शर्म आती है।"

भाई साहब के रूस जाने के बाद माताजी बहुत परेशान थीं। मन में एक से एक कुविचार आते व बुरे सपने दिखाई देते। इनका हल वह रो-धोकर या साझीदारों के साथ बात करके करतीं। ऐसे ही किसी एक सपने में उन्होंने भाई साहब को सफेद कपड़े पहने, हवाई जहाज से उतरकर कुछ करते देखा तो अपने ही हिसाब से अर्थ लगा के परेशान होती रहीं। भाई साहब के सकुशल आ जाने के लिए काफी मनौतियाँ

मनाईं। सप्ताह में एक निश्चित दिन काले कुत्ते को खिलाना, रोजाना जत्ती बाबा पर अनाज डालना आदि तो नियमित काम था। अमावस्या को ब्राह्मण और देवी पूजने के नियमित समयबद्ध कार्यक्रम के अलावा, भाई साहब के लौटने पर अलग से ब्राह्मण भोज का कोटा भी उन्होंने पहले ही तै कर दिया था। भाई साहब की चिट्ठी न आने तक वे व्यथित रहतीं और किसी कारणवश चिट्ठी में देर हो जाय तो रोना-धोना शुरू। हमारी तरफ से जाने वाली हर चिट्ठी में यह आग्रह होता कि ''चाहे दो लाइन ही लिख दे पर चिट्ठी डार दे।'' सन् 1963 में भारत-चीन युद्ध की खबर सुनकर एकदम चौंक गयीं कि पता नहीं भाई साहब के कितनी पास लड़ाई चल रही है। फिर तो बमुश्किल ही, यह आश्वासन पाकर शान्त हुईं कि भाई साहब हमसे ज्यादा सुरक्षित हैं। इन सब बातों के अलावा एक बात उन्हें और खाए जा रही थी, वह यह कि ''छोरा बूढ़ौ है चल्यौ पर ब्याह की कोई बातई नांय।'' थीसिस के बारे में जब भाई साहब लिखते तो मेरी और माताजी की बराबर उत्सुकता रहती कि इस दिशा में क्या प्रगति हुई, वैसे हम दोनों को ही यह नहीं मालूम था कि थीसिस होती क्या बला है। परन्तु जब थीसिस के चक्कर में ही भाई साहब को एक-डेढ़ साल वहाँ और रुकना पड़ा तो माताजी बड़ी निराश हुईं कि पता नहीं यह कभी पूरी होगी भी या नहीं। हमारे प्राइमरी स्कूल के हैडमास्टर दुर्गाप्रसाद को हमारे परिवार में बड़ी दिलचस्पी थी। भाई साहब के पत्र में मेरे लिए अलग से चिट्ठी आती तो मैं उसे 'मास्साब' को सुनाता। माताजी को भी उत्सुकता रहती, पूछतीं ''फिर मास्टर ने का कई।'' मास्टर दुर्गाप्रसाद को बतौर ब्राह्मण भी माताजी ने कई बार न्यौता था। भाई साहब के रूस से लौटकर गाँव पहुँचने के दिन को भी माताजी ऐतिहासिक दिन की तरह याद रखतीं कि किस तरह वह 'गढ़े' पर भैंस को शाम का पानी पिलाने ले गयीं तो मझउआ पटी की एक औरत ने आकर कहा, ''मैया गढ़े पै डोल रईए, छोरा रूसते आयौए।'' फिर जल्दी-जल्दी घर लौटकर जिस तरह वे पुलकित हुईं उसको बाद में भी बताती थीं ''बल्लम [बलराम] ऐसौ लै, कै सफेद अंगरेज जैसौ। गरे में ते आवाज नेक निकर रइ...।''

3 से 7वीं कक्षा तक मैं गाँव में ही रहा। माताजी की दिनचर्या में वही तड़के उठ के चक्की पीसना, दही मथना, दूध काढ़ना व ढोरों को चारा डालना, रोटी-कर खेत पर जाना, शाम को चारा लाना, जानवर सँभालना, दूध काढ़ना, रोटी बनाना, रात को फिर चारा डालना आदि ही शामिल था। खाने में ठंढी बची रोटी वह भी रूखी, महेरी में भी दूध के बजाय छाछ, सब्जी न हो तो ज्यादा अच्छा और फलों का तो सवाल ही नहीं। घी-दूध से तो जैसे उन्हें परहेज था। दूध वे तभी पीतीं जब वह फर्श पर फैल गया होता। पहनने का भी उन्हें शौक नहीं था। अव्वल तो नयी धोती उनको लाई ही नहीं जाती पर अगर शादी वगैरह में कोई मिली भी, तो रसोईवाले अट्टा के

नीचे की अँधेरी कोठरी में बक्से में बन्द करके रख देतीं। जब उस कोठरी में से कुछ सामान निकालना होता तो हमें बड़ा मजा आता। दिया लेकर जाते फिर बक्से बाहर लाये जाते। उनमें प्रायः नये कपड़े ही होते तथा कीड़ों से बचाने के लिए नैफ्थैलीन की गोलियों की मिली-जुली खुशबू बड़ी अच्छी लगती। इसके अतिरिक्त अजायबघर जैसा कौतूहल भी जागता। कभी माताजी का भारी भरकम छींट का लहँगा निकल रहा है, तो कभी नयी धोतियाँ या अन्य कपड़े। एक गुप्ती रखी रहती थी, जिसे मैं हमेशा खोल के देखता और माताजी 'लग नईं जाय' की चेतावनी भी हमेशा देतीं। एक गोल काली टोपी व ब्याह-शादी में प्रचलित गाँधीनुमा टोपी भी उस बक्से के स्थाई स्तम्भ थे और इनको पहनने का शौक भी मैं थोड़ी देर के लिए जरूर करता। इसके अलावा एक चाँदी की चीज, शायद बच्चे के पैर के लच्छे तथा चाँदी के बटन हम देखने के लिए निकलते तो वे उन्हें जल्दी ही छुपा देतीं, "कक्कू देख लेगौ।" एक बार उन्होंने मुझे एक गाँठ में बाँध के संगृहीत की हुई इकन्नियाँ दीं, पर जब उन्हें मैं रमेश बनिया की दुकान पर ले गया तो मालूम हुआ कि सरकार ने इनका चलन ही बन्द कर दिया है।

माताजी मुझे लाड़ में 'राजकुमार' या और भी संक्षिप्त कर 'कुमारा (कुमार)' कहतीं। यही सम्बोधन घर पर भी और खेत खलिहान में भी। इसको सुन के रिश्ते में भाभी लगने वाली केरिन या चमारिन जब शब्द को बिगाड़कर 'कुम्हरा' (कुम्हार) कहतीं, तो मुझे बड़ी चिढ़ होती। मेरे खेल अक्सर ऊधमबाजी के नहीं होते थे और माताजी को उनसे कोई आपत्ति न थी पर कंचे खेलने के लिए उनकी साफ मनाही थी। मुझे याद नहीं कि माताजी ने कभी मुझे पीटा भी था। न ही उन्होंने मुझे बच्चा समझकर ज्यादा काम करने दिया, सिवाय ढोरों को छोड़ने—पानी पिलाकर लाने, नीम तोड़ने, मूँगफली फोड़ने और पल्ला देने जैसे हल्के कामों के। कुएँ में गिरने से बचने के लिए मेरे लिए चन्नी लुहार से कह छोटी बाल्टी बनवाई थी। फिर भी, दूध के ऊपर पड़ी मोटी मलाई माताजी हमें नहीं खाने देतीं और हम इस इच्छा को चोरी छिपे 'थोड़ा सा टुकड़ा' खाकर पूरा किया करते।

पाँच साल के उस ग्रामीण जीवन में मैंने माताजी की जिन दीर्घकालिक उपलब्धियों को पाया वह जवाहर व बाल. भाई के रूप में हैं। जवाहर भाई ने तो स्वयं को 'आजाद' घोषित कर रखा था। पिताजी को चिढ़ाने के लिए उनके सामने हुक्का पीते और भाइयों की एक न सुनते। कभी बीच में ही पर्चे छोड़कर चल दिये, कभी भरतपुर में दादागिरी की तो कभी करुओं को जा पीटा। ये अगर संसार में किसी का कहना मान सकते थे तो सिर्फ माताजी का। हर समय माताजी इन्हें उचित सलाह देती रहीं। इलाहाबाद जाने के बाद भी जवाहर भाई अगर गाँव चिट्ठी डालते तो माताजी को। अगर वहाँ से आते तो मेरे, जीजी, बौबी तथा माताजी के आकर्षण के

कारण ही। शायद हम भाइयों में उन्होंने ही आते-जाते समय नियमित रूप से माताजी के पैर छुए होंगे। यूँ तो माताजी के पास क्या धन रखा था पर एक बार उन्होंने 600/- मेरे द्वारा 1971 में जवाहर को इलाहाबाद भिजवाये थे। यह आर्थिक से अधिक नैतिक मदद थी।

बालगंगाधर भाई ने तो पढ़ाई से निराश होकर अर्जुन की तरह हथियार ही डाल दिये थे कि किताब रूपी गांडीव से तो हाथ ही नहीं लगाऊँगा। इस बात का शुद्ध श्रेय माताजी को ही है कि उन्होंने निहोरे तथा मिन्नत कर-करके उन्हें I yr T.D.C. कर लेने के लिए तैयार किया।

बात इन्हीं दिनों की है जब बलराम भाई रूस से आ चुके थे। भैंसा के भग्गी बौहरे के यहाँ से बाल. भाई की शादी का प्रस्ताव आया। उसमें वधू के नाम काफी धरती होने की बात भी थी। एक ओर माताजी को जहाँ इस बात का खेद था कि स्वतन्त्रता प्राप्ति के बाद पिताजी ने जान-बूझकर जमीन को और लोगों के नाम हो जाने दिया तथा शीतलावाले की 'तालाब की नाम' को कौड़ियों के मोल भी नहीं खरीदा, वहीं अब पिताजी की धरती पर आसक्ति होने लगी थी। जमीन चाहे कहीं भी हो और टुकड़ा भर ही क्यों न हो, वे खरीदने को बेचैन रहते। जब भग्गी बौहरे से वांछित वस्तु पाने को मिली तो पिताजी भी इस सिलसिले में बातें करने लगे। माताजी ने इस प्रस्ताव का विरोध किया और जब बड़े भाई साहब ने भी रूसी तरीके से वीटो लगाया तो यह प्रस्ताव धराशायी हो गया।

यह मेरी समझ में नहीं आता कि स्वाधीनता सेनानी, परमार्थकर्ता व दानी स्वभाव के पिताजी, माताजी के सम्बन्ध में ही क्यों निष्ठुर हो जाते थे। बात-बेबात डाँटना जैसे उनकी आदत बन गयी थी। वह रात न तो माताजी को ही कभी भूली और न ही मुझे भूलती है, जब बैलों के चोरी चले जाने पर माताजी को माह-पूस की ठंढी रात में घर से बाहर रहने का हुक्म सुनाया गया। मुझे तो माताजी ने ऊपर भेज दिया और स्वयं 'सार' में रात भर बैठी रहीं। रात भर तिनके या टहनी जला-जलाकर आँसुओं के साथ वहीं जमी रहीं।

जब माताजी चारा लेकर आतीं, तो मेरे लिए चिरपोटी और कचरियाँ बीनकर धोती के छोर में बाँध लातीं। जब कोई फेरीवाला निकलता तो उससे मेरे लिए खरबूजा, ककड़ी, तरबूज आदि ले लेतीं। स्वयं का तो इन चीजों से बस इतना ही नाता था कि खरीदने से पहले चखकर देख लें कि कहीं कड़वे तो नहीं हैं।

जब तक मैं गाँव में रहकर पढ़ा, माताजी हर तीज़-त्योहार मनातीं। इसका उद्देश्य मेरे लिए पकवान बनाना ही होता। माताजी स्वयं उपवास नहीं करती थीं, इसका कारण यह था कि एक बार उपवास के दौरान बीमार पड़ीं तो पिताजी की डाँटों के अलावा स्वयं ने भी यह सोच लिया कि जब बीमार ही पड़ गयी तो ऐसे उपवास से

फायदा क्या? दीवाली के तीनों दिन माताजी व्यस्त रहतीं। पहले दिन दीवाली पूजन के साथ-साथ सरस्वती पूजन भी होता। दूसरे दिन गोवर्धन पूजन तो हमारा प्रसिद्ध था ही। खूब भीड़-भाड़ इकट्ठी होती और पटाखे चलते। रॉकेट जैसी आतिशबाजी गोला के खेतों में होती क्योंकि इनसे आग लगने का खतरा था। रामबक्स बाबा की खाट के नीचे लड़के चुपचाप पटाखे छोड़ उसे चिढ़ा देते और वह सबको गाली देते हुए पीटने दौड़ता। तीसरे दिन बैलों का पूजन होता। इसमें बैलों को स्वयं हाथ से सजाना व खिलाना होता तथा मजदूरों को पकवान खिलाये जाते। इसमें माताजी के द्वारा बनाये 'करारे' की बड़ी माँग रहती।

गाँव में उन चमार-कोरियों को जिनको हम लोगों ने कर्ज दिया हुआ था या किसी भी तरह हमको बड़ा मानते थे, उनकी शादियों में निकासी के समय दूल्हे की बारात हमारे घर आती। माताजी दूल्हे की आरती उतारकर उसे दान कर देतीं। इसी तरह से लोग हमारे यहाँ 'सीधा' भेजा करते जिसमें पकवान बनाने का सामान, आटा, दाल, घी, तेल और गुड़ आदि की शक्ल में रखा रहता। यह इसलिए रखा जाता कि 'नीची जाति' के बने पकवानों को भला बौहरे कैसे खाएँगे। उसमें से माताजी चुटकी भर अन्न लेकर शेष 'सीधा' रुपया रखके लौटा देतीं।

माताजी ने अपनी सास के रूप की भूमिका को इतने सन्तुलन से निभाया कि हमारी किसी भी भाभी को उनसे कोई शिकायत नहीं रही। इसका मूल मन्त्र इस तथ्य में था कि वे किसी से अपेक्षा तो करती ही न थीं, बल्कि यही कोशिश करतीं कि उन्होंने किसी के लिए कुछ किया या नहीं। अपने निधन से एक हफ्ते पहले उन्होंने मुझसे यह अफसोस व्यक्त किया कि "बालगंगाधर और तेरी भऊ कूं तो मैंने रोटीउ करके नाईं खबाई।" उस समय तन से वे भले ही अशक्त हो गयी थीं, उनकी इच्छा या सिद्धान्त का इस वाक्य से पता चलता है। अब भी उनकी इच्छा किसी के हाथ की रोटी खाने की नहीं थी, बल्कि गम था तो यही कि अपने हाथ से उनको खाना बना के नहीं खिलाया।

बच्चों के पैदा होने पर और खास तौर से पहले बच्चे पर उनकी परवरिश की कठिनाइयों का भी उन्हें अच्छी तरह भान था। बॉबी-रूबी के समय सरबती दादी और छोटू-बिट्टू के समय स्वयं इस कार्य के लिए प्रस्तुत थीं। मूल से ज्यादा ब्याज प्यारा होता है, यह बात वह सही साबित कर देती थीं। गरदन में झटका नहीं लग जाय, सिर में थप्पड़ नहीं देना, बच्चे को ज्यादा ऊँचा मत उछालो, उनके ऊपर मजाक में भी बैठने का अभिनय मत करो आदि निर्देश देती ही रहतीं। कोई भी चीज़ खाने को दी गयी तो उसे 'लल्लू' को दे देने का तो जैसे नियम ही था।

टन्नू की बातें उन्हें सबसे अच्छी लगतीं। उसकी बातों को न सिर्फ धौलपुर में बल्कि भरतपुर और दिल्ली में भी दुहराकर हँसती रहतीं या कभी कहतीं "छोरा की

जीब के आगे फाटक नांय।" जब टन्नू लाड़ में आकर उनसे जवाहर भाई की तरह 'मैया' कह देता तो आह्लादित हो जातीं। ये दोनों ही उनके पैर छूते तो आशीर्वाद की लम्बी झड़ी लगा देतीं।

जीजी पर माताजी का अलग से स्नेह था। कहती भी थीं कि 'मेरे जानें तौ ऐसेई छोरा और ऐसी छोरी।' जीजी के लिए जयपुर घी भी भिजवाती थीं। जवाहर भाई की शादी के बाद माताजी को बालगंगाधर भाई के बजाय जीजी की शादी की ज्यादा चिन्ता थी। जब इस बारे में ज्यादा सोचतीं तो खीझकर पिताजी की अकर्मण्यता बखानने लगतीं। जीजी जब जयपुर में पढ़ती थीं तभी से दोनों में कुछ मिस्कुट सी चलती रहती। इस बात का राज तो 1980 में तब खुला जब जीजी की शादी तै होने पर उनके संगृहीत रुपयों को अपने पास रखने की जीजी अधिकारिणी नहीं रहीं। तब यह कोर्चा, जो करीब 5 हजार रुपये का था, मुझे सौंप दिया गया। माताजी कहतीं कि यूँ तो सारा काम 'छोरा' कर ही रहे हैं, इन रुपयों को गुप्त ही रखा जाना चाहिए जिससे पता नहीं कब काम आ जायें। मुझे इस राशि का बड़ा हिसाब रखना पड़ता क्योंकि M.D. करते वक्त पैसे तो मिलते नहीं थे, अतः कहीं ऐसा न हो कि मेरे पैसों और माताजी के कोर्चे के बीच की दीवार टूट जाय और मैं उनमें ही मुँह मारने लग जाऊँ। हर प्रकार के विवाद से बचने के लिए यह दान सरबती दादी द्वारा घोषित किया गया और सरबती दादी द्वारा लगाई रकम को बढ़ाकर बताया गया।

माताजी को दमे की बीमारी थी पर वह हर सर्दियों में नहीं उखड़ता था। मैंने तो उनको हाँफते हुए सिर्फ एक बार ही देखा था जब वे 'नई कोठी' में से सर्दियों में अनाज निकाल रही थीं। शायद, धूल, सर्दी व कुछ इन्फैक्शन ने एलर्जी का जोर बढ़ा दिया था। अन्यथा सर्दियों में वे 'एलर्जिक कफ' से परेशान रहतीं।

माताजी की आँखों का सघन इलाज कार्यक्रम तो भाई साहब के रूस से लौटने के बाद ही हो पाया। सन् 1966-67 में जब वे 27/2 ईस्ट पटेल नगर रहते थे तो AIIMS में दिखाया। एक आँख की पलकबन्दी AIIMS में हुई और दूसरी की विलिंगडन में। तभी दिल्ली दर्शन हुआ। बिड़ला मन्दिर का वाकया भी ठीक ही रहा। एक गैलरी के अन्त में आदमकद शीशा रखा था, जिसमें कि सारी गैलरी की हलचल सजीव मालूम होती थी। माताजी ने यह समझा कि गैलरी अभी खत्म नहीं हुई है और फिर उनको दिखाई दी एक औरत जो उन्हीं की सीध में चली आ रही थी। माताजी बचने के लिए एक तरफ हुईं तो वह औरत भी उसी तरफ हो गयी। अब माताजी फिर पहलेवाली तरफ आयीं तो वह औरत भी उधर ही हो ली। फिर भी, वह एक तरफ होकर बचने के क्रम में पैर बढ़ाने लगीं तो पैर सामने की दीवार से टकरायी। तभी हम लोगों को जोर से हँसी आ गयी और माताजी हमें हतप्रभ होकर देखने लगीं। जब उन्हें असलियत मालूम हुई तो वे भी हँसने लगीं। इस किस्से को

हम बाद में भी याद करके हँस लेते थे।

इसके बाद तो माताजी के कई बार दिल्ली चक्कर लगे जिनमें वे अकेली भी घर जा पहुँची थीं। एक बार जब वे रामबक्स बाबा को टेढ़े-मेढ़े रास्तों की भीड़ भरी दिल्ली में ले जाते हुए सकुशल घर पहुँची तो बाबा ने भाई साहब से कहा था, "भइया, कम्पूरी तौ बड़ी फरवट है गई ऐ।"

सन् 1975 में भरतपुर के डॉक्टरों ने उनके टी.बी. होने की घोषणा कर दी। डॉ. प्रदीप को तो उनके थूक में टी.बी. के बैक्टीरिया भी दिख गये थे और उनका इसी बीमारी का इलाज भी शुरू हो चुका था। जब मैं भरतपुर आया तो उन्हें डिप्रैशन के मारे बड़ा थका-हारा पाया। उन्होंने स्वयं को अपने आप ही बाकी लोगों से अलग कर दिया था और मुँह पर अपनी धोती का ढाटा बाँधे रहतीं। खाने-पीने से बच्चों को बीमारी लग जायेगी।

जोरास्टर पौलीक्लीनिक पर उपलब्ध हमारे रिटायर्ड प्रिन्सिपल डॉ. हंसकुमार ने मरीज और एक्स रे देखकर इस बात से इन्कार किया कि माताजी को टी.बी. की बीमारी है। स्वयं बालगंगाधर भाई द्वारा अपना शक मिटाने के लिए बाद में किये गये ढेरों एक्स रे फिल्मों से जब टी.बी. न होने की बात निर्विवाद रूप से सिद्ध हो गयी तो भरतपुर के डॉक्टरों को बुरा-भला कहते हुए माताजी भरतपुर लौट आयीं।

धौलपुर प्रवास में मेरी और माताजी की मेहमानों जैसी खातिर होती रही। माताजी भी यहाँ सन्तुष्ट लग रही थीं। मेरे और जवाहर भाई द्वारा गाँव व रिश्तेदारों की हुई बातें, बच्चों की अठखेलियाँ और पूर्ण विश्राम। इसके अलावा इस बात से भी उन्हें तसल्ली रहती थी कि एक डॉक्टर उसके पास रहता है और इतना पास कि खाट से खाट लगा के सोता है। (डॉक्टर कर कितना पाये, यह बात अलग है)। रात को मच्छरदानी तानने से पहले ही वे उसमें घुसकर बैठ जातीं और फिर उसका एक-एक सिरा मैं बाद में बाँधता। उनको इस तरह बैठे देखकर बड़ी हँसी आती। रात को देर तक पत्रिकाएँ उलटने की आदत से बड़ी परेशान थीं। बीच-बीच में कहती रहतीं, "आधी रात है गई, सो जा।" उनको मेरी नौकरी करने के तरीके में बड़ा मज़ा आता। चूँकि मुझे यह नौकरी छोड़नी तो थी ही, अतः सुबह 2-1 घंटे हो आता। वे कहतीं, "धाँई सी ऐ छी आवै।" जब डिस्पेन्सरी के कर्मचारियों की तनख्वाह लेकर जाता तो नाराज हो जातीं कि वे लोग यहीं आकर क्यों नहीं ले जाते। यह बिगड़ा इलाका है और रुपये लेकर चलना ठीक नहीं। जब मेरे पैर में मोच आयी तो शायद इतनी पीड़ा उनके स्वयं मोच आने पर उन्हें न हुई होती। बार-बार कहतीं—"कैसौ दुखै?" "चल्यौ नाँ जाय ऐं?" "बैठ-बैठ के चल लै" आदि। डॉ. त्रिलोक को यह मकान मालूम न होने पर 11 नं. से लौट जाना पड़ा था। इस देरी से माताजी का आक्रोश डॉ. त्रिलोक पर उमड़ पड़ा, हालाँकि वे घरेलू सम्बन्धों के कारण ही आए थे। और

इस सबसे ऊपर उन्हें जो शिकायत थी वह यह कि रेलवे क्रॉसिंग का फाटक जब बन्द था तो मैंने क्यों 'साइड' में से मोटरसाइकिल निकालने की कोशिश की। वह बार-बार कहतीं, 'वू तौ भलौ हुऔ मोचई आई, जौ कऊँ फाटकै पार करते बखत गाड़ी आ जाती तौ कैसे होंती।'' और तभी मुझे याद आया कि किस तरह बचपन में और बच्चों को मन्दिर पर चढ़कर पिछवाड़े कूदते देखकर मैं भी जा कूदा था और पहली कुदान में ही पैर में मोच कर लाया था। तब माताजी ने गुनगुने तेल में भीगे सिर के बाल पैरों पर बाँधे थे और फिर गिरधर चमार को बुलवाकर मोच उतरवाई थी।

इसी दौरान 15 अप्रैल को उन्हें दिल्ली ले गया। घर पर तो उनकी हालत फिर भी उतनी खराब नहीं लगती थी, पर निजामुद्दीन रेलवे स्टेशन पर पुल पार करते समय उनकी हालत बहुत शोचनीय थी। काफी बैठ-बैठकर उन्होंने प्लेटफार्म से ऑटोरिक्शा स्टैण्ड तक की दुर्गम यात्रा तै की। फिर ऑटो न मिलने पर सड़क पर भी बैठ गयीं।

माताजी अपने तलवे जलने की शिकायत करती रहती थीं। उनकी चारपाई कूलर के सामने वाले छोटे बरामदे में डाल दी थी, जिस पर वह प्रायः लेटी ही रहतीं। ज्यादा बात भी नहीं करतीं। एक दिन हम लोग पिक्चर देखने गये। मुग़ले आजम थी, घर करीब 10.30 बजे आकर पहुँचे तो माताजी को बरामदे में बैठे पाया। इस बार वे कुर्सी पर बैठी थीं। मैंने जाते ही पूछा, ''चिन्ता कर रही होंगी?'' थोड़ी देर चुप रहने के बाद बोलीं कि वे बुरी तरह डर गयी थीं। जब वे बरामदे में अपनी चारपाई पर थीं तो उन्हें लगा (सपने में देखा होगा) कि एक आदमी अपने दोनों हाथों को छाती के सामने फैलाकर मानो माताजी के ऊपर चढ़ बैठा। उसका धड़ ही दिखाई दे रहा था और वह कह रहा था, ''देखूँ छोरा पै कब तक इलाज करावैगी।'' इसके बाद तो वे पसीने में लथपथ डर से थरथराने लगीं और भीमसिंह की सहायता से कमरे की बत्ती जलाती हुई बाहर आ गयीं। इससे पहले भी माताजी का यह कथन कि ''तुम चाय मानों या मत मानों, मोकूँ काउनें कछू कर दियौए,'' इस बात का द्योतक था कि वे इस बीमारी को दुष्टात्मा का प्रकोप समझ रही थीं।

माताजी एक बार लता भाभीजी से मिलना चाहती थीं और उनकी इच्छा थी कि लीबिया जाती हुए भाभीजी से दिल्ली में मिल लें और खून चढ़वाकर वापिस आ जाये। मैंने यह निश्चय किया कि माताजी को दिल्ली ले जाना चाहिए। खाना खाकर दोपहर दो बजे हम बस से जाने के लिए तैयार हुए तो माताजी के दाँत से खून निकलना बन्द हो चुका था। एक बार तो मैंने सोचा दिल्ली यात्रा स्थगित कर दी जाय, पर बूँदोंदार सफेद झकाझक धोती पहने कूलर के पास की खाट पर बैठी हुई माताजी, उनकी लता भाभीजी से मिलने की इच्छा और बँधी अटैची सोचकर मैंने चल देना ही उचित समझा। उस समय माताजी काफी चुस्त लग रही थीं, चलने-फिरने में कोई दिक्कत नहीं थी और ऐनीमिया के लक्षण भी कोई विशेष नहीं थे। मैं सोच

रहा था कि इसी तरह ठीक-ठाक रहीं तो दिल्ली ले जाकर कुछ भी नहीं करना पड़ेगा, फिर इन्हें दिल्ली छोड़कर ही आ जाऊँगा तथा सोचा भी न था कि माताजी दिल्ली से फिर यहाँ न लौट पाएँगी और उसके 18 दिन बाद ही उनकी इहलीला समाप्त हो जायेगी।

उस स्थिति में धौलपुर से चलते समय लगभग सामान्य दशावाली माताजी के जिन क्रियाकलापों पर तब विशेष ध्यान नहीं दिया था, उनके बारे में अब सोचकर ऐसा लगता है, कहीं उनको अपनी मृत्यु का कुछ पूर्वाभास तो नहीं हो गया था। इससे पहले माताजी अपने इलाज के सिलसिले में कई बार घर से बाहर, जयपुर या दिल्ली या आगरा गये थीं। सारे इलाज के प्रयत्नों को वे स्वीकारती जातीं और यह भी कह देतीं कि ये सब इसलिए सफल नहीं हो रहे कि 'काऊ ने कछु कर दियौऐ।'

इस बार धौलपुर जाते हुए, बिना किसी कारण ही अपने बिस्तर लपेट के रख दिए कि इनको धुला लेना, बच्चों को इन पर नहीं चढ़ने देना। साथ ही, चलते वक्त रोई भी थीं कि गाँव में चिट्ठी डाल देना, ''मेरे छोरा तो बाहर बास रहैं, अब गाम के सब राज पाटै बेई लोग (सिब्बो तथा ग्यासो दादी आदि) समारैं।'' स्पष्ट ही स्वयं को तो इस समस्या से अलग कर ही लिया था। हम सभी आश्चर्यचकित थे कि अनायास ही इन अप्रासंगिक बातों की क्या तुक है। और फिर हम बस स्टैण्ड के लिए जब रिक्शे में बैठे और टन्नू ने उनके पैर छुए तो लम्बे-लम्बे आशीष दिये। टन्नू अपनी आदतानुसार मुझे देर तक टा-टा करने लगा तो वे हँसने लगीं।

वे अपने दुख को सहती रहतीं और जब काफी बढ़ जाता तब ही बतातीं। एक बार महुआ पर बस में मैंने उनसे कहा, ''पानी पिएँगी?'' उनका जवाब था, ''तू पी लै।'' अब मैं समझ तो गया कि इनको भी प्यास लगी है, फिर भी कहा, ''मैं तो पिऊँगा ही, आपके लिए भी ले आता हूँ।'' वे बोलीं, ''नाँय, मोय तौ ऐसी प्यास नाँय।'' अब 'ऐसी कोई खास प्यास' तो नहीं है पर है जरूर, यह मतलब तो दूसरों को ही निकालना है। उनकी इस आदत को जानते हुए एक बार दौसा पर उनसे बिना पूछे ही पानी ले आया तो उन्होंने लेने से मना कर दिया कि ''तू पी ले, मोय प्यास नाँय।'' वजह मैं समझ गया। मैंने कहा, ''मोल कौ नाँय, होटल पै ते लायौ ऊँ,'' तो उन्होंने पी लिया।

10 जून की रात को लीबिया से फोन आया। तब तक लता भाभीजी दिल्ली पहुँच चुकी थीं। उस दिन माताजी ने अपनी जिन्दगी में पहली और अन्तिम बार फोन पर बातें कीं। कुछ तो नीचे उतरकर पांडेजी के यहाँ तक जाने की कसरत और कुछ पहली बार फोन करने की शायद उत्सुकता; माताजी की साँस थोड़ा उखड़ गयी थी। इसलिए बाल. भाई ने उनके बात करने के बाद बड़े भाई साहब से पूछा भी था कि ''मैया हाँफ सी रही थी?'' मैंने माताजी से पूछा, ''का बात हुई फोन पै।''

माताजी ने कहा, "एक तो मैंने न्यौं सुनी कै मैया राम राम। और फिर बाने न्यौं पूछी कै कैसी ऐ। और कछू मेरे हाथ नांय परयौ।"

माताजी काफी चैतन्य हो गयी थीं, चारपाई उठाकर अन्दर रखने की बात भी करने लगीं। अगले दिन लता भाभीजी की तैयारियों के प्रति काफी सचेत थीं और यह सुझाव भी दे रही थीं कि जहाज में खाने-पीने को कुछ नहीं मिलेगा, इसलिए 'इस' बोतल में पानी भर दो और खाने का सामान भी। चलते समय छत पर खड़ी थीं और कार के चलने से पहले दो बार यह हिदायत दे चुकी थीं कि "जाते ही फोन करवा देना।" जब हम घूमकर मकान के सामने आये और सामनेवाले घर में गये बच्चों के लौटने का इन्तजार करने लगे तो वे बालकनी में आ खड़ी हुईं और वहीं से फिर फोन कर देने के लिए कहने लगीं।

14 जून को स्वाति भाभीजी ने मेरे विधिवत् एम.डी. पास होने की सूचना दी। हालाँकि माताजी भी मेरे साथ-साथ इस बात की शिकायत करती थीं कि रिजल्ट क्यों नहीं आ रहा है। पर अब एक शब्द भी नहीं कहा। यह भी उनके सन्तुष्टि प्रदर्शित करने का एक तरीका था।

माताजी का ध्यान बँटाने के लिए मैं, चौथैयाओं के यहाँ पत्थर फिकने की, सुरेन्द्र के मौसा के यहाँ रहने की या अन्य गाँव की घटनाएँ सुनाता तो वे पूर्ण चैतन्य होकर बैठ जातीं। भाई साहब ने तो मुझसे कहा था कि मैं गाँव के किस्से टेप करके रख दूँ तो माताजी का मन लगा रहे। परन्तु माताजी अन्त तक अपनी पूर्ण विचारशक्ति रखे रहीं। अन्तिम शुभ समाचार जो उन्हें 21 जून को मिला, वह यह था कि जीजी को पुत्र प्राप्ति हुई हैं। ऐसा लगता है मानो माताजी जून के महीने में लता भाभीजी को विदा करके, मेरे रिजल्ट को सुन के व जीजी की खबर पा के सन्तुष्ट थीं। 22 जून को ही कन्धों के दर्द से पीड़ित माताजी कह रही थीं कि अब तो भगवान भले ही उठा ले। जब बड़ी भाभीजी ने मजाक में अपने उठा लेने की बात कही तो कहने लगीं "अरे तेरे छोरा तौ अबई बच्चा ऐं; तू क्यों बुरौ बोलै, मोय तौ अब का करनौऐ।" मेरे यह कहने पर कि मेरी तो अभी ढंग से नौकरी भी नहीं लगी, उन्होंने कहा था, "सब लग गयी, और लग जागी।"

माताजी के निधन की सम्भावनाओं पर जब मैं बचपन में कभी-कभार सोचता था तो मुझे लगता कि ऐसा तो हो ही नहीं सकता, और अगर हो भी गया तो शायद यह व्यथा झेल पाना मुश्किल होगा। कुछ बड़ा होने पर ऐसी बेकार की बातों को तो सोचने की जरूरत नहीं हुई पर फिल्मों में मातृहीन बच्चों को देखकर द्रवित हो जाता। जब माताजी के असाध्य रोग का निदान हुआ तो उनकी भविष्य की सम्भावनाओं के बारे में इस तरह हम बात करते थे कि माताजी के बारे में बात न करके एक एप्लास्टिक ऐनीमिया के मरीज के बारे में बात कर रहे हों।

माताजी के शव को जब जमीन पर रखा तो फिर इस बात का तीव्र अहसास हुआ कि "क्या ये अब कभी नहीं बोलेंगी।" जब उनको नहलाया गया तो यह लग ही नहीं रहा था कि उनकी मृत्यु हो चुकी है। जहाँ सरबती दादी का चेहरा कुछ विकृत सा हो गया था और हाथ-पैर कड़े पड़ गये थे, वहीं माताजी एकदम सामान्य लग रही थीं। चेहरा व रंग सामान्य था, हाथ-पैर एकदम नरम और बस ऐसा ही लग रहा था कि अब सो ही रही हैं; लेकिन वे तो चिर निद्रा में मग्न थीं। उनके असाध्य रोग के बारे में तो सभी को मालूम था। डॉ. रामविलास शर्मा ने स्वाति भाभीजी को लिखे पत्र में इस बात पर प्रतिक्रिया व्यक्त करते हुए लिखा था, "कहते हैं जब तक साँस है, तब तक आस है। पर जब साँस तो हो, लेकिन आस न हो, उसकी व्यथा कौन जाने।" बात बिल्कुल सही थी और अब माताजी उस व्यथा से सर्वथा दूर थीं। हमें जरूर बेहद दुःख हो रहा था, लेकिन अब सोचता हूँ कि हमारे सन्तोष के लिए माताजी यदि और जिन्दा रह भी जातीं तो क्या उन्हें सुख मिल पाता।

विजय मोहन शर्मा

कुश्ती प्रतियोगी

जब हम इंजीनियरिंग की पढ़ाई करने पहुँचे, तो थोड़ी बहुत वेटलिफ्टिंग तो कर लेते थे, लेकिन ऐसी नहीं कि किसी प्रतियोगिता में भाग ले सकें। आमतौर से इस तरह की प्रतियोगिताओं में भाग लेनेवालों को उनके वजन के अनुसार अलग-अलग कक्षाओं में बाँट दिया जाता है। तीन अलग-अलग तरीकों—प्रेस, स्नैच और जर्क—से वजन उठाना होता है। तीनों तरीकों से उठाये गये ज़्यादा-से-ज़्यादा कुल वजनों के आधार पर हार-जीत का फैसला होता है। कॉलेज की वेटलिफ्टिंग प्रतियोगिताओं में इतने प्रतियोगी तो निकल नहीं पाते थे कि उन्हें अलग-अलग कक्षाओं में बाँटा जाये। सभी लोगों को एक ही कक्षा में रखकर, कुल उठाये हुए वजन को उनके अपने वजन से भाग दे देते थे। इस भजनफल के आधार पर ही हार-जीत का फैसला होता था। पहले साल की प्रतियोगिता में हमने वजन तो ठीक-ठाक ही उठाया, लेकिन अपने वजन से भाग देने पर वजनफल औरों से कम हो गया। हमने सोचा कि यह प्रतियोगिता हमारे मतलब की नहीं है। एक दूसरी प्रतियोगिता मिस्टर स्ट्रांग मैन की होती थी। इसमें भी तीन भिन्न तरीकों से वजन उठाना पड़ता था, लेकिन इसमें प्रतियोगी के अपने वज़न का कोई विचार नहीं किया जाता था। जिन तरीकों से वजन उठाना होता था, उनके नाम थे—बेंच प्रेस, स्कवॉट और डेड लिफ्ट। उन दिनों हम यह सोचते थे कि यह प्रतियोगिता खड़गपुरवालों का अपना आविष्कार है। और यह

कोई स्टैण्डर्ड कम्पटीशन नहीं है। अभी कुछ दिनों पहले हमने एडमन्टन (कनाडा) में दो किताबें देखीं—कोलम्बो और टौड की लिखी हुई—जिनमें इस तरह की प्रतियोगिता के बारे में लिखा है और इसका अन्तर्राष्ट्रीय मुक़ाबला भी होता है। इसे पावर लिफ्टिंग का नाम दिया गया है। बहरहाल हमने इंजीनियरिंग के दूसरे साल में इस प्रतियोगिता में भाग लिया और भला हो अपनी मोटी कमर का, हम दूसरे नम्बर पर आये। तीसरे साल तो हमने डेड लिफ्ट का रिकार्ड तोड़कर खड़गपुर के मिस्टर स्ट्रांग मैन का ख़िताब जीत लिया। जिस साल हम इंजीनियरिंग की चौथी और आखिरी कक्षा में थे, लोग उम्मीद करते थे कि यह ख़िताब हम ही दोबारा जीतेंगे। उस साल के स्पोर्ट्स के सेक्रेटरी हमारे मित्र जगन तिवारी थे जिन्होंने बाद में जादूगुड़ा माइन्स में भी कुछ दिन जादूगरी की। उन्होंने सलाह दी, क्यों न इस साल एक नयी प्रतियोगिता शुरू की जाये—इंडियन स्टाइल रेसलिंग चैम्पियनशिप।

जब कुश्ती का आइटम घोषित किया गया तो दो कक्षाएँ बनाई गयीं। एक सौ पचास पौंड से कम वाले जूनियर ग्रुप में और एक सौ पचास पौंड से ऊपर वाले सीनियर ग्रुप में रखे गये। जगन तिवारी के कहने से हमने भी अपना नाम सीनियर डिवीजन में दे दिया था। जूनियर डिवीजन में चौबीस प्रतियोगियों के नाम आये, सीनियर में हमारे अलावा और कोई नहीं। एक तो कालेज में डेढ़ सौ पाउंड से ज़्यादा वजनवाले लोग ही गिने-चुने थे, दूसरे किसी ने अफवाह उड़ा दी कि शर्माजी तो प्रोफेशनल रेसलर हैं, जो उनके साथ कुश्ती लड़ेगा, उसके हाथ-पैरों की ख़ैर नहीं है। स्ट्रांग मैन के नाते हमारी शोहरत तो थी ही, कुछ लोगों ने अफवाह के कारण भी अपना नाम नहीं दिया।

इन प्रतियोगिताओं में खिलाड़ियों के साथ-साथ होस्टलों को भी अंक मिलते थे। जिस होस्टल को सबसे अधिक अंक मिलते थे, उसे एक साल तक रखने के लिए एक रनिंग शील्ड दी जाती थी। हमने और जगन तिवारी ने सोचा कि प्रतियोगियों के अभाव में कहीं आइटम ही कैन्सिल न कर दिया जाये। क्यों न अपने होस्टल से एक और प्रतियोगी तैयार किया जाये और झूठमूठ की कुश्ती लड़कर इनाम और होस्टल के अंक प्राप्त किये जाएँ। यह सोचकर हम लोगों ने फर्स्ट ईयर के एक मोटे फ़स्फ़स छात्र को पटाया कि वह हमारे साथ झूठी कुश्ती लड़ ले। पहले तो वह न माना, लेकिन बाद में होस्टल की इज़्ज़त के नाम पर कुश्ती लड़ने को तैयार हो गया। जब वह अपना नाम प्रतियोगिता के लिए लिखवा आया तो उसके कुछ दोस्तों ने उससे कहा कि बेटा, अब तुम्हारे हाथ-पैर टूटेंगे। वह हमारे पास लगभग रोता हुआ आया कि साहब मुझे माफ़ करो। हमने उसे सांत्वना दी और कहा कि कुश्ती लड़ना

तो हमें भी नहीं आता, बस दोनों जने थोड़ी देर एक्टिंग करेंगे। जब हमारे गेम्स टीचर को पता चला कि सीनियर डिवीज़न की कुश्ती प्रतियोगिता के लिए दूसरा नाम मोटे छात्र का आया है तो उन्होंने उसका नाम रखने से इन्कार कर दिया।

हमारे यहाँ वेटलिफ्टिंग के चैम्पियन जो सज्जन थे, उनका नाम था वेदव्रत। वे स्ट्रांग मैन प्रतियोगिता में भाग लेते थे। बेंच प्रेस में तो वह हमसे अधिक वजन उठाते थे, लेकिन स्क्वाट और डेड लिफ्ट में पीछे रह जाते थे। इसका एक कारण यह भी था कि जहाँ शौकिया कसरतियों की तरह ऊपर-ऊपर की वर्जिश करने के कारण उनका ऊपर का शरीर तो अच्छा बना हुआ था, कमर पतली थी और पैर कमजोर थे। वेदव्रत भी हमारे होस्टल में रहते थे। उनका वजन हमसे लगभग बीस पाउंड कम था, फिर भी डेढ़ सौ पाउंड से ज़्यादा था। जब मोटे छात्र का नाम काट दिया गया तो वेदव्रत ने कहा कि होस्टल की इज्जत का सवाल है, मैं अपना नाम दे देता हूँ किन्तु तुम कुश्ती सीरियसली न लड़ना। थोड़ी देर की एक्टिंग के बाद मुझे धक्का दे देना और मैं गिर पड़ूँगा। हमने कहा, ठीक है।

कुश्ती के दिन रेफरीशिप के लिए शहर के अखाड़े के उस्तादजी को बुलाया गया था। दो अखाड़ों के पहलवानों की नुमाइशी कुश्तियों का आयोजन भी किया गया था। प्रोग्राम के अनुसार पहले जूनियर चैम्पियनशिप होनी थी, उसके बाद नुमाइशी कुश्तियाँ और आखिर में सम्पूर्ण प्रतियोगिता का मुख्य आकर्षण–सीनियर डिवीजन कुश्ती प्रतियोगिता। जूनियर डिवीजन में चूँकि काफी 'पहलवानों' ने नाम दिया था, इसलिए उनके कई दौर हुए। इसके बाद नुमाइशी कुश्तियों का नम्बर आया। पहली कुश्ती तो ठीक-ठाक रही, लेकिन दूसरी कुश्ती में जैसे ही एक पहलवान चित हुआ, बाहर बैठे उसके साथियों ने शोर मचाया कि यह तो बेईमानी है और वे सब कूदकर अखाड़े के अन्दर आ गये। थोड़ी देर तक बड़ा हंगामा रहा। दोनों अखाड़ों के पहलवान अब अखाड़े के अन्दर थे। बहस के साथ-साथ धक्का-मुक्की भी हो रही थी। जैसे-तैसे उन लोगों को अलग कराया गया और पुनः शान्ति स्थापित हुई।

अब अब सीनियर डिवीजन की बारी आयी। दो ही प्रतियोगी थे, इसलिए सीधे फाइनल में। जो उस्ताद रेफरीशिप कर रहे थे, उन्होंने हम लोगों से कहा कि देखो बेटा, शान्तिपूर्वक लड़ना; और यह तो खेल है, खेल में हारजीत तो लगी ही रहती है, इत्यादि-इत्यादि। हमने उनसे कहा, आप चिन्ता न करें; शान्ति की कोई कमी न पायी जायेगी, किसी तरह की कोई समस्या पैदा न होगी।

इसके बाद हम लोग लँगोटा लगाये हुए, सीना ताने हुए, अखाड़े में उतरे। चौथे साल के विद्यार्थी होने के नाते ज़्यादातर लड़के परिचित थे। कसरत करते रहने से

दोनों पहलवानों का बदन चमक रहा था। देखने से लगता था कि कुश्ती जोरदार होगी। दूसरे पहलवानों की देखादेखी, हम लोगों ने भी अखाड़े की मिट्टी को पहले माथे से, फिर बदन से लगाया। उस्तादजी ने हम दोनों के हाथ मिलवाये। नाम बोले गये और एक बार फिर शान्तिपूर्वक लड़ने की हिदायत देकर वे एक ओर हो गये। कुश्ती शुरू होने पर हम लोग थोड़ी देर तो जोर आजमाइश करते रहे, उसके बाद हमने वेदव्रत को धक्का दिया। उम्मीद थी कि वे अब ऐक्टिंग करके गिर पड़ेंगे, और फिर हम उन्हें चित कर देंगे। लेकिन हमारे मन में कुछ था और वेदव्रत के मन में "कछु और"। वे अब उल्टा हमें ही धक्का देने लगे। यह परिस्थिति प्रोग्राम के अनुसार न थी और अचानक हमारी समझ में नहीं आया कि क्या किया जाये। दरअसल, वेदव्रत वेटलिफ्टिंग चैम्पियन तो थे ही, स्ट्रांगमैन प्रतियोगिता में भी दूसरे नम्बर पर आते थे, उन्होंने सोचा कि अगर कुश्ती जीत जायें तो इंडिवीजुअल चैम्पियनशिप भी मिल जायेगी। होस्टल चैम्पियनशिप भी मिल जायेगी। होस्टल चैम्पियनशिप पर इससे कोई फर्क न पड़ता था क्योंकि हम दोनों एक ही होस्टल से थे।

बहरहाल, थोड़ी देर धक्का-मुक्की चलती रही। न उन्हें कोई दाँव आते थे और न हमें। इस धरपकड़ में एक बार उनकी कमर हमारे हाथ में आ गयी। वजन में वह हमसे काफी हलके थे, इसलिए आसानी से उठ गये। हमने उन्हें घुमाकर जो छोड़ा तो वह बीच अखाड़े में चारों खाने चित गिरे जाकर। थोड़ी देर तो उन्हें पता ही नहीं चला कि वे हैं कहाँ। इसके साथ ही लपककर उस्तादजी ने हमारा हाथ पकड़कर ऊपर उठा लिया और चारों तरफ तालियों की गड़गड़ाहट में खड़गपुर के सीनियर डिवीज़न कुश्ती चैम्पियन का चुनाव हो गया। हम खुद ही हैरान हुए कि हमने ऐसा कौन-सा दाँव लगाया था। कुछ लोगों ने कहा, कहते थे न 'प्रौफेशनल' है।

सातवाँ अध्याय

परिवार की बात

रामविलास शर्मा

पुस्तक के अन्त में यहाँ चार मुद्दों पर मैं कुछ बातें कहना चाहता हूँ। ये मुद्दे हैं : (1) परिवार की संरचना; (2) परिवार में स्त्रियों की स्थिति; (3) परिवार में नयी पीढ़ी की स्थिति; और (4) परिवार का सांस्कृतिक वातावरण।

1. परिवार की संरचना

किसी परिवार के सौ साल के इतिहास का अध्ययन किया जाय तो कई दिलचस्प समस्याएँ सामने आयेगी और उनके विवेचन से जो नतीजे निकलेंगे, वे भी दिलचस्प होंगे। जिस परिवार की जीविका का साधन किसानी हो, उसके संयुक्त बने रहने में लाभ है। किसानी एक आदमी का काम नहीं है, छोटी किसानी के लिए भी परिवार में एक से अधिक आदमी चाहिए। जहाँ बड़ी किसानी हो, वहाँ तो बड़ा परिवार जरूरी है ही। प्रेमचन्द के कथासाहित्य में अलगौझा या सम्पत्ति का बँटवारा एक महत्त्वपूर्ण समस्या के रूप में सामने आता है। **गोदान** के हीरो को संयुक्त परिवार का टूटना बिल्कुल पसन्द नहीं है, फिर भी परिवार टूटता है। इसका मुख्य कारण यह है कि परिवार उत्पादन की पुरानी इकाई नहीं रह गया, जीविका के लिए लोगों को नये ढंग से प्रयत्न करना पड़ा है और इन प्रयत्नों का अनिवार्य परिणाम है परिवार का विघटन। अठारहवीं सदी के उत्तरार्ध में इससे मिलती जुलती स्थिति अवध में पैदा होने लगी थी।

अवध पर अपनी सीधी हुकूमत कायम करने के पहले ही अंग्रेज़ों ने सामन्ती शासकों पर दबाव डालकर यहाँ के किसानों का शोषण आरम्भ कर दिया था। तरह-तरह के बहाने करके अंग्रेज़ चाहे नवाबों से रुपये वसूल करें, चाहे सीधे किसानों से, हर हालत में वह सब कमाई थी किसानों की। यही कारण है कि अवध के हज़ारों किसान घर छोड़कर फौज में भर्ती होने को विवश हुए थे। अंग्रेज़ी राज के प्रति भक्तिभावना से या क्षत्रिय धर्म निबाहने की आकांक्षा से ये लोग फौज में भर्ती न

हुए थे। घर में किसानी से अब पूरा न पड़ता था; फौज में भर्ती होने का यह मुख्य कारण था।

संयुक्त परिवार के कुछ लोग फौज में हों, बाकी आदमी खेती में लगे रहें तो इससे परिवार में कमाने-खाने के दो केन्द्र कायम होंगे। एक केन्द्र गाँव में होगा, दूसरा फौज में। परिवार के गठन पर इस स्थिति का प्रभाव पड़ेगा। अंग्रेज़ी राज में पुराने संयुक्त परिवार का ढाँचा किसानों के बढ़ते हुए शोषण से टूट रहा था, गाँव में विलायती माल की बिक्री से न टूट रहा था, इसका प्रमाण मेरे परिवार का इतिहास है।

मेरे पुरखे कल्याणप्रसाद, रामबख्श और बेनी तीन भाई थे। इनमें कल्याण प्रसाद लखनऊ में नौकर थे, दोनों छोटे भाई गाँव में खेती करते थे। कल्याणप्रसाद के लड़के जवाहरलाल फौज में भर्ती हुए। उनके छोटे भाई हीरालाल भी देवली के पास एक गाँव में रहते थे। जवाहरलाल के पुत्र लालताप्रसाद फौज में भर्ती हुए; हीरालाल के पुत्र संकटाप्रसाद भी फौज में थे। जवाहर के एक पुत्र लखपत पुलिस में थे। कल्याणप्रसाद, जवाहरलाल और लालताप्रसाद की तीन पीढ़ियों में एक ही क्रम चलता रहता है, कमाई के दो केन्द्र हैं, एक गाँव में, दूसरा गाँव से बाहर। गाँव से बाहर कुछ कमानेवाले फौज में हैं, कुछ पुलिस में और या और किसी सेवाकार्य में हैं। तीन पीढ़ियों में परिवार के भीतर तनाव बराबर बढ़ते जाते हैं, ऊपर से परिवार संयुक्त बना हुआ है। पुरानी परिस्थितियाँ बनी रहतीं तो कल्याणप्रसाद, जवाहरलाल और लालताप्रसाद की तीनों पीढ़ियों के लोग गाँव में रहते और मिलकर खेती करते। किन्तु यह सम्भव न था।

पुरानी परिवार व्यवस्था में कुलपति का शासन कुछ सदस्यों के लिए काफी पीड़ादायक हो सकता था। यदि कुलपति बाहर हुआ तो कुलपत्नी का शासन और भी कठोर हो सकता था। इस कठोरता का सबसे कटु अनुभव स्त्रियों को होता था, उसके बाद बच्चों और वयस्क पुरुषों को। पहली पत्नी का देहान्त होने पर उसकी सन्तान का दूसरी पत्नी द्वारा सताया जाना आम बात थी। प्रेमचन्द ने विमाता की समस्या पर बहुत कुछ लिखा है। मनुष्यों के बीच जैसे सम्बन्ध **समाज** में होते हैं, उनसे मिलते-जुलते सम्बन्ध **परिवार** में दिखाई देते हैं। जमींदार का जैसा सम्बन्ध 'प्रजा' से होता है, उससे मिलता-जुलता सम्बन्ध कुलपति का परिवार के सदस्यों से होता है। छोटे किसानों से लेकर बँधुआ मज़दूरों तक प्रजा के अनेक स्तर होते हैं, वैसे ही परिवार के सदस्यों में स्तरभेद होता है। किसान परिवार में विमाता जमींदार के कारिन्दे की तरह थी; सम्पत्ति पर उसका अधिकार न था पर वह पारिवारिक उत्पीड़न का मुख्य साधन थी। उसके अपने लड़के छोटे किसानों की तरह थे, सौतेले लड़के बँधुआ मज़दूरों की तरह। सौतेले लड़कों की पत्नियाँ हुईं तो उनकी स्थिति जमींदार की बेगार करनेवाले अछूतों की सी थी। मेरे पितामह लालताप्रसाद की

विमाता कारिन्दा थीं तो उनके अपने पुत्र माधो, दरसी आदि छोटे किसान थे, लालताप्रसाद बँधुआ मजदूर थे और उनकी पत्नी बेगार करने वाली अछूत थीं। जब इस बेगार करनेवाली स्त्री के बच्चा हुआ तब माँ के साथ उसे भी जमींदार के कारिन्दे का अत्याचार सहना पड़ा। मेरे पितामह ने इस स्थिति के विरुद्ध विद्रोह किया।

बाबा (लालताप्रसाद) जब गाँव छोड़कर देवली गये थे, तब इसका कारण उनके अपने कष्ट से अधिक अजिया (उनकी पत्नी) के कष्ट थे। जब उनके पुत्र हुआ और उसे उन्होंने अपमानित और कष्ट पाते देखा, तब वह उसे भी अपने साथ देवली ले गये। संयुक्त परिवार को तोड़ने की तरफ, अर्थात् पारिवारिक अत्याचार को खत्म करने की तरफ, दृढ़ता से पहला कदम बाबा ने उठाया था। देवली जाने की अनुमति उन्होंने न तो विमाता से माँगी, न अपने पिता और पितामह से। देवली में जब उनके पिता जवाहरलाल उनके यहाँ भोजन से इन्कार कर रहे थे या भोजन के लिए पैसे देने पर तुले हुए थे, तब विमाता के कारण पिता-पुत्र के सहज सम्बन्ध टूट रहे थे।

बाबा पेन्शन लेकर गाँव आये, तब एक ही जगह दो परिवार बने। एक में उनके सौतेले भाई थे, दूसरे में वह स्वयं थे पर अकेले थे। उन्होंने अपने चचेरे भाई संकटाप्रसाद के साथ मिलकर छोटा-सा संयुक्त परिवार कायम किया। इस संयुक्त परिवार के कारण उन पर कर्ज़ हो गया और एक दिन के लिए उन्हें कैद में रहना पड़ा। छोटे संयुक्त परिवार का प्रयोग सफल न हुआ। बाबा के एक ही पुत्र था किन्तु इस पुत्र से उनके छह नाती हुए। बाबा अक्सर सोचा करते थे कि उनके बाद ये छह नाती मिलकर रहेंगे या अलग हो जाएँगे। वह समझते थे कि ये लोग कमाई करने परदेश जायेंगे, नौकरी से छुट्टी पाने पर गाँव आकर रहेंगे। तब यह तिदरा इस भाई को मिलेगा। खमसार उस भाई को, इस तरह वह घर के बँटवारे का हिसाब लगाते थे। मगड़ायर में मामा लोग घर में हिस्सा बाँट करके रहते थे; ऐसा ही हिसाब-किताब उन्नाव में हमारी बुआ तथा अन्य फूफा लोगों के बीच था। आठ-दस साल की आयु से मैं इस पारिवारिक स्थिति के बारे में भैया (भगवानदीन) की राय सुना करता था। वह रामायण से प्रभावित थे और इस तरह के बँटवारे को गलत मानते थे। मैं उनसे पूरी तरह सहमत था।

बाबा की तरह अम्मा भी बँटवारे के बारे में सोचती थीं। वह समझती थीं कि ब्याह होने के बाद सब भाई अपनी-अपनी स्त्रियों के कहने पर चलेंगे और अलग हो जायेंगे। मन से चाहती थीं कि ऐसा न हो। कभी-कभी उनके बालक, खासतौर से भैया और मैं, जब बहुत भ्रातृप्रेम दिखाते, तब वह छेड़तीं, ब्याह होने के बाद सब कुछ सामने आ जायेगा। और हम प्रतिज्ञा करते, किसी हालत में बँटवारा न होने देंगे।

मन से बाबा भी चाहते थे कि बँटवारा न हो, पर ससार की गति देखते हुए

वह उसे अनिवार्य मानते थे। वह स्त्रियों के प्रति हम भाइयों को बराबर सावधान करते रहते थे कि इनका विश्वास न करना, ये तुम्हारे कान भरकर तुम्हें आपस में लड़ा देंगी। बाबा की इस सीख का असर हम भाइयों में किसी पर न हुआ। कोई कम कोई ज़्यादा, सब अपनी-अपनी पत्नियों के 'कहने में' हैं या अधिकतर रहे हैं।

दौआ बाहर रहते थे; बाबा, अजिया, अम्मा और छह-सात साल की आयु तक हम सब भाई गाँव में रहते थे। ऊपर से देखने में गाँव का यह परिवार बहुत छोटा था, पर मूड़न-छेदन-ब्याह आदि के अवसर पर परिवार की बहुत-सी शाखाएँ गाँव में सिमट आती थीं। अजिया और अम्मा के मायके के सम्बन्धी, बुआ की ससुराल के सम्बन्धी, बुआ के लड़के और उनकी लड़कियों की ससुरालों के सम्बन्धी, काफी लम्बा सिलसिला था। कौन किसका क्या लगता है, किसे किस तरह काका, जीजा, मामा, फूफा, भैया, भौजी, दीदी आदि कहकर बुलाना चाहिए, यह सब हमें सिखाया जाता था और मैं अक्सर भूल जाता था। बहुत से आदमी याद हैं, उनसे क्या नाता था, यह याद नहीं है। ये सब स्वतन्त्र पारिवारिक इकाइयों के लोग थे पर इन सभी इकाइयों से हेलमेल था। अनेक परिवारों के मेल से एक बड़ा परिवार संघ बना था। बाबा इस संघ के अध्यक्ष थे, कुलपति थे।

विशेष काम-काज के अवसर पर ही नहीं, साधारण स्थिति में भी अन्य इकाइयों के सदस्य गाँव आ जाते थे और जब तक इच्छा हो, रहते थे। बाबा को इन सब इकाइयों के बारे में जानकारी थी, वह आवश्यकता पड़ने पर उन्हें परामर्श देते, हर तरह से उनकी सहायता करते। अनेक परिवार अलग-अलग कमाते खाते रहने पर भी एक विशाल परिवार संघ के सदस्य बने रह सकते हैं, यह हम भाइयों ने बचपन में अपनी आँखों से देखा था।

एक छोटा परिवार-संघ झाँसी में था। एक पारिवारिक इकाई दौआ और हम भाइयों की, दूसरी बुआ के लड़के सूरजबली भैया की। दोनों इकाइयों का अर्थतंत्र अलग-अलग था पर दोनों में स्नेह-सम्बन्ध सुदृढ़ था। इस तरह बाबा की पीढ़ी में ही नहीं, दौआ की पीढ़ी में भी यह प्रत्यक्ष हो चुका था कि आर्थिक रूप से स्वतन्त्र परिवार आपस में स्थायी स्नेह-सम्बन्ध कायम रख सकते हैं।

पूँजीवादी व्यवस्था में संयुक्त परिवार के पुराने ढाँचे का टूटना अनिवार्य है। देखने में यह आया कि माता-पिता और पुत्र तथा पुत्रवधू वाला छोटा परिवार भी जहाँ कायम रहता है, वहाँ उसमें अक्सर तनाव पैदा हो जाता है और उसमें सास या बहू, बाप या बेटे या सबको कष्ट होता है। ब्याह होते ही बेटा अलग हो जाये तो बड़े कलंक की बात मानी जायेगी। अच्छा यह होगा कि उसका ब्याह तभी हो जब वह अपने पैरों पर खड़ा हो जाये और अलग रहने लगे। अलग रहने पर भी मियाँ बीबी में झगड़ा होता रहे, तब?

यदि स्त्री आर्थिक रूप से स्वतन्त्र है और अपने पैरों पर खड़ी हो सकती है तो उसके सताये जाने की सम्भावना कम होगी। यदि पिता और पुत्र साथ रहते हैं और आर्थिक रूप से स्वतन्त्र हैं तो उनमें भी तनाव की सम्भावना कम होगी। मुख्य बात अलगाव नहीं सहयोग है। आपस में सहयोग करने वाले सदस्य जितना ही आर्थिक रूप से स्वतन्त्र होंगे, उतना ही उनका सहयोग तनाव से मुक्त होगा। तब परिवार के सदस्य एक-दूसरे से स्वामी और सेवकवाले भाव से नहीं, समान अधिकारवाले बन्धु-बान्धवों के भाव से मिलेंगे। सम्पत्ति के आधार पर जो बड़े-छोटे का भाव पैदा होता है, उसके दूर होने पर सहयोग की भावना बढ़ेगी। मानवीय सहयोग जब हमारे स्वभाव की विशेषता बन जायेगा, तब पिता-पुत्र, पति-पत्नी आदि के सम्बन्ध, तनाव से मुक्त, पूरी तरह स्वाभाविक होंगे, तब बूढ़ों और बच्चों की समस्या भी परिवार की कोई विशेष समस्या न रह जायेगी।

बाबा ने पारिवारिक उत्पीड़न का विरोध किया, संयुक्त परिवार का ढाँचा तोड़ा, इसके साथ ही उन्होंने आर्थिक रूप से स्वतन्त्र इकाइयों को जोड़ा। हम भाइयों के परिवार इसी तरह की इकाइयाँ हैं। ये इकाइयाँ अपने आप बन गयीं, इसका एक कारण यह है कि गाँव में ऐसी सम्पत्ति न थी जिसे कोई जीविका का साधन बनाता। ये इकाइयाँ सहज ही आपस में जुड़ी रहीं, इसका एक कारण यह है कि सम्पत्ति के बंटवारे को लेकर इनमें झगड़ा नहीं हुआ, पुराने स्नेह-सम्बन्ध नये स्तर पर विकसित हुए। यह स्तर पुराने संयुक्त परिवार के स्तर से बिल्कुल भिन्न है, यह बात इस पुस्तक के पढ़नेवालों को समझने में कठिनाई न होगी। छोटा परिवार—सुखी परिवार, यह नारा जनसंख्या को नियंत्रित रखने के लिए ठीक है। वैसे है यह पूँजीवादी नारा। समाजवादी नारा होगा : बड़ा परिवार—सुखी परिवार। बड़ा परिवार सुखी परिवार तभी बनेगा जब उसकी संरचना समानता और सहयोग के आधार पर होगी।

सामन्ती परिवार—संयुक्त परिवार, छोटे-बड़े के भेदभाव वाला परिवार, घरेलू दासता को प्रश्रय देने वाला परिवार। (अपवादों की बात अलग है।)

पूँजीवादी परिवार—छोटा परिवार, लेन-देन और मोलभाव वाला परिवार, सम्पत्ति के सम्बन्धों की चक्की में मानवीय स्नेह-सम्बन्धों को पीस डालनेवाला परिवार।

समाजवादी परिवार—नये स्तर पर पुनर्गठित बड़ा परिवार, समानता और सहयोग के आधार पर मानव सम्बन्धों को विकसित करने वाला परिवार, प्रेम और बन्धुत्व को सम्पत्ति के बन्धनों से मुक्त करनेवाला परिवार।

हमारा परिवार इसी दिशा में बढ़ रहा है।

पारिवारिक सहयोग का एक परिणाम है **सचेतक,** दूसरा परिणाम है **घर की बात।**

2. परिवार में स्त्रियों की स्थिति

ऊपर मैंने लिखा है कि बाबा अपने लड़कपन में जब गाँव छोड़कर देवली गये थे, तब इसका एक कारण उनकी विमाता द्वारा उनकी पत्नी (हमारी अजिया) का उत्पीड़न था। पेन्शन लेकर बाबा जब गाँव आये और खेती करने लगे, तब अजिया उनके काम में हाथ बँटाती थीं। परिवार में उनका स्थान सम्मानपूर्ण रहा होगा, इसकी कल्पना करता हूँ। मेरी माँ के लिए वह पुराने ढंग की सास की तरह नहीं थीं। घर की जमा पूँजी, 'धरन उठावन' सब अम्मा के हाथ में था, अजिया के नहीं। इस कारण वह सास बनकर अम्मा पर शासन करें, इसका आर्थिक आधार ही न था। यह सूझ बाबा की थी। वह कुलपति थे, चाहते तो अजिया को घर की मालकिन बना सकते थे। पर शायद उन्हें याद था कि उनकी विमाता ने सास की भूमिका इस तरह निबाही थी कि उनकी पत्नी को अपार कष्ट हुआ था। वह अपनी 'पुतहू' को इस कष्ट से मुक्त रखना चाहते थे। अम्मा के सामने जब कोई नया अथवा विशेष काम होता, तब वे अजिया से सलाह जरूर करतीं। जब अजिया 'पासाखेरे की बजार' करतीं, तब अपने लिए और हम लोगों के लिए किसी से पूछे बिना फल, तरकारी, मिठाई आदि ले आतीं। उनका अपना 'खजाना' कहीं अलग था और उसे कोई हाथ न लगा सकता था। दौआ जब भी गाँव आते, उन्हें कुछ रुपये दे जाते। तिथि-त्योहार पर अजिया रसोई का काम सँभालतीं; पाकशास्त्र में सब लोग उनका लोहा मानते थे। बाबा से उन्हें ज्यादा बातें करते मैंने नहीं देखा पर दोनों में गहरा स्नेह था, इसमें मुझे सन्देह नहीं है। क्रोध से अजिया को डाँटते मैंने बाबा को देखा हो, मुझे याद नहीं। अजिया अलबत्ता कभी-कभी बाबा की आलोचना करती थीं किन्तु पीठ पीछे, और उसका उद्देश्य दूसरों को हँसाना होता था। वह हँसती थीं तो देर तक हँसती थीं और उनके हँसने से हम बच्चों को इतना सुख मिलता था कि ज़िस बात से उन्हें हँसी आये, उसे बार-बार दोहराते थे। जहाँ तक दौआ का सम्बन्ध है, वह पिता से भी अधिक अपनी माता का सम्मान करते थे। पिता के आदेश का उल्लंघन करना सम्भव था, माता के आदेश का उल्लंघन उनके लिए असम्भव था।

अम्मा का स्वास्थ्य बहुत अच्छा कभी नहीं रहा। फिर भी वह घर और बाहर के बहुत से काम करती थीं। मुँह अँधेरे उठकर वह महुआ बीनने जाती थीं। कभी-कभी बहुओं के कपड़े समेटकर ताल में धोने पहुँचती थीं। गाँव की स्त्रियाँ कहतीं—बहुओं को चाहिए, सास के कपड़े धोयें, यहाँ उल्टा सास बहुओं के कपड़े धोती है। ऐसी बातों की वह चिन्ता न करती थीं। एक बार 30, नई राजामंडी में मुंशी ने गोष्ठी आयोजित की। मालकिन (मेरी पत्नी) से उन्होंने बहुत आग्रह किया कि वह अम्मा के बारे में कुछ कहें। आग्रह मानकर इन्होंने कहना शुरू किया—अम्मा हमारा बहुत

प्यार करती थीं। जब मैं छोटी थी, तब वह हमारा मुँह धुलातीं और आँखों में काजल लगातीं।

इसके आगे उनसे बोला न गया। वह मुँह ढाँपकर जमीन पर लेट गयीं।

घर में मेरी बुआ को माता-पिता का वैसा ही स्नेह प्राप्त था जैसा दौआ को; उनके बेटी होने के कारण माँ-बाप के स्नेह में किसी तरह की कमी न आयी थी। बाबा कभी-कभी दौआ को दो-चार सुना देते थे, बुआ से वह उस तरह का व्यवहार कभी न करते थे। दौआ और बुआ में भाई-बहन वाला गहरे स्नेह का नाता था। बुआ एक पुत्र और दो पुत्रियों को जन्म देने के बाद विधवा हो गयी थीं। मंगल कार्यों में विधवा की उपस्थिति अशुभ मानी जाती है। हमारे यहाँ ऐसा नहीं था। विधवा होने से वह अन्य स्त्रियों से कुछ भिन्न हैं, यह भाव मेरे मन में कभी पैदा नहीं हुआ। अजिया, अम्मा और बुआ, इन सबको परिवार में सम्मानजनक स्तर पर रखने का श्रेय बाबा को है।

मेरे बड़े भाई के बाद मेरी एकमात्र बहन का जन्म हुआ। बचपन में धोती में आग लगने से वह बुरी तरह जल गयी थीं। बाबा ने बड़े धैर्य से उनकी देखभाल की। बाबा न होते तो शायद उनके प्राण न बचते। घर पर बाबा ने उन्हें प्रारम्भिक शिक्षा वैसे ही दी जैसे उन्होंने नातियों को दी। पुराने ढंग से चिट्ठी लिखते समय परिवार के सभी लोगों के नाम लिखे जाते थे किन्तु केवल पुरुषों के, स्त्रियों के नहीं। बाबा चिट्ठियों में मेरी बहन का नाम भी लिखते थे। सात साल की आयु तक हम सब भाई गाँव छोड़कर दौआ के पास पढ़ने आ जाते थे। किंतु बहन को भी स्कूल जाना चाहिए, उस समय परिवार में कोई ऐसी कल्पना भी न कर सकता था। भैया की तरह उनका ब्याह भी बचपन में हुआ। भैया को ब्याह के बाद भी पढ़ने का अवसर मिला, बहन को यह अवसर न मिला। इस तरह परिवार में हम भाइयों से उनकी स्थिति भिन्न होती गयी।

गौने के बाद जब मेरी पत्नी गाँव आयीं, तब बाबा उनके खाने पहनने की ओर विशेष ध्यान देने लगे। अपने पेन्शन के रुपयों का उपयोग वह जब तब इनके लिए करने लगे।

बाल-विवाह और शिक्षा सम्बन्धी सीमाओं के भीतर बाबा ने स्त्रियों को इतने अधिकार दिये थे जितने सामान्यतः अन्य परिवारों में स्त्रियों को प्राप्त न थे। स्त्रियों का मारा पीटा जाना तब साधारण बात थी पर गाँव या शहर में परिवार के भीतर ऐसी घटना मेरे सामने कभी नहीं हुई। बड़ों के सामने घूँघट काढ़ना जरूरी था। ससुर और बहू एक-दूसरे से बात न कर सकते थे। बाबा और अम्मा को आपस में बातें करने में कोई कठिनाई न थी। कभी अम्मा के पेट में दर्द होता, पेट को मलना ('टारबु) जरूरी होता। बाबा आँखों में पट्टी बाँध लेते और अम्मा का पेट मल देते। वह

बहुत-सी रूढ़ियों का पालन दिखाने भर को करते थे। मन में उनकी निरर्थकता वह पहचानते थे।

स्त्रियों के प्रति दौआ का दृष्टिकोण और भी उदार था। वह अजिया का बहुत सम्मान करते थे, बुआ से आजीवन स्नेह सम्बन्ध बनाये रहे, इसी तरह उन्हें मेरी बहन और उनके परिवार के लोगों का बड़ा ध्यान था। वह मेरी भांजी के ब्याह में शामिल होने गये थे और वहीं उनका देहान्त हुआ था। बाबा ने जैसे मेरी बहन को प्रारम्भिक शिक्षा दी थी, वैसे ही दौआ ने मेरी लड़की शोभा को प्रारम्भिक शिक्षा दी। पुत्रवधुओं से दौआ की बातचीत और भी खुलकर होती थी।

मेरे परिवार की एक विशेषता यंह है कि ब्याह के बाद भी स्त्रियों का शिक्षाक्रम जारी रहा है। मेरी भाभी शान्ति ने ब्याह के बाद हाईस्कूल और इण्टर की परीक्षाएँ पास कीं (हिन्दी उपन्यासों के बारे में उन्हें बहुत से आलोचकों से ज्यादा जानकारी है), मुंशी की पत्नी धन्नो ने बी.एड. किया, अवस्थी की पत्नी रक्षा ने बी.ए. किया, नरेश की पत्नी उषा ब्याह के पहले बी.ए. के प्रथम वर्ष की परीक्षा दे चुकी थीं, ब्याह के बाद उन्होंने दूसरे वर्ष की परीक्षा दी। मेरे बड़े लड़के ललित की पत्नी दया ने ब्याह के बाद बी.ए., बी.एड. और एम.ए. (इतिहास) किया। मेरे मझले लड़के भुवन की पत्नी माधुरी ने बी.ए. किया।

लड़कियों के लिए स्कूल और कालेज में पढ़ाई पूरी करना तीस-चालीस साल पहले आसान काम नहीं था। पर्दे का बन्धन जितना गाँवों में था, उससे कम शहरों में नहीं था, कुछ शहरों में गाँव से भी ज्यादा था। ऐसा एक शहर था भोपाल। **रक्षा** ने वहाँ अपनी शिक्षा के बारे में लिखा है :

> भोपाल जैसी जगह में बाबूजी मुझे बाहर न निकलने देते थे। जितने दिन स्कूल में पढ़ा, पर्दे के ताँगों में जाया करते थे। वातावरण ही ऐसा था। स्कूल की बस भी पूरी बन्द रहती थी, केवल हवा आने भर को जगह रहती थी। स्कूल के दरवाजे पर जब बस खड़ी होती थी तो दोनों तरफ चार चपरासी बड़े पर्दे लगाकर खड़े होते थे, तब जाकर लड़कियाँ और अध्यापिकाएँ बस से उतरती थीं।

देहरादून, लखनऊ जैसे शहरों में इतना पर्दा नहीं था। मेरे छोटे लड़के विजय की पत्नी सन्तोष ब्याह के पहले एम.एससी. कर चुकी थी और मेरी भतीजी (भैया की लड़की) मुन्नी ब्याह से पहले हिन्दी में पीएच.डी. की उपाधि प्राप्त कर चुकी थी।

ब्याह से पहले मालकिन को अक्षरज्ञान भी न कराया गया था। यह कार्य भैया ने सम्पन्न किया। मालकिन नाम भी उन्होंने रखा था। उन्हें इतनी हिन्दी आ गयी कि वह **गोदान** पढ़कर मुझे सुना सकें। किन्तु पढ़ाई में अविश्वसनीय प्रगति अम्मा ने की। उन्होंने पढ़ना और लिखना अपने बच्चों से सीखा।

9 जून 1945 को **अम्मा** ने जीवन में पहला पत्र लिखा था :-

बेटा रामबिलास खुस रहो। तु. अम्मा

परिवार में इस पत्र का महत्त्व किसी से छिपा न था। **अवस्थी** ने उसी कार्ड में मुझे लिखा था :

सबसे महत्त्वपूर्ण बात यह है कि इसमें अम्मा का लिखा हुआ पहला पत्र है। पहला है और तुम्हारे नाम है। इसमें ज़रा भी किसी दूसरे का हस्तक्षेप नहीं है।

अम्मा की पढ़ाई-लिखाई का हाल भैया को मालूम न था। छोटे भाइयों ने चुपचाप परिश्रम किया और जब सफल हुए, तब इसकी सूचना भैया को दी। 29 जून 1945 के पत्र में **चौबे** ने मुझे इस प्रसंग में लिखा था :

बड़े भैया को जब हमने बताया कि अम्मा पढ़ लेती हैं तो उन्हें बड़ा ताज्जुब हुआ और मुश्किल में यकीन आया।

छत्तीस साल बाद अम्मा का वह एक पंक्तिवाला पत्र मुंशी ने **सचेतक** में प्रकाशित किया। ट्रेसिंग पेपर से अक्षरों को ज्यों का त्यों उतारकर **सचेतक** की शेष सामग्री के साथ उन्हें साइक्लोस्टाइल करने का काम अम्मा के नाती विजय ने किया था।

कोई परिवार कुलपति के निरंकुश शासनवाला परिवार है या समान अधिकारों वाले सदस्यों का जनवादी परिवार है, इसे जानने के लिए उसमें स्त्रियों की स्थिति देखनी चाहिए। **घर की बात** में महिला मण्डल का जो योगदान है, उससे हमारे परिवार में स्त्रियों की स्थिति का ज्ञान हो जाएगा। पुरानी रीतियाँ कब बदल गयी हैं, इसकी विशेष ज़ानकारी उस लेख से होगी जिसे धन्नो (धनवन्तकुमारी) ने अपने विवाह पर लिखा है। (परिशिष्ट क)

3. परिवार में नयी पीढ़ी की स्थिति

विमाता के अत्याचारों से मुक्ति पाने के लिए बाबा पहले अपनी पत्नी को देवली ले गये थे, उसके बाद पाँच वर्ष की आयु वाले अपने पुत्र को ले गये। स्त्रियों के प्रति उनकी नीति यदि सामान्य रूप से उदार थी, तो बच्चों के प्रति उनकी नीति असामान्य रूप से उदार थी। वह नीति नातियों की पीढ़ी तक क्रमशः उदार होती गयी थी, दौआ के बचपन में वह उतनी उदार न थी। बाबा ने बताया था, एक बार किसी बात पर (शायद सबक याद न करने पर) बेटे से नाराज़ हो गये थे। रात का समय था। उन्होंने सज़ा दी : खाट के पास खड़े रहो। वह स्वयं खाट पर लेट गये। सोचा कि थोड़ी देर में इन्हें भी लेटने को कह देंगे। किन्तु लेटने पर बाबा की आँख लग गयी और गहरी नींद सो गये। जब आँख खुली तो देखा, सवेरा होने को है और आज्ञाकारी पुत्र अब भी खाट के पास खड़ा है। उस दिन उन्होंने प्रतिज्ञा की कि बच्चों को कभी सज़ा न देंगे।

दौआ के दो ब्याह हो चुके थे। बाबा नातियों का मुँह देखने को तरसते थे। तीसरे ब्याह के बाद जब हम लोगों का जन्म हुआ, तब सहज ही हमारे प्रति उनकी ममता अधिक हुई। किन्तु ममता का यही एक कारण न था। बाबा स्वभाव से बहुत भावुक थे। उनका स्नेह सभी के लिए था, स्नेह से ही वह दूर-दूर के सम्बन्धियों को एक ही परिवार में समेटे हुए थे। कौन गरीब है, किसका ब्याह नहीं हो रहा, इसका ध्यान उन्हें रहता था। वह बैलों को भी बची-खुची रोटी खिलाना न भूलते थे। मदना नाम का उनका एक प्रिय बैल था। वह मानो उनकी बोली समझता था, बोलने के ढंग से जान लेता था कि उसे क्या करना है। उसे बाधी से मारने की जरूरत न थी। किसान और उसके जानवर में किस तरह संकेतों से भावों का आदान-प्रदान होता है, यह मैंने बाबा और मदना के आपसी व्यवहार में देखा था। मैंने किसानों को बैलों के साथ अत्यन्त क्रूर व्यवहार करते भी देखा है। बाबा ने वैसा व्यवहार घर के जानवरों के साथ कभी न किया था। मदना का साथी बैल कमजोर था। बाबा ने उसका नाम लंबरलेंड़ी (नंबरी लेंड़ी) रखा था। अपनी अप्रसन्नता प्रकट करने का उनका यह तरीका था। मदना के निधन पर बाबा को बहुत दुख हुआ।

बचपन में, एक ही घर में रहते हुए भी, हम लोग अम्मा के पास कम, बाबा के पास अधिक रहे। वह डरते थे कि अम्मा के सो जाने पर बच्चा गिर पड़ेगा या अम्मा के करवट लेने पर कुचल जायेगा। वह नाती को अपने पास सुलाते थे, रोने पर दूध पीने के लिए उसे माँ के पास कुछ देर के लिए छोड़ देते थे। बच्चे का मुँह धुलाने आदि का काम वही करते थे। काजल लगाने का काम अम्मा का था। जाड़े के दिनों में तपता के पास बाबा पहले टोपा गरम कर देते, फिर हमारे सिर पर लगाते थे। बच्चों के लिए नाश्ता–खिचड़ी, बाटी आदि–अपनी देखरेख में बनवाते या स्वयं बनाते। पीठ पर चढ़ाकर या कन्धे पर बिठाकर वह हमें गाँव में या गाँव से बाहर खेतों में घुमाने ले जाते। इस गहरी आत्मीयता के बावजूद वह छह-सात साल की आयु होने पर भी नाती को पढ़ने के लिए उसके पिता के पास भेज देते थे। इससे उन्हें बहुत कष्ट होता था पर बच्चे के भविष्य की बात सोच कर सारा कष्ट सह लेते थे।

बच्चों को प्रारम्भिक शिक्षा वही देते थे। उनके शिक्षण की विशेषता यह थी कि वह बच्चे को यह अनुभव न होने देते थे कि उसे कोई कठिन चीज़ सिखाई जा रही है और इसके लिए उसे मेहनत करना है। गिनती, पहाड़ा, जोड़, बाकी, गुणा, भाग चिट्ठी लिखना, **शुक सागर** और **बालभागवत** पढ़ना, यह सब सात साल की आयु होने तक हमें आ गया था। गलती हो रही है, उसे सुधारना है, यह बोध भी हमें था। बहुत सी कुंडलिया, सवैया, कवित्त, दोहे, कहावतें (एक आध फ़ारसी की कहावत भी) उनसे सुन-सुनकर वैसे ही याद हो गयी थीं। इससे भी अधिक महत्त्वपूर्ण बात यह

थी कि वह अपने अनुभवों के बारे में—खेती किसानी से लेकर पल्टन तक के जीवन के बारे में—बच्चे से इस तरह बातें करते थे, मानो वह उनके बराबर हो। बच्चे के व्यक्तित्व का सम्मान—उनके शिक्षाविज्ञान का यह मूल सूत्र था। हम छह भाइयों में (बहन समेत सात बच्चों में) नरेश सबसे छोटे हैं। उनका जन्म बाबा के देहान्त के बाद हुआ था। शेष पाँच भाइयों और बहन को बाबा के शिष्य होने का सौभाग्य और गौरव प्राप्त है; हमारे संस्कारों के निर्माण में, व्यक्तित्व के विकास में, बचपन के उस प्रशिक्षण की भूमिका निर्णायक है। मेरे लड़कपन के प्रिय शिक्षक मास्टर रुद्रनारायण, ब्रजभूषणलाल त्रिपाठी, विष्णु शास्त्री और प्रफुल्लकुमार चटर्जी और विश्वविद्यालय पहुँचने पर बदरीनाथ भट्ट शिक्षक के उस आदर्श के अनुरूप थे जो मेरे मन में बाबा के रूप में अंकित था। शिष्य को स्नेह और मानवोचित सम्मान देने के अलावा बाबा समेत इन सबमें एक बात सामान्य यह थी कि वे निश्चित पाठ्यक्रम से बाहर बहुत सी चीज़ें पढ़ने को उत्साहित करते थे। नरेश ने अपने बच्चों को और एक मित्र के बच्चे को भी पढ़ने में इसी तरह प्रोत्साहन दिया है।

पढ़ाई के बारे में दौआ की नीति दूसरी थी। उसमें क्रमशः परिवर्तन होता गया। भैया को घर पर बहुत सी ऐसी शिक्षा दौआ से मिली जो हमें स्कूल में मिली। इसके सिवा आगे चलकर बड़े भाई क्रमशः छोटे भाइयों की शिक्षा का ध्यान रखने लगे। इसलिए दौआ के शिक्षक रूप का अनुभव उन्हें कम हुआ। फिर भी मुंशी में भाइयों द्वारा सताये जाने की जो भावना विद्यमान है, उसका कारण यह हो सकता है कि उनके बड़े भाई शिक्षक रूप में दौआ का अनुकरण करते थे। मुंशी अपनी ज़िद से दूसरों को भी सताते थे, इसका उल्लेख अवस्थी के संस्मरण में है।

बाबा से तुलना करने पर दौआ घाटे में रहते हैं। वास्तव में बाबा की ही तरह उनके व्यक्तित्व में परिवर्तन हुआ था। पुत्रों को पढ़ाने का ढंग एक तरह का था, नातियों को पढ़ाने का ढंग दूसरी तरह का। शोभा ने उनका शिक्षक और बाबा वाला जो रूप दिखाया है, वह सब वैसा ही है जैसा हमारे बाबा का था। दौआ मुझे अधिक पढ़ाते, इसका अवसर न था पर अंग्रेज़ी का अक्षरज्ञान उन्होंने ही कराया था। लालटेन के प्रकाश में **किंग रीडर** की ए.बी.सी.डी. देखकर मैंने सुबकते हुए कहा था—"दौआ, यह हमका कैसे आई?" उन्होंने पुचकारते हुए कहा था—'धीरा धीरा सब आ जाई।' उनके इस एक वाक्य से मेरी हिम्मत बँध गयी और जब स्कूल में भर्ती हुआ, तब अन्य विषयों की अपेक्षा अंग्रेज़ी में मेरे अच्छे नंबर आते रहे। स्कूल जाते साल दो साल बीते होंगे कि एक दिन मैं बहुत से कागज, कापियाँ फैला कर बैठ गया, समझ में न आता था कि इन्हें व्यवस्थित कैसे करूँ और काम की शुरुआत कैसे करूँ। तभी दौआ आ गये। मुझे कागजों और कापियों के बीच अकेले उदास बैठे देखकर उन्होंने पूछा—क्या बात है? मैंने उन्हें अपनी कठिनाई बतायी। उन्होंने कहा—इसमें क्या हे?

देखो, अभी ठीक किये देते हैं। और सचमुच उन्होंने थोड़ी देर में सब कुछ तरतीब से लगा दिया और मुझे बताया, काम की शुरुआत कहाँ से करनी चाहिए। पिछले दिनों **भारत के प्राचीन भाषा परिवार और हिन्दी** लिखते समय कभी-कभी जब लगता था कि सामग्री काबू में नहीं आ रही, तब बचपन की वह घटना याद करके अपने ऊपर ही हँस लेता था।

रामचरितमानस सबसे पहले मैंने दौआ से पढ़ा था। चौके में रोटी बनाते हुए वह स्वयं **मानस** के आनन्द में ऐसे डूबते थे कि उन्हें शिक्षक-शिष्य (या पिता-पुत्र) सम्बन्ध का ध्यान ही न रहता था। वह चौपाइयों की व्याख्या इस तरह करते थे मानो किसी मित्र को अपने अनुभव की बहुत ही महत्त्वपूर्ण और गुप्त बात बता रहे हों।

वह पूजापाठ करते थे पर उन्होंने मुझसे न कभी हनुमान चालीसा पढ़ने को कहा, न पूजापाठ करने को कहा। **मानस** की चर्चा में साहित्य वाला भाव ही ऊपर रहता था। धर्म के मामले में उनकी तरफ से किसी तरह का दबाव न होने से मुझे बहुत सी बातों के बारे में स्वयं सोचने का अवसर मिला। राजनीतिक जागरण और देशभक्ति की भावना के प्रसार से वह भी प्रभावित थे। झाँसी शहर (अर्थात् पुरानी झाँसी में) गाँधीजी का भाषण था। उन्हें देखने और उनका भाषण सुनने भैया को और मुझे लेकर वह भी गये थे। वहाँ भीड़ के रेले में कुचले जाने से बचाते हुए वह मुझे कन्धे पर चढ़ाकर बाहर निकाल लाये थे। मेरे राजनीतिक विचारों को जानते हुए उन्होंने कभी उन्हें बदलने का आग्रह नहीं किया। उनका आग्रह इतना ही था कि मैं अपने परिवार की उपेक्षा न करूँ। मैंने यथाशक्ति उनके आग्रह के अनुसार कार्य किया है। चौबे का विवाह जल्दी न हो, भैया का और मेरा यह आग्रह उन्होंने मान लिया था। पहले इंटर की परीक्षा दे लें, फिर बी.ए. हो जायें, आखिर एम.ए. कर लेने के बाद ही चौबे का ब्याह हुआ। मुंशी का ब्याह जल्दी हो, ऐसी कोई समस्या न थी। मुंशी ने एम.ए. किया, पत्रकारिता के अनुभव प्राप्त किये, बम्बई में कम्युनिस्ट पार्टी के केन्द्रीय कार्यालय में काम करने लगे पर अभी तक ब्याह न हुआ था, इससे दौआ चिन्तित हुए। मुंशी के ब्याह की सारी जिम्मेदारी मेरे ऊपर डालकर उन्होंने जल्दी ही यह काम पूरा करने को कहा। मुंशी का ब्याह बहुत सी पुरानी रूढ़ियाँ तोड़कर हुआ था, दौआ ने वह सब किसी विरोध के बिना स्वीकार किया।

दौआ उपदेश न देते थे। कम से कम मुझे शायद ही कभी आचरण सम्बन्धी कोई आदेश या उपदेश उन्होंने दिया हो। बहुत सी बातें वह अपने आचरण से सिखाते थे। घर गन्दा है, हमसे कहने के बदले वह खुद सफाई में लग जाते थे। अपना काम वह स्वयं करते थे। हर काम समय पर करना उनका नियम था। उनमें घण्टों लगातार काम करते रहने की अद्‌भुत क्षमता थी। जाड़े के दिनों में जब हम बिस्तर से न उठ पाते थे, वह काम करने दूकान चले जाते थे। वहाँ से दोपहर को

नहाने-धोने और पूजा करने के लिए घर आते थे। उसके बाद फिर दूकान पहुँच जाते थे और वहाँ से शाम को ही छुट्टी पाते थे। दुकान में एक मजबूत कोठा था जिसमें रुपये रखे जाते थे। उससे लगी हुई दालान थी जिस पर बड़े गद्दे के ऊपर सफेद लम्बी-चौड़ी चादर बिछी रहती थी। जहाँ वह बैठते थे, वहाँ पीछे एक अर्धचन्द्राकार तकिया रहता था। वैसा ही एक तकिया उनके सामने रहता था। इस दूसरे तकिये पर वह बहीखाता रखते थे। एक कच्चा चिट्ठा होता था जिसमें तात्कालिक हिसाब लिखा जाता था, फिर इसके मुख्य अंशों को पक्की बही में उतारते थे। वह लिखते समय बहुत थोड़ा झुकते थे। यह आश्चर्य की बात है कि बरसों तक इस तरह काम करने पर भी वह बिल्कुल सीधे चलते थे। सरस्वती पाठशाला से लौटते समय कभी-कभी मैं उन्हें कचहरी जाते देखता था। वह सधे हुए कदमों से सीधे चलते थे जैसे कि वह पल्टन में चलते रहे होंगे। बुढ़ापे में बाबा की कमर कुछ झुक गयी थी, दौआ अन्त समय तक कमर सीधी करके ही चले।

जिस तरह की नौकरी थी, उसमें मालिक और नौकर का सम्बन्ध कानूनी ढंग का नहीं था वरन् एक ही परिवार के छोटे-बड़े सदस्यों का सा था। इसका एक परिणाम यह होता था कि छोटे सदस्यों से बेहद काम लिया जाता था। दौआ के लिए सब दिन बराबर थे। इतवार को छुट्टी हो और वह घर पर रहें, ऐसा न होता था। होली के दिन दूकान में काम करना सम्भव ही न था, फिर भी अनियमित कामों के लिए और होली खेलने के लिए भी वह दूकान पर ही रहते थे। दीवाली की रात को दूकान पर लक्ष्मी जी की विशेष पूजा होती और मालिक लोग जुआ खेलकर भाग्य जगाते। जुए के समय दौआ घर आ जाते थे। बरसों तक लगातार बैठे रहने और काम करने से उनका स्वास्थ्य जरूर गिरा होगा। जवानी में शरीर को खूब साधा था, इससे यह असर ज्यादा न मालूम होता था। धीरे-धीरे उनका कार्यभार दूसरे लोग बँटाने लगे थे और उन्हें अखबार पढ़ने, लोगों से इधर-उधर की बातें करने, रामलीला के लिए सामग्री तैयार करने के लिए समय मिल जाता था। मेरे बचपन में वह ज्यादा व्यस्त रहते थे। दूकान पर और लोग बातें करते रहें, वह चुपचाप काम करते थे। बरू की कलम से बही के सफेद मोटे कागज पर काली स्याही से मुड़िया लिपि में बिल्कुल सीधी पंक्ति में कहीं भी काटे-मिटाये बिना वह छापे के से अक्षर बनाते थे। जिन दिनों वह आत्मकथा लिख रहे थे, मैंने उन्हें लिखा था कि वह नौकरी छोड़ दें और आगरा आकर हम लोगों के साथ रहें। उन्होंने कहा था, जब तक हाथ पैर चलते हैं, काम करते रहना चाहिए, अब ऐसा कोई ज्यादा काम भी नहीं है। झाँसी में वह तीस साल से अधिक समय तक रहे थे। वहाँ उनका मन लगता था और अन्तिम कुछ वर्षों में वह परिवार के छोटे सदस्य की तरह नहीं, कुलपति की तरह रहते थे।

जहाँ आत्मसम्मान का प्रश्न हो, वहाँ झुकना नहीं—अपने इस सिद्धान्त के कारण

उन्होंने कई बार नौकरी छोड़ी और गाँव आकर खेती-किसानी में लग गये। कल क्या होगा, उन्होंने कभी इसकी चिन्ता नहीं की। 'कभी घी घना, कभी मुट्ठी भर चना, कभी वह भी मना'—यह उनकी प्रिय कहावत थी। इसे सुनाकर सम्भावित कठिनाइयों का सामना करने के लिए वह हमें तैयार करते थे। ऐसी ही उनकी अन्य प्रिय कहावत थी—"आज खाये और कल को झक्कै, उसको गोरख संग न रक्खै।'

यद्यपि मेरे पिता का जीवन महाजन के यहाँ नौकरी करते बीता, पर उनके भीतर जो आन थी, वह उस किसान की थी जो परिवार का पेट भरने के लिए अपनी मेहनत का भरोसा करता है और जिसके पास खेती के लिए अपनी जमीन नहीं है।

4. परिवार का सांस्कृतिक वातावरण

बाबा लेखक नहीं थे किन्तु उनमें कलात्मक लेखन की क्षमता थी, उनकी स्मृति अच्छी थी, वे अपने जीवन की घटनाएँ यथार्थवादी और रोचक ढंग से सुनाते थे। एक ही घटना कई बार सुनायें तो हर बार उसमें कुछ जोड़ दें या घटायें, ऐसा न होता था। सब कुछ नपा तुला, वर्णन के साथ संवाद की भाषा, जो एक बार सुना, वही सब दुबारा सुनने को मिलता था। उन्हें बात करने में मज़ा आता था। घर के बाहर गली से कोई उनकी उम्र का आदमी निकलता हो तो वह उसे तमाखू खाने के बहाने बुला लेते। कभी-कभी गाँव के दूसरे टोले से लोग आते और देर तक उनसे बातें करते रहते। जब वह बाग में आम ताकते तो कोई न कोई उनके पास श्रोता या वक्ता के रूप में बैठा रहता। हल चलाते या सेरावन देते समय साथ में नाती हुआ तो उसी से बातें करते। जब वह पुर धरते और भैया बैल हाँकते, तब भी थोड़े-थोड़े व्यवधान के बाद, उनकी बातों का क्रम चालू रहता। यद्यपि उन्हें बहुत से दोहे, कुंडलिया, सवैया, कवित्त याद थे, पर वह अधिकतर गद्य की पुस्तकें—**बालमहाभारत, शुकसागर** आदि—पढ़ते और उनकी बातचीत की अवधी बहुत प्रभावशाली होती थी। वह लोगों के व्यक्तित्व की विशेषताएँ थोड़े से शब्दों में साफ़ सुथरे ढंग से बता देते थे। उनकी लिखाई हुई जो बातें पहले अध्याय में हैं, उनसे पाठकों को उनकी वर्णनक्षमता का कुछ आभास हो जायेगा।

बाबा को बहुत सी लोककथाएँ याद थीं और उन्हें सुनते मन न भरता था। जब मैं बड़ा हो गया था और उनके साथ लेटकर कथा सुनने का अधिकारी नहीं था, तब मैं किसी छोटे भाई को फुसलाता, बाबा से कहो, कथा सुनायें। बाबा छोटे भाई को कथा सुनाने लगते और थोड़ी दूर पर बैठा हुआ मैं भी सुनता रहता। गाँव में कुछ दिन सूरजबली भैया की पहली पत्नी आकर रही थीं। वह बहुत अच्छी कहानियाँ सुनाती थीं और मैंने नियम बना लिया था कि जब तक कहानी न सुनायें, मैं रात को रोटी न खाता था। (कहानियाँ रात को ही सुनाई जाती थीं।) मेरी बुआ के पास

कहानियों का अपना भंडार था और उनके गाँव आने पर मैं किसी और से कहानी सुनाने को न कहता। एक दो कहानियाँ अजिया को याद थीं, जब-तब उन्हें हम उनसे भी सुनते। एकाध हँसी की जगह वह खूब हँसतीं और हमें जितना मज़ा कहानी से आता, उतना ही उनकी हँसी से आता।

दो-तीन लम्बी कहानियाँ दौआ को आती थीं। झाँसी में कभी-कभी उन्हें सुनने का अवसर मिल जाता था और उनसे छोटे उपन्यास पढ़ने का सा सुख मिलता। एक तो झाँसी में पढ़ाई के समय हम 'बच्चे' न रह गये थे जो कथा सुनने की जिद करते, दूसरे रात को खाना बनाने खाने में काफी समय लग जाता था, तीसरे दिन भर के काम के बाद दौआ थके होते थे। इसलिए उनसे कहानियाँ सुनने का अवसर कम ही मिलता था। किन्तु खाना बनाते समय या अन्य किसी फुरसत के समय वह अपने जीवन के अनुभवों के बारे में अक्सर बताते और उनकी बातचीत बहुत रोचक होती थी। गद्य से अधिक उन्हें कविता प्रिय थी और कविता की उनकी प्रिय पुस्तक **रामचरितमानस** थी। मेरे जन्म से पहले वह भेल्सा (विदिशा) में, भैया के अनुसार, जब तब मज़दूरों को **मानस** सुनाते थे। मेरी लड़की शोभा के जन्म के बाद वह झाँसी में मेरी माँ को रामायण सुनाते थे। जब मैंने उनसे रामायण पढ़ना शुरू किया, तब तक उन्हें वह काव्य इतना याद हो गया था कि पुस्तक सामने रखकर बाँचने की ज़रूरत न रह गयी थी। **रामचरितमानस** में जो नाटकीय प्रसंग हैं, वे उन्हें विशेष प्रिय थे। उनमें नाटककार की प्रतिभा थी। झाँसी (सदर बाजार) की रामलीला अनेक कलाकारों के सहयोग का परिणाम थी, उसमें दौआ का योगदान विशेष था। रामकथा को नाट्यरूप उन्हीं ने दिया था। यह पहला अवसर था जब हमारे घर के सांस्कृतिक वातावरण का प्रसार सार्वजनिक रूप से घर के बाहर हो रहा था।

दौआ जब तब बहुत अच्छे पत्र लिखते थे, इसकी चर्चा भैया के संस्मरण में है। जब मैं बी.ए. का छात्र था, उस समय भी मुझे लगता था कि उनके पत्रों में कोई ऐसी बात है, जो दूसरों के पत्रों में नहीं होती। 16 दिसम्बर 1932 के पत्र में मैंने भैया को लिखा था :

> घर से जो पत्र आया था, उसमें wife ने दौआ का पत्र भी भेज दिया था। दौआ ने बहुत सुन्दर पत्र लिखा है। शायद न आपने, न मैंने कभी इतना अच्छा पत्र लिखा होगा। मैं उसे संभालकर रखे हूँ। कभी आपको दिखाऊँगा। "अगर तुम लखनऊ में रहना पसन्द करती हो तो घर का कुछ ख़याल मत करो। लखनऊ में जाकर रहो, मुझको खुशी होगी कि तुम आराम से रहो और तुम्हारी तन्दुरुस्ती जहाँ ठीक रहे, वहाँ रहो। अब तुम्हीं एक रह गयी हो [भैया की पहली पत्नी का देहान्त हो गया था, मुझसे छोटे किसी भाई का ब्याह न हुआ था] और तुम भी

दुख पाओ तो इससे ज़्यादा मुझको और कौन दुख होगा... जो कुछ बात हो या शिकायत हो, मुझको लिखो। मैं उसका बन्दोबस्त न करूँ तो दूसरे से कहो। अभी जब तक मैं बैठा हूँ, तुमको दूसरे से कहने की जरूरत नहीं है।"

How sincere! How admirable!

उनकी आत्मकथा परिवार के सदस्यों ने बड़े चाव से पढ़ी। मुंशी ने 8-1-44 के पत्र में मुझे लिखा था : "दौआ की autobio. आधी पढ़ी। बहुत interesting और original है। एक बार पढ़ना शुरू करने पर आप उसे छोड़ नहीं सकते।" उनकी भाषा शुद्ध हिन्दी है या उसमें उर्दू के शब्द भी हैं, अंग्रेज़ी शब्दों के प्रयोग से बचना जरूरी है या नहीं, दौआ इन बातों की ओर सतर्क थे। आत्मकथा के अन्त में उन्होंने लिखा था :

> अब मैं इसको खतम करता हूँ। इसको पढ़नेवालों से मेरा यह निवेदन है कि वह इसकी त्रुटियों को क्षमा करेंगे। कुछ उर्दू और कुछ अंग्रेजी भी जानता हूँ। इसमें अंग्रेजी को तो बहुत बचाया है परन्तु उर्दू के शब्द बहुत शामिल हो गये हैं। वह बोली के मुहावरे की वजह से हो गये हैं, शुद्ध हिन्दी नहीं लिख सका।

अम्मा से हम लोगों की बातचीत कम होती थी पर गाँव में उनका अपना महिला मंडल था। जब पंचायत जुड़ती तो घंटों चलती, घर का कामकाज पड़ा रहता और सभा भंग तभी होती जब हार से बाबा के लौटने का समय होता या दहलीज में उनके आने की अचानक आहट मिलती। अजिया कम बोलती थीं, अम्मा ऐसी गोष्ठियों में ज़्यादा मुखर रहतीं। सारी बातें सुनने का हमें अधिकार न था, आते-जाते दो चार बातें जहाँ-तहाँ सुनने को मिल जाती थीं। अम्मा ने बैलनऊ बापू के बारे में जो बातें मेरे भाई चौबे को लिखाई थीं, वे पुस्तक के पहले अध्याय में हैं। उनसे एक सजीव रेखाचित्र तैयार हो गया है। यह अम्मा की रचनात्मक क्षमता का प्रमाण है।

भैया (भगवानदीन) हम सब भाइयों में पहले और नियमित रूप से लिखने वाले कलाकार हैं। जहाँ तक मुझे जानकारी है, उन्होंने कविता कभी नहीं लिखी, पर गद्य बराबर लिखा है। उनका गद्य पत्रों में है, यात्रा वृत्तान्तों में है और संस्मरणों में है। यह सारा गद्य उन्होंने परिवार के लोगों के पढ़ने के लिए लिखा है। **सचेतक** निकलने पर उनका गद्य प्रकाशित होने लगा, वह और भी नियमित रूप से लिखने लगे। उनका अधिकांश गद्य लेखन—और मेरी समझ में बहुत आकर्षक गद्य लेखन—बीस साल पहले का है। यह कहना कठिन है कि भैया के लेखक बनने के प्रति मैं अधिक उत्सुक और आशावान था या मेरे लेखक बनने के प्रति वह। नवम्बर 1932 में मैं उन्हें लिख रहा था, "आपके लिए philosopher होना असम्भव नहीं...आपने संसार की वास्तविकता के दर्शन किये नहीं कि आप हुए 'दार्शनिक'।" अगले महीने मैं उन्हें सलाह दे रहा था, "आप एक मोटी कापी अपने पास रखिये जिसमें आप अपने

विचार लिख सकें।" उस पत्र में मैंने इस सम्भावना पर विचार व्यक्त किया था कि मुझे अच्छी नौकरी मिल गयी तो उनसे कहूँगा, नौकरी छोड़ दो और पढ़ाई करो। देश को सच्चे, ईमानदार, कर्मठ आदमियों की जरूरत है। "Will you not be one ? I will be one. And I **will** make you one." तीसरे वाक्य के **will** पर खूब ज़ोर देने के लिए मैंने उसे आठ बार रेखांकित किया था।

निराला की साहित्य साधना का पहला खंड लिखते समय मुझे काफी कठिनाई हो रही थी। इस कठिनाई के बारे में मैंने भैया को लिखा था :

> इसका पहला अध्याय तीन बार लिखा–अधूरा; छोड़ दिया। फिर दो बार पूरा लिखा। अब तै किया है कि किताब पूरी करने के बाद तीसरी और अन्तिम बार लिखेंगे। एक तरकीब यह है कि पहला संस्करण पहले अध्याय के बिना ही निकाल दिया जाय; भूमिका में लिख दें, इसे अगले संस्करण में पढ़ियेगा। इस समय हम चौथे अध्याय के बीच में हैं।

ऐसे समय मुझे भैया का गद्य लेखन याद आया था।

> तुम्हारा पत्र बहुत उम्दा शैली में लिखा था। हमें फिर याद आया–तुम कितना बढ़िया गद्य लिख सकते हो। निबन्ध माने गपशप, ज्ञान की बातें, अनुभव, लतीफे, सब कुछ बेतरतीब।

भैया के ललित गद्य लेखक होने की पुष्टि मैंने इस साल 1981 में की। वह पत्र पाँचवें अध्याय के **सचेतक** प्रसंग में उद्धृत है। मैं कह सकता हूँ कि पिछले पचास वर्ष से मैं उनके गद्य का प्रशंसक हूँ।

भैया स्कूल में मुझसे तीन साल आगे थे। साहित्य और इतिहास की जो किताबें वह पढ़ते थे, उन्हें सब कुछ समझ लेने की कोशिश किये बिना मैं पढ़ता था। इतिहास की बहुत सी बातें भैया मुझे समझाते थे; मराठे, टीपू और हैदरअली, सिख़, अंग्रेज़ों से कहाँ और क्यों हारे, किस तरह लड़ते तो जीतते, इस सबका विश्लेषण वह बड़े रोचक ढंग से करते थे। जब वह साहित्य सम्मेलन की प्रथमा परीक्षा देने की तैयारी कर रहे थे, तब उनकी गद्य-पद्य की सभी पुस्तकें मैं पढ़ा करता था और कभी-कभी उनके साथ ब्रजभूषणलाल त्रिपाठी के यहाँ भी जाता था जहाँ सदाशिवराव तथा अन्य छात्र एकत्र होते थे। भूषण के कई कबित्त मुझे याद हो गये थे, उनकी भाषा मुझे बहुत अच्छी लगती थी। भैया की **हिंदी भाषा सार** पाठ्यपुस्तक में राय देवीप्रसाद 'पूर्ण' के **चन्द्रकला भानुकुमार** नाटक का एक अंश मुझे बहुत अच्छा लगता था। उसका एक पात्र अवधी बोलता है; उसके संवाद हम दोनों बड़ी रुचि से पढ़ते और दोहराते थे। भारतेन्दु हरिश्चन्द्र का **सत्य हरिश्चन्द्र** नाटक शायद मेरे पाठ्यक्रम में था। भारतेन्दु के गद्य से यह मेरा प्रथम परिचय था। कोई भी पुस्तक हो, उसमें जो कुछ मुझे अच्छा लगता, वह मैं भैया को सुनाता, जो भैया को अच्छा

लगता, वह मुझे सुनाते। **सत्य हरिश्चन्द्र** के भी अनेक अंश हम दोनों ने इस तरह एक साथ पढ़े थें। हाई स्कूल की परीक्षा देने के पहले मैंने छुटपुट कविताएँ लिखी थीं; बड़ी रचना के नाम पर शुरुआत मैंने नाटक से की थी। स्वभावतः भैया से अपने नाटक की प्रशंसा सुनने को मैं उत्सुक था और जब प्रशंसा सुनने को न मिली तो मन बहुत खिन्न हुआ। बाद को 16 दिसम्बर 1932 के पत्र में मैंने उनसे इसकी शिकायत की थी।

> एक बार जब मैं शायद नवें या दसवें दर्जे में था, तो मैंने एक नाटक लिखा था जिसका नाम मुझे इस समय याद नहीं। मैंने तुमसे कहा था कि 'देखो भैया, मैंने एक नाटक लिखा है।' मुझे आपके ठीक शब्द याद तो नहीं पर आपने मेरा तिरस्कार अवश्य किया था। मेरा जी बहुत उदास हो गया था। उस दिन से मैंने सोचा था कि आगे कोई चीज़ लिखूँगा तो इन्हें दिखाऊँगा नहीं। इसी कारण जब मैं शायद पिछली बार के पहले झाँसी आया था तो 'सूर्यास्त' मैं पूरा कर चुका था पर मैंने आपसे उसके बारे में कोई विशेष बात न की। एक दिन न जाने कैसे आपने उसे देखा था या मैंने स्वयं दिया था, मुझे याद नहीं पर उस समय मुझे सहानुभूति की आकांक्षा न थी। आपकी आलोचना का, चाहे वह मेरे दोष निकालती, चाहे बड़ाई करती, मेरे लिए एक अन्य पुरुष की समालोचना से अधिक मूल्य न था। शायद पहले आपका विचार था कि आपके तारीफ करने से मुझे अनुचित अभिमान होगा पर यदि अब भी आपका यह विचार है तो मेरी दृष्टि में वह ठीक नहीं है। हमें सबके साथ सहानुभूति रखनी चाहिए। मनुष्य अपने दुखों को अपने साथी मनुष्य से न कहेगा तो किससे कहेगा? पर यदि उसका साथी उसके साथ सहानुभूति न रखे तो वह बेचारा अवश्य अपने दुखों के नीचे छटपटा कर रह जायेगा।

ये नाटक बचकाने प्रयास थे और भैया ने उनकी ओर विशेष ध्यान न दिया तो कुछ अनुचित न किया था। यहाँ मैंने इस घटना का उल्लेख यह दिखाने के लिए किया है कि झाँसी में भैया के साथ नाटक पढ़ने (नाटक देखने और अभिनय करने) के कारण नाटक लिखने की इच्छा हुई थी।

बी.ए. के प्रथम वर्ष में बदरीनाथ भट्ट के सम्पर्क में आने पर मैं यह तै कर चुका था कि मुझे हिन्दी में काम करना है। इस काम में गद्य-पद्य दोनों शामिल थे। इंटर में हिन्दी अध्यापक प्रेमवल्लभ पन्त कभी-कभी मेरे आलोचनात्मक निबन्ध पूरी कक्षा के छात्रों को स्वयं पढ़कर सुनाते थे। इसी प्रकार बदरीनाथ भट्ट ने परीक्षा के लिए केशवदास पर लिखा मेरा निबन्ध कक्षा में पढ़कर सुनाया था। भट्टजी रीतिवाद के विरोधी थे, इसलिए केशवदास की नुक्ताचीनी वाले मेरे निबन्ध से प्रसन्न थे। वैसे भी ट्यूटोरियल

में मेरे निबंध देखते समय आलोचना लिखने के लिए प्रोत्साहन देते थे। इस तरह बी.ए. में पढ़ते समय गद्य लेखन का महत्त्व मैं कुछ-कुछ पहचानने लगा था। बी.ए. आनर्स (एम.ए. के प्रथम वर्ष के बराबर की) परीक्षा देने के बाद मैंने गाँव से 30 मार्च 1933 के पत्र में भैया को अपने कार्यक्रम के बारे में लिखा था :

> मैं यहाँ 10 अप्रैल तक रहूँगा। 10 को लखनऊ जाने का विचार है। मैं अपनी music की शिक्षा continue करना चाहता हूँ। इसके सिवा मैं वहाँ रहकर एक नाटक, एक जीवन चरित्र और एक लगभग 300 lines की कविता लिखना चाहता हूँ। एम.ए. के बाद मैं एक लेखक का जीवन व्यतीत करना चाहता हूँ। लेखक का जीवन एक सुन्दर आशा का पुष्प नहीं जिसे मैं तोड़ लाऊँगा किन्तु वह मेरा लक्ष्य अवश्य है। गर्मियों में मैंने बुद्ध वैराग्य पर एक कविता लिखना आरम्भ किया था पर domestic कठिनाइयों के कारण केवल डेढ़ या दो सौ लाइन्स ही लिख सका।

बुद्ध वैराग्य सम्भवतः एक मात्र ऐसी कविता है जो मैंने पारितोषिक पाने के लिए लिखी थी। हिन्दुस्तानी ऐकेडमी प्रतियोगिता श्रेष्ठ कविता को शायद सौ रुपये का पुरस्कार देती थी। मैं सोचता था, पुरस्कार मिलेगा तो भैया से खर्चा माँगने की जरूरत न पड़ेगी। पुरस्कार न मिलने का कारण मैंने यह माना कि काफी समय न मिला था और मैं इच्छानुसार कविता पूरी न कर सका था। भविष्य में कविता लिखने पर हिन्दी कवियों में मेरा स्थान होगा या नहीं, इसके बारे में अटकल लगाते हुए मैंने भैया को लिखा था :

> मैं लेखक का जीवन व्यतीत करूँ या न करूँ पर मुझे यह दृढ़ विश्वास है कि मैं हिन्दी साहित्य की अपनी कविता से जैसी भी बनेगी, थोड़ी बहुत सेवा अवश्य करूँगा। मैं सूरदास, तुलसीदास, कबीर, रवीन्द्रनाथ अवश्य न होऊँगा पर क्या यह सम्भव है कि मैं जीवित रहूँ, कविता लिखूँ और फिर मुझे हिन्दी के कवियों में एक स्थान न मिले?

गद्य लिखने से हिन्दी की सेवा होगी और जीविका की समस्या भी हल की जा सकेगी, यह सोचते हुए उसी पत्र में आगे लिखा था :

> कविता और नाटक लिखकर पैसा कमाना टेढ़ी खीर है। जब निरालाजी से कवि भी पैसे के मुहताज रहते हैं, फिर हममें तो अभी कुछ भी निरालापन नहीं है, इसलिए मैंने सोचा है कि गद्य में मैं जीवन चरित्र, इतिहास आदि विषयों पर पुस्तकें लिखकर कुछ पैसा पैदा करूँगा, इससे मेरा गद्य भी सुधर जायेगा जिससे मुझे नाटक लिखने में बहुत सुविधा होगी। हिन्दी में अभी स्टैण्डर्ड गद्य नहीं है। लोगों का झुकाव संस्कृत शब्दों की ओर अधिक है। जैसा गद्य आजकल के

मासिक पत्रों में निकलता है, वह सर्वसाधारण का गद्य नहीं है और इस तरह से साहित्य साधारण जनता से और भी दूर होता जाता है। मैं हिन्दी में गद्य का एक standard भी create करना चाहता हूँ।

साहित्य में कविता सर्वोपरि है पर गद्य लिखना ज़रूरी है, यह मैं समझ रहा था। आगे चलकर मैंने इतिहास की समस्याओं पर लिखा, निराला की जीवनी लिखी, यह सब उस समय न सोचा था। पर कविता छोड़कर गद्य लिखने लगूँ, मेरे लिए ऐसी कोई समस्या न थी। गद्य लिखना चाहिए, हिन्दी को अच्छे गद्य की आवश्यकता है और साहित्य को साधारण जनता से दूर न किया जाना चाहिए, यह मैं जानता था। पत्रों में लेखन सम्बन्धी समस्याओं की चर्चा करता था, भैया से मिलने पर इन समस्याओं के बारे में और भी विस्तार से बातें होती थीं। यह स्थिति पचास साल से अब तक बनी हुई है। पिछले दिनों **भारत के प्राचीन भाषा परिवार और हिन्दी** (खंड 1) पढ़कर भैया ने मुझे लिखा था :

पुस्तक जहाँ से खुल गयी, वहीं पढ़ना शुरू कर दिया। लगा, शब्दों का तिलस्मी उपन्यास है। एक-एक शब्द कहाँ-कहाँ घूमा, किस-किस देश गया, क्या-क्या रूप धरे। रह-रहकर समय-समय पर सुने लेक्चरों और पं. किशोरीदास वाजपेयी के ऊँट के पहाड़ के नीचे जाने की तरफ ध्यान जाता रहा। कोई कुछ भी कहे पर **हम तो इसका बीज चौके में खाते समय शब्दों की जड़ों की खोजबीन और उस पंचायत को ही मानते हैं**। होगा। अन्त की ओर आर्यों-अनार्यों का विश्लेषण बड़ा रोचक लगा। और उस महफिल के दो बड़े बल्ब 'राम और कृष्ण काले थे'—भूलना असम्भव है।

वह सम्मति (उसमें शब्दों पर ज़ोर मेरा है) मेरे लिए बहुत मूल्यवान है। भैया ने उस पारिवारिक चर्चा का उल्लेख किया है जिसमें मेरी पुस्तक निराकार से साकार बन रही थी। चौके में भोजन के समय की 'पंचायत' के अलावा उसी विषय पर मेरे देर तक बोलते रहने को भैया ने 'लेक्चर' कहा है। 'पंचायत' और 'लेक्चर' में श्रोता लोग अपने प्रश्नों और टिप्पणियों द्वारा सक्रिय भाग लेते थे और ऐसे श्रोताओं में बड़े भाई के अतिरिक्त सबसे छोटे भाई नरेश भी थे। इन लोगों से ध्वनितंत्र, शब्द निर्माण प्रक्रिया, रूपतंत्र, वाक्यविन्यास, भाषा परिवारों के आपसी सम्बन्धों की चर्चा करते समय मैं अपने को तौलता था कि ऐसा कुछ लिख सकूँगा या नहीं जो सर्वसाधारण की पहुँच के बाहर न हो। यदि साहित्य का गद्य किसी हद तक सर्वसाधारण से दूर था तो भाषाविज्ञान का गद्य सर्वसाधारण से और भी दूर था। इसके एक शानदार अपवाद थे किशोरीदास वाजपेयी। वाजपेयीजी समर्थ गद्य लेखक थे और उनका सबसे प्रभावशाली गद्य उनकी अन्यतम रचना **हिन्दी शब्दानुशासन** में है। वाजपेयीजी और भैया दोनों से अपने गद्य की प्रशंसा सुनकर मुझे परम प्रसन्नता हुई थी।

हिंदी में गद्य लेखन और पत्रकारिता का सम्बन्ध अटूट है। इस नाते गद्य लिखने के साथ-साथ मैंने पत्रकारिता भी शुरू की है। इंटर के मेरे एक सहपाठी कृष्ण राव अंग्रेजी में हस्तलिखित पत्रिका निकालते थे। पत्रिका अनियतकालीन थी, इसलिए उसकी नियति थी कि दो-तीन अंकों के बाद बन्द हो जाये। उन्हीं दिनों मैंने हिन्दी की एक नियतकालीन हस्तलिखित पत्रिका निकाली। सरस्वती पाठशाला के आदिम सहपाठी दुर्गाप्रसाद अग्रवाल (बाद को शास्त्री 'अनिरुद्ध' उपनामी कवि, **मेघदूत** के अनुवादक) के सहयोग से, उनके घर के सबसे पीछे वाले कमरे में बैठकर, पत्रिका तैयार की जाती थी। उसे यह गौरव भी प्राप्त था कि वह सदर बाजार के वाचनालय में रखी जाती थी।

यद्यपि आगे चलकर मैंने दो साल तक **समालोचक** का सम्पादन किया और कई पत्रों के सम्पादक मंडल में रहा किन्तु यह सब पत्रकारिता नहीं था। समकालीन राजनीति पर जो न लिखे, वह भी क्या पत्रकार कहलायेगा? मैंने पाँच साल तक लगातार पत्रकारिता की है यानी समकालीन राजनीति पर लगातार लिखा है—किन्तु पद्य में! 'लोकयुद्ध' और 'जनयुग' में प्रकाशित 'अगिया बैताल' और 'निरंजन' की कविताओं को लेकर आलोचकों ने जब तब जो मत प्रकट किया है, वह मेरे लिए कुतूहलवर्धक है। कोई नहीं कहता कि कलात्मक साहित्य की रचना के लिए पत्रकारिता बन्द कर देनी चाहिए किन्तु प्रचारात्मक कविता को बन्द करने की बात कही जाती है। प्रचारात्मक कविता समाज के लिए आवश्यक है और अवश्य लिखी जानी चाहिए किन्तु वह कविता का अथ और इति नहीं है। इसके साथ ही यह बात याद रखने के काबिल है कि पत्रकारिता भी कलात्मक हो सकती है (बालमुकुन्द गुप्त ने, भारतेन्दु युग के अनेक लेखकों की तरह, अपने व्यंग्यपूर्ण गद्य-पद्य में कलात्मक पत्रकारिता के श्रेष्ठ उदाहरण प्रस्तुत किये हैं) पद्य के अलावा पत्रकारिता के दायरे में मैंने गद्य में कई नाटक भी लिखे हैं।

किन्तु यह सब पत्रकारिता सार्वजनिक थी। पारिवारिक पत्रकारिता विशेषता है मुंशी की। लखनऊ में जब वह विश्वविद्यालय में अपनी पढ़ाई पूरी कर रहे थे, तब उन्होंने हस्तलिखित पत्रिका 'सब कुछ' निकाली थी। उस समय के पारिवारिक पत्राचार में अक्सर इसका उल्लेख है। यथा चौबे ने 28.2.47 के पत्र में मुझे सूचना दी, "होली पर मुंशी की 'सब कुछ' का एक अंक हम लोग निकालने जा रहे हैं। विशेषांक तो कह नहीं सकते क्योंकि यह पत्रिका साल में एक ही बार प्रकाश देखती है। उसके लिए कुछ चीज़ लिख भेजो जो चाहे पोस्टकार्ड पर ही हो। पाँच तारीख तक मिल जाये तो अति उत्तम हो।" इसके बाद मुंशी इलाहाबाद गये और नरोत्तम नागर के साथ स्काउट पत्रिका **सेवा** में काम करने लगे। वहाँ से वह बम्बई गये और **जनयुग** में काम करते रहे। **जनयुग** की सार्वजनिक पत्रकारिता से मुंशी का मन न

भरता था। वहाँ उन्होंने **हलचल** निकाला। बंबई में परिवार का कोई अन्य सदस्य न था। किन्तु मुंशी जहाँ भी रहते हैं, वहाँ एक छोटा सा परिवार बना लेते हैं। बंबई में उनके इस परिवार के अन्तरंग सदस्य थे शमशेर बहादुरसिंह। उनके साथ मुंशी की हरकतों का वर्णन—मुंशी की कलम से—इस पुस्तक के चौथे अध्याय में है।

बम्बई से मुंशी दिल्ली आये। कुछ दिन तक उन्होंने **जनयुग** का सम्पादन किया। किन्तु मुंशी की पत्रकारिता दिल्ली में नरोत्तम नागर के **हिन्दी टाइम्स** में चमकी। पर यह भी सार्वजनिक पत्रकारिता थी। उन्होंने अपने परिवार के लिए 'वाल पेपर' निकाला। मुंशी, धन्नो, मुकुल, कदम, सोना इसके स्थायी लेखक और पाठक थे। इसके एक नियमित पाठक नरोत्तम नागर थे। यह पारिवारिक पत्र तुर्कमान गेट की गली डकौतान में मुंशी के कमरे से बाहर न निकल सकता था। सोना ने गली डकौतान के वाल पेपर में तब लिखना शुरू किया था जब वह लिखना सीख रही थी और उसका नामकरण न हुआ था। सोना को **गोदान** की सोना का नाम पसन्द आया। उसने वाल पेपर का उपयोग करके अपना नाम सोना रखा। नाम रखने के अपने जन्मसिद्ध अधिकार को उसने चरितार्थ किया। परिवार के जनवादीकरण की दिशा में यह महत्त्वपूर्ण कदम था। (देखें **परिशिष्ट ख**)।

दिल्ली में मुंशी अपने परिवार के मुखिया थे। जनवादीकरण की ज़रूरत मुंशी से ज़्यादा परिवार के अन्य सदस्यों को थी। पर यह समझना भूल होगी कि जनता के दबाव से मुखिया ने वाल पेपर निकाला। परिवार की प्रगति के लिए, बच्चों को नये ढंग से प्रशिक्षित करके सुसंस्कृत नागरिक बनाने के लिए, उनके व्यक्तित्व के विकास के लिए वाल पेपर ज़रूरी था। बच्चों को नये ढंग से शिक्षा देने की ओर, केवल पढ़ाई-लिखाई नहीं वरन् परिवार के अच्छे सदस्य और सभ्य नागरिक बनाने वाली शिक्षा की ओर, हम लोगों के 'कक्कू' बलभद्र दीक्षित 'पढ़ीस' ने विशेष ध्यान दिया था। मुंशी कक्कू और उनके परिवार से अच्छी तरह परिचित थे, हम लोग एक ही बड़े परिवार के सदस्यों की तरह थे। बच्चों के प्रति मुंशी के दृष्टिकोण पर कक्कू के विचारों की छाप थी, गाँव में वह बाबा के व्यवहार से प्रभावित थे ही। मुंशी ने नयी शिक्षा में अनेक विधाओं वाले प्रयोग किये। पत्रकारिता इनमें एक विधा थी। दूसरी विधा पारिवारिक गोष्ठियों की थी। परिवार के जनवादीकरण में इन गोष्ठियों की भूमिका निर्णायक थी। मुंशी जब लखनऊ में थे, मैं आगरे में था, तब इन गोष्ठियों की सूचना मुझे मिला करती थी।

भैया : "आजकल हमारे यहाँ हर पखवारे में इतवार को खाना खाने के बाद सबकी बैठक होती है। कभी-कभी बड़ी मज़ेदार बातें हो जाती हैं। मिनिट रख रहे हैं। कभी आना तो देखना।" (5.8.45)

चौबे : "हम लोगों की मीटिंग्स (इतवारवाली) नियमपूर्वक होती हैं और बड़ा

मज़ा आता है। आज ड्रामे के ऊपर भैया में और मुंशी, अवस्थी में डिस्कशन हुआ। मुंशी वगैरह चाहते हैं, भैया का कहना है कि इससे पढ़ने में काफी नुकसान होता है। Fundamental मतभेदों के कारण किसी निश्चित अन्त पर नहीं पहुँच सके।''

(16.9.45)

अवस्थी : ''हर इतवार को घर की मीटिंग होती है। सबको टर्न बाई टर्न कुछ लिखकर या ऐसे ही सुनाना पड़ता है। बड़ा मज़ा आता है, खासकर जब मुंशी भैया और बड़े भैया में बहस होती है। दोनों आदमियों के principle मिलते ही नहीं हैं और अन्त में बहस या तो लिखकर होती है या दूसरी मीटिंग के लिए छोड़ दी जाती है।''

(5.3.46)

इन गोष्ठियों से तुरत कोई नतीजा निकला हो, चाहे न निकला हो, वे मजदार होती थीं, इसके बारे में किसी को सन्देह न था। इससे उनका कलात्मक महत्त्व स्पष्ट है। कोई किसी पर अपने विचार लाद न सकता था, समानता के स्तर पर छोटे-बड़े एक-दूसरे की बातें सुनते थे, यह परिवार के नये स्वरूप का प्रमाण था। दिल्ली में मुंशी ने ऐसी गोष्ठियों में अपने बच्चों के साथ अम्मा को शामिल किया, इसे मैं मुंशी के जीवन की सबसे बड़ी उपलब्धि मानता हूँ। इन गोष्ठियों की झलक पाँचवें अध्याय के संस्मरणों में है, छठे अध्याय में मुंशी सम्बन्धी सोना के रेखाचित्र में है।

ऊपर मैंने लिखा है कि मेरी पद्य पत्रकारिता सार्वजनिक थी, यह बात पूरी तरह सही नहीं है। मुंशी जब बम्बई में कम्युनिस्ट पार्टी के हेडक्वार्टर में काम करते थे, तब (1947 में) उनके स्वास्थ्य सुधार अभियान में मेरा पद्य पत्रकारिता वाला योगदान इस प्रकार था :

बीड़ी चाय जान के दुश्मन,
इनसे पिंड छुड़ाओ!
वर्ना 'सिक' बनकर खटिया पर
छत से आँख लड़ाओ!

छत से आँख लड़ाओ, भैया,
धन्नो है मास्टरनी!
चौराहे पर लेक्चर झाड़े,
जैसे जीभ कतरनी!

कह अगिया बैताल जुड़ेगा
अब प्रयाग में मेला
शाश्वतवादी गधे खींचते
प्रगतिवाद का ठेला!

गोष्ठियों और पत्रकारिता के साथ हमारे यहाँ की नाट्य परम्परा उल्लेखनीय है। इसके संस्थापक दौआ हैं। नरेश के रामलीला सम्बन्धी लेखों से झाँसी, सदर बाजार की रामलीला में उनके योगदान की जानकारी होती है। दूसरे अध्याय में भैया ने शिवपुरी के संस्मरणों में रामलीला का उल्लेख किया है। दौआ ने वहाँ रामलीला देखी थी। वहाँ और अन्यत्र उन्होंने पारसी रंगमंच वाले नाटक भी देखे थे। यह नाटक प्रेम अवसर आने पर झाँसी की रामलीला समिति में उनके योगदान के रूप में पल्लवित हुआ। सन् 1952 में झाँसी की रामलीला समिति ने एक पुस्तिका प्रकाशित की—**श्री रामलीला-रजत जयन्ती महोत्सव**। उसमें दौआ के योगदान के बारे में लिखा गया था, "समय ने करवट बदली और 1938 आ पहुँचा। भगवत् कृपा से एक महान् व्यक्ति मिला जो श्री रामलीला के निमित्त वशिष्ठ बनकर आया। वह थे स्व. गयादीन मुनीम; सौम्य स्वभाव तथा शान्ति प्रतिमा के कारण लोग इन्हें दउआ कहा करते थे। दउआ ने देखा कि रामलीला अव्यवस्थित रूप से चल रही है और जब तक इसकी सुव्यवस्थित पुस्तक न हो, तब तक सफलता दूर है। वृद्ध उत्साही पुस्तक संकलन में जुट गये और ऐसी पुस्तक रची कि हम मुक्त कंठ से कह उठे कि जब तक रामलीला रहेगी, तब तक दउआ को हम न भूल सकेंगे।"

भैया ने भी शिवपुरी में नाटक देखे थे। वहाँ नाटकों से अधिक उन्हें नौटंकी देखने को मिलती थीं। भैया ने अपनी जन्मजात अभिनय कला के बारे में लिखा है :

> मैं शिवपुरी में—ऊपर, पीछे कमरे में—नौटंकीवालों की बड़े जोरों से नकल करता। एक दिन भैया (सूरजबली) ने देख लिया। दौआ से कहा। फिर [नकल] करने को कहा। पर दौआ के सामने?

झाँसी में मुझे साथ लेकर भैया हिन्दी ही नहीं, कभी-कभी बँगला नाटक भी देखने पहुँचते थे। मैंने झाँसी में, और अपने जीवन में, जो पहला नाटक देखा था, वह शेक्सपियर का **मर्चेण्ट ऑफ वेनिस** था। किसी ने उर्दू में अनुवाद किया था। फोनी मास्टर शाइलाक की भूमिका में चाकू लेते हुए याद रहे। कई साल बाद जब मैकडनल हाई स्कूल में, सरस्वती पाठशाला छोड़ने पर, उनके दर्जे में बैठने की नौबत आयी, तब चाकू लिए उनका शाइलाक वाला रूप बार-बार याद आता रहा।

झाँसी की सरस्वती पाठशाला के राष्ट्रीय पाठशाला बनने पर वहाँ के सांस्कृतिक कार्यक्रमों में कविता पाठ के साथ नाटक मंचन भी होने लगा। स्वाधीनता आन्दोलन से जो नया वातावरण पैदा हुआ था, उसमें तबके प्रकाशित नाटक लोगों को रुचते न थे। तै हुआ कि राष्ट्रीय विचारधारा के अनुरूप नाटक लिखा जाये और स्कूल के अध्यापक और छात्र अभिनय करें। ब्रजभूषण लाल त्रिपाठी ने **वीर बालक** नाटक लिखा। उसका एक गीत नशाबंदी के बारे में था। भैया घर पर सुन्दर भावभंगिमा के साथ यह गीत द्रुत गति से अक्सर दोहराते थे :

कैसी बद है शराब
करती हमको खराब
लेती इज़्ज़त व आब।
करो बन्द, बन्द, बन्द।

भैया ने इस नाटक में विनायकराव मास्टर का पार्ट किया था। अभिनेताओं में मास्टर रुद्रनारायण भी थे। भैया के अनुसार "मास्टर रुद्रनारायण स्टेज पर पेट में मटके की पेटी बाँधकर आये। शायद–वकील। काली अचकन। मास्टरजी गिरे। पेट फूटा। सब हँसे। संस्कृत पंडित बालकृष्ण ने मुझसे दर्जे में कहा, 'धूर्त, इतनी बड़ी मूँछे लगाकर मास्टर बन गया!' (छोटी मूँछे बची ही न थीं)। पार्ट छोटा था।" मुझसे सम्बन्धित भैया के रेखाचित्र में इस नाटक का उल्लेख है।

चाहे त्रिपाठीजी वाला नाटक हो या कोई और हो, भैया एक जोड़ी मूँछें घर भी ले आये थे। उन्हें बारी-बारी से लगाकर, नाटक-मंच-पार्ट के बिना ही, हम दोनों अभिनय करते थे। सन् 20 के आन्दोलन के बाद सदर बाजार झाँसी में रामलीला शुरू हुई। रामलीला के बीच में एकाध दिन लोग नाटक भी करते थे। नाटक करनेवालों में बड़ी उम्र के लोगों की अलग पार्टी थी और लड़कों की पार्टी अलग थी। लड़कों की पार्टी ने **गरीब किसान** नाम का नाटक खेला था, इसमें मैंने भी किसी स्त्री का अभिनय किया था।

नाटक प्रकाशित पुस्तक के रूप में था। बाद को **प्रेमाश्रम** पढ़ने पर मालूम हुआ कि नाटक का आधार यह उपन्यास था और उसमें अनेक संवाद उपन्यास से उठा कर ज्यों के त्यों रख लिए गये थे। भैया के सहपाठी और मित्र चतुर्भुज पाण्डेय उर्फ चतरे रामलीला में दशरथ की गम्भीर भूमिका का सफल निर्वाह करते थे। उनकी प्रतिभा का विशेष चमत्कार प्रहसनों में देखने को मिलता था। वह परीक्षा भवन से लेकर रंगमंच तक नकल करने में उस्ताद थे। मैकडनल हाई स्कूल के हाल में चतरे पंडित डेस्क में भूगोल की पाठ्यपुस्तक **माडर्न जिआग्राफी** रखे आराम से नकल कर रहे थे। फोनी मास्टर उधर से निकले। डेस्क की पुस्तक देख ली। चतरे पंडित ने भी देख लिया कि इन्होंने देखा है। लौटकर फोनी मास्टर डेस्क के पास आकर खड़े हुए। पुस्तक डेस्क में न थी। उन्होंने कहा, खड़े हो। चतरे खड़े हुए। मास्टर साहब ने कहा–किताब कहाँ है? चतरे ने भोलेपन से पूछा–किताब? मास्साब कौन सी किताब? फोनी मास्टर ने कहा–कुर्ता ऊपर उठाओ। चतरे ने दोनों हाथों से कुर्ता ऊपर खींचकर पेट दिखा दिया। फोनी मास्टर परास्त होकर चले गये। नतीजा निकल जाने के बाद एक दिन फोनी मास्टर ने चतरे से एकान्त में पूछा–अब बता दो, वह किताब कहाँ थी? चतरे ने वैसी ही आत्मीयता से उत्तर दिया–मास्साब वहीं तो थी, मेरे हाथों के नीचे। आप जब तक लौटें, तब तक उसे मैंने पेंट के आगे खोंस लिया

था। जब आपने कुर्ता उठाने को कहा, तब मैंने हाथों के नीचे किताब दबाये हुए कुर्ता उठा दिया।

यह सारी घटना उन्होंने भैया को संवाद और अभिनय के साथ, हँसी के लिए बीच-बीच में रुकते हुए, बड़े कलापूर्ण ढंग से सुनाई थी। अंग्रेज़ों के वफादार, चुनाव के उम्मीदवार मारवाड़ी सेठ की नकल वह बहुत अच्छी करते थे। नकल का आधार बदरीनाथ भट्ट का एक प्रहसन था। वह प्रहसन आधार मात्र था। चतरे पंडित लिखित संवाद के अलावा, अक्सर उसे छोड़कर, अपनी सूझ के अनुसार डायलोग तुरत गढ़कर बोलते थे। साथी अभिनेता चक्कर में पड़ जाता था। इसलिए चतरे जब कामिक करने उतरते, तब विंग में खड़े होकर प्राम्प्ट करने का काम मुझे सौंपते। चतरे की गढ़ी हुई डायलोग के अनुरूप मैं स्वयं डायलोग गढ़कर दूसरे अभिनेता को प्राम्प्ट करता और वह चालू हो जाता। आमतौर से गम्भीर नाटकों को रोचक बनाने के लिए कामिक अलग से जोड़ा जाता। ऐसे कामिक में मुख्य अभिनेता की भूमिका अक्सर चतरे की होती थी।

चतरे पंडित के छोटे भाई छुट्टू (छोटे लाल पाण्डेय) बहुत अच्छी हाकी खेलते थे, रामलीला में लक्ष्मण का बहुत सुन्दर अभिनय करते थे। लड़कों की पार्टी नाटक करती तो उसमें भी किसी मुख्य पात्र का रोल करते। 15-20 साल पहले जब झाँसी में उनसे भेंट हुई तब उन्होंने मुझसे बहुत आग्रह किया कि मैं उनके लिए एक नाटक लिखूँ और झाँसी आकर उसमें उनका अभिनय देखूँ। मैंने नाटक लिखने का वादा किया पर निराला सम्बन्धी कार्य, फिर प्राचीन भाषा परिवार, मैं नाटक लिखने का वादा पूरा न कर सका। इसका मुझे हार्दिक खेद है। छुट्टू के बाद लक्ष्मण का पार्ट मुंशी ने और मुंशी के बाद नरेश ने किया। **वीर छत्रसाल** नाटक में मुंशी ने विमलदेव का पार्ट किया। विमलदेव विमला है जो पुरुषवेश धारण करती है। मुंशी के बाद इसी नाटक में वही पार्ट नरेश ने किया था।

झाँसी से जो नाटकप्रेम लेकर मैं लखनऊ पहुँचा था, उससे प्रेरित होकर मैंने नाटक लिखने के अलावा किसी नाटक कम्पनी में कुछ दिन काम करने की बात भी सोची थी। 30 मार्च सन् 33 वाले पत्र में मैंने भैया को लिखा था, "नाटक का नाम 'प्रेम की वेदी' और विषय समाज की दृष्टि से अनुचित प्रेम रहा होगा। नाटक दुःखान्त होगा। इस नाटक के बारे में एक साल से विचार कर रहा हूँ। अब फुर्सत मिलने पर उसे लिख अवश्य डालूँगा। यदि मैं किसी नाटक कम्पनी में कुछ दिन रह कर stagecraft की और likes और जनता की dislikes की study भी कर सकता, तब तो क्या ही अच्छा होता।"

लखनऊ में मेरे मित्र रामप्रसाद यादव उर्फ लल्लू बहुत अच्छे अभिनेता थे। यद्यपि वह हाई स्कूल की सीमा न लाँघ सके थे पर उनकी कला सम्बन्धी समझ बहुत

अच्छी थी। मैंने उन्हें एक खलनायक की भूमिका में उतारने के उद्देश्य से **पाप के पुजारी** नाटक लिखा था। मेरे मित्रों ने इसका सफल मंचन किया था। यह बात सम्भवतः सन् 36 की है। नाटक का निर्देशन मैंने ही किया था। लखनऊ विश्वविद्यालय में द्विजेन्द्रलाल राय का **चन्द्रगुप्त** और जयशंकर प्रासद का **अजातशत्रु** इन दो नाटकों के मंचन में मेरा सहयोग भी था। दूसरे नाटक में अजातशत्रु का पार्ट चौबे ने किया था। चौबे को विश्वविद्यालय में श्रेष्ठ शारीरिक गठन के लिए इनाम मिल चुका था या मिलनेवाला था। वह केवल धोती पहने नंगे बदन स्टेज पर उतरे थे। पुट्ठे के टुकड़ों पर चमकीली पन्नी चिपका कर बाँहों में आभूषण पहन लिये थे। प्रसादजी के नाटक का सफल मंचन हो सकता है, यह सिद्ध हुआ।

लखनऊ में चार्ली चैपलिन की कोई फिल्म आये और हम लोग न देखें, यह असम्भव था। कभी कई भाई एक साथ देखते, कभी अलग-अलग। घर में भैया देर तक फिल्म की घटनाएँ सुनाते और अभिनय की विशेषताएँ बताते। 'ग्रेट डिक्टेटर' में चार्ली चैपलिन ने हिटलर की नकल उतारी थी, हिटलर और चार्ली चैपलिन दोनों की नकल उतारी मुंशी ने। गली (के.सी.डे. लेन) में अचानक कहीं से प्रकट होकर हिटलर-चार्ली की मूँछें लगाये मुंशी किसी ऊँची जगह खड़े होकर अदृश्य नाज़ी सैनिकों को 'जर्मन' में ज़ोर से सम्बोधन करने लगते। मिनटों में भीड़ इकट्ठा हो जाती। मुंशी के इशारे पर (जैसा कि फिल्म में था) भीड़ ताली बजाती और फिर उन्हीं के इशारे पर एकदम ताली बजाना बन्द कर देती। मुंशी की यह भूमिका बहुत ही लोकप्रिय थी। उनका अभिनय फासिस्ट विरोधी चेतना के प्रसार का साधन बन गया था।

लखनऊ से मेरे चले आने के बाद मुंशी ने **चन्द्रगुप्त** में चाणक्य और **वीर अभिमन्यु** में अर्जुन का पार्ट किया था। इस दूसरे नाटक में चौबे ने दुर्योधन का और अवस्थी ने जयद्रथ का पार्ट किया था। इस तरह इस नाटक में तीनों भाइयों ने एक साथ अभिनय किया था। दौआ ने रामलीला के लिए रामायण को नाट्य रूप दिया था, उसमें मुंशी और नरेश ने लक्ष्मण का पार्ट किया था, स्वयं दौआ ने अंगद का पार्ट किया था। **पाप के पुजारी** में चौबे और अवस्थी ने भाग लिया था। बहुत दिन बाद आगरे में तुलसी जयन्ती के अवसर पर मैंने **तुलसीदास** एकांकी नाटक लिखा था। इसमें आचार्य केशवदास का पार्ट मुंशी ने किया था। नाटक लिखने और अभिनय करने की परम्परा हमारे परिवार में मजबूती से जड़ जमाये हुए है। अवस्थी का ब्याह होने पर यह जड़ और मजबूत हुई। जड़ के मजबूत होने का कारण यह था कि अवस्थी की पत्नी रक्षा नटी और सूत्रधार दोनों की भूमिका निबाहती थीं। वह स्वयं अभिनय करती थीं और अभिनय के लिए दूसरों को तैयार भी करती थीं। खास बात यह कि स्त्री के अलावा वह पुरुष की भूमिका में भी खरी उतरती थीं।

भोपाल में अपने मोहल्ले के गर्ल्स प्राइमरी स्कूल में रक्षा ने छात्राओं से **सत्यवादी हरिश्चन्द्र** और **मंगलमन्दिर** नाटक कराये। टीचर्स ट्रेनिंग कोर्स पूरा करते समय उन्होंने डॉ. चोखेलाल हूक स्पेशलिस्ट का रोल किया। हूक स्पेशलिस्ट बनने का रहस्य नाटक के लम्बे नाम से प्रकट हो जाता है—**इक हूक सी दिल में उठती है, इक दर्द जिगर में होता है!** रक्षा के भाई मुन्ना टेक्नीकल इन्स्टीट्यूट के छात्र थे। वहाँ कुछ अपने लिखे और कुछ दूसरों के लिखे नाटकों में मुन्ना ने सफल अभिनय किया। गर्ल्स गाइड की ट्रेनिंग में रक्षा ने खुद कव्वाली बनाई और उसे गाया भी—

क्या कहें, किससे कहें, ट्रेनिंग ने पागल कर दिया।
हमको डी.ई. साब ने घर से भी बेघर कर दिया।

डी.ई. अर्थात् डाइरेक्टर आफ एजूकेशन। रक्षा की ये सब उपलब्धियाँ उनके ब्याह से पहले की थीं। इसलिए उनके आने से हमारे यहाँ की नाट्य परम्परा की जड़ का मजबूत होना स्वाभाविक था।

कलकत्ते में रहते हुए रक्षा ने जब कुछ दिन तक महादेवी बिड़ला शिशुविहार में अध्यापन किया, पति के साथ कैम्प में कालोनी के बच्चों को जब हिन्दी पढ़ाई, तब उन्होंने सांस्कृतिक कार्यक्रमों में भाग लिया।

पुत्री मिनी और पुत्र आशु के जन्म दिन पर रक्षा ने कविता, गाने और संवाद के साथ नाटक का भी आयोजन किया। आशु ने अपनी स्कूल के फैन्सी ड्रेस में काबुलीवाला बनकर प्रथम पुरस्कार पाया। मिनी आदिवासी लड़की बनी। उसे भी पुरस्कार मिला। मुन्नी (भैया की पुत्री प्रभा) और मेरी पुत्री शोभा के ब्याह में रक्षा ने जो कार्यक्रम आयोजित किये उनमें उन्होंने पूरी बालमंडली को मंच पर उतारा। आशुमिनी के अलावा, नरेश के पुत्र पिन्टो और बिल्लू, मेरे नात्री और नातिन तनू और गुड्डन को उन्होंने कार्यक्रम के लिए सिखा-पढ़ाकर दुरुस्त किया। शोभा की ननद का नाम उषा है। शोभा के ब्याह में जब 'उषा सिलाई मशीन' के संवाद में आशु ने मिनी से पूछा—'मैंने कहा, क्या उषा यहाँ आयी है?' तब उषा का चौंक उठना स्वाभाविक था। बरात में अनेक स्त्रियाँ थीं, उषा भी थी। रक्षा का कहना सही है, "सुरेश जैटलीजी यह कार्यक्रम देखने में इतने तल्लीन हो गये कि अपना वैवाहिक कार्यक्रम ही भूल गये।" मुझे भी शोभा के ब्याह की एक ही बात याद रह गयी है—आशु का लाजवाब ऐक्टिंग। नागपुर में आशु को **जोंक, उल्टी गंगा, इन्सान जाग उठा** में बेस्ट ऐक्टर का पुरस्कार मिला तो मेरे लिए यह बात स्वाभाविक थी।

नागपुर में भूगर्भशास्त्रियों के पत्नी मंडल ने फैन्सी ड्रेस प्रतिद्वन्द्विता आयोजित की। इसमें रक्षा ने अपने पति का कुर्ता पाजामा पहनकर शायर का पार्ट किया। दुपल्ली टोपी सिलवाकर टोपी की कमी पूरी की। स्टेज पर डायरी लिए, पान चबाते हुए, रक्षा के पहुँचने पर हँसी के फव्वारे फूट पड़े। शेर सोना से सुने हुए थे, सोना

ने किसी और से सुने थे!

चलते गये, चलते गये, चलते गये,
मोड़ आया, मुड़ गये।

और

वह मेरी गली में आये और मुस्करा के बोले,
बर्तन कलई करा लो।

इसी पत्नीमंडल ने श्रीमती सुनीति आपले के मराठी नाटक **कैक्टस** का हिन्दी रूपान्तर मंचित किया। मुख्य भूमिका में रक्षा थीं। नाटक के लेखन, निर्देशन, अभिनय आदि का सारा काम महिलाओं ने किया था। और नाटक की संगीत निर्देशिका थीं रक्षा की पुत्री मिनी। टेपरिकार्डर पर कुछ धुनें टेप कर ली थीं। एक जगह चाची (रक्षा) के घर में प्रवेश करने पर कुत्ता जोर से भूंकता है। मिनी ने कुत्ते का भूंकना भी टेप कर रखा था! चाची की भूमिका में रक्षा इतनी लोकप्रिय हुईं कि कुछ दिन तक अनजाने लोग सड़क पर उन्हें चाचीजी कहकर सम्बोधित करते रहे। कोई आश्चर्य नहीं कि प्रधान भूगर्भशास्त्री की पत्नी ने रक्षा पर यह दोहा कहा–

रक्षा के सँग अस करी
जस अरि हू न कराहिं।
बड़े मुछन्दर लोग भी
चाची कहि कहि जाहिं।

हमारी पारिवारिक नाट्यकला के झाँसी, लखनऊ जैसे केन्द्र हिन्दी प्रदेश में हैं, कुछ केन्द्र इस प्रदेश से बाहर हैं। एक केन्द्र महाराष्ट्र (नागपुर) में है जिसका संचालन रक्षा करती हैं। दूसरा केन्द्र गुजरात (खंभात) में है जिसका संचालन सेवा और आत्माराम के हाथ में है। वैसे तो ये दो प्राणी जहाँ भी होते हैं वहाँ कोई न कोई नाटक–आशु कविता की तरह–अपने आप होने लगता है, पर इनकी नाट्यकला का केन्द्र खंभात है। सेवा वहाँ अपने स्कूल–गल्फ स्कूल–में प्रायः हर साल नाटक का आयोजन करती है। इन नाटकों में बच्चों को नाटक की कथा समझा दी जाती है, फिर वे संवाद अपने मन से गढ़कर मंच पर बोलते जाते हैं। एक नाटक में बच्चों के साथ पं. आत्माराम ने भी अभिनय किया था। मैंने उसके एक दो दृश्यों के फोटो देखे थे। कभी-कभी प्रहसनों में कुछ प्रमुख दर्शक स्वयं को पहचानकर हँसना भूल जाते हैं। बच्चों को आशु संवाद रचना का अभ्यास कराने के साथ-साथ सेवा छोटे-छोटे नाटक लिखती भी है। 1980 में उसने अपने एक नाटक के बारे में मुझे सूचना दी थी;

> अबकी 2 अक्तूबर के ड्रामे में हमने मोटापा कम करने के ऊपर नाटक लिखा जिसमें डाक्टर लोगों को डेढ़ किलो मोटापा कम करने का गुर सिखाते हैं। इसमें पहले जीवनलाल आते हैं। उनकी समस्या है–आत्महत्या करने जाते हैं

तो पेड़ की डाल टूट जाती है। मिस्टर पोपटलाल की समस्या यह है कि इंटरव्यू में कुछ और पूछने के बजाय यह पूछा जाता है कि पैंट में कितना कपड़ा लगता है, किस चक्की का खाते हो आदि-आदि। मिस लकड़वाला की समस्या है, तीन दिन बाद लड़केवाले आ रहे हैं। आखिर में एक दूल्हे महाशय आते हैं। वह जिस घोड़े पर बैठते हैं, उसकी टाँग टूट जाती है, कार में बैठते हैं तो पंक्चर हो जाता है। अब डाक्टर डेढ़ किलो सबको लाइन में खड़ा करके कसरत करवाता है और फिर दौड़ाते हुए कहता है, 'जब रुकोगे' तो सबका वज़न कम हो गया होगा।'

सेवा जन्माष्टमी पर झाँकी सजाती है। वह भी एक तरह की नाट्यकला है। खाली डिब्बों से उसने एक बार तेल-गैस कमीशन के कारोबार का दृश्य उपस्थित कर दिया था। उसे चित्र बनाने का शौक भी है। वनस्थली में कुछ दिन तक एक चित्रकला की अध्यापिका उसके साथ रहती थी। उनसे उसने चित्र बनाना सीखा। चित्रकला में स्वाति ने विशेष प्रगति की है। उसके बनाये कुछ तैलचित्र मेरे आगरे वाले घर की बैठक में दर्शकों को अक्सर आकर्षित करते थे। वह कभी-कभी अपने पत्रों में बड़े सजीव रेखाचित्र बनाती है। ऐसा ही एक रेखाचित्र 65 साल के राजस्थानी श्रमिक का है जिसका एक हाथ टूटा है और जो दूसरे से तलवार भाँजता हुआ होली के अवसर पर बड़े उल्लास से नाचता है।

सोना ने मुंशी के बारे में लिखा है कि वह गाना अच्छा गाते हैं। साल दो साल लखनऊ में गान विद्या मैंने भी सीखी थी पर विशेष लाभ न हुआ। पढ़ीस जी के बड़े लड़के उच्चन का सरोदवादन सन् 38-40 वाले दौर में प्रायः नित्य सुनने को मिलता था। किस राग से कल्पना में कौन सा चित्र उभरता है, इसके बारे में अक्सर हम लोग प्रयोग करते थे, आपस में एक-दूसरे के मन में उभरे हुए बिम्बों की तुलना करते थे। निरालाजी के पुत्र रामकृष्ण का गाना जब तब सुनने को मिल जाता था। राम नारायण सारंगीवादक के रूप में प्रसिद्ध हुए। मुझे उनका गाना बहुत पसन्द था। मिलने पर उनसे जैजैवन्ती जरूर सुनता था। दो साल हुए, आगरे में फिर भेंट हुई और उन्होंने अपनी बहुत सी नयी बंदिशें सुनाईं। चौबे ने लखनऊ के मैरिस कालेज में तीन साल सितारे बजाने की नियमित शिक्षा पायी थी। लखनऊ के मेरे अभिन्न मित्र रामप्रसाद यादव उर्फ लल्लू के छोटे भाई शिवप्रसाद का गला बहुत अच्छा था। मेरे आग्रह पर लल्लू ने उन्हें मैरिस कालेज में भर्ती कराके उन्हें गान विद्या की उच्च शिक्षा दिलाई थी। उच्चन और शिवप्रसाद मेरे परिवार के सदस्यों की तरह थे और उसके सांस्कृतिक वातावरण के निर्माण में इनका विशेष हाथ था।

गोष्ठियों के सूत्रधार जब मुंशी होते हैं तब उसमें गाने का कार्यक्रम अवश्य होता है। अक्सर गाने की फर्माइश मुंशी से ही होती है। किन्तु मुंशी—उस्ताद की

तरह—पहले दूसरों से गाने का आग्रह करते हैं। विजय, भुवन, भुवन की पत्नी माधुरी, प्रायः सभी को गाना पड़ता है। धन्नो के गा लेने के बाद मुंशी बच नहीं सकते और वह मेज़ पर ताल देते हुए कई गीत सुनाते हैं जिनमें बम्बई के साथियों का एक लोकप्रिय मराठी गीत भी होता है—जरा जोमान हान तुझी गाडी। संगीत के साथ कविता पाठ भी होता है। मुंशी कवि भी हैं (पत्रकार हैं, कवि **भी** हैं), अपनी कविता सुनाते हैं, दूसरों की भी सुनाते हैं। 'राम की शक्तिपूजा' का पाठ निराला की मुद्रा में, उन्हीं की सी भंगिमाओं के साथ करते हैं। सभी सदस्य एकत्र हों, तब गोष्ठी हो, यह आवश्यक नहीं है। गोष्ठियाँ मुंशी के पारिवारिक जीवन का अभिन्न अंग हैं। केवल मुंशी की पारिवारिक इकाई हो, तब भी पति-पत्नी पुत्र-पुत्रियों की गोष्ठी चालू हो जाती है। ऐसी गोष्ठियों में पुस्तकों का सामूहिक पाठ भी होता है। जिस पुस्तक का पाठ सबसे ज्यादा हुआ है, वह अमृतलाल नागर की **सेठ बांकेमल** है। गद्यवाचन में पुरानी चिट्ठियों का महत्त्वपूर्ण स्थान है। विशेष रूप से जब गोष्ठी में एक से अधिक भाई शामिल हों, तब अभिलेखागारों की तिजोरियाँ खुलती हैं और उपस्थित-अनुपस्थित सदस्यों के पत्र टीका-टिप्पणी के साथ पढ़े जाते हैं।

बहुरुपिया बनना, जादू के खेल दिखाना, गोष्ठी में संवाद को नाटकीय रूप दे देना मुंशी के बायें हाथ का खेल है। आशु कविता, आशु नाटक की तरह मुंशी आशु गोष्ठी करते हैं। ज़रा सा अवसर मिलना चाहिए, वह किसी की भी गोष्ठी कर सकते हैं। एक बार उन्होंने इसी तरह मेरी गोष्ठी कर दी थी। उसका विवरण भैया को लिखे पत्र में इस प्रकार है :

> 27 नवम्बर [1976] को हम दिल्ली गये। तूफान एक्सप्रेस एक घंटा लेट थी। दिल्ली पहुँचे तब रात हो गयी थी। पानी बरस चुका था, बादल छाये थे। हमने मुंशी और विजय को लिख दिया था—स्टेशन न आयें। गाड़ी का लेट होना [कुल मिलाकर तीन घंटे लेट हुए थी] और मौसम देखकर हमें खुशी हुई कि इन लोगों को परेशान न होना पड़ा। एक छोटे से बैग में दो कमीज़ें, तहमत, तौलिया, हजामत का सामान वगैरह रख लिया था। बैग उठाया। पुल के ऊपर सड़क पर आये। बेहद की। सँभल कर चले, फिसल न जायें। थोड़ी दूर पर बूँदें पड़ने लगीं। घर की बुनी ऊनी टोपी जेब से निकालकर पहनी। अजमेरी गेट पर रिक्शा किया। मुंशी, विजय, सन्तोष सब रास्ता देख रहे थे। गपशप, खाना, फिर सोना।
>
> दूसरे दिन मुंशी ने कहा—कोई कविता सुनाओ। मैं—मुझे कोई याद नहीं। मुं. —वही सुनाओ, वह सहज विलंबित मंथर गति...। मैं—दो तीन लाइनें याद हैं, सुन लो। मुं.—इधर कुर्सी पर बैठकर सुनाओ। मैं कुर्सी पर बैठा, फिर उस कविता का पहला बंद सुनाया। मु.—अच्छा, कोई निरालाजी की सुनाओ। मैंने

तीन चार कविताओं के टुकड़े एक ही में मिलाकर सुना दिये। बाद को मुंशी को बताया–यह एक कविता नहीं, कई टुकड़ों का मेल है। मुं.–अच्छा, जयपुर में नागरजी [अमृतलाल] गये थे, उसका हाल सुनाओ। मैं–नागर जी ने कहा, "मैं भाषण में तीन चार वाक्यों के बाद कामू, काफ़्का, सार्त्र, किसी विदेशी लेखक का नाम ले देता था; इससे वहाँ के अध्यापकों-छात्रों पर मेरी विद्वत्ता का बड़ा रोब पड़ा। एक ने पूछा–'मरी हुई मछली' के बारे में आपकी क्या राय है? मैंने यह उपन्यास पढ़ा न था। पर मैंने कहा–उसमें क्या है? नाम से ही ज़ाहिर है, मछली मरी हुई है।"

इस 'कल्चरल प्रोग्राम' के बाद हम अपने परीक्षा कार्य से निपटने गये। शाम को फिर गोष्ठी जमी। विजय, संतोष आज (28/11) वहीं सोने का प्रोग्राम बनाकर आये थे। खाना खा-पी चुकने के बाद मुंशी ने कहा–अब मैं एक जादू दिखाऊँगा। गये, एक बस्ता सा उठा लाये। फिर सर पर कंबल डाला। अन्दर बस्ता खोला। थोड़ी देर में बस्ते से आवाज निकलने लगी। करीब दो मिनट सुनने के बाद मैं समझा, यह मेरी ही आवाज़ है। मुंशी ने सवेरे का नाटक टेपरिकार्ड किया था। कुर्सी पर बिठाने का राज़ यह था कि पास ही आले में माइक रखा था। अन्दर के कमरे में उनका जादू का बस्ता था। इस षड्यंत्र में मुकुल, कदम, सोना, धन्नो सब शामिल थे पर किसी ने कानों कान खबर न होने दी; सब काम सहज ढंग से करते रहे।

पेट के दर्द के बावजूद मुंशी की ज़िंदादिली पर मुझे खूब प्रसन्नता हुई।

(14-12-67)

इस विवरण में आप कविता, जादू, नाटक, इन तीन शब्दों पर ध्यान देंगे तो मुंशी की आशु गोष्ठी की विशेषता पहचान लेंगे।

मुंशी गोष्ठियों के आयोजन में अपनी सूत्रधारवाली प्रतिभा का परिचय देने के अलावा खेलकूद और स्वास्थ्य रक्षा के कार्यक्रमों के आयोजनों में भी अपनी उसी प्रतिभा का परिचय दे चुके हैं। ऐसे कार्यक्रम लखनऊ की के.सी.डे. लेन में बड़े जोर शोर से आयोजित किये जाते थे। कम और अधिक आयुवालों, छात्रों और उनके अभिभावकों की अलग-अलग दौड़ होगी। छोटे बच्चों की जलेबी दौड़–रस्सी पर जलेबियाँ टँगी हैं, दौड़ो और उछलकर जलेबी खाओ। हाथ पीछे बँधे हैं, इसलिए हाथ से जलेबी नहीं लपक सकते। बोरा दौड़–बोरे में पैर, बोरे का मुँह दोनों हाथों से थाम लो, फिर दौड़ो। एफीशेन्सीरेस–सबके जूते, कोट, पतलून, कमीजें, एक जगह; सब कच्छा पहने दौड़ो; दौड़कर कपड़े, जूते पहनो, दौड़कर वापस आओ। ये सब क्रीड़ा प्रतियोगिताएँ बसन्त पंचमी के अवसर पर आयोजित की जाती थीं। विजेताओं को

पुरस्कार दिये जाते थे।

अभिभावकों और छात्रों के बीच क्रिकेट मैच होते थे। भैया, चौबे, मैं, लल्लू आदि एक टीम में होते थे, मुंशी, अवस्थी आदि छात्रों की टीम में होते थे। मुंशी विकेटकीपरी करते हुए जादू का खेल भी दिखाते थे—गेंद विकेट में न लगे पर विकेट गिर जाये! घर में कैरम का खेल जमता था और जब तब बाकायदा मैच भी होते थे। कैरम खेलने का एक अड्डा पड़ोस में कान्यकुब्ज कालेज के हिन्दी अध्यापक छंगालाल मालवीय का घर था। ये सब कार्यक्रम ऐसे थे जिनसे लोग परिचित थे। मुंशी और उनके साथियों ने कुछ नये ढंग की प्रतियोगिताएँ भी आयोजित की थीं—गली में जिस महिला का बच्चा (साल छह महीने का बच्चा) सबसे स्वस्थ हो, उसे पुरस्कृत किया जायेगा। परिवार नियोजन पर तब इतना जोर न था, गली की घनी बस्ती में प्रतिवर्ष प्रतियोगिता में भाग लेने वाली तीन-चार महिलाएँ मिल ही जाती थीं। उल्लेखनीय है कि शहर में हैजा फैलने पर के.सी.डे. लेन के छात्र संगठन ने नालियों और शौच स्थानों की सफाई का अभियान भी चलाया था। आसपास कोई बीमार हो तो उसे अस्पताल पहुँचाने का काम छात्र करते थे।

के.सी.डे. लेन के बाहर लाल कुएँ का अखाड़ा—चौबे, अवस्थी आदि के अलावा वहाँ मुंशी भी कुश्ती लड़ते थे। जिम्नेशियम में अवस्थी के अलावा मुंशी भी मुक्केबाजी का अभ्यास करते थे। चौबे ने सर्वश्रेष्ठ शारीरिक गठन के लिए विश्वविद्यालय में पुरस्कार पाया था। इसने छोटे भाइयों को, विशेष रूप से अवस्थी को, व्यायाम और शारीरिक गठन की ओर प्रेरित किया। नरेश पहले बहुत से आसन करते थे, अवस्थी अब भी करते हैं। थोड़ी-बहुत कसरत भैया से लेकर नरेश तक सभी भाई करते हैं।

सभी 'कल्चर' का आधार 'फिज़िकल कल्चर' है। भुवन ने 'फिज़िकल कल्चर' को अपना पेशा भी बनाया। भुवन के खेलकूद प्रेम में के.सी.डे. लेन के आयोजनों की प्रेरणा रही है। चौबे, अवस्थी, भुवन आदि के लेखों में खेलकूद, कसरत-कुश्ती की विशेष चर्चा तीसरे-चौथे अध्यायों में है, बाबा-दौआ के शारीरिक गठन का उल्लेख पहले-दूसरे अध्यायों में भैया के संस्मरणों में है। भैया का खेलकूद-शारीरिक गठन प्रेम उनके लेखन में सर्वत्र देखा जा सकता है। वास्तव में आयु को देखते भाइयों में स्वास्थ्य रक्षा का काम सबसे अधिक सफलतापूर्वक भैया ने किया है।

महिलामण्डल में माधुरी ने अपने विद्यार्थी जीवन में बहुत-सी प्रतियोगिताओं में भाग लिया था और पुरस्कार भी प्राप्त किये थे। किन्तु कुल मिलाकर खेलकूद-कसरत के कार्यक्रमों में महिलाएँ पुरुषवर्ग से पीछे हैं। पुरुषवर्ग की सफलताओं में एक उल्लेखनीय सफलता मेरी भी है। **सचेतक** में प्रकाशित उसका चौबे-लिखित विवरण इस प्रकार है :

रामविलास भैया के प्रिय खेलों में गिल्ली-डंडे का जिक्र नहीं हुआ है।

एक बार हम दोनों छुट्टियाँ मनाने ऊँचगाँव गये। वक्त गुजारने का और कोई तरीका न मिला तो हमने निश्चय किया—चलो गिलली-डण्डा खेलेंगे। और, हमने एक गिल्ली और डण्डा गंगाराम (हमारे गाँव के प्रसिद्ध बढ़ई—सं.) से बनवा लिया।

अगले दिन हम एक ऊसर में पहुँचे और खेलना शुरू कर दिया।

कुछ ही देर में रामविलास भैया ने इतने तेज और सटीक निशाने मारने शुरू किये कि मैं जल्दी ही थक गया और अधिक खेलने की गुंजाइश ही नहीं रही।

हमारा यह खेल कुछ और चला—लेकिन जल्दी ही समाप्त हो गया, जिससे मुझे बड़ी शान्ति मिली।

आज भी, अन्य खेलों में तो मैं उनका साथ दे सकता हूँ, लेकिन किसी भी कीमत पर गिल्ली-डण्डा उनके साथ नहीं खेल सकता।

गिल्ली-डण्डे के खेल में मेरी सफलता वास्तविक है किन्तु कुछ मित्रों ने शतरंज के खेल में भी मेरी सफलता प्रचारित की है जो अवास्तविक है। आगरे के 'अमर उजाला' और दिल्ली के 'जनयुग' में प्रकाशित लेखों में ऐसी अवास्तविक सफलता की चर्चा है। शतरंज के मोहरों में हाथी, घोड़े, ऊँट की शकल बनी हो तो पहचान लेता हूँ, इसके आगे गति नहीं है। कुछ मित्रों ने मुझे चाइनीज चेकर्स या स्पेलक्राफ खेलते देखकर यह समझा होगा कि मैं शतरंज खेल रहा हूँ। शतरंज के बारे में मुझसे भी बड़े-बड़े अज्ञानी हैं, यह जानकर मुझे परम प्रसन्नता हुई।

परिवार की किसी भी इकाई के सदस्यों की साहित्यिक सांस्कृतिक अभिरुचि एक-सी नहीं है। फिल्मों पर, फिल्मी गानों पर आत्माराम और सेवा की प्रतिक्रिया औसत फिल्मप्रेमियों की सी होती है पर सेवा की सास की प्रतिक्रिया ठेठ किसान स्त्री की-सी होती है। सेवा ने लिखा है :

> **आप माताजी के साथ बैठ जाये तो समय कैसे बीत गया, शाय़द मालूम ही न पड़े। जब वह मूड में हों और उनके व्यंग्यात्मक वाक्य सुनें तो मजा आ जाये। मैंने एक डायरी सिर्फ इसलिए बनाई है कि उनके रोचक वाक्यों को लिख सकूँ, उनमें से कुछ यहाँ लिख रही हूँ।**
>
> **रेडियो में गाना आ रहा था ''जुल्फों के तले छुपा लेना...'' अम्माजी सुनकर तुरन्त बोलीं, ''अरे इसकी जुल्फें हैं या पेड़ों का झाड़।''**
>
> **दूसरे दिन गाना आ रहा था शिकारे का, नाव में बैठकर मल्लाह गाना गाता है—हइया हो हइया... हइया हो हइया... हो...हो...हो। थोड़ी देर अम्माजी सुनती रहीं। फिर बोलीं ''गाना गा रहा है कि भैंसिया चरा रहा है।''**
>
> **एक दिन, पहले गाना आया भाई-बहन का जिसमें सम्बन्ध निभाने की बात होती है, बाद में दूसरा गाना आता है पति-पत्नी का जिसमें सम्बन्ध**

निभाते हैं। अम्माजी कहती हैं, "बहू देख, पहले से दोनों ने सलाह कर ली न, इसीलिए अब मिलके दोनों रहते हैं।"

एक दिन हम लोग (मैं, माताजी और पण्डितजी) पिक्चर देखने गये। पिक्चर का नाम था "रजनीगंधा"। उसमें नायिका एक बार सोचती है, मैं अपने पुराने प्रेमी से विवाह कर लूँ। फिर दूसरे दिन सोचती है, नहीं, दूसरे प्रेमी से करूँ। वह पहलेवाले से अधिक अच्छा है। बार-बार यही क्रम चलता रहता है। अम्माजी काफ़ी देर तो धीरज रखे रहती हैं पर बाद में जब बर्दाश्त नहीं होता तो जोर से बोलती हैं, "अरी एक से क्यों नहीं कर लेती। शादी कर कराके छुट्टी कर, पिक्चर खतम हो। यह भी कोई पिक्चर हुई, प्यार,प्यार, बस।"

कुछ दिन बाद एक दूसरी पिक्चर गये। नाम था "दुल्हन"। उसमें नायक का दोहरा रोल है। एक पार्ट में वह मर जाता है, उसकी पत्नी पागल हो जाती है और ऐसा समझती है कि उसका पति जीवित है। दूसरे रोल में वही नायक डॉक्टर बनता है। उससे दूसरे डॉक्टर कहते हैं कि आप पागल औरत का इलाज कर सकते हैं, उसकी जिन्दगी बच जाएगी। इस पर डॉक्टर उस पागल औरत को घर पर रखने को तैयार हो जाता है। काफी दिन डॉक्टर अपनी पत्नी को छोड़कर पगली को ठीक करने के लिए उसके साथ रहता है। कुछ दिन बाद पगली कहती है, इस दूसरी औरत को (उसकी पत्नी को) घर से निकालो, वह मेरे घर में क्यों रहती है?

अम्माजी काफी देर बर्दाश्त करती रहीं। फिर बोलीं, "एक तो दूसरे के घर में घुस गयी है और अब ऊपर से उसे निकालने को कहती है। शरम नहीं आती हरामज़ादी को। दूसरे के मर्द के साथ रहती है।" इस पर मैंने उनसे धीरे से कहा, "अम्माजी धीरे बोलो। देखो दोनों आदमियों की शकल एक-सी है न! इसलिए ऐसा हो रहा है।" इस पर वह बोलीं, "अरी क्या धीरे बोलूँ? मेरा आदमी हजार में खड़ा कर दो; चाहे कितनी शकल मिले मैं बता दूँ, मेरा कौन-सा है।"

फिल्में देखकर जैसी प्रतिक्रिया सेवा की सास की होती है, वैसी ही प्रतिक्रिया ग़ज़लें सुनकर स्वाति के पति जवाहर की होती है। स्वाति ने लिखा है :

कल हम बड़े मन से तलत महमूद की ग़ज़ल सुन रहे थे। पहले तो श्रीमान् बोले, "सुनो ये कौन-सी कव्वाली आ रही है?" ये प्रश्न अक्सर हमारा ग़ज़ल प्रेम देखकर ही दागे जाते हैं। हमने कहा, "यह ग़ज़ल है।" बोले, "अ...च्छा" और अपने काम में लग गये। लाइन आयी "...जब हद से बढ़ी घबरा के मौहब्बत कर बैठे"।

हमें पता नहीं था कि श्रीमान् के कान इधर ही लगे हैं। कमेन्ट्री चालू हुई, "देखा घबरा गया न? असली बात कहने में डर रहा है। मोहब्बत में ही प्यारे ये हाल है तो शादी के बाद तो लाला हार्ट अटैक पड़ेगा।" थोड़ा रुककर फिर भाषण चालू हुआ, "अरे ये गजल-वजल अपने को पसन्द नहीं। सब बेकार हवा में उड़कर अलापते हैं। धरती पे टिके रहना चाहिए। औ बेटा धरती पर टिकते ही जहाँ एक बार सौदा लेने बाजार गया नहीं कि सारी ग़ज़ल भूल जायेगा।"

थोड़ी देर बाद जगजीत चित्रा की ग़ज़ल आयी। "मिलकर जुदा हुए तो न सोया करेंगे हम, एक-दूसरे की याद में रोया करेंगे हम।" अब विचार पेश हुए। बोले, "अरे क्या बेकार की बात है। जनम जिन्दगी में जब चैन की नींद आयेगी तो कहते हैं सोयेंगे नहीं, रोयेंगे। वैसे एक तरह से तो ठीक ही कह रहा है बेचारा, याद करके रोयेगा कि फिर आ जायगी। बड़ी मुश्किल से तो गयी है।"

इन बातों से आप यह न समझ लें कि श्रीमान् को संगीत पसन्द नहीं है। जब कुन्दनलालजी सहगल गाते हैं "लग गई चोट करेजवा में हाय राम" तो मुंडी तबलची के साथ ही इधर-उधर मटकती है। पर क्या करूँ जब कमेन्ट्री हमारी चहेती ग़ज़लों पर होती है। जैस बेगम अख़्तर गा रही हों, "हम तो समझे थे कि बरसात में बरसेगी शराब, आई बरसात तो बरसात ने दिल तोड़ दिया...!" कहते हैं, जब डोकरी को हज पे जाना चाहिए, ये क्या गा रही है? औ चलो माना, गा भी लिया, तो भई बरसेगी तो बरसे, ना बरसी तो बेचारे नशेड़ियों पे बीतेगी, इन्हें क्या मुसीबत आ पड़ी?

अब बताइये यह ग़ज़ल विश्लेषण सुनकर भला क्या तबियत होगी सुनने की। सो अब ग़ज़ल श्रीमान् के दफ्तर जाने के बाद ही सुनती हूँ। यह कमेन्ट्री अगर गायक सुन ले तो अपना सिर पीट ले। मुझसे कह रहे थे कि 'सचेतक' में ग़ज़ल का अनुवाद भेजूँगा। मेरा कहना है कि सचेतक परिवार के ग़ज़ल प्रेमी सावधान हो जायें...।

पिछले कुछ वर्षों में भारत का शासकवर्ग सांस्कृतिक विकास के नाम पर घटिया फिल्मी गीतों और ग़ज़लों का प्रसारण जोरों से करता रहा है। ग़ज़लें रीतिवादी परम्परा की देन हैं, फिल्मी गीत पूँजीवादी आधुनिकता की बानगी हैं। दोनों ही यथार्थ जीवन से दूर हैं। सेवा की सास और जवाहर की प्रतिक्रिया से मुझे पूर्ण सहानुभूति है।

परिशिष्ट

धनवन्त कुमारी शर्मा

विवाह

बाबूजी मेरे विवाह की विशेष चिन्ता करते दिखाई न देते थे। उनका वकालत का काम और स्वाभिमान ऐसे जबर्दस्त थे कि सामान्यतः जितना प्रयत्न लड़कियों की शादी के लिए किया जाना चाहिए, उसे देखते वह इस मामले में प्रायः निष्क्रिय थे। एक बार नारायणप्रसादजी 'बेताब' के सुपुत्र को देखने बम्बई गये, किन्तु उन्हें लड़के के सिर पर लम्बी चोटी अखर गयी। उन्होंने अपने मन को समझाया—चलो चोटी तो धन्नो काट देगी। मगर उनके घर में व्याप्त उखड़ा-उखड़ा कुछ पाश्चात्य, कुछ अति धार्मिक-सा वातावरण उन्हें नहीं भाया।

फिर एक अन्य लड़का उन्होंने हैदराबाद में देखा। वहाँ उनकी भाषा व घर की स्त्रियों का पिछड़ापन बाबूजी को ठीक न लगा। वैसे लड़का उन्हें ठीक लगा था। हैदराबाद से वापस आकर वह मन में निश्चय नहीं कर पाये थे कि क्या करें कि कामों (राजनीतिक) से घिर गये। कुछ दिन बाद ज्ञात हुआ कि उस लड़के ने, अपने पिता से नाराज होकर, आत्महत्या कर ली। पिता अपने सुयोग्य कमाऊ पुत्र की कीमत लगा रहा था तथा शादी के लिए विपुल दहेज माँगता था। पुत्र पिता के विरुद्ध कुछ न कर सका, अतः आत्महत्या कर बैठा।

अब सन 1946 में मैंने बी.ए. पास कर लिया। बाबूजी ने सलाह दी कि मैं वकालत पढ़ूँ या एम.ए. कर लूँ। वकालत पढ़ाने बाबूजी स्वयं शाम को आगरा कालेज जाते थे। लेकिन उस जमाने में आगरे में कोई भी महिला वकालत न पढ़ रही थी। मुझे झिझक लगी। एम.ए. करने में भी मुझे कुछ विशेष तत्व न दिखा।

मैं मुरालीलाल खत्री गर्ल्स स्कूल की प्रिंसिपल श्रीमती सुशीला शर्मा से मिली और पता करने की कोशिश की कि मुझे उनके स्कूल में कुछ अध्यापन कार्य मिल सकेगा या नहीं। बाबूजी उस स्कूल के क़ानूनी सलाहकार थे और श्रीमती सुशीला शर्मा उनसे मिलने अनेक बार घर आयी थीं। श्रीमती शर्मा तत्काल राजी हो गयीं।

मैंने आवेदन पत्र भरा, जिसमें तनख्वाह के स्थान पर मैंने काटा (×) लगा दिया। उस समय पैसे की कोई समस्या न थी। पैसा लेकर काम करने की इच्छा भी नहीं थी। बाद में स्कूलवालों ने 85 रुपये प्रतिमाह देने शुरू कर दिये।

इसी वर्ष 1946 में अक्तूबर माह में बाबूजी का स्वर्गवास हो गया। ऐसा लगा जैसे किसी भरे-पूरे सम्पन्न परिवार को, जो किसी ऊँचे शिखर पर था, किसी ने धक्का देकर नीचे खड्ड में गिरा दिया हो। बाबूजी का अभाव हर पल खटकने लगा। ऐसे विपदा के समय भाभो [माँ] की हिम्मत लाजवाब थी। उनके पास हम पाँच बच्चे अनब्याहे थे। नौकरों, मोटर आदि के खर्चे सुरसा की तरह मुँह बाये खड़े थे। धीरे-धीरे नौकर, मोटर आदि विदा किये गये। किन्तु भाभो की परेशानियाँ उनके दिल में बवण्डर मचाती रहती थीं। वह दिन भर काम-धन्धों में लगी रहतीं और रात को या तो छत पर टहलतीं या चौपड़ खेलतीं। उनके साथ घर के सदस्य 10-2 बजे तक तो चौपड़ खेल सकते थे किन्तु वह तो अकेली ही पूरी रात चौपड़ की कौड़ियाँ फेंकतीं व चालें चलतीं। अपने हिसाब से वह कम आमदनी व बड़े खर्चे की, लड़के-लड़कियों के ब्याह व पढ़ाई की, और न जाने किन-किन बातों की गोटियाँ बैठातीं। वह खुद ही हारतीं और खुद ही जीततीं।

इसी बीच एक सी.आई.डी. इन्स्पेक्टर की माँ मुझे अपने पुत्र के लिए देखने घर आयीं। वह राजी भी हो गयीं। मगर मैं और काशी [भाई] भाभो पर उबल पड़े : "जिन्दगी भर बाबूजी जिन अंग्रेज़ों से लड़ते रहे, उन्हीं के पिट्ठुओं से शादी करोगी?" भाभो समझ गयीं कि ये लोग बाबूजी की परम्परा से अलग न जायेंगे। बाद में उन्हीं सज्जन की मेरे रिश्ते की एक बहन से शादी हो गयी। रिश्तेदारों ने भाभो को छेड़ा—"तुमने ऐसे अच्छे लड़के को छोड़कर बड़ी गलती की। देखो, वह लड़की शादी के बाद कितने ठाठ से मोटर में घूमती है! उसके पास पचासों साड़ियाँ, दसियों सेट जेवर तथा अनेकों देशी-विदेशी ऐशो-आराम के साज-सामान हैं। नौकर तो उसे कोट पहनाते हैं।"

भाभो न जाने किस-किसके ताने सुनतीं। मगर चुप रहतीं। भाभो में मैंने कभी पस्ती नहीं देखी।

इधर काशी और मेरी दोस्ती बढ़ती गयी। दिमाग में वामपन्थ समाता गया। डॉ. अशरफ का भाषण मैं सुन चुकी थी। 'रेडस्टार ओवर चाइना', 'वोल्गा से गंगा', 'कम्युनिस्ट मैनीफेस्टो' के कुछ अंश पढ़े थे। बंगाल के अकाल पर हुई चित्र प्रदर्शनी ने भी मुझ पर असर डाला था। घर में कुछ खास काम तो था नहीं। इससे पहले भी, बाबूजी के सामने से ही, हमें पूर्ण वैचारिक स्वतन्त्रता थी। मैं और काशी घंटों बातें करते—घर की, कालेज की, देश की, विदेश की।

इसी पृष्ठभूमि में एक दिन काशी ने भाभो से कहा : "डॉ. रामविलास शर्मा के एक भाई बम्बई में हैं। एम.ए. पास हैं। डॉक्टर साहब का कहना है कि यदि तुम जाने-आने का खर्चा दो तो मैं तुम्हारे साथ बम्बई चला चलूँगा। तुम उनसे बात कर लेना।" भाभो चिंतित तो थीं ही। राजी हो गयीं।

अब मुंशीजी को काशी व भैया बम्बई से आगरा ले आये। मुंशीजी को यह कहकर लाया गया था कि तुम लड़की देख लो, फिर तुम शादी करना या न करना—तुम्हारी मर्जी। मुंशी को छुट्टी भी कम ही मिली थी।

एक दिन अवस्थी व मुंशीजी पूज्य भाभीजी के साथ सीतला गली वाले मकान में आये। इनको एक हॉल में बैठाया गया। जैसा कि मैंने बताया, काशी मेरा अच्छा दोस्त था। उसकी समझदारी पर मुझे विश्वास था। कालेज में भी मैं उसी के सहारे लड़कों के बीच पढ़ी थी तथा उसके मित्र व मेरी सहेलियाँ भी आपस में एक-दूसरे से मिलने में हिचकते न थे। साफ था कि हमारी बातचीत के आधार या तो पुस्तकें होतीं या कोई प्रोफेसर। इनके अलावा हम लोग सांस्कृतिक प्रोग्रामों तथा चित्रकला आदि पर भी बातें करते थे। अतः काशी के कहने पर मैं हॉल में आयी। मुझे उत्सुकता थी कि मैं पार्टी के एक होल टाइमर से मिलूँगी जो बम्बई से 'लोक युद्ध' और 'Peoples War' निकालता है। मैं ऐसे ही बिना किसी मेकअप आदि के साधारण साड़ी में आयी। मुंशीजी भी साधारण पाजामा व कुर्ता और (शायद फटी) चप्पल पहनकर आये थे। हम लोगों में आत्मविश्वास था। अतः पहनावे-ओढ़ावे की तरफ कोई ध्यान था ही नहीं।

साधारण परिचय के बाद काशी ने 'माउन्टबैटन अवार्ड' पर चर्चा छेड़ दी। मेरी राय भी पूछने लगा। मुंशी ने इससे पहले कि मैं कुछ कहूँ 'माउन्टबैटन' वाली बात को तटस्थ करते हुए साधारण विषयों पर बातें शुरू कर दीं। उन्होंने बताया कि अवस्थी, उनके छोटे भाई, उनके दोस्त के समान हैं। कुछ मेरे प्रोग्राम के बारे में भी पूछा कि मैं किस विषय में एम.ए. कर रही हूँ, मेरा स्वास्थ्य कैसा है, आदि। उन्होंने बताया कि बम्बई में वह क्या काम करते हैं। यह भी बताया कि शादी करने के इरादे से वह नहीं आये हैं।

एकाएक शायद उन्हें ध्यान आया कि वह तो शादी के लिए ही लड़की देखने आये हैं। सो कह बैठे—"ज़रा आप खड़ी हो जाइये।" मुझे उनका यह आग्रह बड़ा अजीब लगा और मैं वहाँ से चली आयी। बाद में पूज्य भाभीजी ने मुंशीजी को इस बात पर कुछ डाँटा भी।

थोड़ी देर बाद मैं काशी के साथ दुबारा चाय लेकर आई। चाय पर कुछ इधर-उधर की बातें हुईं। बातें क्या थीं, याद नहीं। मगर उनमें सजीवता थी। बातें अच्छी थीं। चाय के बाद मैं घर के ऊपर के कमरे में चली आयी।

यहाँ ऊपर के कमरे में मुझे किसी ने कुरेदा, "लड़का कैसा लगा?" मैंने कहा, "ठीक है।" उन्होंने फिर कहा, "सोच लो। कम्युनिस्ट है...। ये लोग भूखों मरकर अपनी जिन्दगी व घर बरबाद करते हैं। बहुत जल्द खत्म हो जाते हैं।" मैंने कहा—"जीते हैं तो कुछ करके ही न?"

दूसरी तरफ भाभो तथा पू. भाभीजी घुट-घुटकर बातें कर रही थीं। शायद जन्म की तारीखें पूछी जा रही थीं।

डॉ. रा.वि. भैया के घर का काल्पनिक चित्र मन में उभरता। कम्युनिस्ट हैं। पर्दा-वर्दा तो कुछ होगा ही नहीं। पढ़ाई-लिखाई का काम है। ठीक ही तो है। इसी बीच मुंशीजी से खतो-किताबत शुरू हो गयी। काशी द्वारा मुंशी ने पत्र भेजे। उनमें कुछ ऐसे ही विचार थे कि "मैं तो ऐसे ही मिलने आया था। शादी का विचार लेकर नहीं आया था। यदि आप कहीं शादी करना चाहें तो मैं उसमें आपका सहयोग देकर प्रसन्न होऊँगा। मैं तो Whole Timer हूँ। मेरा काम पार्टी का काम करना और पढ़ना-लिखना है।" और भी बहुत कुछ था इन पत्रों में जो अब याद नहीं। इन्होंने अपने पत्रों के उत्तर भी माँगे थे। मैं भी क्या-क्या उत्तर देती थी, यह याद नहीं। मगर जो समझ में आता था, वह उत्तर देती जरूर थी। काशी भी खूब था। इनकी बातें बताता। बम्बई के चर्चे करता। कहता : "कम्युनिस्ट की जिन्दगी तलवार की धार पर चलने के समान होती है। लड़कियों की तो और भी।" ये बातें दिल में दहशत पैदा करने की जगह उत्सुकता, जोश व उत्साह ही पैदा करती थीं। (उस दौरान के पत्र मुंशी ने शंकर शैलेन्द्र को सुरक्षित रखने के लिए दे दिये थे, जो अब निश्चय ही खो गये हैं।)

उधर गोकुलपुरे में, सुना कि डॉ. रा.वि. भैया व मुंशीजी दहेज में कुछ न लेने का निर्णय कर रहे हैं। वे लोग विवाहोत्सव बिल्कुल सादगी से, सारे तामझाम, दिखावे, रूढ़ियों, रीति-रिवाजों आदि को तोड़कर सम्पन्न कराने की बातें कर रहे थे। इन सब बातों का संदेशवाहक मेरा भाई काशी ही था। भाभो आदि को काशी उन शर्तों पर राजी करा लाया, जो मुंशी परिवार की तरफ से लगाई गयी थीं। उन शर्तों पर पूज्य दौआ को भी मुंशी और रा.वि. भैया ने राजी करवा लिया। पू. दौआ ने सब बातें मानते हुए अपनी एक इच्छा रखी कि भावरें जरूर हों। अन्ततः उनकी इस बात को मान लिया गया।

गोकुलपुरे से रा.वि. भैया सगाई की रस्म अदा करने आये। वह ढेर सारी मिठाई व फल लाये। चढ़ावे में एक बहुत पतली, हल्के नगों के सुबुक काम की, अंगूठी। दो बारह और पन्द्रह रुपये वाली खादी की साड़ियाँ तथा कुछ पुस्तकें। पुस्तकों में भैया की 'भारतेन्दु युग' और 'प्रेमचन्द' भी थीं। इनके अतिरिक्त 'नया साहित्य' व 'तार सप्तक' की एक-एक प्रति भी थी। शादी की दावत अच्छी हो, यह भी कहा गया था।

दूसरी तरफ सीतला गली से भाभो ने मुंशीजी से पुछवाया : "कपड़ों आदि में क्या पसन्द है? सूट बनवाने के लिए अपना नाम दे दें।" मुंशी का उत्तर था : "सूट तो मैं पहनता ही नहीं हूँ। यदि बहुत ही जरूरी समझती हैं तो दो जोड़ी खद्दर के कुर्ते-पाजामे दे सकती हैं।" अतः मुंशी को एक घड़ी, एक पेन-सेट, दो चार खादी सिल्क की कमीजें और दो फोल्डर दिये गये। 'दहेज' में मेरे लिए कुछ कामचलाऊ कपड़े व छोटे-मोटे प्रेज़ेन्ट्स रखे गये। बात पलँग देने पर अटकने लगी। भाभो बहुत परेशान थीं : आखिर यह सब क्या हो रहा है? कहाँ बाबूजी सगाई में ही मोटर देने की बात कहते थे, कहाँ ये लोग कुछ लेने को ही तैयार नहीं हो रहे!

आखिर एक दिन भाभो रुआँसी होकर रा.वि. भैया से बोलीं, "ऐसी शादी करके तो मेरी नाक ही कट जायगी।" भैया का स्पष्ट उत्तर था : "हमारी नाक तो ऊँची हो जायगी।" अन्त में भाभो ने दुखी मन से कहा, "एक बात तो आपको मेरी माननी ही पड़ेगी। पलँग सुहाग का होता है। वह जरूर लेना होगा।" अतः तय हुआ कि पलँग चढ़ावे में दिया जा सकता है।

कुछ लोग मुंशी जी को भड़काते थे—"यार, जब लड़की वाले अपनी तरफ से दहेज दे रहे हैं, तो क्यों नहीं ले लेते। वे अभी तो इस योग्य हैं कि दे सकें। तुम खुद न लेना चाहो तो लेकर पार्टी को दे देना।" मुंशी का कहना था—"यह लेन-देन हमारे सिद्धान्त के खिलाफ है। पार्टी को देने के लिए ही सही, मैं इनसे लेकर सिद्धान्त को क्यों तोड़ूँ?"

अब 24 जून—शादी का दिन,—भी आ पहुँचा। बारात मुरारीलाल खत्री स्कूल में ठहराई गयी थी। वहाँ से कुछ लोग खबरें लाते—बारातियों में इप्टा के सभी लोग हैं; वे नाच गा रहे हैं तथा दूल्हा भी उनमें शामिल है। कभी खबर सुनाई पड़ती, कुछ लोग कबड्डी खेल रहे हैं तथा मुंशीजी भी उनके साथ कबड्डी खेल रहे हैं।

बारात में मुंशीजी के परिवार के सभी लोग थे। आगरा कम्युनिस्ट पार्टी के इप्टा समेत अन्य तमाम युनिट्स भी थे। डॉ. रा.वि. भैया के साथी, प्रोफेसर व लेखक भी शामिल थे। कुछ ऐसे लोग भी थे जो हमारे भाइयों व पिताजी से सम्बन्धित होने के कारण दोनों तरफ से अर्थात् घराती व बराती दोनों के रूप में शामिल थे।

घरातियों का जमघट कम न था। दूर-दूर के नाते-रिश्तेदार तो आये ही थे, बाबूजी के दोस्त व कांग्रेस पार्टी के लोग, जो बाबूजी के प्रति अपनी वफादारी निभाना अपना फर्ज समझते थे, वे भी आये थे।

आँगन में मंडप बनाया गया। बड़ा कमरा, चबूतरा व आँगन, घरवालों और मेहमानों से भर उठा। यद्यपि बारात बिना गाजे-बाजे के आयी थी, फिर भी लोग उत्सुक थे कि इस शादी को देखें।

भाँवरें पड़ीं। डॉ.रा.वि. भैया गाँठ बाँधने की रस्म अदा करने आगे बढ़े। वह व्यंग्य

कसने के अपने स्वभाव को कैसे छोड़ते? अतः उन्होंने चुटकी ली : "मुंशी, यह गाँठ मैं खूब कसकर बाँध रहा हूँ ताकि कभी खुले नहीं।"

स्व. बाबूजी की बुआ ने बारातियों पर गालियों की वर्षा करने के लिए अपना गला साफ करके कुछ बोल उठाये। तत्काल ही किसी ने उन्हें रोक दिया—"ये गालियाँ बारातियों को पसन्द नहीं।" वह अपना मन मारकर रह गयीं।

भांवरों के बाद डॉ. पद्मसिंह शर्मा 'कमलेश' ने अवसर व स्थिति के अनुकूल एक कविता गाकर सुनाई। इसके बाद पार्टी सेक्रेटरी डॉ. शुक्ल ने एक भाषण इस शादी के महत्त्व पर दिया। उन्होंने पार्टी की तरफ से दोनों परिवारों को बधाई दी।

जब अन्त में मुंशी ने पंडित से पूछा : "आपके सब कार्य सम्पन्न हो चुके?" पंडितजी ने कहा, "हाँ"। मुंशीजी ने कुछ इशारा किया और कहा : "अब इन्टरनेशनल गाया जाएगा।" सभी लोग एकाएक खड़े हो गये। गान के अन्त में मैंने भी हाथ उठा दिया मगर मुट्ठी नहीं बाँधी। मुंशी ने फौरन ही अपने हाथ से मेरी मुट्ठी बाँध दी। पूरे आँगन में घर की ऊँची-ऊँची दीवारों से टकराता हुआ 'इन्टरनेशनल' गाना गूँज उठा था। कुछ लोग हक्का-बक्का थे। किन्तु कुछ बहुत खुश थे तथा इस अपनत्व भरे वातावरण को सराह रहे थे।

भांवरों के बाद हमें पूजा स्थल पर ऊपरवाले कमरे में ले जाया गया। साथ में पू. भाभीजी व अवस्थी भी थे। यहाँ स्त्रियों का परिचय दूल्हे से करवाया जाता है। महिलाएँ अपना परिचय देकर दूल्हे से कुछ छन्द सुनाने की फरमाइश करती हैं तथा उसे कुछ भेंट करती हैं। सामान्यतः मध्यमवर्गीय परिवारों में इस परम्परा ने अश्लील मजाकों तथा छन्दों का रूप ले लिया है, यद्यपि परस्पर परिचय का यह रिवाज स्वयं बहुत ठीक था। खैर, यहाँ मुंशीजी ने अपना रोल निंभाकर सभी स्त्रियों को मोहित-सा कर लिया। उन्होंने तुलसीदास के दो छन्द सुनाये, एक था : "पुर तें निकसीं रघुवीर वधू...", दूसरा, "शीश जटा उर बाहु विसाल...।" इनके गाने की सभी स्त्रियाँ भूरि-भूरि प्रशंसा करने लगीं। सभा का वातावरण भी सुसंस्कृत हो गया।

कंगना-जुआ खेलने की बचकाना रस्म का सामना भी किया गया। इसमें एक परात में पानी भरकर कोई महिला एक अँगूठी उछालकर गिराती है। वर-वधू झपटकर उसे उठाते हैं। पर यहाँ मुंशीजी ने अँगूठी सीधे से उठाकर मुझे दे दी तथा मैंने भी अँगूठी उठाकर मुंशी के हाथ में थमा दी। यह देख सब हँस पड़े, "इनकी तो मिली-भगत लगती है। झपट्टे नहीं मारे।" खैर, यह क्रिया भी खूब हँसी-खुशी से सम्पन्न हुई। दूल्हे के रूप में मुंशीजी ने सभी को मोह लिया था।

दूसरे दिन बिदाई हुई। हमारी डोली रूपी कार गोकुलपुरे की सँकरी गलियों में घुसती घुसाती रा.वि. भैया के घर के दरवाजे पर रुकी। यहाँ घुसते ही किसी ने मुंशी को एक पत्र पकड़ा दिया। यह पत्र सुमित्रानन्दन पंतजी का था जिसमें उन्होंने मुंशी

को विवाह के लिए बधाई व शुभकामनाएँ दी थीं। मैं घूँघट नहीं निकाले थी। पता नहीं, ससुराल वालों ने क्या सोचा होगा। दरवाजे पर पू. अम्मा, बुआ, दिदिया तथा भाभियों ने द्वारचार की रस्म अदा करवाके गृह-प्रवेश कराया। पुरुष वर्ग एक अन्य कमरे में विश्राम कर रहा था।

इस तरह शादी सम्पन्न हुई। इसके चर्चे भी खूब चले। मकान मालकिन की पुत्री (बाद में मेरी सहेली) सावित्री नागर ने एक लेख इस शादी पर ही लिखा। यह लेख हाजरा बेगम की पत्रिका 'रोशनी' में प्रकाशित हुआ।

शादी के बाद से जीवन का एक नया दौर प्रारम्भ हुआ।

सोना शर्मा

नामकरण

तुर्कमान गेट की गली डकौतान के एक मकान में दो कमरों में रहने वाले एक परिवार में तीन बच्चे थे। बड़ी लड़की का नाम था कदम। दूसरे नम्बर पर लड़का था। नाम था–मुकुल। और तीसरे नम्बर पर फिर लड़की थी। नाम...नाम?...नाम कुछ नहीं था। बस सबसे छोटी थी, इसलिए घरवाले उसे "छोटी" कहकर पुकारते थे।

छोटी ने सुन लिया था कि किसी के तीन बच्चों के नाम–सोना, रूपा और गोबर हैं। छोटी को ये नाम पसंद आ गये। वह लकड़ी की कुर्सी सरकाकर कमरे में लगे लकड़ी के पार्टिशन के पास ले आयी और फिर उस कुर्सी पर चढ़कर उसने चौक से पार्टीशन पर बड़ा-बड़ा लिख दिया कि "आज से मेरा नाम छोटी नहीं है। आज से मेरा नाम सोना है। साथ ही उसने इसके नीचे यह भी लिख दिया कि–'कदम का नाम रूपा है। मुकुल का नाम गोबर' है।"

कमरे में बना यह पार्टीशन एक तरह से परिवार वालों के दिलों का आईना था। दरअसल उस पार्टीशन पर सब अपने मन की बातें लिखकर चिपका देते थे। किसी को किसी से कोई शिकायत है, किसी को किसी चीज़ की जरूरत है, तो वह एक कागज पर लिखकर पार्टीशन पर चिपका देता और अन्य उसे पढ़ लेते थे। शिकायतों के जवाब व अन्य अनेक बातें जैसे कुछ उपयोगी, आदर्श वाक्य, अखबार या किसी अच्छी पत्रिका से काटकर चिपकाया गया कोई अच्छा लेख या कविता, स्वयं बनाया कोई चित्र या स्वरचित रचना, जब-तब 'वालपेपर' इस पार्टीशन को अलंकृत किये रहते।

इस तरह एक छोटी-सी लड़की का नामकरण बिना किसी पूजा-पाठ के, बिना पंडित आदि को खिलाये-पिलाये स्वयं उसके द्वारा उसकी इच्छा से हो गया।

उसके द्वारा प्रस्तावित उसके भाई व बहन के नाम तो उनके पहले नामों का स्थान नहीं ले पाये, पर उसका अपना नाम जम गया—यानी स्कूल, कॉलेज में भी नहीं बदला गया।

सोना को यह कुछ बड़े होने पर ही पता चला कि उसे जो तीन नाम पसन्द आये थे, वे और किसी के नहीं, उपन्यासकार प्रेमचन्द के उपन्यास **गोदान** के नायक होरी के तीनों बच्चों के नाम थे।

स्वाति शर्मा

अम्मा

15 अगस्त की सुबह 11 बजे जब मुझे भुवन भैया का तार मिला कि अम्मा नहीं रहीं तो एकदम से दिमाग की एक-एक खिड़की खुलने लगी और मेरे सामने घूमने लगा आगरा और वहाँ का घर, उसमें अम्मा के साथ बीते मेरे दिन। यहाँ मैं अपनी शादी से पहले दिनों का ही वर्णन करूँगी क्योंकि मेरी शादी के बाद अम्मा का स्वास्थ्य काफी खराब रहता था और मैं स्वयं भी अस्वस्थ रही, इसलिए अम्मा से मेरे पहलेवाले सम्बन्ध न रह पाये थे। बहरहाल अब जो विचार आ रहे हैं, वे हैं अम्मा और उनके साथ बिताये मेरी जिन्दगी के बेहतरीन इक्कीस वर्ष।

बचपन में अम्मा से मेरे लाड़ प्यार का मतलब था उनसे झगड़ा करना, कुछ ऐसी बात करना जिससे वह तंग हों। इसमें मुझे बड़ा आनन्द आता था। फिर जो वह जबरदस्ती मुँह बन्द करके हँसी रोकती थीं, वह शक्ल आज भी ताजा है और बचपन की स्मृति का यही मुखपृष्ठ है।

मैं जब चार साल की हुई तो अम्मा को अपनी हरकतों से परेशान करने का शुभारम्भ कर चुकी थी। घर में बड़े पाँच भाई-बहन अम्मा के परम आज्ञाकारी रहे। जवाब दिया तो मैंने। पर अम्मा को भी इसी में आनन्द आता था। मैं जब उनसे बार-बार खाना माँगती तो यही कहतीं, "नहीं मिलेगा, बस। अभी तो खाया था।" और दो पल भी न बीतते कि मेरे हाथ पर कुछ-न-कुछ रख देती थीं। मैं बजाय धन्यवाद की मुद्रा बनाने के कहती, "अब क्यों दिया जी?" घंटा भी न बीतता कि गली में कोई खोंमचेवाला निकलता। बस मेरी आवाज छज्जे से छूटती, "अम्मा, दालसेववाला तुम्हें बुला रहा है।" और वह बड़बड़ातीं, सब काम छोड़ कर आतीं और कभी मेरी इच्छा पूरी कर देतीं, कभी हाथ पकड़कर अन्दर ले जातीं। सब भाई-बहन पढ़ने चले जाते और उनसे सिर खपाने को रह जाती सिर्फ मैं। अम्मा से मैं डरती तो थी पर ज्यादा नहीं क्योंकि जितनी गम्भीरता से उन्होंने और बच्चों को काबू में

किया, मेरे ऊपर ढील रखी। उस समय वह काफी मोटी थीं। मैं शायद ही उनकी पकड़ में आयी होऊँ। उनकी आदत थी गुस्से में अपने हथियार मोंगरी, बेलन या चिमटा लेकर जैसे ही आती दिखतीं, मैं आँगन के चारों तरफ बने टट्टर पर दौड़ने लगती थी। बीच-बीच में रुकती कि वह करीब आ जायें। हारकर अम्मा कहतीं, ‘‘आने दे तेरे बाप को।’’ और मेरा जवाब होता, ‘‘बाप कहती हो? चाचा हैं मेरे!’’ कभी अगर मैं बाहर के दरवाजे के पास होती तो अम्मा फुर्ती से मुझे बाहर करके बन्द कर देती और कहतीं, ‘‘डोल बाहर।’’ मैं बगैर कुछ कहे-सुने बाहर पास-पड़ोस में घूमती रहती और जब सोचती कि अम्मा इस समय नहा रही होंगी या आराम कर रही होंगी, तब पड़ोसी के लड़के से कहती और वह मुझे हमारी छत पर कुदा देता था। अम्मा के नहाने का अन्दाज मैं घर से निकली नाली के पानी से लगा लेती थी, क्योंकि वह कपड़े काफी धोती थीं। घर से किसी आवाज का आना बन्द होने का मतलब होता था कि अम्मा सो गयीं। इस मौके पर मैं छलाँगती-फलाँगती बिल्ली की तरह रसोई में होती और भरपेट खाकर खटोले में पड़ रहती थी। अम्मा जब उठती थीं तो मुझे पता होता था कि वह उठ गयी हैं। मेरा अगला इन्तजार होता था कि कब तक और क्या-क्या कहती हैं। बस, फिर उनका लेक्चर बन्द हुआ और मेरा भी सोने का नाटक समाप्त। उसके बाद अम्मा को याद नहीं रहती कि मुझे बाहर निकाला था और मैं विजयी भाव से अगले प्रोग्राम के बारे में सोचने लगती थी।

सब लोगों के स्कूल कालेज चले जाने के बाद कभी-कभी अम्मा बाजार जातीं। मुझे कह जातीं, ‘‘यहीं खेलना।’’ मेरी आदत, पीछे-पीछे, चल देती। आधे रास्ते आवाज लगाती, ‘‘अम्माऽऽ।’’ अम्मा मुड़तीं और घर तक मुझे खदेड़ आतीं, ‘‘खबरदार फिर आयी तो’’ की वार्निंग देतीं। मैं पड़ोस के घर में घुस जाती और उसके पिछवाड़े से होती हुई—ज्यों ही अम्मा राजामंडी में पैर रखतीं—मेरी फिर आवाज लगती, ‘‘अम्माऽऽ मैं फिर आ गयी।’’ और फिर अम्मा का ही दम था जो मुझे पुनः किसी पड़ोसिन के हवाले कर जातीं कि ‘‘बहनजी बाजार में दस चीज माँगेगी। जरा सँभाल लेना।’’ और बहनजी की नजर बची और मैं दुकान में अम्मा की बगल में होती। शायद अच्छी दौड़ लगाने की नींव यहीं से पड़ी होगी। दुकान में प्रवेश के बाद फिर अम्मा मुझे साथ कर लेती थीं और दस में से चार फरमाइशें तो पूरी कराके ही मैं लौटती थी। आखिर हारकर अम्मा ने मुझे पास की आर्य कन्या पाठशाला में प्रवेश दिला दिया। मैंने जिद की, ‘‘अगर अधन्ना दोगी तो स्कूल जाऊँगी।’’ अम्मा ने दिन-भर की आफत का ध्यान करके मेरा यह प्रस्ताव सहर्ष स्वीकार कर लिया। पहले दिन वह मुझे स्कूल की प्रिंसिपल के पास कर आयीं। कहा कि ‘‘अभी इसकी उमर तो नहीं है पढ़ने की पर बहनजी घर में खाती बहुत है, पेट निकलता आ रहा है।’’ उसके बाद प्रातःकाल हमें तैयार करके बस्ता-पट्टी पकड़ातीं और एक अधन्ना भी

पकड़ा देतीं। मैं उन पर एहसान सा करती मन्द-मन्द मुस्काती चल देती। स्कूल से लगा दूधवाली का घर था। उनकी लड़की मेरी सहेली थी। उससे मैंने कहा, "देख, एक पैसा तू लेना, एक मैं लूँगी, पर अम्मा से मते कहना कि मैं स्कूल नहीं गयी हूँ।" उस बालबुद्धि को क्या ऐतराज हो सकता था। हम दोनों जाते और एक-एक पैसे में अपनी फ्राक की झोली में तमाम वैरायटी की चीजें डलवा लाते थे। जिनमें झाराबूटी के बेर, गुड़धानी, मूँगफली, लैमनजूस की गोलियाँ आदि का स्वाद आज भी याद है। खैर, इस प्रकार पन्द्रह दिन निकल गये। कभी तो पकड़े जाना ही था। एक बार स्कूल से लौटते में 'बड़ी बहनजी' को उनकी बहनजी यानी मेरी अम्मा मिल गयीं। वार्तालाप में पता चला कि बच्ची एक दिन तो स्कूल आयी, फिर नहीं। फिर क्या था, अम्मा थीं तो हमारी ही; सो हमसे कुछ नहीं कहा और दूसरे दिन सी.आई. डी. के रूप में भुवन भैया को हमारे पीछे कर दिया। हमें इस बात का पता नहीं था और हम अपनी मस्त चाल से चले जा रहे थे। दूधवाली के प्रवेशद्वार में पैर रखते ही भुवन भैया ने गरदन से धर पकड़ा। उसके बाद तो स्कूल में हमारा हाथ बहनजी के हाथ में पकड़ाकर ही दम लिया जाता था। बड़ी मुश्किल से तब मेरी आदत स्कूल जाने की पड़ी थी।

जब मैं सात-आठ साल की थी, टाइफाइड हुआ। उस समय बुखार में डॉक्टर ने मेरा खाना बन्द कर दिया। दूध पी-पीकर मैं परेशान हो गयी। डॉक्टर ने कहा, अगर कुछ खाए नहीं, तभी ठीक होगी। अम्मा ने मोर्चा सँभाला और मेरी खाट के आसपास के घेरे में ही उनके कार्य सम्पन्न होने लगे। खाना बनातीं और रसोई में सरका कर फिर मेरी चौकीदारी पर आ जातीं। एक दिन अँगीठी पर आलू-मटर की सब्जी उबल रही थी। अम्मा को शायद अनुमान भी न होगा कि मैं ऐसा भी कर सकती हूँ। भूख की मारी, मैंने एक चमचा रसेदार सब्जी अपने तकिये के नीचे उड़ेल ली। चादर ओढ़कर लेट गयी। उस अधपकी सब्जी के जो चन्द आलू के टुकड़े और मटर के दानों में स्वाद था, वह किसी अमृत से ज्यादा ही लगा था। उसके बाद मुझे फिर बुखार चढ़ा। डॉक्टर से अम्मा ने दावे से कहा कि इसने कुछ नहीं खाया है। तीसरे दिन जब मेरे बिस्तर बदले तब राज खुला और मैं इन्तजार करती रही कि अम्मा कैसा बर्ताव करेंगी और मैं कैसे दौड़ूँगी, दम तो है नहीं। अम्मा चेहरे के भाव पढ़ने में बहुत माहिर थीं। ऐसे मौके पर कहतीं, "खाय का बेचारी तरस गयी है।" मुझे उनका यह बर्ताव कुछ कम पसन्द आता था। अरे अम्मा से मोर्चा न लिया तो क्या आनन्द। छुपाकर खाने में भूख के साथ-साथ छिपी यह भावना होती थी कि अम्मा, तुम्हारी चौकीदारी फेल हो गयी।

एक-दो बार वह नानी के पास गयीं तो मुझे आगरा छोड़ गयीं। चाचा मुझे अच्छी तरह रखते पर जब अधन्ना याद आता, तभी अम्मा की याद मुझे आती थी। एक बार

वह मुझे अपने साथ नानी के गाँव ले गयीं। वहाँ भी मेरी वजह से उनके पास रोज ही शिकायतें आने लगीं कि "औरु बच्चा तो नाहीं हयँ अइसे, इनका कहाँ से लाई हौ?" और अम्मा का मुस्कराना मुझे प्रोत्साहन देता था कि ऐसे ही शैतानी करती रहूँ।

घर में चिप्स, पापड़, पाग वगैरह बनाने का अम्मा को बेहद शौक था। जिस समय ये सब कार्य अपनी प्रारम्भिक स्टेज में होते, घर में मेरा कहीं पता न होता था। शाम को जैसे ही अम्मा कड़ाही में तेल डालतीं, उसकी सुगन्ध, मैं कहीं भी होऊँ, खेल छोड़कर अम्मा के पास खींच लाती थी। अम्मा एक मीठा उलाहना देती थीं, "देखा, हमने कहा था, काटै की बिरिया गायब रही, तलै का पता कइसे लग गया?" इस समय उनकी मुस्कराहट में हम बराबर के भागीदार होते थे। तलकर सबसे पहले मुझे देती थीं। पकौड़ी बनातीं, कढ़ी में डालने से पहले मेरे टैक्स के रूप में कुछ पकौड़ियाँ मेरे हाथ पर जरूर धर देती थीं। उस प्रसादरूपी खाने में मुझे जो सुख और आनन्द मिलता था, उसे शब्दों में व्यक्त करना मुश्किल क्या, असम्भव है।

जो पहली और दूसरी कक्षा मैंने प्रथम श्रेणी में पास कर ली और पुरस्कार के रूप में कापी-पेन्सिल अम्मा को लाकर दिखाया तो उनके चेहरे के भाव एक बार फिर मुझे बढ़ावा दे गये कि शैतानी करना ठीक है अगर पढ़ाई में भी तेज़ हो तो।

कक्षा तीन से सातवीं तक आगरा में अशोकनगर रहे। अम्मा की परम आज्ञाकारी कार्यकुशल पुत्री सेवा रहीं। कभी-कभी मैं उसे अपनी शैतानी में शामिल कर लेती तो वह यही कहतीं, "सेवा, तुम इनकी-सी बात मत करो; एक ही बहुत है सिर खाय का।"

एक बार सड़क पर गिल्ली-डंडा खेलते मैंने गिल्ली ऐसी कसके मारी कि सड़क पर जाते हुए खोंमचेवाले की फूली जेब में वह जा फँसी।। हम उसके पीछे-पीछे मंडली के साथ काफी दूर तक गये पर इतना साहस किसी में न हुआ कि उससे गिल्ली माँग ले। खोंमचेवाला अम्मा का भगत था। पीछे गली से जाते समय अम्मा से कहता आया कि "ये लेओ माताजी, आपकी लाली ने मारी है।" अम्मा ने उसे अधजली अँगीठी के हवाले कर दिया। घर लौटकर मैंने जलती गिल्ली देखी तो अम्मा पर बहुत गुस्सा हुई और उसके बाद से न तो नयी गिल्ली बनी और न ही यह खेल फिर खेला। वैसे मेरे खेलकूद या पढ़ाई की बात वह किसी से सुनतीं तो बड़ी प्रसन्न होती थीं।

आठवीं पास करके मैंने लाड़ में उन्हें मदर कहना शुरू कर दिया था। कभी माताराम, मदरडार्लिंग, माताई, माताजी नये नामों से पुकारती तो वह आती हँसी को रोकने का असफल प्रयास करती थीं।

एक बार चाचा ने मुझे गलत बात पर और किसी के धोखे में डाँट दिया। बस मैंने अनशन कर दिया और एक समय खाना नहीं खाया। अम्मा भी इस बात को खूब जानती थीं कि मैं सब छोड़ सकती हूँ पर खाना नहीं। एक टाइम न खाने से उन्होंने इस बात का अन्दाज लगा लिया कि इसको कितना आघात लगा है। उन्होंने एक रुपये

के पेड़े मँगाये और पानी का गिलास स्वयं लेकर मेरी खाट पर बैठ गयीं। मैंने जब ज़्यादा ज़िद की तो रुआँसी हो गयीं, "बिटिया हमारी कसम, खा लेओ।" मैंने खा लिया, वह मुस्करा पड़ीं। यह घटना मेरे मस्तिष्क पर उनकी ममता की अमिट छाप छोड़ गयी। इस तरह उन्होंने शायद ही अपने किसी और बच्चे को कभी मनाया होगा।

मैं बी.एससी. में पढ़ती थी। मुझे उपन्यास पढ़ने का चस्का लग चुका था। अम्मा मेरी आँखों की गति से अन्दाज लगा लेती थीं कि मैं कोर्स की किताब पढ़ रही हूँ या उपन्यास। अगर मैं शान्त भाव से पढ़ रही होती थी, तो पूछ बैठती थीं, "कौन-सा उपन्यास है?" और अगर मैं उनकी कार्यविधियों को देखती रहती थी और पूछती थी कि, "क्या सब्जी बना रही हो?" आदि तो वह समझ लेती थीं, जरूर कोर्स की किताब हाथ में है।

पढ़ाई के दिनों में उन्होंने कभी मुझसे काम करने को नहीं कहा। कभी सब्जी वाला आवाज लगाता तो कह जातीं, "ज़रा रोटी देखना।" मैं भी उस रोटी को सेंककर रसोई से ही आवाज लगाती थी, "अममा बन गयी रोटी, क्या करूँ?" और गैस बन्द करके चली जाती। लौटकर अम्मा को यह देखकर गुस्सा आता था कि चकले पर पड़ी रोटी नहीं डाली गयी। अक्सर कहतीं, "सास को ऐसे ही कहना, एक बन गयी, दूसरी बनाऊँ या नहीं?" और यहाँ भी मैं जवाब दे देती, "चिन्ता नौट मदर, सास होगी नहीं और हुई तो बढ़िया होगी।" और अम्मा 'तथास्तु' की-सी मुद्रा में मुस्करा जाती थीं। उस समय लगता है जबान पर सरस्वती का वास था। मेरी सास अच्छी थीं पर एक साल पहले उनका भी स्वर्गवास हो गया। इस प्रकार दोनों तरफ से एक शून्य पैदा हो गया है जिसकी पूर्ति असम्भव है।

मैं बी.एससी. में प्रथम श्रेणी में पास हुई। अम्मा ने पुरस्कार स्वरूप मुझे चालीस रुपये की धोती लाकर दी। हरेक से मेरी तारीफ करते थकती नहीं थीं। मेरे अच्छे नम्बर लाने से वह बहुत ही खुश होती थीं। पढ़ाई के दिनों में हम सबके समय से चाय खाने वगैरह का बहुत ध्यान रखती थीं। चाहे हम न भी पढ़ रहे हों, खासकर मुझसे, वह किसी काम को नहीं कहती थीं। सिर्फ बाज़ार का काम मैं करती थी—सब्जी आदि लाने का।

मेरे एम.एससी. पास करते ही अम्मा जबरदस्त रूप से बीमार हो गयीं। सब भाई-बहन घर से बाहर निवास करते थे। अम्मा की देखभाल, दवाई सब काम मैं बड़े समय और पाबन्दी से करती थी। मेरे इस गम्भीर रूप की अम्मा मेरे पीछे सबसे तारीफ करतीं कि मैंने सब अच्छी तरह सँभाल लिया है। साथ में यह भी जोड़ देती थीं कि इसने कभी काम नहीं किया पर अब सब कर लेती है। इसी बीच मुझे फीरोज़ाबाद डिग्री कालेज से नियुक्ति पत्र मिला। आठ दिन में ही ऐसा लगा, हे राम कहाँ आ गयी? और आते ही अम्मा ने जब कहा, "एक तुम थीं सो वो भी गयीं।

मन नहीं लगता।'' मैं फिर दोबारा फीरोज़ाबाद नहीं गयी।

अस्पताल में चाचा से ज्यादा अम्मा को लोग जानते थे पर श्रीमती डॉ. रामविलास शर्मा के नाम से। एक बार मेरी उँगली में सेप्टिक हो गया था। अम्मा अस्पताल में थियेटर में मेरे पास थीं। चाचा कुछ देर से आये और अन्दर जाने लगे। डॉ. राज़दान ने उन्हें रोक दिया, ''देखिए, मैं अभी डॉ. आर.बी. शर्मा की लड़की का आपरेशन करूँगा।'' चाचा ने जब अपना परिचय दिया तो डॉक्टर क्षमा माँगते हुए कि मिसेज शर्मा ज्यादा आती हैं न, उन्हें अन्दर ले आये। अम्मा के चेहरे पर गर्व के भाव आ गये।

अस्पताल की एक और घटना मुझे यहाँ याद आती है। अम्मा की आँखों में दवा पड़ी थी। एक डॉक्टर जिसके बाल कटे थे अम्मा की बात पर ध्यान नहीं देती थी और दूसरी एक लम्बी चोटी वाली काफी मिलनसार थी। अब दोनों ही उनके पलँग के पास थीं। अम्मा मुझसे बोलीं, ''अरे वो बलकटी तो सुनती ही नहीं, लम्बी चुटियावाली अच्छी है।'' संयोग से दोनों 'मद्रासी' थीं, हिन्दी न समझने से मुस्करा कर चल दीं। अम्मा से कोई प्रेम से बात कर ले तो वह प्रसन्न होती थीं। यही कारण था कि कई बार काफी दूर-दूर से जब मैं उनके साथ रिक्शा में बैठकर आती तो सारे रास्ते रिक्शेवाले को अपनी और उससे उसकी कहानी सुनती सुनातीं आतीं। घर आकर ''बेटा पानी पी ले'' कहतीं। ऐसे सत्कार के बाद बजार में जब भी निकलतीं, रिक्शेवाले अपने आप आ जाते, ''माताजी मेरे में चलिए'' की आवाज आने लगती थी।

मेरी शादी पर उनको इस बात की बड़ी चिन्ता थी कि मेरे जाने के बाद घर का काम-काज कैसे होगा और उनका मन कैसे लगेगा। शादी के समय तो उनकी हालत बहुत खराब हो गयी थी और मेरी बिदा के समय उन्हें नींद की दवा देकर सुला दिया गया था। शादी के बाद जब मैं उनसे अपनी सास की तारीफ करती थी तो उनके चेहरे पर परम सन्तोष और तृप्ति का भाव आ जाता था। आने-जानेवालों से मेरी सास की तारीफ करती थीं। लोग मुझसे कहते थे, माताजी से सुना कि तुम्हारी सास बड़ी अच्छी हैं। कई बार इसी बात को बताते यह भी बता जातीं कि उनको कितनी चिन्ता थी कि सास अच्छी मिले।

अम्मा को कभी मैंने बनारस के घर में नहीं देखा क्योंकि जब से वह बनारस आयीं, मेरा यहाँ आना नहीं हुआ था। इसलिए उनके देहान्त की खबर सुनकर और यहाँ आकर भी ऐसा नहीं लगता कि अम्मा नहीं हैं, लगता है आगरा में होंगी। घर के सबसे छोटे सदस्य का जहाँ यह परम सौभाग्य है कि वह माँ-बाप, भाई-बहन सबका लाड़ला होता है, वहीं यह दुर्भाग्य भी उसके साथ जुड़ा है कि माँ-बाप के साथ वह सबसे कम रह पाता है। मेरा साथ तो 25 साल की उम्र से छूट ही सा गया था क्योंकि शादी के बाद मैं उनके पास ज्यादा नहीं रह पायी।

तरह-तरह के विचार मन में आते हैं। अम्मा की वजह से सब घर में जुड़े लगते

थे। उनके जाने से ऐसा लगता है, जैसे किसी ने जतन से पिरोई माला की डोर झटके से खींच दी हो।

पता नहीं, मैं कब इस बात पर विश्वास कर पाऊँगी कि अम्मा नहीं हैं। सोचकर ही आँखें भर आती हैं और आँखों में तैर आते पानी से अक्षर धुँधले पड़ने लगते हैं, स्मृतियों के रंगमंच पर परदा-सा गिरने लगता है। उनकी हर इच्छा पूर्ण हुई। करवा चौथ का व्रत नहीं करती थीं पर उनका दृढ़विश्वास था कि सुहागिन मरेंगी। इसीलिए चौदह-पन्द्रह अगस्त को जब स्वप्न में उन्होंने मुझे दर्शन दिये, उनका शान्त चेहरा तृप्ति के भाव से भरा हुआ था।

अमृतलाल नागर

भाभी

[रा.वि. के नाम 26.8.83 का पत्र]

तुम्हारी जिस चिट्ठी को पाने का डर पिछले दो वर्षों से मेरे मन में समाया हुआ था, वह कल शाम आ पहुँची। सुन्दरबाग लखनऊ में एकाध बार देखी हुई घूँघट वाली भाभी, फिर आगरे की मर्दानी भाभी, फिर रुग्ण भाभी—जनकपुरी दिल्ली में अन्तिम बार देखी हुई भाभी तक—जाने कितनी तस्वीरें जीवन्त होकर मन में नाच रही हैं, मानो इस खबर को झुठलाना चाहती हों कि भाभी नहीं रहीं। तुम्हारी सत्तरवीं सालगिरह के बहाने जीवन में प्रथम और अन्तिम बार उनके चरण छूने का सौभाग्य प्राप्त किया था। तपस्विनी थीं। बड़ी भाग्यशालिनी थीं। रामजी उनकी फुलवारी सदा हरी-भरी रखें। भाभी अब उनमें ही जीवित हैं। तुम्हारे द्वारा लिखे गये सारे लेखन कार्य में वे समाई हैं। दिल्ली में तुमसे कहा था कि अब लेखनी को विश्राम दो। लेकिन अब यह कहने को जी चाहता है कि कोई ऐसा काम मन से उठा लो जिससे वे फिर आठों पहर तुम्हारे मन में जागती जोत सी चमकती रहें।

अगर दर्दे मोहब्बत से न इंसा आशना होता।
न मरने का सितम होता न जीने का मज़ा होता।।

तुम जियो। तुम्हारे भीतर भाभी जी रही हैं।

'घर की बात' के पात्र

अजिया—भैया (भगवानदीन) के और मेरे लेखों में हमारी मातामही; शोभा-सेवा के लेखों में उनकी मातामही, हमारी माँ
अत्ती—आत्माराम, मेरे दामाद; सेवा के पति
अनन्त—बिट्टू; स्वाति के पुत्र
अनुपम—बिल्लू; नरेश के पुत्र
अम्मा—बिटाना, मेरी माँ
अवस्थी—रामशंकर, मेरे चौथे भाई
अशोककुमार—स्वाति के देवर
आत्माराम—अत्ती; मेरे दामाद
आशीष—पिंटो; नरेश के पुत्र
आशु—आशू; अवस्थी के पुत्र
उषा—नरेश की पत्नी; एक उषा शोभा की ननद भी हैं
कक्कू—बलभद्र दीक्षित 'पढ़ीस', कवि और गद्य लेखक
कम्पूरी देवी—स्वाति की सास
कल्याण प्रसाद—मेरे बाबा लालताप्रसाद के पितामह
कादंबरी—कदम; मुंशी की पुत्री
कैलासा—मेरे बाबा की सौतेली बहन
कैलास कुमारी—मालकिन; मेरी पत्नी
गयादीन—मेरे पिता
गीतिका—गुड्डन; भुवन की पुत्री
गुड्डन—गीतिका
गौरव—सोनू; भुवन के पुत्र
चिन्मय—चीनू; विजय के पुत्र
चुन्नी—पढ़ीसजी के पुत्र

चौबे—रामस्वरूप; मेरे दूसरे भाई

जगदम्बा—मेरे भांजे

जवाहरलाल—मेरे बाबा लालताप्रसाद के पिता; एक जवाहरलाल मेरे दामाद, स्वाति पति

तन्मय—तनू, विजय के पुत्र

टन्नू—स्वाति के पुत्र

दया—ललित की पत्नी

दौआ—मेरे पिता, गयादीन

धन्नो—धनवंतकुमारी, मुंशी की पत्नी

नमन—आदित्य नमन; ललित के पुत्र

नरेश—राम नरेश, मेरे सबसे छोटे भाई

प्रभा—मुन्नी, भैया (भगवानदीन) की पुत्री

पिंटो—आशीष; नरेश के पुत्र

पुतान—पढ़ीसजी के पुत्र

बच्चे—बुद्धदेव; भैया के पुत्र

बलभद्र दीक्षित 'पढ़ीस'—कवि, गद्यलेखक

बलराम—प्रभा के पति

बाबा—लालताप्रसाद, मेरे पितामह; शोभा के लेख में 'बाबा' मेरे पिता हैं; दौआ की आत्मकथा में 'बाबा' उनके पितामह जवाहरलाल हैं।

बिटाना—मेरी माँ

बिट्टू—अनन्त; स्वाति के पुत्र

बिल्लू—अनुपम; नरेश के पुत्र

बुआ—सकुन्ता; मेरी बुआ

बुद्धदेव—बच्चे; भैया के पुत्र

बैलनऊ बापू—मेरे बाबा के चचेरे भाई, संकटाप्रसाद

भगवानदीन—मेरे बड़े भाई

भाभी—शान्ति, भैया (भगवानदीन) की पत्नी

भैया—मेरे लेखन में सर्वत्र 'भैया' का अर्थ है बड़े भाई भगवानदीन

माधुरी—भुवन की पत्नी

माधो—मेरे बाबा के सौतेले भाई

माया—संकटाप्रसाद की पत्नी

मालकिन—कैलासकुमारी, मेरी पत्नी

मिनी—अवस्थी की पुत्री

मुकुल—मुंशी के पुत्र
मुन्नी—प्रभा, भैया की पुत्री
मुंशी—रामशरण, मेरे तीसरे भाई
रक्षा—अवस्थी की पत्नी
रामनरेश—नरेश; मेरे पाँचवें भाई
रामप्यारी—मेरी बहन
रामस्वरूप—चौबे, मेरे दूसरे भाई
रामशंकर—अवस्थी, मेरे चौथे भाई
रामशरण—मुंशी, मेरे तीसरे भाई
लखपत—मेरे बाबा लालताप्रसाद के एक सौतेले भाई
ललित—ललितमोहन, मेरे पुत्र
लाऊ—जिले के प्रसिद्ध पहलवान, मेरे एक नाना
लालताप्रसाद—बाबा, मेरे पितामह
विजय—विजयमोहन, मेरे पुत्र
शोभा—मेरी पुत्री
सकुन्ता—मेरी बुआ
संकटा—संकठा अथा संगठा; बैलनऊ बापू; मेरे बाबा के चचेरे भाई
सन्तोष—विजय की पत्नी
सरला—चौबे की पत्नी
स्वाति—मेरी पुत्री
सुरेश जैटली—मेरे दामाद; शोभा के पति
सूरजबली—मेरी बुआ के लड़के
सेवा—मेरी पुत्री
सोना—मुंशी की पुत्री
सोनू—गौरव; भुवन के पुत्र
हरदेव—मेरे मामा
हीरालाल—कल्याणप्रसाद के पुत्र

रा.वि.